고린도전·후서 주해

철학 박사 김수흥 지음

도서 출판 **언약**

Exposition
of
I Corinthians
II Corinthians

by

Rev. Soo Heung Kim, S.T.M., Ph.D.

Published by
Eonyak Publishing Company
Suwon, Korea
2024

"성경의 원어를 읽든지 혹은 우리 번역문을 읽든지,
성경을 읽는 것은 성부 하나님, 성자 예수님, 성령 하나님을 읽는 것이고,
본문을 아는 것이 하나님을 아는 것이며,
성경 본문을 붙잡는 것이 하나님을 붙잡는 것이고,
성경본문을 연구하는 것이 하나님을 연구하는 것(신학)이다".

■ 머리말

성경주해(exposition of the Bible)에 관심을 기울인지 어언 43년째다. 신학교에 입학하기 전에도 성경주해에 특이하게 관심을 두었고 또 사당동 소재 총회신학교를 졸업하고 미국으로 건너가 세 곳의 신학교에서 공부할 때도 주경신학을 중심하여 연구하였다. 그리고 이민의 땅에서 30년 동안 목회하면서도 성경 주해를 출판할 것을 준비하며 정열을 쏟았다. 이제 하나님께서 필자에게 수원 소재 합동신학대학원에서 주경신학을 강의할 수 있는 기회를 주셔서 학우들에게 강의하면서 동시에 주해를 집필하여 세상에 내놓게 되었다. 이 모든 것으로 인해 하나님께 한없는 영광과 감사를 드린다.

필자는 성경을 해석하면서 문법적 해석, 역사적 해석, 그리고 정경적(신학적) 해석을 시도했다. 그러면서 동시에 주님께 성경을 풀어주시기를 간절히 기도했다. 그 이상 더 좋은 주해는 없으리라고 확신한 것이다. 주님은 세상에 계실 때 제자들에게 성경을 풀어주셨다. 사두개인들이 부활을 부인하면서 주님을 시험했을 때 주님은 출애굽기 3:6의 말씀을 들어 부활의 확실함을 논증하셨다. "나는 아브라함의 하나님이요 이삭의 하나님이요 야곱의 하나님이로라"는 말씀을 가지고 놀랍게도 부활을 논증하신 것이다(마 22:23-33; 막 12:18-27; 눅 20:27-38). 예수님은 또 부활하시던 날 엠마오를 향하여 가던 두 제자들에게 성경을 풀어주셨다. 그때 그들의 마음은 뜨거워졌다(눅 24:32). 지금도 예수님께서 성경을 풀어주실 때 우리의 마음이 뜨거워지리라고 확신한다. 세상에 여러 해석법이 있지만, 필자는 예수님께서 풀어주시는 것 이상의 좋은 주해가 없다는 생각으로 주님께 기도하면서 성경을 풀어왔고 또 풀어나갈 것이다. 그리고 다른 학자들의 건전한 깨달음을 인용한다. 다른 학자들의 건전한 깨달음도 그리스도께서 풀어주신 것이니 말이다. 또한 필자는 과거 1970년대에 한국에서의 5년간의 목회 경험과 그 후 미국에서의 30년간의 이민교회 목회 경험을 살려 주해의 적용면을 살릴 것이다.

지금은 참으로 위태한 때이다. 신학사상이 혼탁하고 민족의 윤리가 땅에 떨어졌다. 너무 어두워졌고 너무 음란해졌다. 안상무신(眼上無神), 안하무인의 시대가 되었고 서로 간에 너무 살벌해져서 소름 끼치는 시대를 만났다. 한 치 앞을 분간하기 힘든 때를 만난 것이다. 이때를 당하여 필자는 하루도 쉴 사이 없이 이 땅의 교회들과 민족을 생각하며 성경주해를 써서 내 놓는다. 이 성경주해가 세상에 나가서 세상을 밝혔으면 하는 일념(一念)뿐이다. 주님이시여, 이 나라의 교계와 민족을 살려주옵소서!

2011년 5월
수원 원천동 우거에서
저자 김수홍

▌ 일러두기
: 본 주해를 쓰면서 주력한 것

1. 성경을 성경으로 해석해야 한다는 원리를 따랐다. 따라서 외경이나 위경에서는 인용하지 않았다.

2. 본 주해를 집필함에 있어 문법적 해석, 역사적 해석, 정경적 해석의 원리를 따랐다. 성경을 많이 읽는 중에 문단의 양식과 구조와 배경을 파악해냈다.

3. 문맥을 살펴 주해하는 일에 심혈을 기울였다.

4. 매절마다 빼놓지 않고 주해하였다. 난해 구절도 모두 해결하느라 노력했다.

5. 매절을 주해하면서도 군더더기 글이 되지 않도록 노력했다. 군더더기 글은 오히려 성경을 더 복잡하게 만들어 놓기 때문이다.

6. 절이 바뀔 때마다 독자의 편의를 위하여 한 줄씩 떼어놓아 눈의 피로를 덜도록 했다.

7. 본 주해를 집필하는 데 취한 순서는 먼저 개요를 쓰고, 다음 한절 한절을 주해했다. 그리고 실생활을 위하여 적용을 시도했다.

8. 매절(every verse)을 주해할 때 히브리어 원어의 어순을 따르지 않고 한글 개역개정판 성경의 어순(語順)을 따랐다. 이유는 우리의 독자들을 위해야 했기 때문이다.

9. 구약 원어 히브리어는 주해에 필요한 때에만 인용했다.

10. 소위 자유주의자의 주석이나 주해 또는 강해는 개혁주의 입장에 맞는 것만 참고했다.

11. 주해의 흐름을 거스르는 말은 각주(footnote)로 처리했다.

12. 본 주해는 성경학자들과 목회자를 위하여 집필했지만 일반 성도들도 얼마든지 이해할 수 있도록 평이하게 집필했다. 특히 남북통일이 되는 날 북한 주민들도 읽고 이해할 수 있도록 가능한 쉽게 집필했다.

13. 영어 번역이 필요할 경우는 English Standard Version(ESV)을 인용했다. 그러나 때로는 RSV(1946-52년의 개정표준역)나 NIV(new international version)나 다른 번역판들(NASB 등)을 인용하기도 했다.

14. 틀린 듯이 보이는 다른 학자의 주석을 반박할 때는 "혹자는"이라고 말했고 그 학자의 이름은 기재하지 않았다. 그러나 단지 필자와 다른 견해를 제시하는 학자의 이름은 기재했다.

15. 성경 본문에서 벗어난 해석들이나 주장들을 반박할 때는 간단히 했다. 너무 많은 지면을 쓰는 것은 바람직하지 않고 독자들을 피곤하게 만들기 때문이다.

16. 성경 장절(Bible references)을 빨리 알아볼 수 있도록 매절마다 장절을 표기했다(예: 창 1:1; 출 1:1; 레 1:1; 민 1:1 등).

17. 가능한 한 성경 장절을 많이 넣어 주해 사용자들의 편의를 도모했다.

18. 필자가 주해하고 있는 성경 책명 약자는 기재하지 않았다(예: 1:1; 출 1:1; 막 1:1; 눅 1:1; 요 1:1; 롬 1:1 등). 제일 앞의 1:1은 욥기 1장 1절이란 뜻이다.

19. 신구약 성경을 지칭할 때는 '성서'라는 낱말을 사용하지 않고 줄곧 '성경'이라는 용어를 사용했다. '성서'라는 용어는 다른 경건 서적에도 붙일 수 있는 용어이므로 반드시 '성경'이라는 용어를 사용했다.

20. 목회자들의 성경공부 준비와 설교 작성을 염두에 두고 집필했다.

21. QT에도 적절하게 사용할 수 있도록 주해했다.

22. 가정 예배의 교재로 사용할 수 있도록 쉽게 집필했다.

23. 오늘날 믿음을 잃은 수많은 젊은이들이 주님 앞으로 돌아오기를 바라면서 주해를 집필하고 있다.

고린도전서 주해
Exposition of 1Corinthians

고린도전서의 저작자는 누구인가

　본서의 저자가 바울이라고 하는 데는 이의를 다는 사람이 거의 없을 정도다. 심지어 튀빙겐 학파의 바우르(F. C. Baur)까지도 본서를 바울의 주(主)된 서신으로 받아들이고 있다. 본서가 바울의 저작이라고 주장하는 성경 내적인 증거와　외적인 증거는 다음과 같다.

성경 내적인 증거: 첫째, 본서 안에서 바울은 자신을 여러 번 저작자로 표현하고 있다(1:1, 12-17; 3:4, 6, 22; 16:21). 둘째, 본서의 문체와 언어는 바울이 저작한 다른 서신들의 그것들과 똑같은 특징을 가지고 있다. 셋째, 본서의 문체와 언어는 사도행전에 기록되어 있는 바울의 설교나 전도여행기의 특징들과도 같다(고전 1:1과 행 18:17 비교, 고전 1:12; 고전 16:2과 행 18:24 비교, 고전 1:14과 행 18:8 비교, 고전 4:12과 행 18:3 비교, 고전 15:32과 행 18:19 비교, 고전 16:15과 행 18:12 비교, 고전 16:19과 행 18:2 비교).

외적인 증거: 본서가 바울의 저작이라는 것을 성경 밖의 다른 사람들이 말하고 있다. 로마의 클레멘트(Clement of Rome)는 자신의 '고린도인에게 보내는 서신'에서 고린도전서를 '축복받은 바울 사도의 글'이라고 했으며(고린도전서 47), 바나바는 그의 서신 4:11에 고전 3:1, 16, 18을 생각하게 하는 말을 기록하고 있으며, 익나티우스(Ignatius)는 그의 서신들 가운데 본서의 여러 구절들을 알고 있는 표징을 보이고 있다(고전 1:7, 10, 18, 20, 24, 30; 2:10, 14; 3:1-2, 10-15, 16; 4:1, 4; 5:7; 6:9-10, 15; 7:10,

22, 29; 9:15, 27; 10:16-17; 12:12; 15:8-10, 45, 47, 58; 16:18). 그리고 폴리갑도 그의 서신에서 본서를 인용하고 있으며 또 순교자 저스틴(Justin Martyr)은 고전 11:19을 인용하였다.

바울은 누구에게 편지를 썼는가

바울 사도는 편지의 서두에 있는 인사말에서 "하나님의 뜻을 따라 그리스도 예수의 사도로 부르심을 받은 바울과 및 형제 소스데네는 고린도에 있는 하나님의 교회 곧 그리스도 예수 안에서 거룩하여지고 성도라 부르심을 받은 자들과 또 각처에서 우리의 주 곧 그들과 우리의 주되신 예수 그리스도의 이름을 부르는 모든 자들에게 하나님 우리 아버지와 주 예수 그리스도로부터 은혜와 평강이 있기를 원하노라"고 인사하고 있다(1:1-3).

바울의 인사는 두 곳을 향한다. 하나는 "고린도에 있는 하나님의 교회"이며, 또 다른 한 군데는 "각처"의 교인들이다. "고린도에 있는 하나님의 교회"(τῇ ἐκκλησίᾳ τοῦ θεοῦ τῇ οὔσῃ ἐν Κορίνθῳ)란 '고린도 지방에 위치한 하나님의 교회'를 지칭하는 말이다. 바울은 고린도 교회를 설명하기 위하여 두 마디 말을 덧붙인다. 하나는 "예수 안에서 거룩하여진"이라는 말이다. "예수 안에서 거룩하여진"(ἡγιασμένοις ἐν Χριστῷ)이란 말은 현재완료시제로 벌써 거룩하여져서 지금까지 거룩하여진 상태로 존재한다는 뜻이다. 고린도 교회 교인들은 '예수님과 연합되어 있기에,' '예수님을 믿기에' 거룩한 상태에 있다는 것이다. 이 말은 그들이 예수님을 믿기에 아주 세상의 불신자들과 구분되어졌다는 뜻이다. 또 다른 한마디의 수식어는 "성도라 부르심을 받은 자들"이란 말이다. 고린도 교회의 교인들은 '하나님에 의해서 거룩한 무리라고 부르심을 받은 사람들'이라는 것이다. 그들이 아주 거룩해져서가 아니라 예수님을 믿기 때문에 거저 성도라고 부르심을 받게 되었다.

바울은 "각처에서 우리의 주 곧 그들과 우리의 주 되신 예수 그리스도의 이름을 부르는 모든 자들에게" 인사를 한다. 여기 "각처"란 말은 고린도 교회 밖의 아가야 교회들(고후 1:1), 예를 들어 겐그레아 교회(롬 16:1)

같은 교회를 지칭할 수도 있고, 혹은 바울 사도 이외에 다른 사도들에 의해서 세워진 교회들을 지칭할 수도 있다(F. F. Bruce). 바울은 고린도 교회 밖의 각 교회에서 신앙생활을 하는 사람들을 "우리의 주 곧 그들과 우리의 주 되신 예수 그리스도의 이름을 부르는 모든 자들"이라고 묘사한다. 바울은 다른 교회에서 신앙생활을 하는 사람들도 '우리의 주님도 되시며 또 그들의 주님도 되시는 예수 그리스도의 이름을 부르는 자들'이라고 묘사한다. 예수 그리스도의 이름을 부른다는 말은 신앙행위를 뜻하는 말이다. 곧 감사할 때도 예수 그리스도의 이름을 불러 감사하고 또 기도할 때도 예수 그리스도 의 이름을 불러 기도한다는 것이다. 또 무슨 일을 하든지 예수 그리스도의 이름을 불러서 한다는 것이다.

바울은 언제 본 서신을 쓴 것인가

학자들은 대체적으로 본서의 저작연대를 A.D. 55년 전후로 잡는다. 바울 사도가 본 서신을 에베소에서 쓴 것(16:8, 19)은 분명하지만 기록 연대에 대해서는 직접적으로 말해주는 구절은 없다. 그러나 언제쯤 기록했는지를 추정할 수 있는 자료들은 있다. 곧 바울 사도가 에베소를 방문한 것이 두 번이라는 사실에 근거하여 추정할 수 있다. 바울은 2차 전도여행 때 에베소를 방문했고 또 3차 전도여행 때 에베소를 방문했다. 바울은 A.D. 53년에 3차 전도여행을 떠나서 갈라디아와 마게도냐를 거쳐 에베소에 도착하여 오래 머물면서 사역했다. 바로 그 기간에 고린도교회의 분쟁 소식이 들렸기 에(1:11; 16:17) 디모데를 파송하기도 했고(4:17) 디모데를 파송한 후 본서를 기록하여 보내기도 했다(편지를 전달한 사람은 스데바나와 브드나도와 아가 이고였다. 16:17-18). 16:1-2에 바울은 고린도 교회에 헌금을 준비하기를 소원했고 고후 8:10; 9:2에는 1년 전에 벌써 준비된 것으로 밝히고 있으므로 본서와 후서의 저작 시기의 차이는 1년 이내의 차이가 있음을 알 수가 있다. 따라서 바울은 그의 에베소 체류 후반부에 본서를 기록한 것으로 보이는데 바울이 16:8에 "내가 오순절까지 에베소에 유하려 한다"고 말하고,

5:7-8에서 "유월절"과 "누룩"에 대해 언급한 것을 보면 본서를 기록한 때가 유월절 준비기간인 것으로 보인다. 그러므로 바울이 본서 작성 시기는 대략 A.D. 55년 봄철로 볼 수 있을 것이다.

바울은 본 서신을 어디서 기록했는가

바울은 본 서신을 당시 소아세아의 수도 에베소(Ephesus)에서 썼다. 1) 그는 16:8에서 "내가 오순절까지 에베소에 머물려 한다"고 말하는 것을 보면 에베소에서 본서를 기록하고 있음을 알 수 있다. 2) 더욱이 16:19에서 "아시아에 있는 교회들이 너희에게 문안하고 아굴라와 브리스가와 그 집에 있는 교회가 주안에서 너희에게 간절히 문안한다"고 말한 것을 보면 본서가 에베소에서 기록된 것을 알 수 있다. 아굴라와 브리스가는 당시 에베소에서 머물고 있었다(행 18:24-26). 이런 기록들로 보아 본 서신은 바울 사도에 의해 에베소에서 기록되었음이 분명하다.

본서의 목적은 무엇인가

바울은 두 가지 목적을 가지고 본서를 기록했다.
1. 고린도교회가 가지고 있는 문제를 해결하고자 본서를 기록했다. 바울은 글로에의 집 사람들이 전해준 고린도교회의 여러 가지 문제들을 해결하기 위해서 본서를 기록했다. 그 많은 문제들 중에서도 교회의 분쟁과 바울 사도의 사역에 대한 오해는 매우 큰 문제였다(1장-4장). 그리고 일반사회에서도 찾아볼 수 없었던 근친상간과 또 성적(性的)으로 부도덕한 행위들(5장), 또 같은 그리스도인 형제들의 문제를 일반법정에 고발하는 비(非) 그리스도인적인 행위들(6장)에 대해서 들은 것을 해결하기 위하여 쓴 것이다.
2. 고린도 교회에서 질문한 것들에 대해서 답을 하기 위해 본서를 기록했다. 바울은 고린도 교회로부터 온 질문 사항(7:1)들에 대해 듣고, 혼인에 관한 문제(7장), 우상의 제물을 어떻게 다루어야 하는지에 대한 질문(8장-10장), 예배에 관련된 여러 가지 문제들(11장-14장)과 그리스도의 부활에 대한

오해를 시정하기 위하여(15장) 본서를 기록했다.

고린도 교회의 문제는 무엇이었는가

1) 고린도교회는 이교의 영향을 크게 받고 있었다. 찰스 핫지(Charles Hodge)는 "고린도 시는 줄리어스 씨이저에 의해서 이주한 식민 이민단들의 후손, 대도시 고린도에 매혹되어 몰려든 헬라인들, 유대인들, 그리고 로마 제국의 모든 지역으로부터 이 도시로 몰려들어 구성되어 있었다. 그렇지만 고린도 주민들이 지닌 특징 가운데 가장 두드러진 것은 단연코 그리스적인 특성이었다. 그리고 기독교로 개종한 이들 가운데 대다수는 아마도 유대인이 아닌 그리스인이었을 것이다(12:1 참조). 오랜 세월동안 그리스인들은 사색하기를 좋아했으며 상상력이 풍부했고 쾌락을 즐겼으며 파당을 짓는 특징을 지녀왔었다. 이러한 와중에서 고린도 교회는 많은 유대인 개종자들과 더불어 바로 위에서 언급한 특성을 지닌 사람들로 구성되어 있었다"(찰스 핫지).[1]

2) 고린도교회는 네 개의 당파(바울 파, 아볼로 파, 게바 파, 그리스도 파)가 있었다. 바울 파는 거의 이방인으로 구성되어 있었다. 이들은 율법이 주는 멍에로부터 자유로웠으며 유대인들의 율법적 사고로부터 자유로웠다. 바울파가 생긴 것은 아마도 바울이 고린도 교회의 설립자였기 때문일 것이다. 바울 파는 아마도 그 교회의 주류를 이루고 있었을 것이다. 그리고 아볼로 파가 생긴 이유는 아볼로가 성경에 능한 사람이었고 또한 웅변을 잘하는 사람이었기에(행 18:24-19:2) 헬라의 도시에서 아볼로 파가 생겼을 것이다. 다음으로 게바 파는 유대인들을 중심으로 한 파로서 아마도 수사도를 숭상한다는 뜻으로 이 파가 생겼을 것이다. 특히 게바(베드로의 아람어 이름) 파라는 이름을 보아도 게바 파는 유대인 중심이었다. 그리고 그리스도 파는 다른 세 파가 한 인물을 중심으로 생긴 것에 대한 혐오에서 생겼을 것이다. 자기들은 사람 중심이 아니라 참으로 잘 믿는다는 자들인 것을

---

1) 찰스 핫지, *고린도전서*, 김영배옮김, 서울: 아가페출판사, p. 16.

드러내기 위해 즉 그리스도를 중심해야 한다는 것을 너무 강조하다가 이런 파가 생겼을 것이다.

3) 고린도 교회 안에는 7계를 범하는 사람들이 있었다. 그들은 7계를 범하는 것을 대수롭지 않게 여기고 있었다. 종교의식과 축제에는 다양한 음행이 포함되어 있었기에 고린도 교인들은 부도덕한 행위에 빠져 살았으므로 교인들은 성적 문제와 음식문제로 번민하며 살았다(6:12-13 참조).

4) 고린도 교인들은 이교의 희생제물을 드리는 일과 이교의 종교적인 축제에 자유롭게 참여했다. 이들은 우상에게 드려진 제물을 거리낌 없이 먹는 일뿐 아니라 신전에서 거행되는 축제에 참석하는 일에도 익숙해 있었다(찰스 핫지). 이교 사람들은 고린도교회 사람들에게 크게 혼란을 끼쳤다. 교인들은 이교의 우상 신에게 바친 음식을 먹을 수 없다는 것을 배웠기 때문에 각 당파마다 이 문제를 두고 심히 혼란상을 보였을 것으로 보인다.

5) 고린도교회는 이교로부터 온 큰 영향과 또 각 당파의 난립으로 모든 점에서 혼란했다. 성만찬을 일반 식사로 변질시켰으며 여인이 얼굴을 가리지 않은 채 집회에 참여하는 것을 허락했고 여인들이 공중 앞에서 말하는 것을 허락했으며 또한 이 교회는 덕을 세우지 않고 예언과 방언의 은사를 무질서하게 사용했다. 그뿐만 아니라 이 교회에는 부활의 교리를 부정하는 사람들까지 생겼다. 이런 혼란한 가운데서도 복음의 교훈을 따라 생활하는 사람들이 있었다는 것은 놀라운 일이다(1:4).

본서의 특징은 무엇인가

고린도전후서의 특징은 1) 실제적 서신이라는 것이다. 교회의 실제적인 요구에 응하기 위해서 쓴 것이다.

2) 바울 사도는 실제적으로 지도하면서 교리에 뿌리를 박고 지도한다. 따라서 바울의 지도는 고린도 교회만을 위한 것이 아니라 영원히 모든 교회를 위한 실질적인 지도이다.

3) 고린도 교회의 문제는 그 교회의 내적인 실정을 말해주고 있다. 어느

교회든지 고린도교회와 같은 문제를 만날 수 있다는 것이다.

4) 본서와 사도행전은 초대교회사 연구와 바울 연구에 참신한 자료를 제공해주고 있다.

5) 본서의 문학적인 가치는 탁월하다. 본서의 헬라어는 고전적이며 유창하여 바울의 문체 중에 가히 표준적이라 할 수 있다는 것이 학자들의 일치된 의견이다. 그 중에 대표적인 것으로는 13장과 15장이라고 할 수 있다. 13장은 사랑이란 최고 강령을 실천적으로 기술했고, 15장은 부활의 심오한 진리를 교리적으로 펼치고 있다.

본 서신은 왜 중요한가

1) 본서는 고린도후서와 함께 다른 어떤 서신들보다도 바울의 개인적인 성품을 고스란히 우리에게 보여주고 있다. 이 서신은 바울의 인간 됨, 목사 됨, 상담자의 모습, 이단자와 투쟁하는 바울의 모습을 잘 보여주고 있다. 더욱이 본 서신은 바울의 옳고 그름에 대한 그의 엄격함과 그의 겸손, 그리고 그의 불굴의 활동력과 놀라운 인내심을 보여주고 있다. 아무튼 성령으로 거듭난 바울, 사도된 바울을 잘 보여주고 있다.

2) 본서는 바울이 이교 세계에서 어떤 태도를 취했는가를 보여주고 있다. 내 자신의 양심이 아니라 다른 이들의 양심을 위해서 우리가 어떻게 처신해야 하는가를 잘 보여주고 있다.

3) 본서는 교회 안에서 어떻게 권징을 해야 하며 또 어떻게 예배를 드려야하는 가와 성만찬의 본질이 무엇인가를 보여주고 있다.

■ 참고도서 (고린도전서)

【주해 및 강해서】

1.강병도. *고린도전서 1-16장*, 카리스종합주석. 서울: 기독지혜사, 2003.

2.김수홍. *누가복음주해*. 경기도: 도서출판 목양 2010.

3._____. *로마서주해*. 경기도: 도서출판 목양, 2008.

4._____. *갈라디아서주해*. 경기도: 도서출판 목양, 2009.

5.라우리, 데이비드 K. *고린도전후서*, 두란노강해시리즈 25, 김운성옮김. 서울: 도서출판, 1983.

6.렌스키, R. C. H. *고린도전서*, 성경주석, 문창수역. 서울: 백합출판사, 1982.

7.로버트슨, A. T. *바울서신*, 신약원어대해설. 서울: 요단출판사, 1985.

8.맥아더 존. *이것이 부활의 참된 의미이다*. 서울: 도서 출판 나침반사, 1991.

9.모리스, 리온. *고린도전후서주석*, 정일오역. 서울: 기독교문서선교회, 1983.

10.박윤선. *고린도전후서*, 성경주석. 서울: 영음사, 1999.

11.벵겔. J. A. *고린도전서-갈라디아서*, 벵겔신약주석. 나용화, 김철해 공역. 서울:도서 출판로고스, 1992.

12.스미즈. 루이스 B. *사랑: 고린도전서 13장을 통해 만나는 하나님의 건전 한 사랑*, 김희수 옮김. Grand Rapids: Eerdmans, 1978.

13.스토트, 존. *리더십의 진실*, 정옥배옮김. 서울: 한국기독교 학생회, 2002.

14.와이어, 앤. *원시 그리스도교의 잊혀진 여성들*, 조태연옮김. 서울: 대한기독교서회, 2001.

15.옥스퍼드원어성경대전. *고린도전서 제 1-9장*. 서울: 제자원, 2001.

16._____. *고린도전서 제 10-16장*. 서울: 제자원, 2001.

17.웨슬리, J. *신약성서주해(하)*, 김철손, 진보경 공역. 서울: 한국교육도서출판사, 1977.

18.이상근. *고린도서*, 신약주해. 서울: 대한예수교장로회 총회교육부, 1980.

19.이순한. *고린도전후서강해*. 서울: 한국기독교 교육연구원, 1991.

20.최세창. *고린도전서*, 신약주석씨리즈. 서울: 글벗사, 1992.

21.칼빈, 존. *고린도전서, 갈라디아서(8)*, 존 칼빈 성경주석 출판위원회 역, 서울: 성서교재간행사, 1979.

22.칼빈, 존. *칼빈이 말하는 교회에서의 여성과 남성과의 관계*, 김동현 옮김. 서울:도서출판 솔로몬, 1994.

23.프라이어, 데이비드. *고린도전서강해*, 정옥배옮김. 서울: 한국기독학생회 출판부, 1999.

24.피츠너, V. C. *고린도전서*, 이기문옮김. 서울: 컨콜디아사, 1982.

25.헌터, J. *고린도전서*, 횃불주석시리즈, 정병은 옮김. 경기도: 전도출판사, 2007.

26.Barclay, W. *The Letters to the Corinthians*. Philadelphia: Westminster, 1975.

27.Barrett, C. K. *A Commentary on the First Epistle to the Corinthians*. New York and Evanston: Harper & Row, Publishers, 1968.

28.Baxter, J. Sidlow. *Explore the Book*. Grand Rapids: Zondervan Publishing House, 1966.

29.Blomberg, Craig. *1 Corinthians* (NIV Application), Zondervan, 1994.

30.Bruce, F. F. *I & II Corinthians*, The New Century Bible Commentary. Grand Rapids: Wm. B. Eerdmans Publ. Co., 1987.

31.Carson, Donald A. *Showing the Spirit: A Theological Exposition of 1 Corinthians 12-14.* Grand Rapids: Baker Book House, 1987.

32.Conzelmann, Hans. *1 Corinthians: A Commentary on the First Epistle to the Corinthians.* Philadelphia: Fortress Press, 1975.

33.Davis, James A. "1-2 Corinthians," in *Baker Commentary on the Bible.* Grand Rapids: Baker Books, 1989.

34.Dowling, Robin and Dray, Stephen. *1 Corinthians: Free to Grow.* Grand Rapids: Baker Books, 1996.

35.Fee, Gordon D. *The First Epistle to the Corinthians*. Grand Rapids: Eerdmans, 1987.

36.Godet, F. L. *Commentary on the First Corinthians*. Grand Rapids: Kregel, 1979.

37.Grosheide, F. W. *Commentary of the First Epistle to the Corinthians,* New International Commentary. Grand Rapids: Eerdmans, 1968.

38.Gutzke, Manford George. *Plain Talk on First and Second Corinthians.* Grand Rapids: Zondervan, 1978.

39.Hays, Richard B. *First Corinthians,* Interpretation, A Bible Commentary for Teaching and Preaching. Westminster John Knox, 1989.

40.Henry, Matthew. *A Commentary on the Holy Bible.* London: Funk & Wagnalls Co.

41.Hodge, Charles. *I Corinthians*. Grand Rapids: Eerdmans, 1980.

42.Johnson, S. Lewis. "I Corinthians," in *The Wycliffe Bible Commentary*. ed by Everett F. Harrison. Chicago: Moody Press, 1981.

43.Kistemaker, Simon J. *I Corinthians,* New Testament Commentary. Grand Rapids: Baker Books, 1993.

44.Kling, Christian Friedrich. *The First Epistle of Paul to the Corinthians*, trans. by Daniel W. Poor. Grand Rapids: Zondervan, 1969.

45.MacArthur, John. *1 Corinthians*: The MacArthur New Testament Commentary. Chicago: Moody Press, 1984.

46.Mare, W. Harold. "1 Corinthians." in *The Expositor's Bible Commentary,* ed. by Frank E. Gaebelein. Grand Rapids: Zondervan Publishing House, 1976.

47.Martin, Alfred. *First Corinthians,* Neptune: Loizeaux Brothers, 1989.

48.McGee, J. Vernon. *First Corinthians*. Nashville: Thomas Nelson Publishers, 1991.

49.Meyer, F. B. *구신약성서 영해 6(행- 엡),* 이성호역. 서울: 성지사, 1976.

50.Meyer, Heinrich August Wilhelm. *1-2 Corinthians,* Meyer's Commentary on the New Testament, New York: Funk & Wagnalis Publishers, 1884.

51.Mitchell, Daniel R. "I-II Corinthians," in *King James Bible Commentary*. Nashville: Thomas Nelson Publishers, 1999.

52.Mitchell, Margaret M. *Paul and Rhetoric of Reconciliation.* An Exegetical Investigation of the Language and Composition of 1 Corinthians. Louisville: Westminster/John Knox Press, 1991.

53.Moffatt, J. *The First Epistle to the Corinthians,* Moffatt's New

Testament Commentary. New York: Harper, 1959.

54.Morgan, G. C. *The Corinthians Letters of Paul*. London: Oliphants, 1947.

55.Orr, William F. and Walter, James Arthur. *I Corinthians,* The Anchor Bible. Garden City: Doubleday & Company, 1976.

56.Pratt, Jr., Richard L. *Main Idea로 푸는 고린도전후서,* 김진선옮김. 서울: 도서출판 디모데, 2003.

57.Robertson, Archibald and Plummer, Alfred. *A Critical and Exegetical Commentary on the First Epistle of St. Paul to the Corinthians,* The International Critical Commentary. Edinburgh: T. & T. Clark, 1978.

58.Ruef, John. *Paul's First Letter to Corinth.* Westminster Pelican Commentaries. Philadelphia: The Westminster Press, 1977.

59.Soards, Marion L. *1 Corinthians,* New International Biblical Commentary. Peabody: Hendrickson Publishers, 1999.

60.Thiselton, Anthony. *The First Epistle to the Corinthians* (NIGTC). Grand Rapids: Eerdmans, 2000.

61.Vincent, M. R. *Word Studies in the New Testament,* vol. III. Grand Rapids: Eerdmans, 1946.

62.Wiersbe, Warren W. *1 Corinthians: Be Wise.* Wheaton: Victor Books, 1983.

63.Wilson, Geoffrey B. *1 Corinthians.* Carlisle: The Banner of Truth Trust, 1978.

【사전류】

64.*The Analytical Greek Lexicon with A Grammatical Analysis of Each*

Word, and Lexicographical Illustration of the Meanings. New and Evanston: Harper and Row Publishers, n.d.

65.Arndt, William F. and Gingrich, F. Wilbur. *A Greek-English Lexicon of the New Testament and Other Early Christian Literature.* Second Edition. Chicago and London: The University of Chicago Press, 1958.

66.Harrison, Everett F., Bromily, Geoffrey W., Henry, Carl F. *Wycliffe Dictionary of Theology.* Peabody: Hendrikson Publishers, 1960.

67.Moulton, James Hope and Milligan, George. *The Vocabuluary of the Greek Testament.* Grand Rapids: Wm. B. Eerdmans, 1982.

68.Rienecker, Frietz. *헬라어신약성서: 언어분석의 열쇠.* 경한수편저. 서울: 예본출판사, 1993.

69.Unger, M. F. *Unger's Bible Dictionary*, Chicago: Moody, 1957.

제 1 장
분열된 교회를 치료하는 십자가

I.인사와 감사   1:1-9

　　바울은 다른 서신에서와 같이 먼저 문안하고(1-3절), 또 고린도 교회에 주신 하나님의 은혜를 생각하고 감사하며(4-7절), 그들이 주님의 재림 때에 구원받을 것을 확신하고 있다(8-9절).

　　A.인사   1:1-3

고전 1:1. 하나님의 뜻을 따라 그리스도 예수의 사도로 부르심을 받은 바울과 및 형제 소스데네는.

　　바울은 편지를 보내는 두 사람의 신분을 밝힌다. 바울은 먼저 자신이 "하나님의 뜻을 따라(고후 1:1; 엡 1:1; 골 1:11; 딤후 1:1) 그리스도 예수의 사도로 부르심을 받았다"고 말한다. 그는 자신의 소원을 따라 사도가 된 것이 아니라 "하나님의 뜻을 따라"(διὰ θελήματος θεου) 사도가 되었다고 말한다. "하나님의 뜻"이란 '하나님의 원(願),' '하나님의 소원,' '하나님의 계획'을 지칭한다. 고린도 교회 안에는 바울이 그리스도의 사도됨을 부인하는 세력이 있었기에(12절; 9:1-12) 바울은 자기가 하나님의 영원하신 뜻에 따라 사도가 되었다고 말한다. 바울은 자기도 거부할 수 없는 일이 자기에게 이루어졌다고 말한다. 바울은 자신이 "그리스도 예수의 사도로 부르심을 받았다"고 말한다(롬 1:1). 여기 "사도"(ἀπόστολος)란 '보냄을 받은 자' 혹은 '심부름꾼'이란 뜻으로 바울은 하나님으로부터 그리스도의 복된 소식을 전하도록 심부름꾼으로 부르심을 받았다는 확신을 피력한다.

그리고 다음, 바울은 소스데네의 신분에 대해 간략히 말한다. 곧 바울은 소스데네를 "형제"라고 말한다. 여기 "형제"(ὁ ἀδελφός)란 '같은 신자'라는 뜻으로 사용된 말이다(롬 16:23; 고후 1:1; 엡 6:21; 빌 2:25; 골 4:9). 바울은 자기가 혼자 이 서신을 썼지만(4절-"내가"란 말이 나옴) 고린도교회 교인들이 소스데네를 알기 때문에 이 편지 송신자 중에 소스데네의 이름을 쓴 것으로 보인다. 고린도교회 교인들이 소스데네를 안다고 할 수 있는 이유는 소스데네가 고린도에 있었던 유대인 회당의 회당장이었기 때문일 것이다. 소스데네는 유대인들이 총독 갈리오에게 바울을 고발했을 때 바울 대신 그들에게 매를 맞은 사람이었다(행 18:12-17). 그러나 소스데네라는 이름은 당시 흔한 이름이었기 때문에 매를 맞은 사람이 본 절에 나오는 소스데네와 동일 인물인지는 확언하긴 어려우나 그렇게 추측해도 별 무리는 없을 것이다 (Alford, Bruce, Hodge, Morris).

고전 1:2. 고린도에 있는 하나님의 교회 곧 그리스도 예수 안에서 거룩하여지고 성도라 부르심을 받은 자들과 또 각처에서 우리의 주 곧 그들과 우리의 주 되신 예수 그리스도의 이름을 부르는 모든 자들에게.

바울은 "고린도에 있는 하나님의 교회 곧 그리스도 예수 안에서 거룩하여지고 성도라 부르심을 받은 자들과 또 각처에서 우리의 주 곧 그들과 우리의 주 되신 예수 그리스도의 이름을 부르는 모든 자들에게" 인사한다. "고린도에 있는 하나님의 교회"(τῇ ἐκκλησίᾳ τοῦ θεοῦ τῇ οὔσῃ ἐν Κορίνθῳ)란 '고린도 지방에 위치한 하나님의 교회'를 지칭하는 말이다. 여기 "하나님의"(τοῦ θεοῦ)란 말이 첨가된 것은 고린도에 있는 교회가 하나님에 의해서 탄생되었다는 것을 지칭한다(12:3). 그런데 주석학자 흐로솨이데 (Grosheide)는 "하나님의"라는 어휘가 교회의 통일성을 강조하기 때문에 고린도 교회 내의 분쟁을 은근히 질책하는 말일 수도 있다고 말한다.

바울은 고린도 교회를 설명하기 위하여 두 마디 말을 덧붙인다. 하나는 "예수 안에서 거룩하여진"이라는 말을 덧붙인다(요 17:19; 행 15:9). "그리스도 예수 안에서 거룩하여진"(ἡγιασμένοις ἐν Χριστῷ Ἰησου)이란 말은 현재완료시제로 이미 과거에 거룩하여져서 지금까지 거룩하여진 상태로 존재한다는 뜻이다. 고린도 교회 교인들은 '예수님과 연합되어 있기에,' '예수님을 믿기에' 거룩하여져 있다는 것이다. 이 말은 그들이 예수님을 믿기 때문에 세상의 불신자들과는 아주 구분되어졌다는 뜻이다. 오늘 우리는 비록 부족한 점이 많이 있다고 해도 예수님을 믿기에 예수 안에서 거룩하여진 사람들로 분류되는 것이다. 그리고 또 한마디의 수식어는 "성도라 부르심을 받은 자들"이란 말이 첨가되어 있다(롬 1:7; 딤후 1:9). 고린도 교회의 교인들은 '하나님에 의해서 거룩한 무리라고 부르심을 받은 사람들'이다. 그들의 삶이 완전히 거룩해져서라기 보다는 예수님을 믿기 때문에 거저 성도라고 부르심을 받게 되었다. 오늘 우리가 성도로 부르심을 받음은 아주 거룩해서가 아니라 오직 예수님과 연합되어 있다는 바로 그 사실에 의해서이다.

그리고 바울은 "각처에서 우리의 주 곧 그들과 우리의 주 되신 예수 그리스도의 이름을 부르는 모든 자들에게"라는 말을 첨가 한다(행 9:14, 21; 22:16; 딤후 2:22). 여기 이 말은 고린도 교회의 동료 기독교인들을 지칭하는 말인데 바울 사도가 이 말을 쓴 것은 고린도교회 교인들이 각처에서 신앙생활을 하고 있는 성도들도 자기들과 한 몸임을 기억해야 함을 암시하려 하기 위함이다. 혹자는 "각처에서 우리의 주 곧 그들과 우리의 주 되신 예수 그리스도의 이름을 부르는 모든 자들에게"라는 말이 고린도 교회 밖의 아가야 교회들(고후 1:1), 예를 들어 겐그레아 교회(롬 16:1)를 지칭할 수도 있고 혹은 바울 사도 이외에 다른 사도들에 의해서 세워진 교회들을 지칭할 수도 있다고 주장한다. 그러나 바울이 여기서 세계를 향한 회람서신 혹은 공동서신을 쓰고 있는 것은 아니다. 바울은 각처에서 신앙생활을 하는 사람들을 "우리의 주 곧 그들과 우리의 주 되신 예수 그리스도의 이름을 부르는 모든 자들"이라고 묘사한다(8:6; 롬 3:22; 10:12). 바울은 각처에서 신앙생활을 하는 사람들도 '우리의 주님도 되시며 또 그들의 주님도 되시는 예수 그리스도의 이름을 부르는 자들'이라고 말한다. 예수 그리스도의 이름을 부른다는 말은 신앙행위를 뜻하는 말이다. 곧 감사할 때도 예수 그리스도의 이름을 불러 감사하고 또 기도할 때 역시 예수 그리스도의 이름을 불러 기도하며 또 무슨 일을 하든지 예수 그리스도의 이름을 불러서 한다는 것이다. 교회란 예수 안에서 거룩하여지고, 성도라 부르심을 받으며, 예수 그리스도의 이름을 부르는 모든 자들을 지칭한다.

고전 1:3. 하나님 우리 아버지와 주 예수 그리스도로부터 은혜와 평강이 있기를 원하노라.

바울은 고린도 교회의 교우들에게 인사하면서 "은혜와 평강이 있기를" 기원하고 있다(롬 1:7; 고후 1:2; 엡 1:2; 벧전 1:2). 이 "은혜"와 "평강"은 성부로부터 오고 또 성자로부터 온다. "은혜"란 '하나님께서 그리스도를 통하여 주시는 무조건적인 호의'를 뜻하고 "평강"이란 '마음이 안정된 상태'를 지칭하는 말로(롬 1:7; 고후 1:2; 갈 1:3) 은혜가 임한 결과이다. 우리는 다른 성도들에게 은혜와 평강이 있기를 기도해야 할 것이다. 따라서 이 두 가지는 성도들에게 가장 필요한 은총이라고 할 수 있다.

B.감사 1:4-9

고전 1:4. 그리스도 예수 안에서 너희에게 주신 하나님의 은혜로 말미암아 내가 너희를 위하여 항상 하나님께 감사하노니.

바울 사도는 인사를 마치고(1-3절) 이제는 하나님께서 고린도교회들에게 주신 은혜 때문에 하나님께 감사한다(4-7절). 하나님은 "그리스도 예수 안에서"(ἐν Χριστῷ Ἰησοῦ) 고린도 교회에게 은혜를 주셨다. "그리스도 예수 안에서"란 말은 고린도 교회 교인들이 '그리스도 예수님과 연합된 상태에서' 혹은 '그리스도 예수님을 믿는 상태에서'란 뜻이다. 그들이 그리스도와 연합되지 않았더라면, 다시 말해, 예수님을 믿지 않았더라면 하나님의 은혜를 받을 수 없었을 것이다. 우리도 역시 평생을 예수 그리스도 안에 거하기만을 소원해야 한다.

본문에 "하나님의 은혜로 말미암아"란 말은 '하나님께서 주신 신령한 은혜들 때문에'란 뜻이다. 바울은 하나님께서 고린도 교회 교우들에게 주신 신령한 은혜를 생각하고 "항상 하나님께 감사한다"(롬 1:8; 빌 1:3; 골 1:3; 살전 1:2; 딤후 1:3; 몬 1:4). 우리는 하나님께서 다른 교우들에게 주시는 은혜 때문에 항상 감사할 수 있어야 한다.

고전 1:5. 이는 너희가 그 안에서 모든 일 곧 모든 언변과 모든 지식에 풍족하므로.

본 절은 앞 절(4절)의 "하나님의 은혜"가 무엇임을 설명한다. 하나님의 은혜(4절)란 다름 아니라 고린도 교인들이 "그 안에서," 즉 '예수님과 연합된 중에서' 혹은 '예수님을 믿는 중에서' "모든 일 곧 모든 언변과 모든 지식에 풍족한 것"을 지칭한다. 여기 "모든 일"은 "모든 언변과 모든 지식"이란 말과 동격으로 그들이 "모든 일"에 풍족하다는 말은 "모든 언변과 모든 지식"에 풍족하다는 뜻이다(12:8; 고후 8:7). 그런데 두 단어 앞에 "모든"이란 수식어가 붙은 것은 두 단어의 내용이 대단하고 놀랍기 때문이다. 그러니까 고린도 교회의 교인들은 '놀랍고도 대단한 언변과 지식'에 풍족하다는 말이다.

"언변"이란 '고린도 교인들의 지식(은사로서의 지식)을 표현하는 능력'을 지칭한다(F. F. Bruce). 다시 말해 '복음 전도를 위한 웅변'을 지칭한다. 그리고 "지식"이란 '박식'(Hodge, Meyer), '구원의 사실들을 파악하고 또 파악한 것을 생활에 적용하는, 은사로서의 지식'을 말한다. "언변"과 "지식"을 종합하여 정의한다면 "언변이란 진리를 말하는 것이고 지식이란 진리를 파악하는 것"이다(Leon Morris). 여기서 주의할 것은 고린도 교회 교인들이 가지고 있었던 지식(γνώσει)은 성령님께서 주신 은사로서의 지식을 말하는 것으로 소위 영지주의자들이 가지고 있었던 지식과는 다르다. 영지주의자들이 자랑으로 여겼던 지식은 그리스도 없이 영적인 지식만 가지면 구원을 받을 수 있다고 자랑했던 지식이다. 그러나 고린도 교인들이 가지고 있었던 지식은 그리스도를 아는 지식, 복음을 아는 지식을 뜻한다.

그리고 본문에 "풍족하다"(ἐπλουτίσθητε)는 말은 부정(단순)과거 수동태로 '확실하게 풍족하다' 혹은 '뚜렷하게 풍족하다'는 뜻으로 고린도 교회는 언변과 지식에 분명하게 풍족하다는 것이다. 다시 말해 고린도 교회의 교우들은 성령님의 은사가 풍족한 중에 특히 언변의 은사와 지식의 은사가 놀랍게 풍족하다는 것이다. 바울은 고린도 교회가 언변과 지식이 풍족한 것을 알고 하나님께 항상 감사했다. 오늘 우리 한국교회도 성령님께서 주신 여러 은사들을 생각하며 감사해야 할 것이다.

고전 1:6. 그리스도의 증거가 너희 중에 견고하게 되어(καθὼς τὸ μαρτύριον τοῦ Χριστοῦ ἐβεβαιώθη ἐν ὑμῖν).

본 절 초두에 위치한 헬라어 "카도스"(καθὼς)는 비교의 의미로 '...한 것처럼,' '...한 대로'의 뜻이다. 앞 절과 본 절을 연결해서 번역해보면 "그리스도의 증거가 너희 중에 견고한 것처럼(6절) 너희가 그 안에서 모든 일 곧 모든 언변과 모든 지식에 풍족하게"(5절) 되었다는 것이다(6절을 먼저 번역하고 5절을 나중에 번역해야 한다). 혹시 성구 순서대로 5절부터 번역하고 다음 6절을 번역한다면 "이는 너희가 그 안에서 모든 일 곧 모든 언변과 모든 지식에 풍족한 것은 그리스도의 증거가 너희 중에 견고하게 된 것과 같다"로 표현될 것이다. 그런데 혹자는 "카도스"(καθὼς)를 이유를 나타내는 말로 번역하여 "너희가 그 안에서 모든 일 곧 모든 언변과 모든 지식에 풍족하게 된 것(5절)은 그리스도의 증거가 너희 중에 견고하게 되었기 때문이다(6절)"라고 번역한다. 다시 말해 고린도교회에 은사가 풍성하게 된 원인은 그리스도의 증거가 고린도 교회에 견고하게 되었기 때문이라고 보는 것이다. 이렇게 번역하면 고린도교회 교인들의 신앙이 돈독하기 때문에 은사가 풍성하게 임하게 되었다는 것으로 된다. 즉 4절과 5절에 보면 "그리스도 예수 안에서"(4절) 그리고 "그 안에서"(5절) 은사가 주어졌다고 말하고 있다. 은사는 신앙이 돈독해서 임하는 것이 아니라 신앙이 임함과 동시에 임하는 것으로 보아야 한다.

본문의 "그리스도의 증거"(τὸ μαρτύριον τοῦ Χριστου)란 말의 "의"(του)란 말은 소유격이지만 목적의 의미를 가진 소유격인고로 '그리스도를 증거 하는 증거' 즉 '복음'을 뜻한다(2:1; 딤후 1:8; 계 1:2). 그리고 "견고하게 되어"(ἐβεβαιώθη)라는 말은 부정(단순)과거 수동태로 '확실히 견고하게 되었다,' '뚜렷하게 튼튼하게 되었다'는 뜻이다. 바울 사도가 과거에 고린도 교회에 복음을 전해준 것이 분명히 견고하게 된 것처럼 고린도 교회에 언변과 지식이 풍족하게 되었다는 것이다. 누구든지 복음을 분명히 믿으면 동시에 은사도 받는다. 은사가 나타나는 이유는 서로 봉사하도록 하기 위함이다. 오늘 우리가 그리스도를 증언할 때 놀라운 은사들도 나타난다. 그런고로 그리스도를 전하는 것보다 중요한 것은 없다.

고전 1:7. 너희가 모든 은사에 부족함이 없이 우리 주 예수 그리스도의 나타나심을 기다림이라.

고린도 교회는 바울의 복음 전도에 힘입어(6절) "모든 은사에 부족함이 없이 우리 주 예수 그리스도의 나타나심을 기다리게" 되었다(빌 3:20; 딛 2:13; 벧후 3:12). 언변의 은사와 지식의 은사뿐 아니라 모든 필요한 은사에 부족함이 없이 우리 주 예수 그리스도의 나타나심을 기다리게 된 것이다. 주님의 재림을 대망하는 것은 초대교회의 특징이었다(4:5; 15:23). 그래서 바울은 감사한다.

고전 1:8. 주께서 너희를 우리 주 예수 그리스도의 날에 책망할 것이 없는 자로 끝까지 견고하게 하시리라.

바울은 고린도 교인들이 주님의 재림을 기다리는 삶을 생각하고 감사하면서(앞 절) 이제 "주께서," 곧 '하나님께서'(9절 참조) 고린도 교인들로 하여금 예수님 재림하시는 날에 "책망할 것이 없는 자로 끝까지 견고하게 하시리라"고 확신한다(골 1:22; 살전 3:13; 5:23). 바울은 하나님께서 그의 호의와 힘으로 고린도 교인들로 하여금 그리스도의 재림의 날에 흠 없는 신자로 세워주실 것을 확신하고 있다. 우리는 우리의 힘이 아니라 하나님의 은혜로 우리를 흠 없고 점 없는 성도로 그 앞에 서게 될 것이다. 그러하기에 우리는 하나님께서 우리를 그리스도의 재림의 날에 흠 없는 자녀로 세워주실 것을 기대해야 한다. 아멘.

고전 1:9. 너희를 불러 그의 아들 예수 그리스도 우리 주와 더불어 교제하게 하시는 하나님은 미쁘시도다.

바울은 하나님께서 고린도 교인들로 하여금 그리스도의 재림의 날에 흠 없는 성도들로 튼튼하게 세워주실 것이라고 확신하면서(앞 절) 이제 본 절에서는 "너희를 불러 그의 아들 예수 그리스도 우리 주와 더불어 교제하게 하시는 하나님은 미쁘시도다"고 말한다(10:13; 사 49:7; 살전 5:24; 살후 3:3; 히 10:23). 곧 현재의 삶에서 그리스도와 교제하게 해주시는(요 15:4; 17:21; 요일 1:3; 4:13) 하나님은 신실하시다는 것이다. 하나님은 고린도 교인들로 하여금 예수님을 신앙하도록 불러주셨다. 그리고 주님과 더불어 교제하게 하신다. 교제하게 하시면서 점과 흠을 없애주신다. 고린도 교인들을 불러주신 하나님은 불러주신 것을 무효화하시지 않으실 것이고 또 교제하게 하시는 것을 무효화하시지 않으실 것이다. 그 이유는 그가 신실하시기 때문이다. 바울은 하나님의 미쁘심, 곧 신실하심을 믿는다. 하나님께서는 우리로 하여금 세상 끝 날까지 계속해서 그리스도와 교제하게 해주신다. 또한 계속해서 그리스도로부터 은혜를 받게 하실 것이고 계속해서 그리스도에게 기도할 수 있게 해주실 것이다. 훗날 우리가 육신의 힘이 다할 때도 하나님은 우리를 버리지 않으시고 그리스도와 깊은 교제를 하게 하실 것이다. 할렐루야.

II.바울이 분쟁하는 고린도 교회를 책망하다   1:10-4:21

바울은 편지의 서두에서 고린도 교인들을 향하여 인사하고(1-3절) 또 하나님께 감사(4-9절)한 후 이제 분쟁하는 고린도 교인들을 향하여 길게 책망한다(10절-4:21). 바울은 고린도 교회의 분쟁 소식을 듣고 그냥 넘어갈 수 없었다. 이런 때는 말을 하는 것이 덕이었다. 바울은 먼저 분쟁 자체를 거론(1:10-17)한 다음 사람을 자랑하지 말고 주님만 자랑할 때 분쟁이 일어나지 않는다고 말하며(1:18-31), 바울이 오직 성령님의 능력만 의지한 것을 성도들에게 모본으로 보인다(2:1-5). 그리고 하나님의 지혜(계시)는 성령님을 통하여만 깨닫게 된다고 말하고(2:6-16), 인맥도 분쟁의 원인임을 말한다(3:1-23). 결론적으로 분쟁을 해결하기 위하여 권면한다(4:1-21).

A.바울이 고린도 교회의 분쟁의 실체가 무엇임을 거론하다 1:10-17
분쟁이 있다면 반드시 분쟁의 실체가 있는데 바울은 그 분쟁의 실체가 무엇임을 말한다. 먼저 분쟁의 전모를 말하고(10-12절), 다음으로 분쟁에 대하여 탄핵한다(13-17절).

고전 1:10. 형제들아 내가 우리 주 예수 그리스도의 이름으로 너희를 권하노니 모두가 같은 말을 하고 너희 가운데 분쟁이 없이 같은 마음과 같은 뜻으로 온전히 합하라.
바울은 고린도 교회에 분쟁이 있다는 소식을 듣고 분쟁의 전모(全貌)를 말하기 전에 분쟁을 없애는 방법을 제시한다. 바울은 먼저 "형제들아"라고 말한다. 권면하기 위하여 "형제들아"라는 애칭으로 부른다. 그리고 "내가 우리 주 예수 그리스도의 이름으로 너희를 권한다"고 말한다. 예수 그리스도의 인격과 권위를 배경하고 권한다는 뜻이다. 즉 이것은 바울 개인이 권하는 것이 아니라 예수 그리스도의 인격과 권위를 의지하여 분쟁을 없애겠다는 것을 뜻한다.
바울은 두 가지를 권한다. 하나는 교인들 전체가 "같은 말을 하고 분쟁이 없게 하라"는 것이다(롬 12:16; 15:5; 고후 13:11; 빌 2:2; 3:16; 벧전 3:8).

여기 "같은 말을 하라"는 말은 '같은 것을 말하라'(speak the same thing)는 뜻으로 구체적으로 '그리스도를 말하라'는 것이다. 바울을 자랑하지 말고 아볼로를 자랑하지 말며 베드로를 자랑하지 말고 그리스도만 전하고 또 그리스도에게 감사하며 찬양하라는 뜻이다(12절 참조). 그렇게 함으로써 "분쟁이 없게 해야 한다"는 뜻이다. 그리스도만을 자랑하고 그리스도만을 전하며 그에게만 감사하고 찬양하면 분쟁의 소지는 없어지고 성도 간에 그리고 전도자간에 사랑이 더욱 두터워진다. 우리는 교회에서나 신학교에서나 혹은 노회나 지방회 그리고 총회에서 그리스도를 사랑하는 말을 해서 분쟁의 소지를 완전히 없애야 한다.

또 하나는 고린도 교인들 가운데 "같은 마음과 같은 뜻으로 온전히 합하라"고 권한다. 바로 앞에 말한 것은 "같은 말을 하라"는 것이었는데 이제는 "같은 마음과 같은 뜻을 가지는" 중에 온전히 합하라는 것이다. 밖으로 나타난 말만 아니라 속에 품고 있는 마음과 뜻도 하나가 되어야 하는 것이다. 그러면 "같은 마음과 같은 뜻을 가진다"는 말은 무엇을 의미하는가. 그것은 '예수님을 사랑하는 같은 마음을 가지고(예수님을 사랑하는 마음은 형제를 사랑하는 마음을 포함한다) 또 똑같은 뜻(똑같은 변별력, 똑같은 판단력-그리스도를 사랑해야 옳다는 판단력, 형제를 사랑해야 옳다는 판단력, 사람을 더 앞세워서는 안 된다는 판단력)을 가지라'는 것이다. 우리의 마음과 판단력이 바로 되어야 똑같은 말을 하게 된다.

고전 1:11. 내 형제들아 글로에의 집편으로 너희에 대한 말이 내게 들리니 곧 너희 가운데 분쟁이 있다는 것이라.

바울은 다시 "내 형제들아"라는 애칭을 사용하여 엄숙하게 권한다. 바울은 글로에의 집을 통하여 들린 가슴 쓰라린 말을 꺼낸다. "글로에"라는 여자는 누구인지 확실히 알 수는 없으나 바울이 어떤 설명 없이 글로에의 이름만 쓴 것을 보면 고린도 교회 교인들이 잘 알고 있는 여 성도였을 것이다. 글로에의 집에서 일을 시키는 노예들 중에 어떤 노예가 바울에게

와서 말로 보고를 했거나 혹은 글로에의 편지를 가지고와서 바울에게 전했을 것이다. 들려온 내용은 고린도 교회 가운데 "분쟁이 있다는" 것이었다. 고린도 교회 가운데 '분쟁이 생겨서 지금 분쟁하고 있다'는 것이었다. 아직 쪼개지지는 않았지만 서로 간에 틈이 벌어져서 좋지 않은 상태에 있다는 소식이었다. 바울은 일이 더 커지기 전에 뿌리를 뽑기 위하여 말을 꺼낸다. 때로는 침묵은 금이 아니라 독약일 수 있기에 우리는 성령의 인도를 따라 말할 때 말하고 침묵할 때 침묵해야 한다.

고전 1:12. 내가 이것을 말하거니와 너희가 각각 이르되 나는 바울에게, 나는 아볼로에게, 나는 게바에게, 나는 그리스도에게 속한 자라 한다는 것이니.

글로에 집 사람들 편에 들려온 구체적인 소식은 다름 아니라 "너희가 각각 이르되 나는 바울에게, 나는 아볼로에게, 나는 게바에게, 나는 그리스도에게 속한 자라 한다는" 소식이었다(3:4; 16:12; 요 1:42; 행 18:24; 19:1).[2] '제 각각 바울 소속, 아볼로 소속, 게바 소속, 그리스도 소속이라고 말을 한다는' 소식이었다. 마음속으로 그렇게 생각하는 것이 아니라 입으로 말까지 한다는 소식이었다. 바울에게는 충격적인 소식이 아닐 수 없었다. 그런데 혹자는 고린도 교회의 분쟁의 원인은 지도자들에게 있었다고 주장한다. 지도자들 사이가 서로 좋지 않으니 교우들이 영향을 받아서 파가 생겼다고 말한다. 그러나 그런 주장은 문맥을 잘못 파악한 것이다. 만약에 지도자들 사이에 그 어떤 분열이 있었다면 바울과 아볼로 사이, 아볼로와 베드로

---

2) 바울파가 생긴 것은 아마도 바울이 고린도 교회의 설립자였기 때문일 것이다. 바울 파는 아마도 그 교회의 주류를 이루고 있었을 것이다. 그리고 아볼로 파가 생긴 이유는 아볼로가 성경에 능한 사람이었고 또한 웅변을 잘하는 사람이었기에(행 18:24-19:2) 헬라의 도시에서 아볼로 파가 생겼을 것이다. 다음 게바 파는 유대인들을 중심한 파로서 수사도를 숭상한다는 뜻으로 게바 파가 생겼을 것이다. 특히 게바(베드로의 아람어 이름) 파라는 이름을 보아도 게바 파는 유대인 중심이었다. 그리고 그리스도 파는 다른 세 파를 보고 인물 중심한 것을 혐오해서 생겼을 것이다. 자기들은 사람 중심이 아니라 참으로 잘 믿는다는 것을 드러내기 위해 그리스도를 중심해야 한다는 것을 너무 강조하다가 이런 파가 생겼을 것이다. 교회에서는 걸핏하면 파가 생긴다.

사이, 그리고 베드로와 예수님 사이가 좋지 않았다고 말하는 것과 같은 이야기가 된다. 바울이나 아볼로나 혹은 베드로는 오직 예수님만 전한 전도 자들이었다. 그런고로 지도자들 사이가 좋지 않아서 고린도 교회에 파가 생겼다고 주장하는 말은 있을 수 없는 주장이다.

고전 1:13. 그리스도께서 어찌 나뉘었느냐 바울이 너희를 위하여 십자가에 못 박혔으며 바울의 이름으로 너희가 세례를 받았느냐.

바울은 본 절부터 17절까지 교인들이 분쟁하는 일을 책망한다. 바울이 책망하는 중에 가장 정곡을 찌르는 말은 "그리스도께서 어찌 나뉘었느냐"는 말이다(고후 11:4; 엡 4:5). 분쟁하는 고린도 교회를 향하여 바울은 "그리스 도께서 어찌 나뉘었느냐"고 한다. 실제로 이 말은 '그리스도께서는 나누어지 지 않았다'는 것을 더욱 드러나게 한다. 바울은 그리스도께서 나뉘지 않았다 는 것을 확실히 밝히기 위해 "바울이 너희를 위하여 십자가에 못 박혔으며 바울의 이름으로 너희가 세례를 받았느냐"고 말한다. 다시 말해 그리스도께 서 하시는 일, 즉 십자가에서 대속의 죽음을 죽는 일에 바울이 끼어들지 않았고 또 그리스도께서 성도들에게 세례 주는 일에 바울이 끼어들지 않았다 고 주장한다. 바울도 아볼로도 게바도 십자가에 못 박힌 일이 없으며 그리스 도께서 성도들에게 세례를 베푸는 일에 그들이 협조한 일도 없다는 것이다. 십자가에서 죽는 일이나 세례를 베푸는 일은 오직 그리스도께서 홀로 감당하 셨다. 예수님은 만물의 창조주이시며(요 1:1-3; 골 1:16-17) 교회의 머리이시 며(골 1:18) 또 모든 사람의 주가 되셔서(행 10:36; 롬 10:12) 홀로 구원 사역을 감당하셨다. 그는 절대로 우리의 구원사역에 다른 사람을 참여시키지 않으셨다. 그런고로 그리스도를 믿는 사람들은 서로 나누어질 수가 없다.

본문 하반절의 "바울의 이름으로 너희가 세례를 받았느냐"는 말에 고린 도 교회 교인들은 '절대로 우리는 바울의 이름으로 세례를 받은 일이 없다'고 대답해야 했다. 누구든지 그리스도의 이름으로 세례를 받았다고 말해야 한다(행 8:16; 19:5; F. F. Bruce). 그리스도의 이름으로 세례를 받았다는 말은 그리스도와 합하여 세례를 받았다고 말하는 것과 같은 말이다(갈 3:27). 우리는 감히 사람의 이름으로 세례를 받았다고 말해서는 안 된다.

고전 1:14. 나는 그리스보와 가이오 외에는 너희 중 아무에게도 내가 세례를 베풀지 아니한 것을 감사하노니.

바울은 "그리스보와 가이오 외에는 아무에게도 세례를 주지 아니한 것을 감사한다"고 말한다. "그리스보"와 "가이오"는 바울의 전도 초창기에 그리스도를 믿은 사람들이었다(행 18:8; 롬 16:23). 바울은 자기가 세례를 베푼 사람들을 손가락으로 셀 정도라고 말하면서 많은 사람들에게 세례를 베풀지 아니한 것을 오히려 감사하게 여기고 있다. 잘 못하면 그들이 바울을 높여 바울에게 속한 사람으로 생각할 가능성이 있었다. 우리는 모든 사람들을 그리스도에 속한 사람들이 되게 해야 한다.

고전 1:15. 이는 아무도 나의 이름으로 세례를 받았다 말하지 못하게 하려 함이라.

"그리스보와 가이오" 외에는 다른 아무에게도 세례를 주지 아니한 것(앞절)은 "아무도 나(바울)의 이름으로 세례를 받았다 말하지 못하게 하려 함이라"고 한다. 다시 말해 불과 몇 사람에게 세례를 베푼 것은 여러 사람들이 바울의 이름으로 세례를 받았다고 말하지 못하게 하려는 것이었다. 세례를 베풀 때 예수님의 이름으로 세례를 베풀지만 그래도 세례를 받는 사람들이 바울에게 세례를 받았다고 하여 자신이 바울 파라고 말할 가능성이 있었다. 그런고로 바울이 불과 두 서너 사람에게 세례를 베푼 것은 아무도 바울에게 세례를 받았다고 말하지 못하도록 하기 위함이었다. 바울은 사람들이 바울을 높일까 하여 염려한다. 교회에서 교역자가 높아지는 것은 불행한 일이다. 예수님께만 영광을 돌려야 한다.

고전 1:16. 내가 또한 스데바나 집 사람에게 세례를 베풀었고 그 외에는

다른 누구에게 세례를 베풀었는지 알지 못하노라.

바울은 "스데바나 집 사람들에게 세례를 베푼 것"(16:15, 17)을 기억할 뿐 그 외에는 다른 사람들에게 세례를 베풀었는지 알지 못하겠다고 말한다. 바울은 "스데바나 집 사람"은 아가야의 첫 신자들이며 성도 섬기기로 작정한 사람들이라고 말한다(고전 16:15). 바울은 앞에서 두 사람에게 세례를 베풀었다고 말했는데(14절) 다시 생각이 나서 스데바나 집 사람들에게 세례를 베푼 것을 첨가하고 있다. 그리고 그 외에는 다른 사람에게 세례를 베풀었는지 알지 못하겠다고 말한다. 그는 세례 베푸는 일에 대해서는 큰 관심을 두지 않았다. 세례 베푸는 일은 그의 조수들에게 맡기고 그는 복음 전도에 주로 관심을 집중했다.

고전 1:17. 그리스도께서 나를 보내심은 세례를 베풀게 하려 하심이 아니요 오직 복음을 전하게 하려 하심이로되 말의 지혜로 하지 아니함은 그리스도의 십자가가 헛되지 않게 하려 함이라.

바울은 그리스도께서 자신을 사도로 삼으신 것은 "세례를 베풀게 하려 하심이 아니요 오직 복음을 전하게 하려 하심이라"고 말한다. 곧 '세례를 베푸는 것이 주요 업무가 아니라 복음 전하는 것이 주요 업무였다'는 것이다. 바울은 자신의 사명이 복음 전파임을 분명하게 말한다. 오늘도 복음 전파자는 복음을 전하는 것 이외에 다른 것에 신경을 써서는 안 될 것이다. 사회사업, 사회복지 사업, 양로원 사업, 의료사업, 구제사업 등은 교회의 성도들에게 맡기고 목회자는 십자가 복음 전파에 주력해야 할 것이다(행 6:3-4).

바울은 복음 전파에 힘을 쓰면서 "말의 지혜로 하지 아니함은 그리스도의 십자가가 헛되지 않게 하려 함이라"고 말한다(2:1, 4, 13; 벧후 1:16). 바울은 복음을 전할 때 "말의 지혜로 하지 아니한다"고 한다. 여기 "말의 지혜"란 말은 '말을 철학적으로 아름답게 하는 수사학 또는 변론술'(Hodge), '수사적 표현'(Bruce)을 지칭한다. 바울은 복음을 전파할 때 수사학적 기법을 사용하여 전하거나 혹은 논리적 추론의 힘을 의지하여 복음을 전하지 않겠다고 말한다. 그렇게 하면 그리스도의 십자가가 전해지지 않으니까 십자가가 헛되게 된다고 말한다. 사실 말을 아무리 아름답게 꾸며 보아도 성령님께서 역사하시지 않으면 모두 헛일이다. 말을 잘하는 전도자들은 자기가 말을 잘하기 때문에 교인들이 큰 은혜를 받았을 것이라고 생각하나 성령님께서 역사하시지 않으면 모두 헛일이다(2:4).

B.하나님의 지혜이시며 능력이신 그리스도만 자랑하라 1:18-2:5

바울이 분쟁의 실체를 밝히고 또 분쟁을 탄핵한(10-17절) 다음 이제는 성도들을 지혜자로 만들어주시고 또 능력자들로 만들어주시며 고귀한 사람들로 만들어주시는 그리스도만 자랑하라고 부탁한다. 그럴 때 분쟁은 싹트지 못한다고 말한다(18-31절). 그리고 바울은 고린도에서 전도할 때 세상의 지혜를 의지하지 않고 오직 성령님의 능력만 의지하였음을 말한다. 교역자도 성령님의 능력만을 의지할 때 분쟁을 막을 수 있다(2:1-5).

1)그리스도만 자랑하라 1:18-31

고전 1:18. 십자가의 도가 멸망하는 자들에게는 미련한 것이요 구원을 받는 우리에게는 하나님의 능력이라.

바울은 "십자가의 도"(the preaching of the cross), 곧 '십자가의 전도'가 멸망하는 사람들에게는(고후 2:15) 미련하게만 보이고(2:14) 구원을 받는 우리들에게는(15:2) 하나님의 능력을 받게 하는 메시지(message)라고 말한다(24절; 롬 1:16). 본문에 "멸망하는"(ἀπολλυμένοις)이란 말은 현재 분사 형으로 '지금 멸망해가고 있는'이란 뜻이고, "구원을 받는"(σῳζομένοις)이란 말도 역시 현재 분사 형으로 '지금 구원을 얻어가고 있는'이란 뜻이다. 헬라의 철학과 완전히 다른 십자가의 메시지는 철학을 숭상하는 사람들, 곧 멸망해가는 사람들의 눈으로 보기에는 참으로 미련한 것이었고, 그와 반면 구원을 얻을 사람들에게는 하나님의 능력을 받는 메시지라고 말한다. 우리는 십자가를 전하는 전도를 어떻게 받아드리는가. 미련하다고 보는가 아니면 하나님의 능력을 전하는 메시지로 보는가.

고전 1:19. 기록된바 내가 지혜 있는 자들의 지혜를 멸하고 총명한 자들의 총명을 폐하리라 하였으니.

바울은 구약 성경으로부터 십자가 전도를 미련한 것으로 보는 사람들의 지혜를 멸하실 것이라고 하는 하나님의 예언의 말씀을 인용한다. 70인 역 이사야 29:14에 하나님은 "내가 지혜 있는 자들의 지혜를 멸하고 총명한 자들의 총명을 폐하리라"고 말씀해 놓으셨다. 하나님은 이사야 선지자 당시 예루살렘의 정치 지도자들이 하나님을 의지하지 않고 애굽과 동맹하고 애굽을 의지했기 때문에 실패시키셨다(욥 5:12, 13; 시 33:10; 사 29:14; 렘 8:9 참조). 그 때 그들을 실패하게 하신 하나님은 헬라 철학을 의지하고 십자가 전도를 의지하지 않는 사람들의 지혜를 둔하게 만드셨다. 하나님께서 그들의 지혜를 둔하게 하셨으므로 십자가 전도를 미련한 것으로 보게 되었다는 것이다. 본문의 "지혜"와 "총명"이란 말은 동의어로 보아야 한다(20절에는 "지혜"라는 말만 나온다). 세상 사람들의 반짝하는 지혜로는 참으로 십자가의 전도를 도무지 깨달을 수 없고 알지도 못하는 것이다.

고전 1:20. 지혜 있는 자가 어디 있느냐 선비가 어디 있느냐 이 세대에 변론가가 어디 있느냐 하나님께서 이 세상의 지혜를 미련하게 하신 것이 아니냐.

바울은 하나님께서 예언하신바(19절; 사 29:14)와 같이 실제로 참 지혜 있는 자가 세상에 없다고 말한다. 바울은 "지혜 있는 자"(지혜 있다는 사람들을 총칭하는 말), "선비"(유대의 서기관들), "변론가"(헬라 철학의 변론가들)가 어디 있느냐고 반문한다(사 33:18; Alford, Findlay, Hodge, Meyer). 그들에게는 참 지혜가 없다는 것이다. 그 이유에 대하여 "하나님께서 이 세상의 지혜를 미련하게 하셨기" 때문이라고 한다(욥 12:17, 20, 24; 사 44:25; 롬 1:22). 곧 '하나님께서 이 세상 사람들의 지혜를 미련하게 하셨기'

때문이라고 한다. 그래서 그들은 하나님의 최고의 지혜인 십자가 전도를 못마땅하게 생각하고 미련하게 여기게 되었다. 세상 사람들은 철학을 하고 과학을 하며 또 문학은 해도 그들의 지혜를 하나님께서 미련하게 하셨으므로 십자가 도를 알지 못하게 되었다. 우리는 우리의 지혜를 내려놓아야 한다. 우리는 우리가 무지하다고 고백해야 지혜로운 사람이 될 수 있다.

고전 1:21. 하나님의 지혜에 있어서는 이 세상이 자기 지혜로 하나님을 알지 못하므로 하나님께서 전도의 미련한 것으로 믿는 자들을 구원하시기를 기뻐하셨도다.

본 절 초두에는 두 개의 이유접속사(ἐπειδη, γὰρ)가 겹쳐 나오는데 "에페이데"(ἐπειδη-since, ...이므로)라는 이유접속사는 뒤에 나오는 문장과 관계되고, "가르"(γὰρ-for, 왜냐하면)라는 이유접속사는 앞 절과 관계된다. 그러니까 다시 번역해 보면 "왜냐하면 하나님의 지혜에 있어서는 이 세상이 자기 지혜로 하나님을 알지 못하므로"(For since, in the wisdom of God, the world did not know God through wisdom, it pleased God through the folly of what we preach to save those who believe-RSV)라고 번역된다.

바울 사도는 앞 절(20절)에서 "하나님께서 이 세상의 지혜를 미련하게 하셨다"고 말했는데, 그 이유(γὰρ)는 "하나님의 지혜에 있어서는 이 세상이 자기 지혜로 하나님을 알지 못하기" 때문이라고 말한다(욥 11:7; 롬 1:20-23; cf. 행 14:17). 다시 말해 하나님께서 이 세상의 지혜를 미련하게 하신(20절) 이유는 하나님의 지혜에 있어서는 이 세상이 자기 지혜로 하나님을 알지 못하게 하셨기 때문이라(본 절)는 것이다.

그렇다면 "하나님의 지혜에 있어서는"(ἐν τῇ σοφίᾳ τοῦ θεοῦ)이란 말이 무엇을 뜻하는가? 여러 해석이 시도되었다. 1) 혹자는 '하나님의 섭리 가운데서'라는 뜻이라고 해석한다. 2) '하나님의 목적이나 하나님의 계획이라'고 해석한다. 즉 이 세상이 자기 지혜로는 하나님을 알지 못하게 한 것이 하나님의 처사 혹은 하나님의 목적이라고 말한다(Olshausen, Alford, Lightfoot,

Findlay, Barnes, Evans, Jack Hunter, Robertson, Plummer). 3) 어떤 주석가들은 여기 "하나님의 지혜에 있어서는"이라는 말을 해석함에 있어 창조물 속에 나타난 하나님의 지혜가 아니라 십자가에 나타난 하나님의 지혜를 지칭한다고 말한다(Barrett, Grosheide). 그렇다면 21절은 "십자가의 지혜가 계시되어 있어도 세상 지혜로는 하나님을 알지 못하기 때문에 하나님께서는 미련하게 보이는 십자가 선포를 통해서 믿는 자들을 구원하시기를 기뻐하셨다"고 해석된다. 4) '하나님의 지혜를 따라'라는 뜻으로 해석한다(Leon Morris). 레온 모리스(Leon Morris)는 "하나님의 지혜"를 자연 속에 나타난 하나님의 계시로 보는 것은 타당하지 않다고 주장하며 바울이 강조하고자 하는 바는 하나님께서 '그의 지혜를 따라' 오직 십자가만으로 구원하시기를 기뻐하셨다고 말한다. 5) '하나님의 지혜의 드러남 가운데서'('하나님의 지혜가 나타난 영역에 있어서')라는 뜻으로 해석한다. 하나님의 지혜는 하나님께서 만드신 피조물 가운데서 나타났기에 세상이 그를 아는 지식을 거기에서 얻어야 하는데 얻지 못했다고 말한다(Chrysostom, Calvin, Wesley, Edwards, Ellicott, De Wette, Meyer, Bengel, Eerdman, Craig, Fee, Pratt, Jr. Lenski, Hodge). 하나님의 지혜가 나타난 창조와 섭리의 영역에 사람들이 둘러싸여 있을지라도 인간은 자기 지혜로는 하나님의 구원하는 지식을 얻는 데 실패했다고 보는 것이다. 렌스키(Lenski)는 "하나님의 지혜에 있어서는"이라는 말을 주해하면서 "전치사 엔(ἐν-in)은 하나의 영역(sphere)을 표시한다. 즉 하나님께서는 사람들을, 사람들의 온 세상을 자기의 지혜로 꽉 차 있는 이 영역 속에 집어 넣으셨다. 하지만 그럼에도 불구하고 그들은 하나님을 알지 못했다. 여기에 웅장한 지혜의 세계(우주)가 사람들의 눈과 마음 앞에, 그리고 그들을 모든 면에서 싸고돌면서 펼쳐져 있다. 지극히 놀랍고 불가사의한 하나님 사상으로서 온 자연에, 그가 사용하신 공작물에, 그의 섭리에, 역사의 전 과정에 인간 그 자신의 신기한 구조에...유대인의 경우에, 이에 더하여 구약성경의 계시에 있다. 하나님의 지혜의 이 모든 실질이 사람들의 세계 앞에 놓여있으며 그들이 사도행전 14:15-17에 이처럼 영광스럽게 계시된 참 하나님을 그들은 알게 하는 효과를 갖는 것이 마땅했다. 하지만 그 반대의 경우가 초래되었다(행 17:23f)"고 주장한다.3) 사람은 하나님의 지혜가 나타난 피조물의 영역에 살고 있지만 사람의 어두워진 지혜로는 하나님을 알지 못하게 되었으므로 "하나님께서 전도의 미련한 것으로 믿는 자들을 구원하시기를 기뻐하셨다"는 것이다. 어쨌든 사람은 그의 지혜가 어두워져서 하나님을 알지 못하는 것이 사실이다. 그래서 하나님은 "전도의 미련한 것을 통하여 사람을 구원하시기를 기뻐하셨다."

위의 해석 중 두 번째 해석인 하나님께서 세상으로 하여금 하나님을 알지 못하게 하셨다는 해석은 너무 지나친 해석으로 보인다. 그리고 세 번째 해석은 앞 뒤 문맥을 살펴서 낸 해석이라고는 하지만 21절 자체의 문맥을 살펴보면 세상이 십자가에 나타난 하나님의 지혜를 대하면서도 세상이 하나님을 알지 못했다는 해석은 설득력이 좀 약한 것으로 보인다. 이유는 십자가에 나타난 지혜가 분명히 보인다면 그 지혜를 대하면서 하나님을 알 수 있지 않을까. 위 네 가지 해석 중에서 네 번째 것은 취할 수 있는 해석으로 보이나, 다섯 번째 해석이 가장 바람직스러운 것으로 보인다.

본문의 "전도의 미련한 것"이란 말은 '사람들이 미련하게 보는 전도 즉 복음 전파'라는 뜻이다. 하나님은 사람들이 미련하게 보는 복음전도를 통하여 믿는 사람들을 구원하시기를 기뻐하셨다. 그런고로 우리는 사람들이 미련하게 보는 십자가 전도에 귀를 기울이고 또 마음을 집중해야 할 것이며 또 다른 사람들에게 십자가를 전해야 할 것이다.

고전 1:22. 유대인은 표적을 구하고 헬라인은 지혜를 찾으나.

본 절부터 24절까지는 세 종류의 사람들이 나온다. 첫째는 "유대인," 둘째는 "헬라인" 곧 '이방인,' 셋째는 "우리"(23절), 곧 '하나님의 부르심을

---

3) 렌스키, *고린도전서*, 성경주석, 문창수역, p. 54.

받은 자들'(24절)이 나온다. 이 세 종류의 사람들이 추구하는 것이 다 다르다고 말한다. 바울은 유대인들이 표적을 구한다고 말한다(마 12:38; 16:1; 막 8:11; 눅 11:16; 요 4:48). 유대인들은 종교적이기는 하나 그리스도를 구하지 아니하고 표적을 구한다. 그들은 하나님의 능력을 보여주는 표적을 구했다. 모세 시대의 표적, 엘리야 시대의 표적 같은 표적을 계속해서 구했다. 그리고 헬라인은 지혜, 곧 철학을 찾는다고 말한다. 헬라인들은 지적 만족을 주지 못하는 것은 추구하지 않았다. 그들은 십자가의 도가 미련하게 보이므로 헬라 철학을 추구한 것이다. 사람이 무엇을 추구하느냐 하는 것은 대단히 중요하다. 우리는 지금 무엇을 구하고 있는가.

고전 1:23. 우리는 십자가에 못 박힌 그리스도를 전하니 유대인에게는 거리끼는 것이요 이방인에게는 미련한 것이로되.

　　"우리," 곧 "부르심을 받은 자들"(다음 절)은 "십자가에 못 박히신 그리스도를 전한다." 십자가에 못 박히신 그리스도야 말로 하나님의 능력이요 하나님의 지혜였으니 그 소식을 듣기 좋아했고 또 전하기 좋아했다. 그러나 십자가에 못 박히신 그리스도는 유대인들의 눈으로 보기에는 나약한 인간으로서 저주스러운 존재였고, 표적을 구하는 그들에게 매우 거추장스러운 존재였다(신 21:23; 사 8:14; 마 11:6; 13:57; 눅 2:34; 요 6:60, 66; 롬 9:32; 갈 3:13; 5:11). 그리고 이방인들에게는 십자가에 못 박히신 그리스도는 미련하게 보였다(18절; 2:14). 그들은 그들의 철학 이외에는 지혜로워 보이는 것이 없었다. 오늘 우리는 무엇이 가장 귀중해 보이는가. 예수님인가 아니면 세상의 그 어떤 다른 것인가.

고전 1:24. 오직 부르심을 받은 자들에게는 유대인이나 헬라인이나 그리스도는 하나님의 능력이요 하나님의 지혜니라.

　　하나님의 부르심을 받아서(2절) 예수님을 믿는 사람들은(행 13:48; 롬 8:28-30) 그 어느 민족에 속해 있든지, 곧 유대인이든지 혹은 헬라인이든지

"그리스도는 하나님의 능력이요 하나님의 지혜"라고 고백한다는 것이다(18
절; 롬 1:4, 16; 골 2:3). 곧 '그리스도를 통하여 하나님의 능력이 나타나고
하나님의 지혜가 나타난다'는 뜻이다. 그리스도는 표적의 표적이며 최대의
표적이시다. 그리고 또 철학 이상의 영원한 지혜이시다. 그리스도를 믿는
개인과 민족은 지금도 하나님의 놀라운 능력을 받고 있으며 또 놀라운 지혜
를 받고 있다. 능력을 받기를 원하는가. 그리고 지혜 받기를 원하는가. 그리스
도를 믿어야 한다.

**고전 1:25. 하나님의 어리석음이 사람보다 지혜롭고 하나님의 약하심이
사람보다 강하니라.**

　　헬라인들의 눈으로 보기에는 십자가가 어리석어 보이더라도 하나님의
어리석음은 헬라인들보다는 지혜롭고 또 유대인들이 보기에는 십자가에
못 박히신 예수님이 약해보여도 유대인들의 강함보다 더 강하시다는 뜻이다.
바울은 헬라인들과 유대인들을 염두에 두고 그들에게 멸시를 당하시는 예수
님이 그들보다 지혜롭고 그들보다 강하시다고 풍자적으로 말한다. 여기
"하나님의 어리석음"이나 "하나님의 약하심"이란 말은 헬라인들이 말하는
대로 옮겨놓은 말이고 또 유대인들이 말하는 대로 옮겨놓은 말이다. 바울은
하나님은 어리석지 않으시고 약하시지 않다는 것을 역설적으로 말한다.
바울은 고단수(高段數)의 비아냥거림, 고단수의 풍자를 이용하여 그 사람들
을 우스운 사람들로 만들고 있다.

**고전 1:26. 형제들아 너희를 부르심을 보라 육체를 따라 지혜로운 자가
많지 아니하며 능한 자가 많지 아니하며 문벌 좋은 자가 많지 아니하도다.**

　　바울은 본 절부터 29절까지, 하나님께서 성도들을 부르신 것을 보면
세상 표준으로 보아 잘난 사람들을 부르시지 않고 오히려 못난 사람들을
불러 하나님의 은혜를 입게 하시므로 하나님만 자랑하게 하셨다고 말한다.

　　바울은 "형제들아 너희를 부르심을 보라"고 말한다. 바울이 "형제들아"

라고 부른 이유는 이제부터 실제적인 것을 말하기 위해 그들의 관심을 집중하기 위해서이다. 그리고 바울은 "너희를 부르심을 보라"고 말하여 하나님의 부르심 자체로 관심을 돌리게 한다. 곧 하나님께서 고린도 교인들을 부르신 것을 보라는 뜻이다. 여기 "보라"는 말은 '잘 살펴보라'는 뜻으로 교인들을 잘 살펴보고 두루 돌아보면 별것 아닌 사람들을 부르신 것을 알 수 있을 것이라는 말이다. 그런 현상은 오늘날도 똑같다. 오늘도 하나님께서 불러서 은혜 주시어 사용하시는 사람들은 세상 표준으로 보아 별 것 아닌 사람들이다.

그리고 바울은 "육체를 따라 지혜로운 자가 많지 아니하며 능한 자가 많지 아니하며 문벌 좋은 자가 많지 아니하다"고 말한다(요 7:48). 여기 "육체를 따라"란 말은 '세상 표준으로 보아,' '세상적인 관점으로 보면,' '세상적인 눈으로 보면'이란 뜻이다. 우리는 사람을 하나님 관점으로 볼 수도 있고 또는 세상적인 관점으로 볼 수도 있는데 교인들을 세상적인 관점으로 보면 별 것 아니라는 것이다. 바울은 세상적인 관점으로 잘 난 사람이 별로 없다는 것을 먼저 말한다. 곧 "지혜로운 자," "능한 자," "문벌 좋은 자"가 많지 않다고 말한다. "지혜로운 자"란 말은 '헬라의 철학에 밝은 지혜의 사람들'을 지칭하고, "능한 자"란 말은 '정치적으로나 세상적으로 권세가 있는 사람들'을 지칭하며, "문벌 좋은 자"란 말은 '귀족층의 사람들'을 지칭한다. 그런 사람들이 아주 없지는 않았지만(행 17:34) 극히 소수에 불과했다. 그리고 나머지는 대개 노예들이었고 가난한 사람들이었으며 사회적으로 낮은 계층의 사람들이었다.

고전 1:27. 그러나 하나님께서 세상의 미련한 것들을 택하사 지혜 있는 자들을 부끄럽게 하려 하시고 세상의 약한 것들을 택하사 강한 것들을 부끄럽게 하려 하시며.

바울은 바로 앞 절에서 말한, 소위 괜찮은 사람들은 극히 소수이고, 본 절과 다음 절에서, 하나님께서는 세상 표준해서 별 것 아닌 다섯 종류의 사람들을 택하셔서 세상 표준으로 좀 괜찮은 사람들을 부끄럽게 하신다고 말한다. 첫째, 하나님은 "세상의 미련한 것들을 택하사 지혜 있는 자들을 부끄럽게 하려 하신다"고 말한다(마 11:25; 약 2:5; 참조 시 8:2). 곧 '세상 속에서 미련한 사람들을 택하셔서(앞 절의 "부르심"과 같은 뜻이다) 십자가를 통하여 지혜를 받게 하시므로 지혜 있는 자들을 부끄럽게 하려 하신다'는 뜻이다. 이러한 사실에 대하여는 오늘날에도 미련한 자들이 예수님을 믿어 소위 세상 표준으로 보아 지혜가 있다고 하는 사람들을 능가하는 것을 많이 보게 된다. 둘째, 하나님은 "세상의 약한 것들을 택하사 강한 것들을 부끄럽게 하려 하신다"고 말한다. 곧 '세상 중에서 사회적으로 그리고 경제적으로 힘없는 사람들을 택하셔서 그리스도로부터 힘을 얻게 하셔서 힘 있는 사람들을 부끄럽게 하신다'고 한다. 그리스도는 우리의 힘이시다. 그리스도는 개인과 가정과 나라에 힘을 주셔서 소위 세상의 강하다는 세력을 부끄럽게 하신다.

고전 1:28. 하나님께서 세상의 천한 것들과 멸시 받는 것들과 없는 것들을 택하사 있는 것들을 폐하려 하시나니.

셋째, 하나님은 "세상에서 천한 것들"과, 넷째, "멸시받는 것들"과, 다섯째, "없는 것들을 택하사 있는 것들을 폐하려 하신다"고 말한다(2:6; 롬 4:17). 하나님은 사회적인 천민들, 멸시천대 받는 사람들, 가진 것이 없는 사람들을 택하셔서 가진 자들을 폐하려 하신다(시 8:2; 약 2:5). 본문에 "천한 것들"과 "멸시받는 것들"과 "없는 것들"이란 말 다음에 한 종류의 사람, 곧 "있는 것들"이란 말이 나오는 것을 보면 앞에 나오는 세 종류의 사람들은 서로 비슷한 뜻을 가진 것을 알 수 있다. 다시 말해 "있는 것들"과 반대되는 사람들을 지칭하는 것이 분명하다. 따라서 우리는 배우자 탓, 부모 탓, 사회 탓, 국가 탓하지 말고 그리스도에게 나아와서 은혜를 받아 큰일들을 해야 할 것이다. 그리고 본문에 나오는 "폐하려 하시나니"라는 말은 앞 절에 나온 "부끄럽게 하려 하시나니"란 말과 동의어로 보면 좋을 것이다.

혹자는 "폐하려 하시나니"를 '영원한 형벌에 처하실 것이라'고 해석하나 하나님께서 사회적으로 비천한 자들을 세우신 목적은 하나님께서 영광 받으시려는 것이지 결코 그들을 통하여 가진 자들을 지옥에 넣기 위한 것은 아니다.

고전 1:29. 이는 아무 육체도 하나님 앞에서 자랑하지 못하게 하려 하심이라.

하나님께서 미련한 자들, 약한 자들, 천한 사람들, 멸시받는 사람들, 없는 사람들을 택하셔서 은혜주심으로 가진 사람들을 부끄럽게 하시는 이유는 "아무 육체도 하나님 앞에서 자랑하지 못하게 하려 하심이라"는 것이다 (롬 3:27; 4:2; 엡 2:9). 다시 말해 '아무 사람도 하나님 앞에서 공연히 큰소리 치고 자랑하지 못하게 하려고 그렇게 역사하신다'는 뜻이다. 하나님은 세상 사람들로 하여금 자랑하지 못하게 하신다. 조금이라도 자랑하면 입을 봉하게 하시고 부끄럽게 만드신다. 자랑, 그것은 망하는 길이다.

고전 1:30. 너희는 하나님으로부터 나서 그리스도 예수 안에 있고 예수는 하나님으로부터 나와서 우리에게 지혜와 의로움과 거룩함과 구원함이 되셨으니.

바울은 고린도 교인들이 어떻게 해서 사회의 지식층 사람들이나, 가진 사람들을 부끄럽게 할 수 있었는지를 설명한다. 바울은 고린도 교회 사람들이 "하나님으로부터 나서 그리스도 예수 안에 있기" 때문이라고 말한다. 그들이 '하나님으로부터 중생하여 그리스도 예수와 연합되었기' 때문이라고 말한다. 다시 말해 '하나님에 의해 중생하여 그리스도를 믿었기' 때문이라고 말한다. 그들은 그리스도를 믿을 때 그리스도로부터 여러 가지 은혜를 받는다. 바울은 "예수는 하나님으로부터 나와서 우리에게 지혜와 의로움과 거룩함과 구원함이 되셨다"고 말한다(24절). 예수님께서 하나님으로부터 오셔서 우리에게 네(四) 가지 은혜를 주셨기에 세상에 지혜 있는 사람들, 신분이 높은 사람들, 가진 사람들을 능가할 수 있게 하신다. 바울은 예수님께서

우리의 "지혜와 의로움과 거룩함과 구원함"이 되셨다고 말한다. 십자가에
달리신 예수님은 우리에게 바로 '지혜 자체(24절)이시고 의로움 자체(렘
23:5, 6; 롬 4:25; 고후 5:21; 빌 3:9)이시며 거룩함 자체(6:11; 요 17:19)이시
고 구원함 자체(6:11; 엡 1:7)이시라'는 것이다. 예수님은 우리에게 모든
것이 되신다.

**고전 1:31. 기록된바 자랑하는 자는 주 안에서 자랑하라 함과 같게 하려
함이니라.**

    바울은 "기록된바" 곧 '렘 9:24에 기록된 것처럼' "자랑하는 자는 주
안에서 자랑하라"고 부탁한다(렘 9:23, 24; 고후 10:17). 곧 '주님만 자랑하
라'는 말이다. 예수님이 우리에게 지혜가 되시고 의로움이 되시며 거룩함과
구원함이 되셔서(앞 절) 세상의 지혜 자들과 강한 자들과 귀족층의 사람들을
부끄럽게 만들게 하시니 그렇게 되게 하시는 그리스도만 자랑하라는 것이다.
우리는 나 개인을 내 세울 것도 아니고 가정을 자랑할 것도 아니며 오직
"주 안에서," 곧 '주님만'을 자랑해야 한다. 바울은 고린도 교인들에게 오직
주님만 자랑해야지 결코 바울이나 게바나 아볼로를 자랑하지 말라고 말한다.

제 2 장
구원에 필요한 하나님의 지혜는 성령님을 통하여 깨닫는다

2)복음을 전할 때 성령님만 의지하는 바울   2:1-5

바울은 고린도 교인들을 향하여 오직 우리의 지혜이시며 능력이신 그리스도만 자랑할 것을 부탁하고는(1:18-31) 이제 바울 자신이 성령님의 능력만 의지하여 복음을 전했음을 말하여 분쟁의 여지를 허락하지 않는다(1-5절).

고전 2:1. 형제들아 내가 너희에게 나아가 하나님의 증거를 전할 때에 말과 지혜의 아름다운 것으로 아니하였나니.

바울은 본 절에서부터 5절까지를 통하여 전도자로서 오로지 성령님의 능력만 의지하여 복음을 전했음을 말한다. 이것도 역시 분쟁을 방지하는 중요한 비밀이라는 것이다. 바울은 "형제들아"라는 애칭으로 사람들을 부르면서 자신이 복음을 전할 때 오직 성령님을 의지하였음을 간증하려고 한다. 바울은 본 절에서 "내가 너희에게 나아가 하나님의 증거를 전할 때에 말과 지혜의 아름다운 것으로 아니하였다"고 말한다. "내가 너희에게 나아갔다"는 말은 행 18:1-17(2차 전도여행)에 기록된 대로 고린도에 가서 복음을 전한 것을 지칭한다. 그리고 "하나님의 증거를 전했다"(1:6)는 말은 다음 절(2절)에 말하는 대로 "그리스도와 십자가에 못 박히신 그리스도를 전하는 것"을 지칭한다. 바울은 그리스도와 그의 십자가를 전할 때에 "말과 지혜의 아름다운 것으로 아니하였다"고 말한다(1:17; 4:13; 고후 10:10; 11:6). 다시 말해 바울은 '수사학적 기법을 사용하여 전하거나 혹은 논리적 추론의 힘을 의지하여 복음을 전하지 아니하였다'는 것이다(1:17 참조). 전도자가 그런 것에 치중하면 십자가의 은혜가 나타나지 않는다.

고전 2:2. 내가 너희 중에서 예수 그리스도와 그의 십자가에 못 박히신 것 외에는 아무 것도 알지 아니하기로 작정하였음이라.

본 절 초두에는 이유를 나타내는 접속사(ga;r)가 있어 본 절이 앞 절 내용의 이유됨을 말한다. 바울이 복음을 전할 때에 수사학적 기법을 사용하지 않았고 또 논리적 추론의 힘을 의지하여 하지 않은(앞 절) 이유는 "예수 그리스도와 그의 십자가에 못 박히신 것 외에는 아무 것도 알지 아니하기로 작정하였기" 때문이었다(갈 6:14; 빌 3:8). 바꾸어 말해 바울은 그리스도를 전하되 십자가에 못 박히신 그리스도를 전하기로 했기 때문에 고린도 지방에서 복음을 전할 때에 말과 지혜의 아름다운 것으로 아니했다. 본문의 "너희 중에서 아무 것도 알지 아니하기로 작정하였다"(οὐ γὰρ ἔκρινά τι εἰδέναι ἐν ὑμῖν)는 말은 '다른 것을 전하지 아니하기로 작정했다'는 뜻이다(1:23). 여기 "알지"(εἰδέναι)란 동사는 직관적이며 전문적인 지식을 뜻하는 동사로 바울은 고린도에서 말과 지혜의 탁월함을 가지고 복음을 증거하지 않았던 이유가 예수 그리스도와 그의 십자가에 못 박히신 것 이외에는 어떤 것에 대해서도 깊은 지식이나 전문적인 지식을 가지고 있지 않은 자처럼 결심하였기 때문이라고 주장한다. 바울은 그저 하나의 선생인 예수, 우리의 모범이신 예수, 인류의 미래를 보여주시는 예수, 혁명가인 예수를 전한 것이 아니라 십자가에서 대속의 피를 흘리신 예수님만 전했다.

그가 아덴에서 복음을 전할 때(행 17:22-31) 그리스도와 또 그리스도의 부활을 전하기는 했으나(행 17:18) 자연신학을 소개한 결과 회심자들이 많이 생기지 않은 것을 보고(행 17:34) 그는 고린도로 간 후에는(행 18:1) 아무 것도 알지 못하는 사람처럼 오직 십자가에 못 박히신 그리스도만 아는 사람처럼 그리스도만 전하기로 작정한 것이다. 바울은 십자가에 못 박히신 그리스도만 전하는 것이 일상화 되었다(갈 3:1). 오늘도 역시 전도자들은 십자가에 못 박히신 그리스도만 전해야 할 것이다. 철학, 심리학, 인간학,

사회학 등을 전하면 좋은 결과를 거두지 못한다. 우리는 십자가만 전하려 해도 시간의 부족을 느낀다.

고전 2:3. 내가 너희 가운데 거할 때에 약하며 두려워하고 심히 떨었노라.
　바울은 고린도 교회에 편지하면서 과거 그가 고린도 지방에서 거할 때에(행 18:1, 6) 가졌던 심리 상태를 말하고 있다. 그는 그 때에 "약하며 두려워하고 심히 떨었다"고 말한다(고후 4:7; 10:1, 10; 11:30; 12:5, 9; 갈 4:13). 그가 심리적으로 "약함"을 느껴서 결과적으로 두려워하고 떨었다는 것이다. 그의 약함은 건강상 약했던 것을 지칭하는 것이 아니라 그가 심리적으로 심히 약했던 것을 지칭한다. 그가 아덴에서 어려움을 당하고 그리고 고린도가 헬라 철학의 도시임을 알고 고린도를 그리스도로 정복하기에는 심히 부족한 사람임을 느낀 것이다. 이렇게 심히 부족하고 나약함을 느꼈기에 그는 더욱 성령님의 힘을 의지했다. 전도자는 인간적으로는 심히 약함을 느낀다. 그리고 두려워하고 심히 떠는 때가 있다. 바로 그때에 더욱 성령님을 의지하게 된다.

고전 2:4. 내 말과 내 전도함이 설득력 있는 지혜의 말로 하지 아니하고 다만 성령의 나타남과 능력으로 하여.
　바울은 심리적으로 약함을 느껴서 두려워하고 떠는 중에(앞 절) 전도할 때에 성령님의 능력을 힘입어 전했다(본 절). 그런데 본 절 초두에 나타난 "내 말과 내 전도함"(ὁ λόγος μου καὶ τὸ κήρυγμά μου)이 무엇을 가리키느냐에 대해 여러 견해가 있다. 1) 전자나 후자는 차이가 없고 동의어로 사용되었다는 견해. 2) 전자는 토론, 후자는 설교나 강론을 뜻한다는 견해. 3) 전자는 복음 자체를 지칭하고 후자는 복음을 전파한 것을 지칭한다는 견해. 4) 전자는 십자가의 도를 지칭하고 후자는 전도행위를 지칭한다는 견해. 5) 전자는 사적인 모임에서의 대화를 지칭하고 후자는 공적인 설교를 지칭한다는 견해(Bengel, Hodge, 이상근). 이들 견해 중에 마지막 견해가 가장

좋은 것 같다. 바울은 고린도에서 사적으로나 공적으로 그리스도를 전할
때에 "설득력 있는 지혜의 말로 하지 아니하고 다만 성령의 나타남과 능력으
로" 했다고 말한다(1절; 1:17; 롬 15:19; 살전 1:5; 벧후 1:16) . 곧 '그럴듯한
지혜로운 말(수사학적인 기교)로 전도하지 않고 오직 성령께서 바울의 심령
속에 나타나셔서 바울에게 능력을 주시므로 전도했다'는 것이다. 오늘도
우리는 기교를 부리는 말로 전도하거나 설교하지 말고 성령님께서 역사하시
도록 많은 기도를 하고 복음을 전해야 할 것이다.

**고전 2:5. 너희 믿음이 사람의 지혜에 있지 아니하고 다만 하나님의 능력에
있게 하려 하였노라.**

　　바울은 고린도 교인들의 그리스도를 믿는 믿음이 사람의 지혜로운 말,
사람의 꾸민 말, 사람의 수사학적인 기교로부터 얻어지지 아니하고(얻어질
수도 없음) 다만 하나님의 능력, 다시 말해 성령님의 능력으로부터 얻어지는
것이므로 성령님만 의지했다(고후 4:7; 6:7). 전도자는 심리학적 설교나 수사
학적인 설교나 혹은 말 재주를 가지고 사람에게 믿음을 넣어주려고 할 것이
아니라 다만 그리스도의 십자가를 말하여 하나님의 능력, 성령님의 능력이
나타나게 하여 믿음을 심어주어야 한다. 전도자는 십자가에 달리신 그리스도
를 전하고 나타내는 일에 전심을 다해야 한다.

　　C.하나님의 지혜(계시)는 성령님을 통하여만 깨닫는다　2:6-16
　　바울은 사적(私的)으로 전도할 때나 공적으로 설교할 때도 성령님만
의지하여 전도하고 설교했는데(1-5절) 이제 하나님의 비밀한 지혜를 깨닫는
데도 역시 성령님을 의지해야 한다고 말한다(6-16절). 다시 말해 하나님의
비밀한 지혜이신 복음을 깨닫기 위해서도 성령님의 역사가 필요하다고 한다.

**고전 2:6. 그러나 우리가 온전한 자들 중에서는 지혜를 말하노니 이는 이
세상의 지혜가 아니요 또 이 세상에서 없어질 통치자들의 지혜도 아니요.**

바울은 바로 앞 절에서 "사람의 지혜," 곧 '수사학적인 기법' 같은 것은 아무 것도 아니라고 말했지만(5절) "그러나 우리가 온전한 자들 중에서는 지혜를 말한다"고 한다(14:20; 엡 4:13; 빌 3:15; 히 5:14). 문장 초두에 나온 "그러나"라는 말은 앞에서 말한 사람의 지혜는 전도를 위해서 아무런 효과가 없다고 했으나 이제 온전한 자들 중에서는 하나님의 지혜를 말하겠다는 것이다. 다시 말해 바울은 사람의 지혜는 아무 것도 아니지만 하나님의 지혜에 대해서는 지금 말을 해야겠다고 한다.

바울은 자기가 혼자 편지를 쓰면서 "우리"라고 말하고 있다. 그것은 바울을 포함하여 '함께 있는 교사들'을 의중에 둔 말이다. 바울은 함께 있는 동역자들과 교사들과 함께 고린도 교회의 온전한 자들에게 하나님의 지혜를 말하겠다고 한다.

바울이 말하는 "온전한 자들"이란 '신령한 자들'(15절), 곧 '하나님의 지혜를 깨달은 사람들'을 지칭한다. 다시 말해 '신앙이 성장한 사람들'을 가리킨다. 고린도 교회 안에는 성령을 받았으면서도 아직 미숙한 성도들이 있었다(3:1). 신앙이 미숙한 성도들은 육(肉)이 강하여 세상 사람이나 별로 다를 바 없어서 서로 시기하고 분쟁하여(3:3) 당파를 가르고 말았다. 바울은 고린도 교회 안에 신앙이 성숙한 사람들에게 "지혜를" 전파한다고 말한다.

그런데 바울이 말하는 지혜는 "이 세상의 지혜가 아니요 또 이 세상에서 없어질 통치자들의 지혜도 아니라"고 말한다(1절, 13절; 1:20; 3:19; 고후 1:12; 약 3:15). 바울이 말하는 하나님의 지혜는 '세상 사람들이 가지고 있는 지혜가 아니고 또 이 세상 지혜 중에서도 특별히 없어질 통치자들이 가지고 있는 지혜'가 아니라고 규명한다(1:28). 여기 "통치자들"이란 '주님을 십자가에 못 박은 사람들'(8절)을 지칭한다. 통치자들의 지혜는 통치자들이 망하므로 "없어질" 지혜였다. 하나님의 지혜는 세상의 지혜와는 전혀 다르다는 것이다. 심지어 세상 통치자들의 지혜와도 전혀 다른 것이다. 그러므로 우리는 하나님의 지혜를 소유한 것에 대해 감사하며 세상 지혜를 배척해야 할 것이다.

고전 2:7. 오직 비밀한 가운데 있는 하나님의 지혜를 말하는 것으로서 곧 감추어졌던 것인데 하나님이 우리의 영광을 위하여 만세 전에 미리 정하신 것이라.

바울 사도가 말하는 지혜가 어떤 것인지에 대해 본 절에서 드러낸다. 1) "비밀한 가운데 있었던"(in a mystery) 지혜였다. 비밀한 가운데 있었는데 하나님께서 우리를 위해서 드러내셨다. 2) "하나님의" 지혜이다. 곧 '하나님께서 내신 지혜이며 또 하나님으로부터 온 지혜'이다. 우리가 오늘 가지고 있는 지혜는 땅의 지혜가 아니라 하나님으로부터 온 것이다. 3) "감추어졌던" 지혜이다. 영원부터 감추어 있었고 구약 시대에도 감추어있었는데 하나님께서 드러내 주신 것이다. 4) "우리의 영광을 위한" 지혜이다. 여기 "우리의 영광을 위하여"라는 말은 '우리의 구원을 위하여'라는 뜻이다. 5) "만세 전에 미리 정하신" 지혜이다. '하나님께서 만세 전에 미리 하나님의 지혜이신 그리스도의 복음을 작정하셨다'(롬 16:25-26; 엡 3:5, 9; 골 1:26; 딤후 1:9; 벧전 1:20). 하나님께서 갑자기 그리스도를 보내시려고 하신 것이 아니라 만세 전에 그리스도를 보내시기로 작정하셨다. 하나님은 만세전부터 그리스도로 정하신 예수님을 이 땅에 보내셨다.

고전 2:8. 이 지혜는 이 세대의 통치자들이 한 사람도 알지 못하였나니 만일 알았더라면 영광의 주를 십자가에 못 박지 아니하였으리라.

바울은 "이 지혜," 곧 '그리스도의 십자가 복음'은 "이 세대의 통치자들이 한 사람도 알지 못하였다"고 말한다(마 11:25; 요 7:48; 행 13:27; 고후 3:14). 곧 '유대의 통치자들이 한 사람도 알지 못했다'는 것이다. 이유는 "만일 알았더라면 영광의 주를 십자가에 못 박지 아니하였으리라"는 것이다(눅 23:34; 행 3:17; 참조 요 16:3). '유대의 통치자들이 그리스도의 십자가 복음을 알았더라면 영광의 주님을 십자가에 못 박지 아니하였을 것'이라는 말이다. 하나님의 지혜(십자가 복음)를 몰랐으므로 하나님의 지혜이신 예수님을 십자가에 못 박았다. 그들이 하는 행동을 보니 그들은 하나님의 지혜를 가지지 않은 것이 분명했다. 사람이 하나님께서 주시는 지혜를 가지지 않으면 큰 죄를 짓게 마련이다. 본문에 "영광의 주"란 말은 '하나님의 영광이 충만한 주님'이란 뜻으로 그리스도의 신성을 보여주는 명칭이다(시 24:7; 행 7:2; 엡 1:17; 약 2:1). 우리가 영광의 그리스도를 모실 때 우리도 역시 영광스러운 성도가 된다. 영광스러운 구원을 얻게 되고 또 영광스러운 삶을 살게 된다.

고전 2:9. 기록된바 하나님이 자기를 사랑하는 자들을 위하여 예비하신 모든 것은 눈으로 보지 못하고 귀로 듣지 못하고 사람의 마음으로 생각하지도 못하였다 함과 같으니라.

바울은 앞 절(8절)에서 말한바 유대의 통치자들이 하나님의 지혜를 알지 못하여 예수님을 십자가에 못 박았다는 것을 구약 성경에서 인용하여 증명한다. 그러나 바울은 "기록한바"라고 하여 구약 성경을 인용해놓았는데 우리로서는 구약성경의 어디를 인용했는지 정확하게 알 수가 없다. 대략 이사야 65:17(Hodge)이나 혹은 이사야 64:4(Alford, Bengel, Lightfoot-"주 외에는 자기를 앙망하는 자를 위하여 이런 일을 행한 신을 옛 부터 들은 자도 없고 귀로 들은 자도 없고 눈으로 본 자도 없었나이다")을 인용한 것으로 본다.

바울은 "하나님이 자기를 사랑하는 자들을 위하여 예비하신 모든 것은 눈으로 보지 못하고 귀로 듣지 못하고 사람의 마음으로 생각하지도 못하였다"고 말한다. '하나님이 자기를 사랑하는 성도들을 위하여 예비하신 모든 것은 사람이 눈으로 보지 못하고 귀로 듣지 못하고 또 사람의 마음으로 생각하지도 못하였다'고 말한다. 다시 말해 성령님께서 사람으로 하여금 깨닫게 하시기 전에는(요 16:13) 아무도 하나님의 지혜인 그리스도의 십자가 복음을 눈으로 보지도 못하고 귀로도 듣지 못하고 사람의 마음으로 생각하지도 못했다는 뜻이다. 위에서 내려온 신령한 것은 땅에서 사는 사람들의 지혜를 가지고는 전혀 알 수가 없다. 위에서 내려온 신령한 모든 것은 위에서 주신 성령님의 역사로만 알 수 있다.

고전 2:10. 오직 하나님이 성령으로 이것을 우리에게 보이셨으니 성령은 모든 것 곧 하나님의 깊은 것까지도 통달하시느니라(ἡμῖν δὲ ἀπεκάλυψεν ὁ θεὸς διὰ τοῦ πνεύματος· τὸ γὰρ πνεῦμα πάντα ἐραυνᾷ, καὶ τὰ βάθη τοῦ θεοῦ).

본 절 초두에는 "그러나"(δὲ)라는 말이 있다. "그러나"라는 말은 본 절이 앞 절과는 전혀 반대의 뜻을 가지고 있음을 나타낸다. 앞 절에서 바울은 하나님께서 주신 모든 것은 사람이 알 수 없다고 말했는데 이제 본 절에서는 성령의 힘을 빌리면 사람이 하나님께서 주신 모든 것을 알 수 있다고 말한다.

바울은 "오직 하나님이 성령으로 이것을 우리에게 보이셨다"고 말한다 (마 13:11; 16:17; 요 14:26; 16:13; 요일 2:27). 즉 '하나님께서 성령님을 통하여 하나님이 자기를 사랑하는 자들을 위하여 예비하신 모든 것을 우리에게 보이셨다'고 말한다. 하나님께서 성령을 통하여 하나님이 자기를 사랑하는 자들을 위하여 예비하신 모든 것들을 보이시는 이유 및 근거는 무엇인가. 바울은 그 이유를 바로 하반 절에 기록하고 있다. 바울은 하반 절 초두에 이유 접속사(γὰρ)를 기록하고 있다. 즉 "왜냐하면 성령은 모든 것 곧 하나님의 깊은 것까지도 통달하시기 때문이다"(τὸ γὰρ πνεῦμα πάντα ἐραυνᾷ, καὶ τὰ βάθη τοῦ θεοῦ)라고 말한다. 여기 "하나님의 깊은 것"이란 말은 하나님의 깊으신 생각, 깊으신 구원 계획 등을 지칭한다. 사람이 성령을 받으면 하나님의 깊으신 구원계획, 십자가를 통한 구원의 깊으신 비밀 등을 알게 된다. 물론 사람이 성령을 받는다고 해서 하나님의 속에 있는 것을 다 안다는 뜻은 아니다. 우리가 알아야 할 것들을 알 수 있다는 뜻이다(롬 11:33).

고전 2:11. 사람의 일을 사람의 속에 있는 영외에 누가 알리요 이와 같이 하나님의 일도 하나님의 영외에는 아무도 알지 못하느니라.

본 절 초두에는 이유접속사(γὰρ)가 있어 본 절이 앞 절의 "성령은 모든 것 곧 하나님의 깊은 것까지도 통달하신다"는 말씀에 대한 이유를 설명한다. 즉 "하나님의 일도 하나님의 영외에는 아무도 알지 못하기"(본 절) 때문에 "성령은 모든 것 곧 하나님의 깊은 것까지도 통달하신다"(앞 절)는 것이다.

바울은 바로 앞 절에서 말한바 "성령님께서 모든 것을 통달하시느니라"는 말씀을 증명하기 위하여 본 절에서 "사람의 속에 있는 영"을 들어 말한다. 사람의 일을 사람의 속에 있는 영외에는 아무도 알 수 없는 것처럼(잠 20:27; 27:19; 렘 17:9) 하나님의 비밀 역시 성령 하나님 외에는 아무도 알지 못한다고 말한다(롬 11:33-34). 성령님만이 하나님의 비밀을 알려주시고 하나님의 지혜를 알려주시며 그리스도 십자가 복음을 알려 주신다. 우리는 전적으로 성령님을 의지해서 하나님의 것을 알려고 해야 한다. 성령님을 의지할 때 교회에서 분쟁하지도 않게 된다.

고전 2:12. 우리가 세상의 영을 받지 아니하고 오직 하나님으로부터 온 영을 받았으니 이는 우리로 하여금 하나님께서 우리에게 은혜로 주신 것들을 알게 하려 하심이라.

바울은 "우리가," 곧 '바울뿐 아니라 성령 받은 사람들 전체'가 "세상의 영을 받지 아니하고 오직 하나님으로부터 온 영을 받았다"고 말한다(롬 8:15). 여기 "세상의 영"이 무엇이냐를 두고 많은 해석이 가해졌다. 1) 앞 절에 언급된 사람의 영이라는 견해. 이 학설은 우리가 이미 사람의 영을 받아가지고 있는데 새삼스럽게 받는다고 말하는 것을 주장하니 합당하지 않다.

2) 세상의 기질, 즉 인간의 지혜의 영을 지칭한다는 견해. 이 학설도 1번의 학설과 마찬가지로 사람들에게 이미 존재하고 있는 것이다.

3) 인간들 속에 있는 지식의 원리를 지칭한다는 견해. 이 견해 역시 앞의 1번, 2번의 학설과 공히 사람들의 속에 있는 것이다.

4) 세상의 학문과 철학을 지칭한다는 견해. 이것도 역시 인간들이 이미

가지고 있는 것들이다.

5) 사탄의 영이라는 견해(엡 2:2; 6:12; 요일 4:3; 5:19).4) 이 견해가 가장 타당하다. 이유는 하나님께로부터 온 성령님과 완전히 반대 개념이기 때문이다. 바울은 '우리들, 성령을 받은 사람들은 세상의 악령을 받지 아니하고 오직 하나님으로부터 온 성령을 받았다'고 말한다. 이 한 말씀만 들어도 얼마나 감사한 일인가.

이렇게 우리가 성령을 받은 목적(="이는")은 "우리로 하여금 하나님께서 우리에게 은혜로 주신 것들을 알게 하려 하심이라"는 것이다. 다시 말해 성령을 받은 목적은 우리로 하여금 하나님께서 우리에게 은혜로 주신 것들, 곧 하나님의 지혜(10절)를 알게 하기 위해서이다. 하나님은 은혜(하나님의 지혜, 하나님의 구원)도 주시고 그 은혜를 알 수 있게 성령님도 주신다.

고전 2:13. 우리가 이것을 말하거니와 사람의 지혜가 가르친 말로 아니하고 오직 성령께서 가르치신 것으로 하니 영적인 일은 영적인 것으로 분별하느니라.

바울은 하나님의 지혜(그리스도의 복음)를 전파하는데 있어서 성령께서 가르쳐주신 말로 말한다고 한다. 다시 말해 성령께서 깨닫게 해주시는 언어로 전한다고 말한다. 본문에 "이것"이란 말은 헬라어의 관계대명사(a~)를 번역한 것으로 '이것들'이란 뜻이다. "이것들"이란 말은 바로 앞 절에 나온 "하나님께서 우리에게 은혜로 주신 것들"을 지칭한다. 다시 말해 '하나님께서 우리에게 주신 지혜'를 지칭한다. 그리고 바울은 "이것"(하나님께서 주신 지혜)을 "말하거니와"라고 말한다. 곧 '전파하거니와'라는 뜻이다. 하나님께서 주신 지혜 곧 그리스도의 복음을 전파할 때 "사람의 지혜가 가르친 말로 아니하고 오직 성령께서 가르치신 것으로 한다"고 말한다(4절; 벤후 1:16; 참조 1:17). 곧 '철학적이며 수사학적인, 사람의 지혜로운 말로 옷을 입혀

---

4) Bengel, Meyer, Alford, Lange, 이상근.

전하지 않고, 성령께서 가르쳐주시는 말로, 성령께서 깨닫게 해주시는 말로 전파한다"고 말한다. 그는 수사학적 기교를 반대하고 순전히 성령님께서 가르쳐주시는 언어로 그리스도의 복음을 전한다고 한다. 오늘 우리도 그리스도의 복음을 전할 때 전적으로 성령님께서 가르치시는 말로 전해야 한다. 다시 말해 성령님께서 인도하시는 말로 전해야 한다. 세상의 말로 꾸며보려고 해서는 안 된다.

그리고 바울 사도는 바로 앞에 말한 것을 간략하게 요약해 말한다. 곧 "영적인 일은 영적인 것으로 분별한다"(πνευματικοῖς πνευματικὰ συγκρίνοντες)고 말한다. '영적인 일, 곧 그리스도의 복음(계시)은 영적인 것, 곧 성령님께서 가르쳐주시는 언어로 설명해야 된다'고 말한다. 여기 "분별한다"(συγκρίνοντες)는 말은 '결합한다(고전어에서),' '비교한다,' '해석 한다'는 뜻이다. 그런데 어느 뜻이 본문의 문맥에 맞는지는 어려운 문제이나 문맥에 의하여 '해석하다,' '설명하다'는 뜻으로 보아야 할 것이다. 이유는 본 절 상반 절에 "우리가 이것을 말하거니와...오직 성령께서 가르치신 것으로 한다"는 말과 잘 어울려야 하기 때문이다. 상반 절의 뜻은 '하나님께서 주신 지혜(그리스도의 복음)를 전파할 때 오직 성령께서 가르치신 말로 전파한다'는 뜻인 고로 그 뜻에 부합하기 위해서는 "분별 한다"는 말을 '해석 한다'는 뜻으로 보아야 할 것이다. 그런데 혹자는 '해석하다'는 뜻으로 보아서는 안 되고 '결합하다'는 뜻으로 보아야 한다고 주장하나 아무래도 상반 절의 뜻에 더 잘 맞는 것은 '해석하다'라는 뜻일 것이다. 그러니까 본문의 뜻은 '영적인 일(하나님의 계시)은 영적인 것(성령님께서 주시는 말)으로 설명하고 해석해야 한다'는 뜻으로 보아야 할 것이다. 사도들은 하나님께서 주신 계시를 성령께서 해석해주시는 말로 표현했고 해석했다. 하나님께서 주신 계시를 성령께서 가르쳐주시는 말로 설명했고 또 전파했다. 오늘 우리도 역시 하나님께서 주신 계시(성경 계시)를 전할 때 성령님께서 가르쳐 주시는 말로 전해야 한다. 우리의 설교가 온전히 성령님께서 가르쳐주시는 말로 전하기 위하여 많은 기도를 드려야 할 것이다. 그렇지 않으면 성령님께서 가르치신 언어가 아니라, 세상이 가르치는 심리학적인 술어, 인간학적인 술어, 정신과적인 술어, 세상 학문이 말하는 언어로 전하게 된다. 오늘 우리는 성령님께서 주신 계시도 받았다. 그리고 성령님께서 가르쳐주시는 말씀도 받는다. 두 가지를 다 성령님으로부터 받아서 전하니 내 것이라고 자랑할 것은 아무 것도 없다.

고전 2:14. 육에 속한 사람은 하나님의 성령의 일들을 받지 아니하나니 이는 그것들이 그에게는 어리석게 보임이요, 또 그는 그것들을 알 수도 없나니 그러한 일은 영적으로 분별되기 때문이라.

바울 사도는 자연인(自然人)은 성령님이 주시는 계시들을 받지도 못하고 또 알 수도 없다고 말한다(마 16:23). 본문에 "육에 속한 사람"이란 말은 '성령을 받지 않은 자연인'을 지칭한다. 다시 말해 그리스도 안에 있지 않고 아담 안에 있는 사람을 가리킨다. 자연인은 첫째, "하나님의 성령의 일들을 받지 아니하나니 이는 그것들이 그에게는 어리석게 보인다"는 것이다(1:18, 23). 곧 '하나님의 계시들(12절)을 받지 아니하는데 그 이유는 그 성령님의 일들(계시들)이 육에 속한 사람들에게는 어리석게 보이기 때문이다.' 그리고 둘째, 자연인은 "그것들을 알 수도 없나니 그러한 일은 영적으로 분별되기 때문이라"는 것이다(롬 8:5-7; 유 1:19). 성령을 받지 못한 자연인은 '성령님이 주시는 계시들을 깨달을 수도 없는데 그 이유는 그러한 계시들은 성령으로 분별되기 때문이라'고 한다. 여기 "분별되다"(ἀνακρίνεται)는 말(15절; 4:3-4; 9:3; 10:25, 27; 14:24)은 앞 절(13절)의 "분별하느니라"는 단어와 다른 뜻을 가진다. "분별되다"는 말은 '판단되다'라는 말이다. 자연인의 불행은 하나님의 계시를 받지도 않고 또 받았다고 해도 깨닫지 못한다는 것이다. 그러나 영의 사람은 하나님의 계시를 받고 또 성령님의 가르침을 받아 깨닫는다.

고전 2:15. 신령한 자는 모든 것을 판단하나 자기는 아무에게도 판단을

받지 아니하느니라.

바울 사도는 "신령한 자," 곧 '성령의 사람'은 "모든 것," '신령한 모든 것'(성령께서 우리에게 주신 계시 및 은사들)을 "판단 한다"고 말한다(잠 28:5; 살전 5:21; 요일 4:1). 곧 '분별 한다'(discern, understand)고 말한다. 신령한 사람(성령을 받은 사람)은 모든 계시나 은사를 깨달으나 세상의 자연인(14절)은 아무에게도 "판단을 받지 아니 한다"고 말한다. 곧 '헤아림을 받지 아니 한다'는 뜻이다. 신령한 자와 육신의 사람 사이에는 생각이 다르고 말하는 내용이 다르며 또 행동이 달라서 세상의 자연인이 신령한 사람들을 판단할 수 있으나 결국 빗나가는 판단을 하기 때문에 신령한 자는 결국 그 판단에서 초월한 상태에 있게 된다(4:3-4). 그러나 성도들은 세상의 자연인들 앞에서 교만할 것은 아니다. 자연인들이 잘 못된 판단에서 성도들을 향하여 무슨 말을 한다고 해도 용납하고 용서하는 태도를 취해야 할 것이다.

고전 2:16. 누가 주의 마음을 알아서 주를 가르치겠느냐 그러나 우리가 그리스도의 마음을 가졌느니라.

본 절 초두의 이유접속사(ga;r)는 본 절이 앞 절의 말씀, 곧 신령한 자가 자연인 아무에게도 판단을 받지 않는(15절) 이유를 설명하고 있다. 판단을 받지 않는 이유는 성령을 받지 않은 자연인 중에 "주의 마음을 알아서 주를 가르칠 수 없기" 때문이다(욥 15:8; 사 40:13; 렘 23:18; 롬 11:34). 다시 말해 거듭나지 않은 자연인은 '아무도 주님의 마음을 알아서 주님을 가르칠 수 없다'는 것이다. 그들은 거듭나지 않았기 때문에, 즉 성령을 받지 않았기 때문에 주님의 마음을 알 수가 없기에 주님을 가르칠 수 없다. 곧 주님의 마음으로 통제를 받고 있는 신령한 사람들을 판단 할 수 없다. 그들이 이러쿵 저러쿵 신령한 사람들을 향해 판단해보아도 그것은 전혀 신령한 사람에게 해당되지 않는 말이 된다. 바울은 이사야 40:13(LXX)의 말씀에서 빼내서 여기 16절에 인용해 놓았다. 사 40:13에 "누가 여호와의 영을 지도하였으며 그의 모사가 되어 그를 가르쳤으랴"고 말씀하고 있다. '아무도 여호와의 영을 지도한 사람이 없으며 또 여호와의 모사가 되어 여호와를 가르칠 수 없다'고 말한다. 여호와께서 천지를 창조하실 때 누가 이렇게 하시라고 혹은 저렇게 하시라고 지도한 사람이 없었다. 마찬가지로 바울 시대에도 역시 자연인 중에서는 아무도 주님의 마음을 알아서 주님을 가르칠 수 없었다(바울은 구약의 여호와와 그리스도를 동일시해서 여호와를 주님으로 바꾸어 놓았다).

바울은 "그러나" "우리," 곧 '신령한 바울과 고린도교회 교인들'은 자연인과 달리 주님의 마음을 가지고 있다고 말한다(요 15:15). 이로써 바울은 주님의 마음을 가지고 있는 사람들이 마치 주님의 마음을 가지고 있지 않은 자연인처럼 시기하고 분쟁하고 파당을 만들어서는 안 된다는 것을 암시한다. 신령한 사람은 오직 십자가를 바라보고 정진해야 한다.

제 3 장
사람의 일과 하나님의 일

D.인맥도 분쟁의 원인이다 3:1-23

　　바울은 앞에서 하나님의 비밀한 지혜(계시, 그리스도의 복음)를 깨닫는 데도 역시 성령님을 의지해야 한다고 말하고는(2:6-16), 이제 고린도 교회 안에 분열이 생긴 것을 두고 교회를 책망한다(3:1-23). 바울은 먼저 고린도 교인들을 영적인 미숙아(未熟兒)라고 말한다. 그들은 영적으로 미숙했기에 종교지도자들을 과대평가해서 분열이 생겼다고 말한다(1-4절). 그러면서 바울은 지도자라는 것은 단지 하나님의 일꾼에 지나지 않으며(5-9절), 주님의 집을 짓는 건축가일 뿐이라고 말한다(10-15절). 그리고 바울은 성도들이 주님이 계신 성전을 죄(시기, 분쟁)로 더럽히면 멸하시리라고 말한다(16-17절). 그리고 성도들은 세상의 지혜를 포기하고 하나님의 지혜를 앞세워야 하며(18-20절), 또 사역자들은 교회를 위하여 존재하는 사람들임에 지나지 않는다고 말한다(21-23절).

　　1)지도자들을 과대평가하지 말라 3:1-4

고전 3:1. 형제들아 내가 신령한 자들을 대함과 같이 너희에게 말할 수 없어서 육신에 속한 자 곧 그리스도 안에서 어린 아이들을 대함과 같이 하노라.

　　바울은 분위기를 바꾸어 지도자들을 과대평가하지 말라고 말하기 위하여 "형제들아"라고 부른다(1:10; 2:1 참조). 바울은 "내가 신령한 자들을 대함과 같이 너희에게 말할 수 없어서 육신에 속한 자 곧 그리스도 안에서 어린 아이들을 대함과 같이 한다"고 말한다. 바울은 고린도 교인들을 "신령한 자들," 곧 '성령을 받아 거듭나서 신앙이 장성한 사람들'처럼 대하지 못하겠다고 말한다(2:15). 바울은 고린도교인들을 "육신에 속한 자,"5) '거의 불신자나 다름없이 육(肉=죄)이 강한 성도들'(2:14)처럼 대하겠다고 말한다. 다시 말해 "그리스도 안에서 어린 아이들을 대함과 같이 한다"고 말한다(히 5:13). '그리스도와 연합되긴 했으나 아직도 미숙한 성도들을 대함과 같이 하겠다'고 한다. 이제야 거듭나서 갓 믿기 시작한 크리스천들처럼 대하겠다는 것이다. 그들은 아직 시기하고 분쟁하니 세상의 불신자들이나 다름없었다.

고전 3:2. 내가 너희를 젖으로 먹이고 밥으로 아니하였노니 이는 너희가 감당하지 못하였음이거니와 지금도 못하리라.

바울은 과거에 고린도 지방에서 전도할 때 교인들에게 "젖으로 먹이고 밥으로 아니하였다"고 말한다(히 5:11-14; 벧전 2:2). 그들이 너무 어려서 젖(milk)으로 먹였다고 한다. 그들에게 밥(단단한 음식)을 먹이지 못한 이유는 "감당하지 못하였기" 때문이다. 그런데 불행하게도 "지금도 못할 것이라"고 말한다(요 16:12). '지금도 밥을 못 먹을 정도라'고 한다. 다시 말해 여전히 젖이나 먹을 정도의 미성숙(未成熟)한 성도들이라는 것이다. 바울은 교인들의 형편에 맞추어 가르쳤다. 그들이 미숙아였던 고로 기초적인 진리, 핵심적인 진리를 가르쳤다. 만약 그들의 신앙이 성장했더라면 좀 더 깊은 것들을 가르칠 수 있었을 것이다. 바울은 진리를 가르치면서도 아직 성숙하지 못한 그들에게 성령님께서 역사하시는 대로 아주 단순하게 전했다. 바울은 고린도 교인들에게 십자가 복음의 깊은 내용을 전하지 못했다. 이유는 그들이 깨닫지 못하기 때문이었다. 젖이나 밥이나 모두 복음은 복음이지만 젖은 단순하

---

5) 여기 "육신에 속한 자"(σαρκίνοις)란 말은 헬라어 단어로 보나 문맥으로 보나 2:14의 "육에 속한 사람"(ψυχικὸς)이란 말과는 다르다. 본 절의 말은 거듭나기는 했으나 신앙이 아주 약해서 세상의 불신자나 거의 같은 사람을 지칭하는 말이다. 교회마다 육신에 속한 크리스천이 많이 있다.

게 전하는 것을 말하고 밥은 좀 더 깊은 내용을 전하는 것을 지칭한다. 십자가를 전할 때 예수님께서 우리를 대신해서 죽으신 것을 전하는 것은 단순하게 전하는 것이고 똑같은 십자가를 전할 때 예수님의 대속의 죽음을 전하면서 거기에 우리가 지켜야 할 윤리까지도 전하는 것은 깊이 전하는 것이다. 오늘도 그저 단순한 것을 좋아하는 교인들이 있다. 그들은 전도 설교를 좋아한다. 전도자가 그 이상의 것을 전하면 알아들을 수가 없어서 고만 졸기도 한다. 그러나 신앙이 성장한 교인들은 단순하게 전하는 것으로는 만족하지 못한다. 거기에다가 우리가 어떻게 살아야 하는 것까지 전해야 만족해한다.

바울은 고린도 교인들의 형편에 맞추어 과거에도 젖만 먹였고 몇 년이 지난 때, 고린도교회에 첫 번째 편지를 쓸 때도 젖을 먹이는 수밖에 없었다. 그들의 신앙은 별로 자라지 않았다. 이유는 아마도 그 도시가 철학의 도시이며 또한 환락의 도시였기에 그 영향으로 교인들의 신앙이 별로 자라지 않았던 것 같다. 우리는 하나님 말씀을 사랑하는 중에 신앙이 자라가야 한다.

고전 3:3. 너희는 아직도 육신에 속한 자로다 너희 가운데 시기와 분쟁이 있으니 어찌 육신에 속하여 사람을 따라 행함이 아니리요.

바울은 앞에서 고린도 교인들이 진리를 받을 때 초보적인 진리, 핵심적인 진리만 받았는데(2절) 아직도 그런 유치한 수준에 머물러 있다고 말한다. 그들은 아직도 "육신에 속한 자"였다. 이 말은 그들이 불신자라는 뜻이 아니라 성령은 받았지만 아직 신앙이 성장하지 않아서 육(肉)쪽으로 기울어져 있는 자들이라는 것이다(1절). 그들을 육신에 속한 자라고 말할 수 있는 것은 그들 가운데 "시기와 분쟁이 있기" 때문이었다(1:11; 11:18; 갈 5:20-21; 약 3:16). 서로 다른 파에 속한 사람들을 미워하고 또 그 미움의 도를 넘어 언쟁을 했다. 그러니 "어찌 육신에 속하여 사람을 따라 행함이 아니라"고 할 수 있느냐는 것이다. 그들은 육으로 기울어져 일반 세상 사람들처럼 행동하고 있으며 성령으로 거듭나지 않은 자연인들처럼 행동하고 있었다.

오늘날도 영적으로 미숙아들이 교회에 많이 있다는 것은 교회의 분위기를 조금만 아는 사람이면 다 파악하고 있다. 성도들이 서로 미워하고 서로 싸우고 있으니 말이다.

고전 3:4. 어떤 이는 말하되 나는 바울에게라 하고 다른 이는 나는 아볼로에게라 하니 너희가 육의 사람이 아니리요.

교회의 "어떤 이는 나는 바울에게라 하고 또 다른 이는 나는 아볼로에게" 속했다고 말하니 어찌 "육의 사람이 아니라"(οὐκ ἄνθρωποί ἐστε)고 말할 수 있느냐고 말한다(1:12). 고린도 교회 안에는 네(四) 파가 있었는데 바울은 그들을 꾸짖는 데는 두 파만 예를 들어도 충분하니 두 파만 말한 것으로 보인다. 그는 자기의 선배인 베드로의 이름을 여기서 생략해주었고 자기의 가까운 친구였던 아볼로의 이름은 다시 거명했다. 여기 "사람"이란 말은 '중생하지 않은 일반 사람들'을 지칭하는 말이다. 바울은 교인들을 향하여 '일반 불신자와 다를 것이 무엇이 있느냐'고 책망한다. 나누어져서 싸우는 것은 세상 사람이나 하는 일이다. 우리는 범사에 양보하고(창 13:8-9), 억울한 일을 당했을 때는 차라리 불의를 당하는 것이 낫다고 생각하고 한발 물러서야 한다(6:7).

2)지도자는 단지 하나님의 일꾼일 뿐이다   3:5-9

고전 3:5. 그런즉 아볼로는 무엇이며 바울은 무엇이냐 그들은 주께서 각각 주신 대로 너희로 하여금 믿게 한 사역자들이니라.

바울은 "그런즉 아볼로는 무엇이며 바울은 무엇이냐"고 말한다. 여기 두 번이나 "무엇이냐"(τί)고 말하여 바울은 두 사람을 경멸한다(Lightfoot). 그들이 무슨 파의 당수냐? 아무 것도 아니고 단지 하나님의 심부름꾼일 뿐이라는 것이다. "그들은 주께서 각각 주신 대로 너희로 하여금 믿게 한 사역자들이라"고 한다(4:1; 롬 12:3, 6; 고후 3:3; 벧전 4:11). 즉 '그 두 사람은 주님께서 사명을 주신대로 고린도 교인들로 하여금 믿게 한 종들일

뿐이라'고 한다. 여기 "사역자들"(διάκονοι)이란 말은 '섬기는 자들'이란
뜻이다. 이 말은 성경 여기저기서 다른 낱말로 번역되었다. 복음의 '일군'으
로도(고후 6:4), '섬기는 자'로도(마 20:26; 요 2:5, 9), '사자'로도(롬 13:4),
'일군(집사)'으로도(롬 16:1; 빌 1:1) 번역되었다. 교회의 지도자들은 하나님
의 일꾼에 불과하다. 하나님의 일꾼들은 하나님의 종으로 만족해야 한다.

**고전 3:6. 나는 심었고 아볼로는 물을 주었으되 오직 하나님께서 자라나게
하셨나니.**

바울은 바로 앞 절(5절)에서 아볼로와 바울 두 사람은 사역자(섬기는
자)일 뿐이라고 말하고는 이제 본 절에서는 구체적으로 그들이 무슨 일을
했는지를 설명한다. 바울은 "심었다"(ἐφύτευσα)고 말한다. 바울 사도가 고
린도 지역(9절-고린도 지역은 "하나님의 밭"이었다)에 최초로 복음을 심었
다고 말한다(4:15; 9:1; 15:1; 행 18:1-11; 고후 10:14-15). 그리고 아볼로는
"물을 주었다"(ἐπότισεν)고 말한다. "물을 주었다"는 말은 '성경을 해석하여
공급했다(가르쳤다)'는 뜻이다. 아볼로는 바울 후임으로 고린도 교회에서
성경을 해석하여 먹여주었다(행 18:24-9:1; 19:1).

그런데 바울은 자기들이 행한 일을 말한 다음 "오직 하나님께서 자라나게
하셨다"(ηὔξανεν)는 말씀을 추가한다(1:30; 15:10; 고후 3:5). 자기들이 아무
리 사역을 했다고 해도 하나님께서 교인들의 신앙을 자라나게 하시지 않으면
아무 것도 아니라는 뜻이다. 바울이 아무리 복음을 심어도 그리고 아볼로가
아무리 성경을 풀어먹여도 하나님께서 역사하시지 않으면 모두 헛일이라는
것이다. 그런고로 심는 일도 하나님께서 하시는 일이고 물을 주는 일도
하나님께서 하시는 일이다. 사역자는 항상 하나님의 처분만을 바라보아야
한다.

그런데 바울이 심은 일(ἐφύτευσα)이나 아볼로가 물을 준(ἐπότισεν) 일
은 모두 부정(단순)과거 시제로 표현했는데 이는 과거의 어느 한 때에 행한
일들을 나타내는 말이다. 그런데 하나님께서 자라나게 하시는(ηὔξανεν) 일

은 미완료과거 시제로 표현해서 하나님께서 '계속해서 자라나게 하고 계셨다'고 말한다. 오늘 우리는 개인과 교회와 교단의 성장은 하나님의 수중에 있음을 알고 기도해야 할 것이다.

고전 3:7. 그런즉 심는 이나 물주는 이는 아무 것도 아니로되 오직 자라나게 하시는 이는 하나님뿐이니라.

바울은 결론적으로 "심는 이나 물주는 이는 아무 것도 아니라"고 말한다 (고후 12:11; 갈 6:3). "아무 것도 아니라"는 말은 '하나님께서 생명 주시는 역사 없이는 아무 것도 아니라'는 뜻이다. 아무리 심어도 그리고 아무리 물을 주어도 하나님께서 자라나게 하시는 역사가 없이는 싹도 트지 않고 자라나지도 않는다. 그런고로 바울은 "오직 자라나게 하시는 이는 하나님뿐이니라"고 말한다. '자라나게 하시는 하나님만 중요하시다'는 것이다. "오직 하나님의 일만이 전부이다"(이상근). 고린도 교회 교인들은 바울이든 아볼로이든 게바이든 그 누구도 자랑할 것이 없었는데 공연히 자랑했다. 오늘도 사람을 자랑한다는 것은 참으로 어처구니없을 정도로 어리석은 일이다.

고전 3:8. 심는 이와 물주는 이는 한가지이나 각각 자기가 일한 대로 자기의 상을 받으리라.

바울은 "심는 이와 물주는 이는 한가지라"고 말한다. 여기 "한가지라"(ἑν εἰσιν)는 말은 '하나'라는 뜻으로 '주님의 종들은 무슨 사역을 하든지 모두 다 똑같다'는 뜻이다. 사역자들이 다 똑같다는 말은 결코 일 자체에 구분이 없다는 말이 아니라, 분명히 기능적인 면에서는 구분이 있으나 한 분 하나님이 시키는 일인 고로 심는 일이나 물주는 일이나 다를 것이 없다는 뜻이다. 그리고 사역자들의 일들은 모두 하나님 나라의 확장을 위해서 하는 일들이니 똑같은 성질의 것이다. 같은 밭(9절)에서 일하는 종들은 주인이 보기에는 똑같다. 어느 한 사람이 더 높은 위치에 있는 것이 아니라 똑같은 위치에서 똑같은 일을 하는 종들이다. 바울이 더 높고 아볼로가 낮은 것이 아니라

다 같은 한 주인의 일을 하고 있고 한 목적을 가지고 하는 고로 한 주인 수하의 똑같은 종들이다. 그런고로 거기에 파(派)가 있을 수 없다. 바울은 자기를 더 높이는 사람들이 있다는 소식을 듣고 기가 막혔다. 바울은 글로에의 집편으로(1:11) 고린도 교회의 분파에 대한 소식을 듣고 '내나 아볼로나 게바는 하나님의 주권 아래에서 일하는 똑같은 종들이요, 동역자들 인데도 왜 이렇게 나누어져서 시기하고 분쟁하는가. 참 이상하다'라고 생각했다.

　　바울은 "...이나(de) 각각 자기가 일한 대로 자기의 상을 받으리라"고 말한다(4:5; 시 62:12; 롬 2:6; 갈 6:4-5; 계 2:23; 22:12). 주님의 종들은 하나님으로부터 명령을 받아 일한다는 점에서 똑같고 또 하나님 나라를 확장한다는 점에서 똑같지만 그러나 '각각 자기가 일한 대로 자기의 상을 받는다는 점에서는 다르다'고 한다. 주님의 재림의 날, 자기가 일한 대로 자기의 상을 받을 것이다. 열심히 일한 종과 덜 열심히 일한 종의 상이 다를 것이고 차이가 많이 날 것이다(마 19:27-29). 그러나 이런 차이 때문에 고린도 교인들이 한 사람을 다른 사람보다 더 높일 이유는 없었다. 왜냐하면 이런 차이는 예수님의 재림 때에 구별될 일이며 또 이런 구별은 하나님 앞에서의 구별이지 결코 사람들 앞에서 될 일은 아니라는 것이다. 다시 말해 하나님으로부터 상 받을 때 될 일이지 사람 앞에서 될 일은 아니다. 주님의 종들은 주님 재림의 날에 세상에서 힘쓴 수고 여하에 따라서 상을 받을 것이다. 종들은 각각 훗날 하나님 앞에서 상당한 보상을 받을 것인데 "이와 같은 보상에 비할 때 고린도에서 어떤 당파가 그릇되게 주는, 적은 영광이야 말로 하나의 웃음거리이다"(렌스키). 전도자는 각자가 맡은 책임이 크고 작음에 따라 상을 받는 것이 아니라 그가 맡은 일에 얼마나 충성했느냐에 따라 상을 받는 것을 생각하고 세상에서 최선을 다해야 한다.

고전 3:9. 우리는 하나님의 동역자들이요 너희는 하나님의 밭이요 하나님의 집이니라(θεοῦ γάρ ἐσμεν συνεργοί, θεοῦ γεώργιον, θεοῦ οἰκοδομή ἐστε).
　　본 절 초두의 이유접속사(γάρ)는 본 절이 앞 절(8절)이 말하는 내용의 이유를 제공하고 있다. 바울은 앞 절에서 "심는 이와 물주는 이는 한 가지이라"고 말했는데 그 이유는 "우리는 하나님의 동역자들이기" 때문이라는 것이다(행 15:4; 고후 6:1). 여기 우리가 "하나님의 동역자들"이란 말을 해석함에 있어서 학자들 간에 견해가 갈린다. 한쪽은 '하나님과 함께 일하는 동역자들이라'는 뜻으로 보기도 하고 또 다른 쪽은 '하나님의 주권 하에서 우리는 서로 동역자들이라'고 해석하기도 한다. 본 절은 바로 앞 절에 나온 말씀을 설명하는 구절로서 후설이 바른 해석으로 보인다. 우리는 하나님을 우리의 동역자 측에 가담시켜서는 안 될 것이다. 어디까지나 우리는 하나님 아래에서 서로 동역하는 자들이라고 해야 할 것이다.

바울은 본 절에서 "하나님"을 극히 강조하고 있다. 본 절은 세 구절로 되어 있는데 매 구절마다 "하나님의"(θεοῦ)라는 말을 구절 앞에 두어 하나님을 극히 높이고 있다. 사실은 "하나님의"라는 말이 소유격인고로 보통은 구절 뒤에 두어야 하는데, 매절 앞에 두어 "하나님"을 강조하고 있다. 이렇게 "하나님"을 높이는 것은 사람이 중요한 것이 아니라 하나님이 중요하다는 것을 드러내기 위함이다. 모든 것은 하나님으로부터 왔고 또 하나님께 속했다는 뜻이다. 사람을 한 파당의 수장으로 삼아서는 안 된다.

바울은 "너희는 하나님의 밭이요 하나님의 집이라"고 말한다(엡 2:20; 골 2:7; 히 3:3-4; 벧전 2:5). 바울은 '너희는 우리의 밭이요 우리의 집이라'고 말하지 않고 "너희는 하나님의 밭이요 하나님의 집이라"고 표현하여 하나님의 소유라는 것을 강하게 부각시킨다. 이렇게 고린도 교인들이 하나님의 소유라는 것을 부각시키는 이유는 교회 안에서 서로 파당을 지어 시기하고 분쟁할 것이 아니라 오직 하나님만 높여야 할 것을 말하기 위함이다. 여기 "밭"이나 "집"(렘 11:10; 18:9; 엡 2:20-22; 히 3:4; 11:10; 벧전 2:2, 5)은 교회를 뜻하는 말들이다. 하나님은 그 밭의 식물을 성장하게 하시는 분으로 고린도 교인들을 성장하게 하시는 분이시고 또 하나님은 건물을 짓는 분으로서 고린도 교회를 지어가는 분이시다. 고린도 교회는 전적으로 하나님의 소유로 하나님만 높여야 했다. 오늘의 교회에서도 하나님께만 영광을 돌려야 한다.

3)지도자는 주님의 집을 짓는 건축가일 뿐이다 3:10-15

고전 3:10. 내게 주신 하나님의 은혜를 따라 내가 지혜로운 건축자와 같이 터를 닦아 두매 다른 이가 그 위에 세우나 그러나 각각 어떻게 그 위에 세울까를 조심할지니라.

교회는 하나님의 소유로서 하나님만 높여야 하지만(앞 절) 하나님 수하의 일꾼들은 건축자와 같이 터를 닦기도 하고 혹은 세우기도 해야 하는데 터 위에 세우는 사역자들은 조심해야 한다고 바울은 말한다.

바울은 "내게 주신 하나님의 은혜를 따라 내가 지혜로운 건축자와 같이 터를 닦아 두었다"고 말한다(6절; 4:15; 롬 1:5; 12:3; 15:20; 계 21:14). 바울은 자신이 "하나님의 은혜를" 받았다고 말한다. 곧 '사도직을 받았다는 것이고 또 그 직을 감당할 수 있는 능력'을 받았다는 뜻이다(딤전 1:12). 그는 사도직을 수행할 수 있는 은혜를 받아서 "지혜로운 건축자와 같이 터를 닦았다"고 말한다. 곧 '지혜로운 건축자처럼 예수님을 전파했다'는 뜻이다. 예수님을 최초로 전파한 것은 바로 터를 닦아 둔 것과 같은 것이다(사 28:16; 행 4:11; 엡 2:20; 벧전 2:6).

바울은 "다른 이가 그 위에 세우나 그러나 각각 어떻게 그 위에 세울까를 조심해야 한다"고 말한다(벧전 4:11). 곧 사도가 예수님을 전파했으니 이제는 바울 사도를 이어 '다른 사람이 그 터 위에 세울 터인데 그러나 각각 사도가 전도한 표준대로 세워야 한다'고 말한다. 바울은 기초공사를 했으니 그 기초 위에 세우는 사람은 사도가 행한 대로 영원히 불타지 않을 재료로 세워야 한다고 말한다. 다시 말해 건축법에 따라서 좋은 재료로 세워야 한다.

고전 3:11. 이 닦아 둔 것 외에 능히 다른 터를 닦아 둘 자가 없으니 이 터는 곧 예수 그리스도라.

바울은 자신이 닦아 둔 기초공사 외에(사 28:16; 마 16:18; 고후 11:4; 갈 1:7) 능히 다른 터를 닦아 둘 자가 없다고 말한다. 그런데 이 터는 곧 예수 그리스도라고 규명한다(엡 2:20). 예수 그리스도라는 터 외에 다른 터가 없다고 말한다. 바울은 자신이 개척한 초대교회에 다른 터를 닦으려는 사람들을 경계했다. 율법주의자들은 초대교회에 침입하여 다른 예수를 전하려고 했다. 바울은 그들을 배척했다. 바울은 교회의 터는 오직 하나라는 것을 강하게 부각시킨다. 바울은 예수님의 인격과 그의 십자가의 대속의 죽음을 전파했다. 그것이 바로 터를 닦는 일이었다. 우주적인 교회는 이미 사도들에 의해 세워졌다. 지금은 지(支) 교회를 세우는 중이다. 지교회의 터도 오직 예수 그리스도뿐이시다.

고전 3:12. 만일 누구든지 금이나 은이나 보석이나 나무나 풀이나 짚으로 이 터 위에 세우면.

교회의 터는 예수 그리스도(앞 절)라고 말한 바울은 이제 본 절에서는 교회를 세우는 자 그가 "누구든지 금이나 은이나 보석이나 나무나 풀이나 짚으로 이 터 위에 세우면" 세울 때는 그 재료들이 견고한 재료들인지 아니면 불타서 없어질 재료인지 모르지만, 훗날 그 재료들의 호불호(好不好)가 나타날 것이라고 말한다. 이 재료들 중에 "금이나 은이나 보석"은 불에 타지 않는 견고한 재료들이고, "나무나 풀이나 짚"은 불에 타는 견고하지 못한 재료들이다. 그러면 "금이나 은이나 보석"이나 "나무나 풀이나 짚"은 무슨 재료냐에 대해 학자들의 견해가 몇 가지로 갈린다. 1) 혹자는 "금이나 은이나 보석"은 참 신자를 말하고 "나무나 풀이나 짚"은 거짓 신자를 지칭한다고 해석한다. 그러나 이 해석은 문맥에 맞지 않는다. 이유는 교회를 세우는 전도자(성도 포함)가 처음부터 참 신자와 거짓 신자를 심는 것은 아니기 때문이다. 2) 혹자는 "금이나 은이나 보석"은 종교적으로 또는 도덕적으로 좋은 행위들을 가리키고, "나무나 풀이나 짚"은 나쁜 행위들을 가리킨다고 해석한다. 그러나 이 해석도 문맥에 맞지 않는다. 이유는 교회를 세우는

전도자(성도 포함)가 재료들을 사용할 때 좋은 행위들 혹은 나쁜 행위들을
사용하는 것은 있을 수 없기 때문이다. 3) 어떤 학자들은 "금이나 은이나
보석"은 '하나님의 순결한 교리들'을 지칭하고, "나무나 풀이나 짚"은 '거짓
교리들'을 지칭한다고 말한다(박윤선, Erasmus, Luther, Calvin, Beza, De
Wette, Meyer). 셋째 번 해석이 문맥에 맞는다. 오늘 우리 전도자와 교사들은
교회에서 사역할 때 그리스도라는 터 위에 어떤 재료를 써야할는지 대단히
조심해야 한다(10절). 우리는 많은 기도와 성경 연구를 통하여 바른 진리를
가르쳐야 한다(행 6:4).

**고전 3:13. 각 사람의 공적이 나타날 터인데 그 날이 공적을 밝히리니 이는
불로 나타내고 그 불이 각 사람의 공적이 어떠한 것을 시험할 것임이라.**
　　본 절은 모든 사역자들의 가르침의 결과가 주님의 심판 때에 주님의
불같은 심판에 의해 나타날 것이라고 말한다. 바울은 "각 사람의 공적이
나타날 것이라"고 말한다(4:5). 곧 '각 전도자들, 각 목사들, 각 교사들의
수고한 것이 하나하나 나타날 것이라'는 뜻이다. 나타나는 이유는 "그 날이
공적을 밝힐 것이기" 때문이다(벧전 1:7; 4:12). 여기 "그 날"(살전 5:4;
히 10:25) 곧 '예수님의 재림의 날'이 각 전도자들, 각 교사들의 수고한
것을 밝힐 것이라고 한다. '재림의 날이 밝힌다'는 말은 의인법으로 재림의
날이 되면 밝혀진다는 뜻이다. 밝혀지는 이유는 각 사람의 수고한 것들이
"불로 나타내고 그 불이 각 사람의 공적이 어떠한 것을 시험할 것이기"
때문이라고 한다(눅 2:35). 여기 "불"이라는 말도 역시 의인법으로서 '주님의
불같은 심판'을 뜻한다. 주님 재림의 날에 주님의 불같은 심판에 의하여
각 사람의 수고한 것이 불에 타기도 하고 혹은 불에 타지 않기도 한다는
뜻이다. 순결한 교리를 전파한 전도자의 수고한 것은 불에 타지 않고 그냥
있게 되고 혹은 잘못된 교리를 전파한 전도자의 것은 불에 탈 것이란 뜻이다.
주님의 불같은 심판은 각 사람의 공적이 어떠한 것을 철저히 시험할 것이다.
우리는 주님의 심판 앞에서 타지 않고 견딜 수 있는 참 진리를 가르쳐야

할 것이다. 공연히 자기를 선전하는 일이나 자기를 자랑하는 일을 삼가야할 것이다. 그리고 성경을 정확하게 연구하지 않고 거짓되게 가르치면 주님의 불같은 심판에 다 불에 타 버리고 말 것이다.

고전 3:14. 만일 누구든지 그 위에 세운 공적이 그대로 있으면 상을 받고.

"만일 누구든지," 곧 '어떤 전도자든지, 어떤 목사든지, 어떤 교사든지' 이미 세워진 교회 위에 "세운 공적이 그대로 있으면 상을 받는다"고 한다 (4:5). 다시 말해 전파한 것이 참 진리이기 때문에 주님의 불같은 심판을 넉넉히 견디었으면 상을 받게 된다는 뜻이다. 여기 "상을 받는다"는 말은 '잘했다는 칭찬을 받는 것을 지칭하며 또 구원받는 것 이외에 특별한 상급을 받는 것'을 의미한다(마 5:12).

고전 3:15. 누구든지 그 공적이 불타면 해를 받으리니 그러나 자신은 구원을 받되 불 가운데서 받은 것 같으리라.

앞 절(14절)에서는 공적이 그대로 있는 사람의 경우를 말했고, 본 절은 그 공적이 불타는 사람의 경우를 말한다. 그 어떤 전도자든지, 그 어떤 목사든지, 그 어떤 교사든지 그가 교회 공동체를 위해 뿌린 거짓 교리가 주님의 재림의 날에 주님의 불같은 심판에 의하여 불에 타면 "해를 받는다"고 한다. 곧 '상급이 없어진다'는 뜻이다. 그러나 그가 해를 받는다고 하여 구원까지 못 받는 것이 아니고 자신은 겨우 구원은 받는다고 한다. "자신은 구원을 받되 불 가운데서 받은 것 같을 것이라"고 한다(유 1:23). 공적이 불타는 사역자는 상급도 받지 못하고 겨우 구원이나 받는다. 여기 "구원을 받되 불 가운데서 받은 것 같을 것이라"는 말을 두고 천주교에서는 연옥이 있다고 주장한다. 믿음이 시원치 않고 연약한 신자는 한 동안 연옥에 있다가 믿음이 좋은 사람들이 기도해줄 때 그 연옥에서 빠져나온다는 것이다. 그러나 본 절은 연옥 설을 가르치지 않는다. 본 절은 잘못해서 거짓 교리를 가르치는 전도자는 소돔의 불구덩이에서 구출 받아 나온 롯처럼 겨우 몸만 구원받는 꼴이 된다는 뜻이다. 화재가 나면 재산도 못 건지고 겨우 몸만 빠져나오는 사람들이 있듯이 전도자 노릇을 잘못하면 겨우 자기나 겨우 구원받게 된다는 것이다. 우리는 우리의 수고한 것이 불에 타지 않도록 참 진리를 가르쳐야 한다.

　　4)성도들이 주님이 계신 성전을 더럽히면 멸망 받는다 3:16-17

바울은 앞(9-12절)에서 교회를 집이라고 묘사했는데 이곳에서는 하나님이 거하시는 성전이라고 묘사한다. 바울 사도는 성도가 하나님께서 계신 성전(자기의 몸)을 더럽히면 하나님께서 멸하신다고 말한다.

고전 3:16. 너희는 너희가 하나님의 성전인 것과 하나님의 성령이 너희 안에 계시는 것을 알지 못하느냐.

바울 사도는 고린도 교인들에게 교회가 하나님께서 거하시는 성전인 줄 "알지 못하느냐"고 책망한다(5:6; 6:2, 3, 9, 15, 16, 19; 9:13, 24; 고후 6:16; 엡 2:21-22; 히 3:6; 벧전 2:5). 이런 진리는 하나의 상식인데 그것도 알지 못하면 안 된다는 뜻이다. 바울은 고린도 교인들을 향하여 "너희가 하나님의 성전"(ναὸς θεοῦ ἐστε)이라고 말한다. 곧 '너희 고린도 교회가 하나님의 성전'이라는 뜻이다. 여기 "성전"(ναὸς)이란 말은 '성소'를 지칭한다. 이 단어는 성전 뜰과 부속건물들을 뺀 성소(sanctuary)를 뜻하는 말이다. 예수님께서 자신의 몸을 성전이라고 부르신 것처럼(요 2:19-21) 하나님의 교회는 성령님이 계신 성전이라고 한다. 교인 한 사람 한 사람도 하나님의 성전이지만(6:19) 본 절에서는 '고린도교회 공동체가 하나님의 성전'이라는 뜻이다. 바울은 고린도 교회가 하나님의 성전이라는 것을 확언하기 위해 "하나님의 성령이 너희 안에 계시는 것을 알지 못하느냐"고 말한다. 하나님의 성령이 고린도 교회 공동체 안에 거하시는 고로 고린도 교회가 성전이라고 한다. 오늘의 교회가 많은 문제를 안고 있어도 성령님께서 계시면 하나님의 성전이라고 부르는데 주저하지 말아야 할 것이다. 혹자는 오늘의 교회들이 성령을 떠났다고 쉽게 말하기도 하나 우리는 예수님을 구주로 믿는 성도들이 만일 그 곳에 있다면 그렇게 쉽게 말해서는 안 될 것이다. 그 교회는 성령이 안 계신 것이 아니라 성령님께서 강하게 역사하시지 않고 계시다고 말해야 한다.

고전 3:17. 누구든지 하나님의 성전을 더럽히면 하나님이 그 사람을 멸하시리라 하나님의 성전은 거룩하니 너희도 그러하니라.

그 어떤 사람이든지 교회를 "더럽히면," 곧 '시기하고 분쟁하여(3절) 하나님의 거룩을 훼손하면' 하나님께서 그 사람을 멸하신다는 것이다. 지금도 하나님께서는 교회에서 파당을 만들어 싸움을 하는 사람을 멸하신다. 그렇다고 하여 그 사람의 영혼까지 멸하시는 것은 아니다. 하나님은 그런 사람의 육신은 멸하시고 영은 주님의 재림의 날에 구원하여 주신다(15절). 바울은 고린도 교회가 거룩할 것을 주문한다. 곧 "하나님의 성전은 거룩하니 너희도 그러하니라"고 말한다. '구약 시대에 하나님의 성전이 거룩했던 것처럼(레 15:31; 민 19:20) 고린도 교회도 성령님이 계시니 거룩해야 한다'고 말한다. 오늘 이 땅의 지역 교회들은 거룩을 유지해야 한다. 교회 안에서 당을 지어 싸우면 하나님의 벌을 받는다.

5)세상의 지혜를 포기하라   3:18-20

바울은 성령님이 계신 성전을 더럽히면 멸망 받는다고 말하고는(16-17절) 이제 세상의 지혜를 포기하고 하나님의 지혜를 앞세우라고 권한다(18-20절).

고전 3:18. 아무도 자신을 속이지 말라 너희 중에 누구든지 이 세상에서 지혜 있는 줄로 생각하거든 어리석은 자가 되라 그리하여야 지혜로운 자가 되리라.

바울은 "아무도 자신을 속이지 말라"고 부탁한다(잠 5:7; 사 5:21). "자신

을 속이지 말라"는 말은 '자신이 지혜롭다고 생각하지 말라'는 말이다. 사실
자신이 지혜롭지 못한데도 스스로 지혜롭다고 생각하는 것은 자신을 속이는
일이다. 그런고로 사람은 자신이 지혜롭다고 생각하거나 지혜롭다고 말하지
말라는 것이다. 고린도 교인들은 자신들이 지혜롭다고 생각하고 말하므로
분열을 일으켰는데 앞으로는 그렇게 하지 말라고 한다. 바울은 "너희 중에
누구든지 이 세상에서 지혜 있는 줄로 생각하거든 어리석은 자가 되라"고
권면한다. '누구든지 이 세상에서 자기가 지혜가 있다고 인식하면 어리석은
자가 되라'고 한다. 어리석은 자가 된다는 것은 쉽지 않은 일이다. 우선
어리석다고 생각해야 하고 그렇게 되지 않을 경우 하나님께 어리석은 줄
아는 사람이 되게 해주십사고 기도해야 한다. 그렇게 하면 "지혜로운 자가
된다"고 한다. 자기가 어리석은 줄 알 때 십자가를 바라보게 되어 지혜로운
자가 된다(1:18, 23-24).

**고전 3:19. 이 세상 지혜는 하나님께 어리석은 것이니 기록된바 하나님은
지혜 있는 자들로 하여금 자기 꾀에 빠지게 하시는 이라 하였고.**
　　바울은 "이 세상 지혜는 하나님께 어리석은 것이라"고 말한다(1:20;
2:6). '이 세상 지혜(1:21; 2:6)는 하나님 보시기에, 다시 말해 하나님 눈으로
보시기에는 어리석다'는 것이다. 바울은 이 세상 지혜가 어리석은 사실을
구약 성경 욥 5:13의 말씀을 인용하여 증명한다. "하나님은 지혜 있는 자들로
하여금 자기 꾀에 빠지게 하시는 이"라고 말한다(욥 5:13). 하나님은 자기를
의지하지 않고 세상 지혜를 의지하는 사람들로 하여금 '자기의 꾀에 빠지게
하시는 이'라고 한다. 자기 꾀에 빠져서 망하게 하시는 분이라는 것이다.
이런 실례는 세상에 대단히 많다.

고전 3:20. 또 주께서 지혜 있는 자들의 생각을 헛것으로 아신다 하셨느니라.
　　바울은 사람의 지혜가 아무 것도 아님을 말하기 위해 시 94:11을 인용한
다. 하나님은 소위 지혜 있다는 사람들의 생각을 허무한 것으로 아신다고

한다. 인간의 지혜는 허무하다. 그러기에 반드시 하나님을 의지해야 한다.

6)사람을 자랑하지 말라 3:21-23

바울은 앞에서 이 세상의 지혜를 버리라고 말한(18-20절) 후 이제는 사람을 자랑하지 말라고 부탁한다(21-23절). 어떤 사람을 특별히 자랑해서 당파가 생겼는데 그런 일을 하지 말라고 말한다. 우리는 사람을 자랑할 것이 아니라 그 사람 때문에 하나님께 감사해야 할 것이다.

고전 3:21. 그런즉 누구든지 사람을 자랑하지 말라 만물이 다 너희 것임이라.

"그런즉," 곧 '세상의 지혜는 미련하고 허무함으로'(18-20절) 바울은 "누구든지 사람을 자랑하지 말라"고 권면한다(4절-6절; 1:12; 4:6). '바울이나 아볼로나 게바를 자랑하지 말라'고 한다. 그 사람들 중에 오직 한 사람을 특별히 자랑하지 말라는 것이다. 이 사람들만 아니라 다른 것들도(22절) 자랑하지 말아야 한다. 이유는 "만물이 다 너희 것이기" 때문이다(고후 4:5, 15). 즉 '사람이나 모든 것이 다 성도들의 유익을 위해 존재하기' 때문이다. 세상 모두가 성도들의 영적인 유익을 위해서 존재하는 것이기에 그런 것들을 자랑할 필요가 없다. 우리가 사람을 존경하기는 해도 사람을 특별히 내세워서 자랑해서는 안 된다. 우리는 캘빈(Calvin)을 너무 자랑해서 파당을 지어서는 결코 안 된다. 실질적으로 캘빈의 신학이 훌륭하므로 연구하고 이용하는 것은 좋으나 그 사람만 훌륭하다고 자랑하면서 다른 교파의 사람을 무시해서는 안 될 것이다.

고전 3:22. 바울이나 아볼로나 게바나 세계나 생명이나 사망이나 지금 것이나 장래 것이나 다 너희의 것이요.

앞 절의 "만물"을 좀 더 설명하는 말들이 여기 나열되어 있다. "바울이나 아볼로나 게바"는 전도자들인데 이런 사람들도 다 성도의 유익을 위해 존재

한다. 하나님은 이런 전도자들로 하여금 교인들의 믿음을 증진케 하고 또
교인들을 양육하는 도구로 세우셨다. 전도자들은 교회의 주인들이 아니라
성도들을 섬기는 종들이다. 또 "세계"도 성도들의 것이란 말은 성도들의
유익을 위해 하나님께서 존재하게 하셨다는 것이다. 그리고 "생명이나 사망
도" 세계 안의 변천의 전부인데 이것들도 성도에게 유익하도록 하나님께서
만드셨다. "생명"이라는 것이 성도들(교회)의 것이란 말은 생명이 성도의
유익을 위해 존재한다는 뜻이다. 어떤 형태의 생명을 살든 성도들은 예수
그리스도와 함께 죽고 다시 살아난 자(롬 6:5)이므로 이제는 더 이상 세상의
지배를 받지 않는 자유로운 생명을 누린다는 것이다. 실제로 "죽음"이라는
것은 아주 혐오스러운 것이지만 성도는 죽음을 통하여 천국에 들어간다.
그리고 "지금 것이나 장래 것"은 역사의 총체인데 이것도 역시 성도의 유익
을 위해 있다. 어느 것 하나 성도에게 유익하지 않은 것이 없다. 이 모든
것은 "다 너희의 것이다." 즉 '다 성도의 유익을 위해 있다'는 뜻이다. 우리가
주님을 바라볼 때 주님은 이 모든 것을 성도의 유익을 위하여 사용하신다.
주님의 종들도 성도의 유익을 위하여 존재한다. 존경할지언정 자랑해서는
안 된다.

고전 3:23. 너희는 그리스도의 것이요 그리스도는 하나님의 것이니라.

모든 것들은 성도들(교회 공동체)의 유익을 위하여 존재하지만(21-22
절), 그러나 "너희는 그리스도의 것이요 그리스도는 하나님의 것이라"고
말한다(11:3; 롬 14:8; 고후 10:7; 갈 3:29). 곧 '성도들은 그리스도에게 종속
되어 그리스도의 영광을 위하여 살 자들이라'는 뜻이다. 성도들은 그리스도
의 영광을 위하여 존재할 자들인 고로 사람을 자랑해서는 안 된다. 그리고
'그리스도는 하나님의 영광을 위하여 존재 하신다'는 것이다. 그리스도는
지혜에 있어서나 권능에 있어서나 모든 점에서 하나님과 동등하신 분이시지
만 사역상으로는 하나님을 드러내시는 분이시다(빌 2:6-7). 우주는 이렇게
하나님을 중심하여 통일되어 있으므로 우주 안에서 분쟁이 존재할 수 없고

교회 안에서도 분쟁이 있을 수 없다. 모든 피조물은 오직 하나님께만 영광을 돌려야 하고 복종해야 한다.

제 4 장
바울은 분쟁을 해결하기 위하여 몇 가지를 권면하다

E.바울은 분쟁을 해결하기 위하여 권면하다   4:1-21

바울은 앞에서(3:1-23) 고린도 교인들을 향해서 분쟁하지 말 것을 권고했는데 본장에서도 역시 분쟁을 해결하기 위해서 마지막으로 몇 가지를 권면한다(1-21절). 바울은 먼저 교회 안에서 세상적인 잣대를 가지고 지도자들을 판단하지 말 것을 말하고 모든 판단은 하나님께 맡기라고 권면한다(1-5절).

1)모든 판단은 하나님께 맡겨라   4:1-5

고전 4:1. 사람이 마땅히 우리를 그리스도의 일꾼이요 하나님의 비밀을 맡은 자로 여길지어다.

고린도 교인들은 "마땅히 우리를 그리스도의 일꾼이요 하나님의 비밀을 맡은 자로 여겨야 한다"고 말한다(3:5; 9:17; 마 24:45; 고후 6:4; 골 1:25). 바울이나 아볼로를 세상적인 판단의 잣대로 판단할 것이 아니라 "그리스도의 일꾼"으로 알아야 하고 또 "하나님의 비밀을 맡은 자"로 알아야 한다고 말한다(눅 12:42; 딛 1:7; 벧전 4:10). 교회의 지도자들은 세상의 일꾼이나 혹은 사람들의 일꾼이 아니라 그리스도를 섬기는 봉사자라는 것이고 또한 그들은 특히 하나님께서 드러내 주신 비밀, 곧 그리스도의 대속의 복음(엡 3:9-11)을 맡은 자로 알아야 한다는 것이다. 본문에 나오는 "일꾼"(ὑπηρέτας)이란 말은 '하인'(지휘자의 명령을 따라 배를 젓는 자를 지칭한다)이란 뜻으로 바울은 자신과 아볼로 등을 그리스도를 섬기는 종으로 안다고 말한다. 교회의 지도자들이 교인들을 위하는 사람들이지만(3:22)

그러나 그리스도의 종이고 그리스도의 복음을 전파하는 사람들이라고 한다. 그런고로 그리스도의 종들을 사람들이 세상의 잣대로 이러쿵저러쿵 판단하지 않아야 한다. 다시 말해 한 개의 당파의 당수로 알아서는 안 된다. 오늘도 성도들은 전도자들을 그리스도의 종으로 알아야 한다.

고전 4:2. 그리고 맡은 자들에게 구할 것은 충성이니라.

바울은 하나님의 비밀을 맡은 자(앞 절), 곧 그리스도의 복음을 맡은 자들에게 구할 것은 "충성"이라고 말한다. "충성"이란 말은 '믿을 수 있는 것,' '신실'(엡 1:1)이란 뜻으로 복음전도자에게는 신실함이 요구된다는 뜻이다.

고전 4:3. 너희에게나 다른 사람에게나 판단 받는 것이 내게는 매우 작은 일이라 나도 나를 판단하지 아니하노니.

바울은 앞에서 복음을 맡은 자들에게 충성이 요구된다고 말한(2절) 후 이제 바울 사도가 주님께 충성한 것에 대하여 사람들로부터 무슨 판단을 받는다고 해도 크게 괘념하지 않겠다고 말한다. 그 이유는 오직 주님께서 바울의 충성에 대하여 만족하신다면 사람들의 입으로 흘러나오는 판단 같은 것은 그리 중요한 것이 아님을 알기 때문이다. 그렇기에 고린도 교인들로부터 판단 받는 것이나 혹은 다른 사람들로부터 판단 받는 것에 대해 "내게는 매우 작은 일이라"고 말한다. 다시 말해 '바울에게는 그리 중요하지 않다'는 뜻이다. 사람들의 판단이 바울 자신에게 영향을 끼치지 않는다는 것이다. 바울파가 바울을 높인다고 해서 높아지는 것도 아니고 아볼로파가 바울을 깎아내린다고 해서 내려가는 것도 아니라는 것이다. 오늘의 우리 역시 다른 사람의 혀끝에서 무슨 말이 나오느냐에 대해 크게 신경을 쓰지 않아야 한다. 성령님께서 꾸중하시지 않는 한 사람들의 판단에 촉각을 곤두세울 필요는 없다. 그저 주님께만 묵묵히 충성할 뿐이다.

고린도 교인들이나 혹은 다른 사람들이 바울을 판단하는 것이 별로 중요한 것이 아니라고 말한 바울은 자신 스스로를 "판단하지 아니 한다"고 말한다. 비록 자기에게 큰 잘 못이 없다고 해도 그것으로 말미암아 자기가 의롭다함을 얻는 것도 아니기 때문에 자기를 옳다고 판단하지 않는다고 말한다. 우리는 남모르는 중에 자기 혼자 흐뭇해하고 좋아해서는 안 될 것이다.

고전 4:4. 내가 자책할 아무 것도 깨닫지 못하나 이로 말미암아 의롭다 함을 얻지 못하노라 다만 나를 판단하실 이는 주시니라.

바울은 자기 속에 자신을 책망할만한 것이 전혀 생각나는 것이 없다고 해서 하나님으로부터 '잘했다'는 판단을 받는 것은 아니라고 말한다. 어떤 경우에 있어서 우리가 스스로 잘 했다고 생각했지만 하나님 보시기에는 우리를 잘 못했다고 판단하실 수 있는 것이다. 여기 "의롭다 함을 얻지 못하노라"는 말은 잘 했다-충성했다-고 칭찬을 받지 못함을 지칭하는 말이다 (욥 9:2; 시 130:3; 143:2; 잠 21:2; 롬 3:20; 4:2). 혹자는 '믿음으로 의롭다 함을 받지 못하노라'는 뜻으로 해석하나 문맥에 맞지 않는다. 바울은 이미 하나님으로부터 의롭다 함을 받았다.

바울은 바울 자신이 잘 했는지 잘 못했는지 바울 자신이 판단하지 않고 주님께 온전히 맡기겠다고 말한다. 곧 바울은 "나를 판단하실 이는 주시라"고 말한다. 바울은 자신을 판단하실 분은 주님이라고 말한다. 주님의 비밀인 복음을 맡은 사역자들은 온전히 주님께 충성할 뿐 아니라 판단도 주님께 맡겨야 한다. 우리는 우리를 판단하실 분은 오직 주님이라는 신념을 가지고 주님이 보시는 데서 충성을 다해야 할 것이다.

고전 4:5. 그러므로 때가 이르기 전 곧 주께서 오시기까지 아무 것도 판단하지 말라 그가 어둠에 감추인 것들을 드러내고 마음의 뜻을 나타내시리니 그 때에 각 사람에게 하나님으로부터 칭찬이 있으리라.

"그러므로"(ὥστε) 곧 '사람의 충성여부를 판단하실 이는 주님이므로'(앞 절) 바울은 "때가 이르기 전 곧 주께서 오시기까지 아무 것도 판단하지 말라"고 말한다(마 7:1; 롬 2:1, 16; 14:4, 10, 13; 계 20:12). 예수님이 오시기 전에 공연히 바울이 어떻고 아볼로가 어떻고 게바가 어떻고 해서 한쪽으로 치우쳐서 다른 지도자를 비난하지 말라고 한다. 우리 역시 모든 판단을 주님께서 오신 후에 주님께서 판단하시도록 주님께 미루어 맡겨야 할 것이다. 판단은 우리가 할 일이 아니다. 나 자신을 판단하는 것도 그렇고 남들을 판단하는 것도 역시 주님께 미루어 맡겨야 한다.

모든 판단을 주님께 맡겨야 할 이유는 "그(주님)가 어둠에 감추인 것들을 드러내고 마음의 뜻을 나타내시리니 그 때에 각 사람에게 하나님으로부터 칭찬이 있기" 때문이다(3:13). 하나님은 어둠에 감추인 것들을 드러내시고 또 사람의 마음의 깊은 것(아직 실행되지 않은 일들)을 나타내실 것이므로 판단을 주님께 맡겨야 한다. 다시 말해 하나님께서 철저히 파헤쳐서 판단하실 것이니 모든 판단을 주님께 맡겨야 한다. 사람이란 드러난 것조차도 올바로 판단하지 못하니 숨어있는 것은 더욱 올바로 판단하지 못한다. 주님께서 앞으로 재림하셔서 철저히 판단하실 것이니 모든 판단은 주님께 맡겨야 할 것이다(마 25:31-46; 요 5:24-30).

주님께서 재림하시고 사람의 충성 여부를 판단하신 다음 "그 때에 각 사람에게 하나님으로부터 칭찬이 있기" 때문에 우리는 모든 판단을 하나님께 맡겨야 한다(롬 2:29; 고후 5:10). 복음 전파에 충성하는 전도자들은 주님으로부터 칭찬과 상급을 받을 것이다(마 25:23). 그날을 바라보고 충성해야 한다.

2)현세에서는 겸손하게 처신하라   4:6-13
고전 4:6. 형제들아 내가 너희를 위하여 이 일에 나와 아볼로를 들어서 본을 보였으니 이는 너희로 하여금 기록된 말씀 밖으로 넘어가지 말라 한 것을 우리에게서 배워 서로 대적하여 교만한 마음을 가지지 말게 하려 함이라.

바울은 고린도 교인들을 향하여 "형제들아"라고 부르면서 새로운 교훈을 준다(1:10 참조). 바울은 "내가 너희를 위하여 이 일에 나와 아볼로를 들어서 본을 보였다"고 말한다(1:12; 3:4). 여기 "이 일"(ταῦτα)이란 말은 '이 일들'이란 복수로서 3:5-4:5까지를 지칭하는 말로 '당파를 만들지 말라는 교훈'을 말한다. 바울은 당파를 만들지 말라는 것을 교훈하기 위해 "나와 아볼로를 들어서 본을 보였다"고 말한다. 바울은 3:5-4:5까지 바울 자신과 아볼로를 들어서 당파를 만들지 말라고 본을 보였다는 것이다. 바울은 심는 자요 아볼로는 물주는 자이며(3:5-9), 바울은 터를 닦는 자이며 아볼로는 건축하는 자(3:10-15)로서 서로 협력하는 자로서 사역했다고 말한다. 그들이 서로 협력하여 본을 보였으니 고린도 교인들도 남에게 본을 보여야 한다고 한다. 다른 이들에게 당파를 만드는 사람들로 비쳐지는 것이 아니라 오히려 당파를 만들지 않는 본을 보였다는 것이다.

이 두 사역자가 본을 보인 목적은 두 가지라고 한다. 하나는 "너희로 하여금 기록된 말씀 밖으로 넘어가지 말라 한 것을 우리에게서 배우는" 것이라고 한다(롬 12:3). 다시 말해 '고린도 교인들이 두 사역자로부터 기록된 말씀 밖으로 넘어가지 말라 한 것을 배우는 것이라'는 것이다. 여기 "기록된 말씀"이 무엇이냐를 두고 여러 가지 견해가 있다. 1) 당시에 유행했던 격언들이라는 해석. 이 해석은 합당하지 않은 것 같다. 이유는 하나님의 말씀도 많이 있는 있는데 바울이 격언을 염두에 두었을 리가 없다.

2) 그리스도의 말씀이라는 해석. 이 해석은 좀 막연한 해석으로 보인다. 구체적인 해석을 제공해야 할 것이다.

3) 본서 중에 앞에 기록된 말씀이라는 견해(1:19, 31; 3:19-20). 그러나 여기 "기록된 말씀"(γέγραπται)이란 말이 수동태라는 점을 감안할 때 채택하기 어려울 듯싶다. 이유는 바울이 본서 중에 앞에 기록한 말씀을 염두에 두었다면 아마도 "기록한 말씀"이라고 능동태로 표현해야 옳을 것이다. 자신이 쓴 말씀을 "기록된 말씀"이라고 수동태로 표현하는 것은 어색한 표현이고 차라리 "기록한 말씀"이라고 능동태로 표현했어야 할 것이다.

그런고로 다음 해석이 더 합당해 보인다.

4) 구약 성경의 말씀이라는 해석(박윤선, Alford, Bengel, Meyer, Moffatt, Grosheide, Hodge). 바울은 구약을 인용할 때 "기록된 바와 같이"라는 수동태의 관용법을 많이 사용한 것으로 보아 이 견해가 타당할 것으로 보인다. 바울은 고린도 교인들로 하여금 교만하지 말라고 경고하는 구약의 말씀 밖으로 넘어가지 않기 위해 바울과 아볼로를 통해서 본을 보였다. 오늘 우리도 다른 사람들이 우리에게서 교만하지 말라는 교훈을 배우게 하기 위해서 우리 자신이 그들에게 본이 되어야 할 것이다.

바울과 아볼로를 들어서 본을 보인 또 하나의 목적은 "서로 대적하여 교만한 마음을 가지지 않게 하려"는 것이었다(3:21; 5:2, 6). 여기 "서로 대적하여"(ὑπὲρ τοῦ ἑνὸς...κατὰ τοῦ ἑτέρου)란 말은 '하나를 올리고 다른 이를 낮추고'라는 뜻이다. 분쟁하는 사람들은 자기 파는 지나치게 높이고 다른 파는 지나치게 낮춘다. "교만한 마음을 가지다"(φυσιοῦσθε)라는 말은 '자랑하다'라는 뜻을 가진 말로 다른 파는 지나치게 깎아내리고 자기 파는 지나치게 부풀리는 것을 지칭하는 말이다(4:6; 18-19: 5:2; 8:1; 13:4). 바울이 자신과 아볼로를 들어 본을 보인 목적은 고린도 교인들로 하여금 자기의 파는 지나치게 높이고 다른 파는 지나치게 깎아내리지 않게 하기 위한 것이었다. 우리는 교회 생활에서 어느 한쪽에 서서 다른 쪽을 대항해서는 안 된다. 사탄이 교회를 자꾸만 두 조각으로 만들려고 할 때 우리는 하나로 봉합하는 작업을 해야 한다. 우리는 사탄이 하자고 하는 대로 따라 갈 것이 아니다.

고전 4:7. 누가 너를 남달리 구별하였느냐 네게 있는 것 중에 받지 아니한 것이 무엇이냐 네가 받았은즉 어찌하여 받지 아니한 것같이 자랑하느냐.

바울은 "누가 너를 남달리 구별하였느냐"고 질문한다(요 3:27; 약 1:17; 벧전 4:10). 곧 '누가 너(고린도 교회 공동체)를 남달리 구별하였느냐'는 뜻이다. 대답은 하나님께서 그렇게 구별해주셨다는 것이다. 하나님께서 은혜를 주셔서 고린도 교회가 고린도 교회 되게 하셨다는 뜻이다. 바울은 다시 "네게 있는 것 중에 받지 아니한 것이 무엇이냐 네가 받았다"고 말한다. 곧 '네(고린도 교회 공동체)게 있는 것 중에 받지 아니한 것이 무엇이냐. 너는 하나님으로부터 모든 것을 받았다'고 한다. 그렇게 모든 것을 하나님으로부터 받았는데 "어찌하여 받지 아니한 것같이 자랑하느냐"고 질책한다. '어찌하여 하나님으로부터 받지 아니하고 마치 자기들이 그렇게 되게 한 것처럼 자랑하느냐'고 한다. 자랑할 것은 아무 것도 없고 그저 감사할 것밖에 없는 것이다. 오늘 우리도 모든 것을 하나님으로부터 받았다. 그저 감사하고 찬양해야 한다.

고전 4:8. 너희가 이미 배부르며 이미 풍성하며 우리 없이도 왕이 되었도다. 우리가 너희와 함께 왕 노릇 하기 위하여 참으로 너희가 왕이 되기를 원하노라. 바울은 본 절에서 두 가지 사실을 말한다. 하나는 고린도 교회가 이미 예수님의 재림을 맞이하여 왕이나 된 듯이 행동하는 것을 보고 기가 막힌다고 말한다(이야말로 심각한 풍자가 아닐 수 없다). 바울은 고린도 교인들이 "이미 배부르며 이미 풍성하며 우리 없이도 왕이 되었다"고 한다 (계 3:17). '이미 예수님께서 재림하신 때가 되어 고린도 교인들이 마음으로 원하는 것을 다 가진 듯이 말하며 행동했고 사도들은 복음을 전하기 위해 고생하고 있는데(9-13절) 자기들만이 왕이나 된 것처럼 행동했다'는 뜻이다. 사도가 고생하는 것과는 완전히 달리 고린도 교인들은 딴 세상에서 놀고 있다고 풍자한다. 영적인 교만을 가지고 자기 파를 두둔하기 위해 다른 파를 완전히 압도하는 자세를 꼬집고 있다.

바울 사도가 말하는 또 한 가지는 "우리가 너희와 함께 왕 노릇 하기 위하여 참으로 너희가 왕이 되기를 원한다"고 말한다. 바울은 '우리(사도)가 너희와 함께 그리스도의 재림 이후 왕 노릇 하기 위하여 참으로 너희가 왕 노릇할 자격을 갖추기 원한다'고 말한다. 현재 교만하게 무엇이나 된 듯이 행동할 것이 아니라 앞으로 예수님 재림하신 후에 진짜 왕이 되어야

한다는 것이다. 왕 노릇할 자격은 곧 바울 사도처럼 복음을 위해서 현세에서
많은 고난을 받는 것이다. 바울은 11-13절에서 수많은 고난을 열거하고
있다. 오늘 우리 성도들은 영적인 교만을 물리치고 주님의 복음 전파를
위하여 사도들처럼 수많은 고난을 받아야 할 것이다.

**고전 4:9. 내가 생각하건대 하나님이 사도인 우리를 죽이기로 작정된 자
같이 끄트머리에 두셨으매 우리는 세계 곧 천사와 사람에게 구경거리가
되었노라.**

바울은 고린도 교인들이 당파 싸움으로 서로 대적하고 교만하게 행동하
는 동안(7-8절), 하나님께서 "우리(사도들)를 죽이기로 작정된 자 같이 끄트
머리에 두셨다"고 말한다(15:30-31; 시 44:22; 롬 8:36; 고후 4:11; 6:9).
이 말은 하나님께서 사도들을 극도의 고난 속으로 넣으셨다는 뜻이다. 사도
들이 당하는 고난은 우연한 것이 아니라 하나님께서 사도들을 그런 궁지
속으로 집어 넣으셨기 때문이다. 바울은 사도들을 "죽이기로 작정한 자"로
비유한다. 다시 말해 바울 당시 사형 선고를 받은 죄수들이나 노예들이
맹수에 의해 찢겨죽기 위해 원형극장으로 끌려나오는 것처럼 사도들도 그런
처참한 지경에까지 내려갔다는 것이다. 아무튼 하나님은 사도들을 인간들
중에서 "끄트머리에 두셨다"고 한다. 하나님은 사도를 가장 낮고 천한 자의
입장에 떨어지게 하셨다. 전도자의 고난은 하나님께서 주시는 것이다. 결코
우연한 고난은 없다.

이런 처참한 고난으로 떨어진 결과 사도들은 "세계 곧 천사와 사람에게
구경거리가 되었다"고 말한다(히 10:30). '세계의 구경거리, 곧 천사와 사람
의 구경거리가 되었다'고 한다. 여기 "구경거리"(θέατρον)란 말은 '극장에서
상영되는 쇼'(show)를 지칭한다. 천사들과 사람들은 사도들의 고난이 너무
극심하여 사람들이 극장에서 구경거리(show)를 구경하듯 뚫어지게 바라보
고 있다는 것이다. 사도들은 처참을 극하는 구경거리로 떨어지게 된 것이다.
오늘 우리는 세상에서 왕 노릇하려고 할 것이 아니라 가장 낮은 자리에서

복음을 위해 수고해야 할 것이다.

고전 4:10. 우리는 그리스도 때문에 어리석으나 너희는 그리스도 안에서 지혜롭고 우리는 약하나 너희는 강하고 너희는 존귀하나 우리는 비천하여.

바울은 본 절에서 사도와 고린도 교인들과의 차이를 삼중으로 대조한다. 첫째, "우리는 그리스도 때문에 어리석으나 너희는 그리스도 안에서 지혜롭다"고 말한다(1:18; 2:3, 14; 3:18; 행 17:18; 26:24). '사도는 어리석어 보였고 고린도 교인들은 지혜롭게 보였다'고 한다. 사도는 십자가를 전했기에 미련하게 보였고(1:18; 2:1-2), 고린도 교인들은 그리스도를 믿기 때문에 자신들을 지혜롭게 여기며 다른 이들에 의해 지혜롭게 여김을 받았다. 핫지(Hodge)는 "너희가 그리스도와 연합되어 있기 때문에 너희가 너희 스스로를 지혜롭게 여기며 또 다른 이들에 의하여 지혜롭게 여김을 받는다"고 말한다. 사실은 사도가 지혜롭고 고린도 교인들이 분쟁하고 있기 때문에 미련했지만 고린도 교인들은 스스로를 지혜롭다고 여긴 것이다. 오늘도 이렇게 바꾸어 생각하는 사람들이 많이 있다.

둘째, "우리는 약하나 너희는 강하다"고 말한다(고후 13:9). 사도들은 온유하게 복음을 전했기에 약하게 보였고 고린도 교인들은 당파 싸움에서 남을 비판하는 입장에 있었던 고로 남들에게 강하게 보였다.

셋째, "너희는 존귀하나 우리는 비천하게" 보였다. 고린도 교인들은 왕이나 된 것처럼 존귀하게 보였고, 사도는 복음을 전하는 중에 인간들 끄트머리에서 만족하게 지내야 했다.

고전 4:11. 바로 이 시각까지 우리가 주리고 목마르며 헐벗고 매 맞으며 정처가 없고.

고린도 교인들이 다 된 것처럼, 마치 왕이나 된 것처럼 행동하는 동안(8절), 바울 사도는 바로 이 시각까지 "주리고 목마르며 헐벗고 매 맞으며 정처가 없었다"고 말한다(욥 22:6; 행 23:2; 롬 8:35; 고후 4:8; 11:23, 27;

빌 4:12). 본 절로부터 13절까지의 고난의 목록은 고후 11:23-33의 바울의 고난의 목록과 더불어 소중한 목록이다. 사도는 "주리고 목말랐다." 곧 '복음을 전하기 위하여 먹지 못하고 갈했다.' 그리고 바울은 "헐벗고 매 맞는" 전도자였고 또 성령님이 인도하시는 대로 "정처 없이" 다니며 복음을 전했다. 그는 오늘은 이곳, 내일은 저곳에서 천신만고 복음을 전했다.

고전 4:12. 또 수고하여 친히 손으로 일을 하며 모욕을 당한즉 축복하고 핍박을 당한즉 참고.

바울은 "수고하여 친히 손으로 일을 했다"(행 18:3; 20:34; 살전 2:9; 살후 3:8; 딤전 4:10). 대부분의 주석가들은 "수고하여"(κοπιῶμεν)란 말을 '노동하는 것'으로 해석하나 '교회를 돌보는 것'으로 해석하는 것이 더 바람직할 것 같다. 이유는 1) "수고하다"란 말이 성경 여러 곳에서 실제로 '교회를 돌보다'는 뜻으로 쓰였고(15:10; 16:16; 갈 4:11; 골 1:29; 살전 5:12),

2) 본 절과 다음 절에서 네 쌍의 헬라어 문장("수고하여 친히 손으로 일을 하며," "모욕을 당한즉 축복하고," "핍박을 당한즉 참고," "비방을 받은즉 권면하니")을 비교해 보면 각 문장 중 하나는 분사로 표현되었고("친히 손으로 일을 하며," "모욕을 당한즉," "핍박을 당한즉," "비방을 받은즉"이란 말은 분사로 되었다), 또 하나는 동사로 표현되어 있는데("수고하여," "축복하고," "참고," "권면하니"라는 말은 현재동사로 표현되어 있다), 분사로 표현된 말은 멸시받는 내용의 말이고, 동사로 표현된 내용은 선한 일을 지칭하는 고로 "수고하여"라는 말은 노동하는 것으로 해석하기 보다는 교회를 돌보는 것으로 해석하는 것이 옳을 것 같다. 바울은 손으로 장막을 만들어 팔면서 각 교회를 돌본 것이다. 이렇게 손으로 일을 하면서 교회를 돌보았는데 고린도 교인들은 서로 분쟁하면서 왕처럼 행세한 것이다.

바울은 또 "모욕을 당한즉 축복했다"(마 5:44; 눅 6:28; 23:34; 행 7:60; 롬 12:14, 20; 벧전 2:23; 3:9). 곧 '모욕을 당하면서 축복했다'는 말이다. 바울은 욕을 먹으면서 복음을 전해주었다(마 5:39-45; 눅 6:27-36; 롬

12:14-21 참조). 복음을 전해주는 것만큼 더 크게 축복해주는 것은 없다. 바울은 또 "핍박을 당한즉 참았다." 바울은 '핍박을 받으면서 참았다.' 그는 전도 여행을 다니면서 많은 핍박을 받으면서 참았다.

고전 4:13. 비방을 받은즉 권면하니 우리가 지금까지 세상의 더러운 것과 만물의 찌꺼기 같이 되었도다.

바울은 또 "비방을 받은즉 권면했다." 여기 "권면하다"(παρακαλοῦμεν)는 말은 '격려하다,' '위로하다,' '좋게 말하다'라는 뜻으로 바울은 복음을 전하는 중에 욕을 먹으면서도 사람들에게 그리스도의 복음으로 격려했다. 전도자는 그 어떠한 경우에도(모욕을 당해도, 박해를 받아도, 비방을 받아도) 그리스도의 복된 소식을 전해주어야 한다. 그러면 언젠가는 모욕이나 박해나 비방이 사라지는 날이 오게 된다. 왜냐하면 그런 부정적인 것들은 그리스도의 긍정적인 말씀으로 치료가 되기 때문이다.

바울은 손으로 일을 하며 모욕을 당하고 박해를 받으며(12절) 비방을 당하는 중에 "지금까지 세상의 더러운 것과 만물의 찌꺼기 같이 되었다"고 말한다(애 3:45). 곧 '지금까지 실내를 청소할 때 생기는 먼지와 사람의 몸을 씻을 때 생기는 때와 같이 되었다'는 말이다. 먼지나 때는 더러운 것 중에 더러운 것들이다. 바울은 기가 막힌 멸시와 천대를 당했다. 바울의 이런 처지와는 달리 고린도 교인들은 영적으로 교만했고 왕처럼 행세했다.

3)나를 본 받아라 4:14-21

바울은 고린도 교회의 분쟁을 해결하기 위해 자기를 본받으라고 권한다.

고전 4:14. 내가 너희를 부끄럽게 하려고 이것을 쓰는 것이 아니라 오직 너희를 내 사랑하는 자녀 같이 권하려 하는 것이라.

바울의 풍자는 갑자기 잦아들어 사랑의 분위기로 바뀐다. 그는 고린도 교인들을 "부끄럽게 하려고 이것을 쓰는 것이 아리라"고 말한다. 바울은 때때로 고린도 교인들로 하여금 부끄러움을 느끼도록 글을 썼다(6:5; 15:34).

그러나 지금까지 쓴 것은 부끄러움을 주려는 목적이 아니라 "오직 너희를 내 사랑하는 자녀 같이 권하려 하는 것이라"고 말한다(살전 2:11). 바울이 교회에 대하여 부모가 자녀를 권하는 것같이 권하려 한 것은 여러 번 있었다(고후 6:13; 살전 2:11). 바울은 고린도 교인들을 복음으로 낳은 사도로서 아버지가 자녀에게 권하듯 권하는 고로 그의 꾸지람도 사랑의 음성으로 들렸던 것이다. 사역자는 교인들을 꾸짖을 때에든지 또는 어떤 행동을 할 때에든지 사랑이 바탕에 깔려 있어야 한다. 뜨겁게 사랑하는 마음으로 교인들을 대해야 할 것이다.

고전 4:15. 그리스도 안에서 일만 스승이 있으되 아버지는 많지 아니하니 그리스도 예수 안에서 내가 복음으로써 너희를 낳았음이라.

바울은 본 절에서 자신과 고린도 교인들과의 애틋한 관계를 말한다. 그는 "그리스도 안에서 일만 스승이 있으되 아버지는 많지 아니하다"고 말한다. 곧 '그리스도와 관련하여 많은 스승이 있지만 아버지는 많지 않다'고 말한다. 여기 "스승"이란 말은 '가정교사'라는 뜻으로(갈 3:24) 아이들 뒷바라지 하는 사람을 가리킨다. 바울은 가정교사라는 신분으로 고린도 교인들을 지도하려는 사람들은 많이 있는 줄 알지만 고린도 교인들을 중생하게 하는데 역할을 한 아버지는 하나(바울 사도 한 사람)라고 한다. 바울은 자신과 고린도 교인들과의 관계를 학생과 가정교사 관계로서가 아니라 자녀와 아버지 관계로 표현한다. 이유는 "그리스도 예수 안에서 내가 복음으로써 너희를 낳았기" 때문이라고 한다(3:6; 행 18:11; 롬 15:20; 갈 4:19; 몬 1:10; 1:18). 바울은 '그리스도와 연합된 사도로서 복음을 전파하므로 고린도 교인들을 중생하게 만들었다'는 것이다. 바울이 고린도 교인들을 중생시켰다는 것이 아니라 복음을 전할 때 성령님께서 역사하셔서 고린도 교인들이 성령을 받아 중생한 사람, 신령한 사람, 천국의 사람이 되었다는 것이다. 여기서 드러난 의미는 사람은 누구든지 구원 사역에서 아무 공로가 없지만 만일 사람이 예수님과 연합되어 복음을 전하면 놀랍게도 그 전한 복음을 듣는 사람들이 성령을 받아 성령으로 낳은 새사람이 된다는 것이다.

고전 4:16. 그러므로 내가 너희에게 권하노니 너희는 나를 본받는 자가 되라. "그러므로"(οὖν) 곧 '바울이 복음으로 고린도 교인들을 낳았으므로' 바울은 "너희는 나를 본받는 자가 되라"고 권한다(11:1; 빌 3:17; 살전 1:6; 살후 3:9). 이제 고린도 교인들은 이제까지의 불손(不遜)한 태도를 버리고 (6-8절) 바울을 닮아서 주님을 위해 고생을 해야 한다고 말한다(9-13절). 오늘을 사는 우리도 역시 사도들을 본받아야 한다. 우리는 교만한 마음을 버리고 겸손하게 처신해야 할 것이다. 그렇게 되기 위해서 우리는 하나님의 말씀을 묵상하고 또 많은 기도를 드려야 한다.

고전 4:17. 이로 말미암아 내가 주 안에서 내 사랑하고 신실한 아들 디모데를 너희에게 보내었으니 그가 너희로 하여금 그리스도 예수 안에서 나의 행사 곧 내가 각처 각 교회에서 가르치는 것을 생각나게 하리라.

"이로 말미암아"(διὰ τοῦτο) 즉 '고린도 교인들로 하여금 바울을 본받게 하기 위하여' "내가 주 안에서 내 사랑하고 신실한 아들 디모데를 너희에게 보냈다"고 말한다. 여기 "보냈다"(ἔπεμψα)는 말은 부정(단순)과거 시제로 '서한체의 과거'이다. 다시 말해 디모데를 보내는 바울 측으로 보면 '현재 보내는' 입장이지만 고린도 교인들을 기준해서 보면 얼마의 시간이 지나 디모데를 만날 때는 바울의 입장에서 보면 이미 과거가 될 것인 고로 이렇게 과거로 표현한 것이다.

"주 안에서 내 사랑하고 신실한 아들 디모데"(16:10; 행 16:1-3; 19:22; 빌 2:19; 살전 3:2; 딤전 1:2; 딤후 1:2-6)란 말은 '바울이 사랑하는 아들이면서 주님을 섬기는 일에 신실한 아들 디모데'란 뜻으로 바울이 참으로 사랑하고 또 주님을 섬기는 일에 남달리 신실한 디모데를 고린도 교회에 보낸다는 것이다. 이렇게 디모데를 보내는 까닭은 디모데가 가서 그들로 하여금 바울을 본받게 하려는 것이었다.

바울은 디모데를 보내면서 디모데가 고린도에 가서 할 일을 말한다. 곧 "그가 너희로 하여금 그리스도 예수 안에서 나의 행사 곧 내가 각처 각 교회에서 가르치는 것을 생각나게 하리라"고 말한다(7:17; 11:2; 14:33). '디모데가 너희로 하여금 그리스도 안에서 성취한 나(바울)의 행사와 내(바울)가 여러 교회에서 가르치는 것을 생각나게 만들어줄 것이라'는 것이다. 여기 "나의 행사"란 말은 바울이 "각 교회에서 가르치는 것"을 지칭하는 말이다. 바울의 행사와 바울의 가르침이 다른 것이 아니라 똑같은 것들이다. 고린도 교인들이 바울의 태도와 가르침을 디모데를 통하여 들으면 그들의 태도를 바꾸어 바울을 본받게 된다는 것이다. 즉 고린도 교회에 디모데가 보내지는 이유는 바울을 재조명하도록 함에 있었다.

고전 4:18. 어떤 이들은 내가 너희에게 나아가지 아니할 것같이 스스로 교만하여졌으나.

바울은 고린도 교인들로 하여금 바울을 본받게 하기 위해서 디모데만 보내는 것(앞 절)이 아니라 바울 자신도 때가 되면 고린도에 가겠다고 말한다(빌 2:23f 참조). 아마도 "어떤 사람들," 곧 '바울을 반대하는 아볼로 파 사람들'은 바울이 디모데를 파송하였으니 그 자신은 고린도에 가지 아니할 것으로 생각하고 바울을 향하여 교만한 마음을 품고 있겠으나(5:2) 바울은 언젠가 속히 가겠다고 말한다. 이 말을 함으로써 바울은 교인들로 하여금 교만한 마음을 품지 못하도록 단속한다.

고전 4:19. 주께서 허락하시면 내가 너희에게 속히 나아가서 교만한 자들의 말이 아니라 오직 그 능력을 알아보겠으니.

바울 사도가 이때까지 고린도 교회에 나아가지 않은 것이 아볼로 파나 게바 파가 두려워서가 아니라 단지 주님의 허락이 없어서였다. 그렇기에 만일 앞으로 주님이 허락하시면(행 18:21; 롬 15:32; 고전 16:7; 히 6:3; 약 4:15) 속히 고린도 교회에 가서(16:5; 행 19:21; 고후 1:15, 23) "교만한 자들의 말이 아니라 오직 그 능력을 알아보겠다"고 말한다. 바울은 자신을 반대하고 교만했던 사람들이 무슨 말을 할 것인가를 알아보려 하지 않고 그들이 어떤 일을 할 수 있는지 알아보겠다고 말한다(살전 1:5; 딤후 3:5). 성도가 어떤 말을 할 수 있느냐 하는 것은 중요하지 않다. 왜냐하면 성도들에게 있어서 진정으로 중요한 것은 그들의 본질과 그들이 가진 능력이기 때문이다. 존경할 자를 존경할 줄 아는 능력(아볼로 파의 사람들은 바울 사도를 존경할 수 있는 능력이 결여되어 있었다), 분쟁하는 곳에서 분쟁하는 사람들을 잠잠하게 할 수 있는 능력, 사람들에게 말씀을 전하여 그리스도 앞으로 인도하는 능력, 하나님의 말씀대로 사는 능력 등이 필요한 것이다. 오늘 우리에게는 이런 능력이 있는가. 세상을 이길 수 있는 능력, 세상을 변화시키는 능력, 복음을 전파하여 사람을 그리스도 앞으로 인도하는 능력이 있는가.

고전 4:20. 하나님의 나라는 말에 있지 아니하고 오직 능력에 있음이라.

"하나님의 나라"는 하나님께서 통치하시는 곳을 지칭한다. 하나님은 현재에도 통치하시고 미래에도 통치하신다. 현재 하나님은 믿는 성도들의 마음을 통치하신다. 미래에 하나님은 그리스도의 재림 이후 이루어질 천국에서 영원히 통치하실 것이다. 바울은 본 절에서 "하나님의 나라는 말에 있지 아니하고 오직 능력에 있다"고 말한다(2:4; 살전 1:5). 곧 '하나님의 통치는 인간의 말로 이루어지는 것이 아니라 오직 하나님께서 주시는 능력으로 이루어진다'는 것이다. 인간이 아무리 말을 잘해도 하나님의 나라, 곧 하나님의 통치가 이루어지는 데는 아무런 도움을 주지 못하는 것이고 하나님의 통치는 하나님의 능력을 받으므로 이루어지는 것이다. 성령님의 능력을 받았느냐 하는 것은 참으로 중요하다. 성도가 성령님으로부터 능력을 받지 못했으면 하나님의 통치를 받지 못하고 있는 것이다. 다시 말해 하나님의 나라가 이루어지지 않은 것이다. 그래서 바울은 고린도 교인들이 성령님의 능력을 받아서 사는지를 알아보려고 한다. 우리의 심령 속에 성령님의 능력이 역사하는 만큼 하나님의 통치가 이루어진다. 고린도 교인들의 심령은 시기와 분쟁이 있었으므로 하나님의 통치가 거의 이루어지지 않고 있었고 또 스스로 왕처럼 행세하는 것을 보면 하나님의 통치가 거의 이루어지지 않고 있었다. 비록 우리가 초막에 살고 가난하게 살아도 우리의 심령에 그리스도의 능력이 있다면 우리는 하나님의 나라 안에(하나님의 통치 속에) 살고 있는 것이다. 우리는 그리스도의 말씀을 읽고 묵상해서 능력을 받고 또한 기도하는 중에 능력을 받아서 하나님의 통치를 받고 하나님 나라 안에서 살아야 할 것이다.

고전 4:21. 너희가 무엇을 원하느냐 내가 매를 가지고 너희에게 나아가랴 사랑과 온유한 마음으로 나아가랴.

바울은 시기하고 분쟁하는 고린도 교인들의 일부에게 "너희가 무엇을 원하느냐 내가 매를 가지고 너희에게 나아가랴 사랑과 온유한 마음으로 나아가랴"고 묻는다(고후 10:2; 13:10). 둘 중에 하나를 선택하라는 것이다. 죄를 자복하지 않고, 태도를 고치지 않으므로 "내(바울)가 매를 가지고 너희에게 나아가랴," 곧 '내가 방문하여 징계하기를 원하느냐,' 아니면 모든 것을 회개하고 태도를 고치므로 "내가 사랑과 온유한 마음으로 나아가랴," 곧 '사랑하는 마음으로, 그리고 온유한 마음으로 너희에게 나아가랴'고 묻는다. 선택의 몫은 고린도 교인들에게 달려있다고 한다. 오늘도 우리에게 달려있는 것들이 너무나 많다. 구원은 하나님께 달려 있지만 현세에서 사랑을 받으며 사느냐 아니면 징계를 받으며 사느냐 하는 것은 전적으로 우리에게 달려 있다. 교만을 버리고 겸손을 택하는 자에게는 놀라운 사랑과 은총이 있고, 그렇지 않고 하나님께 대하여 교만하고 주님의 종들을 대척(對蹠)한다면 매(징계)밖에 돌아오는 것이 없다.

제 5 장
성적으로 타락한 자를 교회에서 내쫓으라

III.음행하는 사람들을 교회에서 내 쫓으라   5:1-13

바울 사도는 앞에서 분쟁하는 고린도 교회를 책망한(1:10-4:21) 다음 이제는 성적으로 타락한 사람을 교회에서 내쫓으라고 말한다(5:1-13). 바울은 먼저 교회 안에서 일어난 성적 타락의 진상을 밝히고(1-8절), 어떻게 처리해야 할지에 대해 지시한다(9-13절).

A.고린도 교회의 성적타락의 실상은 어떠했는가   5:1-8
고전 5:1. 너희 중에 심지어 음행이 있다 함을 들으니 그런 음행은 이방인 중에서도 없는 것이라 누가 그 아버지의 아내를 취하였다 하는도다.

바울은 "너희 중에 심지어 음행이 있다 함을 들었다"고 말한다. 여기 "심지어"(ὅλως, commonly, actually)란 말은 '교회 안에 분쟁이 있다는 것(1:10-4:21)도 큰 문제인데 심지어 음행까지 있다니 기가 막히다'는 뜻을 지닌다. "음행"이란 '성적으로 부도덕한 행위'를 지칭한다. 간음의 울타리를 넘는 행위를 말한다. 바울은 고린도 교회를 창립한 사도로서 교회 안에 부도덕한 성행위를 저지른 범인이 있었다는 소식을 들은 것이다.

그리고 나서 바울은 "그런 음행은 이방인 중에서도 없는" 일이라고 말한다(엡 5:3). '음행의 정도도 등급이 있을 수 있는데 바울이 들은 음행 사건은 도가 지나치다'고 말한다. 곧 불신자들 중에서도 일어나지 않는 음행이라고 한다. 바울은 구체적으로 그 음행을 지적한다. 곧 "누가 그 아버지의 아내를 취하였다"고 말한다(레 18:8; 신 22:30; 27:20; 고후 7:12). '아버지의 아내,'

곧 '계모' 혹은 '아버지의 후처'를 취하였다는 것이었다. 여기 "취하였다"(ἔχειν)는 말이 현재동사로 '지금도 계속해서 범하고 있음'을 지적하는 말이다. 자기의 친어머니는 아니라도 계모나 아버지의 후처를 범했다는 것은 상상조차 할 수 없는 일이다. 사람은 참으로 부패한 존재이다(렘 17:9). 성령으로 지배를 받지 않으면 무슨 일이라도 저지를 수 있는 존재이다. 음행은 구약성경에서도 금하고 있는 사항이다(레 18:8; 신 22:30; 27:20).

고전 5:2. 그리하고도 너희가 오히려 교만하여져서 어찌하여 통한히 여기지 아니하고 그 일 행한 자를 너희 중에서 쫓아내지 아니하였느냐.

어떤 개인이 계모(혹은 아버지의 후처)를 범하고 있는 것은 개인의 범주를 넘어 "너희," 곧 '교회'의 문제라고 말한다. 바울은 "너희가 오히려 교만하여져서 어찌하여 통한히 여기지 아니하고 그 일 행한 자를 너희 중에서 쫓아내지 아니하였느냐"고 질타한다(4:18; 고후 7:7, 10). 바울은 고린도 교인들이 "교만하다"고 질타한다. 그들이 교만하다는 증거는 바로 "통한히 여기지 아니한" 것이다. 사람의 마음이 높으면 모든 점에서 둔하여져서 통한히 여기지 않게 된다. 곧 마음 아프게 여기지 않게 된다. 사람이 죄를 범했을 때 상한 심령이 되어야 하는데(시 51:17) 통회하지 않는 것은 아직도 마음이 높다는 것을 보여주는 것이다. 아버지의 아내, 곧 계모를 범하는 것도 문제이지만 그들의 마음이 높아진 것이 더 큰 문제였다. 오늘 우리는 도덕불감증에 걸려서 아픈 줄을 모르고 살아가고 있다. 한 가지 어떤 끔찍한 범죄 사실을 듣고도 금방 잊어버리고 마음 아프게 생각하지 않는다.

고린도 교인들은 마음이 높아져서 그런 범죄자를 교회 안에 두고도 마음 아파하지 않았고 결과적으로 교회에서 쫓아내지도 않았다. 바울은 "그 일 행한 자를 너희 중에서 쫓아내지 아니하였느냐"고 책망한다. 그런 정도의 범죄자라면 교회에서 출교했어야 했는데 쫓아내지 않은 것이다. 오늘 우리는 이 보다 더 심한 세월을 만났다. 그런 정도의 사람들을 쫓아내지 않을 뿐 아니라 오히려 교회에서 두둔하고 교회의 성직까지 주는 형편이다.

우리는 참으로 많이 타락한 교회에서 생활하고 있다. 많이 통회해야 한다.

고전 5:3. 내가 실로 몸으로는 떠나 있으나 영으로는 함께 있어서 거기 있는 것같이 이런 일 행한 자를 이미 판단하였노라.

고린도 교회가 그런 범죄자를 징계하지 않으니 바울 자신이 그런 자를 심판했다고 말한다(본 절부터 5절까지). 바울은 몸으로는 고린도 교인들과 함께 있지 못하고 떨어져 있지만(바울은 이 편지를 에베소에서 쓰고 있다) 영적으로는 그들과 함께 모여서 "이런 일 행한 자를 이미 판단하였다"고 말한다(골 2:5). 여기 "판단하였다"는 말은 다음 절들(4-5절)에서 보여주는 대로 '추방했다'는 뜻이다. 바울은 이미 그 일을 자신 안에서 다 처리하고 나서 고린도 교인들에게 통보하고 있다.

고전 5:4-5. 주 예수의 이름으로 너희가 내 영과 함께 모여서 우리 주 예수의 능력으로 이런 자를 사단에게 내어주었으니 이는 육신은 멸하고 영은 주 예수의 날에 구원 얻게 하려 함이라.

바울은 먼저 근친상간(近親相姦) 범을 징계할 징계위원회를 소집하는데 있어서 그 구성원이 누구인지에 대하여 언급한다. 징계위원회의 회원은 첫째, "주 예수," 둘째, "너희," 셋째, "내 영"(바울의 영), 합해서 셋이다. 그리고 다음으로 어떤 판결을 내렸느냐에 대해 언급한다. 곧 "우리 주 예수의 능력으로 이런 자를 사단에게 내어주었다"고 말한다(마 16:19; 18:18; 요 20:23; 고후 2:10; 13:3, 10). 그리고 바울은 판결하는 목적을 진술한다. 곧 "이는 육신은 멸하고 영은 주 예수의 날에 구원 얻게 하려 한다"는 것이다.

바울이 징계위원회의 구성원으로 주 예수님과 고린도 교인들과 바울의 영, 이렇게 삼자를 말하는 중에 제일 앞에 "주 예수의 이름"을 든 것은 주 예수님의 이름이 가장 중요하다는 것을 보여준다. 1) 교회에서는 무엇을 하든지 그리스도의 이름으로 해야 한다는 것을 보여주는 것이며(가령 기도

를 해도 주님의 이름으로 해야 하고, 회의를 해도 주님의 이름을 인정하고 해야 한다),

2) 그리스도의 권위를 앞세워야 한다는 것을 보여주는 말이다. 바울이 아무리 사도였지만 고린도 교인들 앞에서는 사도의 이름만 가지고 할 수 없었다. 그 이유는 그를 반대하는 세력(아볼로 파)이 있었기 때문이었다. 성도들도 마찬가지로 중대한 사안의 가부를 결정하려고 할 때 그리스도의 이름, 그리스도의 권위를 반드시 앞세워야 한다. 바울이 재판에서 예수 그리스도에게 최후의 판결권을 드려야 했다. 오늘 우리가 교회의 권위로, 혹은 노회의 권위로, 혹은 총회의 권위로 하지만 그리스도의 권위가 빠져서는 안 될 것이다. 그리스도께서 최후의 권위가 되어야 하는 것이다.

그리고 바울이 여기서 고린도 교인들을 징계위원회의 회원으로 등장시킨 것은 근친상간을 한 사람을 그냥 놓아두어서는 안 되고 반드시 교인들(교회의 책임자들)이 참가하여 징계해야 한다는 것을 보여주는 것이다. 예수님은 마 18:18-20에서 혼자 징계를 해서는 안 되고 주님의 이름을 의지하고 몇 사람이라도 모여서 하라고 하신다. 교회에서는 당회가 모여서 재판해야 하고, 노회에서도 재판국을 열어서 재판해야 하는 것이다.

다음으로 바울은 어떤 판결을 내려야 하는지를 말한다. 그 판결은 "우리 주 예수의 능력으로 이런 자를 사단에게 내어주었다"고 말한다(욥 2:6; 시 109:6; 행 26:18; 딤전 1:20). 바울은 결코 혼자의 힘으로 범법자를 사탄에게 내어줄 수는 없었다. 주 예수의 능력을 힘입어 사탄에게 내어주었다. 다시 말해 그리스도의 능력을 힘입어 출교해서 사탄에게 내어준다는 것이었다. 성도들도 역시 모든 일을 처리할 때 그리스도의 능력을 힘입고 해야 한다. 바울은 재판이 끝났을 때 주님의 능력으로 사탄에게 내어주기 위하여 기도로 부탁했을 것이다.

바울은 범법자를 사탄에게 내어주는 목적을 극명하게 말한다. 육신은 멸하고 영은 주 예수님의 날에 구원을 얻게 하도록 한다는 것이다. 범법자가 아주 망하도록 사탄에게 내어주는 것이 아니라 육신은 고난을 받아도 그 사람의 영혼은 죄를 자복하여 구원에 이르도록 한다는 것이다. 징계할 때 범법자를 미워하여 감정적으로 할 것이 아니라 그 영혼이 구원에 이르도록 해야 할 것이다. 징계는 사람을 망하게 하는 것이 아니라 구원하게 하는 것이다.

고전 5:6. 너희가 자랑하는 것이 옳지 아니하도다 적은 누룩이 온 덩어리에 퍼지는 것을 알지 못하느냐.

바울은 본 서신을 쓰는 에베소에서 고린도 교회의 패륜아를 재판하고 나서(3-5절) 다시 2절에 이어 자랑하고 있는 고린도 교회를 꾸짖는다. 바울은 "너희가 자랑하는 것이 옳지 않다"고 말한다(2절; 3:21; 4:19; 약 4:16). 고린도 교회가 "자랑하는 것," 곧 '근친상간 범을 처벌하지 않고 그냥 두면서 잘 한 듯이 교만한 것'이 옳지 않다고 말한다(2절). 패륜 자를 처벌하는 것이 잘하는 일인데 오히려 반대로 처벌하지 않는 것이 더 관대한 것인 줄 알고 있는 것이 교만이라는 것이다. 그렇게 처벌하지 않는 것이 옳지 않은 이유는 "적은 누룩이 온 덩어리에 퍼지기" 때문이라고 한다(15:33; 갈 5:9; 딤후 2:17). 여기 "적은 누룩"이 무엇을 지칭하느냐를 두고 몇 가지 견해가 있다. 1) "자랑하는 것"이라는 견해, 자랑하는 것이 "적은 누룩"이라고 보는 견해는 받기 어려운 견해이다. 다시 말해 교인들이 범죄자 처리를 하지 않고 그냥 두는 것을 잘하는 일로 알고 자랑하는 것은 큰 문제로 보아야 할 것이다. 자랑, 곧 교만(2절)이야 말로 예수님께서도 많이 경계하신 죄악이다. 2) '근친상간 죄를 지은 자'라고 해석하는 견해, 틀린 견해는 아니나 근친상간 죄를 지은 자, 곧 사람자체가 온 교회에 퍼진다는 표현은 좀 어색한 듯이 보인다. 3) 차라리 '근친상간 죄 자체'로 보는 것인 더 나을 것이다(Hodge). 근친상간 죄를 그냥 두고 처벌하지 않으면 교회 전체로 퍼질 가능성은 얼마든지 있다. 죄는 처음부터 차단하지 않으면 무서운 속도로 퍼져나간다. 오늘날 각종 죄가 무서운 속도로 전 세계로 퍼져나가고 있다. 처음에 엄격히 처벌했더라면 이렇게까지는 퍼지지 않았을 것이다.

고전 5:7. 너희는 누룩 없는 자인데 새 덩어리가 되기 위하여 묵은 누룩을 내버리라 우리의 유월절 양 곧 그리스도께서 희생되셨느니라.

바울은 근친상간 죄를 범한 한 사람의 죄를 그냥 두는 것은 옳지 않았다고 말하고는(앞 절) 이제는 그 사람을 출교시키라고 말한다. 바울은 먼저 고린도 교회의 교인들이 "누룩 없는 자"라고 말한다. "누룩"은 죄를 상징하는 말이니6) "누룩 없는 자"란 말은 '죄 없는 자' 다시 말해 '그리스도 안에서 새로운 피조물이 된 자'를 지칭한다. 바울은 고린도 교인들이 새로운 피조물이 되었으니 "새 덩어리가 되기 위하여 묵은 누룩을 내버리라"고 권한다. 다시 말해 '성결한 교회,' '거룩한 교회'가 되기 위하여 "묵은 누룩," 곧 '근친상간 죄를 지은 사람'을 출교시키라는 말이다. 성결한 공동체가 된다는 것은 중요하다. 요단강을 건넌 이스라엘 민족은 아간 한 사람의 범죄로 말미암아 아이와의 전쟁에서 패하고 말았다(수 7:2-26). 현대 교회가 거룩한 교회가 되기 위해서는 묵은 죄를 버려야 한다. 세속주의, 물량주의, 부정과 비리, 음란 등 무수한 죄를 버려야 한다.

고린도 교회가 근친상간 죄를 범한 사람을 출교해야 할 이유는 "우리의 유월절 양 곧 그리스도께서 희생되셨기" 때문이었다(15:3; 사 53:7; 요 1:29; 19:14; 벧전 1:19; 계 5:6, 12). 예수님께서 유월절 양으로서(요 1:29) 십자가에서 우리의 죄를 씻으시기 위해서 죽으셨기 때문이라는 것이다. 그리스도께서 우리의 죄를 씻기 위해서 죽으셨는데 죄를 그냥 용납하면 그리스도 앞에 서 있을 수 없는 일이다. 패륜 자를 출교해야 한다.

고전 5:8. 이러므로 우리가 명절을 지키되 묵은 누룩으로도 말고 악하고 악의에 찬 누룩으로도 말고 누룩이 없이 오직 순전함과 진실함의 떡으로

---

6) 고린도 교인들은 하나님의 부르심을 받아 그리스도 안에서 거룩해졌다는 점에서 누룩 없는 성도들이라고 부름을 받게 되었다. 그들이 온전해졌다는 뜻이 아니라 그리스도와 연합되었다는 점에서 성도라고 부름을 받게 되었다(1:2). 누룩이란 죄악을 상징하는 말이다. 구약 시대에 유대인들은 유월절을 지키면서 누룩 없는 떡을 먹었고 또 집안에서 누룩을 제거했다. 이유는 누룩은 죄악을 상징하기 때문이었다.

하자.

"이러므로"(ὥστε) 즉 '우리의 유월절 양 곧 그리스도께서 희생되셨으므로'(앞 절) 바울은 "우리가 명절을 지키되 묵은 누룩으로도 말고 악하고 악의에 찬 누룩으로도 말고 누룩이 없이 오직 순전함과 진실함의 떡으로 하자"고 권한다(출 12:15; 13:6). "우리가 명절을 지킨다"(출 23:15; 34:18; 신 16:3f)는 말은 '이스라엘 백성이 한 주간 유월절을 지키며 누룩 없는 떡을 먹고 구별되게 생활한 것처럼 오늘 우리가 한 생애 동안 죄악을 버리고 거룩하게 명절 지키는 것처럼 생활해야 할 것'을 지칭하는 말이다. 다시 말해 한 주간의 누룩 없는 명절이 아니라 한 생애의 죄악 없는 명절을 지켜야 한다는 것이다.

바울은 우리가 한 생애 동안 "묵은 누룩으로도 말고 악하고 악의에 찬 누룩으로도 말고 누룩이 없이" 살아야 한다고 권한다. 여기 "묵은 누룩"이나(신 16:3) "악하고 악의에 찬 누룩"(마 16:6, 12; 막 8:15; 눅 12:1)은 똑같은 것을 지칭하는 말로서 뒤의 것은 앞의 말을 설명하는 말이다. "묵은 누룩," 곧 '근친상간 죄'는 그리스도인들이 믿기 이전의 묵은 죄인데 그 죄가 악하고 악의에 가득 찼기 때문에 이렇게 부연 설명하고 있다. 우리는 옛날의 죄를 버리고 거룩한 삶을 살아야 한다. 바울은 또 우리의 한 생애의 삶의 방법을 서술한다. 곧 "오직 순전함과 진실함의 떡으로 하자"고 권한다. "순전함"이란 '동기가 순수해야 할 것'을 지칭하고 "진실함"이란 '행동이 순수해야 할 것'을 지칭하는 말이다(Leon Morris). 아무튼 성도들은 그리스도의 피를 힘입어 깨끗하게 되었으니 동기도 순수하게 그리고 행동도 순수하게 살아야 할 것이다. 고후 5:17에 "누구든지 그리스도 안에 있으면 새로운 피조물이라. 이전 것은 지나갔으니 보라 새것이 되었도다"라고 말한다. 우리는 새로운 피조물답게 살아야 한다. "참된 그리스도인에게는 언제나 부활절이요, 오순절이요, 성탄절이다"(Chrysostom).

B.성적타락 죄를 어떻게 처리해야 할 것인가   5:9-13

고전 5:9. 내가 너희에게 쓴 것에 음행하는 자들을 사귀지 말라 하였거니와.

바울은 본서(고린도전서)를 써서 보내기 이전에 음행하는 자들을 사귀지 말라는 내용을 써서 보낸 적이 있다고 말한다. 그 편지는 아마도 간단한 편지였던 것 같다. 다른 내용들을 더 썼다는 말을 하지 않는 것을 보면 그 분실된 편지는 많은 내용을 담은 것 같지 않다. 혹자는 여기 "내가 쓴 것"(ἔγραψα)이란 말을 서한체의 과거(epistolary aorist-편지를 받아보는 측의 시점을 생각하여 저자가 과거로 쓰는 법)로 취급하여 실제로는 '지금 내가 쓰고 있는 것'(2, 6-7절)을 지칭한다고 말하나 설득력이 약하다. 이유는 10절에 보면 고린도 교인들이 바울의 이전의 편지의 내용에 대해 벌써 오해하고 있는 것이 보이기 때문이다. 바울은 고린도 교회에 이미 음행하는 자들을 사귀지 말라고 편지를 쓴 것으로 보인다. 그는 교회의 성결을 위해 열심 있는 사도였다. 그는 말하고 또 말했다. 여기 "음행하는 자들"이란 말은 성적으로 부도덕하게 행하는 모든 사람들을 지칭한다. 그들은 이미 모든 교인들에 의해서 알려진 사람들이었다. 이유는 바울이 그들을 색출해서 사귀지 말라고 말한 것이 아니라 벌써 훤히 드러난 범죄자들을 사귀지 말라고 부탁하기 때문이다. "사귀지 말라"는 말은 '영적으로 교제하지 말라'는 뜻이다(2절, 7절; 고후 6:14; 엡 5:11; 살후 3:14). 결코 사회적인 교제까지도 끊으라는 말은 아니었다(10b). 극악한 범죄자들에게는 부끄러움을 주어야 회개하기 때문에 영적으로 교제하지 말아야 한다고 말한다. 그러나 오늘의 교회는 극악한 범죄자들도 자기 교회에 등록하면 얼른 성직을 주고 있지는 않은가.

고전 5:10. 이 말은 이 세상의 음행하는 자들이나 탐하는 자들이나 속여 빼앗는 자들이나 우상 숭배하는 자들을 도무지 사귀지 말라 하는 것이 아니니 만일 그리하려면 세상 밖으로 나가야 할 것이라.

바울이 말한바 음행하는 사람들과 교제를 끊으라는 말은 "이 세상의 음행하는 자들이나 탐하는 자들이나 속여 빼앗는 자들이나 우상 숭배하는 자들을 도무지 사귀지 말라 하는 것이 아니라"고 말한다(1:120; 10:27). 교제를 끊으라는 말은 사회적인 교제까지도 끊으라는 말은 아니다. "음행하는 자들"은 '성적으로 부도덕한 자들'을 지칭하고 "탐하는 자들이나 속여 빼앗은 자들"(τοῖς πλεονέκταις καὶ ἅρπαξιν)은 한 개의 관사로 묶여있기에 다른 사람을 지칭하는 말이 아니라 똑같은 사람을 가리키는 것으로 보인다. "탐하는" 것은 '마음속으로 욕심을 내는 것'이고 "속여 빼앗는 것"은 '실제로 빼앗는 것'을 가리킨다. 문제는 마음이다. 마음속에 욕심이 있으면 결국은 행동으로 옮기게 마련이다. "우상 숭배하는 자들"은 '하나님보다 다른 것들을 더 좋아하고 숭배하는 사람들'을 지칭한다(고전 5:10-11; 6:9; 10:7; 엡 5:5; 계 21:8; 22:15).

바울은 범죄자들과 도무지 교제하지 않으려면 "세상 밖으로 나가야 할 것이라"고 교훈한다(요 17:15; 요일 5:19). 그런 사람들이 없는 다른 세계로 이민 가거나 아니면 죽어야 할 것(Ambrose)이라는 것이다. 우리는 그런 사람들하고 영적으로만 섞이지 않으면 되는 것이지 육신적으로까지 상대하지 않을 수는 없는 것이다. 우리가 세상에서 살 때 그들과 아예 상종하지 않을 수는 없다. 그렇기에 그들과 상대하지 않으려면 우리는 세상 밖으로 나가야 한다. 그러나 우리가 세상 밖으로 나가서 살 수는 없는 일이다.

고전 5:11. 이제 내가 너희에게 쓴 것은 만일 어떤 형제라 일컫는 자가 음행하거나 탐욕을 부리거나 우상 숭배를 하거나 모욕하거나 술 취하거나 속여 빼앗거든 사귀지도 말고 그런 자와는 함께 먹지도 말라 함이라.

바울은 이제 본 절에서 사귀지 말라는 말에 대하여 정확하게 해석한다. 바울은 본 절에서 "이제 내(바울)가 너희(고린도 교인들)에게 쓴" 목적을 말하고 있다. 곧 지금 편지를 쓰고 있는 목적을 말하고 있다. 편지를 쓰는 목적은 "만일 어떤 형제라 일컫는 자"(기독 신자)가 여러 종류(음행, 탐욕을 부림, 우상 숭배, 모욕함-욕하고 비방함, 술 취함, 속여 빼앗음)의 죄들 중에서 하나라도 지으면 "사귀지도 말고 그런 자와는 함께 먹지도 말라"고 말한다

(마 18:17; 롬 16:17; 갈 2:12; 살후 3:6, 14; 요이 1:10). 영적으로 교제하지도 말고 함께 먹지도 말라고 한다. 함께 먹는 것은 친교의 한 방식이다. 영적인 교제를 끊어야, 1) 그 범죄자가 회개할 수 있게 되고, 또 2) 교회의 순결도 유지할 수 있는 것이다. 혹자는 여기 "어떤 형제라 일컫는 자"를 외견상 신자로 보고 실제로는 신자가 아니라고 말하나 다음 절을 보면 "교회 안에 있는 사람들"로 보아야 할 것이다. 아주 불신자가 아니라 신자로서 죄를 짓는 신자로 보아야 할 것이다.

고전 5:12. 밖에 있는 사람들을 판단하는 것이야 내게 무슨 상관이 있으리요 마는 교회 안에 있는 사람들이야 너희가 판단하지 아니하랴.

바울은 "밖에 있는 사람들"(막 4:11; 골 4:5; 살전 4:12; 딤전 3:7), 곧 '불신자들'을 판단하는 것이야 교회가 상관할 일이 아니지만 "교회 안에 있는 사람들이야 너희가 판단하지 아니하랴"고 말한다(6:1, 2, 3, 4). 곧 성도들의 문제는 교회가 판단해야 한다는 것이다. 교회가 판단할 때 하나님께서 그 판단을 인정하신다.

고전 5:13. 밖에 있는 사람들은 하나님이 판단하시려니와 이 악한 사람은 너희 중에서 내쫓으라.

불신자들은 하나님이 판단하신다. 창 18:25에 아브라함은 하나님은 "세상을 심판하시는 이"라고 말한다. 불신자들은 지금도 하나님의 심판을 받고 있고 또 앞으로의 심판을 기다리고 있다. 바울은 "이 악한 사람," 곧 '앞 절에 언급된 죄인들'을 교회에서 출교하라고 말한다(신 13:5; 17:7; 21:21; 22:21, 22, 24). 출교할 때 교회의 성결이 유지되는 것이며 그 죄를 지은 신자도 회개하게 된다.

제 6 장

소송문제 및 성문제에 대하여 바른 자세를 가져라

IV.성도간의 문제를 세상 법정에 가지고 가지 말라   6:1-11

바울은 앞에서 세상의 불신자들을 판단하는 문제에 대해서는 하나님께
맡겨야 하지만 교회 안에 있는 사람들은 교회가 판단해야 한다고 말했는데
(5:1-13), 고린도 교인들 중에서 교인들이 판단해야 할 것도 세상 법정에
가지고 나가는 사례가 있는 것을 보고 꾸짖는다. 먼저 교인들 간의 소송을
일반 법정에 가지고 가지 말고 교회에서 하라고 부탁하고(1-8절), 다음으로
하나님 나라의 표준을 말해준다(9-11절).

A.성도간의 문제를 세상 법정으로 가지고 가는 것은 합당하지 않다
6:1   **고전 6:1. 너희 중에 누가 다른 이와 더불어 다툼이 있는데 구태여
불의한 자들 앞에서 고발하고 성도 앞에서 하지 아니하느냐.**

고린도 교인 중에 누구라도 다른 성도와 다툼이 일어났을 때 "구태여
불의한 자들 앞에서 고발"하는 것은 옳지 않다고 말한다. "불의한 자들"은
4절에서 '교회에서 경히 여김을 받는 자들'로 표현되었고, 6절에서는 '믿지
아니하는 자들'로 표현되었다. 쉽게 말해 '불신자'를 지칭한다. 교인들끼리
다툼이 생겼을 때 그리스도를 신앙하지 아니하는 세상법정으로 문제를 가지
고 나가는 것은 옳지 않다고 한다. 그러면서 바울은 "성도 앞에서 하지
아니하느냐"고 말한다. '성도 앞에서 그 일을 해결하지 아니하느냐'는 것이
다. 바울 사도는 성도 앞에 그 일을 가지고 가서 판단을 받아야 할 이유는
다음 두 절(2-3절)에서 밝힌다.

B.성도간의 문제는 교회 안에서 해결하라 6:2-3

고전 6:2. 성도가 세상을 판단할 것을 너희가 알지 못하느냐 세상도 너희에게 판단을 받겠거든 지극히 작은 일 판단하기를 감당하지 못하겠느냐.

성도 앞에서 문제를 해결해야 할(앞 절) 이유는, 첫째(둘째 이유는 다음 절에 있음), "성도가 세상을 판단할 것이기" 때문이다(시 49:14; 단 7:22; 마 19:28; 눅 22:30; 계 2:26; 3:21; 20:4). 곧 '성도가 세상 사람들의 문제를 판단할 수 있기' 때문이라는 것이다. 여기 "판단할"(κρινοῦσιν)이란 말은 미래시제로 앞으로 성도들이 예수님 재림 이후 재판관이 되어 세상을 심판할 것을 지칭하는 말이다(단 7:22; 눅 22:30; 계 2:26; 3:21; 20:4). 바울은 성도들이 앞으로 세상을 판단할 것을 "너희가 알지 못하느냐"고 말한다. 바울의 책망은 본 절에서 6번이나 나타난다(2, 3, 9, 15-16, 19).

바울은 앞으로 성도들이 큰일을 해야 하는데 현재 작은 일도 감당하지 못하느냐고 말한다. 곧 "세상도 너희에게 판단을 받겠거든 지극히 작은 일 판단하기를 감당하지 못하겠느냐"고 말한다. '교인들이 앞으로(예수님 재림 이후) 세상을 심판할 터인데 지금 지극히 작은 일을 판단하지 못할 것이냐'고 말한다. 여기 "지극히 작은 일"로 표현된 것의 의미는 예수님께서 재림하실 때 성도들이 세상 사람을 판단할 것에 비하여 지금 성도들 간의 다툼거리들이 매우 작은 일이라는 것이다(Fee). 그러나 혹자는 "지극히 작은 일"이란 말을 5장의 근친상간 죄를 6장의 성도들 간의 다툼문제와 비교했을 때 '작은 일'이라고 보아야 한다고 말하나 설득력이 약해 보인다. 왜냐하면 5장의 근친상간 죄도 앞으로 성도들이 세상을 심판할 것에 비하면 작은 일로 보아야 할 것이다.

고전 6:3. 우리가 천사를 판단할 것을 너희가 알지 못하느냐 그러하거든 하물며 세상 일이랴.

둘째, 성도들이 "천사를 판단할 것이기" 때문이다(벧후 2:4; 유 1:6). "판단할"(κρινοῦμεν)이란 말도 2절에 나오는 단어와 마찬가지로 미래시제인데 이 단어를 통해 알 수 있는 것은 앞으로 예수님께서 재림하신 이후 성도들이 '악한 천사를 심판할 것'이라는 것이다. 따라서 성도들이란 예수님의 종말 심판행위에 동참할 사람들(사 24:21; 벧후 2:4; 유 1:6)이므로 세상일(작은 일)을 판단하지 못하고 일반 불신 법정에 가지고 가서는 안 된다는 것을 지적하고 있는 것이다. 이를 통해 알게 되는 것은 오늘날의 성도 역시 성도 간에 발생한 세상일을 가지고 세상 법정으로 가서는 안 된다는 이 원리가 동일하게 적용된다는 것이다. 즉 성도로서 자연스럽게 갖게 되는 성도의 위치는 세상을 심판하고 또 천사를 심판하는 위치이다. 그러므로 성도는 세상 법정에 가서 문제를 해결하려고 해서는 안 된다. 그러나 성도가 세상 사람들과의 관계에서 발생한 문제에 대해서는 그것을 교회 안으로 가지고 올 수는 없는 일인고로 세상 법정으로 갈 수도 있다.

C.성도의 문제를 세상 법정에서 해결하는 것은 부끄러운 일이다 6:4-6
고전 6:4. 그런즉 너희가 세상 사건이 있을 때에 교회에서 경히 여김을 받는 자들을 세우느냐.

성도가 세상 사건이 있을 때 교회에서 경히 여김을 받는 자들, 곧 불신자들(6절)의 법정으로 가는 것은 부끄러운 일이라고 한다(5:12). 혹자는 본 절 하반 절을 명령문("교회에서 경히 여김을 받는 자들을 세우라")으로 보고 성도가 세상 사건이 있을 때에 세상 법정으로 가느니 차라리 교회 안에서 "경히 여김을 받는 자들"을 세워서 재판을 받는 것이 낫다고 해석한다. 다시 말해 교회 안에서 별스런 존재가 아닌 아주 작은 소자를 재판관으로 세워도 세상 법정으로 가는 것보다는 낫다는 식으로 해석한다. 이렇게 본 절 하반 절을 명령문으로 볼 수도 있으나 좀 더 문맥을 살핀다면 우리 개역개정판의 번역과 같이 의문형으로 해석하는 것이 더 타당함을 알게 된다. 이유는 1) 교회에서 경히 여김을 받는 사람을 세우라는 말은 사람을 심히 차별하는 듯한 인상을 주고, 2) 앞 뒤 문맥을 살필 때 소송사건을 재판할 때 교회에서 해결하지 못하고 세상 법정으로 가는 것을 부끄럽게 생각하라는 내용이기 때문이다. 다시 말해 교회 안에서 해결하는 것과 세상 법정에서 해결하는 것과를 대비하여 말해 오다가 갑자기 교회에서 경히 여김을 받는 사람을 등장시키는 것은 좀 어색한 듯이 보인다. 그런고로 "교회에서 경히 여김을 받는 자들을 세우느냐"고 의문으로 보는 것이 더 타당할 것 같다. 우리는 세상 법정으로 가는 것을 부끄러운 일로 알아야 한다. 이 말은 결코 세상 법정을 무시하는 말은 아니다. 성도들은 세상의 관리들을 멸시하지 말고 하나님의 사자(使者)들로 알고 순종해야 하지만(롬 13:1-7) 그러나 그리스도를 믿는 사람들과 믿지 않는 사람들 간에는 엄청난 차이가 있는 고로 믿는 사람들이 믿지 않는 사람들의 법정으로 가는 것을 부끄러워해야 한다는 것이다. 예수님과 연합되어 예수님을 믿고 따른다는 것이 얼마나 위대한 일인가. 우리는 성도의 위상을 지켜야 한다.

고전 6:5. 내가 너희를 부끄럽게 하려 하여 이 말을 하노니 너희 가운데 그 형제간의 일을 판단할만한 지혜 있는 자가 이같이 하나도 없느냐.

바울은 성도들 간의 문제를 가지고 불신 법정에 가는 것을 부끄러운 일로 알라고 말한다. 그는 "너희 가운데 그 형제간의 일을 판단할만한 지혜 있는 자가 이같이 하나도 없느냐"고 묻는다. '성도 가운데 성도들 간의 문제를 판단할만한 지혜 있는 사람이 이처럼 한 사람도 없어서 불신 법정으로 가느냐'고 책망한다. 이렇게 책망하는 가운데 밝히고 싶은 말은 바로 "지혜 있는 자가 이같이 하나도 없느냐"는 것이다. 이렇게 말할 수 있는 이유는 그리스도를 믿으면 다 성령을 받은 것을 의미하는데 누구든지 성령님을 받았다면 반드시 지혜를 받은 것이 분명하다는 뜻이다(행 6:3). 따라서 우리가 더욱 알게 되는 고린도 교회의 상황은 실제로 고린도 교회에 지혜 있는 사람이 없는 것이 아니라 지혜가 있는 사람들이 많이 있었음에도 불구하고(1:5) 그들이 세상 법정으로 갔다는 사실이다. 오늘의 교회 안에도 지혜 있는 사람이 많이 있다. 그런데도 교인들 간의 문제나 교회 안에 있는 파당들 간의 문제를 가지고 일반 법정으로 가는 것을 볼 수 있다. 참으로 부끄러운 일로 알아야 한다. 왜냐하면 교회에 사랑이 없는 것이 비쳐지는 것이고 더 나아가서는 전도의 문이 막힐 수도 있는 일이기 때문이다.

고전 6:6. 형제가 형제와 더불어 고발할 뿐더러 믿지 아니하는 자들 앞에서 하느냐.

고린도 교회의 문제는 두 가지였다. 하나는 형제를 고발하는 일이고, 또 하나는 세상 법정으로 문제를 가지고 간 것이었다. 앓느니 죽는다는 말이 있다. 세상 법정으로 문제를 가지고 가느니 차라리 불이익을 당하고 속으라고 바울은 말한다(다음 절). 오늘 우리는 문제가 발생했을 때 그리스도 앞으로 가지고 나아가야 한다. 그러면 주님께로부터 놀라운 지시를 받을 수 있다.

D.세상 법정에서 해결하느니 차라리 불이익을 당하라   6:7-8

고전 6:7. 너희가 피차 고발함으로 너희 가운데 이미 뚜렷한 허물이 있나니 차라리 불의를 당하는 것이 낫지 아니하며 차라리 속는 것이 낫지 아니하냐.

바울 사도는 교인들끼리 피차 고발하는 것은 "뚜렷한 허물"(ὅλως ἥττημα)이라고 말한다. 곧 '극명한 허물,' '분명한 잘 못'이란 것이다. 고발 자체가 벌써 큰 잘 못이다. 그래서 고발하지 말고 차라리 "불의," 곧 '손해,' '불이익'을 당하는 것이 낫다는 것이고, 차라리 "속는 것," 곧 '재산을 빼앗기는 것' 혹은 '재산상의 손해를 보는 것'이 낫다고 한다. 우리는 세상에서 불이익을 당하고 재산상의 손을 보고 그리스도로부터 채움을 받아야 한다(잠 20:22; 마 5:39-40; 눅 6:29; 롬 12:17, 19; 살전 5:15). 그리스도께서는 얼마든지 채워주신다. 아옹다옹 싸울 것이 없다.

고전 6:8. 너희는 불의를 행하고 속이는구나 저는 너희 형제로다.

우리가 형제를 고발하면 형제를 향하여 불이익을 주는 것이고 형제에게 재산상의 손해(경제적인 사기 행각)를 주는 것이다. 바로 그 상대가 형제라는 것을 생각해야 한다(살전 4:6). 바로 그 형제는 그리스도께서 위하여 피를 흘려주신 자이다.

E.불의한 죄를 짓지 말라 6:9-11

바울은 앞에서 성도들끼리의 문제를 가지고 세상 법정으로 가는 불의의 죄를 짓지 말라고 말하고는(8절) 이제 이 부분에서는 아예 불의한 죄를 짓지 말라고 권한다(9-11절). 불의한 죄를 지을 때 하나님의 나라에 들어갈 수 없다고 말한다.

고전 6:9-10. 불의한 자가 하나님의 나라를 유업으로 받지 못할 줄을 알지 못하느냐 미혹을 받지 말라 음행하는 자나 우상 숭배하는 자나 간음하는 자나 탐색하는 자나 남색 하는 자나 도적이나 탐욕을 부리는 자나 술 취하는 자나 모욕하는 자나 속여 빼앗는 자들은 하나님의 나라를 유업으로 받지 못하리라.

바울은 "불의한 자"(ἄδικοι), 곧 '의롭지 못한 자,' '남에게 해를 끼치는 자'(남을 걸어 세상 법정에 고발하는 자들)는 미래에 하나님 나라를 유업으로 받지 못할 줄을 알지 못하느냐고 반문한다. 하나님의 나라는 의로운 나라이기 때문에(마 5:10; 눅 14:14; 롬 14:17; 계 1:18; 2:8) 의롭지 못한 자는 하나님의 나라를 상속받지 못한다. 바울은 벌써 이런 진리를 고린도 교인들이 알고 있다는 것을 암시한다("알지 못하느냐"). 바울은 그런 진리를 알지 못하느냐고 반문하면서 또 "미혹을 받지 말라"고 권한다(15:33; 눅 21:8; 갈 6:7; 약 1:16). 막 13:3 참조. 곧 '속지 말라'는 것이다. 불의한 일을 하면서도 하나님의 나라를 유업으로 받을 줄 착각하지 말라는 것이다. 소위 신앙인들도 착각하고 사는 사람들이 많이 있다.

바울은 불의한 자들이 범하는 10가지 죄인들을 여기 나열한다(갈 5:19-21 참조). 이 10가지 죄인들 중에 "음행하는 자," "우상 숭배하는 자," "탐욕을 부리는 자," "술 취하는 자," "모욕하는 자," "속여 빼앗는 자들"은

5:11에 이미 언급되었다. 여기 새로 나온 죄인들은 "간음하는 자"(남녀 간 간통하는 자), "탐색하는 자"(homosexual-동성애자),[7] "남색하는 자"(ἀρσε-νοκοῖται-동성 연애하는 남성)[8] "도적"(남의 것을 훔치는 자)인데 이들도 하나님의 나라에 역시 들어가지 못한다고 한다(15:50; 갈 5:21; 엡 5:5; 딤전 1:9; 히 12:14; 13:4; 계 22:15). 10종류의 죄인들을 대별(大別)해 보면 성적으로 불의한 죄(음행, 간음, 탐색, 남색), 하나님께 불의한 우상숭배 죄(우상숭배), 물질적으로 불의한 죄들(도적, 탐욕을 부리는 죄, 술 취함, 모욕하는 죄, 속여 빼앗는 죄)로 구분할 수 있다. 이런 종류의 죄인들은 하나님 앞에서 죄를 자복하지 않으면 하나님 나라에 들어갈 수 없다.

고전 6:11. 너희 중에 이와 같은 자들이 있더니 주 예수 그리스도의 이름과 우리 하나님의 성령 안에서 씻음과 거룩함과 의롭다 하심을 얻었느니라.

바울은 고린도 교회에 과거에 "이와 같은 자들이 있었다"고 말한다(12:2; 엡 2:2; 4:22; 5:8; 골 3:7; 딛 3:3). 즉 '이와 같은 죄를 짓는 자들이 있었다'고 한다. 그런데 그런 사람들이 "주 예수 그리스도의 이름과 우리 하나님의 성령 안에서 씻음과 거룩함과 의롭다 하심을 얻었다"고 말한다(1:30; 히 10:22; . 이제도 그런 사람들은 주 예수 그리스도의 이름과 우리 하나님의 성령 안에서 씻음과 거룩함과 의롭다 하심을 얻을 수 있다고 권면한다. "주 예수 그리스도의 이름"이란 '주 예수 그리스도의 십자가의 피'를 지칭하고 "우리 하나님의 성령 안에서"란 말은 '성령의 역사에 의해서' 혹은 '성령의 적용에 의하여'란 뜻이다. 성령님께서 그리스도의 십자가 피를 우리에게

---

7) "탐색하는 자"란 어떤 죄인이냐에 대하여는 학자들 간에 견해차이가 있다. 첫째로, 그것을 "호색가"나 "주색에 빠진 자"로 해석하는 자들이 있다. "육신의 죄에 빠진 자들"(Vine), "인간다움을 잃어버리고 은밀한 쾌락을 탐닉하는 자"(Barclay)로 본다. 그리고 둘째, 많은 해석가들은 이 죄는 동성애에서 여자의 위치를 취하는 자를 지칭한다고 말한다. "스스로 여자가 되는 자들"(Darby), "남창"(NIV), "여자로 가장해 스스로를 욕되게 하는 자들"(W. Kelly)이라고 해석한다(J, 헌터).

8) "남색하는 자"란 동성연애에서 적극적인 역할을 하는 쪽(남자 쪽)을 말한다고 한다(J, 헌터).

적용하실 때 우리는 죄를 씻음 받고 거룩하게 되며 또한 의롭다 함을 얻게
된다. 이 세 가지 은총은 거의 동시에 우리에게 이루어지는 것으로 성령님께
서 역사하실 때 단숨에 이루어진다. 다시 말해 성령님께서 역사하실 때
우리의 옛 죄들은 깨끗하게 씻어지고 거룩하게 되며(positional sanctifica-
tion) 의롭다 함을 얻게 된다. 사람은 그리스도의 피가 있어 소망이 있고
또 성령의 역사가 있어 소망이 있는 것이다. 성령님께서 그리스도의 피를
적용시켜 주면 씻음 받지 않을 사람이 없고 거룩하게 되지 않을 사람이
없으며 의롭다 함을 받지 않을 사람이 없다.

V.음행을 피하라   6:12-20

바울 사도가 5:1-13에서 음행을 경계하고 6:9에서도 음행문제(음란, 간
음, 탐색, 남색 등)를 다루었는데 이제 이 부분에서도 음행을 피하라고 도전한
다(12-20절). 사도가 이렇게 음행문제를 집중적으로 다루는 이유는 고린도
시(City)의 음행이 교회 안에까지 들어와 그리스도인들이 자유롭게 창녀를
찾아가는 것을 비판하고 막기 위한 것이다. 아마도 고린도 교인들은 영적인
사람들로서 "몸"으로 무슨 일을 하든지 크게 영향을 받지 않는다고 해서
자유롭게 창녀를 찾아가서 창녀와 결합하는 것을 큰 문제로 여기지 않았던
것 같다. 바울은 이에 아무리 "모든 것이 가하다"고 하지만 성도의 "몸"으로
창녀와 합하는 것은 절대로 가하지 않다고 반박한다. 바울은 이 부분에서
그리스도인의 몸을 성결하게 지켜서 주님께 바쳐야 한다고 말한다.

고전 6:12. 모든 것이 내게 가하나 다 유익한 것이 아니요 모든 것이 내게 가하나 내가 무엇에게든지 얽매이지 아니하리라.

고린도 교인들 중의 일부가 "모든 것이 내게 가하다"(10:23)고 떠들었지
만 모든 것이 "다 유익한 것이 아니고" 또 그 다음 말씀 "모든 것이 내게
가하다"고 역시 고린도 교인들 중의 일부가 떠들었지만 "나(바울)는 절대로
무엇에든지 얽매이지 않겠다"고 말한다. 실로 유익하지 않는 것에 얽매어

보았자 손해이니 얽매이지 않겠다는 것이다.

본문에 "모든 것이 내게 가하다"는 말이 본서에 세 차례가 나오는데(본절에 두 번, 10:23에 한번) 혹자는 이 말이 바울의 함성 혹은 주장(slogan)이라고 말하나 그렇게 보기 보다는 고린도 교인들 중의 일부의 함성 혹은 구호(slogan)라고 보는 것이 옳다. 이유는 바울이 이런 주장을 퍼뜨려 놓은 다음에 자기의 주장을 "다 유익한 것이 아니요...내가 무엇에든지 얽매이지 아니하리라"고 부정적으로 말하지는 않았을 것이기 때문이다. 오히려 고린도 교인들 중의 일부가 영지주의자들(영과 육은 완전히 별개의 것으로 육은 무슨 짓을 하든지 영에게는 관계가 없다고 주장하는 주의)의 영향을 받아 육신적으로 "모든 것이 내게 가하다"고 떠들었을 것이다.9) 그래서 바울은 고린도 교인들이 표어를 잘못 사용하고 있음을 지적하고 있다. 고린도 교인들 중의 일부가 떠들고 있는 이 표어는 어떤 점에서는 맞을 수 있지만 모든 성도들의 영혼에 유익을 끼치는 것은 아니라는 것이다. 우리들 자신에게만 아니라 다른 이들의 영혼에도 유익을 끼치는 것은 아니라고 바울은 반박한다.

그리고 "모든 것이 내게 가하다"고 고린도 교인들 중의 일부가 구호로 내세워 떠들면서 죄를 짓고 있으니 바울은 "내가 무엇에게든지 얽매이지 아니하리라"고 말한다. 다시 말해 무엇에든지 얽매이지 않겠다는 것이다. 고린도 교인들이 모든 것을 취할 수 있고 또 실행할 수 있다고 주장하고 있는데 반하여 바울은 생각을 달리하고 있다. 바울은 그들이 생각하는 식으로 하지는 않겠다고 한다. 결코 얽매이지 않고 자유롭게 사고하고 자유롭게 행동하겠다고 한다. 실제로 우리가 모든 것이 가하다고 해서 죄를 짓는데까지 이르러서는 안 되는 것이다. 담배나 술(한국 교회에서는 담배나 술은

---

9) F. F. Bruce는 "'모든 것이 내게 가하다'는 말은 교회의 전통적인 도덕의 규제에 염증을 느낀, 영지주의화해 가는 사람들(gnosticizing party)의 함성(slogan)일 것이다"라고 주장한다. F. F. Bruce, *I & II Corinthians*, The New Century Bible Commentary, (Grand Rapids: Wm. B. Eerdmans, 1987), p.62. R. C. H. Lenski는 이 말은 고린도 교인들이 바울로부터 받은 것인데 그들이 이 원리를 바로 이해하고 바르게 사용하지 않고, 저들의 미심쩍고 악한 행동을 덮어버리는 일에 쓰는 등 이것을 남용했다고 말한다. 고려할만한 견해이다.

금했지만 외국 교회에서 어떤 곳에서는 금하지 않고 담배를 피우고 혹은 술을 마셔도 좋은 것으로 되어 있다)이나 바둑이나 다른 스포츠 등이 가하다고 해도 그런 것들을 너무 탐닉하는 경우 좋지 않은 영향을 우리에게 끼칠 수 있는 고로 우리는 거기에 얽매여서는 안 된다. 절제해야 하는 것이다. 결코 모든 것이 우리 성도에게 가(可)한 것이 아니다. 유익하지 않은 것도 있으니 우리 성도는 절제해야 한다. 오늘 한국 교회는 고린도 교회의 재판(再版)을 벌여서는 안 될 것이다. 특히 음란을 멀리해야 한다. 그것은 우리를 망치는 일이다.

고전 6:13. 음식은 배를 위하여 있고 배는 음식을 위하여 있으나 하나님은 이것 저것을 다 폐하시리라 몸은 음란을 위하여 있지 않고 오직 주를 위하여 있으며 주는 몸을 위하여 계시느니라.

음식과 배는 서로를 위하여 있지만 몸은 음란을 위하여 존재하는 것이 아니고 주님을 위하여 존재해야 함을 바울은 말한다. 고린도 교인들 중의 일부가 "음식은 배를 위하여 있고 배는 음식을 위하여 있다"고 떠들었다(마 15:17; 롬 14:17; 골 2:22, 23). 브루스(F. F. Bruce)는 "아마도 이 표어도 역시 영지주의의 영향을 받은 사람들의 주장(slogan)인 것 같다"고 말한다. 영지주의의 영향을 받은 교인들은 음식이 배를 위하여 있고 배는 음식을 위해서 존재하는 것처럼 몸은 음란을 위하여 존재하는 고로 성적으로 음란한 삶을 살아도 된다고 떠든 것처럼 보인다.

바울은 "음식은 배를 위하여 있고 배는 음식을 위하여 있는 것"은 사실이라는 것(배는 어떤 음식이든 먹을 수 있는 것임)을 인정은 하지만 오히려 "하나님은 이것저것을 다 폐하시리라"고 말한다. 곧 하나님께서 이 둘(음식과 배)의 관계를 폐하신다고 한다. 사람이 죽으면 이 관계는 즉시 폐지된다. 죽은 사람이 음식을 먹을 수 없어서 음식이 배를 위하여 있지도 않고 배가 음식을 위하여 있지도 않게 된다. 다시 말해 음식이 아무리 많고 좋아도 죽은 사람의 배를 위하여 무의미 한 것이고 죽은 사람의 배는 주위에 좋은 음식이 아무리 많아도 먹을 수가 없어서 음식이 무의미하다. 음식과 배의 관계는 고린도 교인들 중의 일부가 주장하는 대로 서로 짝이 맞지만 바울은 "그러나(δε) 몸은 음란을 위하여 있지 않고 오직 주를 위하여 있으며 주는 몸을 위하여 계신다"고 말한다(15절, 19절, 20절; 살전 4:3, 7). 곧 '음식과 배는 서로 위하여 있으나 그러나 몸은 음란을 위하여 있어서는 안 되고 오직 주님을 위하여 있어야 한다'고 말한다. 그렇게 몸이 주님을 위하여 살면 주님은 우리의 몸을 위하여 일하신다고 한다. 본문의 "몸"(σῶμα)은 "육"(σὰρξ)과는 달리 사람의 육체를 지칭하는 말로 성령의 전이 되는 몸을 가리킨다. 사람의 몸의 짝은 음란이 아니고 주님이시라는 것이다. 우리는 우리의 몸을 가지고 주님을 위해 살아야 한다. 주님을 위해 산 제사를 드려야 한다(롬 12:1). 우리는 주님을 위해 살아야 하고 주님의 영광을 드러내야 한다.

바울은 우리의 몸이 주님과 짝한다는 것을 또 다른 말로 말한다. 곧 "주는 몸을 위하여 계시느니라"고 말한다(엡 5:23). 주님께서 성육신하셔서 우리를 속량하셨고 또 앞으로 우리의 몸을 살리실 것이다(롬 8:11, 23). 주님은 지금도 우리의 영육을 위하여 기도하시고 앞으로 우리를 천국으로 인도하실 것이다. 오늘 우리 성도의 몸은 구원을 받았다. 앞으로 천국으로 갈 몸이다. 결코 창녀와 짝할 수 없고 주님과만 짝해야 한다.

고전 6:14. 하나님이 주를 다시 살리셨고 또한 그의 권능으로 우리를 다시 살리시리라.

바울은 우리가 음행해서는 안 될 이유를 여기 또 말한다. 그것은 하나님께서 예수님을 다시 살리셨고(롬 8:11; 빌 3:21) 또한 그의 권능으로 우리를 부활시키실 것이기 때문이라고 한다(롬 6:4, 5, 8; 8:23; 고후 4:14; 엡 1:19-20). 바울은 우리의 음행불가를 부활과 연결시킨다. 이는 굉장히 놀라운 비약이다. 하나님께서는 우리의 배를 폐지하시고 또 음식을 폐지하시지만(13절) 우리의 몸을 다시 살리실 것이다(살전 4:15, 17).

고전 6:15. 너희 몸이 그리스도의 지체인 줄을 알지 못하느냐 내가 그리스도의 지체를 가지고 창녀의 지체를 만들겠느냐 결코 그럴 수 없느니라.

바울은 다시 "너희 몸이 그리스도의 지체인 줄을 알지 못하느냐"고 되묻는다(12:27; 롬 12:5; 엡 4:12, 15-16; 5:30). 고린도 교인들은 이미 "너희 몸이 그리스도의 지체"라는 사실을 배웠다는 것을 암시한다. 성도 한 사람한 사람은 그리스도의 지체이다(고전 12:12, 27; 엡 1:23; 4:16; 5:30; 골 1:18). 한 사람은 눈이고 한 사람은 귀이며 또 한 사람은 손이고 다리이다. 바울은 "내가 그리스도의 지체를 가지고 창녀의 지체를 만들겠느냐"고 강하게 말한다. 곧 '그리스도의 지체를 떼어서 창녀의 지체를 만들겠느냐'는 것이다. 다시 말해 그리스도와 합해야 할 사람들이 창녀와 합해서야 되겠느냐고 반문한다. 바울은 그 특유의 어투로 "결코 그럴 수 없느니라"고 크게 외친다. 오늘도 우리는 "결코 그럴 수 없느니라" 하고 큰 소리를 쳐야 한다. 우리는 그리스도의 지체인고로 그리스도의 지시대로 움직여야 한다.

고전 6:16. 창녀와 합하는 자는 그와 한 몸인 줄을 알지 못하느냐 일렀으되 둘이 한 육체가 된다 하셨나니.

창녀와 성적(性的)으로 합한다는 것, 그것은 비극이다. 이유는 창녀와 합하는 것은 창녀와 한 몸을 이루는 것이기 때문이다. 바울은 남녀의 결합이 한 육체가 된다는 것을 구약 성경 창 2:24("둘이 한 몸을 이룰지로다")에서 인용한다(막 10:7; 엡 5:31 참조). 부부가 결합할 때는 몸뿐만 아니라 정신을 비롯한 모든 점에서 한 몸을 구성하나 창녀와의 결합은 몸만 결합하여 한 몸이 되는 것이다(마 19:5). 따라서 이야말로 비참한 결합이다. 우리는 주님의 지체로서 주님과 결합한 채 영원히 살아야 한다.

고전 6:17. 주와 합하는 자는 한 영이니라.

바울은 앞에서 "창녀와 합하는 자는 그와 한 몸이라"고 말하고는(16절) 이제는 "주와 합하는 자는 한 영이라"고 말한다. 주님과 합하는 것은 성령으로 말미암는다. 다시 말해 성령을 받는 즉시 주님과 연합되어진다(요 15:3). 우리는 주님의 영을 받는 즉시 주님과 영적인 연합(a spiritual union)을 이룬다. 우리가 받은 영은 주님의 영이다(롬 8:9-11). 우리는 성령(주님의 영)을 받으므로 말미암아 주님의 지체, 곧 주님과 한 몸이 된다(12:13; 요 17:21; 22:23; 롬 12:5; 엡 4:4; 5:30).[10]

고전 6:18. 음행을 피하라 사람이 범하는 죄마다 몸 밖에 있거니와 음행하는 자는 자기 몸에 죄를 범하느니라.

바울은 주님과 연합한 성도는 주님과 한 영이 되기 때문에 "음행을 피해야"한다고 말한다(롬 6:12-13; 히 13:4). 곧 창녀와의 음행을 피하라는 것이다. 요셉이 보디발의 아내와 음행을 피했듯이 음행을 피하라고 한다(창 39:7-18). 여기 "피하라"(φεύγετε)는 말은 현재명령형으로 '피하는 것이 습관화되어야 함'을 말한다(살전 4:3).

바울은 음행을 피하라고 말하고는 피해야 할 이유를 또 말한다. 곧 "사람이 범하는 죄마다 몸 밖에 있거니와 음행하는 자는 자기 몸에 죄를 범하는 것이기" 때문이라고 한다(롬 1:24; 살전 4:4). 바울은 몸과 관련하여 음행을 다른 죄들과 구분하고 있다. 다른 죄들은 몸 밖에서 이루어지는 죄인데 비해 음행은 성도의 몸을 거스르는 죄라는 것이다. 예를 들어 과식이나 과음, 마약, 자기 상해 같은 죄악들은 몸 밖에서 이루어지는 것인데 비해 음행만은 자기 몸을 거스른다는 것이다. 사람이 범하는 다른 죄들이 몸밖에 있다는 말은 그 죄들이 그리스도와의 연합을 결정적으로 해치지는 않는다는 것을 뜻한다. 그와 반면에 음행이 자기 몸에게 죄를 범한다는 말은 앞뒤 문맥으로 보아(15-17, 19-20절) 성도가 그리스도와의 연합을 크게 훼손하는 것이며 통째로 부인해 버리는 것을 뜻한다. 그렇다고 그리스도와의 연합을

---

10) 고데(Frederic Louis Godet)는 "성도와 그리스도와의 연합은 똑같은 영의 존재가 되는 것이고, 또 결과적으로 그리스도께서 성도의 전 인격, 영혼, 육체를 소유하고 지도하시는 것이다" 고 말한다. Frederic Louis Godet, *Commentary on First Corinthians* (Grand Rapids: Kregel Publications, 1977).

무효로 돌리는 것은 아니지만 그리스도와의 계속적인 연합(성도는 그리스도
와 계속적으로 연합되어 있어야 한다)을 약화시키는 것은 사실이다.[11] 음행
이 몸에 죄를 범한다는 말에 대해 존슨(S. Lewis Johnson)은 "음행이 몸
안에서 이루어지는 죄이며 또 창녀와의 연합으로 말미암아 그리스도와의
연합을 심각하게 부인 한다"고 주장한다. 이에 대하여 J 헌터는 "폭식이나
폭음, 마약 중독과 같은 다른 모든 죄들은 외부적인 것을 사용해서 몸을
해롭게 하는 것으로, 그것을 금하면 고칠 수가 있다. 그러나 음행은 몸
자체가 행위의 도구라는 점에서 독특하다. 그것은 사람 자체를 연루시키며
그것을 범하는 사람은 그 죄로 인해 전인격이 해를 입는다. 그 결과는 심리적
이고 정신적이고 신학적이다. 그러한 결합은 합법적인 혼인의 결합 및 그리
스도와의 결합과 함께 존재할 수가 없다"고 말한다.[12] 그러므로 우리는
그리스도와의 연합을 부인하는 음행을 단연코 피해야 한다.

고전 6:19. 너희 몸은 너희가 하나님께로부터 받은바 너희 가운데 계신 성령의 전인 줄을 알지 못하느냐 너희는 너희의 것이 아니라.

　　성도 한 사람 한 사람의 몸은 성령님이 거하시는 성령님의 전인고로
(3:16; 고후 6:16) 창녀와 음행을 할 수 없다는 것이다. 우리는 항상 우리의
몸이 성령님이 계시는 집인 줄 알아야 한다(롬 8:11; 고후 6:16; 딤후 1:14).
바울은 이미 성도들의 몸은 성령의 전이라고 가르쳐 주었다. 바울은 "...줄을
알지 못하느냐'고 본서에서 벌써 6번째로 되묻는다. 바울은 고린도 교인들을
향하여 "너희는 너희의 것이 아니라"고 강조한다(롬 14:7-8). 즉 우리를
성령님의 것이요 따라서 예수님의 것이며 하나님의 것이라고 한다. 우리는
우리들의 것이 아님을 알아야 한다.

---

11) 성도는 성령과 말씀으로 그리스도와 연합된(요 15:3) 후 계속해서 그리스도와 연합되어
있어야 한다(요 15:4-5, "내 안에 거하라").
12) J. 헌터, *I Corinthians*, 고린도전서, 횃불주석시리즈, 정병은 옮김 (경기도: 전도출판사,
2007), p. 121.

고전 6:20. 값으로 산 것이 되었으니 그런즉 너희 몸으로 하나님께 영광을 돌리라.

　바울은 고린도 교인들이 그리스도의 피로 대속되었으니(7:23; 행 20:28; 갈 3:13; 엡 1:7; 히 9:12; 벧전 1:18-19; 벧후 2:1; 계 5:9) 몸으로 하나님께 영광을 돌리라고 권한다(롬 12:1; 고전 10:31). 성도는 그리스도의 피(행 20:28; 히 9:12; 계 5:9)로 구원을 받은 고로 창녀와 합할 것이 아니라 하나님께 영광을 돌리는 삶을 살아야 할 것이다.

제 7 장
성도의 결혼과 부부생활의 여러 가지 문제에 대한 교훈들

Ⅵ.성도의 결혼과 부부생활의 여러 가지 문제에 대하여 답하다   7:1-40

바울 사도는 그의 서신을 쓰기 시작한 이후 줄곧 지금까지(1:10-6:20)는 누구로부터 들은 내용을 중심하여 글을 썼으나 이제부터(7:1, 25; 8:1; 12:1; 16, 12)는 고린도교회로부터 질의를 받고 글을 쓰고 있다. 바울 사도가 고린도 교회의 질문 중에서 제일 먼저 결혼 문제(7:1, 25)를 다루는 이유는 앞서 취급한 음행의 문제가 제일 심각했었기 때문이었을 것이다. 즉 고린도 교회에는 패륜자들이 있었던 반면 또 한편 결혼 문제에 대해 진지하게 알려고 하는 사람들이 있는 것을 알고 바울 사도는 진지하게 이 문제에 답하고 있다.

바울 사도는 본 장에서 성도가 꼭 결혼을 해야 하는 것인지 그리고 결혼 생활을 어떻게 해야 하는 것인지에 대해 답을 주고(1-7절), 독신 생활을 권장하며(8-9절), 결혼한 자들에게 이혼하지 말 것을 말하고(10-17절), 각 사람은 부름 받은 대로 살아갈 것을 말하며(18-24절), 처녀는 결혼하지 말고 그냥 지내는 것이 좋다고 권장하고(25-26절), 절제의 삶을 살 것을 부탁한다 (27-40절).

A.결혼 생활을 위한 일반적 원칙   7:1-7

바울 사도는 성도가 꼭 결혼을 해야 하는 것인지 그리고 결혼을 한다면 결혼 생활은 어떻게 해야 하는 것인지에 대한 답을 준다.

고전 7:1. 너희의 쓴 말에 대하여는 남자가 여자를 가까이 아니함이 좋으나 (Περὶ δὲ ὧν ἐγράψατε, καλὸν ἀνθρώπῳ γυναικὸς μὴ ἅπτεσθαι).

본 절 초두의 "너희의 쓴 말에 대하여는"(Περὶ δὲ ὧν ἐγράψατε)이란 말은 '너희가 쓴 것들에 대하여는'이라고 번역된다. 바울 사도는 고린도교회가 바울에게 글로 질문한데 대하여 답을 한다. 고린도 교회는 성도가 결혼을 해야 하는 것인지 그리고 결혼을 한다면 결혼 생활은 어떻게 해야 하는 것인지에 대한 질문을 한 것으로 보인다.

그 질문에 대하여 바울 사도는 "남자가 여자를 가까이 아니함이 좋다"(καλὸν ἀνθρώπῳ γυναικὸς μὴ ἅπτεσθαι)고 답한다(8절, 28절). 여기 "가까이 아니함"(μὴ ἅπτεσθαι)이란 말은 '성적(性的)으로 접촉하지 아니함'이란 뜻이다. 즉 부부사이에 성적으로 접촉하지 아니함이 좋다는 뜻이다.

바울이 독신 생활을 좋다고 한 것은 결코 결혼을 반대한다는 말이 아니라 결혼을 하는 경우 임박한 환난을 당하여 부부에게 고난이 있을 것이기에 결혼 생활이 좋지 않다고 한 것뿐이다. 바울은 건전한 가정생활을 강조하고 있다(엡 5:22-33; 골 3:18-25). 또 성경은 결혼 생활을 정죄하지 않는다(창 2:18; 히 13:4).

고전 7:2. 음행의 연고로 남자마다 자기 아내를 두고 여자마다 자기 남편을 두라.

바울 사도는 앞 절에서 "남자가 여자를 가까이 아니함이 좋다"고 말하고는 본 절에 와서는 "음행의 연고로 남자마다 자기 아내를 두고 여자마다 자기 남편을 두라"고 말한다. 본문의 "음행의 연고로"(διὰ δὲ τὰς πορνείας)란 말은 '음행들의 연고로'란 뜻으로, 음행이란 말을 복수로 쓴 것은 고린도 사회에서 수많은 음행이 있었기 때문이었다. 고린도 사회에 아주 흔한 음행들 때문에 그것을 피하기 위해서 결혼을 하라고 권장한다. 물론 바울은 음행을 피하기 위해서만 결혼을 하라고 권장한 것은 아니다. 음행을 피하기 위해서라는 말은 결혼해야 할 여러 이유 중 단 한 가지일 뿐이다. 바울은 이미 부부가 한 육체가 되어야 한다는 원리(창 2:24)를 그의 서신에 인용했고 (6:16), 또 부부생활을 하는 중에 귀한 배우자의 영혼을 구원할 수 있다는 것을 말했으며(7:16), 더욱이 성도와 그리스도의 관계를 말할 때 부부 의 비유로 설명하기도 했다(엡 5:22-33).

고전 7:3. 남편은 그 아내에게 대한 의무를 다하고 아내도 그 남편에게 그렇게 할지라.

바울 사도는 본 절부터 5절까지 어떻게 부부생활을 해야 하는지에 대해 말씀한다. 먼저 원칙적인 면에서 "남편은 그 아내에게 대한 의무를 다하고 아내도 그 남편에게 그렇게 하라"고 말한다(출 21:10; 벧전 3:7). 여기 "의무 를 다하라"는 말은 '문맥을 살필 때(4-5절) 성적인 의무를 다하라'는 말이다. 결혼을 한 다음에 성적인 의무를 다하지 않는 사람들이 있을 수 있는데 이기적이 되어서는 안 된다고 말한다. 상대방을 배려할 줄 아는 부부가 되어야 한다.

고전 7:4. 아내가 자기 몸을 주장하지 못하고 오직 그 남편이 하며 남편도 이와 같이 자기 몸을 주장하지 못하고 오직 그 아내가 하나니.

바울은 먼저 아내들에게 부탁하기를 "아내가 자기 몸을 주장하지 못하고 오직 그 남편이 한다"고 말하고, 또 남편들에게 부탁하기를 "남편도 이와 같이 자기 몸을 주장하지 못하고 오직 그 아내가 한다"고 말한다. 부부는 각자 자기 몸을 자기가 주장하지 못하고 상대방이 주장한다고 말한다. 상대 방의 주장을 받는 법을 받아야 한다는 뜻이다.

고전 7:5. 서로 분방하지 말라 다만 기도할 틈을 얻기 위하여 합의상 얼마 동안은 하되 다시 합하라 이는 너희의 절제 못함을 인하여 사단으로 너희를 시험하지 못하게 하려 함이라.

바울은 부부 생활에 있어서 부부가 "서로 분방하지 말라"고 말한다(욜

2:16). "서로 분방하지 말라"(μὴ ἀποστερεῖτε ἀλλήλους)는 말은 '서로 거절하지 말라,' '서로 분리하지 말라'는 뜻으로 상대방의 요구를 거절하지 말고 요구를 들어주라는 뜻이다. 그러나 바울은 "다만 기도할 틈을 얻기 위하여 합의상 얼마 동안은 하되 다시 합하라"고 명령한다. 즉 '다만 기도할 틈을 얻기 위하여 서로 합의하에 얼마 동안은 분방하되 다시 합하라'고 말한다. 바울 사도가 이렇게까지 성도들에게 명령하는 이유는 부부가 서로 합방하여 생활해야 외부로부터 들어오는 유혹을 피할 수 있기 때문이다. 서로 의무를 다하지 않을 때에 사탄의 유혹을 막기가 어렵다는 것이다(살전 3:5). 성도들은 하나님의 일을 위하여 부득이 분방해야 하는 경우가 생기면 상대방에게 말하고 분방해야 할 것이다.

고전 7:6. 그러나 내가 이 말을 함은 권도요 명령은 아니라(τοῦτο δὲ λέγω κατὰ συγγνώμην οὐ κατ᾽ ἐπιταγήν).

문장 초두의 "그러나"(δὲ)라는 말은 바울 사도가 지금까지 말한 것과 반대되는 것을 본 절에 말하기 위하여 사용한 접속사이다. 바울은 "그러나 내가 이 말한 것" 즉 '지금까지 말한 것'(1절부터 5절까지 말한 것)은 "권도요 명령은 아니라"고 말한다(12절, 25절; 고후 8:8; 11:17). "권도"(συγγνώμην)란 말은 '용서,' '양보,' '관대,' '동의,' '허용,' '승낙'이라는 뜻으로 1절로부터 말한 결혼 문제는 허락일 뿐이지 명령은 아니라는 것이다.

본문의 "이 말"이 무엇을 지칭하느냐를 두고 여러 견해가 있다. 1) 7절의 독신 생활에 대한 권면으로 보는 견해. 2) 2절의 내용을 가리킨다는 견해. 3) 5절의 내용을 가리킨다는 견해. 4) 2절 이하의 모든 내용을 가리킨다는 견해. 5) 1절 이하의 모든 내용을 가리킨다는 견해(Plummer, Morris, 이상근, 이순한) 등이 있다. 이 중에서 7절의 독신생활을 가리킨다는 견해를 지칭한다는 주장은 문맥에 맞지 않는다. 이유는 본 절 초두의 "그러나"라는 말은 앞에 기록된 내용과 대비되는 것을 말하기 위한 접속사이기 때문에 7절의 것을 지칭한다는 견해는 받기가 어렵다. 그리고 2번, 3번, 4번 보다는 5번의 견해가 가장 타당한 것으로 보인다. 이유는 바울 사도가 "이 말을 함은"이라고 말한 것은 앞의 말 전체를 말한 것으로 보아야 하기 때문이다. 1절부터 5절까지의 말은 한 덩어리의 말이다. 바울이 결혼하라고 말한 것(1-5절)은 허락사항이지 명령할 일이 아니라는 것이다.

고전 7:7. 나는 모든 사람이 나와 같기를 원하노라 그러나 각각 하나님께 받은 자기의 은사가 있으니 하나는 이러하고 하나는 저러하니라.

바울은 "모든 사람이 나와 같기를 원한다"(I would that all men were even as I myself)고 말한다(9:5; 행 26:29). 즉 '모든 사람이 자기처럼 독신으로 살기를 원한다'는 뜻이다(1절, 8절 참조). 혹자는 바울 사도가 모든 사람이 자기처럼 독신생활을 하기를 권하고 있다는 주장을 두고 바울이 일단 결혼했다가 이때에는 아내가 죽고 독신생활을 하고 있었다고 보아야 한다고 주장하나 처음부터 결혼한 경력이 없었다고 보아야 할 것으로 보인다. 이유는 바울 사도가 만약에 결혼했다가 아내가 죽었다고 하면 "모든 사람이 나와 같기를 원하노라"(12:11; 마 19:12)고 당당하게 주장하기 어려웠을 것이다. 바울은 사도행전이나 그의 서신들 중에서 자신이 결혼했던 일이나 혹은 아내가 있었다는 말을 전혀 비치지 않고 있는 것을 보면 결혼한 경험이 없는 것으로 보아야 한다. 그는 결혼하지 않았기에 이방선교에 헌신할 수 있었던 것을 생각하고 이렇게 독신생활을 권한 것으로 보인다.

그러나 바울은 독신생활을 절대적으로 좋은 것으로 말하지 않고 "그러나 각각 하나님께 받은 자기의 은사가 있으니 하나는 이러하고 하나는 저러하다"고 말한다. '각각 하나님께 받은 각자의 은사가 있다'고 말한다. 여기 "은사"란 말은 문맥에 따라 '하나님께서 각자에게 주신 은혜'를 지칭한다. 하나님은 어떤 사람에게는 결혼하지 않고 홀로 지내면서 주님의 일을 할 수 있도록 은혜를 주신다. 예수님은 타고 난 사람만 독신으로 살면서 주님의 일에 헌신하라고 하신다(마 19:10-12). 음욕이 불같이 타서 죄를 짓는 것보다는 결혼하는 것이 더 나은 것이다(9절).

우리는 "하나는 이러하고 하나는 저러하다"는 것을 유의해야 한다. 하나님은 모든 사람에게 똑같은 은사를 주시지는 않는다. 결혼하지 않고 주님의 일을 감당하는 은사도 주셨고 또 결혼하고 주님의 일을 하는 은혜도 주셨다.

B.독신 생활을 권장하다 7:8-9

고전 7:8-9. 내가 혼인하지 아니한 자들과 및 과부들에게 이르노니 나와 같이 그냥 지내는 것이 좋으니라 만일 절제할 수 없거든 결혼하라 정욕이 불같이 타는 것보다 혼인하는 것이 나으니라.

바울은 고린도 교인들에게 결혼을 하도록 허락한(1-7절) 다음 이제 이 부분(8-9절)에서는 독신 생활을 권장한다. 바울은 두 부류의 사람들, 즉 "혼인하지 아니한 자들과 과부들"에게 부탁한다. 바울은 두 부류의 사람들(혼인하지 않은 자들과 과부와 홀아비들)에게 "나와 같이 그냥 지내는 것이 좋다"고 권한다(1절, 26절). '바울처럼 혼인하지 않고 홀로 사는 것을 권한다'는 뜻이다. 독신 생활이 좋은 이유는 가족부양의 염려를 하지 않고 주님의 일을 할 수 있는 유익이 있고 또 임박한 환난을 만나 고통을 받지 않기 때문이다(26절).

그러나 바울은 조건을 단다. "만일 절제할 수 없거든 혼인하라"고 말한다(딤전 5:14). "절제할 수 없다"는 말은 "정욕이 불같이 타는 것"을 뜻한다. 바울은 "정욕이 불같이 타는 것보다 혼인하는 것이 낫다"고 말한다. "정욕이 불같이 탄다"는 말은 '음욕이 불같이 일어난다'는 뜻이다. 다시 말해 '성적 욕구가 불같이 일어나는 것'을 지칭한다. 바울은 정욕이 불같이 타는 것보다는 결혼하는 것이 낫다고 했는데 그렇다면 결혼은 죄를 미연에 방지하기 위한 어떤 제도인가라고 생각할 수가 있다. 그러나 그런 것은 아니다. 결혼을 해야 하는 이유가 여러 가지 있지만(엡 5:22-33은 가장 훌륭한 이유이다) 그 중의 하나가 바로 죄를 방지해야 하는 이유도 있다는 뜻이다.

9절의 "결혼하라"(γαμησάτωσαν)는 말은 부정(단순)과거 시제로 '확실하게 결혼하라,' '분명히 결혼하라'는 뜻으로 이럴까 저럴까 하지 말고 분명히 결혼하라는 뜻이다. 성욕이 불같이 일어나면서도 독신으로 살까하고 생각하지도 말고 망설이지도 말라는 뜻이다. 독신으로 사는 것이 더 거룩한 것은 아니다.

C.이혼하지 말라   7:10-17절

바울 사도는 결혼하라는 말씀도 했고(1-7절) 또 독신생활을 권장하기도 했는데(8-9절) 이제 이 부분(10-17절)에서는 결혼한 사람들에게 이혼하지 말라고 명령한다. 바울은 먼저 이혼하지 않는 것이 주님의 명령이라고 말한다(10-11절). 그리고 불신 배우자가 함께 살기를 소원하면 그를 버리지 말라고 권면한다(12-17절).

고전 7:10-11. 혼인한 자들에게 내가 명하노니 (명하는 자는 내가 아니요 주시라) 여자는 남편에게서 갈리지 말고 (만일 갈릴지라도 그냥 지내든지 다시 그 남편과 화합하든지 하라) 남편도 아내를 버리지 말라.

바울은 10절에서 먼저 혼인한 여자 성도들(12절은 한편이 불신자인 경우를 말하니 10-11절은 양편이 다 성도인 경우이다)에게 남편과 이혼하지 말라고 명한다. 바울은 혼인한 여자 성도들에게 이혼하지 말라고 명령하면서 "명하는 자는 내가 아니요 주님"이라고 말한다(12절, 25절, 40절 참조). 바울은 명하는 주체가 둘임을 말한다. 하나는 바울 자신(12절, 25절, 40절)이고 또 하나는 주님(10절)이라고 한다. 그렇다면 바울 자신이 명하는 것은 하나님의 말씀이 아닌가하는 의구심이 들 것이나 바울은 자기의 생각을 쓰는 것이 아니라 성령의 감동으로 글을 썼다. 그리고 바울은 여자 성도들에게 이혼하지 말라고 명령하면서 "만일 갈릴지라도 그냥 지내든지 다시 그 남편과 화합하든지 하라"고 말한다. 어떤 이유로든지 갈리는 경우(이런 경우는 그리스도의 명령-마 5:32-에 위배되는 것이지만 그런 경우가 생긴 것을 인정하고 글을 쓰고 있다) 그냥 이혼한 상태로 지내라고 한다. 그러나 바울은 "다시 그 남편과 화합하든지 하라"(15절 참조)고 명한다. 이유는 다른 남자에게 가면 간음이 성립되기 때문이었다.

그리고 다음 11절 하반 절에서 남자 성도들에게 "남편도 아내를 버리지 말라"고 명령한다(말 2:14, 16; 마 5:32; 19:6, 9; 막 10:11-12; 눅 16:18). 여기 "버리지 말라"는 말이 10절의 "여자는 남편에게서 갈라서지 말고"라는 말과 다른 것을 두고 남편 위주의 사회를 보여주는 것이라고 주장하는 학설이 있으나 그런 것은 아니다. 이유는 13절에서 바울은 여자들에게 "그 남편을 버리지 말라"고 말했기 때문이다. 바울은 "버리지 말라"는 말을 남녀에게 공히 하고 있다. 그리고 15절에서는 공히 남녀에게 "갈리거든 갈리게 하라"고 말하고 있음을 볼 수 있다.

고전 7:12-13. 그 남은 사람들에게 내가 말하노니 (이는 주의 명령이 아니라) 만일 어떤 형제에게 믿지 아니하는 아내가 있어 남편과 함께 살기를 좋아하거든 저를 버리지 말며 어떤 여자에게 믿지 아니하는 남편이 있어 아내와 함께 살기를 좋아하거든 그 남편을 버리지 말라.

바울은 12-16절에서는 부부 중 한편이 불신자인 경우를 다루는데, 12절부터 14절까지는 불신자인 배우자가 함께 살기를 좋아하거든 함께 살라고 하고 15-16절에서는 불신 배우자가 갈라서기를 원하면 갈라서라고 말한다.

바울은 "그 남은 사람들에게 내가 말한다"고 한다. "남은 사람들에게"란 말은 '앞(10절)에서 말한바 부부가 모두 신자인 경우를 제외하고 다른 사람들에게'라는 뜻이다. 부부 중의 한편이 불신자의 경우 어떻게 처신해야 하는지에 대해서는 주님께서 특별히 명령하신 것이 없다고 말한다("이는 주의 명령이 아니라", 6절).

바울은 주님의 명령이 따로 없기에 자기가 성령의 감동을 받아 권면한다고 말한다. 즉 "만일 어떤 형제에게 믿지 아니하는 아내가 있어 남편과 함께 살기를 좋아하거든 저를 버리지 말라"고 권한다. 만일 어떤 형제가 믿지 않다가 그리스도를 믿게 되었을 경우 믿지 아니하는 아내로 인하여 갈라설 필요는 없고 믿지 아니하는 아내가 함께 살기를 소원하면 저를 버리지 말라는 것이다. 종교문제 때문에 갈라질 것은 아니라고 한다. 그리고 바울은 어떤 여자에게도 마찬가지로 불신 남편이 함께 살기를 소원하는 경우 그 남편을 버리지 말라고 말한다. 종교문제 때문에 갈라설 필요는 없다는 것이다.

고전 7:14. 믿지 아니하는 남편이 아내로 인하여 거룩하게 되고 믿지 아니하는 아내가 남편으로 인하여 거룩하게 되나니 그렇지 아니하면 너희 자녀도 깨끗지 못하니라 그러나 이제 거룩하니라.

본 절 초두에는 이유접속사(γὰρ)가 있다. 본 절은 신자 측에서 불신 부인(12절)이나 혹은 불신 남편(13절)을 버릴 이유가 없음을 말하고 있다. 그 이유는 "믿지 아니하는 남편이 아내로 인하여 거룩하게 되고 믿지 아니하는 아내가 남편으로 인하여 거룩하게 되기" 때문이라고 한다. 여기 "거룩하게 된다"는 말은 '성도가 된다'는 뜻이다(1:2). 결코 죄를 완전히 해결한 거룩한 상태가 되었다는 뜻은 아니다. 믿는 측에서 함께 살면서 하나님의 말씀을 전해주고 혹은 구별된 삶을 보여줄 때 불신 배우자가 믿게 될 수 있으니 불신 배우자를 버릴 필요가 없다는 것이다.

바울은 이 원리가 이미 자녀들에게 미쳤다고 말한다. 즉 "그렇지 아니하면 너희 자녀도 깨끗지 못하니라 그러나 이제 거룩하니라"고 말한다. 자녀들은 본래 신자로 태어나는 것이 아니고 불신자로 태어나서 부모의 영향으로 (말씀도 전해주고 혹은 생활을 보여주어서) 믿는 자가 되는 법인데 만약에 그런 원리가 가정 전체에 미치지 아니라면 성도 가정의 자녀도 신자가 되지 못한다(말 2:15). 그러나 바울은 지금 가정들의 자녀들은 이미 거룩하게 되었다고 말한다. 다시 말해 신자들이 되었다고 말한다. 신자의 전도의 대상은 가정을 포함한다.

고전 7:15. 혹 믿지 아니하는 자가 갈리거든 갈리게 하라 형제나 자매나 이런 일에 구애될 것이 없느니라 그러나 하나님은 화평 중에서 너희를 부르

셨느니라.

바울은 이제 본 절에 와서 "혹 믿지 아니하는 자가 갈리거든 갈리게 하라"고 말한다. 믿는 자 측에서가 아니라 믿지 않는 자 측에서 갈라서기를 원한다면 갈라지는 것을 허락하라고 말한다. 능동적으로 갈라서라는 말이 아니라 불신 배우자 측에서 갈라서기를 원한다면 피동적으로 갈라서라는 말씀이다. 바울은 믿는 자매가 "이런 일"(ἐν τοῖς τοιούτοις-in such cases, in such circumstances) 즉 '그런 일들 속에서,' '그런 환경 속에서' "구애될 것이 없다"고 말한다. 여기 '그런 환경 속에서'란 말은 불신 배우자와 살면서 신앙적인 이유 때문에 고통당하고 게다가 불신자 측에서 자꾸 갈라서기를 원하면 '그런 환경 속에서' 더 살 것 없이 갈라지는 것을 허락하라는 말이다. 여기 "구애될 것"(δεδούλωται)이란 말은 현재완료 수동태로 '그 동안 구속받아 왔다'는 뜻으로, 이제는 믿는 형제, 그리고 믿는 자매가 그런 환경 속에서 매어 있을 필요가 없다는 것이다.

기독교인이 이혼할 수 있는 경우는 두 가지이다. 하나는 배우자가 간음을 했을 경우이고(마 5:32) 또 하나는 본 절에서 바울이 말한 경우이다. 그러나 바울은 이혼을 권장하고 있는 것은 아니다. 바울은 말하기를 "그러나 하나님은 화평 중에서 너희를 부르셨다"고 말한다(14:33; 롬 12:18; 14:19; 히 12:14). 믿는 신자가 불신 배우자와 결혼 생활로 매어 있을 필요는 없지만(전반 절) "그러나(de) 하나님은 화평 중에서 고린도교회 교인들을 부르셨고 또 우리를 부르셨기" 때문에 될 수 있는 한 이혼하지 말고 화평하기를 힘써 불신 배우자와 잘 살라고 한다. 혹자는 여기 "화평 중에서 너희를 부르셨다"는 말씀을 불신자와 사느라 불화하지 말고 차라리 이혼해서 가정의 평화를 도모하라는 말이라고 주장하나 문맥(다음 절)을 살필 때 결혼 생활을 계속하면서 화평을 도모하라는 말로 보아야 한다.

고전 7:16. 아내된 자여 네가 남편을 구원할는지 어찌 알 수 있으며 남편된 자여 네가 네 아내를 구원할는지 어찌 알 수 있으리요.

본 절 초두에는 이유접속사(γὰρ)가 있어 앞 절에 말씀한 "하나님은 화평 중에서 너희를 부르셨다"는 말씀, 즉 '하나님은 부부가 헤어지지 말고 평화를 도모하면서 살아야 할' 이유를 본 절에서 제공하고 있다. 함께 살아야 할 이유는 믿는 아내나 믿는 남편이 불신 배우자와 함께 살면서 불신 배우자를 구원할 수 있기 때문이다.

바울은 "아내 된 자여 네가 남편을 구원할는지 어찌 알 수 있으며 남편 된 자여 네가 네 아내를 구원할는지 어찌 알 수 있으리요"(τί γὰρ οἶδας, γύναι, εἰ τὸν ἄνδρα σώσεις ἢ τί οἶδας, ἄνερ, εἰ τὴν γυναῖκα σώσεις)라고 말한다(벧전 3:1). 바울은 믿는 아내와 믿는 남편을 부르면서 '네가 남편(아내)을 구원할는지 어찌 알 수 있으리요'라고 말한다. 주석가들은 이 문장의 해석을 두고 두 견해로 갈린다. 1) 구원은 하나님께 있는 것이니 네가 불신 배우자를 구원하겠다고 하는 것은 불가능하다. 그런고로 이혼하라는 뜻으로 해석하기도 하고(Calvin, Beza, Bengel, De Wette, Ellicott, Godet, Grosheide, 이상근), 2) 구원할 수 있으니 이혼하지 말라는 뜻으로 해석하기도 한다(Chrysostom, Lightfoot, Edwards, Findlay, Barnes, Barrett, Hodge, Barclay, Meyer, Bruce, Richard L. Pratt, Jr., David K. Lowery, S. Lewis Johnson, Jr., 박윤선, 이순한). 후자가 문맥으로 보아 더 타당한 것으로 보인다(14절; 벧전 3:1-2 참조). 브루스(F. F. Bruce)는 70인 역에도 이렇게 희망적인 문장들이 있음을 말하면서(삼하 12:22; 에 4:14; 욜 2:14; 욘 3:9) 신앙인 배우자들이 불신 배우자들을 구원할 수 있음을 말하고 있다. 바울은 믿는 신자가 이혼해도 되는 환경을 만난다고 해도 될 수 있는 한 이혼하지 말고 주님을 전해서 불신 배우자를 기독교 신자로 만들라고 말한다.

고전 7:17. 오직 주께서 각 사람에게 나눠 주신 대로 하나님이 각 사람을 부르신 그대로 행하라 내가 모든 교회에서 이와 같이 명하노라.

바울은 믿는 신자가 불신 배우자와 이혼할 수 있는 환경을 만났다고 해도 될 수 있는 한 그를 버리지 말라고 말한(15-16절) 다음 이제는 "주(하나님)께서 각 사람에게 나눠 주신 대로 하나님이 각 사람을 부르신 그대로 행하라"고 부탁한다. "각 사람에게 나눠 주신 대로"란 말은 그 아랫말 즉 "하나님이 각 사람을 부르신 그대로"란 말이 설명해 준다. 하나님은 각 사람에게 여러 환경을 주신다. 그리고 그 환경을 가진 그대로 불러주신다. 그 환경을 고치신 다음에 불러주시기 보다는 그 환경에 있는 그대로 불러주신다. 그런데 바울은 "하나님이 각 사람을 부르신 그대로" 행하라고 말한다. 다시 말해 하나님께서 믿는 신자로 하여금 불신 배우자를 만나게 하셨으면 그 불신 배우자를 얼른 버리지 말고 그냥 함께 살면서 하나님께서 주시는 힘으로 그 환경을 고쳐 나가며 그 환경 중에서 하나님께서 함께해주시는 재미도 맛보고 하나님께 감사하며 하나님께 영광을 돌려야 한다고 한다. 우리는 쉽사리 환경을 벗어나려는 욕심에 빠져 행동하는 수가 있으나 하나님께서 나눠주신 대로 하나님께서 우리를 부르신 그 환경에서 얼른 벗어날 것이 아니라 하나님을 의지하고 그 환경을 우리가 개척해 나가야 할 것이다.

바울 사도는 이런 취지를 "모든 교회에서 이와 같이 명령 한다"고 말한다 (4:17; 고후 11:28). 고린도교회만 아니라 그 말씀은 모든 교회에 적용되는 말씀이고 오늘 현대교회에도 적용되는 말씀이다. 즉 신자들이 할례자로 부르심을 받았든지 혹은 무할례자로 부르심을 받았든지(18-19절) 혹은 종으로 있을 때에 부르심을 받았든지 혹은 자유인으로 있을 때에 부르심을 받았든지 부르심 받은 그대로 지내면서 하나님을 의지하고 살면서 하나님의 뜻을 추구해 나가야 한다.

D. 각 사람은 부름 받은 대로 살라   7:18-24
고전 7:18. 할례자로 부르심을 받은 자가 있느냐 무할례자가 되지 말며 무할례자로 부르심을 받은 자가 있느냐 할례를 받지 말라.

바울은 고린도교회 교인들을 향하여 "할례자로 부르심을 받은 자가 있느냐 무할례자가 되지 말며 무할례자로 부르심을 받은 자가 있느냐 할례를 받지 말라"고 부탁한다(행 15:1, 5, 19, 24, 28; 갈 5:2). 할례를 받은 후에 하나님을 믿도록 부르심을 받았다면 무할례자가 되려고 애쓸 필요도 없고 또 무할례 시에 부르심을 받았다면 할례를 받으려는 노력을 하지 말라고 말한다. 이럴까 저럴까 방황하지 말라는 것이다. 핫지(Hodge)는 본문을 주해 하면서 "유대인들은 그들의 종교를 버렸을 때 언제나 할례의 표시를 지우려 고 애쓰는 버릇이 있었다. 그런 반면에 유대교도들은 이방인 회심 자들의 할례를 주장하고 싶어 했다. 그러나 양쪽 다 옳지 않다"고 말한다.

고전 7:19. 할례 받는 것도 아무 것도 아니요 할례 받지 아니하는 것도 아무 것도 아니로되 오직 하나님의 계명을 지킬 따름이니라.

할례자로 부르심을 받은 자가 무할례자가 되려고 애쓸 필요도 없고 무할례자가 할례를 받을 필요가 없는(앞 절) 이유는 "할례 받는 것도 아무 것도 아니요 할례 받지 아니하는 것도 아무 것도 아니기" 때문이다(갈 5:6; 6:15). 즉 할례를 받는 것이나 할례를 받지 않는 것이나 하나님께 영광될 것도 없고 또 우리에게도 유익될 것이나 복이 될 것도 전혀 없다는 것이다. 바울은 할례와 무할례의 무가치함에 대하여 로마서 2:25-29; 갈 5:6, 15에서 역설하고 있다.

바울은 우리에게 중요한 것은 "오직 하나님의 계명을 지킬 따름이라"고 한다(요 15:14; 요일 2:3; 3:24). 예수님도 하나님을 사랑하는 것이 큰 계명일 뿐 아니라 제일 중요한 계명이라고 하신다. 우리는 하나님의 더 할 수 없는 사랑을 받았으니(요 15:13; 롬 5:6-10; 고후 8:9) 우리의 온 기능을 다하여 하나님을 사랑해야 한다(롬 11:33-36; 고전 6:20; 고후 9:15; 엡 5:1-2; 빌 2:1-18; 골 3:12-17 참조). 그리고 예수님은 둘째 계명 즉 "네 이웃을 네 자신 같이 사랑하라"(19:19; 레 19:18; 막 12:31; 눅 10:27; 롬 13:9; 갈 5:14; 약 2:8)는 계명도 첫째 계명과 같이 중요하다고 하신다. 둘째 계명이 순서에 있어서는 뒤에 오지만 중요한 점에서는 첫째 계명과 같다는 것이다. 하나님을 사랑하라는 계명과 이웃을 자신과 같이 사랑하라는 계명은 똑같이 중요하다. 만약 우리가 이웃을 우리 자신과 같이 사랑하지 않는다면 하나님을 사랑하지 않는 것이다. 이유는 이웃 사랑 계명은 하나님 사랑 계명과 똑같이 중요하기 때문이다. 할례를 받는 것이라든지 무할례자가 되는 것은 전혀 중요한 것이 아니다.

고전 7:20. 각 사람이 부르심을 받은 그 부르심 그대로 지내라.

바울 사도는 이 부분(17-24절)의 내용을 본 절에서도 다시 반복 강조한다. 즉 "각 사람이 부르심을 받은 그 부르심 그대로 지내라"고 말한다. 이 명령은 24절에 다시 반복된다. 본문은 '그가 부르심을 받은 그 부르심 안에 그대로 거하게 하라'(Let every man abide in the same calling wherein he was called)는 뜻이다. 그러니까 우리의 부르심 받은 현재의 상태를 변경하는 것이 중요한 것이 아니라 우리가 있는 자리에서 하나님의 계명을 지키는 것이 중요하다는 뜻이다. 우리가 부르심을 받은 상태에서 하나님의 명령을 지키면서 지내다 보면 언젠가는 우리의 상태도 변화가 된다. 만약 우리가 종으로 있을 때에 예수님을 믿도록 부르심을 받았다면 종의 신분을 변경시키는 것이 중요한 것이 아니라 하나님의 계명을 지키는 것이 중요하다. 계명을 지키다보면 언젠가 우리의 신분도 변경되는 법이다. 우리는 먼저 우리의 부르심 받은 신분보다 하나님을 신앙하고 하나님의 명령을 지키면 반드시 좋은 날이 온다는 것을 알아야 한다.

고전 7:21. 네가 종으로 있을 때에 부르심을 받았느냐 염려하지 말라 그러나 자유할 수 있거든 차라리 사용하라.

바울은 "각 사람이 부르심을 받은 그 부르심 그대로 지내라"(앞 절)는 원리를 본 절에 와서 "종"에게 적용하여 교훈한다. 즉 "네가 종으로 있을 때에 부르심을 받았느냐 염려하지 말라"고 말한다. 바울은 '고린도 교회의 교인들 중에서 종의 신분이었을 때 하나님의 부르심을 받아 예수님을 믿게 된 사람들이 있느냐. 그렇다면 종의 신분이라고 해서 염려하지 말라'고 말한다. 종의 신분이라도 그것은 문제가 되지 않으니 염려하지 말라고 말한다.

그러나 바울은 "그러나 자유할 수 있거든 차라리 사용하라"(ἀλλ᾽ εἰ
καὶ δύνασαι ἐλεύθερος γενέσθαι, μᾶλλον χρῆσαι)고 말한다. 여기 "그러
나"(ἀλλ᾽)라는 말은 앞 절에서 말한 것을 뒤집는 접속사로 종의 신분인 것에
대하여 염려하지 않으면서도 "그러나" 자유의 몸이 될 수 있다면 그 기회를
사용하라는 것이다. 많은 주석가들은 본 절 후반 절을 "그러나 자유할 수
있어도 차라리 그대로 지내라"고 해석하나 문맥을 거스르는 해석이다. 이
해석은 "그러나...차라리"라는 말을 살리지 않은 해석이다. 아무리 종으로
태어났고 혹은 중간에 종이 되었다고 해도 자유 할 수 있는 기회가 왔는데도
그냥 종의 삶을 산다는 것은 있을 수 없는 일이다. 우리는 당당히 종의
멍에를 벗어날 수 있는 기회가 오면 벗어나서 더욱 나은 삶을 살아야 할
것이다.

**고전 7:22. 주 안에서 부르심을 받은 자는 종이라도 주께 속한 자유자요
또 이와 같이 자유자로 있을 때에 부르심을 받은 자는 그리스도의 종이니라.**

본 절 초두에는 이유접속사(γὰρ)가 있는데 앞 절 상반 절의 말씀, "네가
종을 있을 때에 부르심을 받았느냐? 염려하지 말라"는 이유를 본 절이 제공
하고 있다. 왜 염려하지 않아도 되는가 하면 사회적으로 종의 신분으로
있을 때에 예수님을 믿도록 부르심을 받은 자는 비록 사회적으로는 종의
신분으로 있을지라도 주께 속한 자유인이기 때문이라고 한다. 즉 "주 안에서
부르심을 받은 자는 종이라도 주께 속한 자유자이기"(ὁ γὰρ ἐν κυρίῳ
κληθεὶς δοῦλος ἀπελεύθερος κυρίου ἐστίν) 때문이다(요 8:36; 롬 6:18,
22; 몬 1:16). 다시 말해 '주님을 믿도록 부르심을 받은 사람은 비록 사회적인
신분은 종이라 할지라도 예수님께 속하였기 때문에 죄와 율법의 저주 그리고
사탄과 죽음으로부터 자유인이 되었다는 뜻이다.

바울은 위와 같은 진리를 말한 다음 "또 이와 같이"란 말을 사용하여
사회적인 자유인으로 있던 사람이 예수님을 믿도록 부르심을 받고 예수님을

믿으면 똑같이 "그리스도의 종이 된다"고 말한다. 즉 "자유자로 있을 때에 부르심을 받은 자는 그리스도의 종이라"는 것이다(9:21; 갈 5:13; 엡 6:6; 벧전 2:16). 아무튼 예수님을 믿기 전에 무슨 신분(사회적으로 종의 신분이었든, 혹은 사회적으로 자유인이었든)이었든지 그리스도를 믿도록 부르심을 받았다면 종의 신분으로 변한다는 뜻이다. 사실 본문의 "주께 속한 자유인이라"는 말도 결국은 그리스도께 속한 점에서는 그리스도의 종이다. 그리스도의 종이 되면 죄로부터 자유, 율법의 저주로부터 자유, 사탄으로부터 자유, 죽음으로부터 자유를 누리게 된다는 뜻에서 자유인이라고 한다. 우리는 어떤 신분이었든지 주님을 믿으면 주님의 종이 된 것을 알아야 한다. 주님의 종이 된 자는 영적으로 엄청난 자유인이 된 것이다. 그처럼 놀라운 자유는 세상에 다시없다.

고전 7:23. 너희는 값으로 사신 것이니 사람들의 종이 되지 말라.

바울은 주의 종이 된 고린도 교인들(앞 절)에게 "너희는 값으로 사신 것이니 사람들의 종이 되지 말라"고 부탁한다. "너희는 값으로 사신 것이니"란 말의 주해를 위해서는 6:20 주해를 참조하라(벧전 1:18-19). 우리는 그리스도의 종들이 되었으니 사람들의 노예가 되어서는 안 된다. 그리스도의 뜻대로 살아야지 사람들에게 매어 살아서는 안 된다.

바울은 예수님의 피 값으로 주님의 종이 된 고린도 교인들에게 "사람들의 종이 되지 말라"고 말한다. "사람들의 종이 되지 말라"는 말은 '사람들의 노예가 되지 말라,' '사람들에게 쩔쩔 매는 노예적인 신분이 되지 말라'는 뜻이다. 비록 아직 사회적으로는 종의 신분으로 있을지라도 일단 예수님을 믿어 예수님의 종이 된 사람들은 죄로부터 자유를 얻었고, 율법의 저주로부터 자유를 얻었으며, 사탄과 죽음으로부터 자유를 얻었고 또 만인으로부터 자유를 얻은 고로 사람들과의 관계에서 노예적인 신분으로 살 것이 아니라는 것이다. 사람들 가정에서 심부름을 하고 살아도 그리스도의 종으로서 사람들에게 기쁨으로 섬기는 자의 자세로 살아야 한다(고후 11:20; 갈 5:1; 골

2:20ff. 참조).

고전 7:24. 형제들아 각각 부르심을 받은 그대로 하나님과 함께 거하라.

20절에 기록된 명령이니 20절 주해를 참조하라. 바울은 "형제들아"라는 말로 주의를 환기시키고 그 동안에 말씀한 것을 다시 한 번 반복한다. 고린도 교회에 많은 노예들이 있었던 것을 실감하게 한다. 바울은 "각각 부르심을 받은 그대로 하나님과 함께 거하라"고 부탁한다(20절). 각각 어떤 신분과 직위에 있었던 간에 부르심을 받았을 때의 그 신분, 그 직위를 지키면서 그대로 지내고 특별히 "하나님과 함께 거하라"고 한다. "하나님과 함께 거하라"는 말은 하나님을 믿는 생활을 계속하라는 뜻이다. 그렇게 살다보면 언젠가 하나님께서 큰 복을 주셔서 사회적인 신분이나 직위도 변할 수 있음을 암시한다. 성도들은 어떤 신분에 있을 때에 부르심을 받았든지 그 신분이나 직위를 문제시 할 것은 없다. 죄를 짓는 신분, 죄를 지으면서 일하는 직위가 아니면 하나님을 믿으면서 만족한 삶을 살 수 있는 것이다. 그러나 우리가 죄를 짓는 직위에 있다면 그 자리를 떠나야 한다. "성도는 직업의 상하를 문제시 할 것이 아니라 정. 부정을 삼가야 한다"(이상근).

E.처녀는 결혼하지 말고 그냥 지내는 것이 좋다   7:25-26
고전 7:25. 처녀에 대하여는 내가 주께 받은 계명이 없으되 주의 자비하심을 받아서 충성된 자가 되어 의견을 고하노니.

문장 초두의 "처녀에 대하여는"(περὶ τῶν παρθένων)이란 말은 고린도 교회에서 처녀의 결혼문제에 대해서 질문한 내용에 대해 바울이 "처녀에 대하여" 대답한다는 뜻으로 쓴 말이다(7:1 참조). 바울은 처녀의 결혼을 어떻게 다루어야 하는지에 대해서는 "내가 주께 받은 계명이 없으되"라고 말한다(6절, 10절, 40절; 고후 8:8, 10). 즉 '바울이 하나님으로부터 받은 어떤 명령은 없다'는 뜻이다. 바울이 하나님으로부터 받은 명령도 없이 기록했으면 바울이 기록한 말씀이 영감 되지 않았다고 해서 사도의 교훈을 가볍게 취급할 수도 있으나 우리는 다음 글을 통해 처녀에 대한 이 글을 사도적 교훈으로 이해하고 받아야 할 것이다.

바울은 "주의 자비하심을 받아서 충성된 자가 되어 의견을 고한다"고 말한다(4:2; 딤전 1:12, 16). 바울은 예수님의 자비하심을 받아서 충성스러운 자가 되었다고 말한다. 바울은 자신을 충성스러운 자가 되게 하신 예수님의 자비를 찬양한다. 바울 사도는 예수님의 자비로 다메섹 도상에서 예수님을 만나게 되어 그를 믿게 되었고, 예수님의 자비로 예수님을 자세히 알게 되어 예수님께 충실한 자가 되었다. 그래서 바울은 예수님께 충실한 자로서 예수님께 충실한 의견을 고한다고 말한다.

고전 7:26. 내 생각에는 이것이 좋으니 곧 임박한 환난을 인하여 사람이 그냥 지내는 것이 좋으니라.

주님의 자비하심을 받아서 예수님께 충실한 자가 된(앞 절) "내 생각에는 이것이 좋으니 곧 임박한 환난을 인하여 사람이 그냥 지내는 것이 좋을 것이라"고 말한다. 아무리 바울 개인의 생각일지라도 예수님께 충실한 자의 생각인고로 그의 생각은 훌륭한 생각이며 따를 만한 생각이다. 바울은 "이 것" 즉 '예수님 재림 전에 있을 임박한 환난(마 24:8, 19, 21; 눅 21:23 참조)을 생각하여 사람이 그냥 지내는 것'이 좋을 것이라고 말한다. 여기 "임박한 환난"(ἐνεστῶσα ἀνάγκη)이란 '이미 와 있는 환난'이란 뜻이다. "임박한"(ἐνεστῶσα)이란 말은 현재완료 분사형으로 '이미 와 있는,' '이미 시작한'이란 뜻으로 "임박한 환난"이란 '신약 시대에 이미 시작한 환난'이란 뜻이다. 예수님의 초림 때부터 종말이 시작된 것이므로 이미 예수님의 초림 때부터 예수님 재림 전에 있을 환난이 이미 시작 되었다는 것이다. 우리 신자들은 이미 종말의 환난을 당하고 있다(고전 15:32; 고후 1:8). 그래서 이런 때에 대한 바울의 생각은 성도들이 이미 닥친 환난, 그리고 앞으로 당할 환난을 생각하여 바울과 같이 결혼하지 않고 그냥 지내는 것이 좋다는 것이다(1절, 7절).

본문의 "그냥 지내는 것"(1절, 8절)이란 말은 문맥을 살필 때 '처녀가 시집을 가지 않고 그냥 처녀로 지내는 것'을 지칭한다. 시집을 가면 앞으로 언제든지 당해야 할 핍박을 받을 때 남편도 돌보아야 하고 또 자녀들도 돌보아야 하고 또 다른 가족들을 돌볼 책임 때문에 어려움을 당해야 할 터이니 그냥 처녀로 지내는 것이 좋다고 한다. 바울은 이 문맥에서는 처녀에 대한 의견을 말하는 것이지만 결혼하지 않는 사람 전체에 해당하는 것으로 말한다(1절, 7절).

F.절제의 삶을 살라   7:27-40

처녀의 결혼문제에 대하여 의견을 말한 바울은 모든 계층에 걸쳐 적용되는 절제의 삶에 대해 말한다. 바울은 결혼을 하는 것이 나쁘다는 것이 아니라 결혼을 하면 더 심한 고난을 받게 되니 절제하는 것이 더 좋다고 하고(28절), 이 세상의 유행들은 그냥 지나가는 것이니 절제하는 것이 더 좋으며(29-31절), 결혼하지 않으면 주님을 섬기는데 전념할 수 있어 더 좋다고 한다(32-35절). 그리고 바울은 고린도 교인들이 자기들의 딸들을 결혼시켜도 되지만(36절) 결혼을 시키지 않아도 될 수 있다면 결혼시키지 않은 것이 더 낫다고 말하여(37-38절) 바울은 처녀의 부모들이 처녀를 결혼시키지 않고 독신생활을 하게 하는 것이 더 행복 될 것이라고 말한다(39-40절).

고전 7:27. 네가 아내에게 매였느냐 놓이기를 구하지 말며 아내에게서 놓였느냐 아내를 구하지 말라.

바울은 앞에서 말한바 처녀만(25-26절) 아니라 아내에게 매인 남자는 이혼할 생각을 하지 말라고 말하고 또 아내에게서 놓인 독신 남자는 결혼할 생각을 하지 말라고 말한다. 현재의 상태로 그냥 지내라고 말한다. 이런 충고도 역시 이미 시작한 환난을 생각하고 권고한 것이다.

고전 7:28. 그러나 장가가도 죄 짓는 것이 아니요 처녀가 시집가도 죄 짓는

것이 아니로되 이런 이들은 육신에 고난이 있으리니 나는 너희를 아끼노라.

바울은 앞(26-27절)에서 사람이 그냥 지내는 것이 좋다고 말했지만 "그러나 장가가도 죄 짓는 것이 아니요 처녀가 시집가도 죄 짓는 것이 아니라"고 말한다. 남자가 장가가도 죄를 짓는 것이 아니고 처녀가 시집가도 죄 짓는 것이 아니라고 말한다. 바울이 결혼을 반대하는 이유는 결혼하는 사람들이 "육신에 고난이 있기" 때문이다. 여기에서 "육신에 고난이 있다"는 말은 '이미 고난이 시작되었고 또 앞으로도 계속해서 고난이 닥쳐온다'는 의미이다. 그리스도의 신자들은 그리스도 때문에 박해를 당한다는 것이다. 그리스도 때문에 신자들이 당할 환난을 생각했던 바울은 결혼하는 사람들을 아끼는 마음이 대단했기에 이런 권면을 한 것이다. 바울은 고린도 교인들을 아껴서 이런 권고를 한다고 말한다.

고전 7:29. 형제들아 내가 이 말을 하노니 때가 단축하여진 고로 이 후부터 아내 있는 자들은 없는 자 같이 하며.

바울은 더 구체적으로 중요한 말을 하려고 "형제들아"라는 애칭을 사용한다. 바울은 본 절부터 31절까지 세상만사에 근신하라고 말한다. 그리스도 때문에 환난도 받아야 하는데 세상에서 근신하지 않고 산다는 것은 더욱 큰 환난을 의미하니 절제하고 근신해야 한다는 것이다.

바울은 "내가 이 말을 하노니 때가 단축하여진 고로 이 후부터 아내 있는 자들은 없는 자 같이 하라"고 말한다. 바울은 "내가 이 말을 한다"(τοῦτο φημι)고 말한다(롬 13:11; 벧전 4:7; 벧후 3:8-9). "내가 이 말을 한다"는 말은 '내가 본 절 이하의 말을 선언 한다,' '내가 본 절 이하의 진리를 선포 한다'는 뜻으로 좀 엄숙하게 말하고 있다는 뜻이다(마 8:8; 26:34, 61; 롬 3:8). 바울은 "때가 단축하여 진고로" 아내 있는 자들은 아내가 없는 사람처럼 절제하며 살라고 말한다. 여기 "때가 단축하여 졌다"(ὁ καιρὸς συνεσταλμένος ἐστίν)는 말은 '종말의 때가 이미 단축되기 시작해서 많이 짧아졌다'는 뜻이다(26절주해 참조, C. K. Barrett, Lenski, Grosheide, 이순

한). "단축되었다"(συνεσταλμένος ἐστίν)는 말은 현재완료 수동태 분사형
으로 '이미 시간이 지났고 앞으로 남은 시간이 짧아졌다'는 뜻이다(마 24:22;
막 13:20).

바울은 "이 후부터 아내 있는 자들은 없는 자 같이 하라"고 말한다.
고린도 교인들은 이후부터는 아내 있는 사람들 즉 결혼한 남자들은 아내가
없는 것 같이 하라는 것이다. 즉 부부끼리의 재미에 열중하지 말라는
말로서 부부관계에서만 누릴 수 있는 기쁨에 너무 심취하지 말라는 도전이
다. 아내가 있는 남편들은 마치 아내가 없는 사람들처럼 초연한 삶을
살아야 한다.

고전 7:30. 우는 자들은 울지 않는 자 같이 하며 기쁜 자들은 기쁘지 않은 자 같이 하며 매매하는 자들은 없는 자 같이 하며.

바울 사도는 "우는 자들은 울지 않는 자 같이 하며 기쁜 자들은 기쁘지
않은 자 같이 하라"고 말한다. 세상의 슬픈 일로 인하여 우는 사람들은
울지 않는 자같이 처신해야 한다고 한다. 슬픈 일을 만나 너무 심하게 슬퍼하
고 또 그 슬픔에 너무 오래 잠겨 있는 것은 하나님께서 기뻐하지 아니하신다.
슬픔이란 것 자체가 죄 때문에 온 것임을 알고 죄를 자복할지언정 슬픔에
잠겨 오랫동안 슬퍼하는 것은 좋지 못하다. 그리고 세상 일 때문에 기뻐하는
사람들은 기쁘지 않은 사람처럼 처신해야 한다. 이유는 세상 기쁨은 영적인
기쁨, 즉 성령에 의한 기쁨이 아니기 때문에 세상 기쁨이 생겼을 때 초연하게
대해야 한다.

그리고 바울은 "매매하는 자들은 없는 자 같이 하라"고 말한다. 다시
말해 세상 물건을 사는 사람들은 아무 것도 없는 사람처럼 행동해야 한다.
그런 물건에 무슨 큰 의미가 없기 때문에 세상 수입에 너무 신경을 집중해서
는 안 된다. 재물은 날개를 가지고 있는 것처럼 날아가는 것이니 거기에
생명을 걸 필요는 없다. 우리는 수입이 생겨도 아무 것도 없는 자같이 행동해
야 한다. 우리는 돈에 초연해야 한다.

고전 7:31. 세상 물건을 쓰는 자들은 다 쓰지 못하는 자 같이 하라 이 세상의 외형(형적)은 지나감이니라.

바울은 "세상 물건을 쓰는 자들은 다 쓰지 못하는 자 같이 하라"고 말한다(9:18). 바울은 성도가 물질 수입에 큰 신경을 쓸 필요가 없는 사람처럼 행동해야 할 뿐 아니라(앞 절) 이제 본 절에서는 물질을 쓰는 사람은 다 쓰지 못하는 사람같이 되라고 한다. "다 쓰지 못하는 자같이"란 말은 '낭비하지 않는 자같이'란 뜻으로 물질을 흥청망청 낭비하지 말라는 것이다.

바울은 세상 물질을 낭비하지 말아야 할 이유는 "이 세상의 외형은 지나가기" 때문이라고 한다(시 39:6; 약 1:10; 4:14; 벧전 1:24; 4:7; 요일 2:17). "이 세상의 외형"(τὸ σχῆμα τοῦ κόσμου τούτου)이란 말은 '이 세상의 유행,' '이 세상의 외면적인 형태,' '이 세상의 사물들의 현상'이란 뜻인데 이것이 "지나간다"는 말은 영화관의 스크린(screen)에서 지나가는 장면처럼 지나간다는 뜻이다(요일 2:15-17 참조). 따라서 그리스도인은 세상 물질이나 영화로움, 혹은 기쁨 같은 것도 그저 지나가고 마는 것임을 알고 거기에 목숨을 걸지 말아야 한다.

고전 7:32-33. 너희가 염려 없기를 원하노라 장가가지 않은 자는 주의 일을 염려하여 어찌하여야 주를 기쁘시게 할꼬 하되 장가 간 자는 세상일을 염려하여 어찌하여야 아내를 기쁘게 할꼬 하여 마음이 나누이며.

바울은 앞(29-31절)에서 세상만사에 절제하라고 권한 다음 본 절부터 35절까지 세상 염려를 줄이라고 말한다. 바울은 "너희가 염려 없기를 원하노라"고 말한다. "염려 없기를 원하노라"는 말은 '독신으로 살아서 염려 없기를 바란다'는 뜻이다.[13] 바울의 이 소망은 이 부분(32-35절)의 주제이다. 바울은 "장가가지 않은 자는 주의 일을 염려하여 어찌하여야 주를 기쁘시게 할꼬

---

13) 바울은 독신으로 사는 유익을 세 번째로 말한다. 첫 번째는 임박한 환난, 즉 벌써 시작한 환난을 면하기 때문이고(26절), 둘째는 모든 세상의 환락은 영화의 필름처럼 지나가기 때문이며(29-31절), 셋째는 바로 이 부분에서 말하는바 염려로부터 해방되기 때문이라고 한다(32절, 34a).

한다"고 말한다. 독신자는 어떻게 하면 주의 일을 잘 할 수 있을까 염려하여 결국은 주님을 기쁘시게 한다는 것이다(고후 5:9; 골 1:10; 살전 2:15; 4:1). 이어서 바울은 방금 말한 내용과는 전혀 반대되는 사람들에 대하여 이야기한다. 즉 "장가 간 자는 세상일을 염려하여 어찌하여야 아내를 기쁘게 할꼬 하여 마음이 나누인다"고 말한다. "염려하여"(μεριμνᾷ)라는 말은 현재형 시제로 '계속해서 염려하다,' '계속해서 근심하다'는 뜻으로 장가간 사람들은 앞으로 계속해서 세상일에 관심을 쏟고 근심한다는 것이다. 똑같은 남자인데 장가가지 않은 자와 장가간 자는 너무 차이가 있다는 것이다. 장가간 자는 어찌하여야 아내를 기쁘게 할까하여 많은 세상일로 염려가 싸인다고 한다. 그래서 장가간 자는 아내를 기쁘게 하는 일과 주님을 기쁘게 하는 일로 "마음이 나누인다"는 것이다. "마음이 나누인다"(memevristai)는 말은 현재완료 수동태 시제로 '이미 마음이 나누어져서 지금도 역시 마음이 나누인 상태에 있다'는 뜻이다. 마음이 나뉜 것이 바로 염려이다. 사람이 염려가 싸이게 되면 신앙생활에 큰 지장을 받게 된다(마 13:22; 눅 21:34). 그런고로 장가 간 사람들은 세상 일, 아내 일등을 모두 신앙으로 풀어나가야 한다.

고전 7:34. 시집가지 않은 자와 처녀는 주의 일을 염려하여 몸과 영을 다 거룩하게 하려 하되 시집 간 자는 세상일을 염려하여 어찌하여야 남편을 기쁘게 할꼬 하느니라.

바울은 남자에 대한 말을 끝내고(32-33절) 이제 본 절에서는 시집가지 않은 자와 시집간 자에 대하여 말한다. 바울은 "시집가지 않은 자와 처녀는 주의 일을 염려하여 몸과 영을 다 거룩하게 하려 한다"고 말한다(눅 10:40). 여기 "시집가지 않은 자"란 '처녀와 독신녀'를 지칭한다. 바울은 독신녀나 처녀는 "주의 일을 염려하여 몸과 영을 다 거룩하게 하려 한다"고 말한다. 즉 '주님의 일에 관심을 두고 몸과 영을 다 거룩하게 하려 한다'고 한다(고후 6:17-18; 7:1; 요일 3:3). 주님을 기쁘시게 하는데 있어 몸과 영을 깨끗이 하는 것은 필수적인 일이다(6:13, 15, 19-20; 롬 6:12; 고후 4:10; 빌 3:21;

살전 5:23).

독신녀나 처녀와는 달리 "시집 간 자는 세상일을 염려하여 어찌하여야 남편을 기쁘게 할꼬 한다"고 바울은 말한다. 본 절 주해는 33절 주해를 참조하라.

고전 7:35. 내가 이것을 말함은 너희의 유익을 위함이요 너희에게 올무를 놓으려 함이 아니니 오직 너희로 하여금 이치에 합당하게 하여 흐트러짐이 없이 주를 섬기게 하려 함이라.

바울은 자신이 고린도 교인들에게 독신생활을 권장하는 이유를 말한다. 그 이유는 "너희의 유익을 위함이요 너희에게 올무를 놓으려 함이 아니라"고 말한다. 독신으로 지내도록 말하는 이유는 고린도 교인들의 유익을 위해서 말하는 것이지 결코 교인들에게 올가미를 씌우려 함이 아니라고 말한다. 다시 말해 이 권면의 목적이 결코 교인들에게 올가미를 씌워 부자유하게 하려는 것은 아니라는 것이다. 독신생활에 대한 권장은 성도들의 신앙생활에 불편을 주기 위함이 아니었다.

바울은 오히려 "너희로 하여금 이치에 합당하게 하여 흐트러짐이 없이 주를 섬기게 하려 함이라"고 말한다. 독신생활을 권장하는 이유는 교인들로 하여금 첫째, "이치에 합당하게 하도록" 하기 위함이었다. "이치에 합당하게"(εὐσχημον)란 말은 '좋은 모양'이란 뜻으로 다른 구절에서는 '품위 있게'(14:40), '존경받는'(막 15:43), '단정하게'(롬 13:13)라고 번역되었다. 그러니까 "이치에 합당하게"란 말은 '질서 있게'란 뜻으로 독신생활은 신앙생활에 질서를 주는 것이란 뜻이다. 부부 생활은 잘하지 못하면 질서가 없는 신앙생활이 될 수 있다. 둘째, "흐트러짐이 없이 주를 섬기게 하려 함이었다." 여기 "흐트러짐"란 말은 '세상일이 너무 많아 분주하여 마음이 흐트러짐'을 뜻하는 말로, 베다니 마을 삼남매 중에서 마르다가 하는 일이 너무 많아 마음이 흐트러진 상태에 있었던 것이 이에 해당한다(눅 10:38-42, Wesley, Alford, Lenski, 박윤선, 이상근). 신앙인은 마음이 흐트러짐이 없이 주님을 섬겨야 한다. 단순한 마음을 가지고 일사분란하게 주님을 섬겨야 한다. 독신 생활은 부부생활보다는 더 단순하게 주님을 섬길 수 있는 장점이 있다.

고전 7:36. 누가 자기의 처녀 딸에 대한 일이 이치에 합당치 못한 줄로 생각할 때에 혼기도 지나고 그같이 할 필요가 있거든 마음대로 하라 이것은 죄 짓는 것이 아니니 혼인하게 하라.

본 절과 다음 절(37절)은 바울 사도가 처녀의 아버지들에게 주는 권면이다. 바울 사도는 본 절에서 아버지들이 자기의 딸들을 결혼하게 할 수도 있다고 말한다. 왜냐하면 유대인들과 헬라인들의 관습에 따르면 딸들에 대한 처분권이 아버지에게 있었기 때문이었다(Hodge).

"누가 자기의 처녀 딸에 대한 일이 이치에 합당치 못한 줄로 생각할 때에"란 말은 '누구든지 자기의 처녀 딸에 대한 일이 이치에 합당하지 못한 줄로 생각할 때' 즉 '누구든지 자기의 결혼하지 않은 처녀 딸을 둔 아버지가 딸의 결혼을 막는 것이 딸에 대해 부당한 처사(딸에게 창피한 일, 치욕거리)라고 생각할 때에'란 뜻이다. 또한 혼기도 지났을 때에("꽃다운 시기가 지났을 때," KJV), 또 사정상 결혼시켜야 할 필요가 있다고 생각하면 마음대로 결혼시켜도 죄를 짓는 것이 아니니 혼인하게 하라는 것이다. 즉 본 절에는 처녀 딸을 결혼시킬 수 있는 세 가지의 형편에 도달했을 때는 결혼하게 하라는 것이다. 첫째, 부모의 생각에 딸을 미혼 상태로 두는 것이 이치에 합당하지 못한 줄로 생각되면 결혼하게 하라는 것이고, 둘째, 결혼적령이 지났다고 생각될 때이며, 셋째, 사정상 결혼시켜야 할 사정이 되면 결혼하게 하라는 것이다. 바울은 결코 일방적으로 독신생활만을 강요한 사도는 아니었다. 부모들은 이치에 합당하게 행동해야 할 것이다.

고전 7:37. 그러나 그 마음을 굳게 하고 또 부득이한 일도 없고 자기 뜻대로 할 권리가 있어서 그 처녀 딸을 머물러 두기로 마음에 작정하여도 잘하는 것이니라.

"그러나"(δε) 즉 '앞 절과 반대로' 아버지들이 자기의 처녀 딸을 결혼시키지 않고 그냥 두기로 마음에 작정해도 잘하는 처신이라고 말한다. 바울은 아버지들이 자기의 처녀 딸을 독신으로 남아 있게 하는 조건을 세 가지로 말한다. 첫째, 처녀 딸을 독신으로 두기로 아버지 자신의 마음을 굳게 정한 경우, 둘째, 꼭 결혼시켜야 할 "부득이한 일도 없는" 경우, 셋째, 자기의 뜻대로 할 권리가 있는 경우이다. 그런 때는 그 처녀 딸을 머물러 두고 주님을 잘 섬기게 작정하여도 잘하는 일이라고 한다.

고전 7:38. 그러므로 처녀 딸을 시집보내는 자도 잘하거니와 시집보내지 아니하는 자가 더 잘하는 것이니라.

"그러므로" 즉 '바울은 이제까지의 결론을 말한다.' 바울은 "처녀 딸을 시집보내는 자도 잘하는" 일(36절; 히 13:4)이라고 말했고, "시집보내지 아니하는 자가 더 잘하는 것이라"(37절)고 말했는데, 바울은 결론적으로 본 절에 와서 처녀 딸을 시집보내는 것도 "잘하는"(καλῶς) 일이라고 말한다. 결혼 하는 것이 당사자에게나, 부모에게나 잘하는 일이라는 것이다. 그러나 결혼하지 않고 단순한 마음을 가지고 주님을 일편단심 섬기게 하는 것이 "더 잘하는"(κρεῖσσον) 일이라고 말한다. 단순한 마음으로 주님을 일편단심 섬긴다는 것이 얼마나 중요한 일인가. 일생에 가장 중요하다고 하는 결혼하는 일보다 중요하다니 말이다.

고전 7:39. 아내가 그 남편이 살 동안에 매여 있다가 남편이 죽으면 자유하여 자기 뜻대로 시집 갈 것이나 주 안에서만 할 것이니라.

바울은 본 절과 다음 절에서 과부의 결혼문제를 다룬다. 바울 사도가 혼자된 남자의 결혼문제를 다루지 않는 것은 당시 남자의 재혼은 으레 허락되었으니 다루지 않았다.

바울은 "아내가 그 남편이 살 동안에 매여 있다가 남편이 죽으면 자유하여 자기 뜻대로 시집 갈 것이라"고 말한다(롬 7:2). 한 남편의 아내 된

자는 그 남편이 함께 살 동안에 그 남편에 매어 살다가 남편이 죽으면 그 남편으로부터 자유 하여(4절 참조) 자기 뜻대로 시집을 갈 것이라고 말한다(롬 7:2-3; 딤전 5:14). 그러나 여기서 바울은 과부들이 시집을 가되 "주 안에서만 할 것이라"(μόνον ἐν κυρίω)고 말한다(고후 6:14). 여기 "주 안에서만"이란 말은 '주 안에 있는 사람'이란 뜻이다(22절 참조, Bruce). 결국 신자와 결혼하라는 것이다(Chrysostom, Meyer, Godet, Plummer, 박윤선, 이상근, 이순한).

고전 7:40. 그러나 내 뜻에는 그냥 지내는 것이 더욱 복이 있으리로다 나도 또한 하나님의 영을 받은 줄로 생각하노라.

바울은 앞 절에서는 과부가 결혼할 수 있다는 것을 말했는데 이제 본 절에서는 독신으로 지내는 것이 더 낫다고 말한다. 즉 "그러나 내 뜻에는 그냥 지내는 것이 더욱 복이 있으리로다"라고 말한다. 바울은 "내 뜻"을 내놓고 있다. 바울은 처녀의 결혼문제에서도 자기의 의견을 말했다(25절). 바울은 과부가 "그냥 지내는 것이 더욱 복이 있으리라"고 말한다. 복이 있으리라는 말은 흐트러짐이 없이 일편단심 주님을 섬길 수 있어서 더 복이 있다는 것이다. 그냥 지내는 것이 더 복이 있는 이유는 이미 닥쳐 있는 환난에서 남편 섬김의 어려움까지 떠 맡지 않으니 좋고(28절), 세상 염려를 피하니 좋다는 것이다(32절).

바울은 "내 뜻"을 말한다고 했지만 자기의 뜻이 순전히 인간적인 뜻이 아니라 "하나님의 영을 받은" 사람으로서 나타낸 바울의 뜻이라고 피력한다 (살전 4:8). 바울은 하나님의 영을 받은 사람으로서 고린도 교인들에게 자신의 의견을 말해서 그들의 복을 도모하고 있다. 결혼하는 것도 좋지만 독신으로 살면서 주님께 성도의 인격을 다해서 섬기는 것이 더 좋음을 말하고 있다. 이로써 우리는 더욱 그 무엇보다도 주님을 잘 섬긴다는 것이 최고의 미덕임을 알아야 할 것이다.

제 8 장
우상의 제물을 먹을 수 있는가

VII. 우상의 제물을 먹는 문제에 관하여   8:1-13

고린도 교회로부터 성도가 결혼을 해야 하는 것인지에 대하여 질문을 받은 바울은 독신으로 살면서 주님을 잘 섬기는 것이 좋으나 얼마든지 결혼할 수 있다고 대답한(7:1-40) 다음 이제 본 장에 와서는 우상의 제물을 먹는 문제를 가지고 권면한다. 고린도 교인들이 결혼문제나 우상의 제물을 먹는 문제로 질문한 이유는 고린도 교회 밖의 일반사회로부터 영향을 받은 때문이었다.

바울은 본 장을 쓰면서 먼저 '우상은 아무 것도 아니라'는 지식만 가지고는 사람이 교만해진다고 말하고(1-3절), 그러나 성도는 누구든지 '우상은 아무 것도 아니라'는 지식을 가지고 있어야 한다고 말하며(4-6절), 그럼에도 불구하고 우상에 대한 지식을 넘어 약한 성도들을 위하여 사랑을 베풀 것을 권한다(7-13절).

A. 지식은 교만하게 하고 사랑은 덕을 세운다   8:1-3

고전 8:1. 우상의 제물에 대하여는 우리가 다 지식이 있는 줄을 아나 지식은 교만하게 하며 사랑은 덕을 세우나니.

바울이 문장 초두에 "우상의 제물에 대하여는"(περὶ δὲ τῶν εἰδωλο-θύτων)이라고 기록한 이유는 고린도 교회로부터 우상의 제물을 먹어도 되는 가라는 질문을 받고 그에 대하여 답을 준다는 뜻으로 기록한 말씀이다(7:1 참조). "우상의 제물"이란 '우상숭배자들이나 이교도들이 신전에 제물을 바쳤다가 시장에 내다가 파는 음식'을 지칭한다(10:19; 행 15:20, 29; 21:25). 사제들에게 바쳐진 희생 제물들은 언제나 세 부분으로 나뉘어졌는데 한 부분은 제단 위에서 불태워졌고, 다른 부분은 사제에게 제공되었으며, 세 번째 부분은 제물 봉헌자에게 남겨졌다. 그런데 사제에게 제공된 부분은 그가 필요로 하지 않을 때는 시장으로 보내졌다(Hodge). 그래서 기독교 신자들은 시장에서 물건을 살 경우 우상에게 바쳐졌던 제물을 사서 먹어도 되는지에 대하여 생긴 궁금증을 바울에게 질문 했던 것이다.

바울은 우상의 제물에 대하여 "우리가 다 지식이 있는 줄을 아나 지식은 교만하게 하며 사랑은 덕을 세운다"고 말한다(롬 14:3, 10, 14, 22). 바울은 고린도 교인들이 자랑으로 "우리가 우상의 제물에 대하여는 지식이 있다"는 말을 그대로 인용한 것으로 보인다. 바울이 고린도 교인들의 우상의 제물에 대하여 어느 정도 지식이 있다고 믿어주면서 말을 이어간다. 바울은 교인들을 무시하지 않고 지식이 있는 것으로 알아준다.

그러나 바울은 어떤 일에든지 지식(4-6절)이 있는 것만 가지고는 되지 않는다고 말한다. 왜냐하면 지식만 있고 사랑이 없으면 교만하게 되고 사랑은 다른 이들에게 덕을 세우기 때문이다. 그래서 "지식은 교만하게 하며 사랑은 덕을 세운다"고 말했다. 여기 "덕을 세운다"(οἰκοδομει)는 말은 '집을 세운다'는 말이다. 바울은 이 말을 많이 사용했다(8:1; 10:1, 23; 14:4, 17). "헬라인들은 지혜를 찾고(1:22) 지혜를 자랑했다. 그러나 사랑은 자랑하지 아니하고(13:4) 남의 덕을 세운다"(이상근). 우리는 지식을 가진 것만 다행으로 알지 말고 사랑을 가지고 남의 행복을 추구하고 다른 이들에게 유익을 주며 다른 이들을 세워주는 일을 해야 한다.

고전 8:2. 만일 누구든지 무엇을 아는 줄로 생각하면 아직도 마땅히 알 것을 알지 못하는 것이요.

바울은 고린도 교인들에 "만일 누구든지 무엇을 아는 줄로 생각하면 아직도 마땅히 알 것을 알지 못하는 것이요"라고 말한다(13:8-9, 12; 갈

6:3; 딤전 6:4). 즉 '만일 우상의 제물에 대하여 지식을 가지고 있다고 자부하는 누구든지 사랑을 가지고 덕을 세우려는 생각을 하지 않는다면 그가 지식을 가지고 있다고 해도 아직도 마땅히 알 것을 알지 못하는 것이라'고 한다. 본문의 "마땅히 알 것을 알지 못하는 것이요"라는 말은 '마땅히 알아야 할 자신의 무지함을 알지 못하는 것이고 마땅히 남을 사랑해야 한다는 것을 알지 못하는 것이라'는 말이다. 오늘 우리가 무엇을 아는 줄로만 생각한다면 마땅히 알아야 할 우리 자신의 무지를 알지 못하는 것이고 또 이웃을 사랑해야 한다는 사실을 알지 못하는 것임을 알아야 한다. 우리는 무엇을 아는 줄로만 생각하지 말고 사랑을 가지고 남의 유익을 도모해야 한다. "지식은 사랑을 목적하나니 사랑을 위하지 않는 지식이라면 이는 기형적(畸形的)임을 면하지 못한다"(박윤선).

고전 8:3. 또 누구든지 하나님을 사랑하면 그 사람은 하나님도 알아주시느니라.

바울은 "또 누구든지 하나님을 사랑하면 그 사람은 하나님도 알아주신다"고 말한다(출 13:12, 17; 나 1:7; 마 7:23; 갈 4:9; 딤후 2:19). 바울은 '우리 중에 누구든지 믿음이 약한 자들을 돌보아주고 그들을 위해 우리 자신을 희생하며 덕을 세우면, 즉 하나님을 사랑하면 하나님께서 우리들을 알아주신다'고 말한다. 본문에서 말하는 "하나님을 사랑하면"이란 말은 '우리가 하나님의 사랑을 받았기에 우리가 이웃을 사랑하면'이란 뜻이다(요일 4:19). 우리가 이웃을 사랑하는 것이 곧 하나님을 사랑하는 것이다(마 25:31-46; 갈 4:9). 하나님께서는 우리가 사람을 사랑하지 않으면 우리를 알아주시지 않으신다.

B.바른 지식을 가져야 한다   8:4-6

바울은 앞에서 지식보다는 사랑이 중요한 것을 말한(1-3절) 다음 이제 이 부분(4-6절)에서는 지식이라는 것이 무엇임을 밝힌다. 지식이란 우상이란

아무 것도 아니고 또 우상의 제물도 아무 것도 아니라는 것을 아는 것이고
하나님과 중보자도 한분이라는 것을 아는 것이라고 한다.

**고전 8:4. 그러므로 우상의 제물을 먹는 일에 대하여는 우리가 우상은 세상에
아무 것도 아니며 또한 하나님은 한 분 밖에 없는 줄 아노라.**

　　문장 초두의 "그러므로"(οὖν)란 말은 본 절을 다시 1절과 연결하는 뜻에
서 기록한 불변화사이다(Hodge). 2-3절은 두 절(1절, 4절) 사이에 낀 삽입구
이다. 바울은 1절에서는 "우상의 제물에 대하여는"이라고 말했는데 본 절에
서는 좀 더 구체적으로 "우상의 제물을 먹는 일에 대하여는"이라고 명확하게
표현하고 있다.

　　바울은 우상의 제물을 먹는 문제가 질문의 요지였던고로 본 절에서
우상이 무엇인지 분명히 알린다. 즉 "우상은 세상에 아무 것도 아니라"고
말한다(10:19; 사 41:24). 우상에는 신성(神性)이 없고 헛될 뿐이며 사람들에
게 아무런 영향을 끼치지 않는다(시 115:4, 8; 사 41:24; 44:8-9; 렘 10:14).
그러나 혹자는 "우상은 세상에 아무 것도 아니라"는 말을 '우상은 세상에
없다'는 뜻으로 해석하나 바람직하지 못한 해석이다. 문법적으로는 그런
해석이 가능하나 실제적으로는 우상이 세상에 많으니(5절; 10:20) '우상은
세상에 없다'고 해석해서는 안 되고 우상은 헛것이라고 해석해야 한다.
우상은 고린도에도 많이 있지 않았는가!

　　바울 사도는 우상은 헛것이라고 말한 다음 "또한 하나님은 한 분 밖에
없는 줄 안다"(6절; 신 4:39; 6:4; 사 44:8; 45:5; 막 12:29; 엡 4:6; 딤전
2:5)고 말한다. 우상과 하나님을 대비시켜 말한다. 바울은 본 절에서 우상과
하나님을 대비시켜 말한 다음 5절에서는 우상에 대해 좀 더 언급하고, 6절에
서는 하나님과 중보자 예수 그리스도에 대해 좀 더 언급한다.

**고전 8:5. 비록 하늘에나 땅에나 신이라 불리는 자가 있어 많은 신과 많은
주가 있으나**(καὶ γὰρ εἴπερ εἰσὶν λεγόμενοι θεοὶ εἴτε ἐν οὐρανῷ εἴτε

ἐπὶ γῆς, ὥσπερ εἰσὶν θεοὶ πολλοὶ καὶ κύριοι πολλοί).

본 절 초두에는 "비록"(εἴπερ)이란 말이 있어 "하늘에나 땅에나 신이라 불리는 자가 있어 많은 신과 많은 주가 있으나"(요 10:34) 그런 우상들은 모두 헛것들이라는 것을 강조한다. 하늘에는 해와 별들과 제우스(헬라와 로마 사회에서 제우스는 하늘의 신으로 숭배되었다)라는 "신"이 있었고 땅에서는 당시 로마의 황제가 "주"(주관자)라고 불리고 있었으나 그런 것들은 모두 헛것이라는 주장이다.

고전 8:6. 그러나 우리에게는 한 하나님 곧 아버지가 계시니 만물이 그에게서 났고 우리도 그를 위하여 있고 또한 한 주 예수 그리스도께서 계시니 만물이 그로 말미암고 우리도 그로 말미암아 있느니라.

바울은 5절의 우상들과는 전혀 다른 분이신 하나님 아버지와 중보자 예수 그리스도데 대해 언급하기 위해 문장 초두에 "그러나"(ἀλλ')라는 말을 쓰고 있다. 바울은 "우리에게는" 즉 '우리 그리스도인들에게는' "한 하나님 곧 아버지가 계시다"(θεὸς ὁ πατὴρ-one Γοδ τηε Φατηερ)고 말한다(말 2:10; 엡 4:6). 바울의 강조점은 "한"(one)에 있다. 하늘에나 땅에는 "많은 신과 많은 주가 있지만"(앞 절) 우리 그리스도인들에게는 "한 하나님이 계시다"는 것을 강조하려는 것이다. 바울은 한 하나님은 곧 우리의 "아버지"시라고 말한다. 하나님께서 우리 그리스도인들의 아버지라는 사상은 예수님께서 가르쳐주셨다(마 6:9). "한 하나님 아버지"는 그리스도의 아버지이시었는데 그리스도의 대속의 공로로 말미암아 그리스도 안에서 우리들의 아버지가 되셨다. "한 하나님 아버지"는 영원자존하시고 전능하신 하나님이시다(롬 3:29-30; 갈 3:20; 딤전 2:5).

바울은 "만물이 그에게서 났고 우리도 그를 위하여 있다"고 말한다(행 17:28; 롬 11:36). 즉 '만물과 우리는 하나님에게서 유래했고 또 만물과 우리는 하나님의 영광을 위해서 존재 한다'는 것이다. 만물과 우리는 하나님의 영광을 위해서 창조되었고, 하나님의 영광을 위해서 구원받은 존재들인 것이다(요 17:9f; 엡 1:5, 10f, 18; 3:9f; 약 1:18; 벧전 2:9).

바울은 또 "또한 한 주 예수 그리스도께서 계시다"고 말한다(12:3; 요 13:13; 행 2:36; 엡 4:5; 빌 2:1). 여기 "한 주"란 말은 '한분의 주'란 뜻으로 한분의 하나님과 동등한 분이라는 뜻으로 사용되었는데 하나님은 예수 그리스도를 통하여 만물과 우리를 창조하셨고 또 만물과 우리를 구원하셨다. 그러니까 하나님은 만물과 우리의 근원이시고 목표이시며 예수 그리스도는 창조와 구원의 수행자(δι' αὐτου)이시다(요 1:3; 골 1:15-19; 히 1:2 참조). 즉 바울은 "만물이 그로 말미암고 우리도 그로 말미암아 있다"고 말한다(요 1:3; 골 1:6; 히 1:2). 하나님은 만물 창조와 구원 역사에 있어서 주권자이시고 예수님은 중보자이시다.

C.지식이 약한 자를 돌아보아야 한다   8:7-13

바울은 앞에서 바른 지식을 언급했는데(4-6절) 이제 이 부분(7-13절)에서는 지식을 능가하는 사랑을 가지라고 말한다. 바울은 지식이 강한 자가 지식이 약한 신자를 돌보고 자신을 희생하여 사랑을 보이라고 말한다.

고전 8:7. 그러나 이 지식은 모든 사람에게 있는 것은 아니므로 어떤 이들은 지금까지 우상에 대한 습관이 있어 우상의 제물로 알고 먹는 고로 그들의 양심이 약하여지고 더러워지느니라.

바울은 "그러나 이 지식은 모든 사람에게 있는 것은 아니라"고 말한다. 문장 초두의 "그러나"('Aλλ')라는 말은 앞 절과 다른 말을 하려는 뜻으로 사용한 접속사이다. 즉 4-6절에서는 우상이란 아무 것도 아닌 헛것이라는 지식을 말했는데 이제 본 절에서는 "그러나" 그런 지식은 모든 사람에게 있는 지식은 아니라고 말한다.

바울은 1절에서 "우리가 다 지식이 있는 줄 아나"라고 말했는데 그러나 4-6절에서 말하는 그런 정도의 지식이 없는 어떤 사람들은 예수님을 믿기는 믿지만 "지금까지 우상에 대한 습관이 있어 우상의 제물로 알고 먹는 고로 그들의 양심이 악하여지고 더러워진다"고 말한다(10:28, 29). 지식이 약한 사람들은 믿지 않을 때의 우상을 섬기던 습관이 '지금까지 그냥 남아 있어 시장에서 파는 제물을 그냥 우상의 제물로 알고 먹기 때문에 그들의 양심이 약하여지고 더러워진다'는 것이다(롬 14:14, 23). "양심14)이 약하여지고 더러워진다"는 말은 '우상은 아무 것도 아니고 헛것이라는 지식은 있었지만 그 지식이 약하여 우상의 제물을 먹을 때 공연히 옛날 우상의 제물을 먹던 때의 습관이 아직도 남아서 양심이 약하여지고 또 우상의 제물을 먹는 횟수가 늘어나면 약한 양심은 더러워지기까지 한다'는 것이다. 특히 약해진 양심은 우상의 제물 먹는 장소에 참석해서 제물을 먹을 때에 공연히 죄 짓는 것 같은 느낌을 더 받아 양심이 마비되기도 한다. 우상의 제물을 먹는 자체는 나쁜 것이 아니다. 얼마든지 먹을 수 있다. 그러나 먹는 이의 양심에 그것이 나쁠지도 모른다는 생각이 드는데 제물을 먹는 것이 문제인 것이다. 사람은 죄가 아닌 일에 참여하면서도 혹시 '이 행동이 나쁠지도 모른다'고 생각하면서도 결국 그 일에 동참하는 것이 문제이다. 그럴 때는 양심이 약해지고 그 행동이 계속되면 양심이 더러워진다. 그럴 때는 차라리 그런 행동을 자제해야 한다(롬 14:23).

---

14) "양심": 선악의 판단위해 인간에 내재하는 기능(롬 2:15,고후 4:2). 양심이란 사람에게 내재해 있는 지식으로서 이것은 마치 '이성'이 진리와 허위를 구별하는 기능이듯이 선과 악을 식별하는 기능이다(롬 2:15; 고전 10:25; 딤전 4:2). 양심이라는 말은 구약에는 이 용어가 보이지 않고 신약에 기록되어 있고 또한 신약에서 비로소 그 깊은 뜻을 획득한 헬라어이기도 하다. 그러한 의미를 붙인 것은 바울이다. 양심은 인간에 대하여 재판관의 입장에 있다. 사람은 혼자 있는 것이 아니라 언제나 양심을 동반하고 있다. 사람의 마음에는 율법의 지식이 직접적으로 주어져 있다. 그것이 인간에게 복종을 명한다. 그러므로 사람은 자기의 행위를 율법의 명령과 비교하고 그것에 기초하여, 의. 불의의 판결을 스스로 내리는 것이다. 양심은 율법의 수여자 명령자가 아니라 판사의 입장에 선 자이다. 이러한 마음의 역사(일, 작용)는 나면서부터(生來)의 사람에게 주어져 있는 것인데(롬 2:15), 그러나 그것은 마음의 새로워짐(重生, 新生)과 믿음과 함께 양심의 역사(일)는 일층 예리해지고 정확해진다(딛 1:15). 이렇게 하여 새로워진 선한 양심은 신앙싸움의 무기가 되고, 신앙의 배로서 항해 하는데 있어서 무엇보다 귀중한 것이 된다(딤전 1:5,19). 이 새로워진 예리한 양심을 갖지 못하거나 그 가졌던 것을 버릴 때, 신앙의 싸움은 패배되고 배는 파선된다. 착한양심 새로워진 양심으로 예리해지지 못했거나, 이것을 버리는 자는 또한 악을 행하면서도 부끄러운 줄 모르게 되고 또 헛된 일, 의의(意義)없는 일에만 마음을 두어, 마침내 믿음에 파선되어, 파멸되고 마는 것이다(딤전 1:18-19참조).

고전 8:8. **음식은 우리를 하나님 앞에 내세우지 못하나니 우리가 먹지 않는다고 해서 더 못사는 것도 아니고 먹는다고 해서 더 잘사는 것도 아니니라** (βρῶμα δὲ ἡμᾶς οὐ παραστήσει τῷ θεῷ· οὔτε ἐὰν μὴ φάγωμεν ὑστερούμεθα, οὔτε ἐὰν φάγωμεν περισσεύομεν).

여기 "음식"은 문맥으로 보아 '우상제물'을 지칭한다고 보아야 한다. 바울은 "음식은 우리를 하나님 앞에 내세우지 못한다"고 말한다(롬 14:17). 즉 '음식을 먹고 안 먹음이 우리를 하나님 앞에 더 잘 보이게 하고 더 못 보이게 하는 것은 아니라'는 뜻이다. 다시 말해 어떤 음식을 먹고 안 먹음이 하나님의 인정을 받는 일에 아무 관계도 없고 어떤 도움이 되는 것은 아니라는 뜻이다.

바울은 "우리가 먹지 않는다고 해서 더 못사는 것도 아니고 먹는다고 해서 더 잘사는 것도 아니라"고 말한다. 즉 '우리가 먹지 않거나 혹은 먹거나 하는 것은 하나님 앞에 우리를 내세우는 조건이 되지 못한다'는 뜻이다. "음식이 우리를 탁월하게 만드는 것도 아니고 뒤처지게 만드는 것도 아니다"(Hodge). 바울은 "하나님의 나라는 먹는 것과 마시는 것이 아니요 오직 성령 안에 있는 의와 평강과 희락이라"고 말한다(롬 14:17). 즉 현세의 교회 공동체에서 우리가 고기를 먹는 일이나 포도주를 마시는 일이 중요한 것이 아니라 성령 안에서 의로운 일을 힘쓰고 화평의 일을 도모하며 기쁨을 증진시키는 일이 중요한 일이다.

이는 마치 사람이 할례를 받았다고 해서 혹은 받지 않았다고 해서 하나님께서 더 알아주시고 덜 알아주시는 것은 아닌 것과 같고 또 정결한 음식을 먹는다고 해서 혹은 먹지 않는다고 해서 하나님께서 더 알아주시고 덜 알아주시는 것은 아닌 것과 같은 것이다. 이런 문제는 이래도 되고 저래도 되는 문제로서 그리스도인의 자유에 속한 문제이다. 하나님 앞에서 중요한 것은 음식이 아니라 깨끗한 양심이고 건강한 믿음이다.

고전 8:9. **그런즉 너희의 자유가 믿음이 약한 자들에게 걸려 넘어지게 하는**

것이 되지 않도록 조심하라.

바울은 고린도 교인들 중에 지식이 있고 믿음이 있어 우상의 제물을 얼마든지 먹을 수 있는 교인들에게 "너희의 자유가 믿음이 약한 자들에게 걸려 넘어지게 하는 것이 되지 않도록 조심하라"고 부탁한다(눅 17:1-2; 롬 14:13, 20; 갈 5:13). 지식이 있고 믿음이 있는 교인들은 자유롭게 우상의 제물을 먹을 수 있긴 하나 믿음이 약한 성도들로 하여금 걸려 넘어지지 않도록 조심하라고 명한다. 그들이 자유롭게 우상의 제물을 먹는 것을 믿음이 약한 자들이 보고 양심이 약해지고 더러워지지 않게 하라는 것이다. 믿음이 강한 사람들은 믿음이 약한 사람들을 위해서 자기의 자유를 유보할 수 있어야 한다. 바로 예수님께서 하늘 영광을 포기하시고 이 땅에 오셔서 십자가를 지신 것처럼 해야 한다. 바울은 다음 절부터 좀 더 자세하게 믿음이 약한 형제를 생각해 주어야 한다고 말한다.

고전 8:10-11. 지식 있는 네가 우상의 집에 앉아 먹는 것을 누구든지 보면 그 믿음이 약한 자들의 양심이 담력을 얻어 우상의 제물을 먹게 되지 않겠느냐 그러면 네 지식으로 그 믿음이 약한 자가 멸망하나니 그는 그리스도께서 위하여 죽으신 형제라.

바울은 지식(4-6절) 있는 성도가 우상의 집에 앉아 우상의 제물을 먹으면 두 가지 결과를 초래한다고 말한다. 첫째, 누구든지 믿음이 강한 성도가 우상의 집(신전)에서 우상의 제물을 먹는 것을 보는 경우 믿음이 약한 자들의 양심이 담력을 얻고 힘을 얻어 자신들도 우상의 제물을 먹어서 양심이 약해지고 더러워질 것이라고 한다(7절; 10:28, 32). 둘째, 믿음이 강한 자가 우상의 제물을 먹어도 괜찮다는 지식 때문에 그 믿음이 약한 성도가 믿음 강한 성도의 행동을 따라 하다가 멸망할 것이라고 한다(롬 14:15, 20). 여기 "멸망할 것"이란 말은 믿음이 아주 파선하는 것을 뜻한다. 이 말은 아주 망하게 된다는 뜻은 아니다. 이유는 그 아랫말에 "그는 그리스도께서 위하여 죽으신 형제라"라는 말이 있는 것을 보면 알 수 있다. 그리스도께서는 하늘 영광을 버리고 이 땅에 오셔서 십자가에서 그런 사람들을 위해서 대속의 죽음을 죽으셨는데 믿음이 강하다는 사람들이 자기들의 자유를 유보하지 못하고 마음대로 우상의 제물을 먹음으로 그런 약한 사람들의 신앙을 아주 망가뜨렸다는 것이다. 사랑 없이 지식만을 따라 행동하면 많은 사람을 망하게 할 수 있다. 그래서 바울은 14:15에서 "만일 음식으로 말미암아 네 형제가 근심하게 되면 이는 네가 사랑으로 행하지 아니함이라 그리스도께서 대신하여 죽으신 형제를 네 음식으로 망하게 하지 말라"고 부탁한다.

고전 8:12. 이같이 너희가 형제에게 죄를 지어 그 약한 양심을 상하게 하는 것이 곧 그리스도에게 죄를 짓는 것이니라(οὕτως δὲ ἁμαρτάνοντες εἰς τοὺς ἀδελφοὺς καὶ τύπτοντες αὐτῶν τὴν συνείδησιν ἀσθενοῦσαν εἰς Χριστὸν ἁμαρτάνετε).

"이같이"(οὕτως) 즉 '10-11절처럼' "너희가 형제에게 죄를 지어 그 약한 양심을 상하게 하는 것이 곧 그리스도에게 죄를 짓는 것이라"고 말한다(마 25:40, 45). '믿음이 강한 너희가 믿음이 약한 형제에게 죄를 지어 그 믿음이 약한 형제의 양심을 상하게 하고 더러워지게 하고 믿음을 망가뜨리는 것이 곧 그리스도에게 죄를 짓는 것이라'고 한다. 본문의 "그리스도에게 죄를 짓는 것이라"는 말은 믿음이 약한 형제를 위해 그리스도께서 위하여 대속의 피를 흘렸고 또 그 형제와 예수님께서 연합되셨으니 믿음이 강한 성도가 우상의 제물을 함부로 먹어 그 형제의 양심을 상하게 하는 것이 그리스도에게 죄를 짓는 것이란 뜻이다. 성도와 그리스도는 연합되었다는 것이 성경의 사상이다(마 25:31-46; 요 14:20; 15:3; 행 9:5; 롬 12:5; 엡 5:26, 30). 성도는 그 형제에게 무엇을 할 때 그리스도에게 하듯 해야 한다(마 25:45; 엡 6:6-7; 골 3:23).

고전 8:13. 그러므로 만일 음식이 내 형제로 실족하게 한다면 나는 영원히 고기를 먹지 아니하여 내 형제를 실족하지 않게 하리라.

바울 사도는 본 장의 결론을 짓는데 있어 자신의 각오를 들어서 말한다. 바울은 "만일 음식이 내 형제로 실족하게 한다면 나는 영원히 고기를 먹지 아니하여 내 형제를 실족하지 않게 할 것이라"고 한다(롬 14:21; 고후 11:29). 바울은 얼마든지 고기를 먹을 수 있다는 지식을 가지고 있었는데 자신이 혹시 고기를 먹음으로 형제를 죄짓게 한다면 영원히 고기를 먹지 않아서 다른 형제들을 죄짓지 않게 할 것이라고 말한다. 물론 바울 주위에 믿음이 약한 형제가 있어서 바울이 고기를 먹는 것을 보고 주위 형제들의 양심이 상하는 경우에만 고기를 먹지 않겠다는 것으로 보아야지 아예 고기를 먹지 않겠다는 결의로 볼 필요는 없을 것이다. "형제(교회)를 돌아보는 사랑이 결한 지식이나 이념이나 신학까지도 결국 파괴하는 것 밖에 될 것이 없다"(이상근).

제 9 장
바울이 복음을 위해 자제(自制)하다

VIII.바울이 복음을 위해 자제하다   9:1-27

바울은 앞(8:1-3)에서 믿음이 강한 성도들은 우상의 제물을 자유롭게 먹을 수 있으나 믿음이 약한 성도들을 위해서 포기할 것을 말한 다음 이제 본 장에 와서 자신이 스스로 자제하는 모습을 보여준다(1-27절). 바울은 본 장에서 자기에게 두 가지 권리가 있음을 말하고(1-14절), 다음으로는 그 모든 권리들을 포기한다고 말하며(15-18절), 오히려 복음전파를 위해 종의 자세를 취한다고 말하고(19-22절), 자신이 자제하면서 달음질하기를 계속한다고 말한다(23-27절).

A.바울이 자기에게 권리가 있음을 말하다   9:1-14

바울은 자신이 사도로서의 권리가 있음을 말하고(1-7절) 거기에 따라 사례금을 받을 권리가 있다고 말한다(8-14절). 사도가 이렇게 권리가 있음을 말하는 이유는 그 권리를 주장하기 위함이 아니고 그 권리들을 포기한다고 말하기 위함이다.

고전 9:1. 내가 자유인이 아니냐 사도가 아니냐 예수 우리 주를 보지 못하였느냐 주 안에서 행한 나의 일이 너희가 아니냐.

바울은 첫째, "내가 자유인이 아니냐"고 말한다. 참으로 자유인이라는 것을 강조한 말이다. 그는 모든 점에서 자유인이었다. 율법으로부터 자유하였고 사회적으로도 자유하였다. 그가 이렇게 말하는 이유는 그는 자유인이었지만 복음 전파를 위해 모든 사람들에게 종노릇하고 있다(19-23절)는 것을 말하기 위함이었다. 그는 사회적인 노예가 아니었으나 스스로 모든 사람들을 위해 노예가 되었다고 말한다. 오늘 우리도 자유인이지만 복음 전파를 위해서 만인의 종이 되어야 한다.

바울은 둘째로 "사도가 아니냐"고 말한다(행 9:15; 13:2; 26:17; 고후 12:12; 갈 2:7-8; 딤전 2:7; 딤후 1:11). '참으로 사도라'는 것을 강조하는 말이다. 그는 다메섹 도상에서 예수님으로부터 보냄을 받은 사도였다. 바울 사도가 이렇게 자신이 참 사도라는 것을 강조하는 이유는 사도임에도 불구하고 사례금을 받지 않고 복음을 전했음을 말하려는 것이다. 그는 8-14절에서 사례금을 받지 않고 복음을 전했다고 말한다.

그리고 셋째로 그는 "예수 우리 주를 보지 못하였느냐"고 말한다(15:8; 행 9:3, 17; 18:9; 22:14, 18; 23:11). 자신이 사도라는 것을 강조하기 위하여 기록한 말이다. 이 말은 사도가 되는 첫 번째의 자격이다(행 1:21-22). 바울은 다메섹 도상에서 예수님을 보았다.

넷째로 그는 "주 안에서 행한 나의 일이 너희가 아니냐"고 말한다(3:6, 10; 4:1, 15; 고후 12:12). '주님의 은혜로 그리고 주님께서 주시는 힘으로 사도가 행한 일이 너희 즉 고린도 교회라'는 것이다. 고린도 교회가 세워진 것은 주님께서 바울 사도에게 주신 은혜로 말미암아 된 일이었다. 우리는 은혜를 받지 않고는 아무 것도 제대로 할 수 없음을 알아야 한다.

고전 9:2. 다른 사람들에게는 내가 사도가 아닐지라도 (그러나) 너희에게는 사도니 나의 사도됨을 주 안에서 인친 것이 너희라.

바울 사도가 "다른 사람들에게는 내가 사도가 아닐지라도"라고 말한 것은 '다른 지역에서는 사도라고 인정받지 못한다고 할지라도'라는 뜻이 아니다. 이 말은 다른 지역에서도 사도인데 가령 다른 지역에서는 사도가 아닌 것으로 혹시 비칠지라도 고린도 교회 교인들에게는 분명히 사도라는 것을 강조하기 위하여 쓴 말이다.

바울은 "(그러나) 너희에게는 사도니 나의 사도됨을 주 안에서 인친 것이 너희라"고 말한다(고후 3:2; 12:12). 여기 "(그러나) 너희에게는 사도 니"(yet doubtless I am an apostle to you)라는 말은 '나는 의심 없이 너희를 위하여 사도 역할을 했다'는 뜻이다. "왜냐하면 (γὰρ) 나의 사도됨을 주 안에서 인친 것이 너희이기" 때문이라고 말한다. 바울은 마치 도장 찍듯이 바울을 사도라고 확증하는 역할을 한 것이 고린도 교회 교인들의 주님을 믿는 믿음이라고 말한다. 바울은 사도로서 고린도 교인들로 하여금 주님을 믿게 했다. 그 이상 더 바울의 사도됨을 증명할 수 있는 것이 없었다.

고전 9:3. 나를 비판하는 자들에게 발명(변명)할 것이 이것이니(Ἡ ἐμὴ ἀπο-λογία τοῖς ἐμὲ ἀνακρίνουσίν ἐστιν αὕτη).

바울은 앞에서 자신이 자유인이고 또 사도라고 강력히 주장한(1-2절) 다음 본 절에 와서는 "나를 비판하는 자들에게 발명(변명)할 것이 이것이라"고 말한다. 여기 "변명"(ἀπολογία)이란 말은 법정용어로서 '변증,' '답변,' '발명'이란 뜻으로(행 22:1; 25:16; 빌 1:7, 16; 딤후 4:16) 바울은 자기를 비판하는 자들에게 변명할 것 "이것이라"고 말한다. 여기 "이것"이 무엇을 지칭하는지에 대해서는 두 가지 견해가 있다. 1) 앞 선 사실을 지칭한다는 견해(Alford, Bengel, Meyer, S, Lewis Johnson, Jr. Hodge, 이상근). 즉 바울이 참 사도냐고 비판하는 자들이 고린도 교회에 있었는데 바울은 그들에게 변명할 것이 바로 1-2절이라고 말한다는 견해이다. 2) 뒤따르는 사실을 지칭한다는 견해(Chrysostom, Grotius, AV. Matthew Henry, 웨슬리, 렌스키, Grosheide, David K. Lowery, J. Hunter, John MacArthur). 위의 두 견해 중에서 후자의 것이 더 타당한 것으로 보인다. 다시 말해 바울 사도가 자신을 비판하는 자들에게 변명할 것은 4-14절에 기록된 내용이라는 것이다. 렌스키(Lenski)는 "문체적으로 살펴볼 때 바울 문서 속에는 '이것'(au{th)이 문장 끝에 놓여있을 때 앞의 문장을 가리키는 뜻으로 사용된 경우가 두 번 다시없다"고 주장한다. 그러니까 렌스키는 "이것이라"는 말은 뒤에 나오

는 말들이라고 말한다. 즉 바울 사도를 "비판하는 자들"(τοῖς ἐμὲ ἀνακρίνου-
σίν) 곧 '교회로부터 생활비만 보조받으려 한다(4-5절),' '왜 일을 하지 않느
냐(6절),' '왜 교회에서 사례금을 받느냐(7-14절)'고 비판하는 자들에게 "변
명할 것이 이것(4-14절)이라"고 말한다. 흐로솨이데(Grosheide)는 "바울 사
도는 자신의 사도직을 부인하는 사람들에게 자기의 사도직을 변호하려는
의도를 가질 수가 없다. '이것'이란 말은 뒤따라오는 것을 언급하는 것이지
앞에 나온 말을 언급하는 것은 아니다"라고 주장한다.[15]

고전 9:4. 우리가 먹고 마실 권리가 없겠느냐.

바울은 자기가 봉사한 고린도교회로부터 먹는 것과 마시는 것을 기대할
권리가 없겠느냐고 질문한다(14절; 갈 6:6; 살전 2:6; 살후 3:9; 딤전 5:17-18).
응당 권리가 있다는 대답이 기대되는 질문이다. 교회는 사역자들에게 응당
사례비를 지급해야 옳다는 것을 알 수 있다. 바울은 자비량 전도를 했으나
(4:12) 그것은 바울이 교회에서 받을 권리가 없어서가 아니라 그의 봉사
정신에서였다. 어떤 이들은 사역자가 교회에서 사례금을 받아서는 안 된다고
주장하는 자들이 있으나 이는 성경을 거스르는 말이다. 일하는 일꾼이 사례
금을 받는 것은 당연한 것이다.

고전 9:5. 우리가 다른 사도들과 주의 형제들과 게바와 같이 믿음의 자매 된 아내를 데리고 다닐 권리가 없겠느냐.

바울은 자신이 사도로서 "우리가 다른 사도들과 주의 형제들과 게바와
같이 믿음의 자매 된 아내를 데리고 다닐 권리가 없겠느냐'고 질문한다(마
13: 55; 막 6:3; 눅 6:15; 갈 1:19). 응당 그런 권리가 있다는 답이 기대되는
질문이다. 바울은 "다른 12사도들"과 "주의 형제들" 즉 '예수님 다음으로
출생한 동생들'(마 13:55; 막 3:31; 6:3; 행 1:14; 갈 1:19)[16]과 '게바'(베드로)

---

15) F. W. Grosheide, *The First Epistle to the Corinthians*, p. 202.
16) 예수님의 형제들은 처음에는 예수님을 신앙하지 않다가(요 7:5) 오순절 이후 회개하고

와 같이(마 8:14) "믿음의 아내 된 아내" 즉 '신자인 아내'를 데리고 다닐
권리가 있다고 주장한다. 그런 권리가 있었으나 바울은 결혼하지 않고 독신
으로 선교했다. 바울이 여기서 주장하는 내용은 자신도 다른 사도들과 주의
형제들, 그리고 게바와 같이 동부인(同夫人)하여 선교여행을 하면서 교회의
부양을 받을 수 있는 권리가 있음을 밝힌다.

고전 9:6. 어찌 나와 바나바만 일하지 아니할 권리가 없겠느냐.

바울은 앞에서 전도를 하면서 교회의 후원을 받을 권리가 있음을 말한
(4-5절) 다음 본 절에서도 역시 "어찌 나와 바나바만 일하지 아니할 권리가
없겠느냐"고 질문한다(살후 3:8-9). 생활을 위해 다른 일을 하지 않고 교회의
후원을 받을 권리가 있다는 뜻이다. 그럼에도 바울과 바나바는 자급 전도를
했다는 뜻이다. 권리는 있으나 권리를 포기하고 자급 전도를 한 것이다.
바나바도 자급전도를 했다는 다른 성구는 찾아볼 수 없으나 본 절은 분명히
바나바[17]도 바울과 같이(행 18:3; 20:34) 자급 전도를 한 사실이 있음을
밝히고 있다. 바울과 바나바는 2차 선교여행을 떠나려 할 때 자기 조카인
마가를 데리고 갈 것을 고집하고(골 4:10), 바울은 마가가 첫 번 선교여행
때 밤빌리아에 있는 버가에서 돌아가 버렸던 사실을 들어 반대함으로써

복음을 전하였다(행 1:14). 그 중에 예수님의 형제 야고보는 예루살렘 교회의 총회장으로 일했다
(행 15:13; 21:18; 갈 1:19; 2:9).

17) "바나바": '권위자(勸慰子)'라는 뜻. 구브로 섬 출신의 레위인 요셉의 별명이다(행 4:36).
사도행전 13:15에는 분명히 '권면한다'는 뜻이 있고, 사도행전 9:3; 15:31, 32도 역시 그렇다.
이 이름을 가진 바나바는 친절하고 동정심이 많은, 그리고 낙천적인 성격의 소유자라는 것을
암시한다. 이것은 사도행전의 기사에 의해 확증된다. 즉, 바나바는 초기에 그리스도교로 개종하
여 자기의 소유지를 팔아 그 값을 예루살렘의 사도들에게 바쳐 가난한 형제들의 구제 자금으로
쓰게 하였다(행 4:36). 전에 기독교의 박해자였던 사울(바울)이 예루살렘에 가서 제자들과 사귀
고자 했지만, 다 두려워할 뿐만 아니라, 예수의 제자 됨을 믿지 않았으나, 바나바는 그를 데리고
가서 사도들에게 그가 길에서 어떻게 주를 본 것과, 주께서 그에게 말씀하신 일과, 또 다메섹에서
그가 어떻게 예수의 이름으로 담대히 말했는가를 자세히 이야기하여 그를 변호함으로써 모든
의심과 두려움을 없애주는 한편 그는 사울의 시중을 들고 그의 불안을 덜어 소개의 수고를
아끼지 않았다(행 9:26-27). 바나바는 사도행전 11:24에 '착한 사람'이라 되어 있고, 또 '성령과
믿음이 충만하였다'고 했으니, 그는 교회 지도자들 중에서도 본래 그 성품에 따라 아량이 넓은
자였으며, 영적으로도 담대한 은혜의 소유자였다는 것을 알 수 있다.

서로 심히 다투고 갈라서고 말았다. 두 번째 선교 여행 이후의 바나바에 대해서는 알만한 자료가 없으나 바울이 바나바의 이름을 여기에 기록한 것을 보면 고린도 교회에 널리 알려졌던 것으로 보인다. 바울은 자신과 바나바 두 사람이 생계를 위한 일을 하지 않고 선교에만 전념할 수 있는 권리가 있었으나 두 사람은 자급 전도를 했다.

고전 9:7. 누가 자기 비용으로 군 복무를 하겠느냐 누가 포도를 심고 그 열매를 먹지 않겠느냐 누가 양 떼를 기르고 그 양 떼의 젖을 먹지 않겠느냐.
　　바울은 세 가지 비유를 들어 복음을 전하는 사람들은 마땅히 사례를 받을 수 있음을 주장한다. 첫째, 바울은 "누가 자기 비용으로 군 복무를 하겠느냐"고 질문한다(고후 10:4; 딤전 1:18; 6:12; 딤후 2:3; 4:7). 자기 비용을 드려서 군 복무를 하는 사람이 없는 것처럼 자기 비용을 드려 복음을 전하지 않는다고 말한다. 다시 말해 사례금을 받으면서 복음을 전하는 것이 상례(常例)라고 말한다. 둘째, 바울은 "누가 포도를 심고 그 열매를 먹지 않겠느냐"고 질문한다(3:6-8; 신 20:6; 잠 27:13). 포도를 심고 그 열매를 먹는 것은 당연하다. 셋째, 바울은 "누가 양 떼를 기르고 그 양 떼의 젖을 먹지 않겠느냐"고 질문한다(요 21:15; 벧전 5:2). 양떼를 기르면 응당 양떼의 젖을 먹을 권리가 있듯이 복음을 전하면 응당 사례금을 받을 권리가 있다고 주장한다. 바울이 이렇게 세 가지 비유를 들어서 사례금을 받는 것이 당연하다고 말한 것은 강조하기 위함이다.

고전 9:8-10. 내가 사람의 예대로 이것을 말하느냐 율법도 이것을 말하지 아니하느냐 모세의 율법에 곡식을 밟아 떠는 소에게 망을 씌우지 말라 기록하였으니 하나님께서 어찌 소들을 위하여 염려하심이냐 오로지 우리를 위하여 말씀하심이 아니냐 과연 우리를 위하여 기록된 것이니 밭가는 자는 소망을 가지고 갈며 곡식 떠는 자는 함께 얻을 소망을 가지고 떠는 것이라.
　　바울은 앞 절에서 세속세계의 세 가지 실례를 들어 설명했는데(7절)

율법도 복음 전도자의 사례금을 받는 것을 당연한 것으로 말한다고 주장한
다. 즉 "내가 사람의 예대로 이것을 말하느냐 율법도 이것을 말하지 아니하느
냐"고 말한다. 바울은 "모세의 율법에 곡식을 밟아 떠는 소에게 망을 씌우지
말라 기록하였다"고 말한다(신 25:4). 딤전 5:18 참조. 바울은 모세의 율법에
기록된바 "곡식을 밟아 떠는 소에게 망을 씌우지 말라"는 말이 소 임자를
상대하여 주신 말씀이라고 한다. 즉 "하나님께서 어찌 소들을 위하여 염려하
심이냐 오로지 우리를 위하여 말씀하심이 아니냐 과연 우리를 위하여 기록된
것이라"고 한다(신 25:4; 딤전 5:8). 하나님께서 모세의 율법에 기록하신
것은 소들을 위해 기록하신 것이 아니라 우리 복음 전도자들을 위해서 기록
한 것이라고 한다. 바울은 "밭가는 자는 소망을 가지고 갈며 곡식 떠는
자는 함께 얻을 소망을 가지고 떠는 것이라"고 말한다. 밭가는 자가 소망을
가지고 갈며 또 곡식 떠는 자가 함께 얻을 소망을 가지고 떠는 것처럼
복음 전하는 자는 마땅히 사례금을 받아야 한다는 것이다. 이것은 율법이
주는 권리이다.

고전 9:11. 우리가 너희에게 신령한 것을 뿌렸은즉 너희의 육적인 것을 거두기로 과하다 하겠느냐.

바울은 "우리가 너희에게 신령한 것을 뿌렸은즉 너희의 육적인 것을
거두기로 과하다 하겠느냐"고 질문한다. 결코 지나치다고 말할 수 없다는
응답을 기다리는 질문이다. 복음의 사역자들이 고린도 교회의 교인들에게
신령한 것 곧 복음을 뿌렸기에 고린도교인들의 육적인 것 곧 물질적인 것을
기대한다고 해서 지나치다고 할 수 있겠느냐는 질문이다. 결코 지나치다고
할 수 없는 것이다. 신령한 것과 육신적인 것, 두 가지는 비교도 할 수도
없을 정도로 신령한 것이 중요하다. 우리는 신령한 복음을 사람들에게 뿌릴
수 있어야 한다.

고전 9:12. 다른 이들도 너희에게 이런 권리를 가졌거든 하물며 우리일까

보냐 그러나 우리가 이 권리를 쓰지 아니하고 범사에 참는 것은 그리스도의 복음에 아무 장애가 없게 하려 함이로다.

바울은 "다른 이들도 너희에게 이런 권리를 가졌거든 하물며 우리일까 보냐"라고 말한다. 바울 후임으로 고린도 교회에 와서 사역한 전도자들도 교회로부터 사례금을 받는 권리를 가졌다고 하면 고린도 교회를 창립한 바울이야 말할 것이 무엇이겠느냐고 말한다. 응당 사례금을 받을 권리가 있다는 것이다.

그러나 바울은 "우리가 이 권리를 쓰지 아니하고 범사에 참았다"고 말한다(15절, 18절; 행 20:33; 고후 11:7, 9; 12:13; 살전 2:6). 사례금을 받을 권리를 주장하지 않고 범사에 참았다고 말한다. 그는 그 권리를 주장하지 않고 사례금을 받지 않고 결과적으로 모든 어려움을 감내(堪耐)했다고 말한다(13:7). 그렇게 처신한 이유는 "그리스도의 복음에 아무 장애가 없게 하려 하기" 위해서였다(고후 11:12). 왜냐하면 그는 자신 스스로가 그리스도의 복음을 전하는 일에 있어서 어떠한 장애도 되길 원치 않았기 때문이었다. 그의 생각에는 그가 선교사로서 물질적인 협조를 받으면 선교사들은 물질을 바라는 사람들이라는 인상을 심어줄 수도 있음을 알았기에 그는 교회에 물질적인 도움을 일체 구하지 않았다. 권리가 있었는데도 복음에 장애가 될까 해서 권리를 포기하고 참는 것은 참으로 훌륭한 태도가 아닐 수 없다. 그러나 하나님께서는 바울에게 다른 방면으로 많은 것을 채워주셨다. 우리 역시 때로는 권리를 포기할 때 하나님께서 다른 방면에서 채워주시는 것을 알게 된다.

고전 9:13-14. 성전의 일을 하는 이들은 성전에서 나는 것을 먹으며 제단에서 섬기는 이들은 제단과 함께 나누는 것을 너희가 알지 못하느냐 이와 같이 주께서도 복음 전하는 자들이 복음으로 말미암아 살리라 명하셨느니라.

바울은 7절에서 군인들, 포도나무를 재배하는 사람들, 양을 치는 사람들도 다 정당한 보수를 받는다고 주장했는데 본 절에서는 성전의 일을 하는 사람들, 그리고 제단에서 섬기는 사람들도 구약 법에 의해 정당한 보수를 받는다고 말한다(레 6:16, 26; 7:6; 10:12-15; 민 5:9, 10; 18:8-9, 19-20; 신 10:9; 18:1-3). 성전의 일을 하는 레위인들은 이스라엘 지파들이 바치는 십일조로 살았고 또 그 중에 제사장들은 제단에 바친 제물로 응식을 삼았다고 말하면서 이런 사실을 고린도 교회의 교인들은 알지 못하느냐고 질문한다. 다 알고 있는 사실이라는 뜻이다.

그것처럼 예수님께서도 신약의 복음을 전하는 사람들이 복음을 전하고 "복음으로 말미암아 살리라" 즉 '복음으로 말미암아 살아야 한다'고 명령하셨다고 한다(마 10:10; 눅 10:7; 갈 6:6; 딤전 5:17). 복음으로 말미암아 살아야 한다는 말은 복음을 받은 사람들로부터 물질적인 보양을 받아야 한다는 뜻이다(마 10:10; 눅 10:7; 참조 딤전 5:18).

B.바울이 복음 전파를 위하여 권리를 포기하다   9:15-18

고전 9:15. 그러나 내가 이것을 하나도 쓰지 아니하였고 또 이 말을 쓰는 것은 내게 이같이 하여 달라는 것이 아니라.

바울은 구약에서도 그렇고(13절) 신약에서도 역시 복음 전하는 전도자들이 물질적인 보양을 받을 수 있도록 예수님께서 명령했음에도 불구하고(14절) 그는 복음 전파에 장애가 되지 않도록 자기의 권리를 전적으로 포기한다고 말한다(15-18절). 바울은 본 절에서 세 가지를 말한다. 첫째, "그러나 내가 이것을 하나도 쓰지 아니하였다"고 말한다(12절; 4:12; 행 18:3; 20:34; 살전 2:9; 살후 3:8). 앞 절들에서 말씀한 바와 같이(13-14절) 물질적인 도움을 받을 권리가 있었는데도 '그러나 그는 그런 권리를 하나도 쓰지 않았다'고 말한다. 참으로 훌륭한 전도자였다. 둘째, "이 말을 쓰는 것은 내게 이같이 하여 달라는 것이 아니라"고 말한다. 즉 '자신이 그런 권리를 하나도 쓰지 않았다는 말을 쓰는 것은 자신에게 물질적인 도움을 달라는 뜻이 아니라'고 말한다. 쉽게 말해 옆구리 찔러 도움을 받을 생각은 전혀 없다는 뜻이다. 셋째, "(왜냐하면) 내가 차라리 죽을지언정 누구든지 내 자랑하는 것을 헛된

데로 돌리지 못하게 하리라"(καλòν γάρ μοι μᾶλλον ἀποθανεῖν ἤ- τò καύχη-
μά μου οὐδεὶς κενώσει)고 말한다. 직역하자면 "왜냐하면 누구든지 내 자랑
하는 것을 헛된 데로 돌리게 하기 보다는 차라리 내가 죽는 것이 더욱
나을 것이기 때문이다"라고 번역된다(고후 11:10). 바울은 물질 공급을 요구
하느니 보다는 차라리 죽음을 택하는 것이 더 낫겠다고 말한다. 왜냐하면
만일 그가 이 글을 통해 자신에게 그런 공급을 요구하는 것은 지금까지
그가 자랑한 모든 것들을 공허하고 헛된 데로 돌리는 주장이 되게 할 것이기
때문이다. 자신의 필요를 위해 물질 공급을 요구하는 것보다는 차라리 죽는
것이 더 나을 것이란 뜻이다. 바울은 아무도 자기의 자랑을 무효화시키기를
원하지 않았다. 참으로 단호한 자랑이었고 또 단호한 주장이었다.

**고전 9:16. 내가 복음을 전할지라도 자랑할 것이 없음은 내가 부득불 할
일이라 만일 복음을 전하지 아니하면 내게 화가 있을 것이로다.**

바울은 앞에서 물질적인 도움을 받지 않고 복음 전하는 것을 자랑한다고
했는데(15절) 본 절에 와서는 "내가 복음을 전할지라도 자랑할 것이 없다"고
말한다. 그러니까 바울은 복음 전하는 일로는 자랑하지 않고 보수를 받지
않고 복음 전하는 일로 자랑한다고 말한다. 그 이유는 바울은 복음을 전하는
일을 "내가 부득불 할 일"로 알고 있었기 때문이었다(롬 1:14). 그는 "만일
복음을 전하지 아니하면 내게 화가 있을 것이라"고 말한다. 바울은 복음
전하는 것을 반드시 해야 하는 일로 알았다. 그는 다메섹 도상에서 그리스도
에게 붙들렸고(행 9:1-9) 계속해서 성령의 강권함을 받았다(행 13:2). 그리고
바울은 환상을 통하여 끊임없이 권함을 받았다(행 22:21). 바울은 그가 받은
사명을 거부할 길이 없었다(롬 1:14; 갈 1:15-17). 오늘 복음을 전하는 전도자
들도 전도자가 된 것을 자랑할 것이 없고 복음을 전하지 아니하면 화가
있을 것을 알아야 할 것이다.

고전 9:17. (왜냐하면) 내가 내 자의로 이것을 행하면 상을 얻으려니와 자의

로 아니한다 할지라도 나는 사명을 받았노라(εἰ γὰρ ἑκὼν τοῦτο πράσσω, μισθὸν ἔχω· εἰ δὲ ἄκων, οἰκονομίαν πεπίστευμαι).

본 절은 앞 절 내용의 이유를 제공한다. 바울은 앞 절에서 복음을 전하는 일을 부득불 할 일로 말했는데 그 이유(γὰρ)는 "내가 내 자의로 이것을 행하면 상을 얻으려니와 자의로 아니한다 할지라도 나는 사명을 받았기" 때문이라고 말한다(3:8, 14; 4:1; 갈 2:7; 빌 1:17; 골 1:25). 여기 "자의로"(ἑκὼν)란 말은 '선택해서,' '동의해서'란 뜻으로 바울이 이를 쾌히 동의하여(승낙하여) 복음을 전한다면 상을 받을 것이지만 그러나 그는 자기 선택으로 복음을 전하는 것이 아니라 사명을 받았기 때문에 부득불 복음을 전하는 중이었다는 것이다. 거룩한 사명이 그에게 맡겨졌기 때문에 그는 공급 받을 권리를 행사할 수 없었다. 바울의 복음 전도는 그의 자의로 행한 것이 아니라 하나님께서 그에게 맡기신 거룩한 부탁이었다(딤전 6:20; 딤후 1:12, 14). 그래서 그는 교회에서 공급받을 권리를 행사할 수가 없었다.

고전 9:18. 그런즉 내 상이 무엇이냐 내가 복음을 전할 때에 값없이 전하고 복음으로 말미암아 내게 있는 권리를 다 쓰지 아니하는 이것이로다.

바울은 앞(16-17절)에서 자의로 복음을 전하는 것이 아니라 거룩한 사명이 주어졌기에 복음을 전하는 고로 교회로부터 물질 공급을 요구할 수 없다고 했는데 그렇다면 바울에게는 전혀 상급이 없을 것인가를 본 절에서 다루고 있다.

바울은 "그런즉 내 상이 무엇이냐 내가 복음을 전할 때에 값없이 전하고 복음으로 말미암아 내게 있는 권리를 다 쓰지 아니하는 이것이로다"라고 말한다(10:33; 고후 4:5; 11:7). 본 절 초두의 "그런즉"(οὖν)이란 말은 '그렇다면'이란 뜻으로 바울은 그렇다면 바울에게는 전혀 상급이 없을 것이냐는 것이다.

이에 대하여 바울은 그의 상(賞)을 두 가지로 요약한다. 즉 그의 현세에서의 상은 두 가지라는 것이다. 하나는 "내가 복음을 전할 때에 값없이 전하는"

자체가 상이라고 한다. 그는 복음을 전하면서 고린도 교회로부터 아무 것도 받지 않았는데 그것 자체가 바울의 상이라고 한다. 또 하나의 상급은 "복음으로 말미암아 내게 있는 권리를 다 쓰지 아니하는 이것이라"고 말한다(7:31). 복음을 전할 때에 자신에게 있는 권리를 다 쓰지 아니하는 것이 상이라고 말한다. 그는 복음 전파를 위해 그리고 고린도 교회를 위해 양보할 것을 온전히 양보하는 것이 그의 상급이라고 한다. 복음을 무보수로 전하는 것이 바울의 상이었다. 무엇보다도 그의 상은 앞으로 그리스도로부터 받을 것이다. 우리는 현세의 상에 너무 급급할 것이 아니다.

C.바울이 복음전파를 위하여 종의 자세를 취하다   9:19-23
고전 9:19. 내가 모든 사람에게서 자유로우나 스스로 모든 사람에게 종이 된 것은 더 많은 사람을 얻고자 함이라.

바울은 "내가 모든 사람에게서 자유로우나 스스로 모든 사람에게 종이 되었다"고 말한다. 그는 1절에서도 "내가 자유인이라"고 말했는데, 그는 본 절에서도 "내가 모든 사람에게서 자유하다"고 말한다. 그는 율법의 저주로부터 자유하였고 죄로부터 자유하였으며 사탄으로부터 자유하였는데 동시에 "모든 사람으로부터 자유한" 사람이었다. 그런데 그는 스스로 모든 사람에게 종이 되었다고 말한다. 여기 "모든 사람에게 종이 되었다"는 말은 복음을 전하기 위하여 모든 사람에게 종노릇한다는 뜻이다(갈 5:13). 바울은 "모든 사람" 즉 '유대인들에게'(20a), '율법 아래 있는 자들에게'(20b), '율법 없는 자에게'(21절), '약한 자들에게'(22a), '여러 사람들에게'(22b) 스스로 종노릇하면서 복음을 전하고 있다는 것이다. 그리스도의 종이었던 그는 복음을 위하여 스스로 모든 사람들의 종이 되었다. 그가 모든 사람들에게 종이 된 이유는 "더 많은 사람을 얻고자 함이라"고 말한다(마 18:15; 벧전 3:1). 그렇다면 복음 전도는 성령의 역사가 아니라 복음 전파자의 자세에 달린 것인가라는 질문이 나온다. 이 문제에 대한 대답은 궁극적으로 성령께서 복음을 전하시지만 사역자도 성령에 순종하여 모든 사람의 종이 되어야 한다는 것이다.

고전 9:20. 유대인들에게 내가 유대인과 같이 된 것은 유대인들을 얻고자 함이요 율법 아래에 있는 자들에게는 내가 율법 아래에 있지 아니하나 율법 아래 있는 자 같이 된 것은 율법 아래에 있는 자들을 얻고자 함이요.

바울은 "유대인들에게 내가 유대인과 같이 된 것은 유대인들을 얻고자 함이요"라고 말한다(행 16:3; 18:18; 21:23). 즉 '바울은 그리스도를 믿었기에 유대인의 범주를 넘어 초연한 입장이 되었으나 유대인들을 복음화하고자 했다. 그는 디모데에게 할례를 베풀었고(행 16:3), 겐그레아에서 머리를 깎았으며(행 18:18), 예루살렘에서 서원한 네 사람과 함께 결례를 행했다(행 21:17-29). 그가 이렇게 행동한 것은 유대인들을 두려워해서가 아니고 그들의 반항심을 누그러뜨리고 그들을 그리스도에게 인도하려는 의도에서였다.

그리고 바울은 "율법 아래에 있는 자들에게는 내가 율법 아래에 있지 아니하나 율법 아래 있는 자 같이 된 것은 율법 아래에 있는 자들을 얻고자 했다"고 말한다. 즉 '바울은 유대인들이 고집하는 율법주의를 떠난 사람이었지만 율법 아래에 있는 자를 구원하기 위하여 율법 아래에 있는 자 같이 행동했는데 그것은 그들을 구원하고자 하는 열망 때문이었다. 다시 말해 바울은 "우리가 율법 아래에 있지 아니하고 은혜 아래 있었지만"(롬 6:14) 그가 율법 아래에 있는 사람들을 구원하기 위하여 율법을 지켰다는 것이다. 그래서 그는 그들이 먹는 것을 먹었고 또 그들이 거절하는 것을 거절했으며 죄가 되지 않는 범위에서 그들과 같이 행동했다.

본 절에 기록되어 있는 "유대인들"이란 말과 "율법 아래에 있는 자들"의 차이에 대해 몇 가지 견해가 있으나 "유대인들"이란 말은 민족적인 차원에서 말한 것이고, "율법 아래에 있는 자들"이란 말은 '유대인만 아니라 이방인으로서 유대교로 개종한 사람들까지'를 지칭하는 것으로 보는 것이 주석가들의 대체적인 견해이다.

고전 9:21. 율법 없는 자에게는 내가 하나님께는 율법 없는 자가 아니요 도리어 그리스도의 율법 아래에 있는 자나 율법 없는 자와 같이 된 것은 율법 없는 자들을 얻고자 함이라.

바울은 "율법 없는 자" 즉 '이방인'에게는 "하나님께는 율법 없는 자가 아니요 도리어 그리스도의 율법 아래에 있는 자나 율법 없는 자와 같이 된 것은 율법 없는 자들을 얻고자 함이라"고 말한다(7:22; 롬 2:12, 14; 갈 3:2). 그는 율법이 없는 자가 아니었다. 그는 도리어 "그리스도의 율법 아래에 있는 자"(ἐν νομος Χριστου) 즉 '그리스도의 사랑의 율법 안에 거하는 자'라고 자신을 천거한다. 다시 말해 그는 그리스도 사랑의 계명과 연합한 자라고 자신을 천거한다(요 13:34; 15:10; 참조 15:1; 갈 6:2; 살전 5:14). 그는 자신이 그리스도의 사랑의 계명과 연합한 자였음에도 "율법 없는 자" 즉 '이방인'과 같이 된 것은 율법 없는 이방인들을 얻고자 했다는 것이다. 바울은 이방인들이었던 갈라디아 교인들에게 "내가 너희와 같이 되었은즉 너희도 나와 같이 되기를 구하노라"고 말한(갈 4:12)데서 알 수 있듯이 그는 이방인과 같이 행동했다.

고전 9:22-23. 약한 자들에게 내가 약한 자와 같이 된 것은 약한 자들을 얻고자 함이요 내가 여러 사람에게 여러 모습이 된 것은 아무쪼록 몇 사람이라도 구원하고자 함이니 내가 복음을 위하여 모든 것을 행함은 복음에 참여하고자 함이라.

바울은 "약한 자들에게 내가 약한 자와 같이 된 것은 약한 자들을 얻고자 함이라"고 말한다(롬 15:1; 고후 11:29). 바울은 자신이 믿음이 강한 자였지만 믿음이 약한 자들(8:9)을 만날 때에 마치 자신의 믿음이 약한 자와 같이 행동한 것은 약한 자들을 구원하고자 하는 열망에서 그렇게 행했다는 것이다. 그는 믿음이 약해서 제물을 먹지 못하는 자들을 위해서는 그들처럼 그 또한 고기를 먹지 않았고 만일 그들을 위하는 것이라면 영원히 고기를 먹지 않겠다고 말을 했다(8:13 참조).

그리고 바울은 "내가 여러 사람에게 여러 모습이 된 것은 아무쪼록 몇 사람이라도 구원하고자 했다"고 말한다(7:16; 10:33; 롬 11:14). 바울은 앞에 말한 몇몇 종류의 사람(20-22a)을 넘어 더 많은 사람을 구원하고자 여러 모습이 되었다고 말한다. 바울이 그렇게 죄가 되지 않는 범위에서 여러 사람의 모습이 된 이유는 "아무쪼록 몇 사람이라도 구원하고자 하기" 위함이었다고 한다. 바울의 구원의 열정이 얼마나 대단한 것이었는지를 알 수 있게 한다.

바울은 "내가 복음을 위하여 모든 것을 행함은 복음에 참여하기 위함이었다"고 한다. '복음 전파를 위하여 모든 사람들에게 종노릇을 한 것은 자신도 그 복음이 주는 복에 참여하기 위함이었다.' 오늘 우리도 이미 구원을 받았지만 우리는 계속해서 복음이 주는 복에 참여하기 위해서 모든 것을 행하고 또 모든 사람들에게 종노릇하면서 복음을 전해야 할 것이다(27절 참조).

D.바울이 복음 전파를 위하여 절제(節制)하다   9:24-27

바울은 8:1-13에서 고린도 교회 교인들에게 믿음이 약한 사람들의 믿음이 손상되지 않도록 할 것을 권고했고, 본 장 4-18절에서는 자신의 물질적인 보수를 포기하고 무보수로 봉사한 것을 말했고, 19-23절에서는 스스로 만인의 종으로 복음 전했던 것을 말했는데, 이제 이 부분(24-27절)에서는 복음 전파를 위해서 절제할 것을 권한다.

고전 9:24. 운동장에서 달음질하는 자들이 다 달릴지라도 오직 상을 받는 사람은 한 사람인 줄을 너희가 알지 못하느냐 너희도 상을 받도록 이와 같이 달음질하라.

바울은 운동장에서 많은 사람들이 경주하는 것을 보고[18] 이를 신앙의

---

18) 렌스키(Lenski)는 "알렉산더 대왕의 시대 이후 운동경기가 공설운동장에서 열리곤 했는데, 마침내 그것은 전체 헬레니즘 세계에서 대중화되었고 사람들은 떼를 지어 이 운동장에 가서 아고네스(ἀγῶνες)" 경주자들이나 경연자들을 지켜보았다"고 말한다.

경주에 연관 짓고 있다. 그는 수많은 사람들이 경주를 하는데 상을 얻는 사람은 오직 단 한 사람인 것을 보았다. 물론 이 말이 구원 얻는 사람이 하나라는 뜻은 아니다. 다만 실제 경주에서 상을 얻는 사람의 숫자가 적다는 뜻이다. 그런고로 바울은 이와 관련하여 "너희도 상을 받도록 이와 같이 달음질하라"고 권한다(갈 2:2; 5:7; 빌 2:16; 3:14; 딤후 4:7; 히 12:1). 누구든지 믿는 사람은 부지런히 복음을 전해야 상을 받는다.

고전 9:25. 이기기를 다투는 자마다 모든 일에 절제하나니 그들은 썩을 승리자의 관을 얻고자 하되 우리는 썩지 아니할 것을 얻고자 하노라.

바울은 앞에서 복음을 전하는 사람들이 상을 받도록 달음질하라는 말을 했는데(앞 절) 본 절 상반 절에서는 "이기기를 다투는 자마다 모든 일에 절제한다"고 말한다(엡 6:12; 딤전 6:12; 딤후 2:5; 4:7). '상을 얻기 위해서 다투는 사람마다 모든 일에 절제하라'는 것이다. 본문의 "절제한다"(ἐγκρα- τεύεται)는 말은 현재동사로 '계속해서 절제한다'는 뜻으로 당시의 이스무스 경기(the Isthmian games)에 출전하는 운동선수들은 10개월 동안 계속해서 절제했다는 것이다. 그들은 음식에 절제했고 수면에 있어서도 절제했으며 훈련시간 등을 절제했고 몸에 해로운 일들을 자제했다.

이들이 이렇게도 놀랍게 절제한 이유는 "썩을 승리자의 관을 얻고자 해서"였다. "당시 썩을 승리자의 관"이란 '야생 올리브 잎과 담쟁이덩굴 또는 파슬리(미나리과의 초본)를 엮어 만든 것이다(Faussett in Lenski). 바울은 당시의 경기자들은 썩을 면류관을 얻기 위해서 그렇게 10개월 간 절제했는데 "우리는 썩지 아니할 것을 얻고자 한다"고 말한다(약 1:12; 벧전 1:4; 5:4; 계 2:10; 3:11). 이를 통하여 바울은 이스무스 경기장에서 경기를 해서 상을 얻는 단 한 사람이 썩을 면류관을 얻기 위해서 그토록 절제했다면 우리 성도들은 썩지 아니할 하늘의 면류관을 얻기 위하여 더 더욱 절제해야 하지 않겠느냐고 말하는 것이다. 상급은 그리스도의 심판대 앞에서 주어질 것이다. 바울은 자기가 훗날 상급을 받을 것을 확신하고 있었다. "이제 후로는 나를 위하여 의의 면류관이 예비되었<u>으므로</u>..."(딤후 4:8) 놀랍고 감사하게도 이런 상은 바울 사도뿐만 아니라 우리 모든 사람들에게 열려져 있다.

고전 9:26-27. 그러므로 나는 달음질하기를 향방 없는 것 같이 아니하고 싸우기를 허공을 치는 것 같이 아니하며 내가 내 몸을 쳐 복종하게 함은 내가 남에게 전파한 후에 자신이 도리어 버림을 당할까 두려워함이로다.

바울은 운동 경기에 나오기 위하여 오랜 세월 동안 절제하고 훈련하여 운동 경기장에서 달리기를 하여 상을 얻는 사람들을 목격한 그 원리를 동일하게 자신에게 적용한다. 바울은 "그러므로 나는 달음질하기를 향방 없는 것 같이 아니하고 싸우기를 허공을 치는 것 같이 아니하며 내가 내 몸을 쳐 복종하게 한다"고 말한다(딤후 2:5). 바울은 두 가지 경기를 자신의 신앙생활에 적용한다. 하나는 달음질 할 때 "향방 없는 것 같이 아니 하겠다"고 말한다. "향방 없게"(οὐκ ἀδήλως)란 말은 '분명하지 않게,' '확실하지 않게' 란 뜻으로 어떤 목표물을 정해놓지 않고 달리는 모습을 형용하는 말이다. 성경은 우리의 신앙의 목표는 예수 그리스도라는 것을 분명하게 말씀한다 (빌 3:13-14). 우리는 그리스도를 향하여 날마다 달려가야 한다. 매일의 성화에 최선을 다해야 한다. 사람은 성화된 만큼 그리스도에게 가까워지기 때문이다.

또 하나는 "싸우기를 허공을 치는 것 같이 아니하며 내가 내 몸을 쳐 복종하게 하겠다"고 말한다(롬 6:18-19; 8:13; 골 3:5). 바울은 이스무스 경기장에서 권투하는 것을 보고 권투할 때는 정곡을 쳐야 할 것을 배웠는데 그것을 신앙생활에 적용하고 있다. 그런데 바울은 이에 대한 적용을 다른 것에 하지 않고 "자기의 몸을 치겠다"고 말한다. 여기 "내 몸을 친다"(ὑπωπιάζω μου τὸ σῶμα)는 말은 '내 몸의 눈 아래를 친다'는 뜻인데 눈 아래를 한방 갈기면 온몸을 때려눕히는 것이 되며 이것이 바로 바울이 정확하게 표현하고자 하는 의미였다(Lenski).[19] 바울이 이처럼 자기 몸을 치는 이유는 성령의 전(5:16, 19)인 자신의 몸에 자신의 죄가 자신이 받은 고상한 소명을 거슬러 언제라도 싸움을 걸어오게 마련이기 때문이다. 하나님의 성령의 전인 우리의 몸이 성령을 모셔야 마땅하지만 죄로 충만한 때가 얼마나 많은가. 그래서 바울은 롬 6:12에서 "너희는 죄가 너희 죽을 몸을 지배하지 못하게 하여 몸의 사욕에 순종하지 말라"(Μὴ βασιλευέτω ἡ ἁμαρτία ἐν τῷ θνητῷ ὑμῶν σώματι εἰς τὸ ὑπακούειν ταῖς ἐπιθυμίαις αὐτοῦ)고 명한다. 우리는 바울이 그랬던 것처럼 우리의 몸을 쳐야 한다. "바울이 여기서 주요하게 생각한 것은 신자가 주님이 주시는 능력을 통하여 자기의 악한 생각의 충동을 죽이며 견제하여야 한다는 것이다"(박윤선). 신앙생활에 있어 자기 몸을 치는 것만큼 중요한 것은 없다. 많은 그리스도인들이 이 점에서 실패하여 신앙의 열매를 맺지 못하고 겨우 구원에 동참하는 정도에 머무른다. 우리는 기도 가운데서 우리 자신의 죄를 모두 끊을 듯이 덤벼서 우리의 몸을 그리스도에게 복종시켜 놓아야 한다.

바울이 자신의 몸을 쳐서 그리스도에게 복종하게 하는 이유는 "내가 남에게 전파한 후에 자신이 도리어 버림을 당할까 두려워하기" 때문이라고 한다(렘 6:30; 고후 13:5-6). 바울은 지금까지 다른 사람들에게 복음을 전파했는데 이제 계속해서 자신을 쳐 그리스도에게 복종하지 않으면 자신이 도리어 버림을 당할까 하는 생각이 있다고 한다. 실제 자신을 쳐서 그리스도에게 복종하게 하는 일에 방심해도 버림을 당하는 것은 아니라 할지라도 하나님은 성도들에게 그런 심리를 주셔서 방심을 금하게 만들어 놓으셨다(박윤선).[20]

---

19) 렌스키, *고린도전서*, 성경주석, p. 341.
20) 박윤선, *고린도전후서*, 성경주석. p. 140.

제 10 장

우상 숭배 하는 일을 피하고 하나님의 영광을 위하여 살라

IX.우상 숭배하는 일을 피하고 하나님의 영광을 위하여 살라   10:1-33

바울은 8장에서 우상의 제물에 대하여 성도가 어떤 태도를 취할 것을 말하고, 9장에서는 자신이 복음 전파를 위해 모본을 보인 것을 말했는데, 이제 본 장에 와서는 우상 숭배하는 일을 피하고 하나님의 영광을 위하여 살라고 권면한다. 본장에서 바울은 이스라엘 역사를 통하여 범죄 하지 말아야 할 것을 배우라고 교훈하고(1-13절), 우상 숭배하는 일을 피하라고 권면한다(14-22절). 그리고 바울은 성도가 무슨 일을 하든지 다 하나님의 영광을 위하여 하라고 권한다(23-33절).

A.이스라엘 역사에서 배우라   10:1-13

바울은 성도들에게 우상 숭배하는 일을 피할 것을 권고함에 있어 과거 이스라엘의 역사에서 배우라고 권한다. 이스라엘은 크게 은혜를 받은 민족이었는데(1-4절), 범죄 함으로 많은 사람이 망했던 역사를 가지고 있다(5-13절).

1)이스라엘은 은혜 받은 민족이었다   10:1-4

고전 10:1. 형제들아 나는 너희가 알지 못하기를 원하지 아니하노니 우리 조상들이 다 구름 아래에 있고 바다 가운데로 지나며.

바울은 문장 초두에 "형제들아"라는 애칭을 사용하여(1:10) 고린도 교인들에게 친근하게 말하기를 원하고 약간 새로운 권고의 말을 주기 원한다.

그리고 바울은 "나는 너희가 알지 못하기를 원하지 아니 한다"고 말한다 (3:16). 이 말은 바울의 고유한 어투로 참으로 그들이 알기를 원한다는 표현 이다.

바울이 고린도 교인들이 알기를 원했던 첫 번째 것은, "우리 조상들이 다 구름 아래에 있었다"는 것이었다(출 13:21; 40:34; 민 9:18; 14:14; 신 1:33; 느 9:12, 19; 시 78:14; 105:39). 바울의 이 말은 이스라엘의 조상들은 모두 다 광야에서 구름기둥과 불기둥으로 인도함 받았다는 것을 알아야 한다는 것이었다(출 13:21-22; 14:19, 24; 40:38). 이를 통해 하나님의 큰 은혜를 받은 조상들이 광야에서 죄를 범함으로(5-10절) 많은 사람들이 멸망 을 받았다는 것을 드러냈다. 본 절의 "다"와 5절의 "다수"(多數)와 비교가 된다.

둘째, 바울은 이스라엘의 조상들이 "바다 가운데로 지났다"는 것을 고린 도 교인들이 알기를 원했다(출 14:22; 민 33:8; 수 4:23; 시 78:13). 이스라엘 의 조상들이 갈라진 홍해의 육지 위를 걸어서 출애굽 했다는 것은 조금만 생각해 보아도 큰 은총이 아닐 수 없었다(출 14:21-22). 그러나 이 놀라운 은총을 받은 사람들도 범죄 하면 망한다는 것을 보여주고 있다.

고전 10:2. 모세에게 속하여 다 구름과 바다에서 세례를 받고(καὶ πάντες εἰς τὸν Μωϋσῆν ἐβαπτίσθησαν ἐν τῇ νεφέλῃ καὶ ἐν τῇ θαλάσσῃ-And were all baptized unto Moses in the cloud and in the sea-KJV/).

셋째, 바울은 이스라엘의 조상들이 "모세에게 속하여 다 구름과 바다에 서 세례를 받았다"는 것을 고린도교인들이 알기를 원했다. 여기 이스라엘 민족이 "모세에게 속하여 다 구름과 바다에서 세례를 받았다"는 말에 대해서 는 여러 해석이 시도되었다. 1) 물세례를 받고 모세에게 속하게 된 것을 의미한다는 견해(Bengel, Alford, Craig, Robertson and Plummer). 2) 이스라 엘이 물세례를 받음으로 모세에게 속한 것을 의미한다는 견해(이상근). 3) 모세의 율법과 계약 아래로 들어간 것을 의미한다는 견해(Matthew Henry).

4) 애굽 사람들에게서 성별되어 모세에게 속하게 된 것을 의미한다는 견해 (렌스키, 박윤선). 5) 한 지도자와 운명을 같이 하게 된 것을 의미한다는 견해. 즉 구름과 바다에서 모세에게 속하게 되었다는 견해(Barnes, Barrett, Grosheide, Morris, Meyer, Bruce, Hodge, David Prior, Richard L. Pratt, Jr. David Rowery, 김세윤). 위의 견해 중 5번이 가장 받을만한 해석이다(롬 6:3; 갈 3:27 참조). 이스라엘의 조상들은 구름에 잠겼던 것도 아니고 바닷물에 빠졌던 것도 아닌 고로 1번과 2번은 무리한 해석으로 보인다. 그리고 3번은 이스라엘 조상들이 모세의 율법과 계약 아래로 들어간 것이라고 해석한 점에서 성령 세례의 모형으로 보기는 어렵다. 성령 세례는 성령의 역사로 성도들이 예수님에게 속하게 된 것을 말하는 것이니 이스라엘 조상들이 세례로 말미암아 모세의 율법과 계약 아래로 들어간 것으로 말하는 것은 바람직하지 않다. 4번은 이스라엘 조상들이 모세와 연합한 것을 지칭한다고 주장한 점에서 바르긴 하나 물이 이스라엘 민족과 애굽 사람들을 구별시켰다고 말하는 점에서 세례 자체의 뜻을 말하기 보다는 세례의 결과를 말하는 것으로 보여 약간의 거리가 있다.

이스라엘 민족은 모세와 연합하여 구름과 바다에서 하나님께 순종하는 삶을 살았다. 모세는 이스라엘의 구원주가 아니라 단지 한 중보자로서 그리스도의 모형이었다. 이스라엘 민족이 모세와 연합한 것은 신약 백성들이 성령으로 말미암아 그리스도께 연합한 모형이었다. 그러나 이스라엘 민족의 조상들은 얼마의 세월이 지나지 않아 다수가 범죄 하여 멸망을 받았다. 은혜를 받은 사람들도 조심하지 않으면 누구든지 멸망한다는 것을 보여준다 (4-12절). 그래서 바울은 "선줄로 생각하는 자는 넘어질까 조심하라"고 부탁한다.

고전 10:3-4. 모두가 같은 신령한 음식을 먹으며 모두가 같은 신령한 음료를 뒤따르는 신령한 반석으로부터 마셨으니 그 반석은 곧 그리스도시라.

넷째, 바울은 이스라엘 조상의 "모두가 같은 신령한 음식을 먹으며 모두가 같은 신령한 음료를 뒤따르는 신령한 반석으로부터 마셨으니 그 반석은 곧 그리스도시라"고 말한다. 바울은 출애굽한 이스라엘의 조상들이 "모두가 같은 신령한 음식을 먹으며 모두가 같은 신령한 음료를 마셨다"고 말한다(출 16:15, 35; 느 9:15, 20; 시 78:24). '한 사람 빠짐없이 모두가 똑같은 신령한 음식을 먹었다'는 말은 만나와 메추라기를 먹은 것을 뜻하는데(출 16:4-18) 만나를 신령하다고 한 것은 하나님께서 주셨기 때문이다.

그리고 바울은 "모두가 똑같은 음료를 마셨다"고 했는데 모두가 광야에서 똑같은 음료를 마셨다는 말은 반석을 쳐서 솟아난 물을 마신 것을 지칭한다(출 17:1-6; 민 20:2-13; 시 78:15). 그런데 바울은 이스라엘 민족의 조상들이 광야에서 똑같은 음료를 마신 물의 출처에 대하여 말할 때 "뒤따르는 신령한 반석으로부터 마셨으니 그 반석은 곧 그리스도시라"고 말한다. 바울은 뒤따르는 신령한 반석을 "그리스도"라고 규명한다. 바울은 그리스도께서 구약 시대 이스라엘 민족이 광야를 걸을 때 예수님께서 동행하시면서 신령한 물을 공급해 주셨다고 말한다. 예수님은 구약 시대에도 여러 모로 이스라엘 사람들에게 나타나셔서 도우셨다.

바울은 이스라엘 민족의 조상들이 광야에서 생활할 때 하나님께서 내려 주시는 만나를 먹었고 또 그리스도께서 동행하시면서 물을 공급해주셨는데도 그들 중 다수가 범죄 하여 멸망했다고 말한다(5-12절). 은혜를 받은 그리스도인들은 이를 통해 우리 역시 이렇게 조심하지 않으면 결국 망할 수 있다는 것을 알아야 한다.

바울은 1-2절에서 신약시대의 성령의 모형인 세례를 말했고 3-4절에서 신약 시대의 성찬 예식의 모형을 말하고 있다. 그러니까 신약 시대의 두 성례의 모형을 1-4절에서 말하고 있는데 바울은 고린도 교회의 교인들은 이미 성령 세례를 받았고(1:2, 4-7) 또 성례에 참여하는 자들이 되었으니(16-18절) 우상숭배에 참여하지 말라고 권고한다(14절, 19-22절).

2)그들은 범죄로 인하여 멸망을 받았다 10:5-13

고전 10:5. 그러나 그들의 다수를 하나님이 기뻐하지 아니하셨으므로 그들이 광야에서 멸망을 받았느니라.

바울은 이스라엘 민족의 조상들이 하나님으로부터 신령한 은혜를 받은 것을 말한(1-4절) 다음 이제 본 절부터 13절까지 다수(多數)가 하나님 앞에 범죄 하여 멸망한 것을 말하면서 조심해야 할 것을 권한다.

바울은 이 부분(5-13절)의 서론으로 "그러나 그들의 다수를 하나님이 기뻐하지 아니하셨으므로 그들이 광야에서 멸망을 받았다"고 말한다(민 14:29, 32, 35; 26:64-65; 시 106:26; 히 3:17; 유 1:5). 바울은 하나님께서 그들의 다수를 기뻐하시지 않은 이유를 7절 이하에 기록한다.

고전 10:6. 이러한 일은 우리들의 본보기가 되어 우리로 하여금 그들이 악을 즐겨한 것 같이 즐겨하는 자가 되지 않게 하려 함이니.

바울은 "이러한 일"(ταῦτα) 즉 '이런 일들'은 "우리의 본보기가 된다"고 말한다. 7-10절에 나오는 네 가지 죄들(우상 숭배하다가 멸망한 일, 음행하다가 멸망한 일, 주님을 시험하다가 멸망한 일, 주님을 원망하다가 멸망한 일)은 우리의 본보기가 된다는 것이다.

바울은 이스라엘 민족의 조상들이 악을 행하다가 멸망한 일들은 본보기가 되어 "우리로 하여금 그들이 악을 즐겨한 것 같이 즐겨하는 자가 되지 않게 하려는 것이라"고 말한다(민 11:4, 33-34: 시 106:14). 여기 "즐겨했다"(ἐπεθύμησαν)는 말은 부정(단순)과거 시제로 '...에 마음을 두다,' '열망하다,' '간절한 열망을 가지다,' '번뇌로 애태우다'라는 뜻으로 이스라엘 민족의 조상들은 광야에서 악을 행하기를 심히 갈망했다는 뜻이다. 바울은 이스라엘 민족의 조상들이 악행을 심히 갈망해서 죄를 범하다가 멸망한 것을 보고 고린도 교회의 교인들 또한 이런 악을 즐겨서는 안 된다고 말한다. 본보기를 보면서도 악을 즐겨하는 것은 어리석은 일이다. 오늘 우리 사회에서 부정과 비리를 저질러 수많은 사람들이 교도소에 들어가고 국민들에게 큰 손해를 끼치는 것을 보면서도 계속해서 부정과 비리에 연루된다는 것은 매우 안타까운 있이 아닐 수 없다.

고전 10:7. 그들 가운데 어떤 사람들과 같이 너희는 우상 숭배하는 자가 되지 말라 기록된바 백성이 앉아서 먹고 마시며 일어나서 뛰논다 함과 같으니라.

바울은 고린도 교회 교인들에게 "그들 가운데 어떤 사람들과 같이 너희는 우상 숭배하는 자가 되지 말라"고 명령한다(14절). '하나님의 은혜를 받은 사람들(1-4절) 가운데 어떤 사람들과 같이 고린도 교회 교인들은 우상숭배하지 말라'고 명령한다. 바울은 우상제물을 먹는 일은 아무 문제도 없다고 말했는데 그러나 우상숭배는 하지 말라고 명령한다. 바울은 14절에서 "우상 숭배하는 일을 피하라"고 다시 한 번 권고한다.

바울은 고린도 교회 교인들에게 우상숭배를 금할 것을 말하기 위해 옛날 광야에서 있었던 이스라엘 조상들이 우상숭배 했던 것을 기록한 말씀을 인용한다. 출 32:1-6에 보면 이스라엘 민족이 광야에 있을 때 모세가 산에 올라가 있는 동안 백성들은 금송아지 우상을 만들어 놓고 그 우상 앞에서 금송아지를 경배하면서 앉아서 먹고 마시며 일어나서 뛰놀았는데 그 기록을 인용하는 것이다. 바울은 고린도 교회 교인들에게 우상의 도시 고린도에서 우상을 숭배하지 말라고 말하는 것이 시급한 줄 알고 이렇게 경고하고 나섰다.

고전 10:8. 그들 중의 어떤 사람들이 음행하다가 하루에 이만 삼천 명이 죽었나니 우리는 그들과 같이 음행하지 말자.

바울은 먼저 이스라엘 민족의 조상들 중에 어떤 사람들이 "음행하다가 하루에 이만 삼천 명이 죽었다"는 본보기를 들어 "우리는 그들과 같이 음행하지 말자"고 권한다(6:18; 계 2:14). 민 25:1-9에 보면 이스라엘 사람들이 싯딤에 있을 때 모압 여자들이 자기들의 바알브올에게 제사하는 현장에 이스라엘 남자들을 초대하여 함께 제사를 드렸다. 거기에 초대를 받은 이스라엘 남자들은 모압 여자들과 간음을 행하여 염병으로 죽었다. 모압 여자들이 자기들의 신들에게 제사할 때에는 반드시 간음을 행했는데 그 이유는 제사드릴 때는 반드시 간음을 해야 했기 때문에 이스라엘 남자들이 간음을 하는 수밖에 없었다. 바울이 우리는 이스라엘 조상들과 같이 간음을 하지 말자고 권한 것은 고린도 시의 음란 때문에 바울이 간음을 하지 말자고 권하는 수밖에 없었다(5:1-8; 6:9, 13, 16, 18; 고후 12:21 참조).

바울이 말한 23,000명이 죽었다는 말은 정확한 숫자는 아니었고 민수기에는 24,000명으로 기록되어 있다(민 25:1, 9; 시 106:29). 이 차이 때문에 큰 어려움을 느낄 필요는 없다. 바울이 말한 숫자는 대략의 숫자로서 최소 숫자를 말한 것이고 민수기의 숫자는 최대 숫자를 말하는 것으로 보면 될 것이다(Calvin, Bengel, Meyer, Godet, 박윤선, 이상근).

고전 10:9. 그들 가운데 어떤 사람들이 주를 시험하다가 뱀에게 멸망하였나니 우리는 그들과 같이 시험하지 말자.

바울은 고린도 교인들에게 "그들 가운데 어떤 사람들이 주를 시험하다가 뱀에게 멸망하였다"고 말한다(출 17:2, 7; 민 21:5-6; 신 6:16; 시 78:18, 56; 95:9; 106:14). '이스라엘의 조상들 가운데 어떤 사람들이 하나님(그리스도-4절에 의해)을 시험하다가 뱀에게 물려 멸망을 받았다'는 뜻이다(민 21:4-9). 이스라엘 사람들은 광야를 통과하면서 여행에 시달리고 또 "박한 식물" 즉 '변변치 못한 식물'을 싫어하여 하나님과 모세를 원망했는데 바울은 그것을 이스라엘의 조상들이 하나님을 시험한 것이라고 말한다(출 17:2-3, 7; 시 78:18 참조). 그런 행위는 많은 기사와 이적을 통해 자신들을 보호해 주시고 인도해주시며 필요한 음식을 공급해주신 하나님의 신실하심과 권능과 관용을 시험한 것이다. 하나님께서 세우신 지도자를 원망하는 것과 하나님을 원망하는 것은 하나님의 관용과 사랑을 시험한 것이다.

그래서 바울은 고린도 교인들에게 "우리는 그들과 같이 시험하지 말자"고 권면한다. 오늘도 교회에서 하나님(예수님)께서 세우신 교역자를

원망하고 하나님을 원망하는 사람들이 얼마나 많은가. 걸핏하면 원망한
다. 어려움을 당하면서도 또 원망한다. 지도자 원망과 하나님 원망은 망할
짓이다.

**고전 10:10. 그들 가운데 어떤 사람들이 원망하다가 멸망시키는 자에게
멸망하였나니 너희는 그들과 같이 원망하지 말라.**

바울은 "그들 가운데 어떤 사람들이 원망하다가 멸망시키는 자에게 멸망
하였다"고 말한다(출 15:24; 16:2ff; 17:3; 민 11:1; 14:2ff, 37; 16:11, 41,
49; 신 1:27). '이스라엘의 조상들 가운데 어떤 사람들이 하나님을 원망하다
가 멸망시키는 하나님에 의해 멸망했다'는 뜻이다. 고라와 그 당이 모세를
대적하여 애굽으로 돌아가려 하다가 땅 속에 생매장된 일이 있었다.

본문의 "원망했다"($\dot{\epsilon}\gamma\acute{o}\gamma\gamma\upsilon\sigma\alpha\nu$)는 말은 부정(단순)과거 시제로 '참으로
원망했다,' '노골적으로 원망했다'는 뜻으로 이스라엘의 조상들이 광야에서
수군거리고 불평하고 비난했다는 뜻이다. 당시 고린도 교회에는 바울에
대해 원망하는 사람들이 많았다. 이스라엘의 조상들은 모세를 원망하다가
"멸망시키는 자" 즉 '멸망시키는 천사'에 의해서 멸망을 당했다(출 12:23;
삼하 24:16; 대상 21:15; 시 78:49 참조).

바울은 고린도 교회 교인들에게 "너희는 그들과 같이 원망하지 말라"고
권면한다(출 16:2; 17:2; 민 14:2, 29; 16:41). 바울은 교인들에게 지도자들을
원망하면 망한다는 말을 하는 수밖에 없었다. 바울은 이스라엘 조상들의
죄들을 들어 고린도 교인들은 그들처럼 죄를 범하지 말라고 부탁한다.

**고전 10:11. 그들에게 일어난 이런 일은 본보기가 되고 또한 말세를 만난
우리를 깨우치기 위하여 기록되었느니라.**

바울은 고린도 교인들에게 "그들에게 일어난 이런 일은 본보기가 된다"
고 말한다(6절; 9:10; 롬 15:4). 여기 "그들에게 일어난 이런 일"이란 '이스라
엘의 조상들에게 일어난 이런 일들' 즉 네 가지 죄(우상숭배, 간음, 시험,

원망) 때문에 멸망하게 된 사건들을 지칭한다. 네 가지 죄 때문에 이스라엘 조상들이 멸망하게 된 사건은 후대에 살고 있는 고린도 교인들에게 하나의 거울이 된다는 것이다.

또 바울은 이스라엘의 조상들에게 일어난 이런 일들은 "말세를 만난 우리를 깨우치기 위하여 기록되었다"고 말한다(7:29; 빌 4:5; 히 10:25, 37; 요일 2:18). 여기 "말세"란 그리스도의 초림으로부터(히 1:2) 예수님의 재림 어간을 가리키는 말이다. 바울은 그런 멸망사건이 말세를 살고 있는 우리들을 깨우치기 위해서 기록되었다고 말한다. 오늘 말세를 살고 있는 우리는 과거에 기록된 이스라엘의 역사가 우리를 깨우치기 위해서 기록된 줄 알아야 한다. 신약 시대는 구약 선지자들이 말한 모든 것이 성취되는 때이다(막 1:15; 눅 10:23f; 24:25ff; 행 2:16, F. F. Bruce). 역사에서 교훈을 받지 못하는 사람들은 망하는 수밖에 없다.

고전 10:12. 그런즉 선줄로 생각하는 자는 넘어질까 조심하라.

"그런즉"(ὥστε) 곧 '이스라엘의 조상들이 광야에서 큰 은혜를 받았어도 (1-4절) 네 가지 죄를 범하여 다수가 광야에서 망했으므로' 바울은 "선줄로 생각하는 자는 넘어질까 조심하라"고 당부한다(롬 11:20). 고린도 교회 안에 지금 많은 사람들이 범죄하고 있으니 죄를 범하여 망할까 조심하라는 것이다. 스스로 아는 줄로 생각하는 사람들은 알 것을 알지 못하고 있고(2절) 스스로 섰다 하는 사람들도 역시 넘어질까 조심해야 한다. 신앙생활에 있어 교만은 금물이다.

고전 10:13. 사람이 감당할 시험 밖에는 너희가 당한 것이 없나니 오직 하나님은 미쁘사 너희가 감당하지 못할 시험 당함을 허락하지 아니하시고 시험 당할 즈음에 또한 피할 길을 내사 너희로 능히 감당하게 하시느니라.

바울은 서 있는 줄로 생각하는 사람은 넘어질까 조심하라고 말하고는(앞 절) 본 절에 와서는 성도들이 벌벌 떨 필요는 없다고 격려한다. 이유는

"사람이 감당할 시험 밖에는 너희가 당한 것이 없기" 때문이라고 한다. 이 말씀의 뜻은 '사람이 공통적으로 당하는 시험 밖에는 너희가 당한 것이 없다'는 뜻이다(Matthew Henry, Wesley, Barrett, Barnes, Robertson and Plummer, Morris, Meyer, Lenski, J. Hunter, AV, RSV, David Lowery, 이상근). 하나님께서는 사람 중 누구나 감당할 수 있는 시험만 허락하신다. 결코 무슨 초인적 시험을 허락하시지 않는다. 사람이라면 누구나 감당할 수 있는 시험만 허락하신다. 바울은 "오직 하나님은 미쁘사 너희가 감당하지 못할 시험 당함을 허락하지 아니하신다"고 말한다(1:9; 시 125:3; 벧후 2:9). '하나님께서는 신실하셔서 우리가 감당할 만한 시험만 허락하신다'고 한다. 우리의 한 생애 동안 하나님께서는 우리가 감당할 시험만 허락하셨다. 한 번도 감당하지 못할 시험은 절대로 허락하지 아니하셨다. 할렐루야!

뿐만 아니라 하나님께서는 우리가 "시험 당할 즈음에 또한 피할 길을 내사 능히 감당하게 하신다"고 한다(렘 29:11). 하나님께서 우리를 시험하여 우리의 신앙을 더 향상시키고 또 더욱 성화되게 하기 위해 시험하실 때에는 우리가 피할 길을 반드시 주셔서 우리로 하여금 능히 감당하게 하신다. 여기 "피할 길을 내사"란 말에 대해서 몇몇 해석이 시도되었다. 1) 도피할 길(출구)을 허락하시는 것으로 보는 견해(Alford, Barnes, Hodge, Richard L. Pratt, Jr.).

2) 시험을 견디낼 수 있는 힘을 주셔서 시험에서 이기게 하신다는 견해 (Grosheide, Craig, Barrett, David Prior, 이상근, 이순한). 우리가 시험을 당할 때 도피할 길을 허락하신다는 견해(1번 주장)보다는 시험을 넉넉히 이길 수 있는 힘을 주셔서 이기게 하신다는 견해(2번 견해)가 더 타당한 것으로 보인다. 이유는 피할 길을 내사 우리로 하여금 능히 감당하게 하신다는 표현 때문이다. 만일 도피할 길을 허락하신다는 뜻으로 해석하면 우리로 하여금 능히 감당하게 하신다는 말씀이 좀 무색하게 되기 때문이다.

본문에서 바울이 말하고 있는 "시험"(πειρασμὸς)이란 마귀에게서 온 시험(마 4:1-11; 약 1:13)이 아니라 하나님에게서 온 것(창 22:1; 출 15:25;

신 8:2; 13:3; 38:8; 대하 32:31; 요 6:6)으로 성도들을 연단시키고 성화시키기 위해 주시는 것이다.

B.우상 숭배하는 일을 피하라   10:14-22

이스라엘 조상들의 역사를 말해 온 바울은 이제 고린도 교회 교인들에게 교훈을 주어 우상 숭배하는 일을 피하라고 권한다. 바울은 이스라엘의 조상들이 우상숭배에 초대되어 가담되었던 것처럼 우상숭배에 빠지지 말라고 경고한다. 바울은 주님의 상과 귀신의 상을 비교해 말한다. 바른 신앙을 가진 자는 우상숭배에 동참해서는 안 된다.

고전 10:14. 그런즉 내 사랑하는 자들아 우상 숭배하는 일을 피하라.

바울은 "그런즉" 곧 '이스라엘 조상들이 광야에서 실패하였은즉' "우상 숭배하는 일을 피하라"고 권한다(7절; 고후 6:17; 요일 5:21). 이스라엘의 조상들이 광야에서 실패한 그 길을 걷지 말라는 것이다. 헬라어에 보면 "우상 숭배하는 일"(τῆς εἰδωλολατρίας)이란 낱말 앞에 관사가 있어 아직도 '그 우상 숭배하는 일'을 피하라고 권한다. 예수를 믿는다고 하면서도 고린도 시의 우상 습관 때문에 우상을 숭배하고 있는 그 일을 피하라는 것이다. 오늘 우리도 물질우상, 명예우상, 세상우상을 피해야 할 것이다.

고전 10:15. 나는 지혜 있는 자들에게 말함과 같이 하노니 너희는 내가 이르는 말을 스스로 판단하라.

바울은 고린도 교인들에게 "나는 지혜 있는 자들에게 말함과 같이 한다" 고 말한다(8:1). 여기 "지혜 있는 자들"이란 말은 '성령으로 말미암아 지혜를 얻은 자들'을 지칭하는 것이 아니라 '세상적으로 말해서 지혜 있는 자들,' '세상적으로 말해서 현명한 자들'이라는 뜻이다. 바울은 아직도 고린도 교인들을 신앙적으로 말해서 "육신에 속한 자"로 말했으니(3:1) 여기서도 역시 신앙적으로는 어리지만 세상적으로는 꽤 현명한 자들이라고 간주하고 말을 이어간다. 바울은 고린도 교인들에게 "너희는 내가 이르는 말을 스스로 판단하라"고 말한다. 바울은 '헬라 문화에서 세상적인 지혜를 얻은 교인들에게 내 말을 듣고 판단해 보라'고 권한다. 그는 결코 주입식으로 자신의 말을 넣어주려 하지 않고 스스로 판단해 보라고 말한다. 바울의 지혜가 엿보이는 대목이다.

고전 10:16. 우리가 축복 하는바 축복의 잔은 그리스도의 피에 참여함이 아니며 우리가 떼는 떡은 그리스도의 몸에 참여함이 아니냐.

바울은 "우상 숭배하는 일을 피하라"(14절)는 말을 시작하자 갑자기 본 절에 와서 성찬 예식을 거론한다. 그 이유는 성찬 예식에 참여하는 그리스도인도 우상숭배에 참여할 수 있는 가능성이 있음(18-22절)을 말하기 위함이다. 바울은 그리스도를 믿는 일과 우상을 섬기는 일은 도무지 합치할 수 없음을 말하기 위해 본 절에서 성찬예식에 대해 언급한다. 그리스도를 믿는 사람이 우상을 섬길 수는 없는 일이다.

바울은 "우리가 축복 하는바 축복의 잔은 그리스도의 피에 참여함이 아니며 우리가 떼는 떡은 그리스도의 몸에 참여함이 아니냐"고 질문한다(마 26:26-28). 이 질문에 대해서는 누구든지 "그렇다"고 대답해야 한다. "우리가 축복 하는바 축복의 잔"이란 말은 '유대인들이 유월절 만찬에서 세 번째 잔(통틀어 네 번의 잔을 마셨다)을 마실 때 감사하고 복을 빈 관행에 기초하여 예수님께서 최후의 성만찬을 잡수실 때 포도주 잔에 대해 하나님께 감사하고 축복하신 것처럼 초대 교회 때 바울도 포도주 잔을 마실 때 하나님께 감사하고 축복을 빌었기에 그 잔을 축복의 잔이라'고 불렀다. 바울은 이 세 번째 축복의 잔을 마시는 것은 "그리스도의 피에 참여"하는 것이라고 말한다. 다시 말해 포도주를 마시는 것은 그리스도의 피의 공로를 입음을 의미하는 것이라고 말한다.

그리고 바울은 "우리가 떼는 떡은 그리스도의 몸에 참여함이 아니냐'고 질문한다(11:23, 24; 행 2:42, 46). 이 질문에 대한 대답도 역시 "예, 그렇다"고 대답해야 한다. 바울은 '우리가 떼어먹는 성찬상의 떡은 그리스도의 몸에 참여하는 것이라'고 말한다. 곧 성찬상의 떡을 먹는 것은 그리스도의 대속의 효과를 덧입는 일이라는 말이다.

그런데 바울은 예수님이 말씀하셨고 또 바울이 전수한 성찬 예식순서(마 26:26-29; 막 14:22-25; 눅 22:15-20; 고전 11:23-25)와 정반대로 먼저 잔을 말하고 다음 떡을 언급하고 있는데 이것은 최후의 만찬 의식을 전달하는 의미에서가 아니라, 우상과 교제하는 것이 있을 수 없는 일이라는 것을 말하기 위해 다시 말해 17절과 연관 짓기 위해 떡을 뒤에 말한 것으로 보인다.

고전 10:17. 떡이 하나요 많은 우리가 한 몸이니 이는 우리가 다 한 떡에 참여함이라(ὅτι εἷς ἄρτος, ἓν σῶμα οἱ πολλοί ἐσμεν, οἱ γὰρ πάντες ἐκ τοῦ ἑνὸς ἄρτου μετέχομεν).

바울은 "떡이 하나요 많은 우리가 한 몸이라"고 말한다(12:27; 롬 12:5). 즉 '우리가 성찬 상에서 그리스도의 몸을 기념하는 한 개의 떡을 떼어 먹으니 우리들이 비록 여러 지체들이라 할지라도 한 몸을 이루게 된다'고 말한다. 우리가 한 몸을 이루는 이유는 "우리가 다 한 떡에 참여 하기" 때문이라고 한다. 바울이 이렇게 한 개의 떡에 참여하는 사람들이 한 몸(한 교회)을 이룬다는 것을 말하는 이유는 우상 숭배에 참여하는 것은 우상과 하나가 된다는 것을 말하기 위함이다.

고전 10:18. 육신을 따라 난 이스라엘을 보라 제물을 먹는 자들이 제단에 참여하는 자들이 아니냐.

바울은 앞(16-17절)에서 성찬예식에 참여하는 자들이 받는 유익에 대해 언급했고 이제 본 절에서는 유대인의 제사에 참여하는 자들이 제단에 참여하는 자들이 아니냐고 말하여 다음 절부터 나오는 우상과 교제함이 얼마나 위험한가를 드러내고 있다.

바울은 "육신을 따라 난 이스라엘을 보라"고 말한다(롬 4:1; 9:3, 5; 고후 11:18). 즉 '그리스도를 믿지 않는 이스라엘을 보라'는 것이다. 바울은 성령으로 거듭난 이스라엘, 영적인 이스라엘(롬 2:28; 4:12; 갈 3:7; 6:16), 하나님의 참된 백성과 완전히 다른 육적인 이스라엘을 보라고 말하고는 "제물을 먹는 자들이 제단에 참여하는 자들이 아니냐"고 말한다(레 3:3; 7:15). "제물을 먹는 자들이 제단에 참여하는 자들이 아니냐"는 말은 제물을 먹는 자들이 제단에 참여하는 자들이라는 뜻이다. 모세의 제사법을 보면 대부분의 희생 제물들 중에 단지 일부분만이 제단 위에서 불태워졌고 나머지는 주로 제사장과 레위인이 먹었으며 경우에 따라 제물을 드린 자나 제사에 참여한 자들이 함께 먹었다(레 7:15; 8:31; 10:12-15; 신 12:18; 삼상 9:10-24). 제물을 먹는 것은 하나님과 일치되는 것을 가리켰다. 다시 말해 하나님과 영적으로 연합했다는 것을 보여주었다.

고전 10:19. 그런즉 내가 무엇을 말하느냐 우상의 제물은 무엇이며 우상은 무엇이냐(τί οὖν φημι ὅτι εἰδωλόθυτόν τί ἐστιν ἢ ὅτι εἴδωλόν τί ἐστιν).

바울은 앞에서 신약의 성찬예식에 참여함으로 그리스도와 하나가 되는 것을 말했고(16-17절) 또 유대인의 제사에 참여함으로 하나님과 영적으로 하나가 되는 것(바울은 유대인의 제사가 너무 신령한 면을 잃어버렸기에 그저 "제단에 참여하는 것"이라고만 말한다)을 말했는데(18절) 이제 본 절에 와서는 우상은 아무 것도 아니라고 다시 한 번 강조한다(8:4에서 우상은 아무 것도 아니라고 한번 강조한 일이 있다). 바울이 이런 말을 하는 이유는 우리가 신약의 성찬예식에 참여하여 그리스도와 하나가 되고 유대인의 제사에 참여하여 제단과 하나가 된다고 하면 우상의 제단에 참여해도 우상과 하나가 되고 또 우상의 제물에 참여해도 그 어떤 효력을 얻을 것이라고 주장하는 것이 아닌가하고 독자들이 오해할까 보아 바울은 "그런즉 내가 무엇을 말하느냐 우상의 제물은 무엇이며 우상은 무엇이냐"고 말하여 우상이나 우상의 제물은 아무것도 아니며 아주 헛것이라고 강조하고 나선다

(8:4).

본 절의 "그런즉 내가 무엇을 말하느냐"(τί οὖν φημι)란 말은 '그런즉 내가 무엇을 주장하고 있는 것이냐?'는 뜻으로 바울은 더 구체적으로 "우상의 제물은 무엇이며 우상은 무엇이냐"고 말한다. 우상의 제물이나 우상 자체는 아무 것도 아니고 헛것일 뿐이라고 말한다. 바울은 이런 말을 지혜 있는 자들에게(15절) 호소한다. 우상이야 말로 금붙이고 은 조각이며 또 돌덩이고 나무깽이일 뿐이다. 스스로는 1cm도 움직이지 못하는 헛것이다.

고전 10:20. 무릇 이방인이 제사하는 것은 귀신에게 하는 것이요 하나님께 제사하는 것이 아니니 나는 너희가 귀신과 교제하는 자가 되기를 원하지 아니하노라(ἀλλ' ὅτι ἃ θύουσιν, δαιμονίοις καὶ οὐ θεῷ ((θύουσιν))· οὐ θέλω δὲ ὑμᾶς κοινωνοὺς τῶν δαιμονίων γίνεσθαι).

본 절 초두의 "무릇"(ἀλλ')이란 말은 '그러나'라는 말로 번역하는 것이 더 나을 것이다. 이유는 바울은 앞 절(19절)에서는 우상은 아무 것도 아니고 단지 헛것일 뿐이라고 말했으나 본 절은 완전히 반대되는 내용을 소개하기 때문이다.

바울은 우상은 아무 것도 아니고 헛것에 지나지 않지만(앞 절) "그러나 이방인이 제사하는 것은 귀신에게 하는 것이요 하나님께 제사하는 것이 아니라"고 말한다(레 17:7; 신 32:17; 시 106:37; 계 9:20). 즉 '그러나 이방인이 제사하는 것은 우상의 배후에 있는 귀신21)에게 하는 것이요 하나님께 제사하는 것이 아니라'고 말한다. 우상은 아무 것도 아니요 헛것이지만 그 배후에는 사탄이 있고 귀신들이 있는 고로 이방인이 우상에게 제사하는 것은 귀신에게 하는 것이다. 그런고로 바울은 "나는 너희가 귀신과 교제하는 자가 되기를 원하지 아니 한다"고 말한다. 우상에게 제사하여 그 배후에 있는 귀신과 교제하는 자가 되기를 원하지 아니한다는 것이다. 마귀는 지금

---

21) "귀신": 마귀의 졸개들을 지칭한다.

도 여전히 금붙이, 쇠붙이, 돌덩어리, 나무껭이를 이용해서 사람들의 경배를 받고 있다. 그런고로 우리는 우상숭배를 해서는 안 된다. 우상자체는 아무 것도 아니고 헛것이라 할지라도 그 배후에 있는 마귀를 조심해야 한다.

고전 10:21. 너희가 주의 잔과 귀신의 잔을 겸하여 마시지 못하고 주의 식탁과 귀신의 식탁에 겸하여 참여하지 못하리라.

본 절은 앞 절에 말한 내용의 결론이다. 주님의 성찬에 참여한 자는 주님과 연합한 자가 되었으니(16절) 귀신의 잔에 겸하여 참여하지 못한다(신 32:38; 고후 6:15-16). 이유는 주님과 연합한 자가 마귀와 연합할 수는 없기 때문이다. "주의 식탁과 귀신의 식탁에 겸하여 참여하지 못하리라"는 말도 전반 절과 같은 뜻을 가진다.

고전 10:22. 그러면 우리가 주를 노여워하시게 하겠느냐 우리가 주보다 강한 자냐(ἤ παραζηλοῦμεν τὸν κύριον μὴ ἰσχυρότεροι αὐτοῦ ἐσμεν).

문장 초두의 "그러면"(h)이란 말은 '불가능한 일을 억지로 시도하려고 했다면'이란 뜻으로 바로 앞 절에 지적한 대로 억지로 주님의 식탁에도 참여하고 귀신의 식탁에도 참여하면 바울은 우리에게 "그러면 우리가 주를 노여워하시게 하겠느냐"고 묻는다(신 32:21). '그렇게 억지로 양쪽 식탁에 참여하면 우리는 주님을 노여워하게(시기가 나게, 화가 나게) 한다'는 것이다(신 5:9; 32:21). 이스라엘 백성들이 하나님을 떠나 우상숭배에 빠졌을 때 하나님께서 진노하셔서 이스라엘을 징벌하셨다. 오늘도 성도들이 하나님을 떠나면 하나님의 벌을 받는다.

그리고 바울은 "우리가 주보다 강한 자냐"고 묻는다(겔 22:14). 이는 두 가지 잔을 마시고 두 가지 식탁에 참여해도 하나님의 진노를 받지 않을 만큼 우리가 강한 자냐고 묻는 것이다. 아무도 주님의 투기 앞에서 피할 수 없고 주님의 진노를 피할 수 없다. 형벌을 받을 수밖에 없는 일이다. 이 지구상에 예수님보다 강한 사람이 어디 있겠는가. 우리는 결코 우상숭배를 해서는 안 된다. 즉 마귀를 섬겨서는 안 된다.

C.우상의 제물 먹는 문제에 대하여 결론을 내리다   10:23-11:1

바울은 우상 숭배하는 일을 피하라(14-22절)고 말한 다음 이 부분(23-33절)에서는 우상의 제물 먹는 문제에 대하여 결론을 내린다. 바울은 먼저 우상의 제물을 먹을 수는 있으나(23-27절), 남의 양심에 치명적인 손상을 줄 것으로 기대되는 때에는 먹지 말라고 말하고(28-29절), 성도는 우상의 제물뿐만 아니라 모든 일에 하나님의 영광을 위하여 행동하라고 말한다(30절-11:1).

고전 10:23-24. 모든 것이 가하나 모든 것이 유익한 것은 아니요 모든 것이 가하나 모든 것이 덕을 세우는 것은 아니니 누구든지 자기의 유익을 구하지 말고 남의 유익을 구하라.

바울은 우상에게 바쳤던 제물을 먹는 것만 아니라 "모든 것이 가하나 모든 것이 유익한 것은 아니라"고 말한다(6:12). 즉 '모든 것을 할 수 있다고 해도 모든 것이 이웃에게 유익을 끼치는 것은 아니라'고 말한다(6:12 참조). 바울은 이 진리를 또 다른 말로 표현한다. "모든 것이 가하나 모든 것이 덕을 세우는 것은 아니다." 여기 "모든 것이 덕을 세우는 것은 아니라"는 말은 '모든 것이 이웃에게 덕이 되는 것은 아니라'는 뜻이다. "덕을 세운다"는 말은 '집을 세운다'는 말인데 남의 행복을 추구하고 다른 이들에게 유익을 주며 다른 이들을 세워준다는 뜻이다. 내 자신으로는 모든 것을 할 수 있다고 해도 그 모든 것이 이웃의 행복이 되고 이웃에게 유익을 주는 것은 아니다. 현실에서 우리는 우상에게 바쳤던 제물을 얼마든지 시장에서 사 먹을 수 있으나 그런 우리를 누군가가 보고 시험을 받을 것이 확실하다고 기대되면 우리는 그것을 사지도 말고 먹지도 말아야 할 것이다. 내 자유가 제한되어야 한다.

그래서 바울은 "누구든지 자기의 유익을 구하지 말고 남의 유익을 구하라"고 권한다(33절; 13:5; 롬 15:1-2; 빌 2:4, 21). 바울은 우리 자신의 유익과 남의 유익이 충돌할 때는 자기의 유익을 구하지 말고 남의 유익을 구하라고 충고한다. 당연한 것이다.

고전 10:25-26. 무릇 시장에서 파는 것은 양심을 위하여 묻지 말고 먹으라 이는 땅과 거기 충만한 것이 주의 것임이라.

바울은 시장(고기 파는 시장 및 채소 파는 시장)에서 파는 것은 무엇이든 지 양심을 위하여 묻지 말고 사서 먹으라고 한다(딤전 4:4). 여기 "양심을 위하여 묻지 말라"는 말을 두고 여러 해석이 시도되었으나 그저 '양심에 거리끼는 질문을 할 필요 없이 묻지 말고, 다시 말해 일일이(꼼꼼히) 따지지 말고 사서 먹으라'는 말로 보면 좋을 것이다. 공연히 긁어 부스럼 만들지 말고 사서 먹으라는 뜻이다. 그 이유는 "땅과 거기 충만한 것이 주의 것이기" 때문이라고 한다(28절; 출 19:5; 신 10:14; 시 24:1; 50:12). 즉 땅도 주님의 것이고 또 땅에서 생겨난 모든 것(고기 포함)이 주님의 것이기 때문에 비록 제물로 바쳐졌던 고기일지라도 그것이 주님 것이라는 확신을 가지고 묻지 말고 먹어야 한다. 딤전 4:4 참조.

고전 10:27-28. 불신자 중 누가 너희를 청할 때 너희가 가고자 하거든 너희 앞에 차려 놓은 것은 무엇이든지 양심을 위하여 묻지 말고 먹으라 누가 너희에게 이것이 제물이라 말하거든 알게 한 자와 그 양심을 위하여 먹지 말라.

바울은 앞에서 신자들이 시장에서 파는 음식에 대해 일일이 이것이 제물로 바쳐졌던 것인지 묻지 말고 먹으라했는데 본 절에서는 "불신자 중 누가 너희를 청할 때 너희가 가고자 하거든 너희 앞에 차려 놓은 것은 무엇이든지 양심을 위하여 묻지 말고 먹으라"고 권면한다(눅 10:7). 시장에 서 음식을 사서 먹을 때나 불신자의 가정에 초대되어 가서 음식 먹을 때에는 일일이 물을 필요 없이 먹으라는 것이다. 그 이유는 26절에서 말한 바와 같이 그 모든 것이 다 주님의 것이기 때문이다.

그러나 바울은 "누가 너희에게 이것이 제물이라 말하거든 알게 한 자와 그 양심을 위하여 먹지 말라"고 권면한다(8:10, 12). 즉 '불신자의 집(27절)에 초대 받은 손님들 중에서 누군가가 신자들에게 이것이 우상에게 바쳤던 제물이라고 말하거든 알게 한 자와 그 양심을 위하여 먹지 말라'고 한다. 여기 "누가"(αι\ψ μαν)란 말은 '믿음이 약한 신자'를 지칭하는 말이다. 그러니까 믿음이 약한 신자가 이것이 제물이라고 말해주면 알게 한 신자(믿음이 약한)와 그 양심을 위하여 믿음이 강한 신자는 먹지 말아야 한다는 뜻이다. 믿음이 강한 신자는 그 제물을 얼마든지 먹을 수 있으나 믿음이 약한 신자의 양심을 생각해서 그 제물에 손을 대지 말아야 한다(8:9-13; 10:24; 롬 14:13-16, 20-21; 15:1).

고전 10:29. 내가 말한 양심은 너희의 것이 아니요 남의 것이니 어찌하여 내 자유가 남의 양심으로 말미암아 판단을 받으리요.

바울 사도가 앞 절(28절)에서 말한바 "양심"이라고 한 것은 "너희의 것이 아니요 남의 것이라"고 한다. 즉 '너희 자신의 양심이 아니고 나에게 이것이 제물이라고 알려준(28절), 믿음이 약한 자의 양심이라'고 한다. 바울은 "어찌하여 내 자유가 남의 양심으로 말미암아 판단을 받을 것이냐"고 말한다(롬 14:16). 즉 '어찌하여 내 먹을 수 있는 자유가 남의 양심에 의해서 판단을 받고 비방을 받아야 하느냐'는 것이다. 그러니까 판단을 받지 않기 위해서는 내가 먹는 것을 포기해야 한다. 믿음이 강한 신자의 자유는 믿음이 약한 신자의 양심을 위해서 양보해야 한다.

고전 10:30. 만일 내가 감사함으로 참여하면 어찌하여 내가 감사하는 것에 대하여 비방을 받으리요(εἰ ἐγὼ χάριτι μετέχω, τί βλασφημοῦμαι ὑπὲρ οὗ ἐγὼ εὐχαριστῶ-For if I by grace be a partaker, why am I evil spoken of for that for which I give thanks?).

바울은 고린도 교인들에게 "만일 내가 감사함으로 참여하면 어찌하여 내가 감사하는 것에 대하여 비방을 받아야 하느냐"고 말한다(롬 14:6; 딤전 4:3-4). 본문의 "감사함으로"(χάριτι-by grace)란 말은 '은혜로,' '은혜에 의하여,' '하나님의 은혜 때문에'라는 뜻으로 믿음이 강한 신자가 '은혜로 그 식사에 참여하면'이란 뜻이다. 믿음이 강한 신자는 하나님께서 그 제물을 지어주셨고(26절) 또 하나님께서 그런 제물을 얼마든지 먹을 수 있다고 깨달음을 주신 것을 생각하고(27절) 은혜에 감사하는 마음으로 참여할 수 있었는데 누군가 믿음이 약한 신자가 옆에서 그것이 제물이라고 말해줄 때는 아무리 감사하고 먹는 음식이라도 먹는 것을 포기해야 한다는 것이다. 믿음이 강한 신자는 그것이 제물이라고 말한 믿음 약한 사람을 생각하여 그 제물을 먹지 말아야 한다. 그렇지 못하면 믿음이 강한 신자가 믿음이 약한 신자로부터 비난을 받게 된다. 믿음이 강한 신자는 감사하고 먹는데 믿음이 약한 신자로부터 비방을 받게 되니 그 제물을 먹지 말아야 하는 것이 기독교인의 윤리이다.

고전 10:31. 그런즉 너희가 먹든지 마시든지 무엇을 하든지 다 하나님의 영광을 위하여 하라.

바울은 "그런즉"(οὖν) 곧 '감사하면서 식사에 참여해도 믿음이 약한 신자로부터 비방을 받을 수 있은즉' "너희가 먹든지 마시든지 무엇을 하든지 다 하나님의 영광을 위하여 하라"고 권한다(골 3:17; 벧전 4:11). 즉 '신자가 우상의 제물을 먹든지 마시든지 그리고 먹는 것만 아니라 무엇을 하든지 다 하나님의 영광을 위하여 하라'고 한다. 여기 "하나님의 영광을 위하여 하라"는 말은 '하나님의 기쁨을 위하여 하라,' '하나님의 이름이 드러나게 하라,' '하나님에게 보탬이 되게 하라'는 뜻이다(벧전 4:11). 우리는 우리가 하는 행위가 하나님 앞에 영광이 되는지 항상 확인해야 한다.

고전 10:32-33. 유대인에게나 헬라인에게나 하나님의 교회에나 거치는 자가

되지 말고 나와 같이 모든 일에 모든 사람을 기쁘게 하여 자신의 유익을
구하지 아니하고 많은 사람의 유익을 구하여 그들로 구원을 받게 하라.

바울은 앞 절(31절)에서 무엇을 하든지 하나님의 영광을 위하여 하라고
했는데 영광 돌리는 것이 구체적으로 무엇인지 이 부분(32-33절)에서 밝힌
다. 첫째, "유대인에게나 헬라인에게나 하나님의 교회에나 거치는 자가 되지
않는 것이" 하나님의 영광을 위하는 것이다(8:13; 11:22; 행 20:28; 롬 14:13;
고후 6:3; 딤전 3:5). "유대인이나 헬라인"이란 말은 세상의 모든 불신자를
망라한 말이고 "하나님의 교회"란 말은 신자를 총망라한 말이다. "거치는
자가 되지 말라"는 말은 '걸림돌이 되지 말라,' '시험거리가 되지 말라,'
'죄를 짓게 하는 요인이 되지 말라'는 뜻으로 우리 신자들은 세상 모든
사람들로 하여금 죄를 짓게 해서는 안 된다.

둘째, "나와 같이 모든 일에 모든 사람을 기쁘게 하여 자신의 유익을
구하지 아니하고 많은 사람의 유익을 구하여 그들로 구원을 받게 하는 것이"
바로 하나님의 영광을 위하는 것이라고 한다(24절; 9:19, 22; 롬 15:2). 바울은
자신의 유익을 구하지 아니하고 많은 사람들의 유익을 구함으로써 모든
일에 모든 사람을 기쁘게 해서 많은 사람들로 하여금 구원에 이르게 했는데
고린도 교인들도 역시 자신들의 유익을 포기하고 다른 많은 사람들의 유익을
도모함으로써 모든 일에 많은 사람들을 기쁘게 하여 많은 사람을 구원으로
인도하라는 것이다. 우리는 하나님 앞에 죄만 되지 않는다면 많은 사람을
기쁘게 해야 한다. 그래서 많은 사람들로 하여금 구원에 이르게 해야 한다.
그러기 위해서 우리는 우리의 유익을 구하는 일을 자제해야 하고 다른 사람
들의 유익을 도모하기를 힘써야 한다. 우리의 유익과 남들의 유익이 충돌할
때 우리는 우리의 유익을 포기해야 한다. 아브라함이 자기의 조카 롯에게
비옥한 요단 평야를 양보하고 자기는 비옥하지 않은 땅을 차지했다(창
13:8-9). 성경은 자기의 유익을 구하지 말라고 권한다(24절; 13:5; 빌 2:4).

고전 11:1. 내가 그리스도를 본받는 자 된 것 같이 너희는 나를 본받는

자가 되라.

바울은 고린도 교인들에게 "내가 그리스도를 본받는 자 된 것 같이 너희는 나를 본받는 자가 되라"고 말한다(4:16; 엡 5:1; 빌 3:17; 살전 1:6; 살후 3:9). 즉 '바울이 그리스도의 본을 따른 것처럼 고린도 교인들은 바울을 본받으라'고 말한다. 바울은 예수님의 본을 그대로 따랐기에(4:9-17; 롬 15:3; 빌 2:5-11, 17) 고린도 교인들로 하여금 자신을 본받으라고 말한다(빌 3:17; 살전 1:6; 살후 3:7, 9). 신자는 우상의 제물을 얼마든지 먹을 수 있다. 그러나 믿음이 약한 신자들의 양심을 위해 먹을 수 있는 양심을 유보해야 함이 필요하다(31-33절). 바울의 자신을 본받으라는 말을 두고 우리는 바울이 자신을 내세우는 것으로 생각할 것이 아니라 바울이 그리스도를 드러내고 있는 것으로 보아야 한다. 오늘날의 우리 역시 믿음이 약한 신자들을 생각해서 우리의 유익을 포기할 줄 알아야 할 것이다.

제 11 장
공중예배에 관련한 바울의 권면

X.공중 예배에 관련한 바울의 권고   11:2-34

바울은 교회의 당파문제를 다루고(1:18-4:41), 고린도 교회 내의 도덕문제를 다루며(5:1-7:40), 우상과 또 우상에게 바쳤던 제물을 어떻게 취급할까를 취급한(8:1-11:1) 다음, 교회에서 열리고 있는 집회에 관련해서 몇 가지를 권면한다(2-34절). 바울은 교회 집회 때 여자들은 너울로 머리를 가리라(2-16절)고 말하고 또 본 장의 두 번째 권면에서 성만찬을 잘 가지라(17-34절)고 권고한다.

A.여자들은 공중예배 때 너울로 머리를 가려라   11:2-16

머리를 가려야 할 이유는 신학적 이유에서(2-6절), 성경적 이유에서(7-12절), 그리고 본성적 이유에서 머리를 가리라(13-16절)고 말한다.

1)신학적 이유에서 머리를 가려라   11:2-6

고전 11:2. 너희가 모든 일에 나를 기억하고 또 내가 너희에게 전하여 준 대로 그 전통을 너희가 지키므로 너희를 칭찬하노라.

바울은 예배 때 여자들이 머리를 가리라(머리에 너울을 쓰라)는 권면을 하기 전에 고린도 교인들을 칭찬한다. 칭찬한 다음 권면한다. 어쩌면 칭찬도 권면의 한 부분이다. 바울이 칭찬한 이유는 두 가지이다. 하나는 고린도 교인들이 "모든 일에 바울을 기억"했기 때문이라고 한다(4:17). 고린도 교회 교인들은 그 교회에 처음으로 그리스도를 전해준 사도를 항상 기억하되 바울이 전해준 모든 전통을 그대로 기억하고 있었는데 이는 매우 잘 한 일이었다.

또 하나는 바울이 그들에게 전하여 준대로 "그 전통"을 지켰기 때문이었다(7:17). 여기 "전통"이란 '전승'(傳承)을 이름이다. 즉 교리나 계율(실천방면)의 전승을 이름인데 바울 당시 교회에 전통이 있었음을 알 수 있다. 이 전통을 성경 이상의 수준으로 놓는 것은 잘 못이나 이 전통을 무시하는 것 또한 잘못이다. 캐돌릭 교회는 교회의 전통을 성경 위에 놓은 잘못을 범했고, 자유주의는 교회의 전통을 아주 무시하는 잘못을 범했기에 두 입장 다 약점을 가지고 있다.

고전 11:3. 그러나 나는 너희가 알기를 원하노니 각 남자의 머리는 그리스도요 여자의 머리는 남자요 그리스도의 머리는 하나님이시라.

본 절 초두의 "그러나"라는 말은 고린도 교회가 바울이 전하여 준 전통을 잘 지켰으나 한편으로 잘 지키지 않은 사람들이 있어 그것을 책망하기 위하여 쓴 "그러나"이다. 바울은 고린도 교인들 중에 여자들이 머리에 너울을 써야 하는 신학적인 이유를 "너희가 알기를 원한다"고 말한다(10:1; 12:1; 고후 1:8; 골 2:1; 살전 4:13). 즉 "각 남자의 머리는 그리스도요 여자의 머리는 남자요 그리스도의 머리는 하나님이시라"는 사실을 알기를 원한다는 것이다(엡 5:23, 25). 여기 "머리"(ἡ κεφαλη)란 말은 '주장자,' '통치자,' '주권자'란 뜻으로(민 17:3; 25:15; 신 28:13, 44; 삿 10:18; 11:8, 11; 삼상 15:17; 삼하 22:44; 엡 1:22; 4:15; 골 2:10) '각 남자의 주장자는 그리스도이시고 여자의 주장자는 남자이며 그리스도를 주장하시는 분은 하나님이라'는 뜻이다. 여자의 주장자가 남자라는 말은 인권 면에서 그렇다는 뜻이 아니라 역할 상 즉 사역 상 남자가 여자의 주장자라는 말이다. 인권 면에 있어서는 남녀가 동등하다(7:4; 11:11-12; 갈 3:28). 그리스도를 주장하시는 분이 하나님이라는 말도 사역 상 즉 직분 상 하나님께서 그리스도의 주장자라는 뜻이다.

혹자는 본문의 "머리"라는 말을 해석할 때 '기원' 혹은 '근원'이라고
해석하기도 하나 받아들이기가 어렵다. "머리"(ἡ κεφαλη)라는 말에는 생명
의 기원이라든가 혹은 생명의 원천이라는 뜻이 없다고 보아야 한다. 주후
1세기에 저술된 모든 헬라어 문헌에는 *케팔레*(ἡ κεφαλη)의 뜻으로 생명의
원천이라든가 혹은 생명의 기원이라는 뜻이 없고 모두 주장자, 주권자, 통치
자라는 뜻만 있다. 제이 헌터(J. hunter)도 그렇게 주장했다.[22]

그렇다면 바울이 본 절에서 "각 남자의 머리는 그리스도요 여자의 머리는
남자요 그리스도의 머리는 하나님이시라"(3:23; 15:27-28; 창 3:16; 요 14:28;
빌 2:7-9; 딤전 2:11-12; 벧전 3:1, 5, 6)고 말할 때 "머리"라는 말을 무슨
뜻으로 반복 사용했는가 하는 것이다. 바울이 "머리"라는 말을 반복 사용한
이유는 다음 4-5절에서 "욕되게 한다"는 말을 반복적으로 사용한 것을 보아
알 수 있듯이 각 머리가 존경을 받아야 한다는 것을 드러내기 위함이었다.
그러니까 "남자들은 공 예배에서 그리스도께 영광을 돌리는 행위를 해야
하며(4절), 아내들은 남편들을 명예롭게 하는 행위를 해야 한다(5절). 이는
그리스도께서 하늘에 계신 아버지께 영광과 존귀를 돌리는 것과 마찬가지이
다(15:24)."[23]

고전 11:4. 무릇 남자로서 머리에 무엇을 쓰고 기도나 예언을 하는 자는 그 머리를 욕되게 하는 것이요(Every man praying or prophesying, having [his] head covered, dishonoureth his head.).

우리는 4-6절을 해석할 때 3절의 말씀에 비추어 해석해야 한다. 즉 4-6절

---

22) J. Hunter는 "우리는 *케팔레*가 강어귀(the head of a river)와 같은 '근원'(source)을 의미한다
는 주장을 거절한다. 70인 역에서의 용례를 살펴보라(삿 10:18; 11:8, 11; 삼하 22:44; 왕상 8:1;
시 17:43; 사 7:8-9; 9:14-16). 각 경우에 그것은 권위의 위치를 의미한다. 바우어(Baur), 안트
(Arndt), 깅리치(Gingrich), 댕커(Danker), 테이어(Thayer) 등은 *케팔레*의 의미로 '근원'을 꼽지
않는다. 새 국제신약 사전(New International Dictionary of New Testament Theology)에서 문저(K.
Munzer)는 골 2:10을 주해하면서 '머리는 그리스도의 권위와...교회의 상응하는 복종을 표현한
다'고 말한다(*고린도전서*, pp. 204-205).

23) 리차드 L. 프랫 주니어, *Main Idea로 푸는 고린도전후서*, 김진선옮김, p. 255,

을 해석할 때 3절 말씀 "각 남자의 머리는 그리스도요 여자의 머리는 남자요 그리스도의 머리는 하나님이시라"는 말씀의 빛 아래에서 해석해야 한다. 4절을 해석할 때는 3절 말씀 중에 "각 남자의 머리는 그리스도"라는 말씀의 빛 아래에서 해석해야 하고 5-6절을 해석할 때는 3절의 "여자의 머리는 남자"라는 말씀의 빛 아래에서 해석해야 한다.

그러니까 "모든 남자가 머리에 무엇을 쓰고 기도나 예언을 하면 그 머리를 욕되게 하는 것이라"(12:10, 28; 14:1)는 본 절의 말씀은 3절의 "각 남자의 머리는 그리스도"이기 때문이라는 것이다. 각 남자의 머리가 그리스도이기 때문에 남자는 공 예배에서 기도나 예언24)을 할 때 머리에 무엇을 써서는 안 된다. 남자가 공 예배 때 머리에 무엇을 쓰고 기도나 예언을 하는 자는 그 머리를 욕되게 한다는 말씀에 대한 해석은 몇 가지로 갈린다. 1) 혹자는 남자가 머리에 무엇을 쓰고 기도나 예언을 한다는 말을 두고 머리를 길게 기르는 것을 지칭한다고 주장한다(14-15절). 머리를 길게 기르는 것은 본성적으로 좋지 않다는 뜻으로 해석한다. 그러나 이 해석은 신학적 이유를 말하는 이 부분(2-6절)과는 맞지 않는 해석이다. 2) 머리에 무엇을 쓰는 것은 고린도의 풍습으로서 바울은 그 지역의 풍습을 그대로 실행하도록 권고하고 있다고 보아야 한다는 견해(Lenski, Leon Morris, 리차드 프랫 주니어, 박윤선, 이순한). 바울은 이 부분(2-6절)에서 신학적 이유를 말하고 있지 결코 한 지역의 풍습을 따르라는 권고를 하는 것으로 보이지는 않는다. 3) 유대인 남자들은 원래 공 예배 때 머리에 무엇을 썼으나(출 28:40; 왕상 19:13) 그리스도의 구속으로 말미암아 그리스도인은 아담이 잃어버린 하나님의 영광을 회복하였기에 남자는 그리스도의 영광을 드러내야 함으로 그 머리를 너울로 가리지 않아야 한다는 견해(김세윤). 그러나 원래 역할상의 순서가 하나님-그리스도-남자-여자로 되어 있는 것을 이 부분에서 말하고 있는 것으로 보여 이 해석은 잘 어울리지 않는 듯이 보인다. 4) 남자가

---

24) "예언": 교회에서 회중들에게 설교하는 일, 권고하고 위로하는 일, 하나님의 메시지를 전달하는 일을 말한다.

머리에 무엇을 쓰지 않는 이유는 남자가 그리스도에게 복종하도록 창조되었기 때문이라는 견해(캘빈). 캘빈은 "남자는 그리스도에게 복종하도록 창조되었기 때문이며, 또 그것은 그가 가정과 그 가정을 다스리는 제 1인자로서의 신분을 포함하고 있기 때문이다. 가정에 있어서 그 가족의 아버지는 왕과 같은 것이다. 그러므로 가정을 다스리는 통치권을 그가 가지고 있기 때문에 그는 하나님의 영광을 반영하고 있다. 만일 그가 머리에 무엇을 쓴다면 자신을 다른 사람들의 권위에 복종시킴으로써 하나님께서 그에게 주신 특출한 직위로부터 자신을 격하시키는 것이다. 그럼으로 그리스도에게 속하는 명예에 손상을 입히는 것이다"라고 말한다.25) 이 해석이 신학적 이유를 말하는 이 부분(2-6절)의 해석에 합당한 것으로 보인다.

　　"그 머리를 욕되게 하는 것이라"는 말은 '자신의 머리를 욕되게 하는 것이라'는 뜻이다. 혹자는 3절의 영향을 고려하여 여기 "그 머리"를 '그리스도'로 보기도 하나 5절의 "그 머리를 욕되게 하는 것이니"라는 말씀을 볼 때 그리스도로 보기 보다는 남자의 머리로 보는 것이 옳을 것이다. 여기서 "욕되게 한다"(καταισχύνει)는 말은 '명예를 실추시킨다,' '부끄럽게 한다'는 뜻이다.

고전 11:5. 무릇 여자로서 머리에 쓴 것을 벗고 기도나 예언을 하는 자는 그 머리를 욕되게 하는 것이니 이는 머리를 민 것과 다름이 없음이라.

　　우리는 5-6절을 해석할 때는 3절의 "여자의 머리는 남자"라는 말씀의 빛 아래에서 해석해야 한다. 여자의 주장자는 남자인고로(3절) 바울은 "무릇 여자로서 머리에 쓴 것을 벗고 기도나 예언을 하는 자는 그 머리를 욕되게 하는 것이라"고 말한다(행 21:9). 즉 '모든 여자들은 머리에 쓴 것을 벗고 기도나 예언을 하는 경우 그 머리를 욕되게 하는 것이라'고 말한다. 그러나 여자의 경우에는 남자와 정반대로 머리에 쓴 것을 벗어서는 안 된다. 왜냐하

---

25) John Calvin, 고린도전서, 갈라디아서, 신약성경주석, 서울: 성서교재간행사. 1979, p.316

면 여자에게는 남자라고 하는 보이는 머리(주관하는 사람)가 있기에 남자에 대한 순종의 표시로 머리를 가려야 하기 때문이다. 여자들은 당시 여성 특유 복장의 일환으로서 교회 모임에 올 때에도 머리에 아무 것도 쓰지 않은 채 참석했는데 이러한 모습은 여자들이 교회 안에서 종속되기를 거부한 다는 뜻으로 여겨질 수 있었다. 바울은 여자들의 이러한 태도는 자유를 가져오는 것이 아니라 오히려 스스로를 욕되게 하는 것임을 말하였다. 바울은 여자들이 머리에 쓴 것을 벗는 것은 "머리를 민 것과 다름이 없다"고 말한다(신 21:12). 머리에 아무 것도 쓰지 않는 것은 머리를 깎는 것과 같다는 것이다. 이런 일은 참으로 스스로를 욕되게 하는 것이고 남편을 욕되게 하는 것이었다.

고전 11:6. 만일 여자가 머리를 가리지 않거든 깎을 것이요 만일 깎거나 미는 것이 여자에게 부끄러움이 되거든 가릴지니라.

바울은 "만일 여자가 머리를 가리지 않거든 깎으라"고 말한다. 머리를 깎는 것은 남자와 그리스도와 하나님에게 복종하기를 거절한다는 표시이다. 따라서 여자가 머리에 아무 것도 쓰지 않는 것은 머리를 깎거나 미는 것과 같이 수치스러운 일이었다. 여자의 긴 머리와 덮은 머리가 남자의 머리됨을 인정하는 표시라면 쓰지 않는 머리와 깎거나 민머리는 남자에 대한 불순종을 표현하는 표가 된다. 그런고로 바울은 "만일 깎거나 미는 것이 여자에게 부끄러움이 되거든 가리라"고 말한다(민 5:18; 신 22:5).

2) 성경적 이유에서 머리를 가려라 11:7-12

2-6절에서는 신학적 이유에서 여자들이 머리를 가리라고 했고 이 부분 (7-12절)에서는 성경적 이유로 여자들이 머리를 가려야 한다고 말한다. 즉 여자들은 남자의 영광을 위할 자인고로 머리를 가려야 한다는 것이다.

고전 11:7. 남자는 하나님의 형상과 영광이니 그 머리를 마땅히 가리지

않거니와 여자는 남자의 영광이니라.

바울은 "남자는 하나님의 형상과 영광이니 그 머리를 마땅히 가리지 않는다"고 말한다. "남자는 하나님의 형상과 영광이라"는 말은 남자가 하나님의 형상(창 1:26-27; 5:1; 9:6)과 영광을 지니고 출생했다는 뜻이다. 그렇다면 여자는 하나님의 형상을 지니지 않았다는 뜻인가라고 반문할 수도 있을 것이다. 그러나 여자도 하나님의 형상이란 말이 하반 절에서 생략된 것임에 틀림없다. 남녀 모두는 하나님의 형상을 가지고 났음에 틀림없다. "하나님의 형상"이란 '하나님을 닮았다'는 뜻이다. 하나님의 지(知).聖(성).의(義)를 닮았다는 뜻이다. 하나님께서 지식 있으신 것처럼(골 3:10) 그리고 하나님께서 거룩하신 것처럼(엡 4:24c), 그리고 하나님께서 의로우신 것처럼(엡 4:24b) 남녀도 하나님을 따라 지식 있게 태어났고, 거룩하게 태어났으며 의롭게 태어났다는 뜻이다. 그리고 바울은 "남자는 하나님의 영광이라" 했는데 그것은 '하나님의 영광을 지니고 태어났다'는 뜻이다. 다시 말해 하나님처럼 땅을 정복하고 다스리는 영광을 가지고 태어났다는 뜻이다. 남자가 여자를 주장하는 영광을 지니고 태어난 고로 "그 머리를 가리지 않는다"고 말하고 있는 것이다.

그리고 바울은 "여자는 남자의 영광이라"고 말한다(창 2:18-23). 즉 '여자는 남자를 영화롭게 해야 할 존재라'는 뜻이다. 여자는 남자의 갈빗대로 창조되었음으로 여자는 남자에게 속하여 남자를 영화롭게 할 자인 것이다. 바울은 여자가 남자의 영광을 위해서 살 자임을 다음 두 절(8-9절)에서 더욱 자세히 말한다.

고전 11:8-9. 남자가 여자에게서 난 것이 아니요 여자가 남자에게서 났으며 또 남자가 여자를 위하여 지음을 받지 아니하고 여자가 남자를 위하여 지음을 받은 것이니.

바울은 앞 절 하반 절에서 여자는 남자의 영광을 위할 자라고 말했는데 그것을 증명하기 위해 이 부분(8-9절)에서 첫째로, "남자가 여자에게서 난 것이 아니요 여자가 남자에게서 났다"고 말한다(창 2:18-24).[26] 여자는 아담의 갈빗대에서 나왔다는 뜻이다. 둘째, "남자가 여자를 위하여 지음을 받지 아니하고 여자가 남자를 위하여 지음을 받은 것이라"고 말한다(창 1:18; 2:18, 21, 23). 여자는 남자를 돕는 배필로 태어났음을 뜻한다. 이렇게 두 가지 이유 즉 여자가 뒤에 태어났고 또 여자가 남자를 위하여 태어났으므로 여자는 남자의 영광을 위할 자이다. 그런고로 여자는 복종하는 모습을 몸에 지녀야 한다. 남녀는 인권에 있어 동등하나 역할 상 여자는 남자 아래에 놓여 있으니 머리에 무엇을 쓰는 것이 마땅하다.

고전 11:10. 그러므로 여자는 천사들로 말미암아 권세 아래에 있는 표를 그 머리 위에 둘지니라.

바울은 "그러므로"(διὰ τοῦτο), 즉 '여자가 남자에게서 났고, 남자를 위하여 지음을 받았으므로'(8-9절) "여자는 천사들로 말미암아 권세 아래에 있는 표를 그 머리 위에 두라"고 말한다(창 24:65). 여기 "천사들로 말미암아"(διὰ τοὺς ἀγγέλους)란 말의 뜻을 두고 여러 해석[27]이 시도되었으나 '예배에 참여하여 예배를 지켜보는 착한 천사들 때문에'란 뜻으로 보아야 할 것이다(시 103:20-21; 138:1; 전 5:6; 눅 15:10; 엡 3:10; 딤전 5:21). 천사들이 교회를 지켜보고 있는데 여자들이 머리에 남자의 권세 아래 있다는 것을 보여주는 표시를 가지지 않으면 안 된다는 뜻이다. 그래서 여자들은

---

26) 제이 헌터(J. Hunter)는 "사람이 세상에 나오는 데는 네 가지 방법이 있다. 아담은 창조를 통해 나왔고 하와는 조성(formation)을 통해 나왔고 우리는 출산을 통해 나왔고 그리고 끝으로, 주님은 성육신을 통해 나오셨다. 아담은 인간 대리자 없이 하나님에 의해 창조되었다. 그는 최초의 남자였다. 하와는 인간 대리자를 통해 나왔다. 그녀는 최초의 여자였다. 우리는 부모라는 남녀 대리자를 통해 나왔다. 주님은 남자에게서는 아니지만 여자 대리자를 통해 나오셨다"고 말한다(*고린도전서*, 횃불주석시리즈, p. 217).

27) "천사들로 말미암아"란 말에 대한 여러 해석: 1)교회의 교역자들이라는 해석. 2) 창 6:1-4의 기사처럼 머리를 벗고 예배를 드리는 여자를 엿보는 악한 천사들을 지칭한다는 견해. 3) 수호천사라는 설. 4) 불신자들로서 교회를 참관하게 된 자들이라고 하는 견해. 5) 선한 천사로 예배에 참여하여 지킴을 지칭한다는 견해(Erasmus, Meyer, Findlay, Alford, Lenski, Barnes, Grosheide, Hodge, Meyer, Morris, David Lowery, 박윤선, 이상근, 이순한). 위의 해석 중에 마지막 설이 옳다.

머리를 기르고 예배에 참여하든가 아니면 예배 때 머리에 무엇을 써야 한다.

고전 11:11. 그러나 주 안에는 남자 없이 여자만 있지 않고 여자 없이 남자만 있지 아니하니라.

바울은 "그러나"(πλὴν), 즉 '여자가 남자의 권세 아래 있기는 하나'(앞 절) "주 안에는 남자 없이 여자만 있지 않고 여자 없이 남자만 있지 아니하다" 고 말한다(갈 3:28). '믿음의 세계에 있어서는 남녀가 동등하다'고 말한다(갈 3:28). 태어날 때 남자가 먼저 태어났고 또 여자가 남자를 돕기 위해서 태어나기는 했으나 신앙의 세계에 있어서 남녀의 인권은 똑같다. 믿지 않는 세계 즉 주님 밖에서는 남존여비일 수도 있고 여존남비일 수도 있으나 주 안에서는 남녀의 인권이 동등하다.

고전 11:12. 이는(γὰρ) 여자가 남자에게서 난 것 같이 남자도 여자로 말미암 아 났음이라 그리고 모든 것은 하나님에게서 났느니라.

바울은 앞(11절)에서 남녀가 동등임을 말했고 본 절에서는 그 이유(γὰρ) 를 설명한다. 이유는 "여자가 남자에게서 난 것 같이 남자도 여자로 말미암아 났기 때문이고 모든 것은 하나님에게서 났기" 때문이라고 말한다(롬 11:36). 본 절은 두 가지를 말한다. 하나는 "여자가 남자에게서 난 것 같이 남자도 여자로 말미암아 났다"는 것이다. 즉 아담의 아내가 아담의 갈비뼈에서 났고 아담 후의 남자들은 여인의 몸을 통하여 세상에 나온다는 뜻으로 남녀 는 상호의존적이라는 뜻이다. 또 하나는 "모든 것은 하나님에게서 났다"는 것이다. 남녀 모두 하나님의 지으심에 의해서 세상에 태어났다는 뜻이다. 그런 점에서 남녀는 동등하다. 남녀는 하나님의 피조물이라는 점에서 서로 동등하다.

3) 본성적 이유에서 머리를 가려라 11:13-16

2-6절에서는 신학적 이유에서 여자들이 머리를 가려야 한다고 했고 7-12

절에서는 성경적 이유로 여자들이 머리를 가려야 한다고 했으며 이 부분 (13-16절)에서는 본성적 의미에서 여자들은 머리를 가려야 한다고 말한다.

고전 11:13. 너희는 스스로 판단하라 여자가 머리를 가리지 않고 하나님께 기도하는 것이 마땅하냐.

바울은 이제 "너희는 스스로 판단하라"고 말한다. 즉 고린도 교인들의 본성에 호소하여 스스로 판단해보라고 말한다. 두 가지 이유를 말한 바울은 이제는 그런 것을 떠나 본래 타고난 본성에 호소하고 있다. 바울은 "여자가 머리를 가리지 않고 하나님께 기도하는 것이 마땅하냐"고 질문한다. '여자가 머리를 가리지 않고 하나님께 기도한다는 것이 본성적으로 합당하냐'는 것이다. 바울의 교훈을 받지 않고 고린도 교인들의 타고난 의식 수준으로도 머리를 가리지 않고 하나님께 기도하는 것은 결코 합당하지 않다는 뜻이다. 우리에게는 타고난 의식으로도 옳고 그름을 판단할 수 있는 것들이 많이 있다. 이를 소위 본능적 판단이라고 할 수 있다.

고전 11:14-15. 만일 남자에게 긴 머리가 있으면 자기에게 부끄러움이 되는 것을 본성이 너희에게 가르치지 아니하느냐 만일 여자가 긴 머리가 있으면 자기에게 영광이 되나니 긴 머리는 가리는 것을 대신하여 주셨기 때문이니라.

바울은 이 두 절에서 본성에 호소하고 있다. 즉 "남자에게 긴 머리가 있으면 자기에게 부끄러움이 되는 것을 본성이 너희에게 가르치지 아니하느냐"고 말한다. 남자에게 긴 머리가 있으면 다른 사람에게는 말할 것도 없지만 자신에게도 부끄러움이 되는 것을 본성적으로 알 수 있지 않느냐는 것이다. 또 여자에게 긴 머리가 있으면 자기에게 우선 영광이 되는 것이니 긴 머리는 가리는 것을 대신하여 하나님께서 주신 것이라고 한다. 이 부분의 "본성"이 란 말은 '본능,' '자연적 상태,' '본래 타고난 의식'이란 뜻으로 무엇을 배워서 생긴 것이 아니라 배우지 않았는데도 자연스럽게 타고난 의식을 지칭하는 말이다. 창조주 하나님께서 주신 생각은 남자의 경우 머리를 기르지 않는 것이고 여자의 경우 머리를 기르는 것이었다.

초대 교회 때의 유대 남자들이나 헬라 남자들이나 로마 남자들은 머리카락이 긴 것을 욕되게 생각했으며 반면에 여자들은 긴 머리는 자신에게 영광이 된다고 생각했다. 남녀의 목소리 차이만큼이나 머리칼의 차이도 남녀를 구분하는 중요한 표식이 되어 있었다. 우리는 타고난 대로가 좋은 것들이 많이 있는 것을 기억해야 할 것이다.

고전 11:16. (그러나) 논쟁하려는 생각을 가진 자가 있을지라도 우리에게나 하나님의 모든 교회에는 이런 관례가 없느니라.

바울은 "그러나(δε) 논쟁하려는 생각을 가진 자가 있을지라도" 즉 '바울의 주장(여성이 머리를 가리지 않고 기도나 예언을 하는 것은 옳지 않다는 주장)을 반박하려는 생각을 가진 자가 있을지라도' "우리에게나 하나님의 모든 교회에는 이런 관례가 없다"고 잘라 말한다(7:17; 14:33; 딤전 6:4). 즉 '사도들이나 하나님의 모든 교회에는 이런 관례(여자가 머리를 가리지 않고 기도나 예언을 하는 규례)가 없다'고 말한다. 양쪽에 그런 관례가 없다는 것이다. 사도들 측에도 없고 다른 모든 교회에도 없다고 한다. 사도들 측에도 없고 모든 교회의 전통에도 없으니 이제 더 말하지 말자고 제안한다. "이런 관례"가 무엇을 지칭하느냐를 두고 두 가지 견해가 있다. 1) 논쟁하려는 관례를 지칭한다는 견해. 2) 여자가 머리에 쓰지 않고 기도나 예언을 하는 규례를 지칭한다는 견해. 둘 중 두 번째 견해가 문맥에 자연스럽다. 바울은 사도로서의 권위와 모든 교회들의 권위를 내세워 머리에 무엇을 쓰는 문제에 끝맺음을 가진다. 오늘날에는 이 문제로 더 이상 논쟁하려는 사람이 없는 것 같다.

B.성만찬을 바르게 가져라 11:17-34

성만찬에 대한 기사는 신약 성경에 공관복음서의 기사(마 26:26-28;

막 14:22-24; 눅 22:19-20)외에 여기에만(17-34절) 있다. 초대교회에서는 성만찬이 성도들의 회식과 더불어 준행되었다. 모여서 식사하는 회식은 시간적으로 앞서 진행되었으며 성만찬은 그 후에 진행되었다. 그러나 시간이 갈수록 회식(애찬으로 불렸다)은 없어지고 성만찬만 남게 되었는데, 바울 당시 애찬과 성만찬 거행이 무질서하게 진행되었으므로 잘못된 애찬 태도를 고치라(17-22절)고 말한다. 그리고 성만찬에 관한 과거의 교훈을 들으라고 권고한다(23-26절). 그래서 과거의 교훈을 고린도 교회에 적용하라고 말한다 (27-34절).

1) 잘 못된 만찬 태도를 고쳐라 11:17-22

고전 11:17. 내가 명하는 이 일에 너희를 칭찬하지 아니하나니 이는 너희의 모임이 유익이 못되고 도리어 해로움이라(Now in this that I declare [unto you] I praise [you] not, that ye come together not for the better, but for the worse-KJV).

바울은 "내가 명하는 이 일에"(Now in this that I declare [unto you]) 즉 '내가 명령(충고)하는 이 일에 있어서' "너희를 칭찬할 수 없다"고 말한다. "내가(바울) 명하는 이 일"이 무엇이냐를 두고 첫째, 앞에 말한바 여자가 예배할 때 얼굴에 너울을 써야 하는 문제를 지칭하는지(Alford, Godet, Barrett, Grosheide), 둘째, 바울이 뒤에 언급할 회식문제를 지칭하는지 (Calvin, Matthew Henry, Bengel, Lenski, Barnes, Fee, Hofmann, Findlay, J. Hunter, Leon Morris, 박윤선, 이상근, 이순한, 김세윤) 양론이 있다. 문맥 (2-16절)으로 보아 둘째 견해가 타당하다. 이유는 본 절 처음에 "그러나"(δε-우리 번역판에는 번역되지 않았음;)라는 말은 본 절이 앞 절의 내용(2-16절)과는 일단 끊어진 사상임을 알려주기 때문이고 또 본 절의 "명한다"(παραγγέλλων)는 말이 아주 권위 있는 명령(충고)을 한다는 뜻을 함유하고 있기 때문이다. 심각한 명령은 여자가 너울을 써야 한다는 데보다는 모임을 거룩하게 가지라는 데 두고 있음을 보아 둘째 번 견해가 바른 것으로 보인다.

바울은 2절에서 고린도 교인들이 바울이 전하여 준 전통(여자들이 예배할 때 너울을 쓰는 문제)을 지켰다고 어느 정도 칭찬했으나, 성찬식이 진행될 때의 무질서함을 듣고서는 "칭찬하지 않겠다"고 말한다. 이와 같이 전도자는 칭찬할 것은 칭찬하고 책망해야 할 것은 책망해야 한다.

바울이 고린도 교인들을 칭찬할 수 없는 이유는 "이는 너희의 모임이 유익이 못되고 도리어 해롭기" 때문이라고 한다. 고린도 교인들의 회집이 "유익이 못 되었다"는 말은 '주님의 죽으심을 기념함으로써 신앙의 진보가 되고 은혜가 되어야 하는데 모임 자체로 인해서 피차 얼굴을 붉혀야 했기에 신앙적으로 유익되지 못했다'는 뜻이다. 오늘도 유익되지 못한 모임이 많이 있다.

고전 11:18. 먼저 너희가 교회에 모일 때에 너희 중에 분쟁이 있다 함을 듣고 어느 정도 믿거니와.

바울은 문장 초두에 "먼저"("첫째로")라고 기록했으나 뒤에 "둘째로"(혹은 "다음으로")란 말을 기록하지 않아 여러 추측을 낳게 했으나 "먼저"라는 의미를 '가장 중요한 것은'이란 뜻으로 보면 좋을 듯하다(롬 3:2 참조). 이제부터 바울이 말하고자 하는 것이 매우 중요한 것임을 알리고자 하는 말로 이해하는 것이 적절하다고 본다.

바울은 "너희가 교회에 모일 때에 너희 중에 분쟁이 있다 함을 듣고 있다"(συνερχομένων ὑμῶν ἐν ἐκκλησίᾳ ἀκούω σχίσματα ἐν ὑμῖν ὑπάρχειν) 고 말한다(1:10-12; 3:3). "너희가 교회에 모일 때"(συνερχομένων ὑμῶν ἐν ἐκκλησίᾳ)란 말은 현재 분사형으로 '계속해서 모일 때'란 뜻이다. 그리고 "분쟁이 있다 함을 듣고"란 말은 현재형으로 '계속해서 듣는다'는 뜻이다. 그러니까 고린도 교회 교인들이 교회의 회식을 위해 모이는 일이 계속되고 있었고 또 모일 때마다 서로 얼굴 붉히는 일이 있다는 소식을 계속해서 듣고 있다는 뜻이다.

바울은 서로가 얼굴 붉힌다는 소식을 들은 후 그것을 전적으로 다 믿는 것은 아니었고 "어느 정도 믿는다"고 말한다. 그 소식을 들려준 사람의 신임 정도를 보아 아주 안 믿을 수도 없었고 또 바울이 어느 정도 믿을 수밖에 없었던 이유는 고린도 교회에 원래 분쟁이 있다는 것을 알기 때문이었다(1:11 참조). 분쟁이 있는 교회는 모일 때마다 사소한 일로도 서로 티격태격하게 마련이다. 본 절의 "분쟁"이란 낱말은 1:11 이하의 분쟁과는 다른 것으로 부자와 가난한 자 사이의 티격태격하는 모습을 뜻한다고 할 수 있다. 1:11의 분쟁은 하나의 당파였고 본 절이 말하는 분쟁은 빈부의 차이 때문에 생긴 혼란 상태를 지칭한다. 아무튼 어떤 분쟁이든 분쟁은 교회를 파괴한다.

고전 11:19. 너희 중에 파당이 있어야 너희 중에 옳다 인정함을 받은 자들이 나타나게 되리라.

　　바울은 고린도 교회의 분요한 상태를 들어 알았고 그래서 "너희 중에 파당이 있어야 너희 중에 옳다 인정함을 받은 자들이 나타나게 되리라"고 말한다(마 18:7; 눅 2:35; 17:1; 행 20:30; 딤전 4:1; 벧후 2:1-2; 요일 2:19). 여기 "파당(편당)이 있어야" 한다는 말은 '불합치,' '분쟁,' '이단'이 교회 안에 있어야 한다는 말이다. 다시 말해 '편 가르기가 교회 안에 있어야 한다'는 뜻이다. 바울의 이 말은 교회 안에 편 가르기가 있어야 한다는 말이 아니고 그런 편 가르기가 없어야 하지만 그런 편 가르기가 "인정함을 받은 자들"을 드러내는 점에서는 긍정적인 역할을 한다는 뜻이다. "인정함을 받은 자들"(οἱ δόκιμοι)이란 말은 '시험을 거쳐 옳다고 인정받은 사람들,' '시험을 거쳐 옳다고 인정받은 참 신자들'을 지칭하는 말이다. 편 가르기가 절대로 교회 안에 없어야 하지만 편 가르기가 부수적으로 참된 신자를 드러나게 하는 면이 있으니 그런 점에서는 어떤 역할을 한다는 뜻이다. 바울은 결코 교회 안에 혼란한 상태를 용납하지 않는다.

고전 11:20. 그런즉 너희가 함께 모여서 주의 만찬을 먹을 수 없으니.

바울은 "그런즉"($o\hat{v}v$), '고린도 교회 안에 파당이 있은즉'(18절) "너희가 함께 모여서 주의 만찬을 먹을 수 없다"고 말한다. 즉 '고린도 교회가 함께 예배로 모여서 주님의 만찬28)을 먹을 수 없다'는 것이다(이 만찬을 "주의 만찬"이라고 하는 이유는 주님께서 베푸신 만찬이고 또 주님을 기념하는 만찬이기 때문이다). 이 파당이 바로 성찬을 거행하는 장소에서 있었으므로 그 자리에서 진정한 성찬을 거행할 수 없었다. 바울은 이 분쟁에 대해서 다음(21-22절)에 말하고 있다.

고전 11:21. 이는 먹을 때에 각각 자기의 만찬을 먼저 갖다 먹으므로 어떤 사람은 시장하고 어떤 사람은 취함이라.

바울은 고린도 교회가 주의 성찬을 먹을 수 없는(앞 절) 이유($\gamma\grave{\alpha}\rho$)를 "먹을 때에 각각 자기의 만찬을 먼저 갖다 먹으므로 어떤 사람은 시장하고 어떤 사람은 취하기"($\H{\epsilon}\kappa\alpha\sigma\tau\sigma\varsigma$ $\gamma\grave{\alpha}\rho$ $\tau\grave{o}$ $\H{\iota}\delta\iota\sigma\nu$ $\delta\epsilon\hat{\iota}\pi\nu\sigma\nu$ $\pi\rho\sigma\lambda\alpha\mu\beta\acute{\alpha}\nu\epsilon\iota$ $\grave{\epsilon}\nu$ $\tau\hat{\omega}$ $\phi\alpha\gamma\epsilon\hat{\iota}\nu$, $\kappa\alpha\grave{\iota}$ $\H{o}\varsigma$ $\mu\grave{\epsilon}\nu$ $\pi\epsilon\iota\nu\hat{\alpha}$ $\H{o}\varsigma$ $\delta\grave{\epsilon}$ $\mu\epsilon\theta\acute{v}\epsilon\iota$) 때문이라고 한다(벧후 2:13; 유 1:12). '성찬식을 거행하기 전에 일반 식사(애찬)를 먹을 때에 각자가 자기의 만찬 즉 자기 식사를 먼저 가져다 먹으므로 가난한 사람들은 배가 고프고 부한 사람들은 너무 많이 먹어서 취하게 되니' 이런 분위기로는 주의 성찬을 먹을 수 없다고 본 것이다. 이런 폐단을 해결하기 위해 훗날 카르타고

---

28) "주의 만찬": Lord's Supper. 주 예수께서 십자가에 못 박히기 전날 밤, 예루살렘에 있는 이층 다락방에서, 제자들과 함께 한 기념의 만찬을 가리키는 말(마 26:26-28; 막14:22-24; 눅 22:12-20). "주의 만찬"이라는 말은, 바울이 쓴 말이고(고전 11:20), 그는 또 '주의 상' 또는 '주의 잔'(고전 10:21)이라는 말도 쓰고 있다. 이 만찬의 기원을 바울은 '최후의 만찬'에서 찾고 있다(고전 11:23-25). 이것은 공관복음에 기록되어 있는 것과 부합한다(마 26:20-25; 막 14:17-25; 눅 22:14-23). 예수는, 주위의 정세가 급격하게 진전되고, 사형이 임박한 것을 아서서, 떡과 포도주를 나누어, 제자들에게 먹게 하셨다. 예수는 이것은 자기의 몸, 또는 많은 사람을 위해 흘리는 당신의 언약의 피라고 하시고, 예수를 기념하기 위해, 이 기념의 만찬 즉 성찬을 행하도록 분부하셨다. 초대교회는 이것을 거듭 실시했다. 이 일의 최고(最古)의 것은, 역시 바울 서신에서 볼 수 있다(고전 11:23-25). 최후의 만찬이 유월절 식사와 관계되어 있고, 바로 유월절의 어린 양의 피가 이스라엘 민족을 구원한 것에 관련하여 이제 죄인을 구원하시기 위한 예수의 피가 흘려지신 것이다(마 26:28). 고린도전서에 의해, 기원 50년대에 주의 만찬이 초대 교회에 있어서 이미 지켜진 것을 알 수가 있다. 바울은 그 예식을 주 예수로부터 유래한 것임을 말하고, 교회의 전승으로서 이해하고 있다(고전11:23).

(Carthago) 회의에서 만찬(애연-성도들의 회식) 풍습을 폐지시켰다.

고전 11:22. 너희가 먹고 마실 집이 없느냐 너희가 하나님의 교회를 업신여기고 빈궁한 자들을 부끄럽게 하느냐 내가 너희에게 무슨 말을 하랴 너희를 칭찬하랴 이것으로 칭찬하지 않노라.

바울은 앞 절의 행태를 생각하며 고린도 교회를 꾸짖는다. "너희가 먹고 마실 집이 없느냐 너희가 하나님의 교회를 업신여겼다"고 말한다(10:32). 하나님의 교회는 서로 사랑으로 뭉쳐야 하는데 돈이 있고 없음에 따라서 편 가르기나 하는 곳으로 만들었으니 하나님의 교회를 업신여긴 것이다. 그리고 바울은 "빈궁한 자들을 부끄럽게 하느냐"고 꾸짖는다(약 2:6). 부자들은 자기들이 먹을 것을 미리 가져다가 잔뜩 먹고, 일찍 올 수가 없어 늦게 교회에 도착한 가난한 자나 혹은 노예들은 먹을 것이 없어서 시장한 채로 있으니 빈궁한 자들을 부끄럽게 한 꼴이 되었다는 것이다. 그래서 바울은 "내가 너희에게 무슨 말을 하랴 너희를 칭찬하랴 이것으로 칭찬하지 않겠다"고 말한다. 아무리 칭찬을 잘하는 바울이지만 이 일로는 칭찬하지 않겠다고 한다. 바울은 가난한 자들을 배려하는 사도였다.

2)성찬에 관한 과거의 교훈을 들어보라 11:23-26

바울은 앞(17-22절)에서 고린도 교회가 앞서 가지는 애연(회식)에서 빈부의 격차를 해소하지 못하고 부자들이 가난한 자들을 부끄럽게 한 것을 심히 꾸짖은 다음 이제 이 부분(23-26절)에서는 그리스도께서 제정하신 성찬의 면모를 그대로 지키라고 명령한다. 이 부분은 후대의 성찬예식에서 애용되는 전형적인 성구가 되었다.

고전 11:23a. 내가 너희에게 전한 것은 주께 받은 것이니(Ἐγὼ γὰρ παρ-έλαβον ἀπὸ τοῦ κυρίου, ὃ καὶ παρέδωκα ὑμῖν).

본 절 초두에는 이유 접속사(γὰρ)가 있어 바울이 앞 절에서 고린도 교인들을 칭찬 할 수 없었던 이유를 밝히고 있다. 바울이 고린도 교인들을 칭찬할 수 없었던 이유는 주님으로부터 받은 성찬의 거룩한 성격에 비추어볼 때 고린도 교인들은 크게 죄를 범한 사람들이니 절대로 칭찬할 수 없었다는 것이다. 죄를 범한 사람들을 어떻게 칭찬할 수 있으랴.

바울 사도는 "내가 너희에게 전한 것은 주께 받은 것이라"고 말한다 (15:3; 갈 1:1). 즉 '내가 너희에게 전한 성찬식은 주님으로부터 받은 것이라'는 뜻이다. 바울이 고린도 교회에서 가르친 성찬예식에 대한 교훈과 그리고 직접 성찬예식을 집행했는데 그것은 주님께로부터 받아 전한 것이란 뜻이다. 그렇다면 "주께 받은 것이라"는 말이 간접적으로 받은 것이냐 아니면 바울이 계시에 의해서 받은 것이냐 하는 것이다. 1) 교회의 전통을 통해 간접적으로 받은 것이라는 견해(Farrar, Craig, Robertson and Plummer, 김세윤). 교회의 전통을 통해 받았다는 것을 주장하는 측에서는 "주께"(ἀπὸ τοῦ κυρίου)라는 말이 간접적으로 받은 것을 지칭한다고 주장한다. 그러나 "...께로부터"(ἀπὸ)라는 말도 직접적인 계시를 의미할 수 있다고 핫지(Hodge)는 말한다(요일 1:5). 핫지는 "바울은 그의 지식을 사람들에게서가 아니라 주님에게서 받았다"고 강하게 주장한다. 2) 바울이 신비적인 체험을 통해 직접적으로 받은 것이라는 견해(Alford, Bengel, Matthew Henry, Hodge, Barnes, Fee, Leon Morris, J. Hunter, 박윤선, 이상근, 이순한). 문맥으로 보아 후설이 합당한 것으로 보인다. 바울은 자기에게 직접적으로 임했던 계시에 대해 여러 번 언급한 적이 있다(행 18:9-10; 22:18; 23:11; 27:23-25; 갈 1:12; 2:2; 고후 12:7). 그리고 모리스(Leon Morris)는 "'...께로부터'를 묘사하기 위하여 '빠라'(παρα, '...에서부터') 대신 '아뽀'(ἀπο, '...으로부터')를 사용한 것은 반드시 간접적인 전달을 의미하지 않는다. 왜냐하면 그것이 골 1:7, 24; 요일 1:5에서는 직접적인 교제를 의미하기 때문이다"라고 주장한다.29) 우리는 사도가 주님으로부터 받은 계시에 의존하여 성찬예식의 전통을 그대로 실행

---

29) 레온 모리스(Leon Morris), *고린도전서주석*, 정일오역, p. 198.

하고 또 후대에 전해야 할 것이다.

고전 11:23b-24. 곧 주 예수께서 잡히시던 밤에 떡을 가지사 축사하시고 떼어 이르시되 이것은 너희를 위하는 내 몸이니 이것을 행하여 나를 기념하라 하시고.

바울은 성찬예식 제정이 "주 예수께서 잡히시던 밤에" 되었다고 말한다. 여기 "잡히시던"($\pi\alpha\rho\epsilon\delta\iota\delta\epsilon\tau o$)이란 말은 미완료과거 시제로 '잡히시고 있던'이란 뜻으로 한참 '잡히던 중'이라는 뜻이다. 가룻 유다가 예수님을 배신하던 저녁이었고 산헤드린 공의회가 예수님을 죽이려는 모반이 극에 달했던 밤에 예수님은 죽으실 것을 다 아시면서도 제자들과 성도들이 영원토록 기념해야 할 성찬예식을 제정하신 것이다. 그렇게 엄숙하게 제정하신 성찬예식을 고린도 교인들은 엄숙하게 진행하지 않았고 또한 부자들은 교회의 집회를 망쳐놓고 말았다.

바울은 예수님께서 그 밤 성찬예식을 제정하시기 위해 무슨 일을 하셨는가를 말씀한다. 즉 "밤에 떡을 가지사 축사하시고 떼어 이르셨다"고 말씀한다(마 26:26; 막 14:22; 눅 22:19). 먼저 큰 떡을 손에 들고 하나님께 감사기도 하시고 다음으로 그 큰 떡으로부터 조각을 떼시면서 중대선언을 하셨다. 본문의 "축사하시고"($\epsilon\dot{v}\chi\alpha\rho\iota\sigma\tau\dot{\eta}\sigma\alpha\varsigma$)란 말은 부정(단순)과거 분사형으로 '참으로 감사하셨다'는 뜻으로 예수님은 하나님께 감사하셨다. 이 동사는 누가복음에 다시 등장하는데(눅 22:17, 19), 마태(26:26)와 마가(14:22)에는 "축복하셨다"($\epsilon\dot{v}\lambda o\gamma\dot{\eta}\sigma\alpha\varsigma$)는 말이 사용되었다. 두 낱말은 모두 하나님의 사랑과 자비에 대해 감사하고 또 찬양한다는 뜻이다. 예수님은 큰 떡 덩이를 손에 들고 하나님께 감사하신 다음 제자들에게 주시기 위하여 조각조각 떼셨다.

그리고 "이것은 너희를 위하는 내 몸이니"라고 하셨다고 한다. 즉 '이 떡 조각은 너희의 구원을 위하여 내 몸을 찢은 것을 기념하게 하는 것이니 이 예식을 행하여 나를 계속해서 기념하라'는 말씀이다. 여기 "이것은...내 몸이니"(this is my body)란 말은 "떡"과 "내 몸"을 동일시하는 말이기 때문에 여러 학설을 만들어냈다. 천주교의 화체설, 루터파의 공재설 등을 만들어 냈다. 그러나 떡이 예수님의 몸이 아님은 말할 것도 없다. 그렇다면 두 개의 실체가 있는 셈이다. 그런고로 예수님의 손에 들려진 떡은 예수님께서 찢기신 살을 기억하게 하는 도구로 알아야 한다. 레온 모리스(Leon Morris)는 "성례식 안에는 본질적으로 영적 실재인 구세주의 매우 실질적인 선물이 들어있다"고 말한다.

예수님은 예수님 손에 들려진 떡은 우리를 위하는 자신의 몸을 기념하게 하는 것인 고로 "이것을 행하여 나를 기념하라 하라"고 하신다. 즉 '이것을 계속 행하여 즉 성찬예식을 계속해서 행하여 예수님께서 십자가에서 피 흘리신 사실을 상기하라'고 하신다. 본문의 "나를"(ἐμὴν)이란 말이 헬라어에서 강조되었다. 성찬예식에서 그리스도가 빠지고 사람이 드러나면 참으로 비극이 아닐 수 없다. "이것을 행하여 나를 기념하라"는 말은 누가복음(22:19)에만 있고 마태복음과 마가복음에는 없다. 그러므로 이 구절은 누가복음의 바울 의거설의 유력한 근거가 되고 있다. 캘빈은 "기념하라"(ἀνάμνη-σιν)는 말이 유월절의 기념(출 12:14, 참조: 출 13:9)에도 같이 사용되는 점(5:8의 주해에서)을 들고 있다. 유월절이 하나님의 은혜로 애굽으로부터 해방된 사건을 기념하는 유대인의 명절인 것처럼, 성만찬은 예수님의 십자가로 말미암아 구원받은 사건을 기념하는 의식이다.

고전 11:25. 식후에 또한 그와 같이 잔을 가지시고 이르시되 이 잔은 내 피로 세운 새 언약이니 이것을 행하여 마실 때마다 나를 기념하라 하셨으니.

여기 "식후에"란 말은 '저녁을 먹은 후에'란 뜻으로 누가복음(22:20)에는 기록되어 있으나 마태와 마가의 복음서에는 기록되어 있지 않다. 떡을 떼신 것은 만찬 도중에 떼신 것이고(막 14:22), "잔"은 만찬 마지막에 주신 것이다. 본문의 "또한 그와 같이"란 말은 '떡을 가지고 행하신 것처럼 포도주가 담긴 잔을 가지시고 감사 기도하시고(혹은 축복 기도를 하시고) 제자들에게 마시도록 나눠 주셨다'는 뜻이다.

예수님은 "잔을 가지시고 이르시되 이 잔은 내 피로 세운 새 언약이라'고 하신다. 예수님께서 손에 잔을 들으시고 "이 잔은 내 피로 세운 새 언약이라"고 하셨는데, 마태복음(26:28)에는 "이것은 죄 사함을 얻게 하려고 많은 사람을 위하여 흘리는바 나의 피 곧 언약의 피니라"로 되어 있고, 마가복음(14:24)에는 "이것은 많은 사람을 위하여 흘리는 나의 피 곧 언약의 피니라"로 되어 있으며, 누가복음(22:20)에는 "이 잔은 내 피로 세우는 새 언약이니 곧 너희를 위하여 붓는 것이라"고 되어 있는데 표현상 약간의 차이가 있으나 공통점은 주 예수께서 인간을 구원하시기 위해서 흘리신 피가 곧 하나님과 인간 사이의 새 언약의 피라는 뜻이다(출 24:8 참조). 옛 언약은 제물의 피를 통해 성립되었으나(출 24:3-8), 새 언약은 하나님의 아들의 피로 성립되었다는 뜻이다. "잔은 예수님의 피로 세우는 새 언약을 상징한다. 다시 말해 예수님의 손에 들려진 포도주 잔은 예수님의 피로 세우는 새 언약을 상징한다...예수님은 구약시대부터 하나님께서 언약하신대로 피를 흘려주셨다. 그러나 예수님은 전혀 새로운 언약을 세워주셨다. 구약 시대의 짐승의 피는 매년 흘려야 했고 자주 흘려야 했으나 예수님은 질적으로 다른 피를 흘리셔서 한번 흘리시므로 영원한 속죄를 이루셨다. 그런 점에서 예수님께서 세우신 언약은 '새 언약'이다"(김수홍의 *누가복음 주해*에서).

바울은 예수님께서 "이것을 행하여 마실 때마다 나를 기념하라" 하셨다고 말한다. 이 말씀은 24절 하반 절의 내용과 같은 뜻을 가진다. "기념하라"는 말은 '계속해서 상기하라'는 뜻이다. 이 말은 캐돌릭의 화체설(사제가 기도할 때 떡과 포도주가 예수님의 살과 피로 변한다는 설)이나 루터파의 공재설(예수님의 몸이 떡과 포도주 속에 임재하신다는 설)을 거부하고 개신교의 기념설(영적 임재설)을 지지하고 있다. 캘빈은 성만찬에서 우리가 받는 것은 하늘나라에 계신 주의 몸이 아니라, 영광을 받으신 주님의 몸에서 우리에게 오는 '생명을 주시는 능력'(a life-giving power)을 받는 것이라고 했다. 우리는 주님이 오시는 날까지 예수님께서 우리를 대신하여 희생하신 것을 기억해야 할 것이다.

고전 11:26. 너희가 이 떡을 먹으며 이 잔을 마실 때마다 주의 죽으심을 그가 오실 때까지 전하는 것이니라.

바울은 본 절에서 고린도 교인들에게 성찬예식을 거행할 때마다 주님께서 우리 위해 희생되신 것을 생생하게 전하라고 말한다. 떡을 먹고 잔을 마실 때마다 그리스도께서 살을 찢고 피 흘리신 사실을 "전하라"고 말한다. 여기 "전하다"(καταγγέλλετε)라는 말은 '전파하다,' '선포하다'라는 뜻으로 생생하게 그리스도의 희생을 전하라는 뜻이다. 기간은 그리스도께서 오실 때까지라고 한다(4:5; 15:23; 요 14:3; 21:22; 행 1:11; 살전 4:16; 살후 1:10; 유 1:14; 계 1:7). 그 후에는 필요가 없는 일이다. 실체가 오신 후에는 기념하기 위해 행했던 일들은 더 이상 필요가 없게 된다. 그러므로 우리는 그리스도께서 오실 때까지 성찬예식을 행하여 그리스도의 희생을 전해야 할 것이다.

3)고린도 교회에 적용하라 11:27-34

고전 11:27. 그러므로 누구든지 주의 떡이나 잔을 합당하지 않게 먹고 마시는 자는 주의 몸과 피에 대하여 죄를 짓는 것이니라.

바울은 "그러므로"(Ὥστε) 즉 '성찬예식은 엄숙한 예식이므로(23-26절)' "누구든지 주의 떡이나 잔을 합당하지 않게 먹고 마시는 자는 주의 몸과 피에 대하여 죄를 짓는 것이니라"고 말한다(10:21; 민 9:10, 13; 요 6:51, 63-64; 13:27). 고린도 교인들만 아니라 "누구든지 주의 떡이나 잔을 합당하지 않게 먹고 마시는 자" 곧 '고린도 교인들과 같이 가난한 사람들에게 상처를 주면서 성찬예식에 참여하는 사람'은 "주의 몸과 피에 대하여 죄를 짓는 것이라"고 한다. 가난한 교인들에게 죄를 짓는 것은 가난한 자의 주님에게 죄를 짓는 것이다. 가난한 자와 주님은 서로 연합되어 있다. 그런고로 가난한 성도들에게 죄를 짓는 것은 바로 그 성도들과 연합되신 그리스도께 죄를 짓는 것이고 그리스도께서 희생하신 사실을 모독하는 행위이다(행

9:4-5 참조).

고전 11:28-29. 사람이 자기를 살피고 그 후에야 이 떡을 먹고 이 잔을 마실지니 주의 몸을 분별하지 못하고 먹고 마시는 자는 자기의 죄를 먹고 마시는 것이니라.

바울은 성찬예식에 참여하는 사람마다 먼저는 자기 스스로가 죄를 짓고 있는지를 살피고 그 후에 예수님의 살을 상징하는 떡을 먹고 피를 상징하는 잔을 마시라고 한다(고후 13:5; 갈 6:4). 여기 "살피라"(δοκιμαζέτω)는 말은 '시험하라'는 뜻으로 성찬예식은 주님 자신에 의해 제정되었고 깊은 의미를 지니고 있는 예식인 고로 성찬 예식에 참여하기 전에 우리는 우리 자신이 죄를 회개하지 않은 것이 있는가를 살펴야 한다. 우리는 항상 자기를 살피는 사람이 되어야 한다.

바울 사도가 성도들이 자신들을 살피고 성찬예식에 참여해야 하는 이유는 "주의 몸을 분별하지 못하고 먹고 마시는 자는 자기의 죄를 먹고 마시는 것이기" 때문이라고 한다. 즉 합당하지 않게 떡을 먹고 잔을 마시는 자, 다시 말해 "주의 몸을 분별하지 못하고 먹고 마시는 자"는 "자기의 죄를 먹고 마시는 것이라"고 한다. 여기 "주의 몸을 분별하지 못한다"는 말은 '주님의 몸과 피를 기념하는 성찬의 떡과 잔이 중요한줄 모르고 자신을 살피지 않고 먹고 마시는 것'을 지칭하는 말이다. "주의 몸"이란 말이 유력한 사본들에서는 "그 몸"(τò σῶμα)으로 되어 있다. 피차간 의미상의 차이는 없다. 혹자는 "그 몸"을 '교회'라고 해석하기도 하나(12:13; 골 1:18에 의거) 27절에서 말씀한 "주의 몸"이란 말과 같은 뜻으로 보아야 할 것이다. 즉 주님의 몸을 기념하는 떡과 피가 대단히 중요한 줄 모르고 일반 식사와 동일한 줄 아는 것은 큰 죄를 범하는 것이다.

누구든지 예수님의 몸을 기념하는 떡과 잔을 일반 식사와 구별할 줄 모르고 먹고 마시는 자는 "자기의 죄를 먹고 마시는 것이다." 다시 말해 자기의 징계(심판)를 자취하는 것이다. 성찬예식에 합당하게 참여하지 않는 사람은 하나님으로부터 징계를 받는다.

고전 11:30. 그러므로 너희 중에 약한 자와 병든 자가 많고 잠자는 자도 적지 아니하니.

바울은 "그러므로" 즉 '주님의 몸을 상징하는 떡과 잔이 중요한 줄 모르고 먹고 마시므로' "너희 중에 약한 자와 병든 자가 많고 잠자는 자도 적지 아니하다"고 말한다. 세 가지 징계가 임했다고 말한다. 하나는 고린도 교인들 중에 약한 자가 생겼고 또 하나는 약함을 넘어 병든 자가 생겼으며 더 나아가 셋째로는 "잠자는 자" 즉 '육신이 죽은 자들'이 적지 않다고 말한다. 바울은 이런 소식까지 들어 알고 있었다. 하나님은 교회를 돌보는 전도자들로 하여금 교회를 잘 돌볼 수 있도록 성도들을 통해 이런 소식들을 제공해 주신다.

고전 11:31. 우리가 우리를 살폈으면 판단을 받지 아니하려니와.

바울은 우리가 우리를 살펴야 한다고 말한다. 즉 우리가 성찬의 의의를 잘 알고 우리 자신들의 죄를 자복해야 한다는 뜻이다. 우리가 우리 자신들을 살피면 하나님으로부터 징계를 받지 않는다고 말한다(시 32:5; 요일 1:9). 본문의 "살폈으면"(διεκρίνομεν)이란 말은 미완료과거 시제로 '계속해서 회개해야 한다'는 뜻이다.

고전 11:32. 우리가 판단을 받는 것은 주께 징계를 받는 것이니 이는 우리로 세상과 함께 정죄함을 받지 않게 하려 하심이라(κρινόμενοι δὲ ὑπὸ ((τοῦ)) κυρίου παιδευόμεθα, ἵνα μὴ σὺν τῷ κόσμῳ κατακριθῶμεν).

바울은 "우리가 판단을 받는 것은 주께 징계를 받는 것이라"고 말한다 (시 94:12-13; 히 12:5-11). 우리가 신앙생활을 하는 중에 하나님으로부터 여러 가지 판단을 받는 것(30절과 같은 판단)은 주님 재림 후에 정죄 심판을 받아야 하는 대신 세상에서 주님으로부터 징계의 심판을 받는 것이란 뜻이다.

우리가 이렇게 징계를 받는 것은 "우리로 세상과 함께 정죄함을 받지 않게 하려"는 것이라고 한다. 하나님께서 우리에게 먼저 징계하셔서 우리로 하여금 세상 사람들과 함께 최후에 정죄심판을 받지 않게 하시려는 것이라고 한다. 우리는 세상에서 많은 징계를 받는다. 하나님께서 그렇게 하시는 이유 는 우리가 사생자가 아니기 때문이고, 또한 우리를 세상 사람들과 함께 정죄심판 하지 않기 위해서이다(히 12:5-12).

고전 11:33-34. 그런즉 내 형제들아 먹으러 모일 때에 서로 기다리라 만일 누구든지 시장하거든 집에서 먹을지니 이는 너희의 모임이 판단 받는 모임이 되지 않게 하려 함이라 그 밖의 일들은 내가 언제든지 갈 때에 바로잡으리라.

바울은 "그런즉"(ὥστε)이라고 말하면서 이제 이 부분(33-34절)에서 결 론을 내린다. "내 형제들아"라는 말은 좀 더 어조를 부드럽게 하여 권면하고 자 할 때 사용하는 애칭이다. 바울은 "먹으러 모일 때에 서로 기다리라"고 말한다. 즉 '애찬(성찬식을 가지기 전의 회식)을 먹으러 모일 때에 부자들은 자기들이 가져온 음식을 먼저 먹지 말고 가난한 자들이 오기까지 기다렸다가 함께 나누어 먹으면서 교제하라고 한다. 부자들은 그런 정도의 아량, 그런 정도의 사랑은 가져야 했다.

그러나 바울은 만일 "누구든지(부자포함 누구든지) 시장하거든 집에서 먹으라"고 권한다(21절, 22절). 즉 '너무 시장해서 사람들이 모이기를 기다릴 수 없다면 집에서 먹고 모이라'고 말한다. 그렇게 하는 목적은 "너희의 모임이 판단 받는 모임이 되지 않게 하려 하기" 위함이라고 한다. 집에서 먹고 오면 가난한 자들을 부끄럽게 하는 일은 없을 것이므로 교회 회집이 하나님께로부터 징계 받는 모임이 되지는 않는다는 것이다. 그렇지 않고 교회에서 부자들이 가난한 자들을 부끄럽게 만드는 모임을 가지면 하나님으 로부터 매를 맞게 된다고 한다. 그들이 만일 이 병폐를 고치지 않고 교회에 모인다면 하나님으로부터 얻어맞기 위해 모이는 꼴이 된다는 것이다. 우리는

교회에서 무슨 행사를 하든 가난한 자들을 부끄럽게 하는 일을 아니해야
한다.

바울은 "그 밖의 일들은 내가 언제든지 갈 때에 바로잡으리라"고 한다
(4:19; 7:17; 딛 1:5). 그 밖에 다른 일들에 대해서는 바울이 언제든지 고린도
교회에 갈 때 바로 잡겠다고 한다. 고린도 교회에는 많은 문제들이 있었는데
우선 여자들이 너울 쓰는 문제와 성찬예식을 바로 행하는 문제를 편지로
바로 잡았는데 다른 문제들은 교회를 방문해서 바로 잡겠다고 한다. 오늘의
교역자들도 교회의 여러 문제들을 그냥 쌓아놓지 말고 기도하는 중에 하나하
나 바로 잡아가야 한다. 그 이유는 교회 개혁이 없다면 개인은 물론 교회와
사회, 국가 모두 한꺼번에 망하게 될 것이기 때문이다.

제 12 장
성령의 은사에 관한 교훈

XI.성령의 은사에 관한 교훈   12:1-14:40

　바울은 고린도 교회의 당파문제(1-4장), 성적 부도덕 문제(5장), 신자들 사이의 소송문제와 음행 문제(6장), 결혼과 이혼의 문제(7장), 우상에게 바쳤던 제물 먹는 문제(8-10장), 그리고 교회 안에서 여자가 너울을 써야 하는 문제, 그리고 성찬예식에서 질서를 세워야 하는 문제를 말한(11장) 다음 이제 이 부분(12:1-14:40)에서는 성령의 은사에 관해 교훈한다. 바울은 이 부분에서 오순절 이후의 성령의 역사에 대해 상세하게 기록하고 있는데 무엇보다도 성령의 은사에 대해 말하기 전에 성령은 예수님을 주님으로 인정한다고 강변한다(12:1-3). 아무리 은사를 받았다고 하더라도 예수님을 구주로 인정하지 않으면 그것은 가짜인 것이다. 바울은 성령의 기본적인 역사를 말한 다음 성령께서 주시는 여러 은사를 나열하고 그 은사들이 꼭 필요하다고 말한다(12장). 그런데 그 은사들보다 더 중대한 은사가 사랑이라고 주장하고(13장), 만약에 사랑이 없으면 모든 은사들은 아무 의미가 없다고 말한다. 그런 다음 바울은 고린도 교회가 성령의 은사인 방언과 예언을 사용하되 그 모든 것은 이웃을 사랑할 목적으로 사용해야 한다고 주장한다(14장).

　A.성령의 기본적인 역사   12:1-3

　바울은 성령의 여러 은사를 나열하고 또 성령의 은사의 필요성을 말하기 전에 먼저 성령의 기본적인 역사를 소개한다(1-3절). 만약 누가 많은 은사를

받았다 해도 예수님을 저주할 자라고 한다든지 아니면 예수님을 주님이라고
고백하지 않는다면 그는 주님을 믿는 사람이 아니며 성령의 사람이 아니다.

고전 12:1. 형제들아 신령한 것에 대하여 나는 너희가 알지 못하기를 원하지 아니하노니.

바울은 문장 초두에 "형제들아"라는 애칭을 사용하면서 새로운 주제를
말하려 한다(1:10 주해 참조). 바울은 "신령한 것에 대하여 나는 너희가
알지 못하기를 원하지 아니 한다"고 말한다(14:1, 37). 여기 "신령한 것에
대하여"란 말을 통해 바울이 고린도 교회가 질문한 사항에 대해 대답한다는
것을 드러내고 있다(7:1 주해 참조). 본문의 "신령한 것"(τῶν πνευματικῶν)
이란 말은 남성복수도 되고 중성복수도 되는 고로 '신령한 사람들' 혹은
'신령한 것들'이라고 번역할 수가 있다. 그러나 12-14장의 내용을 살필 때
이 말은 '성령의 은사들'을 말하고 있다고 보아야 한다. 바울은 성령의 은사
에 대하여 "나는 너희가 알지 못하기를 원하지 아니 한다"고 말한다. 반드시
알아야 한다는 것을 표시하는 어투이다(3:16; 10:1 주해 참조). 바울은 고린
도 교회가 알아야 할 은사문제를 14장 마지막까지 취급하고 있다.

고전 12:2. 너희도 알거니와 너희가 이방인으로 있을 때에 말 못하는 우상에 게로 끄는 그대로 끌려갔느니라.

바울은 지금부터 하려고 하는 말이 억지로 꾸며낸 이야기가 아니라
"너희도 알고 있는"(Ye know) 이야기라고 상기시켜 준다. 고린도 교인들이
잘 알고 있는 것은 다름 아니라 "너희가 이방인으로 있을 때에 말 못하는
우상에게로 끄는 그대로 끌려갔었다"는 것이다(6:11; 시 115:5; 엡 2:11,
12; 살전 1:9; 딛 3:3; 벧전 4:3). 5:10 주해 참조. 즉 '고린도 교인들이 믿지
않던 이방인30)으로 있을 때 말 못하는 우상(왕상 18:26, 29; 시 115:5; 135:16;

---

30) 고린도 교인들이 "이방인으로 있었다"는 말은 과거에는 '이교도'였었다는 뜻이다. 다시
말해 그들은 과거에는 기독교인이 아니었었다는 것을 뜻한다.

사 46:7; 합 2:18-19)에게로 끄는 그대로 끌려갔다'는 것을 상기시켜주고 있다. 그들은 말 못하는 우상의 배후에서 활동하고 있었던 사탄과 그의 졸개들이 끄는 그대로 그냥 질질 끌려갔었다. 그들은 과거에 사탄과 귀신에게 끌려가면서 신비한 체험, 황홀경 속에 살았던 경험이 있었다. 바울은 다음 절에서는 고린도 교인들이 예수님을 믿은 후의 체험을 알려준다. 그러니까 바울은 본 절에서는 고린도 교인들의 과거 체험을 말해주고 다음 3절에서는 현재 체험을 알려주고 있다.

그런데 학자들은 본 절을 해석하면서 두 갈래로 갈린다. 1) 고린도 교인들이 과거에만 신비한 체험, 황홀경체험을 했던 것이 아니라 현재도 그런 신비체험을 하고 황홀경 체험을 해서 교회가 혼란에 빠져 있기에 바울이 본 절을 말했다고 한다(김세윤, 최세창). 2) 바울은 본 절에서 순전히 고린도 교인들의 과거의 체험을 말하는 것뿐이라고 말한다(Calvin, Lenski, J. Hunter, 옥스퍼드 원어 성경대전, 박윤선, 이순한). 둘째 번 견해가 타당하다. 바울은 본 절에서 고린도 교인들의 과거의 경험을 말하고 3절에서는 현재의 경험을 말하고 있다. 과거에는 우상숭배의 삶을 살았고 현재는 성령을 따르는 삶을 산다고 말하고 있다. 과거의 경험이 예수님을 믿은 현재에까지 계속되는 것은 아니다. 그들은 과거에는 말 못하는 우상의 배후에서 활동하는 사탄에게 끌렸고 현재(3절)는 말씀하시는 성령님의 이끌림에 살고 있는 것이다.

고전 12:3. 그러므로 내가 너희에게 알리노니 하나님의 영으로 말하는 자는 누구든지 예수를 저주할 자라 하지 아니하고 또 성령으로 아니하고는 누구든지 예수를 주시라 할 수 없느니라.

바울은 "그러므로" 즉 '고린도 교인들이 과거에는 말 못하는 우상에게로 끄는 그대로 끌려갔었음으로' "내가 너희에게 알리노니 하나님의 영으로 말하는 자는 누구든지 예수를 저주할 자라 하지 아니 한다"고 말한다(막 9:39; 요일 4:2-3). 바울은 고린도 교인들이 우상에게로 끄는 그대로 끌려간 과거의 경험에 대해서는 너희가 알고 있었다고 말하고 이제 본 절에서는 예수님을 믿은 후의 새로운 경험을 "내가 너희에게 알린다"고 말한다. 전혀 새로운 사실을 알린다는 것이다.

바울은 앞 절에서는 고린도 교인들이 과거의 경험으로 말 못하는 우상의 배후에서 역사하는 사탄과 귀신들에게 그냥 끌려가기만 했었는데, 이제는 "하나님의 영으로 말하는" 입장이 되었다고 말한다. 여기 "하나님의 영으로 말한다"는 말은 '하나님의 영이 감동하는 대로 말한다'는 뜻이다. 바울은 하나님의 영으로 말하는 자는 "누구든지 예수를 저주할 자라 하지 아니한다"고 말한다(마 16:17; 요 15:26; 고후 3:5). 그들은 사탄과 귀신에게 끌렸기 때문에 예수님을 저주할 자라고 했었다. 그러나 이제는 성령의 감동을 받기 때문에 절대로 예수를 저주할 자라고 말하지 않게 되었다.

그리고 바울은 "또 성령으로 아니하고는 누구든지 예수를 주시라 할 수 없다"고 말한다. 즉 '성령의 역사가 아니고는 누구든지 예수님을 주님이시라고 고백할 수 없다'고 말한다. 고린도 교인들이 지금 예수님을 주님으로 고백하게 된 것은 성령의 역사로 된 것이라고 알려준다.

B. 성령의 은사의 다양성과 통일성　12:4-11

성령의 은사는 다양하나 통일성을 이루고 있다. 다시 말해 성령의 은사는 여러 가지이나 그 여러 가지 은사는 한분 성령님께서 주시는 은사이다.

고전 12:4. 은사는 여러 가지나 성령은 같고.

바울은 본 절부터 6절까지 성삼위의 역할을 말한다. 본 절은 성령님이 하시는 일을 말하고 다음 절은 성자 예수님께서 하시는 일을 말하며 6절에서는 성부 하나님께서 하시는 일을 말한다.

바울은 "은사는 여러 가지나 성령은 같다"(Διαιρέσεις δὲ χαρισμάτων εἰσίν, τὸ δὲ αὐτὸ πνεῦμα)고 말한다(롬 12:4; 엡 4:4; 히 2:4; 벧전 4:10). 여기 "여러 가지"(διαιρέσεις)란 말은 '분배,' '배당'이란 뜻으로, 문장을

다시 번역하면 "그리고 은사들의 분배들이 있다. 그러나 동일한 성령께서"이다. 바울은 성령에 의하여 은사들이 분배되었지만 같은 성령에 의하여 분배되었다고 말한다. 은사의 종류는 성경에 많이 기록되어 있는데(12:7-10, 28; 롬 12:6-8; 벧전 4:10-11) 중복되는 것을 빼면 대략 19가지가 된다. 그러나 시대가 복잡해졌기에 성령님께서는 더 많은 은사를 주실 것으로 보인다. 이 모든 은사들은 성령님께서 주셨다. "은사"란 '봉사를 위해 성령님께서 주시는 은혜의 선물'을 지칭한다.

고전 12:5. 직분은 여러 가지나 주는 같으며.

바울은 "직분은 여러 가지나 주는 같다"(καὶ διαιρέσεις διακονιῶν εἰσιν, καὶ ὁ αὐτὸς κύριος)고 말한다(롬 12:6-8; 엡 4:11). 여기 "여러 가지"(διαιρέσεις)란 말도 앞 절과 마찬가지로 '분배,' '배당'이란 뜻으로 이 문장을 다시 번역하면 "그리고 직무들의 분배들이 있다. 그러나 동일한 주께서"이다. 바울은 은사를 받은 성도들에게 부여되는 직분(직임)은 여러 가지이지만 그 직분을 주시는 주님은 같다고 말한다. 본 장 28절에는 은사를 말하고 있고 29-30절에는 그 은사에 따라 직분이 주어지는 것을 말하고 있다. 우리의 모든 직분은 주님께서 주신다. 그런고로 우리는 직분을 주신 주님께 죽도록 충성해야 한다.

고전 12:6. 또 사역은 여러 가지나 모든 것을 모든 사람 가운데서 이루시는 하나님은 같으니(καὶ διαιρέσεις ἐνεργημάτων εἰσίν, ὁ δὲ αὐτὸς θεὸς ὁ ἐνεργῶν τὰ πάντα ἐν πᾶσιν).

바울은 성도들이 성령으로부터 은사를 받고 주님으로부터 직분을 받는데 직분 가진 자가 일하는 "사역은 여러 가지나 모든 것을 모든 사람 가운데서 이루시는 하나님은 같다"고 말한다(엡 1:23). 이 문장을 다시 번역하면 "그리고 사역들의 분배들이 있다. 그러나 모든 자들 안에서 모든 것을 역사하시는 동일한 하나님께서"라고 번역된다. '성도들이 성령으로부터 은사를 받아

행하는 사역은 여러 가지이지만 모든 사역, 즉 모든 활동을 모든 사람 가운데
서 이루시는 하나님은 같다'는 뜻이다. 믿는 사람은 하나인데 그에게 은사를
주시는 분은 성령님이시고 또 직분을 주시는 분은 예수님이시며 또 활동하시
는 분은 하나님이시라는 것이다. 바울은 이 부분(4-6절)에서 삼위일체를
증명하거나 말하려고 한 것이 아니라 다만 우리 믿는 자 한 사람에게 성령,
성자, 성부께서 역사하심을 말하고 있다.

고전 12:7. 각 사람에게 성령을 나타내심은 유익하게 하려 하심이라.

바울은 4절에서는 은사의 출처는 성령님이라고 했는데 본 절에서는 "각
사람에게 성령을 나타내심은 유익하게 하려 하심이라"고 말한다(14:26; 롬
12:6-8; 엡 4:7; 벧전 4:10-11). 여기 "성령을 나타내심"이란 말은 '은사'라는
뜻이다. 은사란 다른 것이 아니라 각 사람에게 성령을 나타내 주신 것이다.
다시 말해 각 신자에게 성령을 분배하신 것이 바로 은사이다.

각 사람에게 은사를 주신 이유는 교회에 유익하게 하려 하심이다. 교회에
유익을 주지 못하는 은사는 은사로서의 목적을 달성하지 못한 것이다. 예언
이나 방언의 은사를 받고 교회를 떠들썩하게 만들면 안 된다. 반드시 교회의
덕을 세워야 한다. 우리는 은사를 받았다. 그것이 교회에 유익이 되고 있는지
확인해야 한다.

고전 12:8. 어떤 사람에게는 성령으로 말미암아 지혜의 말씀을, 어떤 사람에게는 같은 성령을 따라 지식의 말씀을,

여기 8절부터 10절까지 9가지 은사가 나열되어 있는데 이 순서는 아마도
값어치 순서로 나열되어 있는 것으로 보인다(Bruce). 바울은 "어떤 사람에게
는 성령으로 말미암아 지혜의 말씀이, 어떤 사람에게는 같은 성령을 따라
지식의 말씀"이 주어졌다고 말한다(1:5; 2:6-7; 13:2; 고후 8:7). 이 문장에서
"성령으로 말미암아"(διὰ τοῦ πνεύματος)란 말과 "같은 성령을 따라"(κατὰ
τὸ αὐτὸ πνεῦμα)란 말은 똑같이 성령을 출처로 한다는 뜻이다. "지혜의

말씀"의 출처도 성령이시고 "지식의 말씀"의 출처도 성령이시라는 것을
보여준다.

그런데 "지혜의 말씀"이 무엇이고 "지식의 말씀"이 무엇인가에 대하여
해석하기 전에 먼저 주해자들은 이 은사들이 언제 주어졌는가에 대하여
두 갈래로 갈린다. 1) 이 두 은사들은 초대교회 때에만 있었다는 견해(S.
Lewis Johnson, Jr.[31], J. Hunter[32]). 2) 모든 시대에 주어진다는 견해(대부분
의 주해자). 이 은사들이 모든 시대에 주어진다는 견해가 타당하다. 성령으로
말미암아 지혜의 말씀이나 지식의 말씀이 초대 교회 후에도 주어지고 있다고
믿어야 한다. 이유는 모든 은사는 성령님께서 주시는 선물로 성령님이 계신
한 계속해서 주시는 것으로 보는 것이 타당하다.

그러면 성령님께서 주시는 "지혜의 말씀"과 "지식의 말씀"이란 무엇을
지칭하는 것인가.[33] 먼저 여기 "말씀"(관사가 없음)이란 '말' 혹은 '메시
지'(NIV) 혹은 '설교'란 뜻이다. 성령께서는 어떤 사람에게는 지혜를 말하도
록 능력을 부여하시고 또 어떤 사람에게는 지식을 말하도록 능력을 부여하신
다. 그러니까 "지혜의 말씀"이란 '지혜를 말하는 은사'를 지칭하고 "지식의
말씀"이란 '지식을 말하는 은사'를 지칭한다. 다시 말해 지혜를 말하는 은사
란 예수 그리스도의 대속을 통하여 인류를 구원하신 하나님의 지혜(고전
1:20; 2:5-6, 13; 3:19)를 말하는 은사를 지칭하는데 이 은사를 받은 자는

---

31) 존슨(Johnson Jr.)은 "지혜의 말씀은 아마도 사도와 같은 한시적인 은사로 보이며 영적
지혜의 소통과 관련이 있는 은사일 것으로 보인다"고 말한다.

32) 제이 헌터(J. Hunter)는 "우리는 바울 당시에 고린도 지역 교회들에서는 지침으로 여기고
따를 신약 성경이 전혀 없었다는 것을 인정해야 한다. 하나님께서는 그러한 상황에 대처하도록
이 은사들을 주셨다. '말씀'은 여기서 '말'(utterance)을 의미한다. 그것은 의사소통과 관련된
은사였다. '지식'은 연구해서 얻은 지식이 아니라 어느 순간의 필요를 채우기 위해 하나님께서
부여하신 지식을 가리킨다. 그 예를 사도행전 5:3-4에서 베드로에게 허락된 지식에서 엿볼
수 있다. 지금은 하나님의 말씀으로 충분하다"고 주장한다.

33) 지혜와 지식의 차이가 무엇이냐를 놓고 수많은 견해가 피력되었다. 몇 가지만 써 보면,
Calvin-사물에 대한 통찰력과 사무에 대한 정상적 파악. 박윤선박사-복음에 대한 영적 이해와
복음에 대한 변증 및 해설. Gordon Fee-하나님의 지혜인 못 박히신 그리스도와 성경에 대한
기독교적 통찰을 받아들이는 것. Shore-영적 진리에 대한 깊은 통찰력과 교리에 대한 지적
이해력. G. Campbell Morgan-진리에 대한 직접적인 통찰력과 진리에 대해 탐구한 결과 얻은
통찰력.

다른 이들에게 구원의 진리를 말로 혹은 설교로 잘 전할 수 있게 된다.

그리고 '지식을 말하는 은사'란 복음을 말하는 은사 혹은 복음을 해설하는 은사를 지칭한다. 다른 말로 지식을 말하는 은사란 교리를 잘 말하는 은사를 지칭한다(Lenski, Hodge). 핫지(Hodge)는 이 은사가 교사들이 가지고 있었던 은사라고 주장한다.[34] 교사의 위치는 28절에서 사도와 선지자 다음에 위치한 은사로서 복음을 잘 설명하는 은사라고 말한다. 누구든지 지식의 은사를 받은 사람들은 다른 사람들에게 복음 혹은 교리를 잘 설명하게 된다.

고전 12:9-10. 다른 사람에게는 같은 성령으로 믿음을, 어떤 사람에게는 한 성령으로 병 고치는 은사를 어떤 사람에게는 능력 행함을, 어떤 사람에게는 예언함을, 어떤 사람에게는 영들 분별함을, 다른 사람에게는 각종 방언 말함을, 어떤 사람에게는 방언들 통역함을 주시나니.

바울은 "다른 사람에게는 같은 성령으로 믿음"이 주어진다고 말한다(13:2; 마 17:19-20; 고후 4:13). 여기 "다른 사람에게는"이란 말은 8절에 말한 지혜의 말씀을 받는 사람과 지식의 말씀을 받는 사람들(거기서는 "어떤 사람에게는"이라고 묘사되었다) 말고 전혀 다른 사람들에게는 같은 성령으로 믿음이 주어진다는 뜻이다. 그러니까 한 사람이 모든 은사를 받는 것이 아니라 성령께서 "믿음"의 은사를 다른 사람에게 주신다는 것이다.

그러면 여기 "믿음"이 무엇을 지칭하느냐 하는 것은 아주 어려운 말이다. 이유는 이 "믿음"은 성도들이 성령의 기본적인 사역에 의해 주어지는 구원에 필요한 믿음(3절)을 지칭하는 것이 아니고 은사로서의 믿음을 의미하기 때문이다. 그렇다면 이 믿음은 어떤 믿음을 지칭하는 것인가. 바울이 여기서 말하는 "믿음"이란 '권능을 행하게 하는 믿음'을 가리킨다(마 17:20; 21:21; 고전 13:2; 고후 11:23-33, Calvin, Bengel. Godet, 박윤선, 이상근, 이순한).

---

34) 찰스 핫지, *고린도주석*, 성경주석, 김영배 옮김, p. 347.

이런 믿음은 구원 받게 하는 믿음을 소유하지 못한 자들도 가지는 실례가 있다(마 7:22, 박윤선). 캠벨 몰간은 "이 믿음을 받는 사람들이 있으며 받지 못한 사람들도 있다"고 말한다.

바울은 또 "어떤 사람에게는 한 성령으로 병 고치는 은사"가 주어진다고 말한다(막 16:18; 약 5:14). "병 고치는 은사"는 사도들에게 주어졌고, 초대교회에 주어졌다(마 10:1; 행 5:12f; 8:7; 28:8). 이 은사를 받은 사람들은 병자에게 손을 얹어 기도하거나(막 6:5; 행 28:8) 기름을 발라서(약 5:14) 말씀으로(행 3:1-10; 9:34; 14:10) 병자를 고쳤다. 현대에는 신유의 은사를 받은 자가 특별히 기도할 때 하나님의 특수섭리로 병이 고쳐지는데 초대교회 때와는 달리 많은 경우 재발한다. 오늘날 신유의 은사를 받지 못한 자는 병을 고치지 못하는가. 은사를 받지 않은 성도도 기도에 전념하는 경우 병을 고칠 수 있다.

바울은 또 "어떤 사람에게는 능력 행함"이 주어진다고 말한다(29절, 29절; 막 16:17; 갈 3:5). "능력 행함"이란 병을 고치는 것 이외에 여러 가지 이적을 행하는 은사를 지칭한다. 귀신들을 쫓아내는 일, 죄인들을 징계하는 일등을 하는 은사를 말한다(행 5:1-11; 13:8-12; 19:11; 고후 11:23-28).

바울은 또 "어떤 사람에게는 예언"이 주어진다고 말한다(13:2; 14:1; 롬 12:6). 신약 시대의 "예언"(προφητεία)이란 앞으로 이루어질 일에 대한 하나님의 계시를 다른 사람들에게 전달하는 것이다. 그런데 예언이란 미래를 예언하는 행위만을 지칭하는 것이 아닌 성령의 은사로서 하나님의 감추어진 계시의 뜻을 명확하게 이해하여 선포하는 것을 말한다(2:6-16). 레온 모리스 (Leon Morris)는 "신약시대에 예언자들의 예언들 가운데서 앞을 내다보는 요소는 자주 극소화되었는데 그럼에도 무시될 수는 없는 것이다. 때때로 정확하게 미래를 내다볼 수 있는 그것이 참 예언자의 표시로서 간주되기도 했다. 그러나 강조점은 앞을 내다보는 데에 있지 않고 들려진 하나님의 말씀을 선포하는데 있다"고 말한다.

바울은 "어떤 사람에게는 영들 분별함"이 주어진다고 말한다(14:29; 요일 4:1). "영들 분별함"(διακρίσεις πνευμάτων)이란 '영들의 활동이 있을 때 그 활동이 하나님의 영으로부터 온 것인지 혹은 귀신으로부터 유래한 것인지 분별하는 은사'를 지칭한다. 영들 분별하는 은사는 누구든지 가지고 있어야 하지만(요일 4:1) 그러나 특별히 그 은사를 가진 사람이 있어서 분별할 수 있어야 한다(마 24:23; 행 8:23; 16:16-18; 고후 11:14 참조). 우리는 오늘날 분별의 은사를 받아 참 진리와 거짓을 분별할 수 있어야 한다.

바울은 "다른 사람에게는 각종 방언 말함을, 어떤 사람에게는 방언들 통역함을 주신다"고 말한다(13:1; 행 2:4; 10:46). 이 두 은사는 동시에 취급해야 할 것이다. 이유는 서로 관련되어 있기 때문이다. 여기 "각종 방언을 말하는" 은사란 바로 뒤에 나오는 "통역하는 은사"라는 말을 감안할 때 성령께서 고린도 교회에 주셨던 각종 방언을 말하는 은사를 지칭하는 것으로 보아야 한다. 혹자는 바울이 본 절에서 취급하는 방언하는 은사가 사도행전에 기록된 외국어를 말하는 은사를 지칭한다고 주장하기도 하나 오순절 후에 있었던 방언은 외국어(행 2:7-8)로서 통역하는 은사를 받지 않아도 외국어를 아는 사람을 데려오면 이해할 수 있었으니 본 절에 나오는 방언하는 은사는 분명히 고린도 교회에 있었던, 알아들을 수 없었던, 황홀경 속의 방언이다(14:2, 6-11). 그런데 바울은 고린도 교회에 있었던 방언을 묘사할 때 "각종 방언"이라고 말했는데 그 이유는 고린도 교회에 매우 많은 종류의 방언이 있었음을 보여준다.

고린도 교회에서 있었던, 알아듣기 어려웠던 방언을 말하는 자는 자신이 통역하는 은사를 위해 기도하든지(14:13) 아니면 통역하는 은사를 받은 자를 세워야 했다. 하나님은 고린도 교회에 있었던 무아경 속에서 진행되는 방언을 알아들을 수 있도록 통역하는 은사를 가진 자를 세워주셨다(14:27). 하나님은 그의 뜻을 버리기를 원하지 않으셨다. 통역하는 자가 없으면 방언하는 자는 교회에서 잠잠해야 했다(14:28). 바울이 이렇게 방언의 은사와 통역하는 은사를 은사목록 중 제일 마지막에 둔 이유는 은사 중에 제일 가치가 덜한 은사이기 때문일 것이다.

고전 12:11. 이 모든 일은 같은 한 성령이 행하사 그의 뜻대로 각 사람에게 나누어 주시는 것이니라.

　　바울은 "이 모든 일은 같은 한 성령이 행하신다"고 말한다. 즉 '같은 한 성령님께서 이 모든 은사를 주신다'는 뜻이다. 아무리 많은 은사가 있어도 한분 성령님께서 주신다는 것이다. 그런고로 은사를 받은 여러 사람들은 성령님께 순종하여야 한다. 그리고 바울은 "그의 뜻대로 각 사람에게 나누어 주시는 것이라"고 말한다(7:7; 요 3:8; 롬 12:6; 고후 10:13; 엡 4:7; 히 2:4). 성령님께서 그의 뜻대로 각 사람에게 방언의 은사를 나누어주신다고 한다. 여기 "그의 뜻대로"란 말은 성령님의 주권대로란 뜻으로 성령님께서 원하시는 대로 나누어주신다는 것이다. 그리고 "각 사람에게"란 말은 누구에게나 나누어 주시기를 원하는 사람에게 나누어 주신다는 뜻이다. 그런데 여기 "각"이란 말이 붙은 것을 보면 성령님은 예수님을 믿는 누구에게나(3절) 은사를 주시는 것을 알 수 있다. 그러니까 누구든지 20가지 정도(12:7-10, 28; 롬 12:6-8; 벧전 4:10-11)의 은사 중에 하나라도 반드시 받는 것을 알 수 있다.

　　C. 한 몸의 다양한 지체　12:12-26

　　바울은 앞(4-11절)에서 은사가 다양함을 말한 다음 이제 이 부분(12-26절)에서는 한 몸의 다양한 지체를 예를 들어 그리스도의 몸 된 교회에도 역시 다양한 지체가 있음을 말하고 있다. 바울이 몸의 다양한 지체를 들어 교회에도 역시 다양한 지체가 있음을 말하는 이유는 은사를 받은 자들이 직분을 얻어 그리스도의 교회 안에서 서로 도우면서 봉사해야 함을 말하기 위함이다.

고전 12:12. 몸은 하나인데 많은 지체가 있고 몸의 지체가 많으나 한 몸임과

같이 그리스도도 그러하니라.

바울은 "몸은 하나인데 많은 지체가 있고 몸의 지체가 많으나 한 몸임과 같이 그리스도도 그러하다"고 말한다(27절; 롬 12:4-5; 갈 3:16; 엡 4:4, 16). 그러니까 그리스도도 "몸은 하나인데 많은 지체가 있고 몸의 지체가 많으나 한 몸이라"고 말한다. 다시 말해 그리스도의 몸도 하나인데 많은 지체가 있고 몸의 지체가 많으나 한 몸이라고 말하는 셈이다. 바울이 이처럼 사람의 몸을 예를 들어 그리스도를 중심한 그의 교회를 설명한 것은 그리스도의 교회가 하나이지만 그를 구성하는 많은 지체가 있고 또 한편 몸의 지체가 많지만 그리스도의 교회가 하나이기 때문이다. 바울은 때로는 그리스도를 중심한 교회를 부부로도 비유하고 있으나(엡 5:22-33) 때로는 사람 몸과 지체의 비유를 들고 있다(요 15:1-17; 롬 12:4-5; 엡 4:16; 5:30; 골 2:19). 부부로 비유한 것은 지체들의 상호간 인격을 강조하기 위함이고, 사람의 신체로 비유한 것은 상호간 일치성을 강조하기 위함이다. 교회를 모래 무더기로 비유할 수 없는 이유는 거기에는 생명적인 일치성이 없고, 또 기계 덩이로 비유할 수 없는 이유도 기계 덩이에는 자유와 생명이 없기 때문이다(박윤선).[35]

바울은 본 절 상반 절 "몸은 하나인데 많은 지체가 있다"는 말을 14-19절에서 다시 말하고, 본 절 하반 절 "몸의 지체가 많으나 한 몸이라"는 말을 13절, 20절에서 다시 말하고 있다.

고전 12:13. 우리가 유대인이나 헬라인이나 종이나 자유자나 다 한 성령으로 세례를 받아 한 몸이 되었고 또 다 한 성령을 마시게 하셨느니라(καὶ γὰρ ἐν ἑνὶ πνεύματι ἡμεῖς πάντες εἰς ἓν σῶμα ἐβαπτίσθημεν, εἴτε Ἰουδαῖοι εἴτε Ἕλληνες εἴτε δοῦλοι εἴτε ἐλεύθεροι, καὶ πάντες ἓν πνεῦμα ἐποτίσθημεν).

---

35) 박윤선, 고린도전후서, 성경주석, p. 178.

바울은 본 절 초두에 이유를 말하는 접속사(γὰρ)를 써서 앞에 말한 것이 이루어질 수 있었던 이유를 지적하고 있다. 즉 어떻게 해서 한 몸(한 교회의 회원)이 되었는가를 본 절이 설명하고 있다. 바울은 본 절에서 여러 은사를 받은 지체들이 한 몸이 된 경로를 말한다. "유대인이나 헬라인," 즉 '모든 인종 차별 없이,' 그리고 "종이나 자유자," 즉 '모든 신분 차별 없이' "다 한 성령으로 세례를 받아 한 몸이 되었다"고 말한다(롬 6:5; 갈 3:28; 엡 2:13-14, 16; 골 3:11). "우리가...다 한 성령으로 세례를 받아 한 몸이 되었다"(ἐν ἑνὶ πνεύματι ἡμεῖς πάντες εἰς ἓν σῶμα ἐβαπτίσθημεν)는 말은 '우리가 다 한 성령에 의해 세례를 받아 한 몸(한 교회-우주적인 교회) 속으로 들어갔다'는 뜻이다. 지구상에 살고 있는 사람들이 인종 차별 없이, 그리고 신분이 높든 낮든 차별 없이 한 분 성령에 의해서 세례를 받아 한 교회 안에 속하게 되었다. 우리는 성령에 의하여 그리스도와 연합되었고 동시에 우리 모두는 한 몸(한 교회)안으로 들어오게 되었다. 레온 모리스(Leon Morris)는 "이 단일성은 존재할 수 있는 어떤 차이도 초월한다"고 말한다.36)

그리고 바울은 "또 다 한 성령을 마시게 하셨느니라"(πάντες ἓν πνεῦμα ἐποτίσθημεν)고 말한다(요 6:63; 7:37-39). 여기 "마시게 하셨느니라"(ἐπο-τίσθημεν)는 말은 부정(단순)과거 수동태로 '마시게 되었다'는 뜻이다. 부정(단순)과거는 과거에 한번 성취된 사건을 가리키는 말로 상반 절에 나온 "세례를 받아"란 말과 동시에 성취된 일을 말한다. 그러니까 성령으로 세례를 받을 때 성령을 마시게 된 것을 지칭한다. "성령을 마시게 되었다"는 말은 요 4:14과 7:38에서 말하는 것처럼 한번 받은 성령은 영원한 소유로 남게 되었다는 사실을 명백히 하고 있다. 그러니까 "마시게 하셨느니라"는 말은 한번 받았던 생명은 계속 살아있다는 것을 뜻하는 말이다(Lenski).37)

고전 12:14. 몸은 한 지체뿐만 아니요 여럿이니.

---

36) 레온 모리스, *고린도전서주석*, 정일오역, p. 215.
37) 렌스키, *고린도전서*, 성경주석, 문창수역, p. 459.

바울은 본 절부터 19절까지 몸이 여러 지체들로 구성되어 있다고 말한다. 어떤 한 지체라도 몸과 동일시 될 수는 없다.

고전 12:15-16. 만일 발이 이르되 나는 손이 아니니 몸에 붙지 아니하였다 할지라도 이로써 몸에 붙지 아니한 것이 아니요 또 귀가 이르되 나는 눈이 아니니 몸에 붙지 아니하였다 할지라도 이로써 몸에 붙지 아니한 것이 아니니.

바울은 이 부분(15-16절)에서 몸에는 여러 지체들이 다 필요하다고 말한다. 가령 어떤 은사를 받은 사람이 직분을 받은 후 자기는 다른 직분자보다 덜 중요한 듯이 여겨서 자신은 몸에 붙지 아니했다고 아무리 말해보아도 교회에 붙어있지 아니한 것이 아니라고 말해 주기 위해 사람의 몸을 예를 들어 설명한다. 발과 귀가 각각 말하기를 자기들은 손이 아니니, 그리고 눈이 아니니, 몸에 붙지 아니했다고 아무리 떠들어 보아도 몸에 붙지 아니한 것이 아닌 것처럼 교회에서도 자신이 덜 중요한 듯 여겨져서 열등의식을 가지고 자기는 교회에서 필요 없는 사람이라고 투정부려 본다고 해서 교회의 회원이 아닐 수는 없다고 말한다. 덜 중요한 듯이 여겨지는 그 지체가 오히려 더 필요하다(22절, 24절). 교회에서 필요하지 않은 사람이 어디 있는가.

고전 12:17. 만일 온 몸이 눈이면 듣는 곳은 어디며 온 몸이 듣는 곳이면 냄새 맡는 곳은 어디냐.

바울은 앞(15-16절)에서는 덜 중요한 지체가 없이 모두가 있어야 한다는 것을 강조했고, 본 절에서는 온 몸이 한 기능만 한다면 다른 기능을 하는 지체가 없어서 문제가 된다고 말한다. 다시 말해 온몸이 눈 기능만 한다면 듣는 곳이 없어서 큰일이고 듣는 기능만 한다면 냄새 맡는 곳이 없어서 큰일이라고 말한다. 각각 다른 역할을 하는 지체들이 다 있어야 한다고 말한다.

고전 12:18. 그러나 이제 하나님이 그 원하시는 대로 지체를 각각 몸에 두셨으니.

바울은 본 절에서 무슨 지체든지 반드시 필요하기 때문에 하나님께서 "그 원하시는 대로 지체를 각각 몸에 두셨다"고 말한다(11절, 28절; 3:5; 롬 12:3). 여기 "그 원하시는 대로"란 말은 '하나님께서 기뻐하시는 대로'란 뜻으로 하나님께서 원하시는 대로 우리 몸의 지체들이 있어야 할 자리에 있게 하셨다는 뜻이다. 그런고로 인간이 그것을 없애거나 움직여서도 안 된다. 마치 눈을 빼어 버린다든지 혹은 코를 떼어 버린다든지 해서는 안 되는 것과 같다.

또 "지체를 각각 몸에 두셨다"(ἔθετο τὰ μέλη ἓν ἕκαστον αὐτῶν ἐν τῷ σώματι)는 말씀 중에 "두셨다"(ἔθετο)는 말은 부정(단순)과거 시제로 하나님께서 창조하실 때 우리 몸의 지체를 바로 그곳에 두셨다는 뜻이다. 그런고로 아무도 그 지체를 떼어 버리든지 혹은 아주 없애서는 안 된다. 마찬가지로 교회의 지체들도 하나님께서 그 자리에 두셨으므로 우리는 그 자리에서 은사를 받은 대로 충성해야 한다.

고전 12:19. 만일 다 한 지체뿐이면 몸은 어디냐.

바울은 "만일 다 한 지체뿐이면 몸은 어디냐"고 질문한다. 즉 '만일 한 지체가 중요하다고 해서 다 한 지체뿐이면 몸은 어디에 있을 것이냐'고 말한다. 그런고로 몸은 여러 지체로 구성되어 있어야 한다는 것이다. 교회도 마찬가지로 여러 지체가 있어야 한다.

고전 12:20. 이제 지체는 많으나 몸은 하나라.

12절 하반 절과 같은 말씀이다. 바울은 몸에 있어서 지체는 많지만 그 지체가 서로 모래알처럼 떨어져 있는 것이 아니라 한 몸을 구성하고 있다고 말한다. 교회도 마찬가지로 여러 은사를 받은 여러 직분들이 있지만 그 직분들은 한 교회를 구성하고 있다고 말한다. 서로 도우면서 교회를 섬겨야 하는 것이다.

고전 12:21. 눈이 손더러 내가 너를 쓸 데가 없다 하거나 또한 머리가 발더러 내가 너를 쓸 데가 없다 하지 못하리라.

바울은 15-16절에서 열등의식에 빠져 있는 직분 자들을 향하여 스스로 자신들이 교회에서 떨어져 나갈 생각은 하지 말라고 부탁했는데 이제 본 절에서는 좀 더 큰 은사들을 가진 자들이 좀 더 작은 은사를 가진 자들을 향하여 교회에서 쓸데없다고 말해서는 안 된다고 말한다. 몸으로 따져서 눈이 손더러, 그리고 머리가 발더러 쓸데없다고 하지 못하는 것처럼 교회에서도 다른 직분들을 향해 쓸데없다는 말을 하지 못한다고 말한다. 교회에 쓸데없는 지체가 없다. 피차 돕고 협조해야 한다. 무의식 중에라도 그런 생각은 하지 말아야 한다.

고전 12:22. 그뿐 아니라 더 약하게 보이는 몸의 지체가 도리어 요긴하고 (Nay, much more those members of the body, which seem to be more feeble, are necessary-KJV).

바울은 그리스도의 교회에서 쓸데없다는 소리를 들을만한(앞 절), 아주 별 볼일 없어 보이는, 즉 "더 약하게 보이는 몸의 지체가 도리어 요긴하다"고 말한다. 바울은 우리 몸에서 그 지체가 구체적으로 어떤 것인지, 그리고 교회에서도 그렇게 보이는 직분이 무엇인지 말하지 않았지만 사람보기에는 별로 중요하지 않아 보이는 직분들이 더 중요하다고 말한다. 사실 교회에서는 전혀 중요해보이지 않는 직분이 더 중요한 수가 얼마나 많은가. 아무런 시선도 받지 못하고 별 대우도 받지 못하는 직분들이 더 중요한 수가 많이 있다. 우리는 아무도 무시해서는 안 된다. 우리는 교회에서 여러 가지 궂은 일을 맡아 수고하는 일꾼들을 무시해서는 안 된다.

고전 12:23. 우리가 몸의 덜 귀히 여기는 그것들을 더욱 귀한 것들로 입혀

주며 우리의 아름답지 못한 지체는 더욱 아름다운 것을 얻느니라 그런즉.

바울은 앞 절에서 "더 약하게 보이는 몸의 지체"에 대해 말했는데 본 절에 와서는 "몸의 덜 귀히 여기는 그것들" 혹은 "아름답지 못한 지체"라는 말로 바꾸어 말한다. 바울은 우리가 몸의 덜 귀히 여기는 지체들을 더욱 귀한 옷들로 입혀준다고 하며, 우리의 아름답지 못한 지체를 더욱 아름다운 옷들을 입혀준다고 말한다. 교회에서도 역시 사람들이 덜 귀하게 여기는 자를 더욱 돌보아주어야 한다는 것이다.

고전 12:24a. 우리의 아름다운 지체는 그럴 필요가 없느니라.

바울은 "우리의 아름다운 지체는 그럴 필요가 없느니라"고 말한다. 즉 '옷을 입히지 않고 내놓고 다녀도 괜찮은 아름다운 지체는 아름다운 옷을 입힐 필요가 없다'고 한다. 보기 좋게 보이는 지체를 무엇 때문에 아름다운 것으로 입힐 필요가 있으랴.

고전 12:24b. 오직 하나님이 몸을 고르게 하여 부족한 지체에게 귀중함을 더하사.

바울은 24절 상반 절까지는 사람이 조종(操縱)한다고 했는데, 하반 절부터는 하나님께서 조종하신다고 말한다. 바울은 18절에서처럼 이 구절에서도 오직 "하나님께서 몸을 고르게 하여 부족한 지체에게 귀중함을 더하셨다"고 말한다. 여기 "고르게 하여"(συνεκέρασεν)란 말은 부정(단순)과거 시제로 '조절했다,' '함께 섞었다'는 뜻으로 창조 때 하나님께서 우리의 몸의 지체들을 잘 조절하신 것을 지칭한다. 하나님은 우리 몸을 살피셔서 부족한 지체에게 귀중함을 더 하셨다. 우리는 하나님께서 만드신 대로 살아야 한다. 우리의 노력으로 변경시키려고 할 필요가 없다. 우리의 성형수술은 한계가 있어야 한다. 가령 화상을 입었을 때 좀 보기 좋게 성형하는 것은 좋은 일이나 성전환수술 같은 것은 하나님의 섭리를 거스르는 것이다.

고전 12:25. 몸 가운데서 분쟁이 없고 오직 여러 지체가 서로 같이 돌보게 하셨느니라.

바울은 하나님께서 우리의 몸을 고르게 하신(앞 절) 목적 두 가지를 본 절에서 말한다. 하나는 하나님께서 "몸 가운데서 분쟁이 없게 하셨다"고 말한다. 일례를 들어 우리의 치아와 혓바닥을 살펴보면 이빨이 혓바닥을 물지 않는 것을 알 수가 있다. 또 하나는 "여러 지체가 서로 같이 돌보게 하셨다." 일례를 들으면 우리의 손은 많은 지체들을 돌보고 있는 것을 알 수가 있다. 이처럼 교회도 분쟁이 없어야 하고 서로 돌아보고 격려해야 한다.

고전 12:26. 만일 한 지체가 고통을 받으면 모든 지체가 함께 고통을 받고 한 지체가 영광을 얻으면 모든 지체가 함께 즐거워하느니라.

바울은 인간의 다양한 지체 중에 "한 지체가 고통을 받으면 모든 지체가 함께 고통을 받는다"고 말한다. 눈에 조그마한 티끌이 들어가도 온 몸이 불편하고, 손에 조그마한 가시가 들어가도 온 몸이 고통을 느낀다. 그렇듯이 교회의 한 지체가 고통을 받으면 온 교회가 고통을 받는다. 그런고로 한 지체가 고통을 받을 때 온 교우들은 한 지체가 당하는 고통이 해결될 수 있도록 기도하고 힘써야 한다.

그리고 바울은 "한 지체가 영광을 얻으면 모든 지체가 함께 즐거워한다"고 말한다. 즉 '인간의 여러 지체 중에 한 지체가 즐거움을 얻으면 모든 지체가 함께 즐거워 한다'는 뜻이다. 추운 겨울날 불에 손을 쬐면 몸 전체도 따뜻함을 느끼고 무더운 여름 날 손을 찬물에 넣으면 온몸이 시원하다. 그처럼 교회의 한 지체가 기쁜 일을 만나면 다른 지체도 기뻐해야 한다. 교인들은 항상 동고동락해야 한다.

D.다양한 은사와 다양한 직분 12:27-31a

바울은 앞부분(12-26절)에서 한 몸과 많은 지체의 관계를 설명했는데 이제 그 비유를 이 부분(27-31a)에서 그리스도의 몸에 적용하고 있다. 바울은 이 부분에서도 역시 다양성 속의 일치성을 강조하고 있다. 다시 말해 그리스도의 몸인 우주적인 교회는 하나이지만 그 안에는 많은 지교회가 있고 또한 지교회 안에도 다양한 은사들과 직분들이 있어서 서로 도우면서 봉사해야 한다고 말한다.

고전 12:27. 너희는 그리스도의 몸이요 지체의 각 부분이라(Ὑμεῖς δέ ἐστε σῶμα Χριστοῦ καὶ μέλη ἐκ μέρους).

바울은 "너희"(헬라어에서 강조되고 있다) 즉 '고린도 교회 교인들'은 "그리스도의 몸이요 지체의 각 부분이라"고 말한다(롬 12:5; 엡 1:23; 4:12; 5:23, 30; 골 1:24). 12절 주해 참조. 즉 '너희 고린도 교인들은 그리스도의 몸이요 개별적으로는 교회의 지체들이라'는 뜻이다.[38] 핫지(Hodge)는 "교인들은 집합적으로는 그리스도의 몸이고 개별적으로는 몸의 각 지체들이다"라고 말한다. 바울은 비록 고린도 교회가 문제가 많았지만 그리스도의 몸이라고 말한다. 그런고로 고린도 교인들은 그리스도의 지배를 받아야 한다고 암시한다. 그리고 바울은 교인들을 고린도 교회의 지체들이라고 말하여 고린도 교회 전체를 위하여 헌신해야 할 것을 암시한다.

고전 12:28. 하나님이 교회 중에 몇을 세우셨으니 첫째는 사도요 둘째는 선지자요 셋째는 교사요 그 다음은 능력을 행하는 자요 그 다음은 병 고치는 은사와 서로 돕는 것과 다스리는 것과 각종 방언을 말하는 것이라.

바울은 "하나님이 교회 중에 몇을 세우셨다"고 말한다(18절, 24절; 엡 4:11). 우리는 여기서 "하나님이"라는 말에 주의를 기울여야 한다. 하나님께서 교회 중에 몇 가지 은사를 주시고 그에 따라 몇 가지 직분을 세우신

---

38) 브루스(F. F. Bruce)는 "교회라는 말에 관사가 없다고 해서 '너희는 그리스도의 한 교회이다'라고 번역하는 것은 잘 못이다. 그렇게 번역하면 모든 지방교회는 그리스도로부터 분리된 교회로 비쳐지기 때문에 잘 못 번역하는 것이다"라고 말한다. *I & II Corinthians*, NCB. p. 122.

것은 사람이 한 것이 아니라 하나님께서 세우신 것이라고 한다. 우리는 은사를 받은 사람들, 그리고 은사에 합당하게 직분을 받은 사람들을 존중할 줄 알아야 한다. 이유는 하나님께서 그들을 세워주셨기 때문이다.

바울은 은사를 나열하는데 있어 등급을 매긴다. 즉 "첫째는...둘째는...셋째는...그 다음은..."이라고 말한다(엡 4:11 주해 참조). 이 등급은 바울이 성령의 감동을 받아 세운 것으로 우리가 오늘 이렇게 등급을 매길 수는 없다. 바울이 방언을 하는 순서를 맨 마지막에 매긴 것은 고린도 교인들에게 큰 교훈이었을 것이다. 왜냐하면 고린도 교인들은 방언하는 은사를 너무 크게 생각했기 때문이었다.

바울은 "첫째는 사도"라고 말한다(엡 2:20; 3:5). "사도"란 '보냄을 받은 자,' '심부름꾼'이라는 뜻으로 사도가 될 자격자는 그리스도와 함께 다녀야 했으며 또 사람들을 가르치고 귀신을 쫓아내는 사람들이었다(막 3:14-15). 사도는 예수님께서 친히 뽑으신 12명 이외에 초대교회 때 바나바, 야고보, 바울 등이 있었다. 이들은 아주 높은 평가를 받았다.

바울은 또 "둘째는 선지자"라고 말한다(행 13:1; 롬 12:6). "선지자"에 대해서는 10절의 "예언"에 대한 주해를 참조하라. 그리고 바울은 또 "셋째는 교사요"라고 말한다. 교사는 복음을 해설하는 은사를 지칭한다. 다음 바울은 "그 다음은 능력을 행하는 자...그 다음은 병 고치는 은사"를 열거한다(9절, 10절). 이 두 은사의 해석을 위해서는 9-10절의 주해를 참조하라. 바울은 "서로 돕는 것과 다스리는 것"을 열거한다(민 11:17). "서로 돕는 것"은 '서로 돕는 은사'를 지칭하는데 그 이유는 본 절이 은사를 말하는 문장이기 때문이다. 서로 돕는 일은 신자이면 누구나 다 해야 하는 일이지만 그러나 은사를 받아야 잘 감당할 수 있는 것은 사실이다. 교회에서 구제를 담당하는 집사의 직(행 6:1-3)을 감당하는 사람들은 돕는 은사를 받아야 잘 감당할 수 있다.

바울은 또 "다스리는 것"을 말했는데 "다스리는 것"이란 말은 '다스리는 은사'를 지칭한다(롬 12:8; 딤전 5:17; 히 13:17, 24). 이유는 본 절이 은사를 말하는 구절이기 때문이다. "다스리는 것"(κυβερνήσεις)이란 말은 레온 모리스(Leon Morris)에 의하면 "배가 위험을 당하는 모래톱(shoals)을 통과시켜 안전한 항구로 저어가도록 조종하는 사람, 즉 배의 키잡이의 활동을 나타내고 있다(이와 같은 단어가 행 27:11; 계 18:17에서 배의 '선장'으로 사용되었다)"고 말한다.39) 다스리는 은사를 받은 사람은 교회에서 목사가 되고 장로가 된다(행 15:23; 빌 1:1 참조). 이 은사를 받지 않고 목사가 되고 장로가 되는 수가 있는데 그것은 본인으로서도 불행한 일이고 교회에 불행을 끼치는 일이다. 인위적으로 목사가 되고 장로가 되는 경우, 실제로 사역을 감당하지 못한다. 바울은 맨 끝으로 "각종 방언을 말하는 것"을 언급한다. "각종 방언을 하는 것"이란 말도 역시 '각종 방언을 하는 은사'를 지칭한다(10절 주해 참조).

고전 12:29-30. 다 사도이겠느냐 다 선지자이겠느냐 다 교사이겠느냐 다 능력을 행하는 자이겠느냐 다 병 고치는 은사를 가진 자이겠느냐 다 방언을 말하는 자이겠느냐 다 통역하는 자이겠느냐.

바울은 "다...이겠느냐 다...이겠느냐 다...이겠느냐 다...행하는 자이겠느냐..." 식으로 질문한다. 이 질문에 대하여 누구든지 '아니요'라는 답을 해야 한다. 즉 고린도 교회 교인들은 누구든지 다 선지자일 수 없고 다 교사일 수 없으며 다 능력을 행하는 자일 수 없다는 대답을 해야 한다. 한 지체가 모든 은사를 받고 모든 직분을 맡아서 일할 수는 없다는 것이다. 두세 가지 은사는 가능하겠지만(14:13) 혼자 모든 은사를 받고 교회에서 혼자 봉사할 수는 없는 일이다. 그렇게 되면 교회의 균형이 깨진다. 이런 현상은 자연 질서 가운데서도 발견된다. 세계의 어느 한 나라에 모든 자원이 다 몰려 있지는 않다. 이 나라에는 이것이 많고 저 나라에는 저것이 많다. 그래서 서로 나누어 쓰게 되어 있다. 교회에서도 어느 사람은 선지자, 어느 사람은

---

39) 레온 모리스, *고린도전서주석*, 정일오역, p. 222.

교사, 어느 사람은 병 고치는 은사를 가진 자 등 서로 다른 은사를 가지고 다른 직분을 가지고 봉사하도록 되어 있다. 교인들은 서로 돕고 서로 격려하면서 신앙생활을 해야 한다. 한 가지 은사를 받고 직분을 감당하는 사람들은 다른 직분 자를 멸시해서는 안 된다. 모든 은사는 하나님께서 분배해주셨으며 또 모든 직분도 하나님께서 주셨기에 우쭐대지 않아야 하는 것과 더 나아가 다른 지체들을 존경해야 한다는 것을 암시한다.

바울은 이 부분에 7가지 은사를 말했는데 28절(8가지 은사를 말함)에서 나열한 은사들 중 두 가지(서로 돕는 은사와 다스리는 은사)를 뺐고 10절에서 말한 방언 통역하는 은사를 더 하고 있다. 바울은 한 곳에서 모든 은사를 다 쓰려고 하지는 않는다. 다만 은사란 다양하다는 것을 말하자 하는 셈이다 (렌스키).

고전 12:31a. (그러나) 너희는 더욱 큰 은사를 사모하라(ζηλοῦτε δὲ τὰ χαρίσματα τὰ μείζονα).

문장 초두의 "그러나"(de)라는 말은 앞부분(29-30절)의 내용과 본 절의 내용을 연결시키는 "그러나"이다. 앞부분에서는 한 지체가 여러 가지 은사를 가지고 혼자 봉사할 수는 없는 일이라고 말했으나 본 절에서는 "그러나" 큰 은사들을 사모하라고 권한다. 바울은 반드시 한 가지 은사만 가지고 있어야 한다는 법칙도 없이 가장 좋은 은사들을 사모하라고 한다.

여기 "더욱 큰 은사"(τὰ χαρίσματα τὰ μείζονα)란 말은 복수로 되어 있다(14:1, 39). 그러니까 은사들 중 '첫째 되는 은사, 둘째 되는 은사, 셋째 되는 은사'(28절에서 보인 것처럼) 등과 같이 귀한 은사들을 구하라는 말이다(물론 사도라는 은사는 사도 시대에만 있는 은사인고로 사모할 수 없는 은사이다).

"사모하라"(ζηλοῦτε)는 말은 '...을 향하여 질투 한다,' '진지하게 열망 한다'는 뜻으로 앞부분에서 거론된 은사를 지극히 사모할 것을 권장하는 말이다. 바울 사도가 이렇게 말한 이유는 고린도 교인들이 뒤편에 있는 방언의 은사를 너무 큰 은사인 줄 알고 너무 떠들고 교회를 혼란케 했기 때문일 것이다(14장에서 살펴보라).

E. 사랑은 은사 위에 있다 12:31b-13:13

여러 은사들에 대해 말한(4-31a) 바울은 이제 이 부분(12:31b-13:13)에서는 은사들 보다는 사랑이 우위에 있다고 말한다. 모든 은사가 다 있더라도 사랑이 없으면 그 은사를 가지고 봉사하는 사람의 봉사가 아무런 의미가 없다고 말한다. 이 부분은 은사를 가지고 자랑하는 사람을 무색하게 만든다. 우리는 은사를 가지고 사랑을 도출해 내야 한다. 모든 인류는 사랑을 말하는 본 장을 대하면서 부끄러운 줄 알아야 한다.

1) 사랑은 절대적으로 필요하다 12:31b-13:3

고전 12:31b. 내가 또한 가장 좋은 길을 너희에게 보이리라(Καὶ ἔτι καθ' ὑπερβολὴν ὁδὸν ὑμῖν δείκνυμι).

바울은 앞 절 상반 절(31a)에서 더 큰 은사를 사모하라고 권면한 다음 "내가 또한 가장 좋은 길을 너희에게 보이리라"고 말한다. 여기 "가장 좋은 길"(a more excellent way)이란 '더 탁월한 길,' '더 나은 길'이란 뜻으로 은사들 보다 더 탁월한 길을 지칭한다. 바울은 은사들 보다 더 탁월한 길을 보이겠다고 말하고는 13장에서 사랑에 대해 언급하고 있다. 은사들 보다는 사랑이 더 필요하다고 말한다. 가령 사람의 방언이나 천사의 말보다도 사랑이 더 탁월한 것으로 말하고(13:1), 예언하는 은사나 산을 옮길만한 은사보다도 사랑이 더 탁월한 것으로 말하며(13:2), 구제하는 은사보다도 사랑이 더 탁월한 것임을 말하고 있다(13:3).

혹자들은 여기 "가장 좋은 길"을 해석함에 있어 은사들을 얻기 위한 좋은 길, 혹은 좋은 방법을 지칭하는 것으로 말한다. 그러나 사랑이라는 것이 은사들을 얻기 위한 수단 방편이 아니라 오히려 다른 은사들의 목적으로 보아야 한다. 흐로샤이데(Grosheide)는 "바울의 목적은 고린도 교인들에게 맨 먼저 사랑을 구하도록 격려 하는 것이라"라고 말한다. 따라서 우리는 마치 은사를 가지면 모든 것을 다 가졌다는 생각을 버리고, 무엇보다도 사랑이 제일 중요한 것(13:13)인 줄 알고 은사를 사용하여 사랑(13:4-7)을 실천하는 성도들이 되어야 할 것이다.

제 13 장
사랑에 대한 예찬

고전 13:1. 내가 사람의 방언과 천사의 말을 할지라도 사랑이 없으면 소리 나는 구리와 울리는 꽹과리가 되고.

바울은 본 장 처음부터 고린도 교인들의 콧대를 낮춘다. 바울 사도는 방언하는 것을 제일 큰 은사로 알고 떠들던 고린도 교인들을 향하여 "내가 사람의 방언과 천사의 말을 할지라도 사랑이 없으면 소리 나는 구리와 울리는 꽹과리가 된다"고 말한다. 바울은 고린도 교인들에게 사람들이 할 수 있는 방언(여기 사람의 방언이라고 말한 것은 고린도 교인들이 말했던 황홀경에서 하는 방언이었을 것이다)[40]만 아니라 천사들의 말을 한다고 해도 사랑이 없으면(고린도 교인들은 사랑이 없었다-파당을 지어 싸웠으니 말이다) 소리 나는 구리와 울리는 꽹과리가 된다고 말한다. 여기 "소리 나는 구리와 울리는 꽹과리가 된다"는 말은 '징이나 심벌이 울리는 소리처럼 아무 의미가 없다'는 뜻이다. 레온 모리스(Leon Morris)는 "사랑이 없이는 땅과 하늘의 가장 좋은 말이라도 시끄러운 소리에 지나지 않는다"고 주장한다.

바울 사도가 본 장에서 말하는 사랑이란 십자가에서 나타난 사랑으로, 전혀 사랑을 받을 자격이 못되는 사람에게 주는 사랑을 뜻한다. 기독교의 사랑이란 상대방이 그 사랑을 받을 수 있는가 혹은 없는가를 따지지 않고

---

40) 본 절의 사람의 방언이란 글자대로 말하면 오순절 때에 성도들이 말했던 외국어라고 보는 것이 좋으나 바울이 본 절을 말할 때는 아마도 고린도 교인들이 황홀경 속에서 말하던 방언을 지칭하는 것으로 보는 것이 문맥에 더 합당할 것이다. 고린도 교인들은 사람이 알아들을 수 없었던 방언을 하면서 대단한 은사를 가진 것으로 알았다(14장 참고).

아낌없이 베푸는 사랑이다. 다시 말해 상대방에게 어떤 장점이 있어서 주는 사랑도 아니고 값어치가 있어서 주는 사랑이 아니라 주는 자의 마음속에 있는, 그리스도로부터 나오는 사랑이다. "우리가 아직 죄인 되었을 때에 그리스도께서 우리를 위하여 죽으심으로 하나님께서 우리에 대한 자기의 사랑을 확증하셨느니라"(롬 5:8)가 보여주듯이 우리 마음에 계신 그리스도께서 일방적으로 상대방에게 주는 무조건적인 사랑이다. 그런고로 바울이 말하는 사랑이란 그리스도를 믿지 않는 사람으로서는 감히 실행하기 어려운 사랑이다.

고전 13:2. 내가 예언하는 능력이 있어 모든 비밀과 모든 지식을 알고 또 산을 옮길 만한 모든 믿음이 있을지라도 사랑이 없으면 내가 아무 것도 아니요(καὶ ἐὰν ἔχω προφητείαν καὶ εἰδῶ τὰ μυστήρια πάντα καὶ πᾶσαν τὴν γνῶσιν καὶ ἐὰν ἔχω πᾶσαν τὴν πίστιν ὥστε ὄρη μεθιστάναι, ἀγάπην δὲ μὴ ἔχω, οὐθέν εἰμι. And though I have [the gift of] prophecy, and understand all mysteries, and all knowledge; and though I have all faith, so that I could remove mountains, and have not charity, I am nothing-KJV. And if I have prophetic powers, and understand all mysteries and all knowledge, and if I have all faith, so as to remove mountains, but have not love, I am nothing-RSV).

바울 사도는 본 절에서 우리가 아무리 큰 은사들을 가지고 있다하더라도 사랑이 없으면 그 은사를 가지고 있는 자신의 값어치가 아무 것도 아니라고 말한다. 그런데 바울은 본 절에서 몇 가지 은사를 말하고 있느냐에 대해 학자들은 의견을 달리 한다. 1) 바울은 두 가지 종류의 은사(예언, 믿음)를 말하면서 사랑과 비교하고 있다는 견해(캘빈, Meyer, Lenski, Lange, Richard L. Pratt, Jr.). 이 견해를 주장하는 학자들은 본 절 안에 "...일지라도"(ἐὰν)라는 말이 두 번 나오기 때문이라고 한다. "모든 비밀과 지식"이란 말은 앞에 나온 "예언하는 능력"을 설명하는 단어들이라고 주장한다. 가능한

해석이다. 2) 바울이 세 가지 종류의 은사(예언, 지식, 믿음)를 말했다는
견해(Soards, Wiersbe, 이순한). 4) 네 가지 종류의 은사(예언, 비밀, 지식,
믿음)를 말했다는 견해(Robertson and Plummer,[41] David K. Lowery, J.
Hunter, David Prior, 이상근). 세 가지나 혹은 네 가지 은사들과 사랑을
비교하고 있다고 말하기 보다는 문장 구조상 두 가지 은사와 사랑을 비교하
고 있다고 말하는 것이 더 나을 것 같다.

예언의 은사(12:8-10; 12:28-사도의 은사 다음으로 예언의 은사가 온다)
는 바울에게 있어서는 방언의 은사보다 더 나은 은사이다(14:1, 5). 이유는
예언의 은사는 교회를 세워주기 때문이다. 그러나 이 은사가 사랑을 가지지
않으면 값어치가 없다고 한다. 발람의 예언(민 22장; 벧후 2:15)과 가야바의
예언(요 21:49f)은 사랑이 빠져 있었기에 참으로 값어치가 없는 예언들이었
다. 본문의 "모든 비밀과 모든 지식"은 인간의 지혜와 하나님의 지혜 등
모든 지혜(계시에 의해서만 얻을 수 있는 것)를 합한 것을 가리키는데(F.
F. Bruce) 이런 것들은 예언을 하기 위해 필요한 것들이다.

그리고 "믿음"이란 우리의 구원을 위해 필요한 기초적인 믿음이 아니라
기적을 행사할 수 있는 믿음을 지칭한다(마 17:20; 막 11:23; 눅 17:6). 우리가
아무리 위대한 믿음을 가지고 있다하더라도 사랑이 없다면 우리의 믿음은
아무런 가치가 없다.

**고전 13:3. 내가 내게 있는 모든 것으로 구제하고 또 내 몸을 불사르게
내어 줄지라도 사랑이 없으면 내게 아무 유익이 없느니라.**

바울은 우리가 가지고 있는 모든 것을 가난한 자에게 주어도 사랑이
없으면 그 행위가 무익하다고 말한다. 우리 사회에서 많이 볼 수 있듯이
자신의 이기심을 충족시키기 위하여 남에게 주는 수가 많이 있는데 그런

---

41) Robertson and Plummer는 "예언"의 은사를 특별한 영감을 가진 설교와 연계시키고 "모든
비밀"을 교사의 지혜와 연계시키며 "모든 지식"을 교사의 지식으로 보았고 "믿음"은 사람을
구원하는 믿음이 아니라 산을 옮기는 믿음이라고 하였다(*Corinthians*, NCC., pp. 289-290).

행위는 자기에게 유익을 주지 못한다. 그리고 자신의 소유만 아니라 자기를
불사르게 내어주는 희생(단 3:17-18; 마 6:1-2)도 사랑이 없다면 아무 유익이
없다고 말한다. 자신의 몸을 불사르게 내주는 일이야말로 대단한 희생인데
그 희생을 감행하는 사람에게 사랑이 없다는 것은 이상한 일이다. 그러나
자신의 이름을 위하여 그런 일을 하는 경우 아무런 칭찬도 그리고 아무런
상급도 없다. 이런 행위들이 주님 앞에서 칭찬 받을 일도 못되고 상급을
받을 일도 못 된다.

2)사랑의 특성들 13:4-7

바울은 앞에서 우리가 무슨 일을 하든지 사랑이 필요하다고 말한(1-3절)
다음 이제 이 부분(4-7절)에서는 사랑이 무엇인지를 말한다. 사랑의 15가지
특성을 나열한다.

**고전 13:4. 사랑은 오래 참고 사랑은 온유하며 시기하지 아니하며 사랑은
자랑하지 아니하며 교만하지 아니하며.**

바울은 "사랑은 오래 참는" 것이라고 말한다(잠 10:12; 벧전 4:8). 사랑은
무한히 참는 것인데(이것은 하나님의 특성이다, 롬 2:4) 어떤 상황들에 대해
참는 것이라기보다는 사람에 대해 참는다는 것을 뜻한다.

다음 바울은 "사랑은 온유한" 것이라고 말한다. 사랑이란 우리에게 해악
을 끼치는 사람에게 선한 반응을 보이는 것을 말한다. 우리를 괴롭히는
사람에게 부드럽고 친절하게 대하는 것은 쉽지 않은 일인데 성령으로 말미암
은 사랑을 가진 사람은 부드럽게 대할 수가 있다.

바울은 사랑은 "시기하지 아니하는" 것이라고 말한다. "시기 한다"는
말은 때로 좋은 뜻으로 사용되기도 하지만(12:31) 주로 나쁜 뜻으로 사용된
다. 이 말은 남이 잘되는 것을 싫어하거나 성공을 거둔 것을 보고 아주
불쾌감을 가지는 것을 말한다. 만일 우리가 남이 잘되는 것이나 성공을
거둔 것을 보고 불쾌감을 표출한다면 그것은 사랑이 아니다. 우리는 남이

잘 되었다고 느낄 때 감사하고 칭찬해주어야 한다.

바울은 "사랑은 자랑하지 아니 한다"고 말한다. 자랑하는 것은 시기하는 것과는 완전 반대 개념으로 우리 자신들이 성공했을 때 혹은 남보다 더 낫다고 느낄 때 그것을 나타내는 것을 말한다. 우리는 우리가 잘 되었을 때 하나님께만 영광을 돌리고 사람 앞에서는 겸손해야 할 것이다.

바울은 사랑은 "교만하지 아니 하는" 것이라고 말한다. 자랑은 말로 나타내는 것을 지칭함인데 비해 교만은 마음을 높이는 것을 말한다. 사람이 별로 성공하지 않아도 마음을 높이는 수가 있다. 아담의 후손들은 날 때부터 교만하다. 명예를 얻지 못했어도 교만하고 학위를 받지 않았어도 교만하며 돈이 많지 않아도 마음이 높다. 그런고로 겸손하기 위하여 매일 겸손을 구하는 기도를 드려야 한다.

고전 13:5. 무례히 행하지 아니하며 자기의 유익을 구하지 아니하며 성내지 아니하며 악한 것을 생각하지 아니하며.

바울은 사랑은 "무례히 행하지 아니하는" 것이라고 말한다. 마음이 교만하면(앞 절) 다른 사람을 향하여 무례한 행동(도에 어긋나는 행동, 점잖지 못한 행동)으로 나타난다. 다시 말해 오만 불손한 행동으로 나타난다. 설교자가 강단에서 자기가 싫어하는 사람을 향하여 공격하는 행위도 무례한 일이다.

바울은 사랑은 "자기의 유익을 구하지 아니하는" 것이라고 말한다 (10:24, 33; 빌 2:4). 우리는 자신의 유익을 얼마든지 구할 수 있다. 그러나 내 유익과 남의 유익이 충돌하는 경우 우리는 자신의 유익을 포기해야 한다. 아무리 많은 돈이라도 포기할 수 있어야 한다. 아브라함은 자기의 조카 롯에게 좋은 땅을 양보했다(창 13:8-11).

바울은 사랑은 "성내지 아니하는" 것이라고 말한다. 사랑은 남에게서 해를 받았을 경우에 쉽사리 성을 내지도 않고(it is not touchy) 곧잘 충돌하지도 않는다. 쉽게 성내지 않는 사람들은 법정에도 서지 않는다(6:1-11).

바울은 사랑은 "악한 것을 생각하지 아니하는"(οὐ λογίζεται τὸ κακόν) 것이라고 말한다. "악한 것을 생각한다"는 것은 '남에게서 해를 받았을 경우 하나하나 헤아리면서 원망하고 비판하며 마음으로라도 괘씸하게 생각하는 것'을 말한다. 성내는 것은 우리의 행동으로 표현하는 것이고 악한 것을 생각하는 것은 속으로 남이 나에게 해를 끼친 것을 하나하나 생각하며 원망하는 것을 말한다. 우리는 마음속에서라도 원망해서는 안 된다. 속에서 원망하는 것이 언젠가는 밖으로 튀어 나오기 때문이다. 그러므로 기도하여 이웃을 나쁘게 생각하는 감정을 다 없애야 할 것이다.

고전 13:6. 불의를 기뻐하지 아니하며 진리와 함께 기뻐하고.

바울은 사랑은 "불의를 기뻐하지 아니하며 진리와 함께 기뻐하는" 것이라고 말한다(시 10:3; 롬 1:32; 요이 1:4). 만일 우리가 불의를 기뻐하는 것을 이웃들이 보면 상처를 입을 것이니 그것은 사랑이 아니다. 우리가 사랑을 가지고 있다면 어떤 종류의 악(고린도 교회의 근친상간 같은 것)이든지 기뻐하지 않아야 한다.

반대로 사랑은 하나님의 진리를 기뻐하고 복음의 진리를 보고 기뻐한다(요 8:56 참조). 우리가 진리를 보고 기뻐하면 다른 사람들의 마음도 변화되고 기뻐하는 방향으로 나아간다. 우리는 진리 편에 서서 기뻐해야 한다. 다시 말해 진리 편에 서서 투쟁하는 사람들이 되어야 한다.

고전 13:7. 모든 것을 참으며 모든 것을 믿으며 모든 것을 바라며 모든 것을 견디느니라.

바울은 사랑은 "모든 것을 참는" 것이라고 말한다(롬 15:1; 갈 6:2; 딤후 2:24). 여기 "참는다"(στέγει)는 말은 '덮는다,' '덮음으로 숨겨준다'는 뜻으로 남이 나에게 해를 끼친 경우에도 그냥 덮고 참는 것을 뜻한다(8:13 참조). 우리는 이웃을 그냥 참고 덮어주어야 한다.

그리고 바울은 사랑은 "모든 것을 믿는" 것이라고 말한다(15:11 참조).

이웃이 나에게 해를 끼쳤다고 해도 우리는 그냥 그를 믿어주어야 한다. 언제나 변치 않고 사람을 믿어주는 것이 사랑이다. 이웃에게 좋은 것이 일어나리라는 기대의 심리를 가지고 계속해서 믿어주어야 한다.

바울은 사랑이란 "모든 것을 바라는" 것이라고 한다(9:10, 23). 이웃이 나에게 해를 끼쳤다고 해도 성령에 의하여 그 이웃이 변화되리라고 바라보아야 한다. 그 사람도 언젠가 새로워지리라고 기대해야 한다.

그리고 바울은 사랑이란 "모든 것을 견디는" 것이라고 말한다(9:19-22). 여기 "견디다"(ὑπομένει)는 말은 '머물러 있다,' '참다'는 뜻으로 적극적인 측면에서의 불굴의 정신을 지칭하는 말이다. 다시 말해 낙담하지 않는 것을 가리키는 말이다. 사랑은 어떤 어려움이든지 과단성 있게 감당해 나가는 것이다(Morris). 사랑은 남이 나에게 무슨 해를 끼쳤다고 해도 그 해를 입고 그냥 인내해 주는 것이다.

3)사랑의 영원성   13:8-13

바울은 앞(1-3절)에서 사랑의 덕(virtues) 혹은 사랑의 특성이 무엇인가를 말한 다음 이 부분(8-13절)에서는 사랑이 영원하다고 말한다. 바울은 먼저 사랑은 언제까지나 폐해지지 않는다고 말하고(8-12절) 사랑은 믿음과 소망보다 더 큰 것이라고 말한다(13절).

고전 13:8. 사랑은 언제까지나 떨어지지 아니하되 예언도 폐하고 방언도 그치고 지식도 폐하리라.

바울은 "사랑은 언제까지나 떨어지지 아니 한다"고 말한다. "떨어지다"(πίπτει)는 말은 '침몰하다,' '파멸당하다'라는 뜻으로 "나무 잎이나 꽃이 떨어지는 모양을 가리키는 말이다"(이상근, 약 1:11; 벧전 1:24). 바울은 사랑은 언제까지나 떨어지지 않고 영원할 것이라고 말한다. 세상 종말이 와도, 다시 말해 예수님께서 재림하신 후에도 여전히 존재하리라는 말이다.

이와 같은 사랑의 영속성에 비해 고린도 교인들이 그토록 중요시했던

은사들은 지나가는 날이 있을 것이라고 말한다. "예언도 폐할" 것이라고
한다. 여기 "폐하다"(καταργηθήσονται)라는 말은 미래 수동태 시제로 '앞으
로 폐해질 것이다,' '앞으로 사라질 것이다'는 뜻이다. 예언(하나님께서 선지
자들을 통하여 사람들에게 주신 계시를 설명하는 것을 지칭한다)은 우리가
하나님 앞에 설 때 더 이상 필요가 없게 된다. 그렇게 예언이 필요 없게
되는 날이 와도 사랑은 여전히 존재한다.

그리고 바울은 "방언도 그친다"고 말한다. "그친다"(παύσονται)는 말은
미래 수동태 시제로 '휴지하게 될 것이다,' '그만 두게 될 것이다'라는 뜻으로
고린도 교인들이 심히도 중요시 여겼던 방언도 그치는 날이 올 것이다.
하나님의 존전에서는 인간들의 황홀한 방언이 더 필요 없게 될 것이다.

그리고 바울은 "지식도 폐하리라"(εἴτε γνῶσις καταργηθήσεται)고 말
한다. 지식(12:8 주해 참조)도 폐하리라는 말은 특별한 종류의 지식, 곧
우리의 교회 생활을 위하여 성령께서 보여주신 특별한 지식을 지칭하나(1:5;
12:8 참조) 사랑과 동떨어진 지식은 온전히 무익한 것이다(2절).

우리는 현상의 모든 은사들(예언, 방언, 지식 등)은 이 교회 시대에만
필요한 것인 줄 알고 예수님 재림 후에는 없어질 줄 알아야 한다. 그러나
사랑은 예수님 재림 후에도 영원히 필요한 것으로 알고 사랑의 생활을 더욱
힘써야 한다. 우리가 "사랑의 생활을 힘쓸수록 더욱 천국 맛을 보게 된다.
고난에 참여함이 사랑의 생활인데 그것으로 말미암아 내세와 부활에 대한
확신을 가지게 된다"(박윤선).

바울 사도가 이처럼 은사들(예언, 방언, 지식 등)이 사라질 것이라고
말하는 이유는 다음 두 절이 밝히고 있다.

고전 13:9-10. 우리가 부분적으로 알고 부분적으로 예언하니 온전한 것이 올 때에는 부분적으로 하던 것이 폐하리라.

본 절 초두에는 이유를 말하는 접속사(γὰρ)가 있어 성령의 은사들(앞
절)이 없어질 이유를 이 부분(9-10절)에서 밝히고 있다. 즉 "우리가 부분적으

로 알고 부분적으로 예언하니 온전한 것이 올 때에는 부분적으로 하던 것이 폐할 것이기” 때문이다(8:2). “우리가 부분적으로 알고 부분적으로 예언한다”는 말은 ‘우리가 이 세상에서는 부분적인 지식을 가지고 있고 또 예언을 하기는 하나 부분적으로 한다’는 뜻이다. 성령님은 왜 우리에게 부분적인 지식, 부분적인 예언만 허락하시는 것인가. 다시 말해 우리는 왜 일부분만 알고 또 일부분만 예언하는 것인가. 왜 온전히 알지 못하게 되어 있고 왜 온전한 예언을 하지 못하는가. 그것은 하나님께서 온전하시지 못해서인가. 이런 질문들에 대하여 우리가 취할 바른 입장은 하나님은 온전하시지만 우리가 온전하지 못해서 지식활동도 온전하지 못하고 예언을 해도 한쪽만 예언하는 것이다. 캘빈(Calvin)은 “‘부분적으로’라는 뜻은 우리가 완전하게 만들어진 것이 아니라는 것을 의미한다. 그러므로 지식과 예언은 불완전이 우리를 따르고 있는 한 우리의 생활에서 떠나지 않을 것이다. 왜냐하면 그들이 우리의 불완전성을 돕기 때문이다. 우리의 생애를 통하여 계속 발전하여야 하며 또한 우리가 가진 것은 무엇이나 미완성의 상태로 있다는 것은 틀림없는 사실이다”라고 주장한다.[42] 박윤선박사는 이에 대하여 “1) 세상은 죄악 세상이기 때문이니 죄 많은 인생이 내세의 형편에 대하여 모르는 것이 없을 수 없다. 죄는 곧 어두움이다. 죄 있는 인간으로서는 별수 없이 내세에 대하여 전적인 이해를 가질 수 없다...2) 죄 있는 인생으로서는 완전한 계시의 빛을 감당하지도 못한다. 예수님께서 게네사렛 호수에서 베드로를 지도하시어 고기를 많이 잡도록 하셨을 때 베드로는 말하기를 ‘주여 나를 떠나소서 나는 죄인이로소이다’라고 하였다(눅 5:8)”고 주장한다.

　　바울은 “온전한 것이 올 때에는 부분적으로 하던 것이 폐하리라”고 말한다. “온전한 것이 올 때에” 즉 ‘예수님께서 재림하실 때’에는 “부분적으로 하던 것이 폐하리라”고 한다. 즉 ‘부분적으로 지식 활동을 하고 부분적으로 예언하던 일은 없어지리라’는 것이다. 희미하던 활동들은 밝은 빛이 도달하

---

42) John Calvin, *고린도전서, 갈라디아서*, 신약성경주석, 8, p.381.

게 되면 더 이상 필요하지 않게 된다. 촛불은 밝은 형광등이 켜지면 더 이상 필요 없게 된다. 우리는 지금 성령님께서 주신 부분적인 것들을 가지고 서라도 끊임없이 발전하고 또 발전하기를 시도해야 할 것이다. 우리는 비록 성령으로부터 부분적인 것들을 받았을지라도 죄를 자백하고 또 많은 기도를 드리는 중에 더욱 밝은 삶, 더욱 놀라운 발전을 거듭해야 할 것이다.

고전 13:11. 내가 어렸을 때에는 말하는 것이 어린 아이와 같고 깨닫는 것이 어린 아이와 같고 생각하는 것이 어린 아이와 같다가 장성한 사람이 되어서는 어린 아이의 일을 버렸노라.

바울은 본 절과 다음 절(12절)에서 현세의 교회 시대와 앞으로 예수님의 재림의 때를 비교하기 위해 두 가지 예화를 든다. 하나는 본 절에서 우리의 어렸을 때의 행위와 장성했을 때의 행위가 놀라운 정도로 차이가 있음을 예로 든다. 사람은 누구든지 어렸을 때의 말과 깨달음과 생각하는 모든 것이 어린 아이와 같다는 것이다. 그러다가 어른이 되면 어린 아이의 말, 깨달음, 생각은 없어지고 어른의 것들로 바뀐다. 본문의 "버렸다"(κατήργηκα)는 말은 현재완료 시상으로 과거에 이미 버려서 지금은 없다는 것을 뜻한다. 바울이 이 동사를 택한 것은 어른이 되면 그의 어렸을 때의 모든 것을 온전히 버렸다는 것을 뜻하기 위함이다. 우리들이 사용하고 있는 현세의 은사들은 예수님께서 재림하신 후에는 더 이상 필요가 없게 된다.

고전 13:12. 우리가 지금은 거울로 보는 것 같이 희미하나 그 때에는 얼굴과 얼굴을 대하여 볼 것이요 지금은 내가 부분적으로 아나 그 때에는 주께서 나를 아신 것 같이 내가 온전히 알리라.

바울은 본 절에서 "지금"과 "그 때"를 비교하고 있다. 바울은 이 단어들을 두 번씩 사용하고 있다. 바울은 "지금은 거울로 보는 것 같이 희미하나 그 때에는 얼굴과 얼굴을 대하여 볼 것이라"고 말한다(마 18:10; 고후 3:18;

5:7; 빌 3:12; 요일 3:2). 바울 시대의 거울은 금속을 매끈하게 문질러 광내어 사용했던 거울이었다. 그래서 오늘날의 거울과는 많이 다른 희미한 거울이었다. 이 거울을 보는 것과 같이 지금 우리가 영원한 것들을 볼 때에도 희미하게 보일 뿐이다. 그것은 대상이 희미해서 그런 것이 아니라 우리의 눈이 희미해서 그렇다. 우리가 밤에 하늘을 보면 많은 별이 떠 있는데 어떤 것은 거의 보이지 않는다. 그것은 별이 희미해서 그런 것이 아니라 우리의 눈이 밝지 않아서 희미하게 보인다. 지금은 모든 것이 희미하다. 우리는 지금 내세의 사실들을 볼 때에도 구정물 통 속을 보는 느낌이다. 우리는 더 많이 죄를 자복하고 성령 충만을 간구하여 좀 더 밝은 삶을 살아야 할 것이다. 우리는 지금 말씀을 읽고 보며 또 전도자들을 통하여 듣는 중에 내세를 보고 있다. 그런고로 예수님이 확실하게 보이지 않는다. 우리의 심령이 죄로 더러워져서 말씀을 100% 밝게 깨닫지 못한다. 그런고로 내세가 희미하게 보인다.

바울은 "그 때에는 얼굴과 얼굴을 대하여 볼 것이라"고 말한다. 즉 '예수님께서 재림하실 때에는 예수님(하나님)을 얼굴과 얼굴을 대하여 확실하게 볼 것이라'고 말한다(신 34:10 참조).

바울은 또 "지금은 내가 부분적으로 아나 그 때에는 주께서 나를 아신 것같이"라고 말한다. 여기 "안다"(γινώσκω)는 말은 '경험에 의해서 안다'는 뜻이다. "부분적으로 안다"는 말씀에 대해서는 9절 주해를 참조하라. 바울은 "그 때에는 주께서 나를 아신 것 같이 내가 온전히 알리라"고 말한다. 즉 '예수님께서 재림하실 때에는 주님께서 나를 아신 것 같이 내가 온전히 주님을 알게 된다'는 것이다. 여기 "아신다"(ἐπεγνώσθην)는 말은 부정(단순) 과거 수동태로 '참으로 알았다'는 뜻으로 주님께서 우리를 철저하게 아셨다는 뜻이다. 주님은 우리를 점점 알아 가시는 것이 아니라 단번에 철저하게 아신다. 주님께서 지금도 우리를 철저하게 아신다는 것은 얼마나 좋은 일인지, 얼마나 위로가 되는 말인지 모른다. 세상이 우리를 몰라주어도 주님은 우리를 샅샅이 아신다. 주님의 재림 시기가 되면 우리도 역시 주님을 철저하게 완전하게 알게 될 것이다.

고전 13:13. 그런즉 믿음, 소망, 사랑 이 세 가지는 항상 있을 것인데 그 중의 제일은 사랑이라.

바울은 "그런즉"(νυνι δε-"그러나 이제")이란 말을 사용하여 결론을 짓는다. 바울이 문장 초두에 "그러나"(δε)라고 하는 말을 사용한 이유는 지금까지 은사들의 임시성을 거론했는데 "그러나" 본 절에서는 믿음, 소망, 사랑의 영원성을 말하기 위해 사용한 접속어이다. 그리고 문장 초두에 "이제"(νυνι)라는 말을 사용한 이유는 지금의 무엇을 말하려는 것이 아니라 논리를 전개하려는 것이다. 그러니까 이 두 낱말의 뜻은 '이제 결론적으로'라는 뜻이다.

바울은 "믿음, 소망, 사랑 이 세 가지는 항상 있을 것이라"고 말한다. 바울 사도가 본문에서 "이 세 가지는"이라고 말한 것은 다른 것을 더 끼워주지 않겠다는

것을 암시한다. 이 세 가지를 다른 것들로부터 구분 지으려는 셈으로 이렇게 쓴 것이다. 이 셋과 비교될 것이 전혀 없다는 것을 드러낸다. 바울은 이 세 가지가 항상 있다는 것을 다른 곳에서도 밝힌다(롬 5:2-5; 갈 5:5-6; 골 1:4-5; 살전 1:3; 5:8; 히 6:10-12; 벧전 1:21-22). 이 세 가지야 말로 우리의 신앙생활에서 아주 귀한 것이다. 본문의 "믿음"이란 기적을 행하는 믿음이 아니라(13:2) 우리의 구원에 필요한 믿음을 말한다(갈 2:20). 그리고 "소망"이란 "믿음 안에서의 인내"를 뜻한다(Calvin). 레온 모리스(Leon Morris)는 "제 1세기 기독교는 좌절된 계급들, 노예들, 여인네들, 버림받은 자들을 데려다가 그들에게 살 소망을 넣어주곤 했다...우리는 신약에서 말하는 소망의 의미가 영속하는 실체들 가운데 하나라는 것을 배워야 할 것이라"고 주장한다.[43] 그리고 "사랑"이란 '자신을 희생하고 남을 깊이 배려하는 것'이다. 4-7절의 기록은 분명히 사랑이라고 하는 것이 자신을 희생하고 이웃을 깊이 배려하는 것으로 말하고 있다.

그런데 바울은 이 셋 중의 "제일은 사랑이라"고 밝힌다. 사랑보다 더

---

43) 레온 모리스(Leon Morris), *고린도전서주석*, 정일오역, p. 235.

위대한 것은 없다. 이유는 사랑은 하나님의 본질적 속성이기 때문이다. 사랑의 하나님은 인간으로 하여금 하나님을 향한 믿음을 가지게 하며 또한 소망을 가지게 하기 때문에 그 하나님이 우리에게 나누어 주신 사랑은 가장 중요한 것이다. 그 이상은 없다. 고린도 교인들은 사랑이 그토록 중요한 것인 줄도 모르고 방언이 중요한 줄 알았으니 참으로 어이가 없는 일이었다. 오늘 우리는 사랑이 가장 중요한 것인 줄 마음속에 새겨야 할 것이다. -아멘-

제 14 장

방언과 예언에 대하여 바울이 권면하다

F. 방언과 예언에 관한 권면   14:1-40

바울은 12장에서 성령께서 주시는 여러 은사를 길게 말하다가 12장 마지막 절(12:31b)에서 고린도 교인들에게 은사보다 사랑이 더 필요하고 더 탁월하다고 말하고는 13장에서 사랑에 대하여 여러 가지를 말한 다음 이제 14:1-40에 와서 다시 은사에 대해 언급한다. 바울은 고린도 교인들에게 주는 메시지에서 방언보다는 예언이 교회에 더 유익을 끼치는 고로 예언을 하라고 권한다.

바울은 본 장에서, 1) 방언보다는 예언이 교회에 더 유익하다는 것을 말하고(1-12절), 2) 교회의 예배 때 어떻게 해야 하는가를 말하며(13-19절), 3) 방언과 예언이 불신자 전도에 미치는 효과는 어떠한가를 언급하고(20-25절), 4) 교회 예배 때의 질서를 어떻게 지켜야 하는가를 말하며(26-33절), 5) 예배 때 여자는 어떤 입장을 취해야 하는가를 말하고(34-36절), 6) 모든 일을 질서대로 하라고 권면한다(37-40절).

1)예언이 방언에 우선 한다   14:1-5

고전14:1. 사랑을 추구하며 신령한 것을 사모하되 특별히 예언을 하려고 하라.

바울은 13장에서 사랑에 관해 언급한 다음 본 장 초두에서 "사랑을 추구하라"고 권한다. 다시 말해 바울이 13장에서 말한 사랑을 추구하라는 것이다. 즉 바울이 13장에서 사랑의 필요성(1-3절)과 사랑의 특성(4-6절)에 대해서 언급했는데 이제 14장에 들어와 은사에 대해서 다시 말하면서 사랑을 목적하고 은사를 사용하라고 권한다. 본문의 "추구하라"(διώκετε)는 말은 사냥개가 목표물을 미친 듯이 쫓아가듯 긴박하게 따르는 것을 지칭한다. 우리는 사냥개의 심정으로 사랑을 실천하려고 노력해야 한다.

그리고 바울은 "신령한 것을 사모하되 특별히 예언을 하려고 하라"고 권한다. 여기 "신령한 것"(τὰ πνευματικα)이란 말은 '신령한 은사들'을 지칭하는 말이다(12:1, 31 주해 참조). 바울은 고린도 교인들에게 은사들을 사모하라고 권한다. 더 큰 은사들을 열심히 구하라고 권하고 있다. 바울은 "특별히 예언을 하려고 하라"고 말한다(민 11:25, 29). 아래 문맥을 살필 때 방언보다는 예언을 하려고 하라는 뜻이다.

바울이 이처럼 방언보다는 예언하기를 구하라고 한 이유는 예언이 교회에 더 유익하기 때문이었다. 바울은 철저히 사랑 중심의 사람이었다. 예언이란 "하나님의 직접적인 감동을 받은 말씀들"을 지칭한다(Leon Morris).

고전 14:2. 방언을 말하는 자는 사람에게 하지 아니하고 하나님께 하나니 이는 알아듣는 자가 없고 영으로 비밀을 말함이라.

본 절 초두에는 이유를 말하는 접속사(γὰρ)가 있어 바울이 앞 절에서 예언을 하라고 말한 이유를 본 절부터 19절까지 말한다. 바울은 예언을 말해야 하는 이유로 "방언을 말하는 자는 사람에게 하지 아니하고 하나님께 하기" 때문이라고 한다(행 2:4; 10:46). "방언을 말하는 자" 즉 '고린도 교회에서 말했던, 사람이 알아들을 수 없었던, 황홀경에서 나오는 방언을 말하는 자'는 사람에게 하지 아니하고 하나님께 하기 때문에 예언을 하라고 권하는 것이다.

바울이 방언을 말하는 자가 사람에게 하지 않는다고 말한 이유는 "이는 알아듣는 자가 없고 영으로 비밀을 말하기" 때문이라고 한다. 사람들이 알아들을 수 없는, 황홀경 중에서 말하는 방언은 알아듣는 자가 없고(사도행전에서 말하는 방언은 알아들을 수 있었던 방언이었다) 자신의 영(spirit)으로 알아들을 수 없는 비밀을 말하기 때문에 예언을 하라고 권면하는 것이다. 본문의 "영으로 비밀을 말한다"는 말은 방언 말하는 자의 영(영혼)으로 비밀(2:7) 즉 사람이 알아들을 수 없는 말을 한다는 뜻이다. 본문이 말하는 비밀이란 말은 에베소서에 바울이 말한 비밀과는 다른 뜻이다. 에베소서에서 바울이 말한 "비밀"이란 말은 복음을 지칭하나(엡 1:9; 3:3) 본문에서 말하는 비밀이란 말은 단순히 사람이 알아들을 수 없었던 말을 지칭한다.

고전 14:3. 그러나 예언하는 자는 사람에게 말하여 덕을 세우며 권면하며 위로하는 것이요.

　　바울이 "특별히 예언을 하려고 하라"(1절)는 이유를 본 절에서도 말하고 있다. 바울은 "그러나 예언하는 자는 사람에게 말하여 덕을 세우며 권면하며 위로하는 것이라"고 말한다. 예언은 사람에게 첫째, 덕을 세우고(8:1의 주해를 참조할 것), 둘째 사람을 권면하며(권면이란 사람의 심령을 강하게 해주며 또 용기를 주는 일을 말한다, 빌 2:1 참조), 셋째 "위로하기"(비참한 자를 세워주는 것을 뜻한다, 빌 2:1 참조) 때문에 예언을 하라고 한다. 우리는 하나님으로부터 성경말씀을 통하여 먼저 위로를 받고 남을 위로해야 할 것이다.

고전 14:4. 방언을 말하는 자는 자기의 덕을 세우고 예언하는 자는 교회의 덕을 세우나니.

　　바울은 "방언을 말하는 자는 자기의 덕을 세우고 예언하는 자는 교회의 덕을 세우기" 때문에 예언을 하라고 권한다. 방언을 말하는 자가 "자기의 덕을 세운다"는 말은 '자기의 신앙을 든든하게 한다'는 말이다. 그러니까 방언을 말하는 것도 좋긴 하나 자기의 범위를 넘지 못한다는 약점을 가지고 있다고 해야 할 것이다.

　　그런데 바울은 "예언하는 자는 교회의 덕을 세운다"고 말한다. 예언하는 자가 교회의 덕을 세운다는 말은 교인들의 신앙을 든든하게 만든다는 말이다. 그런고로 바울은 교인들에게 예언하는 것을 권고하고 있다(1절). 오늘 우리의 은사 활동은 될 수 있는 한 온 교인들에게 유익을 끼치도록 해야 할 것이다.

고전 14:5. 나는 너희가 다 방언 말하기를 원하나 특별히 예언하기를 원하노라 만일 방언을 말하는 자가 통역하여 교회의 덕을 세우지 아니하면 예언하는 자만 못하니라.

바울은 1절-4절에서 말한 것을 위해 결론을 짓는다. 즉 "나는 너희가 다 방언 말하기를 원하나 특별히 예언하기를 원한다"고 말한다. 바울은 고린도 교인들 모두를 향하여 "다 방언 말하기를 원한다"고 말한다. 바울 사도의 이 말씀 앞에서 한국 교회의 일부와 세계 교회의 일부는 큰 죄를 지어왔다. 방언 말하기를 금해왔으니 말이다. 물론 방언 말하기를 금한 이유는 있었다. 일찍이 방언을 말하는 교단의 사람들이 방언의 은사가 가장 큰 은사인 듯이 격상시켜 놓았고 또 방언을 말하는 교인들이 방언을 하지 못하는 사람들을 향하여 방언을 못하면 성령의 은사를 받지 못한 것으로 매도했기에 그 혼란을 피하기 위해서 보수 교단들이 방언을 금했고 또 자제시켜 왔다. 외국의 어떤 교단들도 방언하는 사람들을 아예 죄인시하여 금해 왔다. 그러나 이제는 이 문제가 많이 조절된 것으로 보인다. 그런고로 바울 사도의 말씀을 따라 다 방언하기를 원해야 할 것이다.

바울 사도는 고린도 교인들에게 방언하기를 원한다고 하면서도 "특별히 예언하기를 원한다"고 말한다. 바울이 특별히 예언(하나님의 말씀을 직접적으로 받아서 그 말씀을 전해주는 것-오늘날의 설교와는 약간 다르다)을 권장하는 이유는 예언이 교인들에게 덕을 세우기 때문이었다. 그러므로 방언도 통역만 할 수 있다면 예언과 똑같이 환영되어야 할 은사이다.

　　2)예언은 이해되나 방언은 이해되지 않는다   14:6-12
고전 14:6. 그런즉 형제들아 내가 너희에게 나아가서 방언으로 말하고 계시

나 지식이나 예언이나 가르치는 것으로 말하지 아니하면 너희에게 무엇이
유익하리요.

바울은 문장 초두에 "형제들아"라는 애칭을 사용하여 새롭고 진지한
내용을 말하려고 시도한 말이다. 바울은 본 절에서 방언만 말한다면 교회에
아무 유익을 끼치지 못한다고 말한다. 바울 사도가 고린도 교회에 가서
방언만 말한다면 그 교회에 아무 유익을 끼치지 못한다고 말한다. 방언만
말하고 "계시나 지식이나 예언이나 가르치는 것으로 말하지 아니하면"
교회에 아무 유익(사랑)을 끼칠 수 없다는 것이다. 여기 "계시"란 '하나님께
서 고린도 교회에 주시는 계시'를 지칭하고(26절), "지식"이란 '그 계시가
무엇임을 알려주는 것'을 지칭하며, "예언"이란 '하나님께서 주신 계시를
선포하는 행위'를 지칭하고, "가르치는 것"이란 '하나님의 계시를 가르치는
것'을 가리킨다. 그러니까 도무지 알아들을 수 없는 방언만 말하고 알아들을
수 있는 예언을 말하는 차이는 엄청난 것이다. 본 절에 말한 "계시나 지식이
나...가르치는 것"등은 모두 예언과 밀접하게 연관되어 있고 또 예언 속에
포함되는 말들이다. 이유는 본 장 전체가 예언에 관해 언급하는 문장이기
때문이다.

**고전 14:7. 혹 피리나 거문고와 같이 생명 없는 것이 소리를 낼 때에 그
음의 분별을 나타내지 아니하면 피리 부는 것인지 거문고 타는 것인지 어찌
알게 되리요.**

바울은 본 절에서 방언만 말하는 경우 아무 유익이 없다는 것을 말하기
위해 관악기와 현악기의 예를 들어 설명한다. "피리(관악기를 총칭하는 말)
나 거문고(현악기를 총칭하는 말)와 같이 생명 없는 것이 소리를 낼 때에
그 음의 분별을 내지 아니하면 무슨 악기를 부는지 알 수 없다고 말한다.
이런 악기들도 음의 분별을 반드시 내야 한다는 것이다. 방언도 반드시
통역하여 뜻을 알 수 있게 해야 한다. 따라서 방언도 귀한 은사이나 만약
통역하지 않으면 하나의 소음에 지나지 않는다.

고전 14:8. 만일 나팔이 분명하지 못한 소리를 내면 누가 전투를 예비하리요.

바울은 앞 절에서 피리와 거문고의 예를 들었고 본 절에서는 전쟁을 준비시키는데 쓰이는 나팔의 예를 든다. 즉 "만일 나팔이 분명하지 못한 소리를 내면 누가 전투를 예비할 것이냐"고 말한다(민 10:9; 렘 1:42; 겔 7:14). 전쟁을 준비시켜야 하는 때 전쟁을 준비하도록 나팔이 분명한 소리를 내지 않으면 아무도 전투 준비를 하지 못한다. 나팔이 분명하지 못한 소리를 내는 경우 나팔은 아주 무가치한 것이 된다. 방언을 말하는 사람도 그 방언을 다른 사람들이 알아들을 수 있게 통역하지 않으면 분명치 못한 소리를 내는 나팔과 같다.

고전 14:9. 이와 같이 너희도 혀로서 알아듣기 쉬운 말을 하지 아니하면 그 말하는 것을 어찌 알리요 이는 허공에다 말하는 것이라.

바울은 "이와 같이" 즉 '악기들(7-8절)이 분명하지 못한 소리를 내면 무엇을 뜻하는지 알 수 없는 것 같이' "너희도 혀로서 알아듣기 쉬운 말을 하지 아니하면 그 말하는 것을 어찌 알리요 이는 허공에다 말하는 것이라"고 말한다. 곧 '방언을 말하고는 통역하지 않으면 그 말하는 것을 사람이 알 수 없어 허공에다 말하는 꼴이라'고 한다. 우리는 허공에다 말하는 사람이 되어서는 안 된다.

고전 14:10. 이같이 세상에 소리의 종류가 많으나 뜻 없는 소리는 없나니 (τοσαῦτα εἰ τύχοι γένη φωνῶν εἰσιν ἐν κόσμῳ καὶ οὐδὲν ἄφωνον).

바울은 세상에 소리의 종류가 무척 많으나 뜻 없는 소리는 없다고 말한다. 본문의 "소리"란 다음 절에 보면 사람의 언어를 지칭한다. 그러니까 바울은 세상에 사람의 언어가 무척 많으나 모두 뜻이 있다고 말한다.

고전 14:11. 그러므로 내가 그 소리의 뜻을 알지 못하면 내가 말하는 자에게 외국인이 되고 말하는 자도 내게 외국인이 되리니.

바울은 "그러므로"(οὖν) 즉 '뜻 없는 소리는 없으므로' "내가 그 소리의 뜻을 알지 못하면 내가 말하는 자에게 외국인이 되고 말하는 자도 내게 외국인이 될 것이라"고 말한다. 곧 '내 측에서 말하는 상대방이 무슨 소리를 하는지 그 뜻을 알지 못할 경우 나는 상대방에게 외국인처럼 비쳐질 것이고 또 반대로 말하는 상대방도 나에게 외국인처럼 비쳐질 것이라'는 뜻이다. 피차 외국인 입장이 된다는 것이다. 고린도 교인들이 알아듣지 못하는 방언을 하여 다른 사람들을 외국인처럼 만들어버리고 말았다. 우리가 남이 알아듣기 힘든 방언을 하여 다른 사람을 외국인으로 만들어서도 안 되고 내 자신도 외국인으로 취급받아서는 안 될 것이다. 그런고로 교회에서 방언으로 떠들어 피차 외국인처럼 되어서는 안 된다.

고전 14:12. 그러면 너희도 영적인 것을 사모하는 자인즉 교회의 덕을 세우기 위하여 그것이 풍성하기를 구하라.

바울은 문장 초두에 "그러면 너희도"(οὕτως καὶ ὑμεῖς)라는 말을 사용한다. 이 말은 '너희들도 앞 절(11절)과 같다'는 뜻이다. 다시 말해 너희들도 방언의 뜻을 알지 못하면 눈만 뜨고 소리를 내는 사람의 입을 보는 입장이 되었다는 뜻이다.

바울은 고린도 교인들을 향하여 "영적인 것을 사모하는 자인즉 교회의 덕을 세우기 위하여 그것이 풍성하기를 구하라"고 권면한다. 본문의 "영적인 것"(πνευμάτων)이란 말은 '영적인 은사들'을 지칭하는 말이고 "사모하는 자"(ζηλωταί)란 말은 '열심당'이란 뜻이다(1절; 12:31; 행 1:13). 바울은 고린도 교인들이 영적인 은사들을 사모하는 자라는 것을 인정하면서 교회의 덕을 세우기 위하여(남들에게 유익을 끼치기 위하여) 은사들을 풍성하게 구하라고 말한다. 이 말은 방언 통역의 은사를 구하라는 말도 포함하고 있다(다음 절). 오늘 우리도 남들의 유익을 도모하는 성도들이 되어야 할 것이다.

   3) 방언하는 자는 교회의 덕을 세워라   14:13-19

고전 14:13. 그러므로 방언을 말하는 자는 통역하기를 기도할지니.

   바울은 앞 절(12절)에서 교회의 덕 세우기를 위해서 은사를 풍성하게 구하라고 권면했는데 본 절에 와서는 "그러므로 방언을 말하는 자는 통역하기를 기도하라"고 말한다. 교회의 덕을 세워야 하므로 방언을 말하는 성도들은 통역하는 은사도 구해야 한다.

고전 14:14. (왜냐하면) 내가 만일 방언으로 기도하면 나의 영이 기도하거니와 나의 마음은 열매를 맺지 못하리라.

   본 절 초두에는 이유를 말하는 접속사(γὰρ)가 있어 통역하기를 기도해야 하는 이유를 본 절이 제공하고 있다. 즉 방언으로 기도할 때에 마음이 열매를 맺지 못하기 때문에 방언 통역의 은사를 구해야 한다는 것이다.

   바울은 "내가 만일 방언으로 기도하면 나의 영이 기도하는 것이라"고 한다. 즉 우리의 영(2:11 참조)이 방언으로 기도하는 경우 우리의 "마음은 열매를 맺지 못한다"고 말한다. 본문의 "마음"(νοῦς)이란 글자 그대로 '마음'을 지칭하는 말이다(1:10 참조). 우리의 영이 방언으로 기도하는 경우 우리의 마음은 그 방언 기도를 이해하지 못한다는 뜻이다. 이것은 비정상적인 것인고로 바울은 다음 절에서 영의 기도와 마음의 기도가 필요하다고 말한다.

고전 14:15. 그러면 어떻게 할까 내가 영으로 기도하고 또 마음으로 기도하며 내가 영으로 찬송하고 또 마음으로 찬송하리라.

   바울은 앞 절에 이어 "그러면 어떻게 할까"라고 말한다. 즉 방언으로 기도하면 우리의 마음이 그 방언의 내용을 이해하지 못하니 어떻게 할까 하고 말한다. 바울은 즉시 "내가 영으로 기도하고 또 마음으로 기도하며 내가 영으로 찬송하고 또 마음으로 찬송하리라"고 한다. 내 영이 방언으로 기도할 뿐 아니라 마음으로도 기도하며 또 내 영이 방언으로 찬송(찬송은 유대교와 기독교의 예배의 한 순서였다, 14:26; 눅 24:53; 엡 5:19; 골 3:16;

히 2:12; 13:15)할 뿐 아니라 마음으로도 찬송하리라고 한다(시 47:7). 마음으로도 기도하고 또 마음으로도 찬송해야 교회의 덕을 세울 수 있고 다른 사람들에게도 유익을 끼칠 수 있다는 것이다. 우리는 교회 안에서 무슨 활동을 하든지 다른 성도들의 유익을 위해야 한다.

고전 14:16-17. 그렇지 아니하면 네가 영으로 축복할 때에 알지 못하는 처지에 있는 자가 네가 무슨 말을 하는지 알지 못하고 네 감사에 어찌 아멘 하리요 너는 감사를 잘하였으나 그러나 다른 사람은 덕 세움을 받지 못하리라.

"그렇지 아니하면"이란 말은 앞 절(15절)과 반대되는 경우를 말하는 것으로 '마음으로가 아니라 영으로 방언을 말한다면'이란 뜻이다. 바울은 이 부분(16-17절)에서 마음으로는 기도하지 않고 영으로 방언을 말하는 경우에 일어날 일들에 대하여 말한다. 우리의 영이 방언으로 감사하면 "알지 못하는 처지에 있는 자가 네가 무슨 말을 하는지 알지 못하고 네 감사에 어찌 아멘 할 것이냐"고 한다. 여기 "네가 영으로 축복할 때에"란 말은 문맥에 의하여 '네 영이 방언으로 감사할 때에'란 뜻인데(11:24) 영이 방언으로 감사하면 "알지 못하는 처지에 있는 자" 곧 '기독교인이 아닌 자들(23절 참조) 혹은 방언의 은사를 가지지 못한 자들 혹은 방언의 은사를 가졌다 해도 다른 이가 방언을 할 때 그 뜻을 알지 못하는 자들'이 방언하는 자가 무슨 감사를 하는지 알지 못하게 되고 방언하는 자가 감사할 때에 아멘을 할 수 없게 된다. 방언으로 아무리 감사를 잘 해도 다른 사람들은 아무런 깨달음이 없어 유익을 받지 못한다.

고전 14:18. 내가 너희 모든 사람보다 방언을 더 말하므로 하나님께 감사하노라.

바울은 고린도 교인들이 방언하는 것을 보고 칭찬하지도 않고 방언통역의 은사를 받아야 한다고 계속해서 압박하고 있는 것을 보고 고린도 교인들의 눈에 비치기에 혹시 바울이 방언의 은사를 받지 못했기에 자꾸 방언 통역의 은사를 구하라고 보채는 것이 아니냐고 말할 가능성이 있으므로 바울은 "내가 너희 모든 사람보다 방언을 더 말하므로 하나님께 감사한다"고 말한다. 여기 바울이 "내가 너희 모든 사람보다 방언을 더 말한다"는 말은 실제로 고린도 교인들보다 더 많이 한다는 말이고 또 더 깊이 한다는 말이다. 그리고 바울은 결코 방언을 무시하지 않는다는 뜻으로 자신이 방언을 말하므로 하나님께 감사한다고 말한다. 우리는 무슨 은사든지 하나님께서 주신 은사에 대해 감사해야 한다.

고전 14:19. 그러나 교회에서 네가 남을 가르치기 위하여 깨달은 마음으로 다섯 마디 말을 하는 것이 일만 마디 방언으로 말하는 것보다 나으니라.

바울은 "그러나 교회에서 네가 남을 가르치기 위하여 깨달은 마음으로 다섯 마디 말을 하는 것이 일만 마디 방언으로 말하는 것보다 낫다"고 말한다. 바울이 방언하는 은사를 받아 고린도 교인들보다 방언을 더 말하고 있고 또 방언의 은사를 받은 것에 대해 감사하는 것은 사실이지만 교회에서 남을 가르치기 위하여 깨달은 마음으로 다섯 마미 말을 하는 것이 일만 마디 방언으로 말하는 것 더 낫다고 못을 박는다. 우리는 교회에 덕을 끼치기 위해 혈안이 되어야 한다.

4) 방언과 예언이 불신자 전도에 미치는 효과 14:20-25
바울은 앞(13-19절)에서 통역의 은사를 받아 교회 안에서 덕을 세워야할 것을 말한 후 이제 이 부분(20-25절)에서는 방언과 예언이 불신자 전도에 미치는 효과에 대하여 말한다.

고전 14:20. 형제들아 지혜에는 아이가 되지 말고 악에는 어린 아이가 되라 지혜에는 장성한 사람이 되라.

바울은 앞부분(13-19절)과 다른 것을 말하기 위해 "형제들아"라는 애칭

을 사용하여 다음에 할 말을 부드럽게 한다(10:1 주해 참조). 바울은 "지혜에
는 아이가 되지 말고 악에는 어린 아이가 되라 지혜에는 장성한 사람이
되라"고 부탁한다(3:1; 시 131:2; 마 11:25; 18:3; 19:14; 롬 16:19; 엡 4:14;
벧전 2:2; 히 5:12-13). '지혜에 있어서는 어린 아이 수준이 되지 말고 악을
행함에 있어서는 미숙아가 되어야 하며 지혜로운 점에 있어서 어른이 되라'
고 권면한다. 바울은 방언을 말하는 고린도 교인들이 통역의 은사를 받아
지혜롭게 처신하기를 바라고 있고 마구 떠들어 교회를 혼란하게 하는 아이
수준이 되지 않기를 바라며 어른스런 지혜를 가지기를 바라고 있다. 오늘
우리도 무슨 일을 하든지 지혜가 있는 사람들이 되어야 할 것이다. 실제로
우리는 지혜 있는 자가 되기 위하여 성령의 충만을 구해야 한다.

**고전 14:21. 율법에 기록된 바 주께서 이르시되 내가 다른 방언을 말하는
자와 다른 입술로 이 백성에게 말할지라도 그들이 여전히 듣지 아니하리라
하였으니.**

바울은 교인들에게 방언과 예언을 말하기 위하여 구약 율법으로 돌아간
다. 문장 초두의 "율법"이란 이사야 28:11-12을 가리킨다. 사실은 이사야서
는 선지서이지만 모세 5경을 해설했기 때문에 율법이라고 말한다. 구약
전체를 때로는 "율법과 선지자"(마 5:17)라고도 했고 또 때로는 그냥 율법이
라고도 명명했다(요 10:34; 12:34; 15:25; 롬 3:19).

하나님은 불신하는 이스라엘들에게 앗수르의 침략을 당할 것이라고 경
고하셨는데 그것을 이사야는 자기의 글에 기록했다. 하나님은 이사야에게
"다른 방언을 말하는 자와 다른 입술로 이 백성에게 말할지라도 그들이
여전히 듣지 아니하리라"고 하셨다(사 28:11f). 본문의 "다른 방언을 말하는
자"라는 말과 "다른 입술"이란 말은 동의어로서 구체적으로 앗수르를 지칭
한다. 하나님은 앗수르 민족으로 하여금 이스라엘 땅에 들어오게 하셔서
하나님을 불신하는 이스라엘 사람으로 하여금 앗수르 사람들의 말을 듣게
하시겠다는 것이었다. 그것은 불신하는 이스라엘들에게 내리시는 일종의

벌이었다. 하나님께서는 선지자들의 예언을 듣지 않는 이스라엘 민족에게 벌을 내리셨는데도 이스라엘 사람들은 앗수르를 통한 하나님의 뜻을 듣지 않고 여전히 불신했다. 바울은 앗수르가 이스라엘 땅에 들어와서 앗수르 말을 하는 것을 고린도 교인들의 방언을 하는 것에 비유하고 있다(다음 절). 바울은 본 절에서 방언이 남들에게 덕을 세우기는커녕 징벌의 수단이 될 수도 있는, 무익한 것임을 밝힌다.

고전 14:22. 그러므로 방언은 믿는 자들을 위하지 아니하고 믿지 아니하는 자들을 위하는 표적이나 예언은 믿지 아니하는 자들을 위하지 않고 믿는 자들을 위함이니라.

바울은 앞 절의 논리를 이어 받아 "방언은 믿는 자들을 위하지 아니하고 믿지 아니하는 자들을 위하는 표적이라"고 말한다. 즉 방언은 믿지 아니하는 자들을 위하는 심판의 표적이 된다는 것이다. 방언이란 믿어야 할 사람들이 끝까지 믿지 않았기에 심판으로 주는 표적, 심판으로 주는 표시, 심판으로 주는 표지라는 것이다.

그러나 "예언은 믿지 아니하는 자들을 위하지 않고 믿는 자들을 위하는 것이라"고 말한다. 예언은 하나님으로부터 메시지를 받아 선포하는 것이기 때문에 아직 믿음이 약한 자들에게 믿음을 키워주고 또 큰 믿음의 소유자들에게 그 믿음을 더욱 견고하게 만들어 주어 믿음과 사랑의 삶을 살게 북돋아 주는 것이므로 예언은 믿는 자들을 위한 것이다. 우리는 교회에서 방언보다 예언을 더 중시해야 하며 방언의 은사를 구할 때에는 하나님께 방언 통역의 은사까지 구해야 할 것이다.

고전 14:23. 그러므로 온 교회가 함께 모여 다 방언으로 말하면 알지 못하는 자들이나 믿지 아니하는 자들이 들어와서 너희를 미쳤다 하지 아니하겠느냐.

바울은 앞 절의 논리를 받아 좀 더 구체적으로 본 절에서는 방언이 던지는 파장에 대해서 말하고 다음 절들(24-25절)에서는 예언이 던지는 영향에 대해 언급한다. 바울은 본 절에서 "온 교회가 함께 모여 다 방언으로 말하면 알지 못하는 자들이나 믿지 아니하는 자들이 들어와서 너희를 미쳤다 하지 아니하겠느냐"고 반문한다(행 2:13). 온 교회가 모여 한 사람 한 사람씩 차례를 따라(Lenski, Barrett) 방언을 하는 것이 아니라 함께 동시에 방언을 하면(Edwards) "알지 못하는 자" 곧 '불신자들'이 교회에 들어와서 방언으로 떠드는 교인들을 보고 미쳤다고 말할 것이니 교회에서는 방언을 통역하는 사람이 없으면 방언을 하지 말라는 것을 암시한다.

고전14:24-25. 그러나 다 예언을 하면 믿지 아니하는 자들이나 알지 못하는 자들이 들어와서 모든 사람에게 책망을 들으며 모든 사람에게 판단을 받고 그 마음의 숨은 일이 드러나게 되므로 엎드리어 하나님께 경배하며 하나님이 참으로 너희 가운데 계신다 전파하리라.

바울은 앞 절과는 달리 다 예언을 하는 경우를 들어 말한다. "다(πάντες) 예언"을 하는 경우를 말하는데 있어 한 사람씩 예언하는 경우를 말할 것이다 (31절). 예언은 하나님으로부터 메시지를 받아서 다른 사람들이 알아들을 수 있도록 말하는 것을 지칭한다.

한 사람씩 예언을 하면 첫째, "믿지 아니하는 자들이나 알지 못하는 자들이 들어와서 모든 사람에게 책망을 들으며 모든 사람에게 판단을 받고 그 마음의 숨은 일이 드러나게 되므로 엎드리어 하나님께 경배하게 된다"고 말한다. 본문의 "믿지 아니하는 자들"과 "알지 못하는 자들"(문외한들)은 동의어로 쓰였다. 불신자들이 교회 예배에 참석했다가 모든 예언하는 사람들에게 불신을 책망하는 책망을 들어 양심의 가책을 받을 것이고 또 판단을 받을 것이며(2:14-15 참조, 판단을 받는다는 말은 예언을 듣는 자의 내적인 상태가 고스란히 드러나는 것을 뜻한다) 그 마음의 숨은 일이 드러나게 되므로 사람이 꺾어지고 녹아져서 하나님께 경배하게 된다는 것이다. 예언의 효력은 놀라운 것이다. 이유는 예언이 하나님으로부터 왔기 때문이다.

둘째, "하나님이 참으로 너희 가운데 계신다 전파하리라"고 한다(사

45:14; 슥 8:23). 예언은 하나님으로부터 온 메시지이므로 예언하는 자의 메시지를 들은 사람이 하나님이 과연 예언하는 자들 가운데서 역사하신다고 고백할 것이며 또 그렇게 다른 이들에게 전파할 것이라고 한다. 그런고로 예언은 하나님을 선전하는 기회를 제공하는 것이다. 우리는 하나님으로부터 메시지를 구하여 많은 사람들에게 전파해서 많은 사람들로 하여금 하나님께서 우리 가운데 계신다는 것을 알려야 할 것이다.

5) 예배 때의 질서를 어떻게 유지해야 하는가   14:26-33

방언과 예언이 불신자 전도에 미치는 파급효과(20-25절)에 대해 언급한 저자는 이제 이 부분(26-33절)에서 초대 교회의 예배의 모습을 보여준다. 바울은 이 단락에서 예배 때 질서를 유지하라고 말해준다. 우리 역시 예배 때에 질서를 생각해야 한다.

고전 14:26. 그런즉 형제들아 어찌할까 너희가 모일 때에 각각 찬송시도 있으며 가르치는 말씀도 있으며 계시도 있으며 방언도 있으며 통역함도 있나니 모든 것을 덕을 세우기 위하여 하라.

바울은 글을 시작하면서 "그런즉 형제들아 어찌할까"(τί οὖν ἐστιν)라고 반문한다. 방언은 미쳤다는 소리를 듣게 되고 예언은 교회에 덕을 세우게 되니(20-25절) 어떻게 해야 좋겠느냐고 고린도 교인들에게 반문한다. 바울은 이내 대답을 준다. 즉 "너희가...각각"(ἕκαστος ἐερψιονε οφ ψου)이라고 말한 것은 교인들 각자가 다 예배 순서 하나씩 책임을 지고 있었다는 것을 뜻하지 않고 그들 중에 어떤 사람들이 각각 예배의 순서에 책임을 지고 인도했다는 것을 뜻할 것이다.   "너희가 모일 때에 각각 찬송시도 있으며 가르치는 말씀도 있으며 계시도 있으며 방언도 있으며 통역함도 있나니 모든 것을 덕을 세우기 위하여 하라"고 말한다. 쉽게 말해 방언 하듯 하지 말고 예배 때 질서를 세우라는 것이다. 바울은 예배할 때 몇 가지 순서를 나열한다. 찬송 시(psalm),[44] 가르치는 말씀(doctrine, 6절; 12:8-10),[45] 계시

(revelation), 방언(tongue), 통역(interpretation) 등을 열거한다. 이 다섯 가지 순서가 예배 순서의 전부라고 말할 필요는 없을 것이다. 그러나 바울은 이 다섯 가지가 순서의 대부분인 것을 암시한다. 즉 "모든 것을 덕을 세우기 위하여 하라"고 말한다(12:7; 고후 12:19; 엡 4:12). 바울이 다섯 가지 순서를 말해놓고 모든 것이라고 말하는 것을 보면 다섯 가지 순서가 거의 모든 예배 순서를 포괄하는 것으로 보인다. 바울이 말한 순서 중에 예언이 없는데 아마도 "계시"가 예언일 것이다. 바울은 시종일관 교회의 덕을 세우기 위하여 하라고 말한다. 사랑을 실천하기 위해서 하라는 뜻이다.

고전 14:27. 만일 누가 방언으로 말하거든 두 사람이나 많아야 세 사람이 차례를 따라 하고 한 사람이 통역할 것이요.

바울은 예배 때 모든 것을 덕을 세우기 위해서 진행하라고 말한 다음 먼저 방언을 말하는 경우 어떻게 진행해야 할지를 말한다. 본 절은 방언을 통역하는 사람이 있는 경우에 어떻게 해야 할지를 말하고 있다. 즉 "만일 누가 방언으로 말하거든 두 사람이나 세 사람을 넘지 말아야 하되 차례로 한 사람씩 말하라고 하며 한 사람이 통역하여 교회의 덕이 되게 해야 한다고 말한다(14:5). 아무리 방언하는 사람이 많아도 예배의 한 순서를 너무 길게 하는 것을 막기 위해 두 사람 혹은 많아야 세 사람으로 제한하고 있다.

고전 14:28. 만일 통역하는 자가 없으면 교회에서는 잠잠하고 자기와 하나님께 말할 것이요.

그러나 "만일 통역하는 자가 없으면 교회에서는 잠잠하고 자기와 하나님께 말하라"고 한다. 방언을 말하는 사람에게 통역의 은사가 없거나 혹은 다른 사람들 중에 통역하는 사람이 없으면 교회에서는 잠잠하여 방언을

---

44) "찬송 시"(psalm)는 초대교회 때 불렀던 구약의 시편과 또 작시해서 부른 것을 지칭한다. 이런 시편들은 교창으로 불렀다(엡 5:19; 골 3:16).

45) "가르치는 말씀"(doctrine)이란 기독교의 교리를 뜻한다.

하지 말고 "자기와 하나님께 말하라"(Let him speak to himself, and to God)고 한다. 여기 "자기에게 말하라"는 말은 "방언으로 말하는 것이 하나님과 자신 사이에 이루어지는 것이고, 그러므로 그의 감정과 욕구가 방언으로 말할 때에 출구를 찾아 하나님께로 일어나 나아간다는 의미에서 자신의 덕을 세우는 것(4절)이라는 뜻이다"(Lenski).

고전 14:29-30. 예언하는 자는 둘이나 셋이나 말하고 다른 이들은 분별할 것이요 만일 곁에 앉아 있는 다른 이에게 계시가 있으면 먼저 하던 자는 잠잠할지니라.

바울은 예배 때 예언 하는 자들이 취해야 할 질서에 대해 언급한다. 첫째, "예언하는 자는 둘이나 셋이나 말하고 다른 이들은 분별할 것이라"고 말한다. 두 사람 정도나 혹은 세 사람 정도만 예언할 것이로되 한 사람씩 예언하라고 말하며 다른 이들은 그 예언을 분별하라고 말한다. "분별하라"(διακρινέτωσαν)는 말은 예언된 메시지의 내용이 진짜인지 혹은 가짜인지 분별하고(12:10; 고후 11:14) 또 그 내용을 이해하고 평가하라는 뜻이다(11:29 주해 참조). 둘째, "만일 곁에 앉아 있는 다른 이에게 계시가 있으면 먼저 하던 자는 잠잠할 것이라"고 말한다(살전 5:19-20). 곁에 앉아 있는 다른 사람에게 계시가 있어 예언을 하게 되면 먼저 예언하던 사람은 잠잠하라고 한다. 먼저 예언하던 사람이 끝나지 않은 상태에서 나중 사람에게 계시가 있으면 먼저 하던 사람이 잠잠해야 하는 것은 성령님만이 교회 집회의 순서를 결정하고 바꿀 수 있는 권한이 있음을 보여주는 것이다(C. K. Barrett).

고전 14:31. 너희는 다 모든 사람으로 배우게 하고 모든 사람으로 권면을 받게 하기 위하여 하나씩 하나씩 예언할 수 있느니라.

본 절 초두에는 이유를 말하는 접속사(γὰρ)가 있어 두 사람이나 세 사람이나 동시에 예언해서는 안 되는 이유를 말한다. 그 이유는 "너희는 다 모든 사람으로 배우게 하고 모든 사람으로 권면을 받게 하기 위하여 하나씩 하나씩 예언해야 하기" 때문이다. 모든 교인들이 다 배우는 것이 중요하고 또 모든 사람이 권면을 받아야 하기 때문에 한 사람씩 예언해야 한다는 것이다. 어느 한 사람이 길게 예언을 하여 다른 사람은 예언을 하지 못하는 일이 없어야 그 예언을 다 들을 수 있기에 한 사람씩 예언을 하되 먼저 하던 사람은 나중에 계시를 받은 사람에게 순서를 내주어야 한다.

고전 14:32-33a. 예언하는 자들의 영이 예언하는 자들에게 제재를 받나니 (왜냐하면) 하나님은 무질서의 하나님이 아니시요 오직 화평의 하나님이시니라.

바울은 앞 절(31절)에서 예배 중에 한 사람씩 예언할 수 있다고 했는데 그렇게 한 사람씩 예언할 수 있는 이유는 "예언하는 자들의 영이 예언하는 자들에게 제재를 받기" 때문이라고 한다(요일 4:1). 본문의 예언하는 자들의 "영"($\pi\nu\epsilon\acute{u}\mu\alpha\tau\alpha$)이란 말이 무엇이냐를 두고 견해 차이가 있다. 혹자는 여기 "영"($\pi\nu\epsilon\acute{u}\mu\alpha\tau\alpha$)을 '성령'이라 해석하기도 하나 성령이 예언하는 자들에게 제재를 받는다는 것은 있을 수 없는 논리로 보이는 고로 '예언하는 자들 각자의 영'으로 보아야 할 것이다(Bengel, Alford, Marion L. Soards, Lenski, Grosheide, Barrett, Morris, 이상근, 김세윤). 그리고 또 한 가지 해결해야 할 것은 "예언하는 자들에게 제재를 받는다"는 말에 있어 "예언하는 자들"이 누구냐는 것이다. 혹자는 예언하는 자들의 영이 예언하는 자 자신에게 제재를 받는 것으로 주장하기도 하나 문맥에 의하여(30절) '다른 예언자'로 보는 것이 타당하다. 그러니까 32절의 뜻은 예언하는 자들의 영이 다른 예언자에게 제재를 받는다는 뜻이다. 30절에 분명히 "만일 곁에 앉아 있는 다른 이에게 계시가 있으면 먼저 하던 자는 잠잠하라"고 말하고 있다.

이렇게 예언하는 자의 영이 다른 예언자들에게 제재를 받는 이유는 "하나님은 무질서의 하나님이 아니시요 오직 화평의 하나님이시기" 때문이다. "하나님은 무질서의 하나님이 아니시다"에서 "무질서"($\dot{\alpha}\kappa\alpha\tau\alpha\sigma\tau\alpha\sigma\acute{\iota}\alpha\varsigma$)

란 말은 '혼란,' '혼돈,' '요란,' '뒤죽박죽'이란 뜻이다. 바울은 하나님은 뒤죽박죽의 하나님이 아니시고 화평의 하나님이시기에 우리가 예언을 할 때 평화롭게 해야 한다고 말한다. 하나님은 무질서한 분이 아니시고 평화의 하나님이신고로 고린도 교회의 모든 무질서(당파, 부도덕, 우상의 제물문제, 예배 문제, 은사 문제 등)는 정비되어야 했다.

　　6) 예배 때 여자는 어떤 입장을 취해야 하는가　14:33b-36

　　이 부분(33b-36절)이 사본 상 이 자리에 있어야 하는지(보다 가치 있는 사본들은 이 자리에 배치하고 있다) 혹은 40절 뒤로 놓아야 하는지(D. G. 김세윤) 혹은 아예 바울 서신에서 제거해야 하는지 많은 이론이 있다. 사본의 권위에 따라 이 자리에 이 말씀이 배치된 것이 당연한 것으로 보아야 할 것이다. 이 구절들의 말씀을 가지고 오늘날 교회에서 여자들의 활동을 막아서는 안 될 것이고 다만 여자들이 남자들을 주장하는 자세를 취하지 말고 남자들을 돕는 자로 일하게 해야 할 것이다.

고전 14:33b. 모든 성도가 교회에서 함과 같이(Ὡς ἐν πάσαις ταῖς ἐκκλησι-´αις τῶν ἁγίων).

　　"모든 성도가 교회에서 함과 같이"(11:16)란 말씀이 33절에 속하느냐 아니면 34절에 속하느냐에 대해서 견해 차이가 있다. 헬라어 원본에는 33절에 속해 있고 우리 개역개정판 번역도 역시 33절에 배치해놓았으나, 우리 개역판 번역은 34절에 배치해놓았다. 성경학자들 간에도 견해의 차이를 보이고 있다. 그렇다면 어느 것이 옳은 것인가. 물론 이 말씀을 어느 절에 배치해야 하느냐 하는 것이 그렇게 중요한 것은 아니다. 이유는 원저자 바울이 장절을 분류한 것이 아니고 중세의 어느 학자가 분류한 것이기 때문이다. 우리 개역판 번역이 이 말씀을 34절에 배치한 이유는 아마도 이 말씀이 아래의 여성도 문제와 관련이 있다고 보아서 그렇게 한 것으로 보인다. 그러니까 이 말씀을 33절에 속한 것으로 보는 측(AV, Calvin, Matthew

Henry, Weiss, Barnes, Alford)에서는 '모든 성도는 다른 교회에서 함과 같이' "예언하는 자들의 영이 예언하는 자들에게 제재를 받아야 한다"(32절)는 것을 강조하기 위함일 것이고, 이 말씀을 34절에 배치하는 견해(RSV, Luther, Meyer, Godet, Hodge, Leon Morris, Mare. Hodge, J. Hunter, 박윤선, 이상근)는 '모든 여(女)성도는 다른 교회에서 함과 같이' "교회에서 잠잠하라"(34절)는 것을 강조하기 위함일 것으로 보인다. 헌터(J. Hunter)는 "다른 교회들은 여자들이 교회에서 잠잠했는데 고린도 교회가 유독 여자들이 교회에서 떠들었기에 사도가 그들을 고치기 위해서 이 말을 했다"고 주장한다. 핫지(Hodge)는 "34절에 배치해야 하는 이유로 33절은 1) "하나님은..."이라는 구절로 결론이 났다. 2) 이 말씀을 전절에 결부시키면 뜻이 적절하지 못하다. 3) 34절에 결부시키면 11:16과 좋은 평행이 된다"고 주장한다. 이 말씀을 34절에 배치하는 것이 더 타당할 것으로 보인다.

고전 14:34. 여자는 교회에서 잠잠하라 그들에게는 말하는 것을 허락함이 없나니 율법에 이른 것 같이 오직 복종할 것이요.

11:5에서는 여자가 예언할 수 있다는 것을 말했는데 본 절에서는 "여자는 교회에서 잠잠하라"고 권한다(딤전 2:11-12). 이를 두고 1) 이 말씀은 후대에 사본에 삽입된 것이다(Bruce, Barrett, Lange, 김세윤). 2) 11:5에서는 예언할 것을 암시했으나 그 후 재고하여 금했다(Edwards). 3) 11:5은 예외의 말씀이다(Tertullian, Godet). 4) 본 절은 방언을 하며 떠드는 것을 금한 것뿐이다(Hofmann). 5) 11:5은 사적인 집회에서 허락한 것이고 본 절은 공적 집회에서 잠잠하라는 것이다(Calvin, Bengel, Meyer, Ellicott). 이 여러 견해 중에 5번의 것이 타당한 것으로 보인다. 딤전 2:12의 말씀(여자가 가르치는 것과 남자를 주관하는 것을 허락하지 아니하노니 오직 조용할지니라)도 5번의 내용과 부합한다. 여자가 공적 집회에서 남자를 주관하지 말라는 말은 문자적이라기보다는 근본적인 교훈으로 보아야 할 것이다. 혹자는 "여기서의 명령은 어디까지나 당시의 고린도 교회의 특수한 상황, 즉 여자들의 무분별

한 기도나 방언이나 예언이나 질문이나 논쟁 등에 의해 빚어지는 무질서와
혼란 때문에 준 것이다. 그러므로 바울의 취지는 교회의 덕이 되는 대신에
무질서와 혼란을 일으키거나 조장하며, 따라서 선교에도 장애가 되는 모든
말을 금하는 것이다"라고 주장한다. 그러나 고린도 교회의 특수한 상황
때문에 여자는 교회에서 잠잠하라고 했다면 "모든 성도가 교회에서 함과
같이"란 말에 저촉되는 것으로 보인다. 그런고로 위의 주장 중에서 5번의
것이 가장 타당하다고 보인다.

바울은 여자가 교회에서 잠잠해야 한다는 말씀을 뒷받침하기 위하여
구약성경을 든다. 그는 창 3:16을 인용한다("너는 남편을 원하고 남편은
너를 다스릴 것이니라). 여자가 공적 집회에서 잠잠하라는 것은 창조의
원리이고 하나의 기본원리이지 여자의 열등함을 가리키지는 않는다. 다만
남녀 역할 면에서 남자가 주관하고 여자가 복종하는 것을 의미한다(11:3;
엡 5:22; 골 3:18; 딛 2:5; 벧전 3:1). 그러나 남녀의 인권은 동등하다고
성경은 말한다(갈 3:28).

**고전 14:35. 만일 무엇을 배우려거든 집에서 자기 남편에게 물을지니 여자가
교회에서 말하는 것은 부끄러운 것이라.**

바울은 "만일 무엇을 배우려거든 집에서 자기 남편에게 물으라"고 말한
다. 사도는 여자들이 남자들을 가르치고 주관하는 것을 금할 뿐(앞 절) 아니
라 무엇을 배우려고 할 때도 집에서 남편에게 물으라고 한다. 이것은 일반적
규율을 말하는 것뿐이다. "부끄러운 것"이란 말은 '보기 싫은 것을 의미
한다'(Hodge, 박윤선). 렌스키(Lenski)는 "부끄러운 것"이란 말이 단순히
인륜적인 측면에서의 부끄러움을 가리키는 것이 아니라 하나님의 말씀에
비추어 적절하지 못하다는 것을 의미한다"고 주장한다.

**고전 14:36. 하나님의 말씀이 너희로부터 난 것이냐 또는 너희에게만 임한
것이냐.**

본 절이 고린도 교회의 여자들의 지나친 행동을 자제하기 위해 주어진 말씀인지(Bengel, 이상근), 아니면 33절 이전까지 말씀한 일반적인 문제를 포함하여 일반적인 것을 겨냥하여 책망하는 것인지(Alford, 김세윤) 양론이 있다. 이 말씀은 고린도 교회가 일반적으로 책망을 들어야 할 사항 때문에 준 책망으로 받아야 할 것이다. 고린도 교회 교인들은 자기들로부터 하나님의 말씀이 시작된 것처럼, 그리고 자기들에게만 하나님의 말씀이 임한 것처럼 한 사람이 예언을 길게 하고 뒷사람에게 양보하지 않고 말을 했다(29-33절). 그래서 바울은 그들의 교만을 책망하는 뜻으로 본 절을 말씀한 것이다.

캘빈은 사도가 본 절에서 이렇게 질문하고 있는 셈이라고 말한다. 즉 "하나님의 말씀이 나타난 것이 너희들로부터라고 너희들은 생각하느냐? 다른 말로 말하면 하나님의 말씀이 너희들에게서부터 시작되었느냐? 너희로 더불어 그 말씀이 종결될 것이냐? 말하자면 하나님의 말씀이 더 이상 다른 사람들에게 전파되지 아니할 것이냐?"는 질문이라고 했다.[46) "고린도 교회 신자들은 하나님의 말씀이 자기들의 교회에만 임한 듯이 자만하였다. 이런 주제넘은 태도는 오늘날의 교회들 가운데서도 있다. 하나님의 복음이 저희에게만 전속한 듯이 남들을 무시하며 교만하게 행하는 일이 얼마나 많은가. 그러나 그러는 동안 오히려 자기들도 모르는 사이에 진리에서 떠나게 되는 것이다"(박윤선).[47)

7) 모든 일을 질서대로 하라   14:37-40

고전 14:37. 만일 누구든지 자기를 선지자나 혹은 신령한 자로 생각하거든 내가 너희에게 편지하는 이 글이 주의 명령인 줄 알라.

본 절의 "선지자"(προφήτης)는 '예언의 은사를 가진 자'를 지칭하고 "신령한 자"(πνευματικός)는 '방언의 은사를 가진 자'를 지칭한다. 바울은

---

46) 존 칼빈, 고린도전서, 갈라디아서, 신약성경주석, p. 417.
47) 박윤선, 고린도전후서, 성경주석, p. 222.

지금까지 여러 은사를 가진 자에 대해 말해왔는데(12장) 그러나 14장에 와서 주로 예언의 은사를 가진 자와 방언의 은사를 가진 자에 대해 언급했으므로 본 절에서도 역시 "선지자"는 '예언의 은사를 가진 자'를 지칭하는 것으로 보고 또 "신령한 자"는 '방언의 은사를 가진 자'로 보아야 할 것이다.

바울은 이 두 종류의 은사를 가진 사람들에게 "만일 누구든지 자기를 선지자나 혹은 신령한 자로 생각하거든 내가 너희에게 편지하는 이 글이 주의 명령인 줄 알라"고 권면한다(고후 10:7; 요일 4:6). 즉 바울이 그 두 종류의 은사를 가진 자들에게 본 장에서 여러 가지를 말해왔는데 그 모든 글이 바울의 주관적인 말이 아니라 주님의 명령인 줄 알라는 것이다. 바울의 이 말은 바울의 말이 아니었다. 모두 예수님의 명령이었다. 그런고로 고린도교회는 시정할 것은 시정하고 복종할 것은 복종해야 했다.

고전 14:38. 만일 누구든지 알지 못하면 그는 알지 못한 자니라(εἰ δέ τις ἀγνοεῖ, ἀγνοεῖται).

본 절의 헬라어(ἀγνοεῖται)는 3인칭 현재 수동태 시제로 '그는 알지 못하게 될 것이다'라는 뜻이다. 그러니까 본 절의 뜻은 만일 누구든지 바울이 쓴 이 글(앞 절)이 주님의 명령임을 인정하지 않는다면 그 사람 역시 주님의 인정을 받지 못할 것이라는 뜻이다. 우리는 사도의 글이 주님의 명령인 줄 알아야 한다. 만약 우리가 사도의 글이 주님의 명령이라는 사실을 인정하지 않고 순종하지 않으면 우리도 주님으로부터 인정을 받지 못할 것이다.

고전 14:39. 그런즉 내 형제들아 예언하기를 사모하며 방언 말하기를 금하지 말라.

바울은 이제 마지막으로 "형제들아"라는 애칭을 사용하여 결론을 준다. 결론은 "예언하기를 사모하며 방언 말하기를 금하지 말라"는 내용이다(12:31; 살전 5:20). '하나님으로부터 계시를 받아 예언하기를 적극적으로 사모하라는 것이며, 그리고 소극적으로는 방언 말하기를 금하지 말라'는

것이다. 우리는 교회 생활에서 내 자신이 사모할 것을 적극적으로 사모해야
하고 다른 이의 방언 말하는 일을 금하지 말아야 한다.

고전 14:40. 모든 것을 품위 있게 하고 질서 있게 하라.

바울은 교회의 예배에 있어 교인들은 "모든 것을 품위 있게 하고 질서
있게 하라"고 부탁한다(33절). 교인들은 방언한다고 떠들지 말고 품위 있게
행동해야 하고(11:22; 13:5; 14:30; 롬 13:13; 살전 4:12) 방언하는 자들은
한 사람씩 질서를 지켜야 한다(7:33. 35). 레온 모리스(Leon Morris)는 "버릇
없고 온당치 못한 혁신은 한결같이 낙담을 시키게 되는 것이다"라고 말한다.

제 15 장
그리스도의 부활에 관한 교훈

XII. 그리스도의 부활에 관한 교훈   15:1-58

우리는 15장을 읽을 때 우리의 마음이 놀랍게도 밝아짐을 느끼고 부활의 확신에 이르며 큰 위로를 받는다. 바울은 14장에서 방언보다는 예언이 교회에 더 유익을 끼친다는 것을 말한 다음 15장에 들어와 그리스도의 부활이라는 제목 아래 길게 말한다. 이렇게 부활에 대해 길게 말하는 이유는 그리스도의 부활이 없다고 주장하는 사람들이 있었기 때문이었고(12절), 또 죽은 자들이 어떻게 다시 살며 어떠한 몸으로 오느냐는 것 때문이었다(35절). 그들이 왜 부활을 부정했는가에 대해서는 여러 학설이 있으나 최근의 학자들은 과거 고린도 교인들에게는 이미 그리스도의 통치가 임했고 또 많은 은사들이 임하여 열광적으로 신앙생활을 했기에 부활이라는 것은 필요 없다고 느꼈기 때문에 부활을 부정했다는 학설을 내놓고 있다. 그러나 이렇게 진리를 부정하는 사람들이 있기에 부활의 진리가 더 밝게 진술되도록 하는 것이 하나님의 섭리라고 보인다. 이것은 마치 예수님의 주위의 도마와 같은 사람이 있어 부활의 진리가 더 강조된 것과 같은 이치이다(요 20:24-29). 본장의 내용은 두 구분으로 되어 먼저 부활이 확실함을 말했고(1-34절), 다음으로 부활의 성격에 대해 길게 설명하고 있다(35-58절).

A. 그리스도의 부활의 사실은 확실하다 15:1-34

그리스도의 부활이 없다는 부정의 소리를 듣고 바울은 그리스도의 부활이 확실함을 논증한다. 먼저 1) 그리스도의 부활은 역사적으로 확실하다는 것을 말하고(1-11절), 2) 부활을 부인하면 그 결과는 어떻게 되는가를 논증하며(12-19절), 그리스도 부활의 결과들을 논하고(20-28절), 신자의 부활에 대한 신앙이 현재의 실생활에 미치는 영향을 말하고 있다(29-34절).

1) 그리스도의 부활은 역사적으로 확실하다   15:1-11

바울은 그리스도의 부활이 역사적으로 확실하니 신자의 부활이 확실하다고 주장한다. 그리스도께서 부활하셨기에 현재에 있어서는 신자의 믿음이 가능하고 또 미래의 부활을 확실하게 한다.

고전 15:1. 형제들아 내가 너희에게 전한 복음을 너희에게 알게 하노니 이는 너희가 받은 것이요 또 그 가운데 선 것이라.

바울은 14장을 마친 후 다른 주제를 말하기 위해 "형제들아"라는 애칭을 사용하여 부활에 대해 길게 논한다. 바울은 "내가 너희에게 전한 복음을 너희에게 알게 한다"고 말한다(갈 1:11). 과거에 바울이 고린도 교회에서 전한 복음(그리스도의 죽음과 부활)을 지금 문서로 다시 알게 한다는 것이다. 바울이 과거에 전한 복음을 기억나게 한다고 하지 않고, 알게 한다고 말한 것은 의미 있는 말이다. 과거 고린도 교회를 세울 때 복음을 전했는데 부활을 부정하는 사람이 있다는 소식을 듣고(12절) 편지로 복음을 다시 알게 한다고 말하는 것이다.

바울은 과거에 그 교회에서 복음을 전한 결과 몇몇 사람들을 제외하고 (12절) 대부분의 교인들이 복음을 잘 받았고 또 그 복음 가운데 군건히 서게 되었다고 말한다. 즉 "이는 너희가 받은 것이요 또 그 가운데 선 것이라"(which also ye have received, and wherein ye stand)고 말한다(롬 5:2). 여기 "너희가 받은 것이요"(παρελάβετε)란 말은 부정(단순)과거 시제로 한번 받으므로 영원히 받은 것을 뜻한다. 고린도 교인들은 바울을 통하여 한번 복음을 받으므로 영원히 받게 되었다. 그리고 그 가운데 "선 것이라"(ἐστήκατε)라는 말은 현재 완료시제로 과거에 복음을 받은 후 현재 그 복음 안에 계속해서 서 있는 것을 뜻한다. 그들은 지금도 복음을 믿고 있었다는 뜻이다.

고전 15:2. 너희가 만일 내가 전한 그 말을 굳게 지키고 헛되이 믿지 아니하였으면 그로 말미암아 구원을 받으리라(δι' οὗ καὶ σῴζεσθε, τίνι λόγῳ εὐηγγε-λισάμην ὑμῖν εἰ κατέχετε, ἐκτὸς εἰ μὴ εἰκῇ ἐπιστεύσατε).

바울은 본 절에서 과거에 그가 고린도 교회에서 전한 그 말(복음)을 고린도 교인들이 "굳게 지키고 헛되이 믿지 아니하였으면 그로 말미암아 구원을 받으리라"고 말한다. 여기 "굳게 지킨다"는 말과 "헛되이 믿지 아니하였다"는 말은 동의어이다. "굳게 지키는 것"을 행위로 보고 "헛되이 믿지 아니하였다"는 말을 신앙으로 보아 서로 다른 것으로 보아서는 안 된다. 우리의 신앙에서 굳게 지킴이 없어서는 안 된다. "굳게 지킨다"(κατέχετε)는 말은 현재형으로 '계속해서 지킨다'는 뜻이다. 그리스도의 십자가와 부활의 진리를 계속해서 마음에 굳게 간직해야 한다. 그리고 "헛되이 믿지 아니하였다"는 말은 '생각 없이 믿지 아니하였다,' '조심성 없이 믿지 아니하였다'는 뜻(갈 3:4)으로 일단 확실하게 믿었으면 계속해서 그 믿음을 굳게 지켜 나아가야 한다. 그러면 "그로 말미암아 구원을 받으리라"(δι' οὗ καὶ σῴζεσθε)고 한다(1:21; 롬 1:16). "그로 말미암아"란 말은 '복음으로 말미암아'란 뜻으로 하나님은 복음을 통하여 우리를 구원하신다. 본문의 "구원을 받으리라"(σῴζεσθε)는 말은 현재 수동태 시제로 구원을 받아가고 있다는 뜻이다. 고린도 교인들은 과거에 복음을 받았고(부정과거) 그 가운데 섰으며(현재완료) 그 복음으로 말미암아 현재 구원을 받아가고 있다. 우리는 구원을 단번에 받지만 그 구원은 계속되는 법이다.

고전 15:3-4. 내가 받은 것을 먼저 너희에게 전하였노니 이는 성경대로 그리스도께서 우리 죄를 위하여 죽으시고 장사 지낸 바 되었다가 성경대로 사흘 만에 다시 살아나사.

바울 사도는 자신이 받은 것을 과거에 이 편지의 수신자 고린도 교인들에게 전했다고 말한다(11:2, 23; 갈 1:12). 바울은 이 부분에서 자신이 주님으로부터 받아 고린도 교인들에게 전한 것이 세 가지라고 말한다. 첫째, "성경대로 그리스도께서 우리 죄를 위하여 죽으신 것"을 전했다고 한다. "성경대로"란 말은 '구약 성경에 말하는 대로'란 뜻으로 구약 성경에는 그리스도의 죽음에 대해서 수없이 말씀하고 있다(레 4:27-35; 시 22:15; 사 53:5-6; 단 9:26, 46; 행 3:18; 26:23; 벧전 1:11; 2:24 등). 예수님은 우리 죄를 위하여 죽으셨다. 그가 우리 죄를 위하여 죽으셨다는 말씀은 우리의 죄로 인해 우리가 죽기에 충분하다는 것을 보여준다(창 2:17; 롬 6:23; 약 1:15). 둘째, "장사 지낸 바 되었다"는 것을 전했다. 예수님은 십자가에서 죽으신 날 아리마대 요셉과 니고데모에 의해 장사지낸바 되었었다. "죽은 시체의 장사는 빈 무덤이 있기 위한 필수적인 서곡이다"(Leon Morris). 셋째, "성경대로 사흘 만에 다시 살아나셨다"는 것을 고린도 교인들에게 전했다(시 2:7; 16:10; 사 53:10; 호 6:2; 눅 24:26, 46; 행 2:25, 31; 13:33-35; 26:22-23; 벧전 1:11). 본문의 "성경대로"란 말은 "사흘 만에"란 말에 관련되는 말이 아니라 "다시 사셨다"는 말에 관련되는 말로 보아야 한다. 이유는 구약 성경에 사흘 만에 다시 살아나시리라는 예언이 없고 또 "성경대로"란 말이 "죽으시고"에 관련된 것을 보면 "다시 살아나사"란 말에 관련된 것으로 봄이 좋을 것이다. 본문의 "다시 살아나사"(ἐγήγερται)란 말은 현재완료 수동태로 예수님께서 과거에 살아나셔서 지금까지 살아 계시다는 것을 뜻한다. 이 동사는 본장에 더 나타나고 있다(12-13절, 14절, 16절, 17절, 20절). 그리스도의 부활은 하나님의 능력으로 이루어진 것이고 하나님의 행위였다. 그런고로 부활은 무너지지 않을 큰 사건이다(행 2:24, 32; 3:15; 4:10; 10:40; 13:33-37; 17:31; 롬 4:24; 고후 13:4; 갈 1:1; 살전 1:10). 그리스도의 부활은 하나님께서 이루신 것이고, 그리스도 자신의 권세로 이루신 것이며(요 10:18), 또 성령의 역사였다(롬 8:11).

고전 15:5. 게바에게 보이시고 후에 열두 제자에게와.

예수님은 다시 살아나신 후 여러 개인과 여러 단체에 보이셨다. 먼저 예수님은 게바 즉 베드로에게 보이셨다. 예수님께서 부활하신 후 게바에게 보이신 것은 눅 24:34에 언급되고 있다. 예수님께서 게바에게 보이시기 전에 여자들에게도 보이셨는데 바울은 그것을 여기서 언급하지 않는다. 그런고로 바울이 여기서 모든 경우를 언급하는 것은 아님을 알 수 있다. 다음으로 바울은 예수님께서 "열두 제자에게" 나타나신 것을 기록한다(마 28:17; 막 16:14; 눅 24:36; 요 20:19, 26; 행 10:41). "열두 제자"란 제자단의 이름이다. 숫자적으로 열둘을 말하는 것은 아니다. 예수님께서 부활하신 당일 저녁에 나타나셨을 때 제자들은 10명(부활 후 첫째주일에는 도마까지 없었으니 10명이다) 혹은 11명(부활하신 후 둘째 주일에는 도마가 있어 11명이었다) 뿐이었다(눅 24:36f; 요 20:19-29). 이것만으로도 부활의 증거가 충분한데 바울은 아래에 더 쓰고 있다.

고전 15:6. 그 후에 오백여 형제에게 일시에 보이셨나니 그 중에 지금까지 대다수는 살아 있고 어떤 사람은 잠들었으며.

"그 후에 오백여 형제에게 일시에 보이셨다"는 말씀은 마 28:16 이하에서 기록된 내용일 것으로 보인다(참조 26:32; 28:10). 바울은 500여 형제 중에 "지금까지 대다수는 살아 있고 어떤 사람은 잠들었다"고 말한다. 그 중에 어떤 사람이 잠들었다는 말씀은 부활하신 예수님을 본 사람들이 죽었다는 뜻으로 바울이 고린도전서를 써서 고린도 교회에 보낸 것은 꽤 오랜 세월이 흐른 때라는 것을 보여준다(총론 참조).

고전 15:7. 그 후에 야고보에게 보이셨으며 그 후에 모든 사도에게와.

본문의 야고보는 야고보 사도를 지칭함이 아니라 주의 형제 야고보일 것으로 추측된다. 예수님의 형제 야고보는 예수님의 사역 기간 동안에는 예수님을 믿지 않다가(막 3:21, 32; 요 7:5) 오순절 성령 강림절 때에는 제자들과 마음을 같이하여 오로지 기도에 힘써서(행 1:14), 오순절 날 성령의 충만에 이르렀다. 그 뒤에 예루살렘 교회의 수장으로 활동했다(행 15:13; 21:18; 갈 2:9).

그리고 부활하신 예수님은 "그 후에 모든 사도에게" 보이셨다(눅 24:50; 행 1:3-4). 여기 "모든 사도에게"란 말은 거의 확실하게 예수님께서 택하신 열두 사도보다는 '넓은 의미의 사도들'을 지칭하는 것으로 보인다(F. F. Bruce).[48] 바울은 이미 넓은 의미의 사도로서 야고보를 말했고 또 다른 사도들을 염두에 둔 것으로 보인다. 바울은 예수님께서 부활하셨다는 것을 보여주는 많은 증거를 제시했다. 그런데 바울은 자기에게도 보여주셨다고 다음 절에 말한다.

고전 15:8. 맨 나중에 만삭되지 못하여 난 자 같은 내게도 보이셨느니라.

바울은 다른 많은 증인들을 언급한 다음 "맨 나중에 만삭되지 못하여 난 자 같은 내게도 보이셨다"고 말한다(9:1; 행 9:4, 17; 22:14, 18). 여기 "만삭되지 못하여 난 자"란 말은 문자적으로는 '조산으로 태어난 자'란 뜻이나 문맥을 살필 때 하나님의 교회를 박해한 못난 자라는 것을 부각시키는 말이다. 바울은 평생 자신이 하나님의 교회를 박해한 못난 사람이라는 것을 드러냈다. 바울은 부활하신 주님께서 조산아와 같은 자신에게까지 나타나셨다고 말한다. 큰 감격에 찬 말이다.

고전 15:9. 나는 사도 중에 가장 작은 자라 나는 하나님의 교회를 박해하였으므로 사도라 칭함 받기를 감당하지 못할 자니라.

바울은 "나는 사도 중에 가장 작은 자라"고 자신을 평한다(엡 3:8). 이 말은 바울의 자아의식을 표현한 말이다. 바울이 자신을 사도 중에 가장 작은 자라고 말할만한 이유는 자신이 "하나님의 교회를 박해하였으므로

---

48) F. F. Bruce, *I & II Corinthians,* The New Century Bible Commentary, p. 141.

사도라 칭함 받기를 감당하지 못할 자이기" 때문이었다(행 8:3; 9:1; 갈 1:13; 빌 3:6; 딤전 1:13). 바울은 다른 면으로는 부족함이 없는 사람이었다. 그는 "나는 지극히 크다는 사도들보다 부족한 것이 조금도 없는 줄로 생각하노라"고 말한 적도 있었다(고후 11:5). 그러나 그는 하나님의 교회를 박해했다(행 8:1, 3; 9:1-2; 22:4-5; 26:9f; 갈 1:13)는 점에서 항상 죄의식을 가지고 살았다. 에베소서 3:8에서 바울은 "모든 성도 중에 지극히 작은 자보다 더 작은 나에게 이 은혜를 주신 것은 측량할 수 없는 그리스도의 풍성함을 이방인에게 전하게 하시려고"라고 말했고 딤전 1:15에서는 "내가 죄인 중에 괴수니라"고 말하고 있다.

고전 15:10. 그러나 내가 나 된 것은 하나님의 은혜로 된 것이니 내게 주신 그의 은혜가 헛되지 아니하여 내가 모든 사도보다 더 많이 수고하였으나 내가 한 것이 아니요 오직 나와 함께 하신 하나님의 은혜로라.

바울은 사도라고 칭함 받기를 감당하지 못할 자였지만(앞 절) 그러나 교회를 박해하던 바울이 사도가 되고 선교사가 되어 많은 일을 하게 된 것은 "하나님의 은혜로 된 것이라"고 고백한다(엡 2:7-8). 바울은 방금 말한 하나님의 은혜를 다시 길게 설명한다. 즉 "내게 주신 그의 은혜가 헛되지 아니하여 내가 모든 사도보다 더 많이 수고하였으나 내가 한 것이 아니요 오직 나와 함께 하신 하나님의 은혜"였다고 말한다(고후 11:23; 12:11). '하나님께서 바울 자신에게 주신 은혜가 헛되지 아니하여 바울이 모든 사도보다 더 많이 수고하게 되었다'는 것이다. 바울은 자신이 수고한 것을 성경 여러 곳에 기록하고 있다(고후 11:5, 23-33; 12:11). 바울은 자신이 수고한 것을 자신이 했다고 말하지 아니하고 "오직 나와 함께 하신 하나님의 은혜"라고 말하며 하나님께 영광을 돌린다(마 10:20; 롬 15:18-19; 고후 3:5; 갈 2:8; 엡 3:7; 빌 2:13).

고전 15:11. 그러므로 나나 그들이나 이같이 전파하매 너희도 이같이 믿었느

니라.

바울은 5-8절에 예수님께서 여러 사람에게 나타나 그의 부활의 모습을 보이신 결과로 "나나 그들이나 이같이 전파하매 너희도 이같이 믿었다"고 말한다. 바울이나 다른 사람들(게바, 열두 제자들, 500여 형제들, 야고보, 넓은 의미의 사도들)이나 바울이 복음을 전함같이 고린도 교인들도 믿게 되었다고 말한다. 본 절에서 바울이 말하는 것은 열두 사도들과 500여 형제와 야고보 등이 고린도 교회에서 복음을 전했다는 뜻이 아니라 그들의 삶이 복음 전한 삶이었음을 나타내는 것이었다. 바울 이외의 다른 사람으로서 고린도에서 복음을 전한 것은 아볼로였다. 아무튼 본 절은 예수님의 부활의 모습을 보고 은혜를 받은 사람들과 바울 사도가 복음을 전하였다는 것을 밝힌다. 은혜를 받으면 반드시 복음을 전하게 되어 있다.

본문의 "전파하매"(κηρύσσομεν)란 말은 현재 능동태 시제로 바울은 이 편지를 쓰는 순간에도 계속해서 복음을 전파하고 있었고 다른 사람들도 계속해서 복음을 전파하고 있었다는 것을 보여준다. 전도자들은 쉴 사이 없이 복음을 전파해야 한다는 것을 보여준다. 그리고 너희도 이같이 "믿었느니라"(ἐπιστεύσατε)는 말은 부정(단순)과거 시제로 '참으로 믿었다,' '진실로 믿었다'는 뜻으로 고린도 교회 교인들이 진정으로 믿게 된 것을 말한다.

2) 죽은 자의 부활을 부인하면 그 결과는 어떻게 되는가   15:12-19

바울은 앞(1-11절)부분에서 그리스도의 부활이 역사적으로 확실함을 논증했고 이제 이 부분(12-19절)에서는 부활을 부인하면 그 결과는 어떻게 되는가를 논증한다. 부활이 없다면 그리스도도 부활하지 못하셨을 것이며 그리스도께서 부활하지 않으셨다면 전파자의 전파도 헛것이 되며 우리 신자들의 부활도 없을 것이고 신자들의 부활이 없다면 신자들의 믿음도 헛것이며 여전히 죄 가운데 있게 될 것이라고 말한다.

고전 15:12. 그리스도께서 죽은 자 가운데서 다시 살아나셨다 전파되었거늘

너희 중에서 어떤 사람들은 어찌하여 죽은 자 가운데서 부활이 없다 하느냐.

바울은 본 절에서 두 가지를 말한다. 하나는 "그리스도께서 죽은 자 가운데서 다시 살아나셨다 전파된" 사실을 말한다. 이미 5-7절에서처럼 그리스도의 부활이 전파되었고 또 바울에 의해 과거에 고린도 교인들에게 그리스도의 부활이 전파되었으며 또 바울이 이 편지를 쓰던 당시 고린도 교회의 전도자에 의해 부활이 전파되고 있는 중이라는 뜻이다. 본문의 "전파되었다"(κηρύσσεται)는 말은 현재 수동태 시제로 지금도 전파되고 있다는 뜻이다. 바울이 편지하는 당시에도 고린도 교회에서 전도자에 의해 전파되고 있다는 뜻이다.

또 하나는 "너희 중에서 어떤 사람들은 어찌하여 죽은 자 가운데서 부활이 없다 하느냐"고 말한다. 어떤 사람들이 그리스도의 부활과 신자들의 부활 두 가지 부활을 부인하고 있다는 뜻이다. 본문의 "죽은 자 가운데서 부활"(ἀνάστασις νεκρῶν)이란 말에 관사가 없는 것은 일반적인 부활을 뜻하는 말로 죽은 자들 가운데서의 부활을 지칭한다(Leon Morris). 그런데 본문의 부활을 부인하는 "어떤 사람들"이라는 사람이 누구냐는 논쟁이 있다. 여러 학설 중에 두 가지 학설이 가장 유력하다. 즉 1) 영지주의자들과 같은 이단자들이 부활은 이미 지나갔다고 본 것이라는 견해가 있다(Gordon Bridger, 김세윤).[49] 영지주의자들은 이미 영적인 부활이 이루어졌으니 육신적인 부활은 필요가 없다고 했다. 2) 이방인 신자들이 부활을 부인했다고 보는 견해(Alford, Matthew Henry, Bengel, 핫지, Lenski, Grosheide, Robertson and Plummer, 이상근). 아마도 초대교회의 모든 교회에 만연해 있던 영지주의자들과 또 그들의 영향을 받은 이방인들이 부활을 부인했으리

---

49) 바울은 딤후 2:17-18에서 "진리에 관하여는," 곧 '기독교 진리를 표준하여 보면' 후메내오와 빌레도가 그릇되었다고 확언한다(딤전 6:21). 이유는 그들이 에베소에서 기독교 신자들에게 "부활이 이미 지나갔다"고 가르쳤기 때문이다(고전 15:12). 그들은 육은 악하고 영은 선하다고 믿었기 때문에 육신적인 부활은 이미 지나갔다고 주장하고 가르쳤다. 그들이 육체 부활을 부인하는 것은 그리스도의 육체 부활을 부인하는 것으로서(고전 15:12-20) 기독교의 가장 중요한 진리를 거부하는 것이었다. 이단들이 육체 부활을 부인함으로 "어떤 사람들의 믿음을 무너뜨렸다." 그러므로 바울은 디모데를 향하여 그들을 피하라고 권면한다.

라고 보는 것이 가장 타당할 것으로 보인다.

고전 15:13. 만일 죽은 자의 부활이 없으면 그리스도도 다시 살아나지 못하셨으리라.

바울은 "죽은 자의 부활이 없으면 그리스도도 다시 살아나지 못하셨으리라"고 말한다(살전 4:14). 즉 죽은 자의 부활을 부인하는 것은 첫째(둘째는 다음 절에 있다), 그리스도의 부활을 부인하는 것을 의미한다. 바울은 그리스도께서 부활하셔서 여러 사람들에게 나타나셨고(7-9절) 자신도 부활하신 그리스도를 다메섹 도상에서 만나 보았으니 어찌 부활이라는 것을 부인할 수 있을까 하고 아연 실색해서 본 절처럼 말한다. 있을 수없는 주장을 펴는 사람들이 있음을 알고 부활이 없다면 그리스도도 다시 살아나지 못하셨을 것이라고 말한다. 바울은 본 장 전체를 통하여 그리스도 안에 있는 자들은 신령한 몸으로 다시 산다고 계속해서 주장하고 있다(44절).

고전 15:14. 그리스도께서 만일 다시 살아나지 못하셨으면 우리가 전파하는 것도 헛것이요 또 너희 믿음도 헛것이며(εἰ δὲ Χριστὸς οὐκ ἐγήγερται, κενὸν ἄρα ((καὶ)) τὸ κήρυγμα ἡμῶν, κενὴ καὶ ἡ πίστις ὑμῶν).

부활이 없다면 그리스도께서 살아나지 못하셨을 것이고 둘째, "우리가 전파하는 것도 헛것이라"고 말한다. 전도자들이 그리스도께서 죽은 자 가운데서 다시 살아나셨다고 전파했으니 만일 그리스도께서 다시 살아나지 않으셨다면 살아나셨다고 전파한 것도 거짓이요 헛소리에 불과하다는 것이다. 본문의 "헛것"(κενὸν)이란 말은 문장 초두에 나와 강조되었다. '참으로 텅 빈 것이다,' '참으로 허탕치는 것이다'라는 뜻이다. 그리고 셋째로(넷째는 다음 절에 있다), "너희 믿음도 헛것이라"고 말한다. 있지도 않은 그리스도의 부활을 믿었으니 텅 빈 것일 수밖에 없다.

고전 15:15. 또 우리가 하나님의 거짓 증인으로 발견되리니 우리가 하나님이

그리스도를 다시 살리셨다고 증언하였음이라 만일 죽은 자가 다시 살아나는 일이 없으면 하나님이 그리스도를 다시 살리지 아니하셨으리라.

넷째(셋째는 14절에 있다), "우리가 하나님의 거짓 증인으로 발견될 것이라"고 한다. 그리스도께서 다시 사시지 않았다면 바울 개인뿐만 아니라 "우리" 즉 '사도들' 전체가 거짓말쟁이들로 판명될 것이라는 것이다. 이유는 "우리가 하나님이 그리스도를 다시 살리셨다고 증언하였기" 때문이다(행 2:24, 32; 4:10, 33; 13:30). 이런 사기는 해 아래에서 최고의 사기사건으로 기록될 것이다.

바울은 "만일 죽은 자가 다시 살아나는 일이 없으면 하나님이 그리스도를 다시 살리지 아니하셨으리라"고 말한다. 즉 죽은 자의 부활과 그리스도의 부활은 별개의 문제가 아니라 한 개의 문제라는 것이다. 하나를 인정하면 다른 것을 인정하는 것이 되고 하나를 부정하면 다른 하나를 부정하는 것이 된다. 이 본문은 13절을 다시 말한 것뿐인데 다만 한 단어가 더 들어가 있다. 즉 "하나님"이란 말이 더 들어가 있다.

고전 15:16. 만일 죽은 자가 다시 살아나는 일이 없으면 그리스도도 다시 살아나신 일이 없었을 터이요.

바울은 13절의 말씀을 다시 본 절에서 반복한다. 13절에서는 "부활이 없으면"이라고 말했고, 본 절에서는 "다시 살아나는 일이 없으면"이라고 바꾸었다. 내용은 똑같다. 바울이 이렇게 반복하는 이유는 부활이 너무 중요해서이다. 바울에게 있어서 그리스도의 부활만큼 중요한 진리는 없다. 이 진리는 그의 생명만큼이나 중요하다.

고전 15:17. 그리스도께서 다시 살아나신 일이 없으면 너희의 믿음도 헛되고 너희가 여전히 죄 가운데 있을 것이요.

바울은 14절의 내용을 본 절에서 부분적으로 반복한다. "너희 믿음도 헛되고"라는 말을 반복하고 있다. 본 절의 "헛되고"(ματαία)라는 말은 14절의 "헛되고"(κενόν)라는 말과는 달리 '결실이 없다'는 뜻이다. 똑같은 내용이다. 바울은 본 절에서는 "너희가 여전히 죄 가운데 있을 것이요"라는 말을 새롭게 기록한다. 그러니까 "그리스도께서 다시 살아나신 일이 없으면" 다섯째(넷째는 15절에 있다), "너희가 여전히 죄 가운데 있을 것이라"고 한다. 롬 4:25에 "예수는 우리가 범죄 한 것 때문에 내줌이 되고 또한 우리를 의롭다 하시기 위하여 살아나셨기" 때문에 그리스도의 부활이 없으면 믿음도 헛되고 믿음을 통하여 얻어지는 속죄도 없게 된다. 그리스도의 부활이 없다면 부활에서 얻어지는 기독교의 모든 복은 사라지게 마련이다.

고전 15:18. 또한 그리스도 안에서 잠자는 자도 망하였으리니.

여섯째(다섯째는 17절에 있다), 그리스도를 믿다가 잠자는 자(죽은 자)도 "망하였으리라"고 한다. 여기 "망하였다"(ἀπώλοντο)는 말은 부정(단순)과 거 시제로 '아주 망했다,' '아주 없어졌다'는 뜻이다. 만일 그리스도께서 부활하시지 않았더라면 그리스도를 믿다가 죽은 사람은 아주 망해버렸다는 것이다. 이유는 죽은 자를 믿다가 죽은 자는 아주 망한 것이기 때문이다. 오늘날 다른 종교의 교주들은 다 죽었는데 그들을 믿다가 죽은 자들은 다 망한 자들이며 소망 없는 자들이다.

고전 15:19. 만일 그리스도 안에서 우리의 바라는 것이 다만 이 세상의 삶뿐이면 모든 사람 가운데 우리가 더욱 불쌍한 자이리라.

일곱째(여섯째는 18절에 있다), "만일 그리스도 안에서 우리의 바라는 것이 다만 이 세상의 삶뿐이면 모든 사람 가운데 우리가 더욱 불쌍한 자가 될 것이라"고 한다(딤후 3:12). 그리스도와 영적으로 연합한 우리의 소망이 죽음 후의 부활이 아니라 이 세상의 생명으로 국한된다면 우리는 환란과 박해 속에서 믿음으로 사는 중에 숱한 고난을 당하며 살고 있으니 불신자들보다 더욱 불쌍한 사람들이라는 의미이다. 우리는 세상 사람들처럼 마음대로 살지도 못하고 경건의 삶을 살기 위해 노력하며 절제의 삶을 살았는데 부활이 없다면 그리스도인인 우리야 말로 세상의 불신자보다 더욱 불쌍한 삶을 살아가는 사람들이 된다는 것이다. 부활이 없다면 모든 점에서 우리가 가장 불행한 자들이 되는 것이다. 레온 모리스(Leon Morris)는 "여기서 바울은 그리스도인들이 금생에서 받게 되는 마음의 평안 등과 같은 보상을 결코 축소시키고 있지 않다. 그렇지만 만일 금생이 전부라면 누구라도 그리스도인이 세상에서 사는 것보다 더 낫게 살 수 있으리라는 사실은 상식적으로 쉽게 생각할 수 있는 것이다"라고 말한다.[50]

3) 그리스도 부활의 결과들 15:20-28

바울은 앞(12-19절)에서 그리스도의 부활을 부인하면 그 결과들은 어떻게 되는가를 논한 다음 이 부분(20-28절)에서는 그리스도 부활의 결과들에 대해서 언급한다. 그리스도의 부활을 믿으면 믿는 자들이 부활한다는 것을 말하고 그러한 사실로부터 마지막 때에 일어날 당연한 순서들에 대해 언급한다. 모든 만물들은 그리스도께 복종하게 될 것으로 죽음 자체까지도 정복되어 모든 사람은 그리스도 안에서 삶을 얻을 것이다(20-22절). 그리고 부활이 차례로 진행될 것이다(23-28절).

고전 15:20. 그러나 이제 그리스도께서 죽은 자 가운데서 다시 살아나사 잠자는 자들의 첫 열매가 되셨도다.

본문 초두의 "그러나"라는 말은 반의(反意) 접속사로 그리스도인들이 세상 사람들 가운데서 가장 불쌍하다는 것(앞 절)과는 달리 다른 상황이 벌어진다는 것을 말한다. 바울은 본 절부터는 그리스도께서 죽은 자 가운데서 살아나셨기에 그에 따른 결과를 말한다. 본문의 "다시 살아나사"(ἐγήγερ-ται)란 말은 현재완료 수동태 시제로 예수님은 부활하신 후 지금까지 살아 계시다는 의미이다(벧전 1:3).

---

50) Leon Morris, 고린도전서주석, 정일오역, p. 265.

바울은 그리스도 부활의 결과를 나열하기 시작한다. 첫째, 그리스도는 "잠자는 자들의 첫 열매가 되셨다"고 한다(23절; 행 26:23; 골 1:18; 계 1:5). 그리스도는 '죽은 자들의 첫 열매'(롬 8:23; 11:16)[51]가 되셔서 다음 열매의 보증이 되셨다. 다시 말해 믿다가 죽은 사람들의 부활을 성립시키셨다. 예수님이 첫 열매가 되셨다는 말은 믿다가 죽은 사람들을 다음 열매로 가지실 것이라는 뜻이다. 핫지(Hodge)는 "그리스도께서 단지 부활하셨을 뿐만 아니라 그가 대표자로 부활하셨음을 말한다. 따라서 그의 부활은 그의 백성의 부활의 보증이라"라고 말한다.

고전 15:21-22. 사망이 한 사람으로 말미암았으니 죽은 자의 부활도 한 사람으로 말미암는도다 아담 안에서 모든 사람이 죽은 것 같이 그리스도 안에서 모든 사람이 삶을 얻으리라.

21절은 한 사람 때문에 사망도 왔고(롬 5:12, 17) 또 한 사람 때문에 부활이 있게 된다고 말하고(요 11:25; 롬 6:23) 22절은 좀 더 구체적으로 그 한 사람이 아담이고 또 그리스도라는 것을 밝힌다. 바울은 아담 한 사람 때문에 사망이 왔고 그리스도 한 사람 때문에 죽은 자들이 부활한다고 말한다.[52]

---

51) "첫 열매가 되셨다"는 말은 구약에서 첫 열매나 첫 아들이나 첫 새끼를 하나님께 바친 사실(출 22:29; 23:19; 레 23:10-11; 신 18:4; 느 10:35; 겔 20:40)을 배경하고 쓴 말이다. 첫 열매를 바친 것은 모든 열매들이 하나님께 속했다는 것을 표하는 것이며 장차 생겨날 추수의 약속이기도 했다. 그런고로 그리스도께서 첫 열매가 되셨다는 것은 장차 성도들이 부활할 것을 보증하는 말이다. 여기 "첫"이란 글자는 순서적으로 첫째라는 의미도 있지만 모든 것을 대표한다는 뜻을 가지고 있다.

52) 고전 15:22에서 바울은 선언하기를 "아담 안에서 모든 사람이 죽은 것같이 그리스도 안에서 모든 사람이 삶을 얻으리라"고 한다. 이 구절의 첫 부분("아담 안에서 모든 사람이 죽었다")에서는 첫 사람 아담은 그의 후손과 연합되어 있음을 보여주고 있다. 이에 대해 스미스(H. B. Smith)는 "인류는 아담 안에서 하나이다. 그럼으로 죄를 지을 수 있다. 그리고 그와 함께 타락할 수 있었다. 우리의 인간성은 아담 안에서 오염되었다. 그럼으로 우리는 정죄되었다. 아담과의 자연적인 연합은 이 타락의 근거가 되고 있다. 마찬가지로 그리스도와의 신령한 연합은 우리가 그리스도 안에서 받아지고 또 의롭다함을 받는 근거이다"라고 주장한다. 찰스 핫지(Charles Hodge)는 그리스도와의 연합과 아담과의 연합을 이렇게 비교하고 있다. "우리는 아담 때문에 죽는다. 왜냐하면 우리는 아담 안에 있기 때문이다. 우리는 그리스도 때문에 산다. 왜냐하면 우리는 그리스도 안에 있기 때문이다. 아담과의 연합은 죽음의 원인이 되고 그리스도

좀 더 구체적으로 22절에는 아담과 그의 후손은 자연적으로 연합되어 있기 때문에 아담의 죽음은 후손의 죽음으로 연계되었는데 그리스도 안에 있는 모든 사람들도 이와 같은 원리로 인하여 그리스도께서 다시 사신 것처럼 그의 모든 후손 역시 삶을 얻는다는 것이다. 혹자들은 "그리스도 안에서 모든 사람이 삶을 얻으리라"는 말을 두고 그리스도의 공로로 이 땅에 속한 온 인류, 즉 모든 사람들이 구원을 얻으리라고 주장한다. 그러나 그리스도 안에서 모든 사람들이 삶을 얻으리라는 말은 그리스도와 연합된 사람들만이 구원을 얻으리라는 뜻이다. 다시 말해 그리스도를 믿는 사람들이라면 그들은 모두 구원을 얻으리라는 뜻이다. 바울의 말씀은 결코 만인이 구원을 받으리라는 것을 가리키지 않고 그리스도를 믿는 사람은 누구든지 구원을 얻으리라는 뜻이다.

고전 15:23. 그러나 각각 자기 차례대로 되리니 먼저는 첫 열매인 그리스도요 다음에는 그가 강림하실 때에 그리스도에게 속한 자요.

그러나 바울은 부활하는 차례가 있다고 말한다. "각각 차례대로 되리라"고 말한다(20절; 살전 4:15-17). 여기 "차례"(τάγμα)란 말은 고전 헬라어에서는 군대 용어로 '기병중대,' '무리,' '계급' 등을 뜻했으나 후대에 와서는 그 뜻이 좀 더 확대되어 '집단,' '부대,' '지위' 등을 뜻하게 되었다. 종말의 부활에서 한 부대 한 부대 차례로 부활하리라는 뜻이다. 바울은 "먼저는 첫 열매인 그리스도"라고 말한다. 바울은 첫 열매인 그리스도께서 이미 부활하셨다고 말한다(20절). "다음에는 그가 강림하실 때에 그리스도에게 속한 자"라고 말한다. 그리고 그 '다음 차례는 예수님께서 강림하실 때(1:7)에 그리스도에게 붙은 자(그리스도를 믿다가 죽은 자들과 그리스도를 믿는 사람들 중에서 아직 죽지 않은 자들)가 부활하리라'고 한다. 예수님께서 재림하실 때에는 모든 죽은 성도들이 부활할 것이며 그 후 살아남아 있는

와의 연합은 삶의 원인이 된다." 모든 인류가 아담과 밀접하게 연합된 것은 믿는 자가 예수 그리스도와 연합된 것에서 비추어졌고 또 충분히 실감되었다.

성도들이 신령한 몸으로 부활하여 공중에 끌어올려져 주님을 맞게 될 것이다 (살전 4:16-17).

고전15:24. 그 후에는 마지막이니 그가 모든 통치와 모든 권세와 능력을 멸하시고 나라를 아버지 하나님께 바칠 때라.

바울은 그리스도께서 부활하시고 또 그리스도에게 속한 자들이 부활할 것이라고 말한(앞 절) 후, 둘째(첫째는 20절에 있다), 본 절에 와서는 "그 후에는 마지막"(εἶτα τὸ τέλος)이 올 것이라고 말한다. 이 말은 '성도들이 부활한 다음에는 마지막이 올 것이라'는 뜻이다. 그런데 "마지막"이 무엇을 지칭하느냐를 두고 크게 두 가지 견해가 있다. 1) 성도들의 부활 다음에 불신자들의 부활이 있으리라는 말이라고 하는 견해. 2) 세상 끝이라는 견해 (Calvin, Matthew Henry, Barnes, Hodge, Meyer, Grosheide, Lenski, Barrett, Morris, Margaret Mitchell, Gordon Fee, J. Hunter, 박윤선), 즉 성도들이 부활한 다음에는 세상 끝이 된다는 견해이다. 위의 두 학설 중에서 2번의 학설이 바른 학설이다. 왜냐하면 바울이 본 장에서 불신자의 부활에 대해서 언급하지 않았으며, 다음에 이어지는 설명 등과 연관하여 2번의 학설이 옳기 때문이다.

바울은 인류의 종말이 되어 예수님께서 "모든 통치와 모든 권세와 능력을 멸하시고 나라를 아버지 하나님께 바치실" 것이라고 말한다(단 7:14, 27). 모든 통치와 모든 권세와 능력은 때로는 선한 천사를 지칭하기도 하고(엡 3:10; 골 1:16; 2:10) 또 때로는 악한 천사를 지칭하기도 한다(엡 6:12; 골 2:15). 본 절의 뜻은 악한 천사들뿐만 아니라 예수님에게 예속되지 않은 모든 악한 세력들을 의미한다. 예수님은 종말에 예수님을 거스르는 모든 악한 세력들을 멸하셔서 완성된 나라를 하나님께 바치실 것이다.

혹자들은 예수님의 부활(23절 상반 절)과 예수님께서 재림하실 때 예수님에게 붙어있는 성도들의 부활(즉 교회의 부활) 사이가 수천 년의 간격이 있으니 성도들의 부활과 예수님께서 나라를 아버지 하나님께 바치실 마지막

때 사이에 천년왕국이 전개될 것이라고 주장한다. 그러나 이 주장은 전(前)
천년설을 지지하는 사람들의 주장이다. 무(無) 천년설을 주장하는 자들은
이 기간을 예상하지 않는다.

고전 15:25. 그가 모든 원수를 그 발아래에 둘 때까지 반드시 왕 노릇하시리니.

바울은 하나님이 모든 원수를 그 발아래에 둘 때까지 반드시 왕 노릇하실
것이라고 말한다(시 110:1; 행 2:34-35; 엡 1:22; 히 1:13; 10:13). 본 절은
바울이 시 110:1("여호와께서 내 주께 말씀하시기를 내가 네 원수들로 네
발판이 되게 하기까지 너는 내 오른쪽에 앉아 있으라 하셨도다")을 자유롭게
인용한 구절인데 바울 외에도 예수님과 사도들은 이 구절을 메시아와 그의
최후의 승리를 예언한 것으로 보았다(막 12:35; 행 2:34-35; 히 1:3). 본
절은 예수님께서 부활하신 후에 악한 세력들을 멸하실 때까지(앞 절) 그리고
나라를 아버지 하나님께 바치실 때까지(앞 절) 그리고 사망을 멸하실 때까지
(다음 절) 반드시 왕 노릇하실 것을 가르친다.

고전 15:26. 맨 나중에 멸망 받을 원수는 사망이니라.

바울은 예수님께서 재림하신 후에 "맨 나중에 멸망 받을 원수는 사망이
라"고 말한다(딤후 1:10; 계 20:14). 죄의 결과인 죽음은 예수님의 부활로
결정적인 힘이 상실되었는데 재림하시는 그리스도에 의해 완전히 멸망당할
것이다. 따라서 성도들은 다시 죽을 수가 없게 된다(55절; 눅 20:36; 딤후
1:10; 히 2:14; 계 20:14).

어떤 고린도 교회 교인들은 사람이 죽으면 그만이라고 생각했다. 죽으면
아주 없어지는 것으로 생각했다. 그러나 바울에 의하면 멸망 받을 것은
사망이라고 말한다. 지금 사람들은 사망의 위협 속에 살아가고 있다. 그러나
그리스도 안에 있는 성도들은 그리스도 안에 있는 생명으로 말미암아 사망을
이겼고 또 앞으로 사망이 없는 시대에서 살 것이다. 그 때에는 "사망이

그 어느 누구도 손 댈 수 없게 될 것이다"(Leon Morris).

고전 15:27. 만물을 그의 발아래에 두셨다 하셨으니 만물을 아래 둔다 말씀하실 때에 만물을 그의 아래에 두신 이가 그 중에 들지 아니한 것이 분명하도다 (πάντα γὰρ ὑπέταξεν ὑπὸ τοὺς πόδας αὐτοῦ. ὅταν δὲ εἴπῃ ὅτι πάντα ὑποτέτακται, δῆλον ὅτι ἐκτὸς τοῦ ὑποτάξαντος αὐτῷ τὰ πάντα).

바울은 하나님께서 "만물을 그의 발아래에 두셨다"고 말한다(시 8:6; 마 28:18; 히 2:8; 벧전 3:22). 이 말씀은 시 8:6(..."만물을 그의 발아래 두셨다")의 말씀을 인용한 것이다. 하나님은 만물을 그리스도의 발아래에 두셨다. 본 절의 "아래에 두셨다"(ὑπέταξεν)는 말은 부정(단순)과거 시제로 '단번에 아래에 두신 것'을 지칭한다. 그런데 하나님께서 "만물을 아래 둔다 말씀하실 때"가 언제인지에 대해서는 견해가 갈린다. 1) 앞으로 하나님께서 종말에 가서 본 절의 말씀을 성취하실 때라고 보는 견해. 2) 과거 시편 기자를 통해 말씀하신 때로 보는 견해로 갈린다. 본 절 자체의 문맥으로 보아서는 2번의 견해가 더욱 타당하다. 본 절의 "아래 둔다"(ὑποτέτακται)는 말은 현재완료 수동태 시제로 '하나님께서 과거 창조 때에 만물을 그리스도의 아래에 두셨는데 하나님께서 시편기자에게 말씀하실 때까지 두고 계심'을 뜻하는 말이다. 그러니까 하나님께서 영원히 만물을 그리스도의 아래에 두셨다는 것이다. 만물은 부활하신 그리스도 아래에 있다. 그래서 모든 것은 그리스도에 의하여 하나님께 바쳐진다(24절).

바울은 하나님께서 시편 기자를 통해 말씀하실 때 "만물을 그의 아래에 두신 이가 그 중에 들지 아니한 것이 분명하다"고 언급한다. 바울은 '만물을 그리스도 아래에 두신 하나님이 그 만물 중에 들지 아니한 것이 분명하다'고 말하는데, 이는 하나님께서 그리스도 권세 아래 들지 않으심을 표현하는 것이다. 그 이유를 다음 절에 말씀하고 있다.

고전 15:28. 만물을 그에게 복종하게 하실 때에는 아들 자신도 그 때에

만물을 자기에게 복종하게 하신 이에게 복종하게 되리니 이는 하나님이 만유의 주로서 만유 안에 계시려 하심이라.

본 절의 뜻은 만물이 하나님에 의해 예수님께 복종하게 될 때 예수님도 하나님께 복종하게 되리라는 말씀이다. 예수님을 포함하여 모두가 하나님께 복종하게 되는 것은 하나님 자신이 만물 안에서 만물의 주로서 계시기 위함이라고 한다.

바울은 "만물을 그에게 복종하게 하실 때에는 아들 자신도 그 때에 만물을 자기에게 복종하게 하신 이에게 복종하게 되리라"고 말한다(3:23; 11:3; 빌 3:21). 즉 '하나님에 의해 만물을 예수님에게 복종하게 하실 때 예수님 자신도 그 때에 만물을 그리스도에게 복종하게 하신 하나님에게 복종하게 되리라'고 한다. 예수님께서 중보자로서의 사역을 다 완성하시고 성부에게 복종하신다는 말씀을 두고 혹자들은 예수님의 종속설을 주장하기도 하나 그런 주장은 하나님이 삼위일체로서 계신다는 사실을 알지 못하여 나온 잘못된 견해라고 할 수 있다. 성부 성자 성령께서는 이제 삼위일체로서 만유의 주가 되신다. 예수님을 포함하여 모든 것이 하나님께 복종하게 되는 것은 "하나님이 만유의 주로서 만유 안에 계시려 하시기" 때문이다. 즉 하나님이 만물 안에서 만유의 주로 계시기 위함이라고 한다.

4) 그리스도의 부활이 우리 생활에 미치는 영향 15:29-34

그리스도 부활의 결과들에 대해 말하던 저자는 갑자기 그리스도의 부활이 우리의 생활에 미치는 영향에 대해 말한다. 이 부분(29-34절)은 19절과 연결된다. 부활이 우리의 생활에 미치는 영향을 말하는 중 첫째로 사람들이 죽은 자를 위해 세례를 받게 되었다고 말하고(29절), 둘째, 그리스도의 부활은 전도자들로 하여금 복음을 위하여 고난을 받게 했다고 말한다(30-34절).

고전 15:29. 만일 죽은 자들이 도무지 다시 살아나지 못하면 죽은 자들을 위하여 세례를 받는 자들이 무엇을 하겠느냐 어찌하여 그들을 위하여 세례를

받느냐.

바울은 죽은 자들이 다시 살아나는 것이 확실하므로 사람들이 죽은
자들을 위해 세례를 받는다고 말한다. 바울은 "만일 죽은 자들이 도무지
다시 살아나지 못하면 죽은 자들을 위하여 세례를 받는 자들이 무엇을 하겠
느냐"(Ἐπεὶ τί ποιήσουσιν οἱ βαπτιζόμενοι ὑπὲρ τῶν νεκρῶν εἰ ὅλως
νεκροὶ οὐκ ἐγείρονται)고 말한다. 죽은 자들이 도무지 다시 살아나지 못한다
면 죽은 자들을 위하여 세례를 받는 자들이 무엇 때문에 세례를 받겠느냐고
말했는데 이 말씀에 대한 해석은 40여 가지가 되나 아직 완전한 해석이
나오지 못했다. 제일 가능한 해석 몇 가지를 각주(footnote)에 내 놓는다.[53]
가장 그럴 듯한 해석은 1) 신자들이 받는 일반 세례로서 죽은 자의 부활을
믿음으로 받는 세례라는 학설, 2) 죽은 자를 위하여 살아있는 불신자들이
부활에 대한 본능적인 욕구가 있어 대신 세례 받는 것을 바울이 기록했다는
견해이다. 인간의 욕구 중에는 부활에 대한 욕구가 가장 강하여 불신자가
죽은 사람들을 위하여 세례를 받는 일도 있다는 것을 바울이 여기에 기록했
다는 것이다. 바울은 이 행위가 옳다는 뜻으로 말한 것은 아니고 다만 당시
고린도 사회가 부활을 바라는 욕구가 대단했다는 것을 말하기 위하여 기록했
을 것이다.

그리고 바울은 상반 절과 똑같은 말씀을 다시 말한다. 즉 "어찌하여
그들을 위하여 세례를 받느냐"고 반문한다. 바울의 이 말씀은 초대 교회에
이런 사례가 있었음을 짐작하게 한다. 그러나 이런 사례가 교회 안에서

---

53) 1) "위하여"(ὑπέρ)란 헬라어를 "대신하여"라는 뜻으로 해석하여 세례를 받지 못하고
죽은 신자들을 위해 살아있는 자가 대신 세례를 받아주는 경향이 초대교회에 있었던 고로
바울이 그것을 여기에 기재한 것이라고 보는 견해이다. 비록 이런 경향이 초대 교회에 있었다
해도 바울이 이런 경향을 지지하지는 않았을 것이며 다만 살아있는 사람들이 부활에 대한
확신이 있었기에 이런 일을 행했다고 보고 바울이 그런 일도 있었다는 뜻으로 기재했을 것이다.
2) "위하여"(ὑπέρ)란 헬라어를 "...의 위에서"라는 뜻으로 해석하여 죽은 자들(순교자들)의 무덤
들 위에서 세례를 받는 것을 지칭한다는 설. 3) 갑자기 죽는 바람에 세례를 받지 못하고 죽은
사람을 위하여 그의 무덤에서 세례를 받아주는 것을 지칭한다는 견해. 4) 신자들의 일반 세례로
서 죽은 자의 부활을 믿음으로 받는 세례라는 학설 등 많은 견해들이 있다. 그러나 이런 학설들은
해석의 한 가지 시도로 보아야 할 것이다. 이들 중에서 4번의 해석이 가장 근사할 것으로
보인다.

진행되었다는 암시는 없다. 다만 바울은 불신자들 사이에서 부활에 대한 본능적인 욕구가 있어 죽은 사람을 위하여 불신자들이 대신 세례를 받는 사례를 거론하며 부활이 있기에 그들도 그런 일을 한다는 뜻으로 언급한 것으로 보인다.

고전 15:30-31. 또 어찌하여 우리가 언제나 위험을 무릅쓰리요 형제들아 내가 그리스도 예수 우리 주 안에서 가진 바 너희에 대한 나의 자랑을 두고 단언하노니 나는 날마다 죽노라.

바울은 부활을 확신하기에 "언제나 위험을 무릅쓴다"고 말한다(고후 11:26; 갈 5:11). 부활이 없다면 그리스도를 전하는 중에 맹수 같은 사람들에게서 당하는 위험을 어떻게 무릅쓸 수가 있겠느냐고 말한다. 하루라도 그런 사나운 박해자들의 박해를 감당할 수가 없다고 한다.

바울은 고린도 교인들을 친절하게 "형제들아"라고 부르면서 그의 진심을 전달한다. 즉 "내가 그리스도 예수 우리 주 안에서 가진 바 너희에 대한 나의 자랑을 두고 단언하노니 나는 날마다 죽는다"고 말한다(살전 2:19). 바울은 30절에서 "언제나 위험을 무릅쓴다"고 했는데 이제 31절에서는 "날마다 죽는다"고 구체적으로 말한다. 날마다 죽음의 경지를 경험한다는 것이고 날마다 죽음의 맛을 본다는 뜻이다(4:9; 롬 8:36; 고후 1:8-9; 4:10-11; 11:23-27; 골 1:24). 바울은 자신이 당한 고난의 경험을 아주 단언한다고 말한다. 날마다 죽음을 경험한다고 확실하게 말할 수 있다고 한다(고후 6:4-5; 11:23-28). 바울이 이처럼 그 자신의 고난을 형제들에게 말할 수 있었던 것은 고린도 교인들을 향한 자랑이 있었기 때문이라고 한다. 본문의 "내가 그리스도 예수 우리 주 안에서 가진 바 너희에 대한 나의 자랑을 두고"란 말은 '내가 그리스도 예수 우리 주님 때문에 고린도 교인들을 향한 자랑(기쁨)이 있으니 만큼'이란 뜻이다(고후 1:14; 7:14; 빌 4:1; 살전 2:19). 바울은 고린도 교회를 창립했고 또 그들을 양육했으니 만큼 그들을 생각할 때 뿌듯함이 있었다. 그러나 그 자랑은 자만이 아니라 그리스도 때문에 갖게 된 겸손한 자랑이었다. 바울은 이처럼 마음속으로 고린도 교회를 향하여 뿌듯함을 가졌으니만큼 자기의 속에 있는 마음을 단언할 수 있었다. 즉 그는 매일 박해자들의 위험 앞에 노출되어 죽음의 경지를 넘나든다고 말한다.

고전 15:32. 내가 사람의 방법으로 에베소에서 맹수로 더불어 싸웠다면 내게 무슨 유익이 있으리요 죽은 자가 다시 살아나지 못한다면 내일 죽을 터이니 먹고 마시자 하리라.

바울은 앞 절(31절)에서 날마다 죽음의 경지를 넘나든다고 했는데 그것은 부활의 확신이 있었기에 가능한 일이었다. 만약 바울에게 부활의 확신이 없었다면 그런 삶은 살 수 없었을 것이다. 그래서 바울은 "내가 사람의 방법으로 에베소에서 맹수로 더불어 싸웠다면 내게 무슨 유익이 있었을 것이냐"고 말한다(고후 1:8). 바울이 부활을 믿지 못하는 보통 사람의 생활방식을 가지고(3:3) 에베소에서 맹수와 같은 사악한 박해자들과 싸웠다면 바울 사도에게 아무 유익이 없었을 것이라고 한다. 왜 이런 싸움을 싸워야 하나 하고 생각하게 되었을 것이며 언제 죽을지 모르니 잘 먹고 마시고 잘 입고 살기나 하자고 생각했을 것이다. 그러나 바울은 부활을 확실히 믿는 사도로서 그리스도 안에서 자부심을 가지고 자신은 날마다 죽음을 경험하는 삶을 살고 있다고 했다.

바울 사도는 상반 절과 똑같은 생각을 다시 한 번 반복한다. "죽은 자가 다시 살아나지 못한다면 내일 죽을 터이니 먹고 마시자"고 했을 것이라고 한다(전 2:24; 사 22:13; 56:12; 눅 12:19). 죽은 자가 부활하지 못한다면 내일 죽을지 모르니 먹고 마시고 세상의 유행을 따라서 살자고 했을 것이다. 초대 교회 때 쾌락 주의자들(에피큐리오 철학)이 있었는데 그들은 "먹고 마시자"라는 표어를 가지고 있었다.

본문의 "맹수"란 말을 두고 진짜 맹수라는 뜻으로 보아 바울 사도가 로마의 원형극장에서 맹수와 싸웠을 것이라고 해석하는 측이 있으나 1)

로마 시민권을 가진 사람들은 맹수와 싸우지 않았으며(행 16:37), 2) 또 사도행전에도 바울이 맹수와 더불어 싸운 일을 기록한 곳이 없고 또 바울자신의 고난 목록(고후 11:23-27)에도 맹수와 싸운 기록이 없음을 볼 때 이 기록은 사나운 박해자의 박해로 인하여 고난을 당한 것을 지칭하는 것으로 보아야 한다.

고전 15:33-34. 속지 말라 악한 동무들은 선한 행실을 더럽히나니 깨어 의를 행하고 죄를 짓지 말라 하나님을 알지 못하는 자가 있기로 내가 너희를 부끄럽게 하기 위하여 말하노라.

바울은 부활의 진리를 거부하는 악한 집단 사람들에게 "속지 말라"고 말한다(6:9주해 참조). 이유는 "악한 동무들은 선한 행실을 더럽히기" 때문이라고 한다(5:6). 즉 부활을 부인하는 악한 사람들은 그리스도인들의 선한 행실, 선한 습관을 더럽혀서 그들에게로 돌아서게 하기 때문에 그런 사람들과 교제를 갖지 말아야 한다고 한다.

그리고 바울은 적극적으로 "깨어 의를 행하고 죄를 짓지 말라"고 말한다(롬 13:11; 엡 5:14). 본문의 "깨라"(ἐκνήψατε)는 말은 부정(단순)과거 명령형으로 '분명히 깨라,' '참으로 깨라'는 의미로 부활을 부정하는 악한 사람들과의 교제로부터 얻어진 더러워진 사상에서 완전히 깨라는 뜻이다. 부활을 부정하는 사람들의 사상으로부터 깨고 몽롱한 사상으로부터 깨어나기 위해서는 기도하여 성령을 힘입음으로 가능하다. 바울은 고린도 교인들로 하여금 깬 다음에 "의를 행하라"고 권한다. 부활의 빛 아래에서 옳은 행실을 가지라는 뜻이다. 그러면서 바울은 교인들에게 다시는 그런 악한 사상을 가진 사람들과 함께 "죄를 짓지 말라"고 한다.

바울 사도가 편지에 "속지 말라 악한 동무들은 선한 행실을 더럽히나니 깨어 의를 행하고 죄를 짓지 말라"(33-34a)는 말씀을 편지에 기록한 이유(γὰρ)는 "하나님을 알지 못하는 자가 있기"(ἀγνωσίαν γὰρ θεοῦ τινες ἔχουσιν) 때문이라고 한다(살전 4:5). "하나님을 알지 못하는 자"란 말은

'하나님에 대한 종교적인 무지를 보유하고 있다'는 뜻으로 단순히 하나님에 대한 지적인 무지가 아니라 하나님에 대한 종교적인 무지를 아무렇지도 않다는 듯 자랑스럽게 가지고 있다는 뜻으로 바울은 그런 사람을 생각하며 안타깝게 생각하여 "내가 너희를 부끄럽게 하기 위하여 말한다"(πρὸς ἐν-τροπὴν ὑμῖν λαλω)고 한다(6:5). 고린도 교회가 바울 사도의 사역으로 말미암아 처음에 은혜를 받은 것은 사실이지만 세월이 지나도 그냥 종교적인 무지를 가지고 있으면서 더 발전하려는 노력을 게을리 하였기에 바울은 그런 사람들을 부끄럽게 하여 신앙을 가지게 하려고 이런 권면(33-34a)을 하고 있다고 말한다. 바울은 그러한 사람들을 포기할 수 없어서 이런 글을 쓰고 있다고 말한다.

B. 성도의 부활의 성격   15:35-58

바울은 앞(12-34절)에서 부활이 없다고 주장하는 사람들의 이야기를 듣고(12절) 부활의 확실성을 강조했는데 이제는 35절의 "죽은 자들이 어떻게 다시 살아나며 어떠한 몸으로 오느냐"는 질문에 대답한다. 바울은 먼저 "죽은 자들이 어떻게 다시 살아나는지"를 설명하고(35-41절), 다음으로 "어떠한 몸으로 오느냐"에 대해 설명한다(42-49절). 그리고 마지막으로 부활로 말미암은 죽음에 대한 영원한 승리를 논한다(50-58절).

1) 부활은 어떻게 이루어지는가   15:35-41

바울은 사람이 밀이나 알갱이를 땅에 뿌리면 하나님께서 그의 뜻대로 형체를 주시는 것처럼 사람이 죽으면 하나님께서 그 형체를 주신다고 말한다. 부활의 몸은 하나님께서 만드시니 너무도 확실한 것이다.

고전 15:35. 누가 묻기를 죽은 자들이 어떻게 다시 살아나며 어떠한 몸으로 오느냐 하리니(ἀλλὰ ἐρεῖ τις, Πῶς ἐγείρονται οἱ νεκροί ποίῳ δὲ σώματι ἔρχονται).

본 절 초두에는 "그러나"(ἀλλὰ)라는 반의(反意) 접속사가 있어 본 절이 앞 절과는 전혀 반대되는 것을 말하고 있다. 바울은 앞부분에서 부활이 확실하다고 줄곧 말을 해왔는데 그럼에도 불구하고 누군가가 반론을 제기하여 "죽은 자들이 어떻게 다시 살아나며 어떠한 몸으로 오느냐"(겔 37:3)고 엉뚱하게 묻는 사람이 있을 것이라고 말한다. 바울은 "죽은 자들이 어떻게 다시 살아나는지"(살아나는 과정)를 36-41절까지 설명하고 "어떠한 몸으로 오는지"(부활의 형상)를 42-49절까지 설명한다. 지금도 세상 사람들은 사람이 죽으면 끝이라는 생각으로 가득 차 있다. 그러나 하나님께서는 죽은 자들을 살리시며 또 아름다운 부활의 모양을 주신다.

고전 15:36. 어리석은 자여 네가 뿌리는 씨가 죽지 않으면 살아나지 못하겠고.

바울은 "죽은 자들이 어떻게 다시 살아나며 어떠한 몸으로 오느냐"고, 즉 '어떻게 다시 살아나며 또 어떠한 몸으로 다시 살 것이냐'고 비웃는 사람들을 향하여 "어리석은 자여!"라고 책망한다(눅 24:25 참조). 심한 반격을 가한 셈이다. 바울은 그렇게 질문하는 어리석은 사람들에게 자연계의 현실을 보면 얼른 알 수 있다고 대답한다. 바울은 "네가 뿌리는 씨가 죽지 않으면 살아나지 못한다"(σὺ ὃ σπείρεις, οὐ ζωοποιεῖται ἐὰν μὴ ἀποθάνῃ)고 말한다(요 12:24). 바울은 "너 뿌리는 자여!"라고 말할 때 "너"를 강조하고 있다. '네가 씨를 뿌리면서도 부활의 원리도 알지 못하느냐'고 되받아친다. '일상의 농사에서 농부가 뿌리는 씨가 땅에 떨어져 죽지 않으면 다시 새싹이 나지 못하는 것 아니냐'는 것이다(요 12:24 참조). 본문의 "살아나지"(ζωοποιεῖται)란 말은 수동태로서 살아나는 것은 스스로의 힘에 의해 살아나는 것이 아니라 하나님에 의해 살아나는 것임을 드러내고 있다(22절 참조). 즉 땅에 뿌려진 씨를 하나님께서 다시 살게 하시듯 사람이 죽으면 하나님께서 살리신다는 것을 말씀한다.

고전 15:37-38. 또 네가 뿌리는 것은 장래의 형체를 뿌리는 것이 아니요 다만 밀이나 다른 것의 알맹이 뿐이로되 하나님이 그 뜻대로 그에게 형체를 주시되 각 종자에게 그 형체를 주시느니라.

바울은 37절에서 사람이 하는 일을 말했고 38절에서는 하나님께서 하시는 일을 역설한다. 바울은 "또 네가 뿌리는 것은 장래의 형체를 뿌리는 것이 아니요 다만 밀이나 다른 것의 알맹이 뿐이라"고 말한다. 사람이 뿌리는 것은 다시 싹 난 것을 뿌리는 것이 아니고 다만 밀알이나 다른 것의 알맹이를 뿌리는 것이라고 말한다. 사람이 하는 일은 아주 단순한 것으로서 아주 바싹 말라버린 씨앗을 뿌릴 뿐이라고 한다.

사람은 그것 이상 하는 일이 없는데 "하나님이 그 뜻대로 그에게 형체를 주시되 각 종자에게 그 형체를 주신다"고 말씀한다. 여기에서 우리는 "하나님이 그 뜻대로"란 말을 주의해야 한다. "하나님이 그 뜻대로"(καθὼς ἠθέλη-σεν)란 말은 부정(단순)과거 시제로 하나님께서 기뻐하신 결정적인 뜻대로 모든 종자에 그 형체를 주셨기에 어느 누구도 변경할 수 없는 일인 것이다. 하나님께서 처음부터 기뻐하신 대로 각 종자에게 형체를 주셨는데 누가 변경할 수 없는 일이다. 그리고 본문의 "주시되"(δίδωσιν)란 말은 현재시제로 계속해서 관행적으로 그 형체를 주신다는 뜻이다. 하나님은 한번 어떤 종자에게 형체를 주셨으면 계속해서 그 모양을 관행적으로 주신다. 그렇기에 세상의 모든 식물들은 수많은 다른 모양을 하고 태어나고 성장한다. 모두 하나님께서 하시는 일이다.

고전 15:39. 육체는 다 같은 육체가 아니니 하나는 사람의 육체요 하나는 짐승의 육체요 하나는 새의 육체요 하나는 물고기의 육체라.

바울은 앞 절(38절)에서는 식물의 모양을 하나님께서 정하셨다는 것을 말했고 이제 본 절에서는 육체의 모습도 하나님께서 정하셨음을 언급한다. "(모든) 육체는 다 같은 육체가 아니라"고 말한다. "하나는 사람의 육체요 하나는 짐승의 육체요 하나는 새의 육체요 하나는 물고기의 육체라"고 말한다. 바울은 여기 네 종류의 육체만을 말했는데 그 이상 수없는 육체를 하나님이 기뻐하시는 대로 지금도 관행적으로 계속해서 주신다고 말씀한다. 사람의 육체도 일단 죽으면 하나님께서 원래 기뻐하신 대로 모양을 주신다는 것이다.

고전 15:40. 하늘에 속한 형체도 있고 땅에 속한 형체도 있으나 하늘에 속한 것의 영광이 따로 있고 땅에 속한 것의 영광이 따로 있으니.

바울은 앞 절(39절)에서는 땅위에 살고 있는 동물의 육체가 서로 차이가 있음을 언급했는데 본 절에서는 "하늘에 속한 형체도 있고 땅에 속한 형체도 있다"고 말한다. 하늘에 속한 형체와 땅에 속한 형체에 차이가 있음을 말한다. 그러면 하늘에 속한 형체가 무엇을 지칭하는가에 견해가 여러 가지다. 1) 천사들의 형체라는 견해. 2) 변화된 몸을 가진 에녹, 엘리야 그리고 주님의 부활 후에 일어난 성도들이라는 견해. 3) 일월성신들을 지칭한다는 견해(캘빈, 매튜 헨리, 핫지, 흐로쉬이데, 렌스키, 배렛트, 쇼우어, 반즈, 데이비드 라우리, 박윤선, 이상근) 등이 있다. 문맥(다음 절)에 의해 3설이 합당하다. 바울은 땅의 육체들과 일월성신의 모양이 다르듯이 하나님은 우리의 부활체를 육체와는 다른 모습으로 하실 것이라고 한다.

고전 15:41. 해의 영광이 다르고 달의 영광이 다르며 별의 영광도 다른데 별과 별의 영광이 다르도다.

바울은 "해의 영광이 다르고 달의 영광이 다르며 별의 영광도 다른데 별과 별의 영광이 다르다"고 말한다. 해와 달과 별의 영광이 다른데 또 별끼리의 영광도 다르다고 말한다. 하나님께서 그의 기뻐하시는 대로 단번에 서로 다른 영광을 입혀주셨다. 이처럼 하나님은 그리스도를 믿고 죽은 사람들의 몸에도 현세의 몸과는 다른 영광을 주실 것이다.

　　2) 부활의 몸은 신령한 몸이다 15:42-49

바울은 35절의 하반 절 "어떠한 몸으로 오느냐"는 질문에 대해 답한다. 어떤 몸으로 부활하느냐는 질문에 대해 바울은 현재의 몸과는 전혀 다른 몸으로 부활할 것이라고 언급한다. 바울은 부활의 몸은 신령한 몸이라고 말한다.

고전 15:42. 죽은 자의 부활도 그와 같으니 썩을 것으로 심고 썩지 아니할 것으로 다시 살아나며.

바울은 앞(36-41절)에서 우주 안에 다른 종류의 형체들이 있고 또 다른 종류의 영광들이 있다는 것을 언급했는데 이제는 이런 논지를 죽은 자의 부활에 적용하고 있다. 즉 "죽은 자의 부활도 그와 같다"(Οὕτως καὶ ἡ ἀνάστασις τῶν νεκρῶν)고 말한다(단 12:3; 마 13:43). '죽은 자들의 부활도 역시 그와 같다'는 것이다. 여기 "그와 같다"는 말은 우주 안에 다른 종류의 형체들이 있고 또 다른 종류의 영광들이 있는 것처럼 죽은 자들의 부활도 그와 같다는 뜻이다.

바울은 "썩을 것으로 심고 썩지 아니할 것으로 다시 살아날 것이라"(σπείρεται ἐν φθορᾷ, ἐγείρεται ἐν ἀφθαρσίᾳ)고 말한다. '썩을 것으로 심겨지고 썩지 아니할 것으로 다시 살아나게 될 것이라'는 뜻이다. "...심고... 살아날 것이라"는 말은 바로 다음에 네 번 반복되어 문장을 강조하고 있다. 본문의 "썩을 것으로 심는다"는 말은 사람이 죽어 매장되어 아주 썩어 먼지로 돌아가는 것을 지칭한다. 그리고 "썩지 아니할 것으로 다시 살아난다"는 말은 '부패하지 않는 몸으로 부활하게 될 것'을 의미한다. 일단 사람이 부활하면 다시는 부패하거나 용해되거나 없어질 몸이 아닌 몸으로 다시 살아나게 된다는 것이다.

고전 15:43. 욕된 것으로 심고 영광스러운 것으로 다시 살아나며 약한 것으로 심고 강한 것으로 다시 살아나며.

바울은 "욕된 것으로 심고 영광스러운 것으로 다시 살아난다"고 말한다

(빌 3:21). 즉 '천한 몸, 명예스러움이 없는 몸이 죽고 썩은 다음 영광스러운 몸으로 다시 살아날 것이라'고 한다. 그 영광스러움이란 알맹이가 땅에 떨어져 썩은 다음 다시 싹이 날 때의 형언하기 어려운 정도의 영광스러움과 같은 것이다. 그리고 바울은 "약한 것으로 심고 강한 것으로 다시 살아난다"고 말한다. 우리의 몸은 심히 약한 것으로 아무리 단련에 단련을 거듭해도 여전히 병에 걸리고 노화하게 마련이라 약하기 그지없는 것인데 그런 몸이 언젠가 죽고 썩은 다음 다시 살게 될 때는 병에 걸리지도 않고 다시 약하지도 않는, 강한 몸으로 살게 된다는 것이다. 우리는 그런 때를 얼마나 소원하는지 모른다.

고전 15:44. 육의 몸으로 심고 신령한 몸으로 다시 살아나나니 육의 몸이 있은 즉 또 영의 몸도 있느니라.

바울은 "육의 몸으로 심고 신령한 몸으로 다시 살아난다"(σπείρεται σῶμα ψυχικόν, ἐγείρεται σῶμα πνευματικόν)고 말한다. 여기 "육의 몸"이란 '자연적인 육체'를 지칭하는 말로(롬 11:3) 이 육체는 이 세상에서 살기에 적합하다. 이 육체는 천국에서 살 수는 없는 몸이다. 바울은 우리가 육의 몸을 가지고 살다가 죽고 썩은 후에는 "신령한 몸으로 다시 살아난다"고 말한다. "신령한 몸"이란 '영으로 구성되어 있는 몸'이란 뜻이 아니고 (Hodge) '영의 필요에 응하는 몸'이란 뜻이다(Lenski, Leon Morris). "신령한 몸"이란 '하나님의 영에 의해 다시 살리심을 받을 새 몸'(롬 8:11; 빌 3:21)이란 뜻이다.

바울은 "육의 몸이 있은 즉 또 영의 몸도 있느니라"(εἰ ἔστιν σῶμα ψυχικόν, ἔστιν καὶ πνευματικόν)고 말한다. '육의 몸이 있다고 하면 또 영의 몸도 있다'는 뜻이다. 사람에게 육의 몸이 있다는 것을 인정한다면 영에 관련된 몸도 틀림없이 있다는 것을 인정해야 한다. 사람의 현재의 육체가 지상 생활에서 적합했듯 신령한 몸은 앞으로 영의 세계에 직접적으로 관련되는 몸이다. 우리는 앞으로 신령한 몸으로 다시 살아날 것이다.

고전 15:45. 기록된바 첫 사람 아담은 생령이 되었다 함과 같이 마지막 아담은 살려 주는 영이 되었나니(οὕτως καὶ γέγραπται, Ἐγένετο ὁ πρῶτος ἄνθρωπος Ἀδὰμ εἰς ψυχὴν ζῶσαν, ὁ ἔσχατος Ἀδὰμ εἰς πνεῦμα ζῳοποιοῦν).

바울은 앞부분(42-44절)의 말씀을 확증하기 위해 본 절을 기록했다. 그는 본 절의 상반 절을 구약 성경(창 2:7)에서 인용했고 하반 절은 성경 전체로부터 끌어냈다. 그는 창 2:7의 말씀("여호와 하나님이 땅의 흙으로 사람을 지으시고 생기를 그 코에 불어넣으시니 사람이 생령이 되니라")을 인용할 때 "사람"이라는 단어 앞에 "첫"자를 써넣었고 "사람"이라는 단어 다음에 "아담"이라는 단어를 더 써넣었다. 하나님께서 최초로 만드신 사람이 아담이기 때문에 "첫"이란 낱말을 써넣은 것이고 그의 이름이 "아담"이기 때문에 이 낱말을 써넣은 것이다. 그런데 창 2:7에 보면 "하나님이 땅의 흙으로 사람을 지으시고 생기를 그 코에 불어넣으셨다"고 말씀하고 있는 것을 보면 아담은 흙과 생기로 구성되어 있는 것을 알 수 있다. 인류의 시조는 흙과 생기("생령")로 되었다(창 2:7). 아담은 분명히 "썩을 사람이었고"(42절), "욕된 사람이었으며"(43a), "약한 사람이었고"(43b), "육의 사람"(44절)이었다.

그리고 바울은 본 절에서 아담과 대비되는 "마지막 아담"을 언급하고 있다(롬 5:14). "마지막 아담"이 "살려주는 영이 되었다"는 언급을 보면 "마지막 아담"은 예수 그리스도를 지칭하는 것이 분명하다(요 5:21; 6:34, 39-40, 54, 57; 빌 3:21; 골 3:4). 예수님을 "마지막 아담"이라고 한 것은 그가 말세에 성육신 하셨기 때문이고 또 최초의 사람 아담과 대비시킨 것은 아담 안에 있는 사람들이 모두 죽음을 죽어야 하는 것처럼 예수 그리스도 안에 있는 사람들 모두가 의를 얻어 구원에 이르기 때문이다(히 9:25-28a). 그런데 바울은 "마지막 아담(예수 그리스도)은 살려주는 영이 되었다"(the last Adam was made a life-giving spirit)고 말한다. 최초의 사람 아담이 육체가 된 것에 비해서 예수님은 영(spirit)이 되셨다는 것이다. 바울의 요지

는 인간은 아담의 육체 생활을 거쳐 죽고 썩은 다음 예수님의 영적인 존재에
로 들어간다는 것을 말하고 있는 것이다.

　그러나 우리가 부활하여 예수님의 영적인 존재처럼 된다고 해도 우리는
"살려주는 영"이 되지는 못한다. 예수님은 사람을 살려주는 영이 되셨다.
예수님이 사람을 살려주신 것은 예수님의 공생애 시절부터였지만(마 16:16;
요 15:3) 그러나 영이 되신 것은 부활 후부터였다. 부활하신 후에는 공간의
제약을 받지 않으시고 다니셨다. 그는 잠겨있는 문이 열리지도 않아도 그냥
들어가실 수도 있으셨다(요 20:19, 26). 육의 사람 아담이 있고 영의 사람
마지막 아담이 있는 것처럼 우리 역시 육의 사람이지만 부활 후에는 영의
사람이 되어 천국에서 살 수 있는 몸이 되는 것이다.

**고전 15:46. 그러나 먼저는 신령한 사람이 아니요 육의 사람이요 그 다음에
신령한 사람이니라**(ἀλλ' οὐ πρῶτον τὸ πνευματικὸν ἀλλὰ τὸ ψυχικόν, ἔπει-
τα τὸ πνευματικόν).

　본 절은 최초의 사람 아담과 둘째 사람 그리스도의 존재 순서를 밝히는
것이라고 보는 주석가들이 있으나 그 보다는 사람의 구원의 순서를 밝히는
것이라고 보아야 한다. 본 절 초두의 "그러나"라는 말은 앞 절 내용을 오해하
지 않도록 하려는 시도에서 쓰인 접속사로 보인다. 바울은 앞 절에서 "마지막
아담은 살려주는 영이 되었다"고 말했는데 사람이 예수님을 믿는다고 해서
금방 신령한 사람이 된 것으로 생각해서는 안 된다는 뜻으로 "그러나 먼저는
신령한 사람이 아니라"고 말한 것으로 보인다.[54] 사람이 먼저 신령한 사람이

---

54) 혹자는 여기 바울이 이렇게 말한 이유를 두고 헬라철학의 영향을 받은 고린도 교인들을
견제하려는 의도에서 기록했다고 보는 것이다. 즉 고린도 교인들 중에는 플라톤의 영향을
받아 신령한 존재가 먼저이고 현세의 불완전한 존재는 신령한 존재의 그림자에 불과하다는
사상을 가지고 있었는데 바울은 그 사상을 반박하려고 "그러나 먼저는 신령한 사람이 아니라"고
썼다는 것이다. F. F. Bruce는 "바울이 육신생명이 영적인 생명보다 앞선다고 강조한 것은
아마도 파일로(Philo)가 반대로 말했기 때문일 것이다. 파일로의 플라톤적 해석에 의하면 창
1:26 이하에서 사람은 하나님의 형상대로 지음을 받았으니 사람은 이상적이고 썩지 않는 하늘의
사람인데 비해 창 2:7에 말씀하고 있는 땅의 인간은 육체적인 인간으로 해석했기에 바울은
그 반대라고 했다"는 것이다(*I & II Corinthians*, p. 153). 이 학설도 가능한 학설로 볼 수 있을

되는 것은 아니다. 사람은 먼저 "육의 사람이요 그 다음에 신령한 사람이 되는 것이다." 우리는 육의 사람으로 살다가 죽고 썩은 다음 하나님의 뜻에 의해(38절) 부활하여 신령한 사람이 된다.

고전 15:47. 첫 사람은 땅에서 났으니 흙에 속한 자이거니와 둘째 사람은 하늘에서 나셨느니라.

바울은 앞 절(46절)에서 사람은 먼저 "육의 사람이요 그 다음에 신령한 사람이라"고 했는데 이제 본 절에서부터 49절까지는 사람의 구원의 단계도 그렇게 진행된다고 말한다. 바울은 "첫 사람은 땅에서 났으니 흙에 속한 자이거니와 둘째 사람은 하늘에서 나셨다"고 말한다(창 2:7; 3:19; 요 3:31). 아담의 출처는 땅이고, 둘째 사람이신 예수님의 출처는 하늘이며, 아담은 "흙에 속한 자"라고 밝힌다(창 2:7). "흙에 속한 자"(χοϊκός)란 말은 '땅에 속해 있다'는 뜻으로 아담이 땅에서 나서 땅에 속해서 살던 사람이라는 것이다. 아담은 땅에서 났고 예수님은 하늘에서 오셨으니(요 3:13, 31) 우리도 땅에 속해 살다가 하늘에서 오신 분에게 속하게 되니 천양의 차이가 있게 된다. 우리의 구원의 단계는 우리가 정하는 것이 아니다.

고전 15:48. 무릇 흙에 속한 자들은 저 흙에 속한 자와 같고 무릇 하늘에 속한 자들은 저 하늘에 속한 이와 같으니.

바울은 "흙에 속한 자들," 즉 '아담의 후손들'은 '저 흙에 속한 자,' 즉 '아담'과 같다고 말한다. 그리고 바울은 "하늘에 속한 자들" 즉 '예수님을 믿어 부활할 사람들'은 "저 하늘에 속한 이" 즉 '그리스도'와 같다고 말한다 (빌 3:20-21). 아담과 같은 우리들은 죽은 후 부활하기 이전에는 아담과 같을 수밖에 없고 반대로 예수 그리스도를 믿어 훗날 부활할 우리는 예수 그리스도와 같아질 것이니 부활하기 이전과 이후의 차이는 굉장히 놀라운

것이다.

것이다. 우리는 훗날 부활한 다음에는 예수 그리스도와 같이 될 것이다(요일 3:2). 지금 우리는 흙에 속하여 약함을 가지고 살고 있으나 우리가 죽고 썩어 부활한 후에는 온전히 신령한 몸이 되어 하늘에서 살게 될 것이다. 진정 우리에게 일어날 그 때의 일을 생각하면 얼마나 좋은지 모른다.

고전 15:49. 우리가 흙에 속한 자의 형상을 입은 것 같이 또한 하늘에 속한 이의 형상을 입으리라(καὶ καθὼς ἐφορέσαμεν τὴν εἰκόνα τοῦ χοϊκοῦ, φορέσομεν καὶ τὴν εἰκόνα τοῦ ἐπουρανίου).

바울은 "우리가 흙에 속한 자의 형상을 입은 것 같이 또한 하늘에 속한 이의 형상을 입을 것이라"고 말한다. '지금 우리가 흙에 속한 아담의 형상을 입은 것 같이 또한 앞으로 부활하면 반드시 하늘에 속한 그리스도의 형상을 입을 것이 확실하다'는 뜻이다. 이는 마치 "육의 몸이 있은 즉 또 영의 몸도 있느니라"(44절)는 말과 같다.

본문의 "흙에 속한 자의 형상을 입었다"는 말은 '흙에 속한 아담의 형상, 즉 아담의 약함, 욕됨을 입었다'는 뜻이다(창 5:3). "입었다"(ἐφορέσαμεν)는 말은 부정(단순)과거 시제로 '이미 입었다'는 뜻으로 각자마다 아담의 육신을 입은 것을 지칭한다. 우리는 각자 태어날 때 아담의 형상을 입고 태어난 것처럼 "또한 하늘에 속한 이의 형상을 입을 것이다"(롬 8:29; 고후 3:18; 4:11; 빌 3:21; 요일 3:2). 본문의 "입으리라"(φορέσομεν)는 말은 미래형으로 앞으로 우리가 부활하는 날 하나님께서 그리스도의 형상을 입혀주실 것이라는 뜻이다. 그러나 이 사본보다 더 오래 된 사본들은 "함께 입자"는 말로 표현되어 있다. 그러나 우리가 노력하여 그리스도의 형상을 '입자'고 권고하는 말은 문맥에 적합하지 않다. 바울은 지금까지 그리스도를 믿는 사람들은 필연적으로 부활하여 그리스도의 형상을 입게 될 것이라는 것을 강조했으니 인간의 노력보다는 하나님의 은총을 강조하는 동사("입게 되리라")를 택해야 할 것이다. 우리는 우리의 성화를 통하여 매일 그리스도의 형상을 입어야 하나 문맥은 성화를 말하기 보다는 하나님의 은총을 강조하고 있다. 우리는 지금 참으로 아담의 인성을 입고 힘들게 살아가지만 우리가 죽고 썩어진 후 부활하는 날 그리스도의 형상이 우리 앞에 다가올 것이다(요일 3:2).

3) 죽음에 대한 영원한 승리 15:50-58

바울은 본 장에 들어와 부활은 확실하다는 것을 말했고(1-34절), 또 어떻게 다시 살아나는가를 말했으며(35-41절), 부활의 몸이 어떤 몸일까를 말해왔는데(42-49절), 이제는 부활 후를 바라보면서 죽음이 어디 있느냐고 감격에 찬 기쁨을 말한다(50-58절).

이 부분(50-58절)은 그 날이 올 때 죽은 자들이 썩지 아니할 것으로 다시 살아나고 당시까지 살아 있는 신자들은 홀연히 그리스도의 형상으로 변화가 될 것이라고 말하고(50-54절), 그에 따라 "사망아 너의 승리가 어디 있느냐, 사망아 네가 쏘는 것이 어디 있느냐"고 감격의 노래를 부르자고 제안한다(55-57절). 마지막으로 바울은 부활을 바라보는 성도들은 "견실하며 흔들리지 말고 항상 주의 일에 힘쓰는 자들이 되라"고 권고한다(58절).

고전 15:50. 형제들아 내가 이것을 말하노니 혈과 육은 하나님 나라를 이어받을 수 없고 또한 썩는 것은 썩지 아니하는 것을 유업으로 받지 못하느니라.

바울은 고린도 교인들에게 특별한 말씀을 갖게 하기 위해 "형제들아"라는 애칭을 사용하며 말씀을 이어간다. 바울은 "내가 이것을 말하노니 혈과 육은 하나님 나라를 이어받을 수 없고 또한 썩는 것은 썩지 아니하는 것을 유업으로 받지 못한다"고 말한다(마 16:17; 요 3:3, 5). "내가 이것을 말하노니"(τοῦτο δέ φημι)라는 말은 뒤에 오는 내용이 중요한 내용이라는 것을 말한다.

바울은 "혈과 육," 즉 '아담으로부터 내려온 우리의 육체, 썩을 육체, 약한 육체'(15:42-44)는 부활 후에 살게 될 "하나님 나라를 유업으로 이어받을 수 없다"고 말한다. 여기 "혈과 육"이란 말이 도덕적 단점을 말하는 것은 아니다(Leon Morris). 우리는 우리의 육체를 가지고는 하나님 나라에 들어갈 생각을 하지 말아야 한다. 바울은 "또한 썩는 것은 썩지 아니하는 것을 유업으로 받지 못한다"고 말한다. 상반 절의 뜻과 똑같은 뜻이다.

고전 15:51-52. 보라 내가 너희에게 비밀을 말하노니 우리가 다 잠 잘 것이 아니요 마지막 나팔에 순식간에 홀연히 다 변화되리니 나팔 소리가 나매 죽은 자들이 썩지 아니할 것으로 다시 살아나고 우리도 변화되리라.

바울은 부활을 말하다가 독자들의 관심을 끌기 위하여 "보라"(ἰδοὺ)라는 말을 사용한다(고후 5:17; 6:2, 9; 11:12, 14). 그리고 바울은 "내가 너희에게 비밀을 말한다"고 한다. 즉 '지금까지 감추어 있다가 바울에게 알려진 비밀을 공개 하겠다'는 것이다(2:7주해 참조). 그 비밀은 본 절부터 54절까지 기록했다. 즉 "우리가 다 잠 잘 것이 아니요 마지막 나팔에 순식간에 홀연히 다 변화되리라"는 것이다. 여기 "우리가 다"라는 말을 두고 1) 혹자들은 바울 자신과 그 시대의 사람들이 그리스도의 재림 때까지 생존해 있을 것이라는 뜻이라고 함. 2) 이 말은 과거와 현재와 미래의 모든 신자들을 망라하는 말이라고 함(Bengel, Grosheide, Barnes, Lenski, Morris, Hodge). 살전 4:15 주해 참조. 후자의 견해가 문맥에 적합하다. 여기 "우리가 다"라는 말은 52절의 "죽은 자들"과 또 52절의 "우리"(그날에 살아있을 사람들 지칭한다)를 포함하는 말이다. 바울이 주님의 재림이 임박했다고 믿긴 했지만(16:22; 빌 4:5; 딤후 4:8), 그 때를 정확하게 알고 있었던 것은 아니었던 고로 자신과 동시대 사람들이 살아있는 동안에 주님께서 재림하시리라는 것을 발표했을 리가 없다. 바울은 주님의 재림 때에 이미 죽은 성도나 혹은 그 때까지 살아있는 성도가 "다 잠 잘 것이 아니요 마지막 나팔에 순식간에 홀연히 다 변화될 것이라"고 말한다(살전 4:15-17). 즉 '다 죽은 상태로 있을 것이 아니고 하나님의 마지막 나팔(살전 4:16)이 울려 퍼질 때 순식간에 홀연히 다 변화될 것이라'는 것이다.

그리고 바울이 말하는 비밀은 계속된다. 즉 "나팔 소리가 나매 죽은 자들이 썩지 아니할 것으로 다시 살아나고 우리도 변화되리라"는 것이다

(슥 9:14; 마 24:31; 요 5:25; 빌 3:21; 살전 4:16). 나팔 소리가 날 때 죽은 자들이 먼저 썩지 아니할 부활의 몸으로 다시 살아나고 또 살아남아 있는 사람들도 홀연히 변화하여 불멸의 몸이 될 것이라고 한다. 우리는 인류 종말을 알리는 마지막 나팔이 울려 퍼질 때 당시에 우리가 죽어 있든 혹은 아직 죽지 않고 살아있든 홀연히 변화되어 불멸의 사람들이 될 것이다.

고전 15:53. 이 썩을 것이 반드시 썩지 아니할 것을 입겠고 이 죽을 것이 죽지 아니함을 입으리로다.

바울이 받은 비밀은 본 절에서도 계속된다. 즉 "이 썩을 것이 반드시 썩지 아니할 것을 입겠고 이 죽을 것이 죽지 아니함을 입을 것이라"고 한다(고후 5:4). 바울은 "이 썩을 것," "이 죽을 것" 즉 '우리의 육체'는 "반드시 썩지 아니할 것을 입겠고" "죽지 아니함을 입을 것이라"고 말한다. 육체라는 옷을 벗어버리고 새로운 부활의 옷으로 갈아입을 것이라는 뜻이다.

고전 15:54. 이 썩을 것이 썩지 아니함을 입고 이 죽을 것이 죽지 아니함을 입을 때에는 사망을 삼키고 이기리라고 기록된 말씀이 응하리라.

바울은 우리가 부활할 때에는 "사망을 삼키고 이기리라고 기록된 말씀이 응하리라"고 말한다. "사망을 삼키고 이기리라"는 말씀은 사 25:8("사망을 영원히 멸하실 것이니라 주 여호와께서 모든 얼굴에서 눈물을 씻기시며 자기 백성의 수치를 온 천하에서 제하시리라 여호와께서 이같이 말씀하셨느니라")에 있다(히 2:14-15; 계 20:14). 하나님은 오래 전에 사망을 없애실 것을 계획하셨고 그 계획을 선지자들에게 알려 주셨으며 그리고 하나님은 바울에게 구약의 말씀이 이루어질 것을 알려주셨다. 바울은 하나님으로부터 그런 계시를 받고 당당히 사망은 완전히 파멸될 것이라고 호언장담했다. 호 13:14 참조. 우리도 이 말씀을 세상 사람들에게 당당히 외쳐야 할 것이다.

"사망은 영원히 그리고 완전히 없어지리라!"

고전 15:55. 사망아 너의 승리가 어디 있느냐 사망아 네가 쏘는 것이 어디 있느냐(ποῦ σου, θάνατε, τὸ νῖκος   ποῦ σου, θάνατε, τὸ κέντρον).

바울은 고린도 교인들에게 편지를 쓰면서 그 교인들에게 무슨 말을 하기보다는 사망을 향하여 "사망아 너의 승리가 어디 있느냐 사망아 네가 쏘는 것이 어디 있느냐"고 소리친다(본 절은 호 13:14을 자유롭게 인용한 것이다). 지금 당장 사망이 완전히 물러갔거나 없어진 것도 아니지만 앞으로 우리가 부활할 때 사망은 더 이상 우리를 패배시키지 못하고 우리를 괴롭히지 못할 것을 확신하며 미리 사망을 향하여 사망은 승리하지 못하고 패배할 것이라고 미리 소리치고 사망이 우리를 더 이상 쏘지 않고(괴롭히지 않고) 맥없이 물러가고 사라질 것이라고 외친다.

오늘 우리도 미리부터 사망을 향하여 "사망아 너의 승리가 어디 있느냐 사망아 네가 쏘는 것이 어디 있느냐"고 외쳐야 할 것이다. 본문의 "쏘는 것"(κέντρον)이란 말은 '전갈의 독침'(Hodge)이나 '벌이나 뱀과 같은 동물들의 침이나 혹은 독액을 분비하는 이빨'(Leon Morris)을 지칭한다. 사망은 인간에게 독침이었다. 예전부터 인간은 아무리 죽지 않으려고 불로초(不老草)를 찾아 먹고 또 먹었어도 여전히 죽고 또 죽어왔다. 왜냐하면 인간을 한없이 괴롭히는 사망 때문이다. 호 13:14 참조.

고전 15:56. 사망이 쏘는 것은 죄요 죄의 권능은 율법이라(τὸ δὲ κέντρον τοῦ θανάτου ἡ ἁμαρτία, ἡ δὲ δύναμις τῆς ἁμαρτίας ὁ νόμος).

바울은 앞 절을 받아 "사망이 쏘는 것은 죄요 죄의 권능은 율법이라"고 말한다. "사망이 쏘는 것은 죄"란 말은 '사람이 사망하도록 계속해서 쏘는 것(괴롭히는 것)은 죄라'(창 2:17; 롬 5:12, 14, 17; 6:23)는 뜻이다. "죄"(ἡ ἁμαρτία)란 '인간이 하나님께서 원하시는 표적을 맞히지 못한 것'을 지칭한다. 우리는 하나님께서 원하시는 존재가 되지 못했고 하나님께서 원하시는

것을 하지 못했으며 하나님을 영화롭게 하지 못했다. 그래서 우리는 죽음에
이르게 되었다.

바울은 상반 절에서 말한 "죄"라는 것이 어떻게 성립되었는가를 밝히기
위해 "죄의 권능은 율법이라"고 말한다. "죄의 권능은 율법이라"(ἡ δὲ δύνα-
μις τῆς ἁμαρτίας ὁ νόμος)는 말은 '죄를 정하는 권능은 율법'이라는 뜻이다
(롬 4:15; 5:13; 7:5, 13). 어떤 행위가 죄가 되는 것이냐 아니냐를 정하는
것은 율법이다. 하나님께서 인간으로 하여금 죄를 짓지 않도록 율법[55]을
주신 것이지 인간을 구원하시기 위해 주신 것은 아니다. 하나님은 인간들로
하여금 죄를 깨닫도록 율법을 주셨다(롬 3:20; 7:7, 13). 율법은 인간으로
하여금 죄가 무엇인지를 알게 하고(롬 7:7, 13) 인간을 죄인으로 정죄하고
죽음에 이르게 한다(롬 5:20; 7:9-10). 우리의 죄는 율법에 의해서 드러나게
되었다. 그런 의미에서 "죄의 권능은 율법이라"고 말한다. 이렇게 율법은
죄를 알게 해주었으며 죄는 인간에게 사망을 가져왔다. 그런고로 바울은
다음 절과 같이 말한다.

**고전 15:57. 우리 주 예수 그리스도로 말미암아 우리에게 승리를 주시는
하나님께 감사하노니.**

바울은 바로 앞 절의 율법과 죄와 사망을 예수 그리스도께서 해결하시고
우리에게 승리를 주신다고 말씀한다. 그런고로 "우리 주 예수 그리스도로
말미암아 우리에게 승리를 주시는 하나님께 감사한다"고 말한다(롬 7:25;
요일 5:4-5). 하나님은 우리 주 예수 그리스도로 말미암아 우리로 하여금
율법을 지킨 자가 되게 하시고 또 죄 사함을 주시며 사망을 없애주시니
하나님께 감사한다고 말한다. 하나님은 예수 그리스도로 하여금 모든 율법
을 다 지키게 하셔서(마 5:17) 우리가 예수님을 믿으면 율법을 다 지킨
자가 되게 하시므로 우리로 하여금 율법으로부터 자유함을 얻게 하셨다(갈

---

55) 성경은 율법이 거룩하고 의롭고 선하다고 말한다(롬 7:12).

3:13). 그러니 우리는 하나님께 감사하지 않을 수 없게 하셨다(갈 5:1). 갈 5:1에 보면 그리스도는 우리로 하여금 율법의 멍에로부터 자유하게 하셨다고 말한다. 그리스도께서 율법을 다 지키셔서 이제는 우리가 그리스 도만 믿으면 구원을 받는 것이니 우리가 율법을 하나하나 지켜서 구원을 받으려고 율법 하나하나에 매일 필요가 없게 되었다. 우리는 이제 그리스도 만 믿으면 된다는 것이 얼마나 감사한 일인지 모른다. 그리고 그리스도께서 는 우리의 죄를 십자가에서 모두 해결해주셨다. 그의 대속의 피를 믿을 때 우리의 모든 죄는 깨끗이 씻음을 받는다. 하나님은 우리 주 예수 그리스도 로 말미암아 우리에게 항상 승리를 주신다. 여기 "승리를 주신다"(διδόντι τὸ νῖκος)는 말은 현재분사로 하나님은 오늘도 여전히 예수 그리스도를 통하여 우리에게 승리를 주고 계신다. 신자의 삶이란 승리의 삶이다. 그런고 로 우리는 그리스도의 십자가로 우리를 용서하신 하나님께 감사와 찬양을 드려야 한다.

고전 15:58. 그러므로 내 사랑하는 형제들아 견실하며 흔들리지 말며 항상 주의 일에 더욱 힘쓰는 자들이 되라 이는 너희 수고가 주 안에서 헛되지 않은 줄을 앎이라.

바울은 앞에서 우리 그리스도인들은 사망의 문제까지 다 해결된 것을 말한 다음 이제는 "그러므로 내 사랑하는 형제들아 견실하며 흔들리지 말며 항상 주의 일에 더욱 힘쓰는 자들이 되라"고 권한다(벧후 3:14). 바울은 고린도 교인들에게 "견실하며 흔들리지 말라"고 말한다. 부활의 의미를 확실히 알았으니 확신 있게 서서(7:37) 흔들리지 말라고 말한다. 사람이 그리스도를 믿는 믿음이 약하면 견실하지 못하며 흔들리게 마련이다. 오늘의 교회에도 견실하지 못하여 흔들리는 사람들이 참으로 많다. 너무도 많은 사람들이 우왕좌왕한다. 바울은 다음으로 "주의 일에 더욱 힘쓰는 자들이 되라"고 권한다. "주의 일"(9:1; 16:10)이란 주님께서 교인들에게 분부하신 일을 지칭한다. 성경에 보면 수많은 일을 우리에게 명령하고 계신다. 우리는 그 일을 부지런히 해야 한다(고후 11:23).

열심히 헌신해야 할 이유는 "너희 수고(4:12)가 주 안에서 헛되지 않은 줄을(3:14) 알기" 때문이라고 한다(3:8). 우리의 수고는 주님 안에서, 다시 말해 주님께서 다 기억하시고 또 다 갚아주실 것이니 헛되지 않다. 우리의 수고는 한 가지도 빠짐없이 다 기억하신 바가 된다.

제 16 장
못다 한 이야기들과 결론

XIII. 못다 한 이야기들   16:1-12

　　바울 사도는 그리스도와 그리스도인의 부활을 말한 다음 못다 한 이야기들과 결론을 말한다. 성도를 위한 연보를 어떻게 해야 할 것과 그 연보를 예루살렘으로 옮기는 문제에 대해 언급한다(1-4절). 그리고 자신의 여행 계획에 대해 말하고 (5-9절) 디모데를 위해 천거하고 아볼로가 앞으로 고린도에 갈 것이라는 이야기를 한다(10-12절).

　　A. 성도를 위한 연보   16:1-4

　　바울은 예루살렘 교회를 위해 고린도 교회가 연보해 주기를 부탁한다. 이런 연보는 갈라디아 교회에도 부탁한 적이 있다고 말한다. 연보는 매주 첫날(주일날)에 수입에 따라 연보할 것이며 연보를 모은 다음에는 예루살렘으로 가지고 갈 사람들에게 부탁하여 전할 것이라고 말한다. 이렇게 연보를 해서 예루살렘 교회에 전달했던 이유는 예루살렘 교회의 성도들 중에는 가난한 성도들이 많이 있었기 때문이었다. 특히 그 지역에는 잦은 기근이 있었기 때문에 이방 교회에서 연보를 해서 구제했다(행 11:27-30). 바울 사도가 특별히 연보를 하여 보낸 이유는 이방 교회와 예루살렘 교회의 유무 상통을 위한 것이었다.

고전 16:1. 성도를 위하는 연보에 관하여는 내가 갈라디아 교회들에게 명한 것 같이 너희도 그렇게 하라.

바울은 문장 초두의 "성도를 위하는..."이라고 기록할 때 '어느 교회 성도'라든지 혹은 '어느 지역성도'라는 말을 쓰지 않고 막연히 "성도"라고만 쓴 이유는 이렇게만 써도 고린도 교인들이 민첩하게 예루살렘 교회 성도인 줄 알아볼 수 있기 때문이었다(고후 8:4; 9:1-2; 롬 8:25-26). 예루살렘 교회는 당시 모(母) 교회였음으로 어느 교회라는 말을 붙이지 않아도 성도라면 누구든지 예루살렘 성도인 줄 알았다는 것을 보여준다.

그리고 바울이 "성도를 위하는 연보에 관하여는"(περὶ δὲ τῆς λογείας τῆς εἰς τοὺς ἁγίους)이라고 쓴 이유는 고린도 교회가 바울에게 질문했던 것에 대해 답변을 쓴다는 뜻으로 이렇게 기록한 것이다(행 11:29; 24:17; 롬 15:26; 고후 8:4; 9:1, 12; 갈 2:10). 바울은 다른 질문을 받고도 이렇게 "...관하여는"이라고 기록한 실례(實例)가 있다(7:1, 25; 8:1; 12:1 주해 참조). 바울이 어느 때인지 고린도교회 성도들에게 예루살렘 교회의 성도들이 심히 어려우니 연보를 해야겠다고 한번 말한 것으로 보인다. 그래서 고린도 교인들은 바울에게 연보에 대해 질문했던 것으로 보인다.

본문의 "연보"(λογείας)란 말(롬 15:26; 고후 8:1f; 9:1f)은 '성도를 위하는 연보'였는데 3절에서는 예루살렘에 있는 가난한 자들을 위한 것으로 되어 있다. 바울은 특히 예루살렘 교회의 필요에 대하여 깊은 관심을 가지고 있었다. 예루살렘 교회는 가난했기에 이방 교회들의 연보가 필요했으며 또 바울은 특별히 이방교회가 예루살렘 교회의 영적인 것을 나누어가졌은즉 물질적인 것으로 보답하는 것이 옳다고 생각해서 양측을 묶으려고 노력했다. 가난한 자들을 위한 연보는 지금도 여전히 필요한 사항이다.

바울은 어떻게 연보해야 할는지 간단히 지시하고 있다. 즉 "내가 갈라디아 교회들에게 명한 것 같이 너희도 그렇게 하라"고 말한다. 여기 갈라디아 교회들은 아마도 남 갈라디아 교회들이었을 것이다(김수홍의 *갈라디아서주해* 총론 '갈라디아서의 수신자는 누구인가' 참조). 바울은 남 갈라디아 여러 교회들에게 예루살렘 교회를 위한 연보를 부탁했다. 바울의 구체적인 지시는 2절에 기록되어 있다.

고전 16:2. 매 주 첫날에 너희 각 사람이 수입에 따라 모아 두어서 내가 갈 때에 연보를 하지 않게 하라.

바울은 예루살렘 교회의 가난한 자들을 위한 연보를 "매 주 첫날에" 예배하러 모일 때 하라고 지시한다(행 20:7; 계 1:10). 안식일 토요일에 전도했던 바울은 예수님께서 부활하신 것을 기념하기 위해 각 주(週)의 첫날에 모여서 예배하면서 연보하라고 지시한다. 그리고 바울은 "너희 각 사람이 수입에 따라 모아 두라"고 말한다. 연보하는 일에는 빠지는 사람이 없어야 했다. "각" 사람이 연보해야 했다. 부자나 가난한 자나 다 연보에 동참해야 했다. 각 성도가 "수입에 따라" 연보하도록 되어 있다. 수입의 몇 퍼센트를 하라는 말도 없으므로 양심에 따라 연보하면 되었다. 그리고 바울은 "내가 갈 때에 연보를 하지 않게 하라"고 부탁한다. 바울이 고린도 교회를 방문하기 전에 연보를 다 해놓으라는 것이다. 연보를 미리 하도록 독려한 것은 좋은 방법이었다. 바울이 고린도에 도착할 때 갑자기 연보를 하면 많은 연보를 할 수도 없었고 또 연보의 정신에 어긋나는 것이었다.

고전 16:3. 내가 이를 때에 너희가 인정한 사람에게 편지를 주어 너희의 은혜를 예루살렘으로 가지고 가게 하리니.

바울은 앞 절에서는 연보하는 방법을 말했고 본 절에서는 연보를 예루살렘 교회로 보내는 방법을 말한다. 바울은 "내가 이를 때에 너희가 인정한 사람에게 편지를 주어 너희의 은혜를 예루살렘으로 가지고 가게 할 것이라"고 말한다(고후 8:19). 바울이 고린도 교회에 도착하게 될 때에 고린도 교회가 추천한 사람들에게 바울이 편지를 써주어 고린도 교회가 연보한 것을 예루살렘으로 가지고 가게 하겠다고 한다. 바울은 고린도 교회의 연보를 자기가 예루살렘으로 가지고 가겠다고 하지 않고 고린도 교회가 추천한 사람들로 하여금 예루살렘에 전달하려고 한 것은 아주 잘 한 일이었다. 아무 의심받을 일이 없어야 했기 때문이다. 교역자는 물질 방면에 조금이라도 의심을 받아서는 안 될 것이다.

고전 16:4. 만일 나도 가는 것이 합당하면 그들이 나와 함께 가리라.

바울은 연보를 예루살렘으로 전달하는 일에 있어서 한 가지를 더 제안한다. 바울이 그들과 함께 가는 것이 옳다고 판단되면 고린도 교회의 추천을 받은 사람들이 바울과 함께 예루살렘까지 가겠다고 한다(고후 8:4, 19). 하지만 아직 바울이 예루살렘에 가는 것이 합당할지 아닐지는 아직 모르는 일이고 연보 금액을 보아 결정될 것이었다. 바울은 시종일관 조심하고 있다.

B. 바울의 여행계획 16:5-9

바울은 에베소에서 고린도를 향해 가는 여정을 고린도 교인들에게 발표한다. 이렇게 여행계획을 발표하는 것이 서로 간의 우정에도 좋은 것이다. 더욱이 한 겨울을 고린도에서 지낼 계획을 하면서 미리 발표하지 않을 수 없었다.

고전 16:5. 내가 마게도냐를 지날 터이니 마게도냐를 지난 후에 너희에게 가서.

바울은 "내가 마게도냐를 지날 터이니 마게도냐를 지난 후에 너희에게 가겠다"고 말한다(행 19:21; 고후 1:16). 바울의 본 절의 여행계획은 원안(原案)이 아니고 변경해서 발표한 것이다. 그는 원래 그가 체재하고 있던 에베소에서 직접 고린도를 들러 마게도냐에 갔다가 다시 고린도로 돌아가서 예루살렘으로 가려는 것이었는데(고후 1:15-16) 그는 원래의 계획을 바꾸어 본절 내용처럼 발표했다. 그는 마게도냐를 거쳐 가면서 마게도냐의 여러 교회들을 방문하려고 한다. 그는 훗날 본 절의 계획대로 여행했다(행 20:1-3). 바울이 이렇게 여행계획을 변경했기에 원수들이 바울을 비방했다(고후 1:17). "그러나 작정하였던 것을 변경함이 사욕을 위함이 아닌 한(限) 언제나 정당한 일이다"(박윤선).[56]

---

56) 박윤선, 고린도전후서, 성경주석, p. 258.

고전 16:6. 혹 너희와 함께 머물며 겨울을 지낼 듯도 하니 이는 너희가 나를 내가 갈 곳으로 보내어 주게 하려 함이라.

바울이 앞 절(5절)처럼 그의 여행 계획을 수정한 이유는 고린도에서 겨울을 지내기 위해서였다. 그는 말하기를 "혹(τυχὸν) 너희와 함께 머물며 겨울을 지낼 듯도 하다"고 말한다. 그런데 바울이 고린도에서 겨울을 지내는 일을 분명하게 말하지 못하고 단지 "...지낼 듯도 하다"("It may be that I will abide")는 식으로 표현한 이유는 하나님으로부터 그렇게 하라는 허락을 아직 받지 못했기 때문이었다(7절). 바울은 하나님의 허락이 중요한 줄 알았다.

바울이 고린도를 지나는 길에 잠시 들르는 형식으로 하지 않고 겨울(3개월)을 지내려고 했던 이유는 "너희가 나를 내가 갈 곳으로 보내어 주게 하려 했기" 때문이었다(행 15:3; 17:15; 21:5; 롬 15:24; 고후 1:16). 바울은 고린도 교회가 자신의 여행에 도움을 주도록 하기 위해서 고린도에서 머물기를 원했다. 당시 사회에서는 동료 그리스도인들이 여행을 계속하도록 도움을 주는 것이 하나의 관례였다. 바울은 문제가 많은 교회에 오래 머무르면서 그 문제들을 해결하고 또 그들과 깊은 교제를 나누며 여행을 마치면 경비를 지원 받기 원했다.

고전 16:7. 이제는 지나는 길에 너희 보기를 원하지 아니하노니 이는 만일 주께서 허락하시면 얼마 동안 너희와 함께 머물기를 바람이라.

바울은 다시 그의 여행 계획을 수정하여 마게도냐를 들러 고린도로 가려고 하는(5절) 이유를 본 절에서 다시 말한다. 그 이유(본 절 초두의 이유접속사 "γὰρ")는 "이제는 지나는 길에 너희 보기를 원하지 아니하노니 이는 만일 주께서 허락하시면 얼마 동안 너희와 함께 머물기를 바라기" 때문이었다(4:19; 행 18:21; 약 4:15). 그 이유는 '이제는 지나는 길에 잠시 고린도에 머물면 그 교회의 많은 문제들을 해결하지 못하고 또 그들과 깊은 교제를 나누지 못하며 여행의 도움도 받지 못할 것이니 만일 하나님께서 허락하신다면 얼마동안 고린도 교인들과 함께 지내기 원한다'는 것이었다. 그렇게 함으로 그의 여행의 목적을 달성하려 했다.

헬라어 문장 초두의 "원한다"(θέλω)는 말은 '참으로 간절히 원한다'는 뜻으로 바울이 지나는 길에 고린도 교인들을 잠시 보는 것은 참으로 원하지 않는 사항이라고 발표한다. 그는 겨울을 지내면서 얼마동안 머물기를 소원했다. 그런 간절한 소원이 있으면서도 그는 자신의 소원대로 하려하지 않고 하나님의 허락을 기다리고 있었다("주께서 허락하시면"). 우리는 모든 일에 하나님의 허락을 기다려 행동해야 할 것이다(4:19 주해 참조). 종의 행동은 하나님의 허락 하에 이루어져야 하는 것이다.

고전 16:8-9. 내가 오순절까지 에베소에 머물려 함은 내게 광대하고 유효한 문이 열렸으나 대적하는 자가 많음이라(ἐπιμενῶ δὲ ἐν Ἐφέσῳ ἕως τῆς πεντηκοστῆς· θύρα γάρ μοι ἀνέῳγεν μεγάλη καὶ ἐνεργής, καὶ ἀντικείμενοι πολλοί).

바울은 앞에서 마게도냐를 거쳐 고린도를 방문할 여행 계획을 발표했는데 그러나(de) 오순절까지는 에베소에 머물러야 한다고 말한다. "오순절"이란 유월절 후 7주간이 지난 절기이다. 오순절은 칠칠절(출 34:22; 신 16:10), 맥추절(출 23:16), 처음 열매 드리는 날(민 28:26)이라고 불리기도 한다. 신약에서 오순절은 아주 중대한 의미를 가지게 되었는데 그것은 그날 성령님께서 임하셨기 때문이다.

바울은 오순절까지 에베소에 머물 수밖에 없는 두 가지 이유(γάρ)를 9절에 발표하고 있다. 첫째는 "내게 광대하고 유효한 문이 열렸기"(For a great door and effectual is opened unto me) 때문이라고 한다(행 14:27; 고후 2:12; 골 4:3; 계 3:8). 즉 '바울에게 복음 전도에 큰 열매를 거둘 수 있는 기회가 주어졌기' 때문이라는 것이다(행 19:10-12, 17-20; 고후 2:12; 골 4:3). 본문의 "문이 열렸다"(ἀνέῳγεν)는 말은 현재완료 시제로 '과거에 문이 열려서 지금도 열려 있다'는 뜻으로 전도할 문이 열려 있는 것을 지칭한다. 바울에게는 계속적으로 전도의 기회가 열려 있었다. 그리고 둘째는 "대적하는 자가 많기" 때문이라고 한다(행 19:9). 바울의 복음 전도에 방해꾼들이 많았다는 뜻이다(행 19:9, 23-40). 오늘도 복음을 전하려고 하는 데는 대적자들이 있다는 것을 보여준다. 전도를 반대하는 대적자가 많으면 많은 그만큼 전도의 열매가 많을 것이니 바울은 전도를 중단하지 않고 더욱 열심히 전하겠다는 것이다. 바울이 오순절까지 에베소에 머물 수밖에 없는 이유는 결국 하나였다. 전도가 잘 진행되고 있었고 대적하는 자들이 많다는 것이다. 이 두 가지는 항상 병행했다.

C. 디모데와 아볼로에 대한 이야기 16:10-12

바울은 자신이 오순절이 지난 후 고린도를 방문하리라는 말을 한 다음 디모데와 아볼로에 대한 이야기를 고린도 교인들에게 전한다. 디모데를 천거했고 아볼로는 앞으로 고린도에 갈 것이라고 말해준다.

1) 디모데를 위한 천거 16:10-11

고전 16:10. 디모데가 이르거든 너희는 조심하여 그로 두려움이 없이 너희 가운데 있게 하라 이는 그도 나와 같이 주의 일을 힘쓰는 자임이니라.

바울은 고린도 교인들에게 디모데[57]가 그 교회에 이르면(4:17; 행 19:22;

---

57) "디모데": '하나님을 공경함, 하나님의 영예'라는 뜻. 디모데의 출생지는 루스드라인 것으로 보인다(행 16:2). 부친은 헬라인이고, 모친은 유니게인데 기독교로 개종한 경건한 유대인이었다. 외조모 로이스도 그 집에 동거하여 그는 신앙이 돈독한 가정에서 자랐다(행 16:1; 20:4; 딤후 1:5). 디모데도 훌륭한 인물들의 예에 빠지지 않게 모친의 좋은 감화를 많이 받았을 것임에 틀림없다. 그는 어렸을 적부터 구약성경을 토대로 신앙을 키웠으며, 사도 바울의 제1차 전도여행 때, 루스드라에 갔을 적에 디모데의 모친과 외조모는 예수 그리스도에게 인도되었는데, 디모데도 그때 주를 영접하고 새로운 신앙을 이행할 수 있는 연령에 이르렀기 때문에, 그도 회심했을 것이다(행 14:6, 22; 고전 4:14-17; 딤후 1:5; 3:11). 디모데는 어려서부터 성경을 가까이 하였으나(딤후 3:15), 할례는 받지 않았다(행 16:3). 청년 디모데는 루스드라와 이고니온에 있는 그리스도인들에게 칭찬받는 자가 되었다(행 16:2). 사도 바울이 제2차 전도여행(AD 50년 경)에서 다시 남 갈라디아 여러 교회를 방문했을 때, 그는 디모데와 친교하면서 그의 사람됨 됨을 확인하고 전도여행의 동반자로 하려고 했다. 즉, 바울은 그때 디모데가 그 지방에서 좋은 본을 보이고 있는 것을 알았기 때문이다(행 16:2). 사도행전 16:3에 디모데가 직접 전도 사업에 동참하여 일할 때, 유대인의 반감을 살 것을 염려하여 할례를 받았다고 기록되어 있다.

4:17) 그를 대하는 데 있어 조심해서 디모데로 하여금 두려움이 없이 고린도 교회 안에 있게 하라고 부탁한다. 디모데는 약간 수줍어하는 성격의 소유자였던 것으로 보이며 또 연소한 사람이었던 고로(딤전 4:12) 바울이 그런 부탁을 한다. 이유는 "그도 나와 같이 주의 일을 힘쓰는 자이기" 때문이라고 한다(15:58; 롬 16:21; 빌 2:20, 22; 살전 3:2). 누구든지 주님의 일에 힘쓰는 사람들을 조심하고 존경해야 한다는 분위기를 만들어내야 한다.

고전 16:11. 그러므로 누구든지 그를 멸시하지 말고 평안히 보내어 내게로 오게 하라 나는 그가 형제들과 함께 오기를 기다리노라.

바울은 디모데가 주님의 일을 힘쓰는 자임으로(앞 절) "그러므로 누구든지 그를 멸시하지 말고 평안히 보내어 내게로 오게 하라 나는 그가 형제들과 함께 오기를 기다리노라"고 말한다(딤전 4:12). 바울은 고린도 교회의 누구든지 디모데를 멸시하지 말라고 부탁한다. "멸시한다"(ἐξουθενήσῃ)는 말은 '전혀 아무 것도 아닌 것으로 만들어버리다'(1:28주해 참조)는 뜻으로 디모데를 절대로 무시하지 말라는 부탁이다. 디모데가 고린도에서 일을 볼 때도 무시하지 말고 존경해야 할 뿐 아니라 고린도를 떠날 때도 "평안히 보내어 내게로 오게 하라"고 부탁한다(행 15:33). 바울이 이처럼 디모데에 관해서 세심하게 부탁하는 이유는 첫째, 고린도 교회에 바울을 반대하는 반대파가 있었는데(1:11-12), 그들로 인해 바울이 파송한 디모데를 멸시할 가능성이 있었기 때문이었을 것이고 둘째, 디모데가 나이가 어린 사람이니 멸시할 가능성이 있었기 때문이었다(딤전 4:12).

바울은 "나는 그가 형제들과 함께 오기를 기다리고 있다"(for I look for him with the brethren)고 알려준다. 여기 "형제들"이 누구냐를 두고 두 가지로 이해할 수가 있다. 첫째 고린도로부터 디모데와 함께 에베소로 올 형제들(에라스도, 디도)일 수도 있고 둘째, 바울과 함께 에베소에 있는 형제들(스데바나, 브드나도, 아가이고-17절)을 지칭할 수도 있다. 문맥으로 보아 후자로 보는 것이 더 타당할 것이다. 바울이 에베소에 와 있는 형제들과

함께 디모데를 기다린다고 말할 때 고린도 교인들은 더 정신 차려 디모데를
잘 대접할 것이고 평안히 떠나보낼 것이다.

2) 아볼로에 대한 이야기　16:12

**고전 16:12. 형제 아볼로에 대하여는 그에게 형제들과 함께 너희에게 가라
고 내가 많이 권하였으되 지금은 갈 뜻이 전혀 없으나 기회가 있으면
가리라.**

바울은 고린도 교회로부터 아볼로를 다시 보내달라는 요청에 대하여
한 마디 한다(1:12; 3:5). "...에 대하여는"이란 어투를 위해서는 7:1, 25;
8:1; 12:1; 16:1의 주해를 참조하라. 고린도 교인들은 이미 자기들 가운데서
사역한 적이 있는(1:12) 아볼로를 다시 고린도로 보내달라고 주문할 때
바울은 "그에게 형제들과 함께 너희에게 가라고 내가 많이 권하였다"고
말한다. 바울은 아볼로로 하여금 형제들과 함께 고린도에 가서 복음을 전할
수 없느냐고 많이 권했다. 사실 바울은 아볼로가 고린도 교회에 다시 가면
아볼로파가 힘을 얻어 아볼로파가 강해질 것이 분명함을 알았음에도 불구하
고 그런 것에 관해서는 초연했다. 바울은 교회에 유익하기만 하다면 자기파
가 약화되는 것은 문제가 아니었다. 바울은 아볼로와 경쟁의식이 전혀 없었
다. 그는 고린도 교회의 요청을 받고 아볼로에게 형제들과 함께 고린도
교회를 위해 사역하도록 많이 권했다.

바울은 여기서 중단하지 않고 계속해서 아볼로에 대한 소망을 가지
고 있었다. 바울은 "지금은 갈 뜻이 전혀 없으나 기회가 있으면 가리라"
고 말한다. 아볼로는 지금은 고린도 교회에 갈 뜻이 전혀 없었다. 그
이유는 아마도 분쟁에 말려들지 않기 위해서였을 것이다. 교역자는 교회
의 어떤 분쟁에도 말려들지 않아야 한다. 그러나 바울은 아볼로가 "기회
가 있으면 갈 것이라"고 말한다. 지금은 너무 바쁘니 갈 수 없지만
앞으로 적당한 시간이 되면 갈 것이라고 말해준다. 이 때 아볼로의
마음속에는 고린도 교회의 분쟁이 아주 잠잠하게 되면 갈 것이라고

생각했을 것이다.

XIV. 결론: 권면과 인사   16:13-24

바울은 이제 편지를 끝내려는 즈음에 교인들에게 신앙의 권면을 한다 (13-14절). 그리고 바울은 스데바나를 추천하고(15-16절), 또 일행의 에베소 방문에 대해 감사하며(17-18절), 문안과 축도를 한다(19-24절).

A. 권면   16:13-14

고전 16:13. 깨어 믿음에 굳게 서서 남자답게 강건하여라.

바울은 본 절에서 네 가지 명령을 한다. 첫째, "깨라"고 말한다(마 24:42; 25:13; 살전 5:6; 벧전 5:8). 여기 "깨라"(γρηγορεῖτε)는 말은 현재 명령형으로 '항상 깨어 있으라'는 뜻이다. 이 말씀은 영적으로 잠에서 깨어 있을 뿐 아니라 항상 정신 바짝 차리고 있어야 할 것을 명령하는 말씀이다(계 3:2, 3; 16:15). 우리는 영적으로 깨어 있기 위해서는 성령의 힘을 입어 기도해야 한다(엡 6:18). 둘째, "믿음에 굳게 서라"고 말한다(στήκετε ἐν τῇ πίστει-stead fast in the faith, 15:1; 빌 1:27; 4:1; 살전 3:8; 살후 2:15). "믿음에 굳게 서라"는 말은 '믿음을 가지고 요지부동하라'는 뜻이다. 우리는 마음에 그리스도를 믿는 믿음을 가지고 굳게 서야 한다. 셋째, "남자답게 처신하라"(ἀνδρίζεσθε-quit you like men)고 말한다(엡 6:10; 골 1:11). 우리 성경에는 "남자답게"라는 말만 있고 "처신하라," "행동하라"는 말은 없다. 이 한단어로 된 헬라어는 '남자답게 행동하라,' '남자답게 처신하라'는 뜻이다. 두려워하지 말고 담대하게 처신하라는 것이다. 우리는 악의 세력과의 싸움에서는 두려워할 것도 없고 담대하게 대해야 한다. 넷째, "강건하라"(κραταιοῦσθε)고 말한다. 이 단어는 현재 수동형으로 하나님으로부터 힘을 받아 강해지라는 뜻이다(엡 6:10). 사람 스스로 아무리 강한 척해보아야 아무 것도 아니니 하나님으로부터 힘을 얻어 힘 있게 처신해야 한다. 하나님 으로부터 힘을 얻기 위해서는 우리에게는 힘이 없음을 알려드려야 하고 실제로 힘을 구해야 한다.

고전 16:14. 너희 모든 일을 사랑으로 행하라.

　바울은 앞 절(13절)에서는 고린도 교인들에게 사탄과 세상을 향하여는 "깨어 믿음에 굳게 서서 남자답게 처신하고 강건하라"고 권한 다음 성도들끼리는 "너희 모든 일을 사랑으로 행하라"고 권한다(14:1; 벧전 4:8). 기독교인은 무슨 일을 행하든지 사랑 안에서 행하고 사랑을 목적하고 행해야 한다. 사랑이 없으면 아무 것도 아니고 아무 의미도 없음을 알아야 한다(13:1-3). 사랑은 심판을 이기고 자랑까지 한다(약 2:13).

　B. 스데바나와 같은 사람을 존중하라　16:15-18

　바울은 스데바나를 추천한다. 그를 추천하는 이유로는 그가 고린도 지방에서 제일 먼저 믿은 사람이고 또 신앙의 모범을 보이며 또 수고하는 사람이라는 것이다. 그리고 바울은 스데바나와 같은 사람을 알아주라고 권면한다. 왜냐하면 스데바나와 브드나도와 아가이고 같은 사람들은 바울을 위하여 멀리 에베소에까지 찾아온 사람들로서 고린도 교회의 대표로서 바울을 위로한 사람들이었기 때문이었다.

고전 16:15-16. 형제들아 스데바나의 집은 곧 아가야의 첫 열매요 또 성도 섬기기로 작정한 줄을 너희가 아는지라 내가 너희를 권하노니 이 같은 사람들과 또 함께 일하며 수고하는 모든 사람에게 순종하라.

　바울은 고린도 교인들에게 진지한 말씀을 하기 위하여 "형제들아"라는 애칭을 사용한다. 바울은 "스데바나의 집은 곧 아가야의 첫 열매요 또 성도 섬기기로 작정한 줄을 너희가 안다"고 말한다(1:16). 스데바나를 크게 추천하는 이유는 두 가지이다. 첫째, 스데바나의 집은 아가야의 첫 열매였다는 것이다(1:16; 롬 16:5). 이는 제일 먼저 주님을 영접했다는 뜻이다. 둘째, 제일 먼저 주님을 영접한 후 주님을 섬기기 위하여 수고했다는 것이다(고후

8:4; 9:1; 히 6:10). 그런 사실은 고린도 교인들이 잘 알고 있는 것이라고 말한다. 알고 있기에 권면하기가 쉬웠다.

그리고 바울은 "내가 너희를 권하노니 이 같은 사람들과 또 함께 일하며 수고하는 모든 사람에게 순종하라"고 권한다(히 6:10; 13:17). 스데바나 집 사람들과 함께 일하며 수고하는 모든 사람에게 순종하라고 말한다. 제일 처음 주님을 영접한 사람을 도와 함께 일하며 수고하는 사람들은 귀한 사람들이니 그 사람들의 인도를 순종하라는 것이다. 바울은 사람들이 다른 사람들을 돕고 협력하며 함께 일하며 수고하는 것을 별로 좋아하지 아니하고 불복종할 가능성이 있었던 고로 먼저 된 사람들에게 협력하며 수고하는 사람들에게 복종하라고 권한다. 오늘 우리는 다른 사람과 협력하는 사람들을 귀하게 여길 줄 알아야 한다.

고전 16:17-18. 내가 스데바나와 브드나도와 아가이고가 온 것을 기뻐하노니 그들이 너희의 부족한 것을 채웠음이라 그들이 나와 너희 마음을 시원하게 하였으니 그러므로 너희는 이런 사람들을 알아주라.

바울은 "스데바나와 브드나도와 아가이고가 온 것을 기뻐한다"고 말한다. 세 사람이 고린도 교회의 보냄을 받아 에베소에 온 것을 기뻐한다는 것이다. 기뻐하는 이유는 "그들이 너희의 부족한 것을 채웠기"(for that which was lacking on your part they have supplied) 때문이라고 말한다(고후 11:9; 빌 2:30; 몬 1:13). 여기 "너희의 부족한 것" 즉 '고린도 교회 측에서 부족했던 것'이 무엇이냐에 대해서는 정확하게 다 알 수는 없다. 다만 정황을 따라 추측하는 수밖에 없을 것이다. 그 중 첫째는 그 세 사람이 고린도 교회의 편지를 바울 사도에 전달해준 것(7:1, 25; 8:1; 12:1; 16:1), 둘째는 고린도 교회의 형편을 구두로 바울에게 속 시원하게 말해준 것, 셋째, 고린도 교회의 선교후원금을 가지고 온 것일 것이다. 물론 바울은 고린도 교회의 후원금을 사양했다(9:15-18). 바울이 그 후원금을 받지는 않았지만 그들이 바울을 생각해서 후원금을 가지고 왔다는 것은 고무적인 사실이 아닐 수 없었다.

바울은 고린도 교인들에게 세 사람이 "나와 너희 마음을 시원하게 하였으니 그러므로 너희는 이런 사람들을 알아주라"고 권한다(골 4:8). 그들이 바울과 고린도 교인들의 마음을 시원하게 했으니 고린도 교인들은 이런 사람들을 알아주라고 말한다. 세 사람이 앞에서 말한바와 같이 바울의 마음을 시원하게 만들었다. 그 뿐만 아니라 그 세 사람들은 고린도 교인들의 마음 또한 시원하게 했다. 이들을 통해서 고린도 교인들은 바울에 대하여 바른 이해를 가지게 되었고 또 바울의 말씀을 통하여 고린도 교회의 문제들에 대한 지도를 받게 되어 시원하게 되었다. 아무튼 세 사람은 중간에서 크게 바른 역할을 하여 바울과 교인들의 마음을 시원하게 만들어주었다. 그러므로 바울은 "이런 사람들을 알아주라"고 말한다(살전 5:12; 빌 2:29). 이런 사람들을 인정하고 감사해야 한다는 것이다. 우리는 교회에서 여러 사람 사이에서 좋은 일을 하는 사람들을 인정하고 감사해야 할 것이다.

C. 마지막 인사   16:19-24

바울은 드디어 인사하며 축도하고 편지를 끝맺는다. 문안은 소 아시아 교회 전체의 인사이고 아굴라 부부를 포함한 교회의 인사이며 또 바울 개인의 인사를 전한다. 그리고 바울은 주를 사랑하지 아니하는 사람은 저주를 받을지어다라고 선언한다. 그리고 바울은 끝으로 축도하고 자신의 사랑도 전한다.

고전 16:19. 아시아의 교회들이 너희에게 문안하고 아굴라와 브리스가와 그 집에 있는 교회가 주 안에서 너희에게 간절히 문안하고.

바울은 "아시아의 교회들이 너희에게 문안하고 아굴라와 브리스가와 그 집에 있는 교회가 주 안에서 너희에게 간절히 문안한다"고 전한다(롬 16:5, 15; 몬 1:2). 아시아란 아시아 안에 있는 로마 영토를 지칭하는데 그 안에 있는 교회란 수도 에베소 교회를 비롯하여 골로새 교회, 라오디게아 교회, 히에라볼리 교회 등을 지칭한다(행 19:10, 26 참조). 바울은 이 지역에 있는 교회들이 보내는 인사를 대신 써 보내고 있다.

그리고 바울은 헌신적인 아굴라와 브리스가(어떤 사본들에서는 브리스 길라로 되어 있다)의 인사도 대신 전하고 있다. 아굴라는 본도 출신 유대인이 었는데 로마에 정착하여 살았었는데 로마의 글라우디오 황제가 로마에서 떠나도록 추방령을 내렸을 때 그 아내와 함께 고린도에 와서 고린도에서 바울을 만나 함께 유숙하면서 일을 했다(행 18:1-3). 이들 부부는 바울 사도에게 너무 큰 친절을 베풀었으며 자기 집을 예배처소로 제공하기도 했다. 이들의 신앙적인 지식은 아주 고상하여 아볼로를 데려다가 공부를 시키기도 했다(행 18:26). 바울이 고린도를 떠나 에베소에 갔을 때 그들 부부도 역시 동행했다(행 18:18-19). 성경에 보면 이들 부부의 이름이 6번 등장하는데 그 중에 네 번은 부인 브리스가의 이름이 앞에 나오고 있다. 이는 브리스가의 신앙이 남편 아굴라를 능가하는 것임을 보여주는 것이다.

바울은 이들 부부와 또 "그 집에 있는 교회가 주 안에서 너희에게 간절히 문안한다"고 말한다. 본문의 "간절히 문안한다"는 말은 진심에서 우러난 따뜻한 문안인사를 하고 있음을 보여주고 있다. 이와 같은 가정교회는 초대 교회의 전형적인 교회의 모습이었다(행 12:12; 16:40; 롬 16:23; 골 4:15; 몬 1:2). 가정 교회의 형태를 벗어난 오늘날의 대형교회에서 이런 간절한 문안 인사는 사라진지 오래라고 본다.

고전 16:20. 모든 형제도 너희에게 문안하니 너희는 거룩하게 입맞춤으로 서로 문안하라.

바울은 "모든 형제도 너희에게 문안한다"고 말한다. 앞에서 말한 아시아 의 교회들과 또 아굴라 부부가 속해 있는 교회의 교인들을 제외한 모든 교회의 모든 교인들이 고린도 교회에 문안한다는 뜻이다. 참 교인이라면 참 문안인사도 있어야 하는 것을 보여주고 있다.

바울은 고린도 교인들을 향하여 "너희는 거룩하게 입맞춤으로 서로 문안하라"(ασπάσασθε ἀλλήλους ἐν φιλήματι ἁγίῳ)고 권한다(롬 16:16; 고후 13:12; 살전 5:26; 벧전 5:14 참조). "거룩하게 입맞춤으로"란 말은 '거룩한 입맞춤으로'라는 뜻으로 세속적인 입맞춤과 구별된 입맞춤을 지칭한다. 세속적인 입맞춤은 정욕적이고 감정적인 입맞춤이라고 하면 거룩한 입맞춤은 완전히 구별된 입맞춤으로서 그리스도의 십자가의 사랑을 성령으로 말미암아 깨달아서 참으로 이웃을 내 몸같이 사랑한다는 뜻으로 입 맞추는 것을 지칭한다. 구체적으로 말해서 '예배 석에서 기도를 마친 다음 남자는 남자끼리 여자는 여자끼리 입을 맞추면서' 서로 문안(환영인사)하라는 말이다. 예배 석에서 기도를 마치고 동성끼리 입을 맞추면서 인사하는 것은 고대 교회의 예배의 한 순서였다고 한다(Justin Martyr, Apol., i 65, Calvin). 지금은 악수가 이를 대치하고 있다(김수홍의 *로마서주해*에서).

고전 16:21. 나 바울은 친필로 너희에게 문안하노니.

바울은 "친필로 너희에게 문안한다"고 한다. 이런 친필 문안은 바울의 관행이었다(갈 6:11; 골 4:18; 살후 3:17; 몬 1:19). 친필로 문안한 이유는 이 편지가 자신의 서신임을 밝히기 위함이며 또 한편으로는 편지의 다른 부분은 대필이었음을 밝히기 위함이었다(롬 16:22; 벧전 5:12). 바울은 고린도 교인들을 사랑하는 마음으로 문안하고 있다. 우리는 기독교인으로서 다른 신자들에게 문안인사를 해야 할 것이다.

고전 16:22. 만일 누구든지 주를 사랑하지 아니하면 저주를 받을지어다 우리 주여 오시옵소서(εἴ τις οὐ φιλεῖ τὸν κύριον, ἤτω ἀνάθεμα. Μαρανα θα).

바울은 마지막 인사를 하는 중에 일단 인사를 한(19-20절) 다음에 마지막으로 축도할 것(23-24절)으로 예상됐으나 본 절에 와서 갑자기 "만일 누구든지 주를 사랑하지 아니하면 저주를 받을지어다"라고 저주를 선언한다(엡 6:24; 갈 1:8-9). 그런고로 성경해석가들이나 독자들은 적지 아니 어리둥절한 느낌을 가질 수밖에 없다. 게다가 또 "우리 주여 오시옵소서"라고 주님의 재림을 소원하니 바울의 의도가 무엇인지를 파악하는 것이 쉽지 않다.

이에 대하여 성경해석가들 모두는 우리가 주님의 재림을 앞두고 주님을 사랑하지 않으면 저주58)를 받는 것이 당연하고 또 실제로 지옥으로 떨어질 것이라고 해석한다(12:3 주해 참조). 당연한 해석이다. 이유는 "누구든지 그리스도를 사랑하지 않으면 하나님의 가장 큰 사랑을 배척하는 죄를 짓는 것임으로 저주를 받을만하다. 사랑을 배척하는 것처럼 큰 죄는 없다...주님은 나를 위하여 십자가에서 못 박혀 죽으셨다...속죄의 사랑은 너무도 큰 사랑이기 때문에 그것을 등한히만 여겨도 죄를 받는다(히 2:3)...예수 그리스도는 하나님께서 그 백성을 사랑하여 보내신 마지막 사랑이니" 그 사랑을 배척하면 죄를 받는다(박윤선).59) 레온 모리스(Leon Morris)도 "만일 어떤 사람의 마음이 주님에 대한 사랑으로 불타오르지 않는다면 그 저주의 원인은 바울에게 있는 것이 아니다. 그는 진리에 대해서 반역자인 것이다. 바울은 이러한 사람에 대해서 조용히 대할 수가 없었다"고 말한다.60) 더욱이 헬라어 본문의

---

58) "저주": Curse, Anathma 축복의 반대. 일반적으로는 상대방에 불행이 임하기를 하나님께 구하는 일을 말하는데, 성경에는 하나님께서 친히 저주하시는 일도 보이고 있다. 구약에는 적에 대한 '저주'의 실례가 많이 기록되어 있다(욥 31:30; 시 10:7; 59:12). 고대세계에서는 한번 입에서 발해진 저주는 반드시 효과가 있는 것으로 믿어지고 있었다(민 22:6; 슥 5:3; 시 109:18). 보다 중요한 것은 죄가 저주를 가져와 불행케 한다는 신앙이다. 에덴동산의 기사(창 3장)에서는, '뱀'은 죄를 도입했기 때문에 저주되고, 아담부처의 죄로 땅은 저주되었다. 신 27장에는 위반자에게 저주가 임할 죄의 표가 묘사되고 있다. 그러나 저주는 하나님께서 사람들에게 주시려고 하시는 은혜의 상대물이라고 생각해야 할 것이다. 사람은 하나님께 순종해야 할 것인지의 여부를 스스로 결정하고 하나님께로부터 주어지는 복을 받아야 할 것이다(신 11:26-28과 30:1, 15 비교). 신약에 있어서도, 저주의 관념은 죄를 범한 자 위에 임하는 심판과 관련되어 있다(마 25:41). '무화과나무의 저주'(막 11:12-14, 20)는 하나님께 대한 불순종에서 그들 스스로의 불행을 자초한 유대인에 대한 비유였다. 롬 9:3에서 바울은 동포의 구원을 위해서는 어떠한 희생도 불사한다는 열정의 표명에 이 저주라는 말을 쓰고 있다. 갈 1:8-9는 이 말이 가장 강한 의미로 인용되어 있다. 그것은 일찍이 갈라디아인에게 전해진 복음에 반대되는 것을 전하는 자 즉 바울의 복음과 다른 복음을 전하는 자는 저주 될 것이라는 말이다. '저주'는 명확한 그리스도론적 관련에서도 쓰여져 있다. 즉 그리스도는 율법의 저주를 몸에 지시고(신 21:23), 우리를 위해 '저주'받으신 것이라고 바울은 말한다(갈 3:13). 죄를 범한 인간이, 본래 하나님으로부터 저주를 받아야 할 것인데, 그리스도께서 하나님의 저주를 몸에 지니고 십자가에 달리신 것이다. 이 저주에서 해방된 신자는 저주할 권리를 갖지 못하는 것이다. 구약에서는 적이나 악인, 박해자를 저주했으나, 신약에서는 그것을 초월한다(눅 6:28).

59) 박윤선, *고린도전후서*, 성경주석, pp. 263-264.

"사랑하지"(φιλει)란 말이 신적 사랑을 묘사하는 단어가 아니고 인정적 사랑을 뜻하는 단어라는 점에서 "바울은 고린도 교회에 너무 높은 사랑을 기대하지 않는다"는 것을 보여준다고 말하면서 최소한의 사랑도 하지 않는 사람들은 저주를 받을 수밖에 없다고 해설한다(이상근).61)

　성경해석가들의 해석은 바른 것으로 받아들여야 한다. 그러나 바울 사도가 저주한 것이 예수 그리스도를 사랑하지 않는 사람에게만 적용되어야 한다고 했을 것인가. 그가 마지막 인사를 하는 중에 갑자기 저주를 선언한 배경은 문맥을 살필 때 그리스도와 연합되어 있는 그리스도의 일꾼들과 성도들을 사랑하라는 뜻으로 보는 것이 더 합당할 것으로 보인다. 바울은 디모데를 보내면서(10절) 고린도 교인들에게 디모데를 사랑해야 한다는 뜻으로 본 절을 말씀했을 것이고, 형제 아볼로가 앞으로 고린도 교회에 가면(12절) 사랑하라는 뜻으로 본 절을 말씀했을 것이며, 그리고 고린도에서 온 세 사람들 스데바나, 브드나도, 아가이고(15-17절)를 사랑하라는 뜻으로 본 절을 말씀했을 것이고, 아시아 교회들의 교인들과 아굴라 부부의 교회의 교인들(19절), 또 고린도 교회 성도들끼리 서로 사랑하라(20절)는 뜻으로 본 절을 기록했을 것으로 보인다. 예수님과 연합한 사람들을 사랑하지 않는 것은 결국 예수님을 사랑하지 않는 것이다(마 25:31-46 주해 참조). 바울은 그런 사람들은 저주를 받아야 한다고 선언하는 것이다.

　바울은 예수님을 사랑하지 않는 사람들과 또 예수님과 연합된 종들과 성도들을 사랑하지 않는 사람들에게 저주를 선언한 다음 "마라나다"(Μαρανα θα)를 선언한다(유 1:14-15). "마라나다"는 아람어로 두 음절로 구성되어 있다. 그러나 학자들은 이 단어의 구성을 두고 의견을 달리한다. 혹자들은 "마란 아다"(Μαραν αθα)로 구분한다. 여기 "아다"(αθα)는 "임하셨다," 혹은 "임하신다," 혹은 "임하고 계신다"는 뜻일 수 있다고 한다. 또

---

60) Leon Morris, *The First Epistle of Paul to the Corinthians*, p. 247.

61) 이상근, *고린도서*, 신약주해, p. 239. 그러나 브루스(F. F. Bruce)는 필레오와 아가파오의 차이를 인정하지 않고 동의어로 쓰일 수 있다고 증명하기도 한다(F. F. Bruce의 *요한복음* 21장).

어떤 이들은 "마라나 다"(Μαρανα θα)로 구분한다. "다"(θα) 는 "임하소서"
라는 뜻이니 전체의 뜻은 "주여 임하소서"라는 뜻이 된다(계 22:20).그렇다
면 바울은 "마란 아다"(Μαραν αθα-"주님께서 임하십니다")를 말한 것인가
아니면 "마라나 다"(Μαρανα θα-"주여 오시옵소서")를 말한 것인가 분간하
기는 쉽지 않다. 우리 한글판 개역 성경은 "주께서 임하시느니라"고 번역했
고, 개역개정판은 "주여 오시옵소서"라고 번역했다. 혹자들은 서술문을 선호
하고 있고(Meyer, Bengel, Godet, Findlay, Hodge, 이상근, 김세윤), 또 혹자
들은 명령형을 선호한다(Aland, Craig, F. F. Bruce, Leon Morris, 이순한).
문맥을 따라 명령형을 택하는 것이 더 나을 것 같다. 이유는 주님을 사랑하지
않는 사람들이 여기저기서 주님을 사랑하는 사람들을 괴롭히는 것이 보일
때 바울은 주님에게 오셔서 모든 문제들을 해결해 주시라는 탄성을 질렀을
것으로 보인다.

고전 16:23. 주 예수 그리스도의 은혜가 너희와 함께 하고.

바울은 아주 간단하게 "주 예수 그리스도의 은혜가 너희와 함께 하기를"
기원한다(롬 16:20). 축도의 형식으로는 고후 13:13("주 예수 그리스도의
은혜와 하나님의 사랑과 성령의 교통하심이 너희 무리와 함께 있을지어다")
이 전형적인 축도이다. 골 4:18에는 "은혜가 너희에게 있을지어다"라고 기원
한다. 아무리 간단한 축도라도 은혜 기원하는 것은 빠뜨리지 않고 있다.
주 예수 그리스도의 은혜가 임할 때 영생이 있고 평화가 있다. 그리스도께서
주시는 무조건적인 은혜는 바울 시대의 사람들에게도 필요했고 오늘 우리에
게도 필요하다.

고전 16:24. 나의 사랑이 그리스도 예수 안에서 너희 무리와 함께 할지어다
(ἡ ἀγάπη μου μετὰ πάντων ὑμῶν ἐν Χριστῷ Ἰησου).

바울은 축도를 끝내고 그의 사랑이 고린도 교인들과 함께 하기를 기원한
다. 헌터(J. Hunter)는 "'나의 사랑'은 바울의 모든 경고와 책망과 우려에도

불구하고 그는 여전히 그들을 깊이 사랑하고 있음을 보여준다"고 말한다.[62] 바울의 사랑은 자기의 속에서 생겨난 사랑이 아니고 "그리스도 예수 안에서" 생겨난 사랑이었다. 다시 말해 그리스도 때문에 생겨난 사랑이었다. 그리고 바울의 사랑은 그리스도 예수 안에 있는 "모든 무리에게"(μετὰ πάντων ὑμῶν) 전달하는 사랑이었다. 그의 사랑은 구체적으로 편지를 통하여 전달되며 또 고린도 교회로부터 온 그리스도의 일꾼들을 통해서 전달될 것이었다. 바울은 고린도 교인들에 대한 자기의 사랑이 잘 전달되기를 기원했다. 우리에게 다른 성도들을 향한 사랑이 있으면 사랑이 전달되는 법이며 미움이 있으면 미움이 전달되는 법이다. 누구를 통해서든지 전달되는 법이니 항상 사랑을 품고 있어야 한다.

-고린도전서 주해 끝-

---

62) 헌터(J. Hunter, *고린도전서*, What the Bible Teaches, p. 383.

고린도후서 주해

Exposition of II Corinthians

■ 총 론

고린도후서의 저작자는 누구인가

본서가 바울에 의해 쓰였음을 의심하는 이는 거의 없다. 만약 의심하는 이가 있다면 그것은 "이상적인(이상한) 비평"에 속할 것이다(Plummer). 바울 저작에 대한 내증과 외증을 살펴보면,

성경 내적인 증거: 1:1과 10:1에 바울은 자신이 이 편지를 기록했다고 말하고 또 책 전체의 문체와 사상이 바울에 의한 다른 저작들과 동일하여 본서의 바울 저작을 의심할 수가 없다.

외증: 고대의 교부들은 본서를 바울이 저작했음을 의심하지 않았다. 로마의 클레멘트(Clement of Rome)는 주후 91년-101년 어간에 1:5; 5:11; 6:3; 8:9, 21; 10:3-4, 13, 15-18; 11:29을 인용했고, 폴리갑(Polycarp)은 본서 3:2; 4:15; 8:21을 인용하였으며 이레니우스(Irenaeus)는 주후 177년-202년 어간에 2, 3, 4, 5, 8장을 인용하였고 12:2이하의 바울의 신비로운 글까지 해설하였고, 2세기말의 아데네의 아데나고라스(Athenagoras)는 5:10을, 안디옥의 데오필루스(Theophilus)는 1:21을, 터툴리안(Tertullian)은 11:14을, 알렉산드리아(Alexandria)의 클레멘트(Clement)는 주후 191년-202년에 본서의 글을 20여차 이상 인용했다.

본서의 수신자는 누구인가

본서의 수신자는 1:1에 기록된 대로 고린도에 있는 하나님 교회의 교인들과 또 온 아가야 지방에 있는 모든 성도들이다.

본서의 기록연대는 언젠가

주후 56년 늦가을에 바울 사도가 기록했다고 믿어진다. 바울은 고린도 교회의 소식을 가지고 돌아온 디도를 만난 후에 본서를 기록한 것으로 보인다. 로버트슨(A. T. Robertson)은 "고린도후서의 기록 시기는 고린도전서 이후가 분명하다. 왜냐하면 바울은 에베소를 떠나서 지금 마게도냐(고후 2:13)에 있기 때문이다. 아마도 빌립보 지방일 것이다. 바울은 고린도에서 돌아올 때 드로아에서 디도를 만나기를 원했으나 그러지 못하고 이곳 빌립보에서 그를 만났다. 혹 짐작컨대 고린도전서를 쓴 때가 A.D. 54년, 또는 55년 봄인데 그 해 가을에 썼을 것이며 그가 로마서를 쓴 곳인 고린도로 가기 전(행 20:1-3; 롬 16:1)에 썼다고 말하는 학자도 있을 것이다"라고 말한다.[63) 기록연대에 대해서 학자들 간에 약간의 차이가 있는 것은 이해해야 할 것이다.

본서의 저작 장소는 어디인가

본서는 바울이 마게도냐에서 기록했다(2:13; 7:5-7; 8:1; 9:2-4). 마게도냐는 넓은 지역을 의미하므로 좀 더 구체적으로 어디에서 본서를 기록했느냐를 말할 필요가 있는데 그것은 성경에 기록되어 있지 않다. 그러나 일부 사본에서 밝혀진 대로 바울이 본서를 "빌립보에서" 썼다고 말할 수 있다.

본서 10장부터 13장(녁 장)은 본서의 일부인가 아닌가
- 일부가 아니라는 설(즉 다른 편지라는 설):

녁 장(제 10-제 13장)이 본서의 일부가 아닐 것이라는 학설이 18세기에 접어들어 제창되었는데 19세기에 와서 몇 사람의 옹호자들이 더해졌으며 근래에 들어 많은 지지자들이 생겼다. 녁 장이 본서의 일부가 아니라는 근거는 다음과 같다.

---

63) A. T. 로버트슨, *바울 서신*, 신약원어대해설, 요단출판사, p. 330.

1) 10장에 와서 갑자기 어조가 달라졌다. 9장까지는 고린도 교인들의 협조(예를 들어 연보협조)를 구한 저자가 10장 이후로 갑자기 돌변하여 책망조로 변한 것은 있을 수 없는 일로 10장-13장은 온전히 다른 책으로 보아야 한다는 것이다.

2) 1장-9장에 사용된 언어와 10장-13장에 사용된 언어에 큰 차이점이 있다는 것이다. 1장-9장에는 "영광"(1:20; 3:7-11; 3:18; 4:4, 6, 15, 17; 6:8; 8:19, 23; 9:13) "위로"(1:3-6; 7:4, 7, 13) "환란"(1:4, 8; 2:4; 4:17; 6:4; 7:4-5; 8:2) "기쁨"(1:24; 2:3; 7:4, 13; 8:2) 등의 언어가 많이 나타나는데 비해 10장-13장에는 1장-9장에 많이 나타나던 4가지 단어들은 전혀 나타나지 않고 "약함"이란 단어가 많이 나타나는 점을 볼 때 두 부분(1장-9장과 10장-13장)은 한 책이 아니라는 것이다.

3) 1장-9장과 10장-13장은 내용상 차이점이 많다. 1:24("우리가 너희 믿음을 주관하려는 것이 아니요 오직 너희 기쁨을 돕는 자가 되려 함이니 이는 너희가 믿음에 섰음이라")절과 13:5("너희가 믿음 안에 있는가 너희 자신을 시험하고 너희 자신을 확증하라 예수 그리스도께서 너희 안에 계신 줄을 너희가 스스로 알지 못하느냐 그렇지 않으면 너희는 버림받은 자니라") 에 있어서의 내용의 차이, 7:7과 12:20-21의 차이, 2:3 및 7:4과 10:2의 차이, 7:11과 11:3의 차이, 3:2과 13:10절의 차이 등을 들어 1장-9장과 10장-13장은 서로 다른 성경이라고 주장한다.

위와 같이 주장하는 학자들은 10장-13장이 앞서 있었는데 훗날 사본 정리자가 정리하는 중에 현재의 상태로 1장-9장을 앞서게 했고 10장-13장을 뒤에 두었다는 것이다.

- 일부라는 설(한 편지라는 주장):

앞에 언급한 바와 같이 10장-13장이 고린도후서의 일부가 아니라는 설에 반대하여 일부라고 주장하는 학자들도 많이 있다(Zahn, Bernard, Meyer, Alford, Ellicott, Godet, Olshausen, Lenski, A. T. Robertson, Simon J.

Kistemaker, Leon Morris, Bruce B. Barton, 박윤선, 이상근, 이순한).

1) 1장-9장과 10장-13장의 분리설은 사본상 근거가 전혀 없다. 이에 대해 렌스키(Lenski)는 이렇게 반박한다. "실질적으로 모든 사본이 이 서신의 통일성을 지지한다. 이 통일성에 의문을 일으키게 하는 요약된 사본은 지금까지는 없었고 또 내용이 삭제된 사본도 전연 없었다. 이 한 가지 사실은 오늘날의 거짓된 가정을 대항하는 한 방파제로 서 있는 것이다"라고 말한다.64)

2) 일부 학자들이 이 두 부분의 내용이 다른 것을 보고 한 책이 아니라고 주장하는 것은 있을 수 없다. 고린도전서를 받아보고 대부분의 사람들이 회개했는데 아직 회개하지 않은 적은 수의 사람들도 있어 바울은 먼저 회개한 사람들에게 글을 썼고 아직까지 회개하지 않은 사람들을 위해서 강하게 글을 쓸 수도 있지 않은가.

3) 바울은 일부러 그의 엄한 책망을 보류해두었다가 고린도인의 폐풍을 교정하기 위해 마지막에 가서 결정적인 공격을 가하였을 수도 있다.

4) 본서 전체의 용어는 통일되어 있다. 약간의 단어상의 차이라는 것은 어느 서신에서도 있는 것이므로 문제가 되지 않는다고 보아야 한다.

5) 레온 모리스(Leon Morris)는 "본서의 단일성에 대한 또 다른 매우 신빙성이 있는 논리는 8:6과 12:18의 비교에서 발견된다. 이 두 구절 중 첫 번째 구절에서는 여러 교회들로부터 온 대표들이 고린도 교인들에게 소개되었다. 후자에서는 고린도 교인들이 이미 그들에 관해서 소식을 들었던 것으로 보인다"고 말한다.65)

본서 6:14-7:1은 삽입된 문장인가

본서 6:14-7:1은 내용으로 보아 앞뒤와 맞지 않으니 삽입된 문장이라고 주장하는 학자들이 있다. 다시 말해 이 부분은 6:13 이전의 문맥과도 맞지

---

64) 렌스키(R. C. H. Lenski), 고린도후서, 성경주석 배영철역, 서울: 백합출판사, p. 9.
65) 레온 모리스(Leon Morris), 고린도후서, 정일오역. 서울: 기독교문서선교회, p. 40.

않고 7:2 이후의 문맥과도 맞지 않는다고 주장한다. 따라서 6:13을 7:2에 붙여놓으면 문맥이 잘 맞는다고 하여 6:14-7:1이 어느 곳으로부터 이곳에 삽입되었다는 주장인데 고린도전서 5장(고전 5:9-13것과 비슷하다고 주장한다)에 있던 것이 이곳에 삽입된 것이라고 한다.

그러나 위와 같은 주장은 하나의 추측에 지나지 않는다. 고대의 모든 사본들에 이 부분이 포함되어 있다는 것은 삽입 설을 정면으로 반박하는 것이다. 그리고 용어의 문제들을 따져볼 때 특수한 내용들이 어떤 내용을 따라 어떤 한 곳에 집중되어 있는 것은 오히려 자연스런 일이라고 할 수 있다. 그리고 잘 연구하면 결국 이 문장이 삽입된 문장이 아니라 본래 그 자리에 있는 문장이라는 것이 알려진다.

본서의 저작 목적은 무엇인가

1) 바울은 자신을 오해하고 비방하는 사람들에게 자신을 변호하기 위하여 본서를 기록했다. 바울은 자기를 지지하는 사람들(1장-9장)에게나 혹은 반대하는 사람들(10장-13장)에게나 자신을 변호한다. 그는 자기 개인을 위하여 변명하는 것이 아니고 복음을 위해서 변명한다.

2) 본서는 하나님의 영광을 선포하기 위하여 기록된 책이다. 신약성경에 영광이란 말이 165회 나오는데 그 중에 본서에 19회 등장한다(Kistemaker).66) 그만큼 본서는 하나님의 영광을 드러내는 책이다.

3) 본서는 독자들로 하여금 기쁨과 용기를 가지도록 설계되어 있다.

4) 본서는 복음의 원수들 편을 드는 사람들을 향해 논박하고 꾸짖는 책이다. 바울은 고린도 교회의 소수를 향해 사도적 권위를 행사한다.

5) 본서는 교회의 일치를 도모하는 것을 목적한다. 바울은 이방인 교회들이 유대에 있는 가난한 유대인 신자들에게 감사하기 위하여 헌금하도록 독려했다.

---

66) Simon Kistemaker, *II Corinthians* (NTC), Grand Rapids: Baker Books, 1997.

본서의 특징은 무엇인가

고린도후서와 전서가 서로 다르다고 말하는 것은 아주 축소해서 하는 말이다. 이유는 많은 점에서 비교가 안 되기 때문이다. 다시 말해 상이한 점이 너무 많다.

1) 본서는 바울의 자서전이라고 할 수 있다. 바울은 본서에서 그가 과거에 고난 받은 일, 거의 죽을 뻔 했던 일들을 많이 기록하고 있다. 본서와 갈라디아서는 바울 연구에 크게 도움이 된다.

2) 전서는 그 구상(design)이 실제적이고 또 짜임새가 질서정연하다. 그런가하면 후서는 신학은 심오하나 그 배열은 무질서하다. 후서에 사용된 언어는 짜임새가 없고 거추장스럽게 느껴지고 또 갑자기 끊어지기도 한다. 고린도후서는 전체적으로 문맥에 있어 곁길로 빠지는 듯한 느낌을 주는 곳이 많고 괄호로 묶을만한 곳들이 많이 있다. 그러나 깊이 연구하면 모순되는 듯한 문제들이 풀린다.

3) 바울은 고린도전서를 쓰는데 있어서는 고린도 교회로부터 질문을 받고 쓴 곳이 많으나, 반대로 후서는 그 자신의 변호를 위해서 기록했다. 바울은 자신의 변호를 위해서 그의 고난의 목록을 기록하기도 했다. 그는 거의 죽을 번한 체험도 기록했다(1:3-11).

4) 그는 종종 그의 사역을 무료로 한다는 말도 기록한다(11:7; 12:12-17).

5) 그는 고린도 교인들을 사랑한다는 말을 직접적으로 그리고 간접적으로 되풀이한다(2:4; 6:12; 11:11; 12:15). 기도한다는 말도 하며(13:9), 회개한 성도를 용서해주라는 말도 하고(2:7-11), 몸 된 교회의 일치를 위해 힘쓰라는 말도 하고(6:14-18), 풍성히 주라고 하며(8:10-12; 9:2-3), 그들의 신앙을 시험하라는 말도 한다(13:5-6).

6) 본서는 바울 자신의 사역과 고난의 경력, 초자연적 경험에 대한 정보를 알리는데 있어 특별히 인간적이다. 다른 신약 성경은 그러한 깊이를 서술하는 책이 없고 그런 정도의 고뇌를 표현한 책도 없다. 바울은 서신 전체를 통하여 특별히 10장-13장을 통하여 "나" 혹은 "우리"란 말을 많이 사용했는

데 그 복수가 참으로 복수인지 혹은 단수인지를 얼른 알아보기가 어렵다. 때로는 그 복수가 바울 개인을 지칭하는 수가 많이 있다(10:3, 7, 11, 13).

7) 후서는 해석하기가 어려운 곳이 많이 있다. 이런 난해한 곳들을 해석하기 위하여 학자들은 가설에 호소하기도 하고 또 때로는 추측하기도 한다. 그러나 깊이 연구할 때 모든 난해한 구절들이 풀린다.

8) 본서는 금언적 언어가 많다. 1:3-"찬송하리로다 그는 우리 주 예수 그리스도의 하나님이시요 자비의 아버지시요 모든 위로의 하나님이시며." 1:24-"우리가 너희 믿음을 주관하려는 것이 아니요 오직 너희 기쁨을 돕는 자가 되려 함이니 이는 너희가 믿음에 섰음이라." 3:6-"율법 조문은 죽이는 것이요 영은 살리는 것이니라." 3:17-"주는 영이시니 주의 영이 계신 곳에는 자유가 있느니라." 4:16-"우리가 낙심하지 아니하노니 우리의 겉 사람은 낡아지나 우리의 속사람은 날로 새로워지도다." 4:18-"보이는 것은 잠간이요 보이지 않는 것은 영원함이라." 5:7-"우리가 믿음으로 행하고 보는 것으로 행하지 아니 함이로라." 12:14-"내가 구하는 것은 너희 재물이 아니요 오직 너희니라" 등 금언적인 구절들이 많이 있다.

9) 본서는 새 언약, 복음, 하늘의 처소, 화해사역(2장-5장)등에 대한 깊은 신학적 진리를 보여준다. 본서는 전서보다는 내용면에 있어서 훨씬 더 신학적이다. a) 고난(1:5-10; 6:4-10; 11:23-28)과 영광(2:14; 4:7-12;)이 교차해서 나온다. b) 구약과 신약 관련 언어들이 나오고(3:3, 6, 7, 8, 9) 주님의 형상으로 화하여 영광으로 영광에 이른다는 말이 나온다(3:18). c) 땅의 처소와 하늘 처소(5:1; 2-4, 6, 8) 관련 언어들이 나온다. d) 화목과 의(義) 관련 언어들이 나온다(5:18-19; 21). e) 종말을 말하는 언어들과 그리스도로 말미암아 우리가 산다는 말들이 많이 나온다(1:3, 14, 19; 4:5, 10-12, 14, 17; 5:1-9, 10; 11:4, 31; 13:5).

■ 내용분해

■ 참고도서 (고린도후서)

【주해 및 강해서】

1.강병도. *고린도후서 1-13장*, 칼리스종합주석. 서울: 기독지혜사, 2003.

2.김수흥. *그리스도의 말씀이 연합에 미친 영향*. 용인시: 도서출판 목양. 2011.

3.라우리, 데이비드 K. *고린도전후서*, 두란노강해시리즈 25, 김운성옮김. 서울: 도서출판, 1983.

4.렌스키, R. C. H. *고린도후서*, 성경주석, 배영철역. 서울: 백합출판사, 1980.

5.박윤선. *고린도전후서*, 성경주석. 서울: 영음사, 1999.

6.바톤 브루스 B. *고린도후서(Life Application Bible Commentary)*, Lab 주석시리즈, 김진선옮김. 서울: 한국 성서 유니온 선교회, 2001.

7.벵겔, J. A. *고린도전서-갈라디아서*, 벵겔신약주석. 나용화, 김철해 공역. 서울: 도서 출판로고스, 1992.

8.옥스퍼드원어성경대전. *고린도후서 제 1-13장*. 서울: 제자원, 2001.

9.이상근. *고린도서*, 신약주해. 서울: 대한예수교장로회 총회교육부, 1978.

10.이순한. *고린도전후서강해*. 서울: 한국기독교교육연구원, 1991.

11.타스커, R. V. G. *고린도후서주석*, 정일오역, 서울: 기독교문서선교회, 1983.

12.칼빈, 존. *고린도후서, 에베소서, 디모데전서, 디모데후서 (9)*. 존 칼빈 성경주석출판위원회번역, 서울: 성서교재간행사, 1990.

13.Arrington, French L. *The Ministry of Reconciliation: A Study of 2 Corinthians.* Grand Rapids: Baker Book House Co., 1980.

14.Barclay, W. *The Letters to the Corinthians.* Philadelphia: Westminster, 1975.

15.Barnett, Paul. *The Second Epistle to the Corinthians.* Grand Rapids: Eerdmans, 1997.

16.Barrett, C. K. *A Commentary on the Second Epistle to the Corinthians.* New York, Hagerstown, San Francisco, London: Harper and Row, Publishers, 1973.

17.Baxter, J. Sidlow. *Explore the Book.* Grand Rapids: Zondervan Publishing House, 1966.

18.Broomall, Wick. "II Corinthians," in *The Wycliffe Bible Commentary.* Chicago: Moody Press, 1962.

19.Bruce, F. F. *I & II Corinthians*, The New Century Bible Commentary. Grand Rapids: Wm. B. Eerdmans Publ. Co., 1987.

20.Carson, Donald A. *From Triumphalism to Maturity: An Exposition of 2 Corinthians 10-13.* Grand Rapids: Baker Book House, 1984.

21.Davis, James A. "1-2 Corinthians," in *Baker Commentary on the Bible.* Grand Rapids: Baker Books, 1989.

22.Furnish, Victor Paul. *II Corinthians,* The Anchor Bible. Garden City: Doubleday & Company, Inc., 1984.

23.Garland, David E. *2 Corinthians(29A),* The New American Commentary. Broadman & Holman, 1999.

24.Gutzke, Manford George. *Plain Talk on First and Second Corinthians.* Grand Rapids: Zondervan, 1978.

25.Hafemann, Scott J. *2 Corinthians,* The NIV Application Commentary.

26.Harris, Murray J. *The Second Epistle to the Corinthians.* Grand Rapids: Eerdmans, 2005.

27.Henry, Matthew. *A Commentary on the Holy Bible.* London: Funk & Wagnalls Co.

28.Hodge, Charles. *An Exposition of the Second Epistle to the Corinthians.* Grand Rapids: Baker Book House, 1980.

29.Hughes, Philip Edgcumbe. *Paul's Second Epistle to the Corinthians.* Grand Rapids: Eerdmans, 1962.

30.Kistemaker, Simon J. *II Corinthians,* New Testament Commentary. Grand Rapids: Baker Books, 1997.

31.Kling, Christian Friedrich. *The Second Epistle of Paul to the Corinthians,* trans. by Conway P. Wing. Grand Rapids: Zondervan, 1969.

32.Lambrecht, S. J. *Second Corinthians,* Sacra Pagina Series, vol. 8. Daniel J. Harrington, S. J. Collegeville, Minn.: The Liturgical Press, 1999.

33.Martin, Ralph P. *2 Corinthians* (Word). Waco: Word Books, 1986.

34.McGee, J. Vernon. *Second Corinthians*, trans. by Conway P. Wing. Grand Rapids: Zondervan, 1969.

35.Meyer, Heinrich August Wilhelm. *1-2 Corinthians,* Meyer's Commentary on the New Testament, New York: Funk & Wagnalis Publishers, 1884.

36.Mitchell, Daniel R. "I-II Corinthians," in *King James Bible Commentary*. Nashville: Thomas Nelson Publishers, 1999.

37.Morgan, G. C. *The Corinthians Letters of Paul.* London: Oliphants,

1947.

38.Moule. H. C. G. *The Second Epistle to the Corinthians.* Fort Washington: Christian Literature Crusade, 1988.

39.Plummer, Alfred. *A Critical and Exegetical Commentary on the Second Epistle of St. Paul to the Corinthians.* Edinburg: T. & T. Clark, 1978.

40.Pratt, Jr., Richard L. *Main Idea*로 푸는 *고린도전후서,* 김진선옮김. 서울: 도서출판 디모데, 2003.

41.Prime, Derek. *Let's Study 2 Corinthians.* Carlisle: The Banner of Truth Trust, 2000.

42.Stedman, Ray, C. *Expository Studies in 2 Corinthians: Power out of Weakness.* Waco: Word Books, 1982.

43.Strachan R. H. *The Second Epistle of Paul to the Corinthians.* London: Hodder and Stroughton, 1935.

44.Thrall, Margarett. *A Critical and Exegetical Commentary on the Second Epistle to the Corinthians* (ICC). T. & T. Clark, 1994, 1999(two vols).

45.Vincent, M. R. *Word Studies in the New Testament,* vol. III. Grand Rapids: Eerdmans, 1946.

46.Wiersbe, Warren W. *2 Corinthians: Be Encouraged.* Wheaton: Victor Books, 1978.

47.Wilson, Geoffrey. *2 Corinthians.* Carlisle: The Banner of Truth Trust, 1979.

48.Young, Frances and Ford, David F. *Meaning and Truth in 2 Corinthians.* Cambridge: the University Press, 1987.

【사전】

49.Arndt, William F. and Gingrich, F. Wilbur. *A Greek-English Lexicon of the New Testament and Other Early Christian Literature.* Second Edition. Chicago and London: The University of Chicago Press, 1958.

50.Harrison, Everett F., Bromily, Geoffrey W., Henry, Carl F. *Wycliffe Dictionary of Theology.* Peabody: Hendrikson Publishers, 1960.

51.Moulton, James Hope and Milligan, George. *The Vocabuluary of the Greek Testament.* Grand Rapids: Eerdmans, 1982.

52.*The Analytical Greek Lexicon with A Grammatical Analysis of Each Word, and Lexicographical Illustration of the Meanings.* New and Evanston: Harper and Row Publishers, n.d.

53.Unger, M. F. *Unger's Bible Dictionary*, Chicago: Moody, 1957.

제 1 장
바울이 사경에서 구원받은 일을 말하고
방문계획을 변경한 일에 대하여 해명하다

I. 서론   1:1-11

바울은 편지 쓰기를 시작하면서 다른 서신과 같이 먼저 문안하고(1-2절), 다음으로 감사한다(3-11절). 바울이 감사하는 이유는 그가 환란 중에서 받은 위로 때문이다(엡 1:3-14과 비교).

A. 인사   1:1-2

이 부분의 인사말은 고전 1:1-3의 인사말과 거의 같다(그곳 참조). 다만 소스데네 대신 디모데가 나타나는 점이 다르다.

고후 1:1-2. 하나님의 뜻으로 말미암아 그리스도 예수의 사도 된 바울과 형제 디모데는 고린도에 있는 하나님의 교회와 또 온 아가야에 있는 모든 성도에게 하나님 우리 아버지와 주 예수 그리스도로부터 은혜와 평강이 있기를 원하노라.

바울은 자기가 "하나님의 뜻으로 말미암아 그리스도 예수의 사도가 되었다"고 말한다(고전 1:1; 엡 1:1; 골 1:1; 딤전 1:1). 이 말씀 주해를 위해서는 고전 1:1 주해를 참조하라.

바울은 본서의 송신자로 디모데를 언급하고 있는데 그를 "형제"라고 부른다. 여기 "형제"(ὁ ἀδελφὸς)란 말은 '같은 신자'란 뜻으로 사용되었다 (롬 16:23; 고전 1:1; 16:12; 엡 6:21; 빌 2:25; 골 4:9). "형제"란 말은 바울과 디모데의 가까운 관계를 보여준다. 고전 4:17; 16:10에 의하면 바울은 에베소에서 디모데를 고린도로 파송한 것이 확실한데, 그 이후를 추론해 보면 디모데는 고린도 방문을 마치고 마게도냐에 있는 바울에게 돌아와서 바울과 함께 마게도냐에 함께 있으면서 고린도후서를 보내고 있는 것으로 보인다(몇몇 다른 학자들의 추론이 있는데 그 추론도 역시 추론이다).

바울은 "고린도에 있는 하나님의 교회와 또 온 아가야에 있는 모든 성도에게 하나님 우리 아버지와 주 예수 그리스도로부터 은혜와 평강이 있기를 원한다"고 기록한다(빌 1:1; 골 1:2). "고린도에 있는 하나님의 교회"(τῇ ἐκκλησίᾳ τοῦ θεοῦ τῇ οὔσῃ ἐν Κορίνθῳ)란 '고린도 지방에 위치한 하나님의 교회'를 지칭하는 말인데 여기 "하나님의"(τοῦ θεοῦ)란 말이 첨가된 것은 고린도에 있는 교회가 하나님에 의해서 탄생되었다는 것을 알리기 위함이다(12:3). 바울은 또 "온 아가야에 있는 모든 성도에게" 하나님 우리 아버지와 주 예수 그리스도로부터 은혜와 평강이 있기를 원한다고 말한다(롬 1:7; 고전 1:3; 갈 1:3; 빌 1:2; 골 1:2; 살전 1:1; 살후 1:2; 몬 1:3). "아가야"[67] 지방은 로마의 주(州) 이름으로 아가야주의 수도는 고린도였다(행 18:12). 행 17:34에 의하면 아덴에 기독교인들이 있었다는 것과 또 행 16:1에 보면 겐그레아에 교회가 있었다는 것을 알 수 있는데 이 두 도시도 역시 아가야 지방에 속해 있었던 도시들이었다. 바울은 자기가 보낸 편지가 고린도 교회에서만 읽혀지기를 원하지 않았고 넓은 지역에서 신앙생활을 하고 있던 교인들도 읽기를 원했다.

바울은 그들 모두에게 "하나님 우리 아버지와 주 예수 그리스도로부터 은혜와 평강이 있기를 원한다"고 기록한다. 이 부분에 대해서는 고전 1:3의 주해를 참조하라.

---

67) "아가야": '아가야'는 로마의 행정구로서의 '아가야도'를 가리키는데, 당시의 영역은 '에피루스', '텟살리'(Thessaly), '아카르나니아'(Akarnania)를 제외한 그리스 전토를 차지하고, 수도는 고린도였다. 바울 시대의 총독은 갈리오였다(행 18:12). 이 지방에는 고린도, 아덴, 기타 유대인의 부락이 있었다(행 17:17,18:4,7). 바울의 전도는 그들 사이에서 시작되고, 아볼로에 의해 계승되었다(행 18:24-19:1).

B. 하나님의 위로에 대한 감사   1:3-7

바울은 문안을 끝내고 그가 영원히 잊을 수 없는 하나님의 자비를 생각하며 감사한다. 그는 하나님을 "그리스도의 하나님이시요 자비의 아버지시요 모든 위로의 하나님이시라"고 묘사한다. 그는 하나님의 자비와 위로가 환란 당한 자신에게 넘친다고 말하며 또 위로를 받은 후 다른 사람들을 능히 위로하게 하신다고 말한다.

고후 1:3. 찬송하리로다 그는 우리 주 예수 그리스도의 하나님이시요 자비의 아버지시요 모든 위로의 하나님이시며.

바울은 하나님께서 내려주신 은총이 너무 커서 문장 초두에 "찬송하리로다"(εὐλογητὸς)라고 외친다. 이 말씀은 '찬송을 받으실 이'라는 뜻으로 항상 하나님을 찬양하는 때만 사용되었는데(막 14:61; 눅 1:68; 롬 1:25; 9:5; 고후 1:3; 11:31; 엡 1:3; 벧전 1:3), '찬송하리로다'라고 감탄할 때와 또 '찬송하자'라고 권면할 때에 사용된다. 우리는 개인적으로 하나님께 항상 감사하고 찬송해야 하고 또 남들에게 감사하며 또한 찬송하자고 권해야 할 것이다.

바울은 본 절에서 하나님을 세 가지로 묘사한다. 첫째, 바울은 하나님이 "우리 주 예수 그리스도의 하나님이시라"(ὁ θεὸς καὶ πατὴρ τοῦ κυρίου ἡμῶν Ἰησοῦ Χριστοῦ)고 묘사한다(벧전 1:3 주해 참조). 우리 한글 개역판과 개역개정판은 똑같이 "아버지"란 말을 빼고 번역했다. 정확하게 번역하면 "우리 주 예수 그리스도의 하나님이시요 아버지시라"로 번역해야 할 것이다. 이 헬라어 본문을 KJV 는-"God, even the Father of our Lord Jesus Christ"로, RSV 는-"the God and Father of our Lord Jesus Christ)"로, NASB 는-"the God and Father of our Lord Jesus Christ"로, NIV 는-"the God and Father of our Lord Jesus Christ"로 번역했다. 모든 번역들은 다 "아버지"를 넣어 번역한 점에서 옳은 번역이다.

성부는 성자의 하나님이시며 아버지이시다. 먼저 성부께서 성자의 하나님이시라는 것을 살펴보면 마 27:46에서 예수님은 성부를 향하여 "나의 하나님, 나의 하나님"이라고 부르셨으며, 요 20:17에서 예수님은 성부를 "내 하나님"으로 언급하셨고, 또 엡 1:17에서 바울은 "우리 주 예수 그리스도의 하나님"이라고 묘사한다. 성부가 성자의 하나님이 되신다는 이 말씀 때문에 성부께서 성자를 지으셨다고 해서는 안 되고 성자는 지음을 받지 않으시고 성부에게서 나오셨다고 말해야 한다. 다시 말해 성자는 영원 전에 성부에게서 나오셨으니 지음을 받았다고 주장하면 안 되고 또 성자께서 동정녀 마리아의 몸을 빌려 출생하셨으니 성자가 하나님의 지음을 받았다고 주장해서도 안 된다. 왜냐하면 성자께서 마리아의 인성을 빌려 탄생하신 것은 새로운 피조물로서 지음 받은 것이 아니라 몸을 취하신 것이기 때문이다. 예수님은 구약 시대에도 항상 계셔서 활동하셨다. 창세기 18:2의 세 사람 중에 "한분"은 예수님이시고, 역시 창 18:22의 "여호와"도 예수님이시며, 출 3:2의 "여호와의 사자"도 구약 시대에 활동하시던 예수님이고, 수 5:14의 "여호와의 군대대장"도 구약 시대에 활동하시던 예수님이다. 요한복음 1:1에 보면 영원 전에 계셨던 예수님을 요한 사도는 "말씀"이라고 묘사한다. 예수님께서 지음을 받지 아니하시고 하나님으로부터 나오셨으니 예수님은 성부를 향하여 "나의 하나님"이라고 부르신다.

그리고 예수님은 하나님을 부르실 때 대체로 "내 아버지"라고 부르셨다. 예수님은 독자적인 의미에서 하나님을 "내 아버지"라 부르셨다(막 14:36; 요 10:29; 14:28; 요 20:17). 그에 비해 우리는 예수님의 대신 죽으심과 부활을 통하여 하나님을 우리 공동의 아버지라 부르기에 이르렀다(마 6:9; 요 20:17; 엡 2:18). 우리 그리스도인들은 우리가 믿는 예수님을 통하여 하나님을 공동의 아버지로 모시고 있다.

바울은 예수님을 "우리 주"(τοῦ κυρίου ἡμῶν)라고 언급한다. 여기 "주" 란 말은 하나님 아버지께서 붙여주신 이름이다(빌 2:11). 하나님은 예수님께서 십자가에서 대속의 피를 흘리셨기에 모든 이름 위에 뛰어난 "주"라는 이름을 주셨다. 예수님은 우리를 '주관하시는 분'이시고 '교회의 머리'가 되셨다. 우리가 예수님을 주라고 부를 때 하나님께 영광을 돌리게 된다(빌 2:11). 바울은 또 예수님을 "그리스도"(Χριστου)라고 부르고 있다. 이 말은 '기름부음을 받은 메시아'라는 뜻인데, 예수님은 우리의 구원주가 되신다. 그러니까 바울은 하나님을 묘사할 때 우리의 주님이시고 메시아이신 예수님의 하나님이시고 아버지라고 묘사하고 있다. 예수님의 중보사역을 통하여 하나님은 우리의 하나님도 되셨고 또 아버지도 되신 것이다. 이 하나님의 사랑과 자비를 생각하며 바울은 가슴 벅찬 감사와 찬양을 돌리고 있다.

둘째, 바울은 하나님을 "자비의 아버지"라고 묘사한다. "자비의 아버지"(ὁ πατὴρ τῶν οἰκτιρμῶν)란 말은 '지극히 자비로운 아버지'라는 뜻이다. 하나님은 항상 자비와 용서를 베푸시는 분이시다. 바울은 자신이 환난 중에서 구원받은 것을 생각하고 감격에 넘쳐서 하나님을 자비로운 아버지라고 부르짖는다. 하나님은 오늘도 우리에게 그리스도를 통하여 놀라운 자비를 끊임없이 베푸시기에 하나님께 감사하고 찬양해야 할 것이다.

그리고 셋째, 바울은 하나님을 "모든 위로의 하나님이시라"고 말한다. "모든 위로의 하나님이시라"(θεὸς πάσης παρακλήσεως)는 말은 '하나님께서 온갖 종류의 위로를 주시며 또 온갖 방법을 동원하여 위로를 주시는 분'이라는 뜻이다. 여기 "모든"이란 말은 위로를 강조하는 말로 하나님께서 모든 종류의 위로를 주시며 또 모든 방법으로 위로를 주신다는 것을 알리기 위해 쓰인 단어이다. 3절부터 11절까지 "위로"란 말이 10회나 반복 사용된 것을 보면 바울의 심정을 짐작하고도 남음이 있다. 우리 역시 그리스도를 통하여 하나님의 위로를 한없이 받는 고로 하나님께 놀라운 감사와 찬양을 드려야 할 것이다.

고후 1:4. 우리의 모든 환난 중에서 우리를 위로하사 우리로 하여금 하나님께 받는 위로로써 모든 환난 중에 있는 자들을 능히 위로하게 하시는 이시로다.

바울은 3절에서 하나님을 "모든 위로의 하나님"으로 묘사한 다음 본 절에서는 하나님께서 주시는 위로가 넘친다는 것을 말씀한다. 하나님은 위로를 조금 주시는 분이 아니라 넘치게 주셔서 그 위로를 받은 사람이 가만히 있을 수 없어 다른 사람들에게 위로를 넉넉히 전달할 수 있게 된다고 말씀한다.

바울은 하나님께서 "우리의 모든 환난 중에서 우리를 위로하신다"고 말한다. 본 문장의 "모든 환난"(πάσῃ τῇ θλίψει)이란 말이 단수로 쓰였는데 5절의 '그리스도의 고난'을 지칭하는 말이다. 바울은 우리가 그리스도 때문에 모든 고난을 당할 때 하나님께서 우리를 위로하신다고 말한다. 본문의 "위로하사"(ὁ παρακαλῶν)란 말은 현재 분사형으로 '위로하시는 분'이란 뜻이다. 하나님의 위로는 중단되는 법이 없다는 것을 보여준다. 우리는 세상의 다른 일로 고난을 당해서는 안 된다. 그리스도를 믿기 위하여 그리고 그리스도를 전파하기 위해 고난을 받아야 한다. 그럴 때 하나님은 우리에게 계속해서 위로를 주신다. 하나님께서 주시는 위로가 넘치기 때문에 바울은 "우리로 하여금 하나님께 받는 위로로써 모든 환난 중에 있는 자들을 능히 위로하게 하시는 이시라"고 말한다. 바울은 우리 스스로 우리의 마음을 가다듬어 다른 사람을 위로하는 것이 아니라 하나님께서 우리에게 위로를 주시기 때문에 그 받은 위로를 가지고 모든 환난 중에 있는 자들을 능히 위로 할 수 있다고 말한다.

고후 1:5. 그리스도의 고난이 우리에게 넘친 것 같이 우리가 받는 위로도 그리스도로 말미암아 넘치는도다.

본 절도 역시 앞 절(4절)과 마찬가지로 하나님께서 주시는 위로가 넘친다고 말씀한다. 앞 절에서 바울이 말한 "우리의 모든 환난"이란 다름 아니라 본 절에 와서 좀 더 구체적으로 "그리스도의 고난"이라고 표현된다. "그리스도의 고난"(τὰ παθήματα τοῦ Χριστου)이란 '그리스도를 위한 고난'이란 뜻이다. 그리스도를 믿기 위한 고난과 전파하는 고난을 지칭한다. 골 1:24에서는 바울이 "나는 이제 너희를 위하여 받는 괴로움을 기뻐하고 그리스도의 남은 고난을 그의 몸 된 교회를 위하여 내 육체에 채우노라"고 말한다.

그러니까 본 절의 "그리스도의 고난"이란 '교회를 위한 고난' 즉 '그리스도께서 남기고 가신 고난'을 뜻한다. 그리스도는 우리를 대속하시기 위한 고난은 홀로 당하셨지만 교회 확장을 위한 고난은 남기고 가셨다. 그 고난을 우리가 당해야 한다.

바울은 그리스도를 전하기 위하여 받는 고난이 "우리에게 넘친 것 같이 우리가 받는 위로도 그리스도로 말미암아 넘친다"고 말한다(4:10; 행 9:4; 골 1:24). 그리스도를 전파하기 위하여 고난을 넘치게 받게 되면 우리가 받는 위로도 그리스도를 통하여 넘치게 받는다고 말한다. 우리는 그리스도의 고난을 넘치게 받을 수밖에 없다. 그리스도를 전파하려면 자연적으로 넘치는 고난을 받게 마련이다. 고난을 넘치게 받을 때 하나님은 그리스도를 통하여 넘치는 위로를 우리에게 주셔서 고난을 받을 수 있는 사람들이 된다.

고후 1:6. 우리가 환난 당하는 것도 너희가 위로와 구원을 받게 하려는 것이요 우리가 위로를 받는 것도 너희가 위로를 받게 하려는 것이니 이 위로가 너희 속에 역사하여 우리가 받는 것 같은 고난을 너희도 견디게 하느니라.

바울은 본 절에서 자신이 당했던 환난의 의의와 또 자신이 받았던 위로의 의의에 대해 설명한다. 바울은 먼저 자신이 당한 환난의 의의를 설명한다. 즉 "우리가 환난 당하는 것도 너희가 위로와 구원을 받게 하려는 것이라"고 말한다(4:15). 바울이 그리스도께서 남기고 가신, 하나님 나라의 확장을 위해서 당하는 환난은 그냥 환난으로 그치는 것이 아니라 고린도 교회의 성도들로 하여금 "위로와 구원을 받게 하려는 것이라"고 말한다. 그리스도를 믿는 누군가가 환난을 당하면 그 환난 때문에 상대방들이 위로를 받게 되고 구원을 받게 된다는 것이다. 오늘도 우리 한 사람이 그리스도의 복음을 전하기 위하여 성경을 연구하고 기도하며 또 모든 환난을 당하면서 그리스도를 전파하면 그 전파된 복음을 받는 사람들은 위로를 받게 되고 구원을 받게 되니 한 사람의 고난이 얼마나 큰일을 하는지 모른다.

바울은 또 "우리가 위로를 받는 것도 너희가 위로를 받게 하려는 것이라"고 말한다. '바울 사도가 하나님으로부터 위로를 받는 것도 바울 한 사람이 받는 위로 그치는 것이 아니라 바울이 받은 위로로 인하여 더욱 효과적으로 더욱 힘 있게 복음을 전하여 고린도 교회의 교인들이 위로를 받게 하려는 것이라'고 한다. 바울은 고린도 교인들이 받은 위로는 그냥 가만히 있지 아니하고 위로가 역사한다고 말한다. 즉 "이 위로가 너희 속에 역사하여 우리가 받는 것 같은 고난을 너희도 견디게 하느니라"고 말한다. 본문의 "역사하여"(τῆς ἐνεργουμένης)란 말은 현재 분사형으로 '지금도 계속해서 역사한다'는 뜻이다. 고린도 교인들이 받은 위로는 그냥 사라지지 아니하고 그들을 거룩하게 흥분시켜 바울 사도가 받는 것 같은 고난을 견디게 준다는 것이다. 그러니까 하나님으로부터 받은 위로는 고난의 치료제이며 고난 극복제로 쓰이고도 남는 것이다.

고후 1:7. 너희를 위한 우리의 소망이 견고함은 너희가 고난에 참여하는 자가 된 것 같이 위로에도 그러할 줄을 앎이라.

바울 사도는 "너희를 위한 우리의 소망이 견고하다"고 말한다. 즉 '고린도 교회 교인들을 향한 기대가 흔들리지 않는다'는 뜻이다. 어떤 점에서 그런가 하면 "너희가 고난에 참여하는 자가 된 것 같이 위로에도 그러할 줄을 안다"고 말한다(롬 8:17; 딤후 2:12). 고린도 교회가 바울이 전해주는 복음을 듣고 그리스도의 고난에 이미 참여하는 자가 되었으니 앞으로 위로를 받고 구원을 받는 점에서도 틀림없을 것이란 뜻이다. 오늘도 이 진리는 확실하다. 그리스도의 고난에 참여했다면 확실히 구원을 받을 것이고 위로를 받는 것은 너무 분명한 사실이다. 마 7:15-21에 나오는 거짓 선지자들은 실제로 그리스도의 고난에 참여하지 않은 사람들이었다. 그들은 하나님의 뜻대로 움직이지 않았다. 다시 말해 그들은 하나님을 믿는다고는 했으나 행위가 따라주지 않았다. 그리스도의 고난에 동참하지 않았던 것이다. 우리는 그리스도와 함께 멍에를 메어야 한다. 그리스도를 마음에 모시고 그리스도를 따라야 하는 것이다. 바울은 고린도 교인들이 그리스도의 고난에 참여한 줄 알았고 따라서 구원에 동참할 줄 기대했다. 그는 고린도 교인들에 대한 기대를 저버리지 않았다.

C. 죽을 위험으로부터 건짐 받은 일과 바울의 감사 1:8-11

바울은 이제 구체적으로 아시아에서 당했던 환난을 언급한다. 그가 아시아에서 당했던 환난을 언급하는 이유는 자신이 당한 환난이 큰 환난이었다는 것을 부각시키려는 것이 아니라 오직 하나님의 위로가 놀라웠다는 것을 부각시키려 한 것이다. 바울은 하나님께서는 죽은 자를 살리시는 분임을 드러낸다.

고후 1:8-9a. 형제들아 우리가 아시아에서 당한 환난을 너희가 모르기를 원하지 아니하노니 힘에 겹도록 심한 고생을 당하여 살 소망까지 끊어지고 우리는 우리 자신이 사형 선고를 받은 줄 알았으니.

바울은 과거 아시아에서 당했던 환난을 말하기 위해 "형제들아 우리가 아시아에서 당한 환난을 너희가 모르기를 원하지 아니한다"고 말한다(행 19:23; 고전 15:32; 16:9). 이 문구는 바울의 애용구로 그의 서신에 여러 차례 나타나고 있다(롬 1:13; 11:25; 고전 10:1; 12:1; 살전 4:13). 바울은 본서를 기록하는 지금은 마게도냐의 빌립보에 있으면서(총론 참조) 과거 아시아에서 선교하던 당시에 당했던 환난에 대해 더욱 진지하게 말하기 위해 "형제들아"라는 애칭을 사용한다. 바울이 고린도 교인들로 하여금 참으로 알게 하기를 원했던 것은 그의 환난이 극심했다는 것과 또 그 환난 이상으로 하나님의 위로가 놀랍도록 컸다는 것이었다. 그는 하나님에게 초점 맞추기를 원한다.

바울은 자신이 아시아에서 당한 환난을 구체적으로 언급하지 않는다. 이렇게 말해도 고린도 교인들은 잘 알 수 있었으나 오늘 우리는 자세히 알기가 어렵다. 아마도 에베소(소 아시아의 수도)에서 당한 환난임에는 틀림

없다고 해도 자세하게 지적할 수는 없다. 바울이 본 절에서 말한 사건이 무엇을 지칭하는지에 대하여 몇 가지를 말해볼 수 있을 것이다. 첫째, 에베소에서 당한 데메드리오 사건을 지칭할 수도 있다(행 19:23-41). 그러나 사도행전을 저술한 누가는 바울이 그 당시에 살 소망까지 끊어지는 고통을 당했다고 암시하지 않는다. 둘째, 맹수와 싸운 일일 수도 있다(고전 15:32주해 참조). 그러나 바울은 실제로 맹수와의 싸움은 하지 않았다. 이유는 그가 로마 시민권자이기 때문이다. 셋째, 바울이 로마 관원들에 의해서 로마 감옥에 갇혔던 일을 지칭할 수도 있다(11:23). 그러나 그가 에베소에서 투옥되었던 일이 있었는지 자세히 알 길이 없다. 넷째, 그의 질병을 지칭할 수도 있다(고후 7:7-10). 그러나 그가 질병을 앓으면서 죽을 지경에 이르렀다는 기록을 찾을 수가 없다. 그런고로 바울이 본 절에서 말한바 사경(死境)을 헤맨 사건이 다른 것일 수도 있다. 그가 유대인들에게 40에 하나 감한 매를 다섯 차례나 맞았으니 그 사건을 지칭할 수도 있을 것이다(11:24). 실제로 바울은 여기저기서 견디기 힘든 일들을 만났으니 그 중에 하나일 수도 있을 것이다(행 20:3, 19; 21:27-32 참조).

바울은 자신이 당한 환난이 너무 심하여 죽을 지경에 이르렀었다고 말한다. 즉 "힘에 겹도록 심한 고생을 당하여 살 소망까지 끊어지고 우리는 우리 자신이 사형 선고를 받은 줄 알았다"고 말한다(렘 17:5-7). 바울은 그가 당한 환난을 세 가지로 표현한다. 하나는 "힘에 겹도록 심한 고생이었다"고 한다. 그리고 또 하나는 "살 소망까지 끊어졌었다"고 말한다. 그리고 마지막으로 "사형 선고를 받은 줄 알았다"고 표현한다. 아무튼 이제는 죽었구나 하는 느낌을 받았던 것으로 보인다. 바울이 고린도 교인들에게 말하고 싶었던 것은 그의 환난 자체라기보다는 그 환난 속에서 하나님께서 역사하셨다는 것을 알리기를 원했다. 다음 하반 절(9b)이 구체적으로 말한다.

고후 1:9b. 이는 우리로 자기를 의지하지 말고 오직 죽은 자를 다시 살리시는 하나님만 의지하게 하심이라.

바울은 하나님께서 사도 자신에게 극한 환난을 주신 목적에 대해 "우리로 자기를 의지하지 말고 오직 죽은 자를 다시 살리시는 하나님만 의지하게 하심이라"고 말한다. 사람은 죽을 지경이 되어도 약간의 힘만 남아있으면 자신의 힘으로 살아보려고 하니 하나님은 아예 사람으로 하여금 죽은 자나 다름없는 사람으로 만드신다는 것이다. 그래서 사람으로 하여금 별수 없이 죽은 자를 다시 살리시는 하나님만 의지하게 만드신다. 우리는 일찍부터 죽은 자를 살리시는 하나님만 의지하는 인격으로 변화되어야 한다. 하나님은 죽은 자를 다시 살리시는 분이시다(롬 4:17; 고전 15장; 히 11:19). 하나님은 인류의 종말에 죽은 자들을 다시 일으키실 것이다. 죽은 자를 살리시는 하나님을 믿는 전도자들은 육체의 질병도, 주위의 박해도, 경제적인 궁핍도 능히 이겨낼 수 있게 된다.

고후 1:10. 그가 이같이 큰 사망에서 우리를 건지셨고 또 건지실 것이며 이후에도 건지시기를 그에게 바라노라.

바울은 그가 아시아에서 당한 환난에서 구원받은 것을 근거하여 고린도 교인들에게 "그가 이같이 큰 사망에서 우리를 건지셨고 또 건지실 것이며 이후에도 건지시기를 그에게 바라노라"고 말한다(벧후 2:9). 바울은 고린도 교인들에게 하나님께서 이와 같이 과거에 큰 사망에서 건져주셨고 또 앞으로도 건지실 것이며 훗날에도 건지시기를 하나님께 바란다고 말한다. 과거에 역사하신 하나님께서 미래에도 역시 큰 역사를 이루신다고 믿는 것은 중요하다.

고후 1:11. 너희도 우리를 위하여 간구함으로 도우라 이는 우리가 많은 사람의 기도로 얻은 은사로 말미암아 많은 사람이 우리를 위하여 감사하게 하려 함이라.

하나님은 무한히 자비하시고 능력이 무한하셔서 죽은 자를 살리시지만 또 한편 땅위에 있는 성도들도 그렇게 되도록 기도해야 하는 것은 사실인

고로 바울은 "너희도 우리를 위하여 간구함으로 도우라"고 말한다(롬 15:37; 빌 1:19; 몬 1:22). 바울은 성도들에게 기도를 많이 부탁했다(롬 15:30; 골 4:3; 살전 5:25; 살후 3:1). 바울 사도가 이렇게 기도를 부탁하는 목적은 "이는 우리가 많은 사람의 기도로 얻은 은사로 말미암아 많은 사람이 우리를 위하여 감사하게 하려 함이라"고 말한다(4:15). 바울은 고린도 교회의 "많은 사람의 기도"를 요구했다. 비록 여러모로 부족했던 교인들이었지만 바울은 그들을 성도들로 인정하고 이렇게 그의 사역에 동참시켰다. 그리고 그들이 기도해도 하나님께서 응답하신다는 것을 암시한다. 그들이 기도할 때 "얻은 은사"가 있을 것을 알고 기도부탁을 한 것이다. 그리고 하나님으로부터 기도 응답을 받으면 많은 성도들이 하나님께 감사하고 찬양하는 기회도 가질 것을 알고 기도를 부탁했다. 사도는 모든 성도들이 함께 기도하기를 원했고 또 응답을 받은 후 함께 하나님께 감사하고 찬양하기를 원했다. 하나님은 성도들이 함께 힘쓰는 것을 얼마나 원하시는지 모른다. 분열하는 것은 죽음을 의미한다.

II. 오해를 없애다 1:12-2:13

바울은 앞에서 하나님의 놀라운 위로에 대해 말했고(3-7절), 또 아시아에서 자신이 당했던 죽음의 환난으로부터 하나님께서 구원해 주신 것을 언급했는데(8-11절) 이제는 사도와 고린도 교인들 간에 생기게 된 오해를 불식하기 위해 글을 쓴다. 그가 오해를 받게 된 것은 그의 여행계획이 변경됐다는 데서였다. 이 일 때문에 고린도 교인들은 바울의 사도직을 반대하기에 이르렀으며 더 나아가서 그의 진실성을 오해하는 일까지도 발생하게 되어 사도는 이 모든 오해 없애기를 원하여 글을 쓴다.

A. 바울이 최근의 행동에 대해 설명하다 1:12-2:4

바울은 자신의 진실함을 밝히고(1:12-14), 여행 계획 변경에 대한 이유를 설명한다. 바울은 그의 여행 계획을 변경한 것은 그의 경솔 때문이 아니었고

(15-22절), 오히려 고린도 교인들을 위해서 취한 행동이었음을 밝힌다 (1:23-2:4).

1. 자신을 이해해주기를 호소하다 1:12-14

고후 1:12. 우리가 세상에서 특별히 너희에 대하여 하나님의 거룩함과 진실함으로 행하되 육체의 지혜로 하지 아니하고 하나님의 은혜로 행함은 우리 양심이 증언하는 바니 이것이 우리의 자랑이라.

바울은 세상에서 활동할 때 하나님의 거룩함과 진실함으로 했고 또 하나님께서 주신 은혜(여기서는 지혜를 지칭할 것이다)를 가지고 활동했다고 말하고 특별히 고린도 교인들을 향하여 그러했다고 말한다. 바울은 본문에서 "특별히 너희에 대하여 하나님의 거룩함과 진실함으로 행했다"고 말한다(2:17; 4:2). 여기 "하나님의 거룩함"이란 '하나님께서 주신 거룩함'이란 뜻으로 바울은 죄를 멀리하고 깨끗하게 활동했다는 뜻이다. 그리고 바울이 "진실함으로 행했다"는 말은 '거짓 없이 순수하게 행동했다'는 뜻이다. 그는 범사에 양심을 따라 산 사람이었다(행 23:1). 오늘 주의 종들이나 성도들은 항상 깨끗하게 살아야 하고 거짓 없는 진실함을 가지고 살아야 할 것이다.

그리고 바울은 "육체의 지혜로 하지 아니하고 하나님의 은혜로 행했다"고 말한다(고전 2:4, 13). 바울이 "육체의 지혜로 하지 아니했다"는 말에 대해 레온 모리스(R.V.G. 타스커)는 "사리사욕과 자기 자랑을 위한 인간의 재주와 술책을 가지고 행동하지 않았다"는 뜻이라고 말한다.[68] 그리고 바울은 "하나님의 은혜로 행했다"고 과거를 회고했는데 이는 타스커(R. V. G. Tasker)에 의하면 '하나님의 인도를 받으며 지도를 받으며 행동했다'[69]는 뜻으로 그는 인간의 잔꾀를 의지해서 일하지 않고 하나님께서 주시는 은혜를 가지고 행동한 것을 드러내고 있다. 여기 "하나님의 은혜로 행했다"는 말을 해석할 때 '하나님께서 주시는 지혜로 행했다'는 말로 해석할 수 있다. 이유

---

68) 타스커(R. V. G. Tasker), 고린도후서, p. 53.
69) 타스커, Ibid.

는 바로 앞에 "육체의 지혜"란 말이 나오기에 "하나님의 은혜"란 말이 '하나님의 지혜'라고 해석하는 것이 타당할 것이다. 오늘 우리 역시 하나님의 은혜 다시 말해 하나님의 지혜로 행해야 할 것이다. 사람의 지혜를 가지고 행할 때 실패하고 하나님의 지혜를 가지고 사역할 때 승리한다.

바울은 과거에 거룩함과 진실함으로 행했고 또 하나님께서 주시는 지혜로 행했다고 고린도 교인들에게 말한 다음 이렇게 행한 것은 "우리 양심이 증언하는 바니 이것이 우리의 자랑이라"고 말한다. 그의 회고는 그의 양심의 증언이라고 말하고 그렇게 산 것이 바울의 자랑이라고 말한다. 여기 바울의 자랑은 인간적인 자랑은 아니다. 하나님께서 주신 거룩함과 진실, 지혜로 생활한 것을 양심적으로 말하는 것이니 하나님을 자랑하는 것이다.

바울이 이처럼 자신이 하나님이 주시는 거룩함과 진실함, 그리고 하나님의 은혜(지혜)로 처신했다는 것을 말하는 이유는 고린도 교회 안에 바울이 여행계획을 변경한 것을 두고 트집 잡고 바울의 사도직분까지 의심하는 사람들에게 크게 경종을 울리기 위함이라고 할 수 있다. 그들은 하나님 앞에서 용서받지 못할 사람들이었다. 오늘의 교역자들 역시 깨끗하게 살고 진실하게 살며 하나님의 은혜(지혜)로 움직이면 교회의 반대를 받아도 한 점 부끄러울 것이 없을 것이다.

고후 1:13-14. 오직 너희가 읽고 아는 것 외에 우리가 다른 것을 쓰지 아니하노니 너희가 완전히 알기를 내가 바라는 것은 너희가 우리를 부분적으로 알았으나 우리 주 예수의 날에는 너희가 우리의 자랑이 되고 우리가 너희의 자랑이 되는 그것이라.

바울은 이 부분(13-14절)에서 고린도 교인들이 자신을 오해하고 의심하며 반대하는 것은 참으로 기가 막힌 일이라고 열을 올리며 말하고 있다. 바울은 "오직 너희가 읽고 아는 것 외에 우리가 다른 것을 쓰지 아니한다"고 주장한다. 바울은 고린도 교인들이 바울의 편지를 읽고 아는 것 말고는 딴 것, 딴 소리, 어떤 알 수 없는 엉큼한 소리를 쓰는 것이 아니라고 말한다.

바울의 편지에 기록되어 있는 그대로라고 말하며 고린도 교인들이 읽고 안 것 이외에 다른 것은 전혀 없다고 말한다. 무슨 다른 것이 있는 줄로 오해해서는 안 된다는 것을 강하게 말한다.

바울은 "너희가 완전히 알기를 내가 바라는 것은 너희가 우리를 부분적으로 알았으나 우리 주 예수의 날에는 너희가 우리의 자랑이 되고 우리가 너희의 자랑이 되는 그것이라"고 강조한다(5:12; 빌 2:16; 4:1; 살전 2:19-20). 바울은 고린도 교인들이 참으로 완전히 알기를 바라는 것이 있다고 말한다. 바울은 고린도 교인들이 지금까지는 바울을 부분적으로(조금이라는 뜻임) 알았지만 앞으로 예수님께서 재림하셔서 심판하시는 날(고전 1:8 주해 참조)에는 고린도 교인들이 바울의 자랑이 되고 또 바울 자신은 고린도 교인들의 자랑이 될 것이라는 것을 참으로 알기를 바란다고 힘주어 말한다. 고린도 교회가 바울의 자랑이 되는 이유는 고린도 교회가 바울 전도의 열매이기 때문이고 또 바울이 고린도 교인들의 자랑이 되는 이유는 바울이 설립자임으로 자랑이 된다는 것이다. 이렇게 피차 자랑이 될 처지인데 지금 교인들이 바울을 오해하고 의심하며 반대하는 것은 참으로 완전히 알 것을 알지 못한 탓이었다. 이것을 생각하며 바울은 참으로 기가 막혔고 억울하기 그지없었다. 고린도 교인들은 지금도 바울을 자랑스럽게 생각했어야 했는데 오해하고 반대하고 있으니 바울은 어처구니없는 상황을 만난 것이다. 바울은 고린도 교인들이 앞으로 예수님 재림하시는 날 그리고 예수님께서 각 사람의 행위를 심판하시는 날 바울이야 말로 고린도 교회를 창립한 사람으로 고린도 교인들이 참으로 자랑해야 할 사도였다. 사람은 몰라서 오해하고 몰라서 의심하며 몰라서 반대한다. 그런고로 바울은 고린도 교인들이 앞으로 예수님께서 재림하시는 날 어떻게 될 것을 미리 알기를 원하고 있다.

2. 여정 변경의 이유를 말하다   1:15-24

고후 1:15-16. 내가 이 확신을 가지고 너희로 두 번 은혜를 얻게 하기 위하여 먼저 너희에게 이르렀다가 너희를 지나 마게도냐로 갔다가 다시 마게도냐에

서 너희에게 가서 너희의 도움으로 유대로 가기를 계획하였으니.

바울은 예수님의 심판대(審判臺) 앞에서 고린도 교회가 바울의 자랑이 될 것이고 또 고린도 교인들도 바울이 자랑스러운 존재가 될 것이라는 "확신을 가지고" 바울은 고린도 교인들에게 하나라도 더 은혜를 끼칠 목적으로 행동했었다고 한다. 즉 "너희로 두 번 은혜를 얻게 하기 위하여 먼저 너희에게 이르렀다가 너희를 지나 마게도냐로 갔다가 다시 마게도냐에서 너희에게 가서 너희의 도움으로 유대로 가기를 계획했었다"고 말한다(롬 1:11; 고전 4:19; 16:5-6). 바울은 고린도 교인들로 하여금 두 번 은혜를 얻게 하기 위해 먼저 고린도에 가서 은혜를 끼치고 다음 고린도를 지나 마게도냐로 갔다가 다시 마게도냐에서 고린도 교회에 가서 집회를 하여 은혜를 끼치고 다음으로 고린도 교회의 재정적인 도움을 받아 유대로 가기를 계획했었다는 것이다. 처음에 이런 계획을 세웠던 것은 고린도 교회에 하나라도 더 은혜를 끼칠 마음으로 한 것이지 딴 뜻이 있었던 것은 아니었다. 교역자는 항상 교회 중심이어야 함을 보여준다.

고후 1:17. 이렇게 계획할 때에 어찌 경솔히 하였으리요 혹 계획하기를 육체를 따라 계획하여 예예 하면서 아니라아니라 하는 일이 내게 있겠느냐.

바울이 고린도 교인들에게 두 번(먼저 고린도를 방문하고 마게도냐로 갔다가 다시 고린도를 방문하는 계획) 은혜를 얻게 하기 위해 앞 절과 같이 여행 "계획을 할 때 어찌 경솔히 하였으리요 혹 계획하기를 육체를 따라 계획하여 예예 하면서 아니라아니라 하는 일이 내게 있겠느냐"고 반문한다 (10:2). 바울은 절대로 경솔하게 행동하지 않았다고 말한다. 혹시 계획하기를 육체를 따라 즉 육체의 지혜(12절)를 가지고 오늘은 "예예" 했다가 내일은 "아니라아니라"고 말하는 일은 바울에게는 없었다고 해명한다. 바울은 자신이 경솔하게 하지 않았다는 것을 다음 18절-20절에서 또 밝힌다.

고후 1:18. 하나님은 미쁘시니라 우리가 너희에게 한 말은 예하고 아니라

함이 없노라.

본 절 초두의 "그러나"(δε)라는 반의어 접속사는 앞 절(17절)의 말씀을 부정하는 역할을 한다. 바울이 경솔하지 않은 것은 그가 믿고 전하는 "하나님은 미쁘시기" 때문이라고 한다(롬 3:4; 고전 1:9; 10:13; 살전 5:24; 살후 3:3; 요일 1:9). 하나님은 신실하시기 때문에 "우리가 너희에게 한 말은 예하고 아니라 함이 없다"고 한다. 신실하신 하나님을 전하는 사람은 육체를 따라, 육체의 편의대로, 육체가 좋아하는 대로, 잔머리 굴려서 "예라"고 말했다가 어느 때에 가서 갑자기 잔머리가 굴러가는 대로 "아니라"고 변경하지 않는다는 뜻이다. 하나님의 영광을 가리지 않기 위해 하나님의 종들은 항상 조심한다. 그러나 혹시 더 나은 하나님의 뜻이 나타나든지 혹은 하나님의 지시를 받든지 하면 계획을 변경할 수 있다(마 2:12 주해 참조).

고후 1:19. 우리 곧 나와 실루아노와 디모데로 말미암아 너희 가운데 전파된 하나님의 아들 예수 그리스도는 예하고 아니라 함이 되지 아니하셨으니 그에게는 예만 되었느니라.

바울은 자신이 경솔하게 행동하지 않았다(17절)는 것을 말하기 위해 본 절에서는 하나님의 아들 예수님의 신실성을 들고 있다. 바울은 "우리 곧 나와 실루아노와 디모데로 말미암아 너희 가운데 전파된 하나님의 아들 예수 그리스도는 예 하고 아니라 함이 되지 아니하셨다"고 한다(막 1:1; 눅 1:35; 행 9:20). 본문의 "실루아노"는 '실라'라는 사람인데(행 18:5) 바울과 디모데, 그리고 실라는 고린도를 처음 방문했을 때 함께 일한 적이 있었다(행 18:5). 고린도 교회에서 함께 일한 적이 있었기에 바울은 실라의 이름을 들은 것 같다. 실라도 역시 선지자였고(행 15:32) 바울과 같이 로마의 시민권을 가지고 있었다(행 16:37). 바울은 자신을 포함하여 세 사람이 고린도에서 전파한 하나님의 아들 예수 그리스도는 "예하고 아니라 함이 되지 아니하셨다"고 말한다. 예수님은 항상 예만 하셨지 아니라는 말씀을 하신 일이 없으셨

다. 다시 말해 예수님은 일구이언하시는 분이 아니시다. 그런고로 예수님을
전파하는 바울도 한 입을 가지고 두 마디 말을 하지 않는다고 강변한다.
바울은 예수님께서는 항상 "예"만 하시는 분이라고 한다. "그에게는 예만
되었다"(in Him it continues to be Yes)고 말한다. 예수님은 진리이시니(요
14:6) 자신의 말을 거스르지 않으시고 그는 항상 진리만 말씀하신다. 히브리
서 저자는 "예수 그리스도는 어제나 오늘이나 영원토록 동일하시니라"고
말한다(히 13:8). 예수 그리스도의 신실하심은 바울의 신실을 증명하고도
남음이 있다. 그러므로 오늘 예수님(진리)을 전파하는 주의 종들도 항상
진리만을 말해야 하고 거짓을 말해서는 안 될 것이다.

**고후 1:20. 하나님의 약속은 얼마든지 그리스도 안에서 예가 되니 그런즉
그로 말미암아 우리가 아멘 하여 하나님께 영광을 돌리게 되느니라**(ὅσαι
γὰρ ἐπαγγελίαι θεοῦ, ἐν αὐτῷ τὸ Ναί· διὸ καὶ δι' αὐτοῦ τὸ ᾿Αμὴν τῷ
θεῷ πρὸς δόξαν δι' ἡμῶν).

바울은 "하나님의 약속은 얼마든지 그리스도 안에서 예가 된다"고 말한
다(롬 15:8-9). 하나님의 모든 약속들(아브라함을 통하여 주신 언약, 다윗을
통하여 주신 언약, 모세를 통해서 주신 언약들)은 그리스도께서 다 이루셨다
(요 19:30)는 뜻이다.

바울은 "그런즉 그로 말미암아(καὶ δι' αὐτου-in Him) 우리가 아멘 하여
하나님께 영광을 돌리게 된다"고 말한다. 즉 예수님께서 하나님의 약속을
모두 이루신고로 우리가 예수님을 믿음으로 말미암아(καὶ δι' αὐτου-in Him)
하나님께 영광을 돌리는 것이다. 그리스도께서 하나님의 모든 약속에 대하여
"아멘"이라고 하여 하나님을 영화롭게 하신 것같이 그리스도인들도 예수님
께서 이루신 것을 그대로 "아멘"이라고 응답해서 하나님께 영광을 돌려야
한다. 누구든지 그리스도를 참되다고 하여 믿는 사람은 "하나님을 참되시다
하여" 인친 사람이다(롬 3:4). 그러나 그리스도를 믿지 않는 사람은 "하나님
을 거짓말 하는 자로 만드는" 큰 죄인이다(요일 5:10). 그리스도께서 하나님

을 참되시다 한 것처럼 우리는 그리스도를 참되시다고 해야 한다. 그리스도
를 참 되시다 하여 믿는 것 자체가 하나님께 영광을 돌리는 것이며 하나님을
기쁘시게 하는 것이다.

**고후 1:21. 우리를 너희와 함께 그리스도 안에서 굳건하게 하시고 우리에게
기름을 부으신 이는 하나님이시니.**

　　바울은 자신이나 고린도 교인들이나 경솔하게 행동하는 사람들은 아니
라고 이 부분(21과 22절)에서 말씀한다. 고린도 교인들도 벌써 마음으로
그리스도를 믿어 흔들림이 없는 사람들이 되어가고 있으니 경솔하지는 않다
고 밝힌다. 바울이 이런 말씀을 하는 이유는 고린도 교인들도 그리스도를
믿는 사람들로서 경솔한 사람들은 아니니 바울을 경솔한 사람이라고 비난하
고 의심해서는 안 된다는 것을 드러낸다.

　　바울은 "우리" 즉 '바울'을 하나님께서 "너희와 함께 그리스도 안에서
굳건하게 하셨다"고 말한다. 여기 "굳건하게 하시고"(βεβαιῶν)란 말은 현재
분사형으로 '계속해서 굳건하게 하신다'는 뜻으로 '계속해서 그리스도를
믿어 흔들림이 없게 하신다'는 뜻이다. 바울은 자신만 아니라 고린도 교인들
도 그런 은혜를 받고 있으니 피차 경솔하게 행동하겠느냐고 암시한다. 이렇
게 그리스도를 믿어 흔들림이 없이 되는 인격은 하반 절에 묘사된 대로
하나님께서 "우리에게 기름을 부으셔서" 이루어지는 일이라고 말한다. "우
리에게 기름을 부으셨다"(χρίσας ἡμᾶς)는 말은 부정(단순)과거 시제로 하나
님께서 '단번에 성령을 부으셨다'는 뜻이다(요일 2:20, 27). 하나님은 우리에
게 성령을 부으시고(성령 세례하시고) 우리로 하여금 예수님을 믿게 하셔서
점진적으로 흔들림이 없는 사람들이 되게 하신다. 성령을 부으신 것은 단번
에 부으신 것이고 그리스도를 믿어 견고하게 하시는 일은 점진적으로 하신
다. 믿음이란 단번에 굳세지는 것은 아니다. 많은 세월이 필요하다.

고후 1:22.　그가 또한 우리에게 인치시고 보증으로 우리 마음에 성령을

주셨느니라.

바울은 "그가 또한 우리에게 인치시고 보증으로 우리 마음에 성령을 주셨다"고 말한다(5:5; 엡 1:13-14; 4:30; 딤후 2:19; 계 2:17). 즉 '하나님께서 또한 바울과 고린도 교인들에게 인치시고 보증으로 바울과 고린도 교인들의 마음에 성령을 주셨다'고 말한다. 본문의 "인치시고"(σφραγισάμενος)란 말은 부정(단순)과거 분사형으로 '하나님의 소유임을 도장을 쳐주셨다'는 뜻이다.

바울은 하나님께서 우리를 성령으로 하나님의 소유라고 도장 쳐주시고 그리고 분명히 우리에게 영생을 주신다는 것을 "보증"하시기 위해서 "우리 마음에 성령을 주셨다"고 말한다. 하나님께서 우리에게 영생을 주신다는 뜻으로 보증금 형식으로 성령을 주셨으니 우리의 영생은 너무 확실한 것이 사실이다.70) 우리는 지금 영생을 얻었고 영생의 맛을 보고 있다.

바울은 이 두 절(21-22절)에서 사람들을 그리스도인이 되게 하시는 분도 하나님이시고 또 기름을 부으시는 이도 하나님이시며 인치시고 보증으로 성령을 부으시는 이도 하나님이시라고 말한다. 바울은 자신이나 고린도 교인들이나 똑같이 그리스도인이 되었고 인침 받았으며 보증으로 성령을 부음 받았으니 경솔할 수가 없고 또 오해할 수도 없다는 것을 암시하고 있다. 성도들이 피차 오해하고 의심하는 일이야말로 참으로 부끄럽기 한량없는 일이다.

고후 1:23. 내가 내 목숨을 걸고 하나님을 불러 증언하시게 하노니 내가 다시 고린도에 가지 아니한 것은 너희를 아끼려 함이라(I call God as my

---

70) 타스커(R. V. G. Tasker)는 "보증"이란 말을 이렇게 설명한다. "보증으로 번역된 아라본("보증금")은 지불해야 하는 전체의 나머지를 반드시 갚겠다는 보증금으로서, 상품의 인수 시에 지불하는 구매 비용의 일부분으로 사용하곤 한다. 또한 그것은 결혼을 하겠다는 보증인 약혼반지로 사용되기도 한다. 바울은 5:5에서 그리스도인의 불멸성을 보증하시는 성령으로 그 용어를 다시 사용하였으며, 또한 에베소서 1:14에서 기독교인들이 어느 날엔가 하나님의 기업을 받아 누릴 것을 보증하시는 성령으로 사용하셨다"고 말한다. *고린도후서*, p. 57.

witness that it was in order to spare you that I did not return to Corinth-KJV).

바울은 본 절에서 자신이 고린도에 가지 아니한 이유를 설명한다. 그는 자신이 설명하는 이유가 아주 진실이라는 것을 알리기 위해 "내가 내 목숨을 걸고" 말한다고 한다(11:31; 롬 1:9; 갈 1:20; 빌 1:8). 그가 고린도에 가지 않은 이유를 목숨을 걸고 설명한다. 자신의 증언이 사실이 아니라면 죽어도 가(可)하다고 말한다. 만일 허위를 말한다면 증인으로 참석하신 하나님께서 자기의 목숨을 거두실 수도 있다고 말하는 것이다.

바울은 자기가 고린도에 가지 않은 이유를 말할 때 "하나님을 불러 증언하시게 한다"고 말한다. 이 형식은 바울의 형식으로 서신에 자주 등장한다(롬 1:9; 갈 1:20; 빌 1:8; 살전 2:5, 10). 자기가 말하는 것이지만 하나님으로 하여금 말씀하시게 한다고 말한다. 그는 그만큼 거짓 없이 말하겠다고 한다. 오늘 우리 역시 말할 때나 행동할 때 거짓 없이 진실하게 해야 할 것이다.

바울은 자기가 경솔해서 여행 계획을 변경한 것이 아니라고 했고(12-22절), 이제 본 절과 다음 절(24절)에서 밝히는 대로 적극적으로 고린도 교회를 위해서 여정을 변경했다고 말한다. 다시 말해 고린도 교회에 두 번 들르려 했으나 가지 아니한 것은 고린도 교회를 아끼려는 마음에서였다고 한다. 고린도 교회가 회개하지 않은 형편에서 그 교회를 방문하면 고전 4:21에 말한 "매를 가지고" 나아가는 꼴이 되기 때문에 바울은 매를 들지 않기 위해서 고린도 교회를 방문하려던 여행계획을 변경했다(2:3; 12:20; 13:2, 10).

우리가 본문에서 깊이 생각해야 할 것은 "다시...가지 아니한 것"(οὐκέτι ἦλθον)이란 말인데, 이 말은 바울이 고린도 교회를 창립한 이래 언젠가 한번 방문했었다는 것을 암시하는 것이 아닌가. 다시 말해 바울이 근심스러운 두 번째의 방문이 이미 있었다는 것을 말하며 그런고로 그와 같은 방문을 다시 하지 않겠다는 것으로 보인다. 2:1과 연결하여 상고하라.

고후 1:24. 우리가 너희 믿음을 주관하려는 것이 아니요 오직 너희 기쁨을

돕는 자가 되려 함이니 이는 너희가 믿음에 섰음이라.

바울은 앞 절(23절)에서 고린도 교인들을 아끼기 위해서(징계하지 않기 위해서) 방문 계획을 변경했다고 했는데, 이제 본 절에서는 좀 더 적극적인 차원에서 설명한다. 즉 바울이 고린도 교회를 방문하여 기쁨을 돕는 입장이 되어야 하는데 당장 고린도 교회를 방문한다면 기쁨을 돕는 방문이 되지 않을 것이 확실한 고로 여행 계획을 변경했다는 것이다(혹자는 본 절이 삽입 절이라고 주장하나 잘못 관찰한 것으로 보아야 한다).

바울은 이 사실을 설명하면서 이렇게 설명한다. 즉 "우리가 너희 믿음을 주관하려는 것이 아니요 오직 너희 기쁨을 돕는 자가 되려 한다"고 말한다(고전 3:5; 벧전 5:3). 바울은 자신이 고린도 교인들의 믿음을 주관하는 사도가 아니라고 한다. "믿음을 주관한다"는 말은 '믿음의 독재자가 된다'는 뜻으로 바울은 자신이 그리스도를 믿는 믿음을 주기도 하고 주지 않기도 하는 사도가 아니라고 말한다. 사람의 믿음은 오직 그 사람과 주님 사이에서 결정되는 것이다. 바울은 그들이 잘 믿도록 도와주는 사도에 불과한 것이다.

바울은 고린도 교인들의 믿음을 주관하는 사람이 아니라 "오직 너희 기쁨을 돕는 자가 되려 한다"고 말한다. 사도는 오직 고린도 교인들의 기쁨을 북돋우는 사도라고 말한다. 그리스도의 부활을 증거 하여 그들로 하여금 기쁨을 얻게 하기를 원했다(마 28:8; 눅 24:52; 행 8:8). 우리가 복음을 전할 때 복음을 전하는 자와 복음을 듣는 자가 다 기쁨이 충만해지는 법이다(요이 1:12).

바울이 고린도 교인들의 믿음을 주장하는 전제자(專制者)가 되기를 원하지 않는다고 말한 이유는 "이는 너희가 믿음에 섰기"(τῇ γὰρ πίστει ἑστήκατε) 때문이었다(롬 11:20; 고전 15:1). 여기 "섰다"는 말은 현재완료 시제로 그들은 '과거에 이미 믿었고 지금도 믿음 생활을 하고 있다'는 뜻이다. 고린도 교회 교인들은 이미 주님을 믿고 있었다(고전 15:1). 바울은 고린도 교회가 문제가 많은 교회로 말했지만 또 한편으로는 그들이 그리스도를 믿는 믿음에 서 있다고 본 것이다. 그는 그들의 기쁨을 더 북돋우기

위해서 어느 때 고린도 교회를 방문하기를 원했는데 당장은 그 시기가 아니
라고 보고 여행계획을 변경했다.

제 2 장
바울이 고린도 교회에 대한 사랑을 표현하다

3. 가슴 아픈 방문과 눈물의 편지 2:1-4

고후 2:1. 내가 다시는 너희에게 근심 중에 나아가지 아니하기로 스스로 결심하였노니(ἔκρινα γὰρ ἐμαυτῷ τοῦτο τὸ μὴ πάλιν ἐν λύπῃ πρὸς ὑμᾶς ἐλθεῖν).

본 절 초두에는 어떤 사본들에는 이유접속사(γὰρ-"왜냐하면" "그런고로" "바꾸어 말하면"이란 뜻)가 나오고 어떤 사본들에는 "데"(δε-"그러나" "역시" "이제는"이라는 뜻)라는 단어가 나온다. 많은 한글번역들은 이 단어를 번역하지 않았고, 표준 새번역은 "그러므로"라고 번역했으며, 현대인의 성경은 "그러나"로 번역하고 있다. KJV 와 ASV, NASB 는-"그러나"(but)로 번역했고, RSV 는-"왜냐하면"(for)로 번역했으며, NIV, NRSB, NLT 는 "그런고로"(so)라고 번역했다. 어느 번역을 선택하느냐 하는 것은 문맥을 따르는 수밖에 없을 것이다. "그런고로"(so)란 번역을 택해둔다. 본문을 다시 써 보면 "그러므로 내가 다시는 너희에게 근심 중에 나아가지 아니하기로 스스로 결심하였노니"가 될 것이다(1:23; 12:20-21; 13:10). 바울은 앞 절(1:24)에서 고린도 교회의 기쁨을 돕는 자가 되려 한다고 말했으니 본 절에서는 "그런고로 다시는 너희에게 근심 중에 나아가지 아니하기로 스스로 결심했다"는 것이다. 기쁨을 돕는 자가 된다고 하면서 근심 중에, 슬픔 중에 나아갈 수는 없는 일이었다. 바울이 근심 중에 고린도 교회를 방문하면 그들의 기쁨을 해칠 것이고 분위기를 우울하게 만들 것은 분명한 일이다.

그런데 본문 중의 "스스로"(ἐμαυτῷ)란 말의 번역을 위해 혹자는 "나

자신을 위하여"(for myself)라고 번역하기도 했으나 "스스로"(by myself)
라고 번역하는 것이 옳을 것이다. 이유는 고린도 교회에 방문하지 않기로
바울이 결정한 것은 '바울 자신만을 위하여' 결정한 것이 아니라 '고린도
교인들을 위해서도' 결정한 것이니 "스스로"라고 번역하는 것이 옳을
것이다.

아무튼 바울은 "다시는 근심 중에 나아가지 않기로" 결심했다. 그는
행 18:1-18에 보면 고린도 교회를 창립하느라 한번 방문했는데(그 방문은
근심의 방문은 아니었다) 그 후 언젠가 잠시 고린도 교회를 방문했는데
근심스러운 방문이었기에 이제 다시는 근심 중에 방문하지 않겠다고 말한다.
본 절은 1:23과 맥을 같이한다. 1:23에서 바울은 "내가 다시 고린도에 가지
아니한 것은 너희를 아끼기 위함이라"고 말했는데, 그가 다시는 슬픔의
방문을 하지 않기로 했다고 해서 고린도 교인들은 바울을 향해 약속을 지키
지 않는 사도라고 비난했다(1:17절). 바울이 두 번째 고린도 교회를 방문한
것이 확실한 것은 13:1에서도 암시되고 있다. 즉 바울은 "내가 이제 세
번째 너희에게 갈 터이니"(13:1)란 말을 보아 그가 두 번째 방문(중간방문이
라 한다)을 했던 것이 확실하다. 바울은 에베소에서 체재할 때 고린도 교회의
어려운 소식을 듣고 급히 한번 방문했던 것으로 보인다. 그런데 그 중간
방문은 피차 근심과 슬픔만 남기고 말았던 것으로 보인다. 그래서 이제
다시는 근심을 가진 채 고린도 교회를 방문하지 않기로 한 것이다. 그가
방문 계획을 변경한 것은 지혜로운 일이었다.

**고후 2:2. 내가 너희를 근심하게 한다면 내가 근심하게 한 자밖에 나를
기쁘게 할 자가 누구냐**(εἰ γὰρ ἐγὼ λυπῶ ὑμᾶς, καὶ τίς ὁ εὐφραίνων με
εἰ μὴ ὁ λυπούμενος ἐξ ἐμοῦ).

바울은 본 절에서 고린도 교회를 방문하지 않기로 한 이유(γάρ)를 말하고
있다. 즉 바울이 고린도 교회를 다시 방문해서 교인들을 근심하게 만들면
바울이 근심하게 만든 사람들 말고 바울을 기쁘게 할 교인들이 없다는 것이

다. 그들을 근심하게, 우울하게, 슬프게 만들면 누가 바울을 기쁘게 대하고 교제할 수 있겠느냐는 것이다. 전도자와 성도는 동일한 운명에 서 있다는 것을 보여준다. 바울은 여기서 고린도 교회 교인들 중에 그 어떤 사람을 마음속에 지목해서 말하는 것은 아닐 것이다. 그 누구든지 바울의 책망을 듣고 근심하지 않을 수 없고 우울하지 않을 수 없을 것이다. 그런고로 바울은 방문 여정을 변경하여 방문하지 않고 있는 동안 그들이 회개하고 마음을 다시 먹기를 기다리기로 했다.

고후 2:3. 내가 이같이 쓴 것은 내가 갈 때에 마땅히 나를 기쁘게 할 자로부터 도리어 근심을 얻을까 염려함이요 또 너희 모두에 대한 나의 기쁨이 너희 모두의 기쁨인 줄 확신함이로라(καὶ ἔγραψα τοῦτο αὐτό, ἵνα μὴ ἐλθὼν λύπην σχῶ ἀφ᾽ ὧν ἔδει με χαίρειν, πεποιθὼς ἐπὶ πάντας ὑμᾶς ὅτι ἡ ἐμὴ χαρὰ πάντων ὑμῶν ἐστιν).

바울은 자신이 "이같이 쓴 것은 내가 갈 때에 마땅히 나를 기쁘게 할 자로부터 도리어 근심을 얻을까 염려했기" 때문이라고 한다(12:21). 여기 "이같이 쓴 것"이 무엇을 지칭하느냐 하는 문제는 난해하다. "이같이"(τοῦτο αὐτο)가 무엇이냐에 대해서는 세 견해가 있다(C. K. Barrett). 1) 두 낱말이 부사로 사용된 것으로 보는 견해. 번역해 보면 "내가 정확하게 이런 이유로 썼다"라는 뜻으로 번역된다. 2) 두 낱말은 편지의 내용을 요약하는 것으로 "바로 이러한 취지로 썼다"는 뜻으로 해석하는 견해. 3) 두 낱말이 "내가 쓴"이라는 말의 목적어로 사용되었다는 견해. 번역하면 "내가 다시 가지 않기 위해서 이것을 쓰고 있다"는 뜻으로 보는 견해. 세 가지 해석이 다 가능하지만 마지막 것이 가장 바른 것으로 본다.

바울은 중간 방문(슬픈 방문) 이후 고린도 교회에 다시 가지 않기 위해서 "이같이 썼다"고 말한다. 그러면 그가 쓴 것이 무슨 편지냐는 것이다. 1) 고린도 전서라는 견해. 2) 고린도후서라는 견해. 3) 분실된 서신(중간 서신)이라는 견해(Thiessen, R.V. G. Tasker, Simon Kistemaker). 1번의 고린도

전서라는 견해는 고전 5:1이나 고전 6:7같은 내용 때문에 오래 전부터 많은 학자들이 지지하고 있으나 최근 1 세기 동안에 많은 의문을 받게 되었다(F. F. Bruce). 결정적인 약점은 본서 7:8-12의 내용 때문에 고린도전서라고 보기는 힘들다(A. T. Robertson). 이유는 고린도전서에 본서 7:8-12의 내용에 준하는 "근심" 혹은 "후회" 같은 정서가 없기 때문이다. 2번의 고린도후서라는 견해는 본 절의 부정과거 동사(ἔγραψα)가 서신을 쓰기 위한 과거(epistalary aorist)라고 주장하는 경우 설득력이 있으나 여전히 이 주장이 통하지 않는 약점이 있다. 즉 바울이 쓴 편지가 고린도후서라면 본 절과 다음 절에서 부딪힌다. 특별히 4절에 보면 "내가 마음에 큰 눌림과 걱정이 있어 많은 눈물로 너희에게 썼다"고 했는데 바울은 본서에서 그런 눌림과 걱정, 그리고 많은 눈물의 정서를 표출하고 있지 않다. 그리고 역시 7:8-12에 의하여 설득력이 아주 약해진다. 따라서 3번의 분실된 중간편지(눈물의 편지)일 가능성이 가장 높다. 이 눈물의 편지는 바울이 두 번째 고린도교회를 방문한 후 보낸 편지였는데 오늘날 분실된 것으로 본다. 물론 이 학설도 약점을 가지고 있는 것은 사실이다. 약점이란 하나님의 말씀을 하나님께서 분실하게 놓아두실 수 있느냐 하는 것이다. 그러나 다른 선택의 여지가 없는 것 같다.

바울이 중간 서신을 쓴 목적은 "내가 갈 때에 마땅히 나를 기쁘게 할 자로부터 도리어 근심을 얻을까 염려했기" 때문이라고 한다. 그러니까 바울이 눈물의 편지를 써서 고린도교회에 보낸 목적은 그 편지가 가서 그들을 회개시켜 그들의 태도가 달라져서 바울이 고린도 교회를 방문할 때 근심을 얻지 않기 위해서라는 것이다.

바울은 자기가 근심을 얻지 않기 위해서만 편지를 쓴 것은 아니었다. 바울의 기쁨이 고린도 교회 교인들의 기쁨이기 때문에 그런 편지를 썼다고 한다. 즉 "또 너희 모두에 대한 나의 기쁨이 너희 모두의 기쁨인 줄 확신하기" 때문에 편지를 썼다고 한다(7:16; 8:22; 갈 5:10). 핫지(Hodge)는 본 절 주해에서 "바울이 기뻐하는 모습을 보고 고린도 교인들도 기뻐한다는 뜻과 아울러 그들의 순종 및 그에 따른 교회의 성결과 부흥이 피차간에 있어서 기쁨을 누릴 수 있는 필수적인 요소가 된다는 뜻이다. 여기서 바울은 자신의 확신이 그들 '무리'에 대한 것이라"고 말한다.[71] 바울의 기쁨=성도 모두의 기쁨이라는 공식이 성립되고 있음을 알 수 있다.

고후 2:4. 내가 마음에 큰 눌림과 걱정이 있어 많은 눈물로 너희에게 썼노니 이는 너희로 근심하게 하려 한 것이 아니요 오직 내가 너희를 향하여 넘치는 사랑이 있음을 너희로 알게 하려 함이라.

바울은 "내가 마음에 큰 눌림과 걱정이 있어 많은 눈물로 너희에게 썼다"고 말한다. 바울은 자신의 마음속에 큰 눌림과 걱정이 있어서 많은 눈물을 흘리면서 눈물의 편지를 썼다고 한다. 바울은 눈물의 사람이었다(행 20:19, 31; 빌 3:18). 이 편지는 3절에서 밝힌 대로 눈물의 편지로서 분실된 편지를 지칭한다.[72] 바울 사도가 고린도교회를 중간 방문한 이후 눈물의 편지를 쓴 목적은 고린도 교인들이 눈물의 편지, 책망의 편지를 읽고 근심하게 하려 한 것이 아니고 오히려 바울 자신이 고린도 교인들을 향하여 넘치는 사랑이 있음을 알게 하려고 썼다. 바울은 넘치는 사랑의 사람이었다(1:14; 3:3; 6:11; 7:2-14). 우리는 모든 일을 사랑을 따라 해야 할 것이다(고전 14:1).

　B. 방해자를 용서해 주라　2:5-11

바울 사도는 고린도 교회 내의 실수한 사람에 대해 용서해주라고 권한다. 그 사람에 대해 가해진 책벌로 충분하니 이제는 용서하고 위로하라고 권한

---

71) Charles Hodge, *고린도후서*, 찰스핫지 성경주석, 서울: 아가페출판사, p. 50.

72) 4절에서 말하는 편지가 고린도전서라고 하는 주장은 본 절에서 막힌다. 이유는 바울이 "큰 눌림과 걱정이 있어 많은 눈물로" 고린도전서를 쓰지는 않았기 때문이고 또 고린도후서에도 역시 그런 흔적이 약하다. 따라서 분실된 중간 편지를 지칭하는 것으로 보아야 할 것이다. 혹시 고린도후서의 양분설(고린도후서 1장-9장과 10장-13장으로 양분되었다는 학설)을 주장하는 학자들은 본 절에서 말하는 편지가 고린도후서 10장-13장이라고 주장한다. 그러나 우리는 양분설을 믿지 않는다. 그런고로 본 절의 편지는 분실된 편지일 것이다.

다. 이 이상 책벌하면 그를 낙심케 할 것이니 용서하고 사랑하라고 말한다.

고후 2:5. 근심하게 한 자가 있었을지라도 나를 근심하게 한 것이 아니요 어느 정도 너희 모두를 근심하게 한 것이니 어느 정도라 함은 내가 너무 지나치게 말하지 아니하려 함이라(Εἰ δέ τις λελύπηκεν, οὐκ ἐμὲ λελύπηκεν, ἀλλὰ ἀπὸ μέρους, ἵνα μὴ ἐπιβαρῶ, πάντας ὑμᾶς).

본 절을 번역하는 길은 여러 가지이나 우리 개역성경이나 개역개정판 성경처럼 번역하는 것이 바를 것이다(두 번역은 똑같다). 바울은 "근심하게 한 자가 있었다"고 말한다. 바울은 그 사람의 이름은 밝히지 않는다. 그 사람은 어떤 개인이었는데 고전 5:1-5에 기록된 근친상간을 저지른 사람이라고 전통적으로 해석되어 내려왔다(F. F. Bruce, Simon Kistemaker). 바른 견해일 것이다. 그런데 그 사람이 범죄한 것은 "나를 근심하게 한 것이 아니요 어느 정도 너희 모두를 근심하게 한 것이라"는 것이다. 그 사람의 범죄 때문에 바울이 고통을 받지 않았다는 뜻이 아니고 고통을 받긴 받았으나 가까이 있는 고린도 교인들이 받았다고 말한다. 여기 바울이 그 범죄자를 향하여 관용을 보이고 있다. 자기도 상당히 근심했을 것이지만 "나를 근심하게 한 것은 아니라"고 말하고(갈 4:12) 또 고린도 교인들도 그 사람 때문에 모두들 어느 정도 근심한 것이지 심하게 근심하지는 않았다고 말해둔다(Chrysostom, Calvin). 바울은 과거의 문제를 가지고 가혹하게 말하지 않고 사랑을 나타내는 말을 하고 있다.

고후 2:6. 이러한 사람은 많은 사람에게서 벌 받는 것이 마땅하도다.

바울은 고린도 교회의 범죄자가 "많은 사람에게서 벌 받는 것이 마땅하다"고 말한다(고전 5:4-5; 딤전 5:20). 범죄자가 교회의 절대다수에 의해(ὑπὸ τῶν πλειόνων-by the majority) 벌 받은 것이 흡족하다고 말한다. 그만큼 벌을 받았으면 충분한데도 아직도 소수의 사람들이 벌을 더 주려고 하고 있었던 것으로 보인다. 바울은 다음을 보면 그 범죄자를 더 이상 벌하지 말고 용서해주라고 말한다.

고후 2:7. 그런즉 너희는 차라리 그를 용서하고 위로할 것이니 그가 너무 많은 근심에 잠길까 두려워하노라.

절대다수에 의해 그 범죄자가 벌을 받았으면 바울이 보기에 흡족한 것이니 "너희는 차라리 그를 용서하고 위로하라"고 권면한다(갈 6:1). 용서73)하고 위로해야 이유는 "그가 너무 많은 근심에 잠길까 두렵기" 때문이라고 한다. 더 심한 벌을 준다든지 아니면 더 오래 계속해서 벌을 준다면 그 범죄자가 많은 근심에 잠겨버릴까 두렵기 때문에 이제는 용서하고 위로하라는 것이다. 교회의 징벌은 회개를 위한 것이지 사람을 망하게 하려는 것은 아니다.

고후 2:8. 그러므로 너희를 권하노니 사랑을 그들에게 나타내라(διὸ παρα-καλῶ ὑμᾶς κυρῶσαι εἰς αὐτὸν ἀγάπην).

고린도 교회의 범죄자가 다수에 의해 벌을 받아 회개했으니(6-7절) 이제는 "사랑을 그에게 나타내라"고 한다. 본 절에 "그들에게"(εἰς αὐτὸν)라고 번역된 것은 오역이다. "사랑을 그에게 나타내라"는 말은 '용서하고 위로하라'는 말이다. 우리는 회개한 자를 용서하고 위로해야 할 것이다. 그러지 않으면 그 범죄자가 아주 망하게 되고 또 성도들도 하나님의 벌을 받는다.

고후 2:9. 너희가 범사에 순종하는지 그 증거를 알고자 하여 내가 이것을 너희에게 썼노라(εἰς τοῦτο γὰρ καὶ ἔγραψα, ἵνα γνῶ τὴν δοκιμὴν ὑμῶν,

---

73) "용서": 하나님의 사랑의 일하심에 의한 인간의 죄에 대한 무죄선고 하나님께서 인간의 죄를 사하시고, 그들을 무죄로 선고하시는 일인 재판에서 온 말인데, 구원, 사유등과 결합되어 보이고, 회개 내지 신앙을 전제로 하고 있다. 성경에서 특히 사죄, 또는 용서라는 말은, 첫째로, 죄 중에 빠져 하나님과의 교제를 잃은 인간이, 죄 사함 받아 교제의 화목이 주어지는, 하나님의 은혜의 역사(일)를 말하는 경우에 사용된다. 둘째로는, 이 은혜아래 사는 인간의 자세로서는, 사람과 사람이 서로 용서해야 할 것이 교시되어 있다.

εἰ εἰς πάντα ὑπήκοοί ἐστε).

바울 사도는 고린도 교인들이 "범사에 (그리스도에게) 순종하는지 그 증거를 알고자 하여 (또한) 썼다"고 말한다. 모든 일에 고린도 교인들이 그리스도에게 순종하는지의 여부를 시험하기 위하여 편지를 썼다는 것이다. 여기 바울의 이 말은 고린도 교인들이 바울의 명령을 순종하는 여부를 알고자 하여 분실된 편지(고린도전서와 후서 사이에 기록된 분실된 편지를 지칭함)를 썼다는 뜻이다(3절 주해 참조). 바울은 그 분실된 눈물의 편지에 고린도 교회의 범죄자를 징계하라는 말도 썼고 또 회개하는 경우 용서하고 위로하라는 말도 썼는데 바울 사도의 여러 가지 명령에 순종하는지의 여부를 시험하고자 하여 눈물의 편지를 썼다는 것이다.

바울은 눈물의 편지를 쓴 목적으로 3절에서는 근심을 피하기 위해서 썼고 4절에서는 고린도 교인들로 하여금 근심하게 하려는 것이 아니고 넘치는 사랑이 있음을 알게 하려고 편지를 썼다고 했는데, 본 절에서는 범사에 그리스도에게 순종하는지 그 여부를 시험하기 위해서 썼다고 한다(7:15; 10:6). 바울은 고린도 교인들이 바울의 명령(바울의 명령은 그리스도의 명령이다)을 순종하는지 시험하기 위해서 편지를 쓴 것이다.

고후 2:10. 너희가 무슨 일에든지 누구를 용서하면 나도 그리하고 내가 만일 용서한 일이 있으면 용서한 그것은 너희를 위하여 그리스도 앞에서 한 것이니.

바울은 본 절에서 두 가지를 말씀한다. 하나는 고린도 교인들에게 그 범죄자를 용서하는 일에 있어서 앞장서라고 권한다. 즉 "너희가 무슨 일에든지 누구를 용서하면 나도 그리한다"고 말한다. '고린도 교인들이 무슨 일에든지 누구를 용서한다면 바울도 따르겠다'고 말한다. 바울은 고린도 교회를 앞세우고 있다. 우리 역시 교회를 중요시해야 한다.

그리고 또 하나는 "내가 만일 용서한 일이 있으면 용서한 그것은 너희를 위하여 그리스도 앞에서 한 것이라"고 한다. 바울이 고린도 교인들을 뒤따라서 범죄자를 용서한다면 용서한 그것은 고린도 교회의 유익을 위하여 그리스도 앞에서 한 것이라고 한다. 바울이 그 범죄자가 회개한 이상(디도를 통해서 들었을 것이다) 그를 용서하는 것은 바울 자신을 위하기 보다는 고린도 교회의 유익을 위해서 반드시 필요하다는 사실을 알았다. 바울은 그 범죄자를 용서하는 일이 그리스도께서 보시는 앞에서 한 것이라고 말한다.

고후 2:11. 이는 우리로 사탄에게 속지 않게 하려 함이라 우리가 그 계책을 알지 못하는 바가 아니로라(ἵνα μὴ πλεονεκτηθῶμεν ὑπὸ τοῦ Σατανᾶ· οὐ γὰρ αὐτοῦ τὰ νοήματα ἀγνοοῦμεν).

바울은 앞 절 하반 절(10b)에서 범죄자를 용서하는 것이 교회의 유익을 위해서 필요한 것이라고 말했는데 필요한 이유는 "우리로 사탄에게 속지 않게 하려 함이기" 때문이다. 용서할 사람을 용서해야 교회가 사탄에게 속지 않게 된다는 것이다. 만약 우리가 용서하지 않고 있으면 교회가 사탄에게 속는 것이다. 사탄이 원하는 것은 우리가 죄를 뉘우친 사람을 용서하지 않는 것이다. 그런고로 용서할 사람을 빨리 용서해야 사탄에게 속지 않게 된다.

바울은 사탄의 계책을 알고 있다고 말한다. 즉 "우리가 그 계책을 알지 못하는 바가 아니라"고 말한다. 사탄의 계책은 여러 가지이다. 믿지 않는 자로 하여금 계속해서 믿지 못하게 하며, 일단 믿은 사람들로 하여금 때때로 낙심하게 하는 계략을 꾸민다. 그리고 죄의식을 갖지 못하게 하여 회개를 하지 못하게 하는 계략도 있고, 죄의식을 가진 자에게는 지나치게 무겁게 하여 낙심지경에 이르게 하는 계략도 있다. 또 믿음을 좀 가진 자에게는 믿음을 가진 만큼 교만하게 하여 넘어뜨린다. 사탄은 우리로 하여금 기도를 게을리 하게 만들고 성경을 읽기 싫어하게 만들기도 한다. 또 본문과 같이 용서할 사람을 용서하지 못하게 하기도 한다. 수많은 계책이 있으니 항상 성경을 읽으면서 계속해서 기도 생활을 열심히 해야 사탄의 계략으로부터 멀리 떨어질 수가 있다.

C. 눈물의 편지를 보낸 후의 바울의 불안함   2:12-13

바울은 에베소에서 진행되었던 쓰디쓴 경험(1:8-10) 이후에 이제는 구체적으로 여정에 대해 변명한다. 그는 고린도로 가려던 여행 계획을 버리고 북쪽 드로아로 간다. 그는 에베소에서 한걸음 앞서 보낸 디도를 드로아에서 만나기로 했으나 만나지 못하여 심령이 편하지 못해 마게도냐로 건너간 것이다. 사실 드로아로 간 주된 목적은 이곳에서 복음을 전파하는 것이었으나 오랜 동안 고린도에서 돌아오는 디도를 만나지 못하여 하는 수 없이 마게도냐로 간 것이다.

고후 2:12. 내가 그리스도의 복음을 위하여 드로아에 이르매 주 안에서 문이 내게 열렸으되.

바울은 그리스도의 복음을 전파하기 위해 드로아[74]로 갔다. 드로아로 간 주된 목적은 복음 전도였지만 또한 에베소에서 한발 앞서 고린도로 파송한 디도를 드로아에서 만나기 위한 점도 있었다. 바울은 드로아에서 수개월간 복음을 전할 때 "주 안에서 문이 내게 열렸다"고 말한다(행 16:8; 20:6; 고전 16:9). 바울은 그 지방에서 전도할 때 주님께서 전도할 좋은 기회를 주신 것을 깨달았다. 그러나 그가 기다리던 디도가 오지 않자 적지 아니 실망하게 되었다. 주님을 봉사하기 위한 기회는 주님께서 주시는 법이다.

---

74) "드로아": 소아시아의 무시아(Mysia) 서북안에서 마게도냐로 건너가는 관문인 중요한 해항이다. 바울과 누가가 최초로 만난 것은 이 땅이었다고 생각되며, 바울은 여기서 환상을 보고 마게도냐로 전도하러 출발했었다(행 16:8-). 제 3차 전도여행 때 바울은 이곳을 거쳐 마게도냐로 건너갔다가(고후 2:12-13) 돌아오는 길에는 그보다 한 걸음 앞서 떠난 일행들과 이 성읍에서 만나 일 주일을 거기서 보냈다(행 20:5,6). 여기서 일행은 앗소로 출발하고, 바울은 단신 육로로 앗소에 가서, 거기서 일행과 만나 승선했다(행 20:13-). 드로아의 가보의 집에 겉옷과 책을 놔둔 것이 인용되고 있으나(딤후 4:13), 그 시기에 대해서는 분명치 않다. 오늘날은 터키 영의 에스키 스탄불(Eski Stanbul)이라 하는 황폐한 고지(古地)에 불과하다.

고후 2:13. 내가 내 형제 디도를 만나지 못하므로 내 심령이 편하지 못하여 그들을 작별하고 마게도냐로 갔노라.

바울은 복음 전할 좋은 기회를 얻었으나(앞 절) "내가 내 형제 디도를 만나지 못하므로 내 심령이 편하지 못하여 그들을 작별하고 마게도냐로 갔다"고 말한다. 형제 디도(7:5-6, 13-14; 8:6, 16, 23; 12:18)[75]가 고린도로부터 빨리 돌아오지 않자 마음이 편하지 못하여 드로아 사람들을 작별하고 고린도에 한발 더 가까운 마게도냐로 가서 디도를 기다리기로 했다. 바울이 눈물의 편지(중간서신)를 보내고 난 후 고린도 교회가 어찌 되었나하고 궁금하여 견딜 수 없었다(7:5 참조). 그는 고린도 교회를 지극히 사랑하는 사도였다.

III. 사도의 직무 2:14-7:1

바울은 마게도냐로 가서 그리스도의 복음을 왕성하게 전파했고(14-17절), 새 언약의 사도로서 구약의 직분들과는 달리 하나님으로부터 쓰임 받은 것을 말하며(3:1-18), 그러나 사도직은 힘들고도 영광스러운 직분임을 말한다(4:1-5:10). 그리고 바울은 화해를 위한 메시지를 전파하며(5:11-6:13), 고린도 교인들을 향하여 부정을 떠나 깨끗이 살라고 권고한다(6:14-7:1).

A. 복음의 놀라운 전진 2:14-17

---

75) "디도": 디도는 바울이 신임하던 동역자이며, 그의 긴 전도여행의 동행자로서, 그의 일을 잘 도왔다. 그런데도 디도에 대한 기사는 극히 적고 바울의 서신에 겨우 13번 정도 그의 이름이 나타날 뿐이다. 사도행전에서는 이상하게도 그의 이름을 발견할 수가 없다. 그렇기 때문에 사도행전에 나오는 디도 유스도가 혹시 디도가 아닌가라고 생각하는 학자도 있는데, 이것은 동의할 수 없다. 갈라디아서 2:3에 의해 그가 '할례 받지 않은 헬라인'이라는 것은 분명하나, 그의 출생지와 국적은 불명하다. 디도가 바울의 전도를 받고 개종한 것은 사도행전 15장과 갈라디아서 2:1-10에 있는 제 1회 예루살렘회의(49-50년 경) 이전으로써, 디도는 안디옥 교회를 대표하여 바울, 바나바와 더불어 이 회의에 참석했다(행 15:1-11; 갈 2:1). 이 점으로 미루어 볼 때, 그는 아마 안디옥에서 출생하여 거기서 바울에 의해 구원으로 인도되었는지도 모른다. 그것은 바울이 '나의 참 아들'(딛 1:4)이라고 부른 것으로서도 알 수 있다.

고후 2:14. 항상 우리를 그리스도 안에서 이기게 하시고 우리로 말미암아 각처에서 그리스도를 아는 냄새를 나타내시는 하나님께 감사하노라.

바울은 본 절에서 두 가지를 말하려고 한다. 하나는 "항상 우리를 그리스도 안에서 이기게 하시는" 하나님께 감사하는 것이었다. 바울은 마게도냐에서도 그리스도께서 주시는 승리를 기대하고 있다. 바울은 디도를 만날 것을 예상하고 갑자기 하나님께 감사하고 있다(7:6). 그리스도는 항상 우리에게 승리를 주시며 우리를 절대로 실망하게 하지 않으신다.

또 하나는 "우리로 말미암아 각처에서 그리스도를 아는 냄새를 나타내시는 하나님께 감사하는" 것이었다(아 1:3). 바울은 하나님께서 "우리로 말미암아 각처에서 그리스도를 아는 냄새를 나타내신다"고 말한다. 여기 "우리"란 '바울'을 뜻함인데 15절 하반 절에 보면 '그리스도의 향기' 역할을 하는 사람으로 되어 있다. 바울은 어디서나 그리스도의 향기 역할을 했다. 그러니까 "우리로 말미암아"란 말은 '바울의 향기로 말미암아'란 뜻이다. 바울은 하나님께서 바울을 사용하셔서 "각처에서 그리스도를 아는 냄새를 나타내신다"고 말한다. 다시 말해 어디를 가든지 사람들로 하여금 그리스도를 알게 하는 냄새를 풍기게 하신다는 것이다. 그는 에베소, 드로아, 마게도냐, 고린도 등 가는 곳마다 그리스도께서 주시는 승리를 맛보았고 마게도냐에서도 예외는 아니었다. 바울은 그렇게 되게 하신 하나님께 감사를 드리고 있다. 우리 자신들은 사람들에게 그리스도를 알게 하는 향기가 되어야 한다. 우리는 악취를 풍겨서는 안 될 것이다.

고후 2:15-16. 우리는 구원 받는 자들에게나 망하는 자들에게나 하나님 앞에서 그리스도의 향기니 이 사람에게는 사망으로부터 사망에 이르는 냄새요 저 사람에게는 생명으로부터 생명에 이르는 냄새라 누가 이 일을 감당하리요.

바울은 앞 절 상반 절(14a)에서는 디도를 만날 것을 예상하고 하나님께 감사했지만 하반 절(14b)에서는 그의 복음 전도에 하나님께서 크게 역사하시

는 것을 알고 하나님께 감사했는데 본 절은 앞 절 하반 절(14b)과 연결되어
있다. 바울은 "우리는 구원 받는 자들에게나 망하는 자들에게나 하나님
앞에서 그리스도의 향기라"고 말한다(4:3; 고전 1:18). 바울은 구원 얻을
자들에게나 망할 자들에게나 하나님 앞에서 그리스도의 향기 역할을 한다는
것이다. 그는 그가 만나는 사람들 전체에게 크게 영향을 끼치는 사람이었다.

바울은 "이 사람에게는 사망으로부터 사망에 이르는 냄새요 저 사람에게
는 생명으로부터 생명에 이르는 냄새라"고 말한다(3:18; 눅 2:34; 요 9:39;
롬 1:17; 벧전 2:7-8). 즉 망하는 자들에게는 "사망으로부터 사망에 이르는
냄새라"고 말한다. 영적으로 죽은 사람들에게는 바울의 복음이 더 영적으로
죽게 만드는 역할을 한다는 뜻이다. 복음 전파는 택함을 받지 못한 사람에게
는 복음으로부터 더 멀어지게 하여 더 어둔 삶을 살게 한다는 뜻이다. 그리고
바울의 복음은 구원을 받는 사람에게는 "생명으로부터 생명에 이르는 냄새
라"고 말한다. 영적으로 살아 있는 사람들에게는 바울의 복음이 더욱 생명이
넘치는 사람들로 만들게 한다는 뜻이다.

바울은 "누가 이 일을 감당하리요"라고 말한다(3:5-6; 고전 15:10). 다시
말해 누가 사람을 영적으로 죽이고 살리는 일을 감당할 것이냐는 질문이다.
이 질문에 대한 답은 다음 절(17절)이 답한다.

**고후 2:17. 우리는 수많은 사람들처럼 하나님의 말씀을 혼잡하게 하지 아니
하고 곧 순전함으로 하나님께 받은 것 같이 하나님 앞에서와 그리스도 안에
서 말하노라.**

바울과 참 종들은 "수많은 사람들처럼 하나님의 말씀을 혼잡하게 하지
아니한다"고 말한다. 여기 "수많은 사람들"이란 어떤 사람을 지칭하는지
구체적으로 지적하지 않았으나 아마도 바울을 반대하던 사람들을 지칭할
것이다. 이 사람들이 어떤 사람들인지는 고린도 교인들이 잘 알고 있었을
것이다. 바울의 말에 의하면 그 사람들은 하나님의 말씀을 혼잡하게 해서
전했다. 다시 말해 하나님의 말씀에다 자신들의 견해나 편견이나 세상 철학

등을 섞어서 전했다. 오늘도 강단에서 다른 복음을 전하는 사람들이 많이 있다. 바울과 참 종들은 하나님의 말씀에 다른 것을 섞지 않았다.

바울은 자신과 또 참 종들은 "순전함으로 하나님께 받은 것 같이 하나님 앞에서와 그리스도 안에서 말한다"고 한다. 여기 "순전함으로"란 말은 참으로 중요한 말이다(1:12; 4:2). "순전함"이란 혼잡과 정 반대개념이다. 하나님의 말씀에다가 아무 것도 섞지 않은 상태를 뜻한다. 바울은 하나님의 말씀에 아무 것도 섞지 않고 하나님께 받은 것을 그대로 전하되 하나님께서 보시는 앞에서 전했고 또 그리스도와 밀접하게 연합된 상태에서 전했다. 그렇게 해서 그는 두 역할 즉 사망으로 들어갈 자는 더 사망에 이르게 하고 생명으로 나아갈 사람은 더욱 생명을 얻는 데로 나아가게 했다. 오늘 우리는 하나님의 말씀 앞에서 순전해야 한다. 하나님의 말씀에 조금도 다른 것을 섞지 말고 그대로 전하되 하나님께서 보신다는 의식을 가지고 전하고 또 예수님과 완전히 밀접하게 연합된 상태에서 전해야 할 것이다. 그래서 많은 사람을 살리는 종들이 되어야 할 것이다.

제 3 장
새 언약의 직무

B. 새 언약의 직무   3:1-18

바울은 앞에서는 그의 여행계획을 변경한 것을 두고 변명하였으나 이제
이 부분(1-18절)에서는 새 언약의 직무에 대해 말하고 새 언약의 직무(사도
직)의 영광에 대해 말한다. 고린도 교회에서 바울의 사도직을 의심하고
부정하는데 대한 답변으로 준 말이다.

1. 바울 자신은 추천서가 필요 없는 사도이다   3:1-3

바울은 앞에서 그의 여행계획을 변경한 이유에 대해 변명한 후 이제는
사도직의 영광을 말하기에 앞서 서론격으로 바울은 추천이 필요 없는 사도라
고 말한다. 자천 타천 아무 것도 필요 없는 것을 역설한다. 그러나 이 말은
추천서의 무용론을 말하는 것은 아니며 바울 사도가 고린도 교회의 창립자인
고로 자천 타천이 필요 없다는 것이다.

고후 3:1. 우리가 다시 자천하기를 시작하겠느냐 우리가 어찌 어떤 사람처럼
추천서를 너희에게 부치거나 혹은 너희에게 받거나 할 필요가 있느냐.

바울은 "우리가 다시 자천하기를 시작하겠느냐"고 반문한다(5:12; 10:8,
12; 12:11). 2:17에서 바울이 자기를 너무 내 세우는 듯한 말을 했으니 고린도
교인들은 바울이 다시 자기를 천거하는 것 아니냐고 했을 수도 있으니 바울
은 자신을 추천하는 것은 아니라고 말한다.

그리고 바울은 "우리가 어찌 어떤 사람처럼 추천서를 너희에게 부치거나

혹은 너희에게 받거나 할 필요가 있느냐'고 말한다(행 18:27). "어떤 사람"이란 2:17에 언급한 "수많은 사람들"을 지칭한다. 즉 바울의 반대파의 사람들을 지칭한다. 바울은 자신이 어찌 어떤 사람들처럼 추천서를 누구에게서 받아서 너희에게 부치거나 혹은 너희로부터 추천서를 받거나 할 필요가 있느냐고 반문한다. 결코 없다는 것이다. 초대 교회에서도 추천을 받아 옮겨 다닌 경우가 많았다(행 9:1-2; 15:25; 18:27; 롬 16:1). 바울은 추천서를 사용하는 것을 반대한 것이 아니고 자신이 고린도 교회와의 관계에서 추천서가 필요 없다는 뜻이다. 오늘도 추천서가 많이 쓰이고 있으나 최고의 추천서는 하나님께서 인정하는 것임을 알고 하나님께 인정받아야 한다.

고후 3:2-3. 너희는 우리의 편지라 우리 마음에 썼고 뭇 사람이 알고 읽는 바라 너희는 우리로 말미암아 나타난 그리스도의 편지니 이는 먹으로 쓴 것이 아니요 오직 살아 계신 하나님의 영으로 쓴 것이며 또 돌 판에 쓴 것이 아니요 오직 육의 마음 판에 쓴 것이라.

바울은 자신을 자천할 필요도 없고 또 누구에게서 추천서를 받아서 고린도 교회에 부칠 필요가 없다고 했는데 그것은 바로 고린도 교회의 회심자들이 바울의 추천서가 되기 때문이라고 한다. 즉 바울은 "너희는 우리의 편지라"고 말한다(고전 9:2). 고린도 교회의 많은 회심자들은 바울의 복음 전파에 힘입어 회심하였으니 그 이상의 추천장은 세상에 다시없는 일이었다. 그 회심자들이 바울에게 추천서를 가져오라고 할 수가 없었다. 바울은 "우리 마음에 썼고 뭇 사람이 알고 읽는 바라"고 말한다. 고린도 교인들은 바울 자신에게뿐 아니라 다른 사람들이 분명히 읽어 볼 수 있는 편지였다. 타스커 (R. V. G. Tasker)는 "사도가 이 편지를 읽기 위해 항상 고린도 교인들과 함께 있을 필요는 없었다. 그들은 바울에게 너무나 사랑스러웠으므로 실제로 그는 가는 곳마다 그것을 가지고 있었으며 그것은 또한 그의 마음속에 기록되어 있다고 말할 수 있다"고 했다. 본문의 "알고 읽는 바라"(γινωσκομένη καὶ ἀναγινωσκομένη)는 말은 현재분사 수동태로 '계속해서 알려지고 있고 또 계속해서 읽혀지고 있다'는 뜻으로 많은 사람들에게 알려지고 있고 또 읽혀지고 있다는 뜻이다.

바울은 "너희는 우리로 말미암아 나타난 그리스도의 편지라"고 말한다(고전 3:5). '고린도 교회의 모든 회심자들은 바울 사도의 복음 전파로 말미암아 나타난, 그리스도로부터 온, 추천서'라는 것이다. "그리스도의 편지"란 말은 '그리스도로부터 온 편지,' '그리스도께서 써주신 추천서'라는 뜻으로 2절의 "우리의 편지"라는 말과 똑같은 말이다. 바울 사도는 그리스도의 추천서를 가지고 있으니 다른 추천서들을 더 가질 필요가 없는 것이었다. 오늘 우리도 그리스도께서 주신 추천서를 가지고 있어야 할 것이다.

바울은 그리스도의 편지는 "먹으로 쓴 것이 아니요 오직 살아 계신 하나님의 영으로 쓴 것이며 또 돌 판에 쓴 것이 아니요 오직 육의 마음 판에 쓴 것이라"고 말한다(출 24:12; 34:1). 바울은 그리스도의 추천서(회심자 자신들이 추천서이다)는 "먹으로 쓴 것이 아니요 오직 살아 계신 하나님의 영으로 쓴 것이며 돌 판에 쓴 것이 아니요 오직 육의 마음 판에 쓴 것이라"고 말한다(시 40:8; 렘 31:33; 겔 11:19; 36:26; 히 8:10). 다시 말해 '잉크로 쓴 것이 아니고 살아계신 하나님의 성령님에 의해서 회심 자들의 마음 판에 기록된 것'이라고 말한다. 회심 자들이 몇 명이나 되었는지는 모르나 회심 자들의 마음 판에 바울이야말로 참으로 사도라고 추천하고 있기에 바울은 그 누구한테서 추천서를 받을 필요가 전혀 없었다. 오늘날 주의 종들도 복음을 전파하여 수많은 회심 자들을 가져야 한다. 회심 자 한 사람 한 사람이 모두 주님의 종을 추천하는 사람들이 되게 해야 할 것이다.

2. 바울은 영(靈)으로 일하는 사도이다 3:4-6

바울은 앞(1-3절)에서 추천서가 필요 없는 사도임을 밝힌 다음 이 부분(4-6절)에서는 사도직의 영광에 대해 말한다. 바울은 구약의 직분과 사도직의 영광을 비교함에 있어 구약 직분은 율법 조문을 가지고 수행한다고 하고 사도직은 성령으로 수행한다고 말한다. 바울은 자신이 성령을 받아 일하는 사도임을 밝힌다.

고후 3:4-5. 우리가 그리스도로 말미암아 하나님을 향하여 이 같은 확신이 있으니 우리가 무슨 일이든지 우리에게서 난 것 같이 생각하여 스스로 만족할 것이 아니니 우리의 만족은 오직 하나님께로부터 나느니라.

바울은 "우리가 그리스도로 말미암아 하나님을 향하여 이 같은 확신이 있다"고 말한다. '바울은 부활하신 그리스도로 말미암아 하나님을 향하여 추천서가 필요 없다는 확신을 가지게 되었다'고 말한다. 여기 "그리스도로 말미암아"란 말은 '바울이 복음을 전할 때 부활하신 그리스도께서 고린도 교회의 회심 자들의 마음속에 나타나셔서 그리스도를 믿게 하심으로 말미암아'란 뜻이다. 바울은 복음을 전파할 때마다 복음을 들은 자들의 심령 속에서 그리스도께서 역사하셨기에 그리스도로 충만한 회심 자들에게 따로 추천서가 필요 없다고 확신했다. 바울은 그런 확신을 하나님을 향하여 가져도 될 것이라고 느꼈다. 결코 하나님으로부터 책망을 듣지는 않을 것이라는 생각을 가지게 되었다.

그러나 바울이 추천서가 필요 없다는 확신을 가지게 된 것은 자기가 선천적으로 잘 나서도 아니고 혹은 다른 방법으로 확신을 얻은 것이 아니라 전적으로 하나님으로부터 왔다고 고백한다. 즉 "우리가 무슨 일이든지 우리에게서 난 것 같이 생각하여 스스로 만족할 것이 아니니 우리의 만족은 오직 하나님께로부터 왔다"고 말한다(2:16; 요 15:5; 고전 15:10; 빌 2:13). 우리의 모든 확신이나 만족은 전적으로 하나님으로부터 오는 것이지 우리에게서 나지는 않는다. 만약 우리의 만족이 우리가 잘났기 때문에 혹은 우리가 잘 감당해서 온다고 생각한다면 그것은 금방 불행으로 이어지게 된다.

고후 3:6. 그가 또한 우리를 새 언약의 일꾼 되기에 만족하게 하셨으니

율법 조문으로 하지 아니하고 오직 영으로 함이니 율법 조문은 죽이는 것이요 영은 살리는 것이니라(ὃς καὶ ἱκάνωσεν ἡμᾶς διακόνους καινῆς διαθήκης, οὐ γράμματος ἀλλὰ πνεύματος· τὸ γὰρ γράμμα ἀποκτέννει, τὸ δὲ πνεῦμα ζῳοποιεῖ).

바울은 앞(4-5절)에서 하나님께서 자기를 추천서가 필요 없는 사도로 만드셨다고 했는데 이제는 "그(하나님)가 또한 우리를 새 언약의 일꾼 되기에 만족하게 하셨다"고 말한다. '하나님께서 자기를 새 언약76)의 일을 감당하는 일꾼이 되게 하셨다'고 말한다(5:18; 렘 31:31; 마 26:28; 고전 3:5; 15:10; 엡 3:7; 골 1:25, 29; 딤전 1:11-12; 딤후 1:11; 히 8:6-8). 사도직을 감당하게 하셨다는 뜻이다. 바울은 자신이 추천서만 필요 없는 사도가 아니라 사도직 자체를 잘 감당하는 사람이 되었고 말한다.

어떻게 해서 사도직을 감당하게 하셨는가. 하나님께서 "율법 조문으로 하지 아니하고 오직 영으로" 하셨기 때문이라고 한다(롬 2:27, 29; 3:20; 4:15; 7:6, 9-11; 갈 3:10). 하나님께서 바울에게 율법 조문을 주셔서 감당하게 하신 것이 아니라 성령을 주셔서 사도직을 감당하게 하셨다고 한다. 하나님께서 성령을 주셔서 성령을 의지하고 복음을 전하며 많은 회심 자를 내게 하셨다.

바울은 "율법 조문은 죽이는 것이요 영은 살리는 것이니라"고 말한다. 바울은 율법 조문과 영을 대조하고 한다. 율법 조문 즉 율법과 성령의 차이를 밝힌다. 율법은 사람을 죽이는 것이라고 말한다. 율법이 사람을 죽인다는 말은 사람이 율법을 알면 알수록 죄인임을 더욱 깨닫는다는 뜻이다(롬 5:20; 7:9, 11). 그리고 바울은 "영은 살리는 것이라"고 말한다(요 6:63; 롬 8:2). 바울은 성령을 받아서 사역하기에 사람으로 하여금 그리스도를 알게 해서 죄 사함을 받게 하여 구원에 이르게 하고 의에 이르게 하며 자유에 이르게 하고 기쁨에 이르게 한다는 것이다.

---

76) "새 언약"이란 말의 해석을 위해 고전 11:25 주해를 참조할 것.

3. 구약 직의 시들어가는 영광과 신약 직의 탁월한 영광 3:7-18

고후 3:7-8. 돌에 써서 새긴 죽게 하는 율법 조문의 직분도 영광이 있어 이스라엘 자손들은 모세의 얼굴의 없어질 영광 때문에도 그 얼굴을 주목하지 못하였거든 하물며 영의 직분은 더욱 영광이 있지 아니하겠느냐.

바울 사도는 구약 시대의 직분도 영광스러웠던 직분이었는데 신약 시대의 직분은 더욱 영광이 있다고 주장한다. 바울은 구약 시대의 직분에 대해 "돌에 써서 새긴 죽게 하는 율법 조문의 직분"이라고 묘사한다(출 34:1, 28; 신 10:1; 롬 7:10). 모세의 직분은 "돌에 써서 새긴 율법 조문의 직분"이라는 것이다. 모세는 율법 조문을 받아 선포하고 사람들로 하여금 실행하게 하는 직분이었다. 그런데 그 직분은 사람을 "죽게 하는 율법 조문의 직분"이었다. 율법은 사람을 죽게 하기 때문에 죽게 하는 직분이라고 불렸다. 율법은 사람으로 하여금 율법을 알게 하여 사람이 죄인이라는 것을 알게 하기 때문에 죽이는 것이라고 한다.

그런데 바울은 모세의 직분이 사람을 죽이는 율법 조문의 직분이지만 영광스러웠다고 말한다. 바울은 "이스라엘 자손들은 모세의 얼굴의 없어질 영광 때문에도 그 얼굴을 주목하지 못하였다"고 말한다(출 34:2930, 35). 모세가 십계명을 받은 다음 그 얼굴에 영광의 광채가 났었기 때문에 사람들은 그 얼굴을 주목할 수 없었다. 모세가 시내산에서 내려왔을 때 그는 하나님과 대면하여 이야기했으므로 자기 얼굴에서 광채가 난다는 사실을 깨닫지 못하다가 그런 영광을 본 아론과 이스라엘 모든 자손들은 그에게 접근하기를 두려워했다. 모세는 그들을 자기에게 불러 모으고 그들에게 율법을 읽어주고 나서 자기의 얼굴에 수건을 썼다. 그리고 시내산에 다시 올라갈 때에는 수건을 벗었다(출 20:1-20; 34:29-35).

바울은 사람을 죽이는 율법을 받아 시행하는 직분도 영광이 있었다면 "하물며 영의 직분은 더욱 영광이 있지 아니하겠느냐"고 말한다(갈 3:5). 영의 직분을 받아 성령의 능력으로 그리스도를 전하여 사람으로 하여금 그리스도를 알게 하여 구원을 받게 하고 의롭다함을 얻게 하는 신약의 직분이 더욱 영광스럽다고 말한다(갈 3:24). 사람을 죽이는 직분과 사람을 살리는 직분의 영광은 비교할 수 없을 정도로 큰 차이가 있다.

고후 3:9. 정죄의 직분도 영광이 있은즉 의의 직분은 영광이 더욱 넘치리라
(εἰ γὰρ τῇ διακονίᾳ τῆς κατακρίσεως δόξα, πολλῷ μᾶλλον περισσεύει ἡ διακονία τῆς δικαιοσύνης δόξῃ).

본 절 초두에는 이유접속사(γὰρ)가 있어 앞 절(8절)에 말한바 영의 직분이 더욱 영광스러운 이유를 본 절이 밝힌다(롬 1:17; 3:21). 영의 직분이 영광스러운 이유는 "정죄의 직분도 영광이 있기" 때문이라고 한다. 바울은 율법을 선포하여 사람으로 하여금 죄인임을 깨닫게 하는 정죄의 직분도 영광이 있다고 하면 사람들을 의롭게 만들어 구원에 이르게 하는 의의 직분은 영광이 더욱 넘친다고 말한다. 그 영광은 다른 어떤 직분의 영광과 비교도 되지 않는다는 것이다.

고후 3:10. 영광되었던 것이 더 큰 영광으로 말미암아 이에 영광될 것이 없으나.

본 절 초두에는 이유접속사(γὰρ)가 나타나 앞에서(9절) 말한바 "의의 직분이 영광이 더욱 넘치는" 이유를 본 절이 밝히고 있다. 즉 의(義)의 직분이 영광이 더욱 넘치는 이유는 "영광되었던 것이 더 큰 영광으로 말미암아 이에 영광될 것이 없기" 때문이라는 것이다. 과거 구약의 직분은 신약의 더 큰 영광으로 말미암아 이에 영광될 것이 없기 때문에 신약의 의(義)의 직분은 영광이 더욱 넘친다는 것이다. 바울은 9절에서나 10절에서나 구약 직분의 영광과 신약 직분의 영광을 비교하고 있다.

고후 3:11. 없어질 것도 영광으로 말미암았은즉 길이 있을 것은 더욱 영광 가운데 있느니라.

본 절 초두에도 역시 이유 접속사(γὰρ)가 나타나 신약의 직분이 더 영광스러운 이유를 말한다. 즉 "없어질 것도 영광으로 말미암았은즉 길이 있을 것은 더욱 영광 가운데 있다"고 말한다. 없어질 구약의 직분도 영광스러웠으니 영원히 있을 신약 직분의 영광은 더욱 영광스럽다는 것이다. 구약의 모세의 직분은 예수님께서 오심으로 영광될 것이 없어졌다. 다시 말해 구약의 율법은 사람들로 하여금 예수님에게로 인도하는 몽학선생에게 지나지 않게 되었다.

고후 3:12. 우리가 이 같은 소망이 있으므로 담대히 말하노니.

바울은 본 절부터 18절까지 구약 직(職)의 영광은 수건으로 가리어지나 신약 직의 영광은 가리어지지 않는다고 말하여 신약 직이 더 영광스럽다고 말한다.

바울은 "우리가 이 같은 소망이 있으므로 담대히 말한다"고 주장한다 (7:4; 엡 6:19). 여기 "이 같은 소망"이란 문맥에 의하여 '신약의 직분이 구약의 직분보다 훨씬 영광스럽다는 현재의 확신을 넘어 앞으로 더 영광스러울 것이라는 소망'을 지칭한다. 바울이 "소망"이란 말을 사용한 것은 미래에 가지는 확신이기 때문에 소망이라는 말로 표현했다. 다시 말해 "그가 가진 확신이 현재뿐만 아니라 미래에 관한 것이기 때문이다"(Hodge). 그러기에 바울은 "담대히 말한다"고 한다(엡 3:12; 6:19; 빌 1:20 참조). 여기 "담대히"(πολλῇ παρρησίᾳ)란 말은 '큰 담대,' '큰 솔직,' '공공연히 말함'이란 뜻으로 바울은 조금도 주저함이 없이 큰 담대함을 사용한다고 말한다. 바울은 하나님께서 주시는 영광이 대단함을 깨닫고 담대하게 복음을 말하게 되었다. 그러기에 그는 유대인들과 더욱 충돌했다.

고후 3:13. 우리는 모세가 이스라엘 자손들에게 장차 없어질 것의 결국을 주목하지 못하게 하려고 수건을 그 얼굴에 쓴 것 같이 아니하노라.

바울은 구약의 모세와 차이가 있다고 주장한다. 바울은 모세가 한 행동을 하지 않겠다고 말한다. 모세는 얼굴을 가렸는데 바울은 영광을 가리지 않을 것이라고 말한다. 바울은 모세가 얼굴을 가린 것과는 달리 신약 직의 영광을 알고 사도직의 영광을 가리지 않는다는 것을 말하기 위해 출 34:29-35을 성령에 의하여 해석하여 본 절에 기록했다. 바울은 모세가 자기 얼굴에 나타났던 영광이 장차 없어질 것을 두려워하여 이스라엘 자손들로 하여금 주목하지 못하도록 수건을 그 얼굴에 썼다고 증언한다. 그러나 바울은 자기의 영광을 가리지 않는다고 말한다. 모세는 백성과 이야기할 때에는 그 수건을 가리지 않았고 말을 마친 후에 얼굴을 가렸다(출 34:33). 그런 다음 하나님께 나아갈 때 그 수건을 벗었다. 모세는 영광스러운 얼굴로 하나님의 말씀을 전했고 그 후에 그 영광이 사라지고 마는 실망스러운 모습을 보이지 않기 위해 수건으로 얼굴을 가렸다(롬 10:4; 갈 3:23).[77] 그리고 다시 빛을 받기 위해 하나님 앞에 나아갔다고 볼 수 있다.

모세가 자기의 얼굴을 가린 이유는 자기 얼굴에 나타난 영광이 일시적이요 없어질 것임을 분명히 알고 백성들이 그것을 보고 현혹되어 거기에 영원한 가치를 두지 못하도록 하기 위함이었다. 다시 말해 바울은 모세의 율법이 그리스도가 오시기까지이며 그리스도가 오시면 그 목적을 성취하는 것임에도 불구하고 백성들이 율법에 절대 가치를 부여하여 그것을 숭배하려는 의도를 방지하기 위하여 율법의 상징인 광채를 모세가 수건으로 가린 것으로 본 것이다. 그리스도의 빛은 영원히 사라지지 않을 것이며 그리스도를 전파하는 신약 직의 영광도 없어지지 않을 것이니 수건으로 가릴 필요가 없었다는 것이다.

고후 3:14-15. 그러나 그들의 마음이 완고하여 오늘까지도 구약을 읽을 때에 그 수건이 벗겨지지 아니하고 있으니 그 수건은 그리스도 안에서 없어질 것이라 오늘까지 모세의 글을 읽을 때에 수건이 그 마음을 덮었도다.
바울은 앞(13절)에서 모세가 이스라엘 자손들로 하여금 없어져가는 영광

---

77) 바울은 성령으로 이것을 특별히 깨달았다.

을 보지 못하게 하려고 자기의 얼굴에 수건을 쓴 것을 하나의 예언으로, 그리고 비유로 든 것을 말한 다음 본 절에서는 유대인들이 수세기를 지난 바울 당시에도 마음이 완고해서 구약(모세의 글)을 읽을 때에 수건이 없어지지 않고 있어서 모세의 글을 이해할 수가 없었다고 말한다. 모세의 행위 즉 모세의 얼굴에 있는 영광이 없어져가는 것을 주목하지 못하게 하려고 수건을 쓴 것은 하나의 예언이었고 비유였는데 그 예언과 비유가 바울 당시의 유대인들에게 잘 성취되어 유대인들이 구약성경의 영광을 보지 못하게 되었다는 것이다.

바울은 유대인들의 "마음이 완고하여 오늘까지도 구약을 읽을 때에 그 수건이 벗겨지지 아니하고 있다"고 말한다(4:4; 사 6:10; 마 13:11, 14; 요 12:40; 행 28:26; 롬 11:7-8, 25). 여기 "완고하여"(ἐπωρώθη)란 말은 부정(단순)과거 수동태로 '완고해졌다,' '우둔하게 되었다,' '무감각하게 되었다'는 뜻으로 유대인들의 마음이 둔해졌다는 뜻이다.[78] 그들의 마음이 둔해져서 바울 당시(모세시대로부터 거의 15세기가 지난 때였다)에도 구약 성경의 내용(구약성경은 예수님을 지시하고 있으니 영광스러운 글이다)을 알 수가 없었다. 예언은 항상 놀랍게 성취된다.

바울은 "그 수건은 그리스도 안에서 없어질 것이라"고 말한다. 누구든지 그리스도를 주님으로 믿으면 마음을 가리고 있던 수건은 일시에 걷혀서 구약을 깨달을 수 있다는 말이다. 사람이 그리스도를 믿지 않으면 구약을 아무리 읽어도 구약 성경을 이해할 수가 없다. 바울은 유대인들이 "오늘까지 모세의 글을 읽을 때에 수건이 그 마음을 덮었다"고 말한다. 바울은 유대인들이 비참하다고 말한다. 모세의 얼굴에 덮였던 수건이 거의 15세기가 지나도록 벗겨지지 아니하고 있게 되었다는 것이다. 그들이 예수님을 배척한 벌을

---

78) 여기 "완고하여"란 말을 번역할 때 대부분의 한글 성경은 "완고하여"라고 번역했고 다만 공동번역, 현대인의 성경만 "어두워졌고"라고 번역했고 그리고 영어번역도 대부분 "완고하여"(hardened)로 번역했는데 다만 KJV. KJVS, NKJV 등 몇 가지만 "어두워졌다"(blinded)로 번역했다. 완고한 것이나 어두워진 것이나 뜻은 같다고 할 수 있다. 이유는 사람이 어두워지면 완고해지고 또 완고해지면 어두워진다.

크게 받고 있었다.

고후 3:16. 그러나 언제든지 주께로 돌아가면 그 수건이 벗겨지리라.

바울은 14절 하반 절("그 수건은 그리스도 안에서 없어질 것이라")에서 한 말을 본 절에서 반복한다. 14절 하반 절에서는 "그리스도 안에서"라고 말했는데 본 절에서는 "주께로 돌아가면"이란 말로 바꾸었다(출 34:34; 롬 11:23, 26). 똑같은 뜻이다.

바울은 출 34:34("모세가 여호와 앞에 들어가서 함께 말할 때에는 나오기까지 수건을 벗고 있다가")의 말씀을 가지고 유대인들에게 적용시킨다. 모세는 여호와 앞에 들어가서 함께 말할 때에는 수건을 벗고 말했는데 유대인들도 여호와와 똑같으신 예수님께로 돌아가면 그 수건이 벗겨진다는 것이다. 그들은 언제든지 예수님만 믿으면 구약 성경을 잘 깨달을 수 있다는 뜻이다(사 25:7). 사람은 누구든지 예수님을 주님으로 믿으면 그 마음에 덮여있던 수건이 벗겨져 구약을 깨달을 수 있다.

고후 3:17. 주는 영이시니 주의 영이 계신 곳에는 자유가 있느니라(ὁ δὲ κύριος τὸ πνεῦμά ἐστιν· οὗ δὲ τὸ πνεῦμα κυρίου, ἐλευθερία).

바울은 본 절에서 사람들이 "주께로 돌아가면"(앞 절) 사람들의 마음을 덮고 있는 수건이 왜 벗어지는지에 대하여 설명한다(레온 모리스).[79] 주께로 돌아가면 수건이 벗어지는 이유는 "주는 영이시니 주의 영이 계신 곳에는 자유가 있기" 때문이다(6절; 고전 15:45). 예수님을 믿으면 수건이 벗어져서 구약 성경이 깨달아지는 이유는 성령님이 계신 곳에 수건이 벗겨지기 때문이다. 그러니까 예수님을 믿는 것이나 성령을 받는 것은 동일한 사건이다.

바울은 "주는 영이시라"고 말한다. 다시 말해 '예수님은 영'이시라고 말한다. 바울은 "주"(예수님)와 "영"(성령님)을 보통 구분하여 말하지만(고

---

79) 타스커(R. V. G. Tasker), *고린도후서*, p. 78.

전 12:3-5; 고후 13:13), 활동(기능)면에 있어서는 주님과 성령님은 하나이시
라고 말한다(롬 8:9-11; 고전 15:45b). 요 10:30 참조. 이유는 부활하신 주님의
생명이 성도들에게 전달되는 것은 성령님에 의해서 되기 때문이다. 우리는
주님과 성령님을 보통 구분해야 하지만 활동 면(dynamically)에 있어서는
하나라는 사실을 알아야 한다.

바울은 연이어 "주의 영이 계신 곳에는 자유가 있다"고 말한다. 성령님이
계신 곳에는 자유가 있다는 뜻이다. 다시 말해 성령님이 계시면 수건으로부
터 자유로워진다는 뜻이다. 성령님이 계시면 성령님의 역사에 의해 예수님을
알게 되니 구약 성경을 덮었던 수건이 말끔히 없어져서(자유로워져서) 구약
성경을 분명하게 알게 된다는 것이다. 그러니까 14절 하반 절의 "그 수건은
그리스도 안에서 없어질 것이라"는 말, 16절의 "언제든지 주께로 돌아가면
그 수건이 벗겨지리라"는 말씀과 본 절의 "주의 영이 계신 곳에는 자유가
있느니라"는 말씀은 동일한 뜻을 가지고 있다. 자유란 다름 아니라 유대인들
의 얼굴을 덮었던 수건으로부터 자유로워지는 것을 지칭한다.

성령님이 역사하시면 이외에도 수많은 것으로부터 우리를 자유하게 만
든다. 타스커(R. V. G. Tasker)는 "주의 영이 계신 곳에는 율법이나(갈 5:18),
두려움이나(롬 8:15), 죄나(롬 7:6), 혹은 썩어짐(롬 8:21-22) 등 어떤 종류의
속박으로부터든지 자유함이 있다. 노예로부터 회심한 사람들일지라도 하나
님의 자녀로서의 영광스러운 자유를 누릴 수 있다"고 주장한다.[80] 오늘
누구든지 성령님(주님)께로 돌아가면 마음의 완고함 즉 마음을 덮었던 완고
함으로부터 해방되는 것이다. 누구든지 예수님을 믿으면, 다시 말해 성령을
받고 계속해서 성령의 충만을 구하면 구약의 뜻을 분명하게 알게 된다.
우리는 눈을 가리고 마음을 가리는 각종 수건으로부터 자유로워지기 위해서
계속해서 성령의 충만을 간구해야 한다.

---

80) 타스커(R. V. G. Tasker), 고린도후서, p. 79.

고후 3:18. 우리가 다 수건을 벗은 얼굴로 거울을 보는 것 같이 주의 영광을 보매 그와 같은 형상으로 변화하여 영광에서 영광에 이르니 곧 주의 영으로 말미암음이니라.

바울은 앞 절(17절)에서는 성령님의 역사에 의해서 우리의 마음을 덮었던 수건으로부터 자유함을 얻는다고 말했는데, 이제 본 절에서는 성령님의 역사에 의해서 우리가 예수님을 닮아서 성화되어 나간다고 말한다.

바울은 "우리가 다 수건을 벗은 얼굴로 거울을 보는 것 같이 주의 영광을 본다"고 말한다(4:4, 6; 고전 13:12; 딤전 1:11). 즉 '우리가 성령님의 역사에 의해서 다 마음을 덮었던 수건이 벗겨져 마치 거울81)로 얼굴을 밝히 보는 것 같이 예수님의 무한한 영광을 보게 된다'고 말한다. 성령님께서 역사하시면 우리는 예수님을 알게 되고 따라서 우리의 완악함이 사라져서 마치 거울로 우리의 얼굴을 보는 것 같이 예수님의 영광을 보게 된다. 성령님이 역사하시면 우리는 예수님의 무한한 영광을 보게 된다. 예수님의 위대하심, 사랑, 자비, 긍휼, 온유하심, 겸손하심, 예수님의 모든 위대하신 속성을 알게 된다.

그리고 또 성령님께서 역사하시면 "그와 같은 형상으로 변화하여 영광에서 영광에 이르게 된다"고 말한다(롬 8:29; 고전 15:49; 골 3:10). 성령님께서 역사하시면 우리는 예수님의 형상으로 매일 변화되어 영광에서 영광으로 변하게 된다. 여기 "영광에서 영광으로"(2:16주해 참조)란 말은 '계속해서 영광스럽게 변화되어 간다'는 뜻이다. 앞의 영광과 뒤의 영광이 다른 것은 아니고 계속해서 매일 성화되어 간다는 것을 뜻하는 말이다(요일 3:2 참조).

바울은 이런 모든 작업들(예수님을 보게 되는 일, 예수님처럼 변화되어 가는 일들)은 "주의 영으로 말미암는다"고 말한다. 성령님께서 역사하셔서 모든 일이 진행된다는 뜻이다. 그런고로 우리는 매일 성령님의 주장과 인도를 구해야 한다.

---

81) 여기 사도가 "거울"이라고 말한 것은 고전 13:12에서 말한 "거울"과는 다른 거울을 지칭하고 있다. 즉 문맥에 의하여 고전 13:12의 거울은 희미한 거울을 뜻했는데 본 절에 나오는 "거울"은 '아주 밝은 거울'을 지칭한다고 할 수 있다.

제 4 장
바울은 그리스도 때문에 고난도 받고 영광도 받는다

C. 사도직의 고됨과 영광 4:1-5:10

바울은 앞 장(3장)에서 새 언약의 직무에 대해 말하고 또 새 언약의
직무(사도직)의 영광에 대해 말한 다음 4장에 들어와서는 사도의 용기의
근원은 무엇인가를 말하고(1절) 하나님의 보배와 질그릇 같은 사도직에
대해 말하며(2-15절) 우리의 잠시 받는 환난과 영원한 영광에 대해 언급한다
(16-18절).

1. 사도의 용기의 근원 4:1

**고후 4:1. 그러므로 우리가 이 직분을 받아 긍휼하심을 입은 대로 낙심하지
아니하고(Διὰ τοῦτο, ἔχοντες τὴν διακονίαν ταύτην καθὼς ἠλεήθημεν,
οὐκ ἐγκακοῦμεν).**

바울은 문장 초두에 "그러므로"(Διὰ τοῦτο)라는 단어를 사용한다. 즉
자신이나 동역자들(디모데나 디도-고전 4:9 참조)은 그리스도를 바라봄으로
그리스도와 같은 형상으로 변화하여 영광에서 영광에 이를 것이니(3:12-18)
"그러므로 우리가 이 직분을 받아 긍휼하심을 입은 대로 낙심하지 아니한다"
고 말한다. 바울은 구약의 모세나 선지자들은 생각도 하지 못한 신약의
직무에 속한 사도의 직분(3:6)을 하나님의 긍휼에 의해 받았기에(고전 7:25;
딤전 1:13, 16) 절대로 낙심하지 않는다고 말한다. 본문의 "긍휼하심을 입은
대로"("as we have received mercy")란 말은 바울이 이미 앞장(3:1-18)에서
하나님의 긍휼을 입은 것을 지칭한다. 그 이상의 긍휼은 세상에 없다.

바울은 그가 하나님의 긍휼하심을 입어 사도의 직분을 받았으니 낙심하지 않는다고 말한다. 율법주의자들의 공격, 이방인들의 공격, 고린도 교회 안에 있는 반대자들의 공격이 와도 그는 낙심하지 않는다는 것이다. 그는 그런 공격과 박해를 능히 감당할만한 긍휼을 입은 사도였다. 오늘 우리도 계속해서 하나님의 긍휼을 구해야 한다. 바울은 16절에 가서도 역시 낙심하지 않는다고 당당히 말한다.

2. 하나님의 보배와 질그릇 4:2-15

고후 4:2. 이에 숨은 부끄러움의 일을 버리고 속임으로 행하지 아니하며 하나님의 말씀을 혼잡하게 하지 아니하고 오직 진리를 나타냄으로 하나님 앞에서 각 사람의 양심에 대하여 스스로 추천하노라.

바울은 앞에서(1절) 사도의 직분을 감당하다가 생기는 어려운 환경 앞에서 낙심하지 않는다고 말했는데, 본 절에서는 "이에 숨은 부끄러움의 일을 버리고 속임으로 행하지 아니하며 하나님의 말씀을 혼잡하게 하지 아니한다"고 말한다(2:17; 살전 2:3, 5). 사도는 하나님의 긍휼에 의해 영광스러운 직분을 받았으니 "숨은 부끄러움의 일을 버렸다"(ἀπειπάμεθα τὰ κρυπτὰ τῆς αἰσχύνης)고 말한다. 여기 "버렸다"(ἀπειπάμεθα)는 말은 부정(단순)과거 중간태로 '스스로 포기했다,' '스스로 버렸다'는 뜻으로 바울은 "숨은 부끄러움의 일"을 온전히 버렸다고 말한다. 영광스러운 사도직을 부여받은 사도로서 '불명예스러운 공평치 못한 방법들'(disgraceful underhanded ways-RSV)을 버렸다고 말한다. 바울에게는 "파렴치한 정치가의 교활성이나 환심을 사려고 하는 장사꾼의 속임수도 없었다"(R. V. G. Tasker). 오늘 우리 역시 교활함과 속임수를 온전히 버려야 한다.

그리고 바울은 "속임으로 행하지 않았다"(μὴ περιπατοῦντες ἐν πανουργίᾳ)고 말한다(11:3 참조). 즉 '남을 속이면서 복음을 전하지 않았다'고 말한다. 남을 속이는 일과 복음을 전하는 일은 정 반대이다. 남을 속이는 일은 남을 죽이는 것이고 남에게 복음을 전하는 것은 남을 살리는 일이다.

바울은 또 "하나님의 말씀을 혼잡하게 하지 아니했다"(μηδὲ δολοῦντες τὸν λόγον τοῦ θεου)고 말한다(12:16 참조). 다시 말해 하나님의 말씀에다가 다른 것들을 섞지 않았다고 한다. 인간의 철학들, 율법주의자들의 이론들을 섞어서 전하지 않았다고 한다. 오늘 십자가 복음을 전하면서 철학, 인간학, 심리학, 인문학 등을 섞어서 전해서는 안 된다.

바울은 "오직 진리를 나타냄으로 하나님 앞에서 각 사람의 양심에 대하여 스스로 추천한다"고 말한다(6:4, 7; 5:11; 7:14). 그는 오직 진리를 나타내는 일에 전심했다. 여기 "진리"란 3절의 "복음"이란 말, 4절의 "복음"이란 말과 동의어이다. 그는 진리 즉 복음을 제시하되 복음을 그대로 제시하여 각 사람의 양심에 닿게 했다. 우리는 복음을 그대로 전하되 많은 기도로 준비하여 하나님 앞에서 각 사람의 양심을 강타해야 한다.

고후 4:3-4. 만일 우리의 복음이 가리었으면 망하는 자들에게 가리어진 것이라 그 중에 이 세상의 신이 믿지 아니하는 자들의 마음을 혼미하게 하여 그리스도의 영광의 복음의 광채가 비치지 못하게 함이니 그리스도는 하나님의 형상이니라.

바울은 앞 절에서 복음 전도자로서 공평하지 못한 방법들을 버리고 또 교활함을 버리고 순전히 하나님의 말씀을 전해서 각 사람의 양심을 강타한다고 했는데 그럼에도 불구하고 복음을 믿지 않는 사람들이 있다고 본절(3절)에서 말하고 4절에서는 믿지 못하는 이유를 말한다.

바울은 "만일 우리의 복음이 가리었으면 망하는 자들에게 가리어진 것이라"고 말한다(2:15; 고전 1:18; 살후 2:10). 바울이 전하는 복음이 가려진 사람이 있다고 하면 그것은 망하는 자들에게 가려진 것이라고 한다. 성경에는 망할 자들이 있다고 말한다. 하나님의 택함을 받지 못한 사람들은 망할 자들이다(2:15; 고전 1:18). 바울은 2:15에서 "망하는 자들"이 있다고 말한다.

바울은 복음의 기쁜 소식을 들을 수 없는 사람들이 세상에 있는 이유를 4 절에서 말한다. 복음이 사람의 양심에 가서 닿지 않는 이유는 복음 자체에 문제가 있는 것이 아니라 사탄의 작용이라고 말한다(이들은 하나님의 선택을 받지 못한 자들이다). 즉 바울은 "그 중에 이 세상의 신이 믿지 아니하는 자들의 마음을 혼미하게 하여 그리스도의 영광의 복음의 광채가 비치지 못하게 한다"고 말한다(3:14; 사 6:10; 요 12:40). "이 세상의 신" 곧 '사탄'(요 12:31; 14:30; 16:11; 엡 6:12)이 믿지 아니하는 자들의 마음을 혼미하게 하여 그리스도의 영광의 복음이 비치지 못하게 하는 것이라고 한다(6절; 3:8-9, 11, 18). 바울은 그리스도를 다시 설명하면서 "하나님의 형상"이라고 묘사한다(3:18; 요 1:18; 12:45; 14:9; 빌 2:6; 골 1:15; 히 1:3). 이 말씀은 그리스도가 하나님의 본체라는 뜻이다(요 1:1-2; 17:5; 빌 2:6; 골 1:15; 히 1:3). 하나님 자신이 나타나셔서 우리의 죄를 대신하여 십자가에서 죽었다고 하는 복된 소식을 들으면서도 전혀 감동이 없는 사람들이 있는데 그 이유는 사탄이 영광의 복음의 광채가 비치지 못하게 하기 때문이다. 바울은 고린도 교회 안에도 그런 사람들이 있는 것을 직감하고 이런 말씀을 했을 것이다. 오늘도 그런 사람들은 세상에 많이 있다. 그리스도의 복음을 들었으면서도 전혀 감동이 없고 움직임이 없는 사람들이 많다.

고후 4:5. 우리가 우리를 전파하는 것이 아니라 오직 그리스도 예수의 주 되신 것과 또 예수를 위하여 우리가 너희의 종 된 것을 전파함이라.

본 절 초두에는 이유를 나타내는 접속사(γὰρ)가 있어 앞(3-4절)에서 믿지 아니하는 자들이 있는 이유를 분명히 드러내고 있다. 그것은 바울이 잘 못 증거해서 생긴 일이 아니라고 한다. 바울은 분명히 복음을 전했다고 본 절에서 말한다. 그는 "우리가 우리를 전파하는 것이 아니라 오직 그리스도 예수의 주 되신 것과 또 예수를 위하여 우리가 너희의 종 된 것을 전파함이라"고 말한다(고전 1:13, 23; 10:33). 바울은 먼저 자신이 자신을 전파한 것이 아니라고 말한다. 바울 당시에도 돌아다니면서 자신을 전파하는 사람들이 있었는데 바울은 결코 자신을 선전한 일이 없다고 말한다.

바울은 본 절에서 두 가지를 전한다고 말한다. 하나는 "오직 그리스도 예수의 주 되신 것"을 전파한다고 말한다(롬 10:9; 고전 12:3; 빌 2:11). '예수님께서 우리의 주님이 되신다는 것'을 전파한다고 한다. 예수님은 우리의 창조주이시고 통치주이시며 심판주이시고 재림주이시며 교회의 주관자이시다. 또 하나는 "예수를 위하여 우리가 너희의 종 된 것을 전파한다"고 말한다(1:24; 고전 9:19). 예수님을 전파하기 위하여 바울이 고린도 교회의 종노릇을 하고 있다는 뜻이다(롬 1:1; 빌 1:1 등). 오늘도 역시 주님의 종들은 교회의 종이 되어야 한다.

고후 4:6. 어두운 데에 빛이 비치라 말씀하셨던 그 하나님께서 예수 그리스도의 얼굴에 있는 하나님의 영광을 아는 빛을 우리 마음에 비추셨느니라.

본 절 초두에는 이유를 말해주는 접속사(ὅτι)가 있어 바울이 앞 절(5절)에서 말씀한바 그리스도 예수를 전파한 이유와 또 바울이 고린도 교인들의 종이 된 이유를 본 절에서 설명하고 있다. 그 이유는 "어두운 데에 빛이 비치라 말씀하셨던 그 하나님께서 예수 그리스도의 얼굴에 있는 하나님의 영광을 아는 빛을 우리 마음에 비추셨기" 때문이었다(4절; 창 1:3; 벧전 2:9; 벧후 1:19). 다시 말해 하나님의 빛이 바울의 마음에 비치셨기 때문에 바울은 예수님을 전파하고 있고 또 고린도 교인들의 종이 된 사실을 전파한다는 것이다.

바울은 우주 창조 때 하나님께서 "어두운 데에 빛이 비치라"(창 1:3)고 하셨는데 바로 "그 하나님께서 예수 그리스도의 얼굴에"에 "하나님의 영광"이 있게 하셨다고 말한다. "예수 그리스도의 얼굴에 있는 하나님의 영광"이란 '예수 그리스도에게 나타나신 하나님의 영광'이란 뜻이다. 예수님은 '하나님의 빛,' '하나님의 위대하심,' '하나님의 모든 속성'을 지니고 계신다.

천지 창조 때 "빛이 있으라"고 명령하셨던 하나님은 신약 시대에 이르러 또 명령을 하신 것이 아니라 예수 그리스도 안에 하나님의 빛, 즉 하나님의 영광을 현시(顯示)하셨다(요 1:18; 14:9). 그리고 하나님은 바울과 우리에게 예수님 안에 있는 하나님의 영광을 아는 빛을 비추셨다. 다시 말해 하나님의 영광을 알게 하는 빛 즉 성령을 주셨다. 하나님께서 예수님 안에 있는 하나님의 영광을 알게 하는 성령을 주시지 않았다면 예수님이 어떤 분인지 알 수 없었을 것이다. 바울은 다메섹 도상에서 예수님을 아는 빛 곧 성령님을 받았다.

고후 4:7. 우리가 이 보배를 질그릇에 가졌으니 이는 심히 큰 능력은 하나님께 있고 우리에게 있지 아니함을 알게 하려 함이라.

바울은 앞(6절)에서 "예수 그리스도의 얼굴에 있는 하나님의 영광"을 아는 빛을 받았다고 말했는데 이 두 가지 즉 예수 그리스도에게 현시된 하나님의 영광과 그 영광을 아는 빛을 받은 자신을 본 절에서 다른 비유로 대조하고 있다. 즉 바울은 "우리가 이 보배를 질그릇에 가졌다"고 말한다(5:1). '복음(그리스도)을 질그릇같이 연약한 자기가 가지고 있다'고 말한다. 귀한 보배는 귀한 그릇에 담아야 하는데 질그릇같이 연약하고 깨지기 쉽고 불완전한 인간에게 맡겨졌다고 말한다(10:1, 10 참조).

바울은 귀한 복음이 연약한 인간에게 맡겨진 이유는 "심히 큰 능력은 하나님께 있고 우리에게 있지 아니함을 알게 하려 하기" 때문이라고 한다(12:9; 고전 2:5). '복음의 큰 능력이 하나님께 있고 우리 인간에게 있지 아니함을 나타내기 위함이라'는 것이다. 우리는 복음을 자랑할 일이지 질그릇을 자랑해서는 안 된다(고전 1:26-31).

고후 4:8-9. 우리가 사방으로 우겨쌈을 당하여도 싸이지 아니하며 답답한 일을 당하여도 낙심하지 아니하며 박해를 받아도 버린바 되지 아니하며 거꾸러뜨림을 당하여도 망하지 아니하고.

바울은 질그릇같이 연약하고 불완전한 자신과 복음 전도자(7절)는 네 가지 환난을 받으면서도 질그릇 안에 있는 그리스도 때문에 환난에서 넘어지지 않는다고 말한다. 첫째, 바울은 "우리가 사방으로 우겨쌈을 당하여도 싸이지 아니한다"고 말한다(7:5). 사도는 마게도냐 지방에 이르러 사방으로부터 우겨쌈을 당해도(7:5) 싸이지 아니한다고 말한다. 여기 "우겨쌈을 당해도"(θλιβόμενοι)란 말은 현재분사 수동태로 '현재 꽉 죔을 당해도'란 뜻으로 바울이 그 현장에서 원수들에 의해서 둘러싸여 있는 것을 지칭한다. 그리고 "싸이지"(στενοχωρούμενοι)란 말도 역시 현재 분사형으로 '지금 좁은 데로 몰린다'는 뜻으로 궁지에 몰리고 있는 것을 뜻한다. 바울은 원수들에 의해서 사방으로 우겨쌈을 당해도 그리스도 때문에 싸이지 아니하고 있다고 말한다. 오늘 우리도 우겨쌈을 당할수록 그리스도 때문에 더욱 구원받는 것을 체험하게 된다.

둘째, 바울은 "답답한 일을 당하여도 낙심하지 아니한다"고 말한다(시 37:24). "답답한 일을 당하여도"(ἀπορούμενοι)란 말은 현재 분사형으로 '지금 길이 없는 절망상태로 빠진다,' '난처한 상태에 들다'는 뜻으로 박해자들 때문에 아주 난감한 상태 속으로 들어가는 것을 뜻한다. 바울이 이렇게 답답한 일을 만나도 예수님 때문에 낙심하지 않고 있다.

셋째, 바울은 "박해를 받아도 버린바 되지 아니한다"고 말한다. 바울은 율법주의자들과 그를 비난하는 사람들로부터 박해를 받아도 하나님으로부터 버림을 당하지 아니한다고 말한다. "박해를 받아도"(διωκόμενοι)란 말은 현재분사 수동태로 '과거에 박해를 받기 시작해서 지금도 박해를 받아도'란 뜻으로 바울은 원수들에 의해 짐승 쫓기듯 쫓기고 있으면서도 하나님으로부터 버림을 당하지 않고 안전하게 거한다는 것이다.

넷째, 바울은 "거꾸러뜨림을 당하여도 망하지 아니한다"고 말한다. "거꾸러뜨림을 당하여도"(καταβαλλόμενοι)란 말은 현재분사 수동태로 '지금 거꾸러뜨림을 당하여도,' '던져짐을 당하여도'란 뜻으로 바울이 극도의 환난을 당하고 있는 것을 뜻한다. 바울은 이런 경험을 도처에서 당했다(행 14:19-20). 이런 어려운 환난 중서에도 바울은 "망하지 아니한다"고 고백한다. 그리스도인은 그리스도 때문에 망하는 법이 없다. 질그릇은 박해를 받고 환난을 당하나 그 질그릇 안에 계신 그리스도 때문에 승리한다.

고후 4:10. 우리가 항상 예수의 죽음을 몸에 짊어짐은 예수의 생명이 또한 우리 몸에 나타나게 하려 함이라.

바울은 앞(8-9절)에서 말한 네 가지 경험을 본 절 한 절에서 요약하고 있다. 바울은 "우리가 항상 예수의 죽음을 몸에 짊어지고 있다"(πάντοτε τὴν νέκρωσιν τοῦ Ἰησοῦ ἐν τῷ σώματι περιφέροντες)고 말한다(1:5, 9; 고전 15:31; 갈 6:17; 빌 3:10). 여기 "예수의 죽음"(τὴν νέκρωσιν τοῦ Ἰησου-the dying of the Lord Jesus)이란 '예수님을 죽이는 것'이란 뜻으로 앞(8-9절)에서 말한 네 가지 즉 '사방으로 우겨쌈을 당하는 것, 답답한 일을 당하는 것, 박해를 받는 것, 거꾸러뜨림을 당하는 것'을 가리킨다. 예수님 당시 사람들이 예수님을 죽이듯 바울은 원수들에 의해서 사방으로 우겨쌈을 당하고 있었고 답답한 일을 당하고 있었으며 박해를 받고 있었고 거꾸러뜨림을 당하고 있었다. 바울은 그 모든 것을 자기 몸에 짊어지고 있었다. 그는 그런 박해들을 피하지 않았다. 이유는 "예수의 생명이 또한 우리 몸에 나타나게 하려 해서였다"(롬 8:17; 딤후 2:11-12; 벧전 4:13). 바울이 박해를 받을수록 예수님의 생명의 역사가 더 생생하게 나타나니 바울은 그 모든 환난을 피하지 않고 당하고 있었다. 박해를 피하는 전도자는 박해의 참 의미를 알지 못한다.

고후 4:11. 우리 살아 있는 자가 항상 예수를 위하여 죽음에 넘겨짐은 예수의 생명이 또한 우리 죽을 육체에 나타나게 하려 함이니라.

바울은 앞 절(10절)에서 말한 것을 본 절에서 다시 설명한다. 바울은 "우리 살아 있는 자가 항상 예수를 위하여 죽음에 넘겨짐은 예수의 생명이 또한 우리 죽을 육체에 나타나게 하려 함이라"고 말한다(시 44:22; 롬 8:36; 고전 15:31, 49). 바울은 우리 살아있는 전도자가 항상 예수님을 전파하기 위하여 원수들에 의해서 사방으로 우겨쌈을 당하고 답답한 일을 당하며 박해를 받고 거꾸러뜨림을 당하는 목적은 "예수의 생명이 또한 우리 죽을 육체에 나타나게 하기 위함이라"고 말한다. 즉 '예수님의 부활의 생명이 우리 죽을 수밖에 없는 육체에 나타나게 하기 위해서라'는 것이다. 우리가 예수님을 전파하기 위하여 그리고 예수님을 드러내기 위해서 박해를 당한다면 반드시 예수님의 부활의 생명은 더욱 나타나기 마련이다. 예수님을 위하여 고난을 당하지 않는 사람은 은혜가 없고 생명이 없고 기쁨이 없다.

고후 4:12. 그런즉 사망은 우리 안에서 역사하고 생명은 너희 안에서 역사하느니라.

바울은 지금까지(8-11절) 말한 결론을 말하기 위해 "그런즉"(w{ste)이란 단어를 사용하고 있다. 바울은 "그런즉 사망은 우리 안에서 역사하고 생명은 너희 안에서 역사한다"고 말한다(13:9). '바울 사도는 그리스도를 위하여 심한 환난을 겪고 있는 중에 그리스도의 부활의 생명이 더욱 나타나고 은혜가 더욱 넘치며 기쁨이 크게 되어 그 생명과 위로가 고린도 교회에 전달되어 고린도 교인들도 더 큰 은혜를 받고 생명을 얻으며 위로를 얻게 되었다는 것이다. 복음 전도자가 받는 환난은 그 자신에게 그리스도의 생명과 은혜가 넘치는 기회가 되고 또 전도자는 복음을 전하는 중 큰 은혜를 전달하게 되고 생명을 전달하여 다른 교인들도 각종 은혜로 풍성해지는 것이다.

고후 4:13. 기록한바 내가 믿었으므로 말하였다 한 것 같이 우리가 같은 믿음의 마음을 가졌으니 우리도 믿었으므로 또한 말하노라(ἔχοντες δὲ τὸ αὐτὸ πνεῦμα τῆς πίστεως κατὰ τὸ γεγραμμένον, Ἐπίστευσα, διὸ ἐλάλησα, καὶ ἡμεῖς πιστεύομεν, διὸ καὶ λαλοῦμεν).

바울은 옛날 시편 기자가 어떤 환난과 박해가 닥쳐와도 믿음이 있으니 담대히 믿는 바를 고백하며 전한바와 같이 똑같은 믿음의 영을 가진 바울도 믿었으므로 또한 고백하고 말한다고 한다. 바울은 "기록한바 내가 믿었으므로 말하였다"고 말한다. 시편 116:10에 기록된바 시편 기자가 "내가 믿었으므로 말하였다"라는 말씀을 바울이 떠올린다. 시편 기자는 많은 환난과 박해가 왔을지라도 믿음이 있었기 때문에 하나님을 고백하고 하나님을 전했다는 것이다. 바울은 그 시편기자와 같이 "우리가 같은 믿음의 마음을 가졌으니 우리도 믿었으므로 또한 말한다"고 한다(시 71:15, 18, 24; 116:10; 롬 1:12; 벧후 1:1). 바울은 그 시편기자와 같은 믿음의 영을 가지고 믿었으므로 바울도 또한 하나님을 고백하고 고린도 교인들에게 복음을 전한다는 것이다. 믿음이 있으면 말한다. 믿음이 있다고 하면서도 하나님을 고백하지 않고 하나님을 전하지 않을 수 없는 것이다. 하나님을 믿는 믿음이 있으면 누구든지 말하게 되어 있다. 오늘 우리가 하나님을 믿는다면 어떤 환난이 오고 박해가 따를지라도 그리스도를 생명의 주로 고백하며 그리스도가 우리의 주되심을 말하지 않을 수 없다.

고후 4:14. 주 예수를 다시 살리신 이가 예수와 함께 우리도 다시 살리사 너희와 함께 그 앞에 서게 하실 줄을 아노라(εἰδότες ὅτι ὁ ἐγείρας τὸν κύριον Ἰησοῦν καὶ ἡμᾶς σὺν Ἰησοῦ ἐγερεῖ καὶ παραστήσει σὺν ὑμῖν).

헬라어 원문에 13절과 14절이 끊어지지 않고 한 본문(one text)으로 되어 있는 것은 바울이 그리스도를 믿고 그리스도를 전한 것(13절)이 예수님의 부활과 우리의 미래의 부활에 대한 지식(14절)에 근거하고 있다는 것을 의미한다(Simon Kistemaker).

바울은 "주 예수를 다시 살리신 이가 예수와 함께 우리도 다시 살리사 너희와 함께 그 앞에 서게 하실 줄을 안다"고 말한다(롬 8:11; 고전 6:14). 바울은 앞 절(13절)에서 어떤 환난과 박해 중에도 믿음을 잃지 않고 복음을 전한다고 말했는데 그렇게 할 수 있었던 근거는 바로 그리스도의 부활과 우리의 미래의 부활에 대한 분명한 지식과 확신이라는 것이다. 바울에게 있어서 그리스도의 부활이란 교리는 가장 중요한 교리였다(롬 6:4-5; 8:11; 고전 6:14; 15:15, 20; 엡 2:6; 빌 3:10-11; 골 2:12; 3:1). 바울은 주 예수를 다시 살리신 하나님께서 우리 즉 바울과 고린도 교인들을 다시 살리실 것에 관해 고린도 교회에 복음을 전할 때에 많이 증거 했기에 본문에서 "아노라"는 낱말을 사용하고 있다.

한 가지 주의할 것은 "그 앞에 서게 하실 줄을 아노라"는 말은 고린도 교인들이 주님 재림 시에 심판을 받기 위해 그리스도의 심판대 앞에 선다는 말은 아니다. 그리스도를 믿는 신자들은 정죄 심판은 받지 않는다. 그리스도 인들은 죄를 지은 것에 대해서는 그리스도의 피를 믿고 회개하므로 다 해결 되는 것이고(요일 1:9) 다만 그 심판대 앞에 서는 것은 칭찬과 상급을 받기 위하여 서는 것이다(고후 5:10). 우리는 그리스도의 승리에 동참하기 위해 그리스도의 심판대 앞에 서게 될 것이다.

고후 4:15. 이는 모든 것이 너희를 위함이니 많은 사람의 감사로 말미암아 은혜가 더하여 넘쳐서 하나님께 영광을 돌리게 하려 함이라(τὰ γὰρ πάντα δι' ὑμᾶς, ἵνα ἡ χάρις πλεονάσασα διὰ τῶν πλειόνων τὴν εὐχαριστίαν περισσεύσῃ εἰς τὴν δόξαν τοῦ θεοῦ**).**

바울은 "모든 것이 너희를 위함이라"고 말한다(1:6; 고전 3:21; 골 1:24; 딤후 2:10). '바울이 받는 모든 환난과 박해는 모두 고린도 교인들의 유익을 위함이라'는 것이다. 바울이 환난과 박해를 받으면 그만큼 은혜와 기쁨이 나타나고 그것이 고린도 교회에 전달되니 고린도 교인들에게 큰 유익이 된다는 뜻이다. 본 절은 12절의 내용과 동일하다.

그런데 바울이 이어가고 있는 목적절의 사본은 문제가 없으나 번역은 여러 갈래로 취할 수가 있다. 즉 "많은 사람의 감사로 말미암아 은혜가 더하여 넘쳐서 하나님께 영광을 돌리게 하려 함이라"(ἵνα ἡ χάρις πλεο-νάσασα διὰ τῶν πλειόνων τὴν εὐχαριστίαν περισσεύσῃ εἰς τὴν δόξαν τοῦ θεοῦ)는 문장은 여러 가지로 번역이 가능하다(1:11; 8:19; 9:11-12). 우선 한국말 번역도 여러 가지이다.

개역판 - "은혜가 많은 사람의 감사함으로 말미암아 더하여 넘쳐서 하나님께 영광을 돌리게 하려 함이라."
개역개정판 - "많은 사람의 감사로 말미암아 은혜가 더하여 넘쳐서 하나님께 영광을 돌리게 하려 함이라.”

표준새번역 - “그리하여 하나님의 은혜가 점점 더 많은 사람에게 퍼져서 감사하는 마음이 넘치게 하고 하나님께 영광을 돌리게 하려는 것입니다.”

현대인의 성경 - “그래서 더 많은 사람이 넘치는 은혜를 받고 감사함으로 하나님의 영광을 찬양하게 하려는 것입니다.” 영어 번역은 각주(foot-note)에 처리한다.[82]

위의 모든 번역들을 살펴보면 대체로 크게 두 부류로 갈라진 것을 확인할 수가 있다. 즉 은혜가 더욱 많은 사람들에게 두루 미쳐서 감사가 넘쳐 하나님께 영광이 된다고 번역한 경우와 우리 개역판이나 개역개정판 번역과 같이 “많은 사람의 감사로 말미암아 은혜가 더하여 넘쳐서 하나님께 영광을 돌리게 된다”로 나누어진다. 어느 편으로나 번역할 수 있으나 은혜가 넘칠 때 감사가 넘쳐 하나님께 영광을 돌리는 것으로 번역하는 것이 더 합리적인 것으로 보인다. 우리 개역판 번역이나 개정개역판 번역은 덜 합리적으로 번역되었다고 볼 수 있다.

그러니까 바울이 환난을 받고 박해를 받는 것은 고린도 교인들에게 유익한데 그것은 많은 사람들에게 은혜가 더하여 감사가 넘침으로 하나님께 영광이 된다는 것이다. 오늘 우리도 다른 이들의 유익을 위해서 움직여야 하고 그래서 다른 이들에게 은혜가 더하여 감사가 넘치므로 하나님께 영광을

---

82) 고후 4:15절 하반 절 번역들:

KJV-“that the abundant grace might through the thanksgiving of many redound to the glory of God.“

NIV-“so that the grace that is reaching more and more people may cause thanksgiving to overflow to the glory of God.“

NASB-“that the grace which is spreading to more and more people may cause the giving of thanks to abound to the glory of God.“

RSV-“so that as grace extends to more and more people it may increase thanksgiving, to the glory of God.”

NLT-“And as God's grace brings more and more people to Christ, there will be great thanksgiving, and God will receive more and more glory.“

돌리는 일로 연결되게 해야 할 것이다.

3. 잠시 받는 환난과 영원한 영광   4:16-18

고후 4:16. 그러므로 우리가 낙심하지 아니하노니 우리의 겉사람은 낡아지나 우리의 속사람은 날로 새로워지도다.

바울은 문장을 시작하면서 "그러므로"(διο)라는 말을 쓴다. 바울이 받은 환난과 박해로 말미암아 은혜가 넘쳐서 고린도 교회에도 큰 유익이 되기 때문에 낙심하지 않는다는 것이다. 바울이 낙심하지 않는 이유를 본 절에서도 말한다. 즉 "우리의 겉 사람은 낡아지나 우리의 속사람은 날로 새로워지기" 때문이라고 한다(4:1; 롬 7:22; 엡 3:16; 골 3:10; 벧전 3:4). 그의 "겉 사람" 즉 '질그릇'(7절), '몸'(10절), '죽을 육체'(11절)는 그리스도를 전하기 위하여 낡아지고 끝나가지만 그는 은혜를 받아 새로 난 속사람이 점점 새로워지니 낙심할 이유가 없다는 것이다. 바울의 "속사람"은 '중생한 자아'를 지칭하는데 일단 중생한 사람은 점점 더 성화되는 것이다. 신자의 성화는 세상에서는 미완이지만 죽을 때 일시에 이루어진다. 오늘 우리도 낙심하지 않아야 한다. 이유는 우리의 육체는 죽음을 향해 가지만 우리의 심령은 날로 새로워지기 때문이다.

고후 4:17. 우리가 잠시 받는 환난의 경한 것이 지극히 크고 영원한 영광의 중한 것을 우리에게 이루게 함이니.

바울은 "우리가 잠시 받는 환난의 경한 것이라"는 표현을 쓴다(마 5:12; 롬 8:18; 벧전 1:6; 5:10). '우리가 세상에서 잠시 받는 환난은 가벼운 것이라는 표현을 쓰고 있는데 사실 아주 가벼운 것은 아니지만 앞으로의 영광에 비하면 아주 짧고 가볍다는 것이다. 앞으로 닥칠 영원한 영광을 모르는 사람들에게는 현세의 환난은 길고도 지긋지긋한 것이다. 그러나 앞으로 다가오는 영원한 영광에 비하면 참으로 짧고 잠시 받는 환난에 지나지 않는다.

그런데 바울은 우리가 세상에서 잠시 받는 가벼운 환난이 "지극히 크고 영원한 영광의 중한 것을 우리에게 이루게 한다"고 말한다. 바울은 우리가 앞으로 받을 천국의 "영광" 즉 주님의 칭찬과 상급에 대해 "지극히 큰" 영광이라 하고 또 "영원한" 영광이라고 하며 또 "중한" 영광이라 말한다. 그 영광을 지금 우리가 다 어떻게 설명할 수 있으며 어떻게 느낄 수 있을까. 불가능하다고 해야 한다. 다만 하나님께서 위대하시고 사랑이 무한하시니 말씀대로 이루어질 줄 믿을 뿐이다.

그런데 바울은 우리의 잠시 받는 환난의 경한 것이 "지극히 크고 영원한 영광의 중한 것을 우리에게 이루게 한다"고 말한다. 이 말은 우리의 세상에서 받는 환난이 하나의 공로가 된다는 말이 아니라 우리가 세상에서 그런 환난을 통과한 다음에야 내세의 영광이 다가온다는 뜻이다. 하나님은 그런 은혜의 공식을 우리에게 적용하신다. 그런고로 바울은 롬 8:18에서 "생각하건대 현재의 고난은 장차 우리에게 나타날 영광과 비교할 수 없느니라"고 말하고 있다(마 5:12; 딤후 2:12; 벧전 5:10 참조).

고후 4:18. 우리가 주목하는 것은 보이는 것이 아니요 보이지 않는 것이니 보이는 것은 잠깐이요 보이지 않는 것은 영원함이라.

바울은 "우리가 주목하는 것은 보이는 것이 아니요 보이지 않는 것이라"고 말한다(5:7; 롬 8:24; 히 11:1). 여기 "우리가 주목하는 것은"이란 말은 '우리가 유심히 관심을 두는 것은,' '우리가 특별히 관찰하는 것은'이란 뜻으로 바울이 관심을 두는 것은 다름이 아니라 보이는 현세의 것이 아니요 보이지 않는 영원 세계의 것이라는 뜻이다(고전 2:9). 사실 우리가 관심을 두어야 하는 것은 현세의 것이 아니라 영원한 세계의 것임에 틀림없다. 그런데 오늘 우리가 왜 그렇게 보이는 현세에 관심을 기울이고 있는 것인가. 현세의 물질, 현세의 명예, 현세의 자존심, 마치 그것이 영원한 것처럼 바라보고 있으니 참으로 안타까운 일이다.

바울이 그렇게 보이지 않는 것에 관심을 두는 이유는 "보이는 것은 잠깐이요 보이지 않는 것은 영원함이기” 때문이라고 한다. 바울은 보이는 것은 잠깐이요 보이지 않는 것은 영원하기 때문에 관심을 가지는 것은 보이는 것이 아니라 보이지 않는 것이라고 말한다. 우리는 잠깐인 세상과 보이지 않는 영원한 미래를 분간하지 못하고 마치 보이는 세상이 더 중요한 것처럼 살고 있지 않은가. 우리의 눈이 너무 흐려져 있다. 타스커(R. V. G. Tasker)는 “고난들은 지나갈 것이며 슬픔의 밤은 끝날 것이다. 다른 한편 보이지 않는 것들, 어느 날엔가 그가 들어가게 될 그의 주님의 기쁨(the joy of his Lord), 하늘에 있는 그를 위한 기업들은 영원한 것이다”라고 말한다.[83]

---

83) 레온 모리스, *고린도후서*, p. 91.

제 5 장
그리스도인의 소망과 그리스도를 대신한 사신

4. 기독인의 확실한 소망   5:1-10

바울은 겉 사람과 속사람을 말하다가(4:16-18) 이제는 장막과 하늘의 집 이야기로 옮긴다(5:1-10). 바울은 앞선 부분에서는 속사람이 중요하다고 말했는데 이 부분(5:1-10)에서는 우리가 영원한 집으로 덧입기를 소망하라고 권한다.

고후 5:1. 만일 땅에 있는 우리의 장막집이 무너지면 하나님께서 지으신 집 곧 손으로 지은 것이 아니요 하늘에 있는 영원한 집이 우리에게 있는 줄 아느니라.

바울은 문장 초두에 이유접속사(γὰρ)를 기록하여 앞에 말한바 "보이지 않는 것"(4:18)을 주목하는 이유를 말한다. 그것은 하나님께서 지으신 영원한 집이 있기 때문이다.

그리고 바울은 본 절의 마지막 단어인 "아느니라"(οἴδαμεν)라는 단어를 헬라어에서 제일 앞에 두어 강조하고 있다. 즉 "우리가 분명히 아는 것은 만일 땅에 있는 우리의 장막집이 무너지면 하나님께서 지으신 집 곧 손으로 지은 것이 아니요 하늘에 있는 영원한 집이 우리에게 있는 줄 안다"는 것이다.

"땅에 있는 우리의 장막 집"이란 '땅위에 있는 우리의 육체'를 지칭한다(4:7; 욥 4:19; 벧후 1:13-14). 바울은 우리의 육체를 "장막 집"이라고 묘사한다(요 1:14; 고전 15:44; 벧후 1:13-14 참조). 육체는 언제든 무너지는 면에서 장막 집(텐트 집)이다. 사람들이 텐트를 쳤다가 걷는 것이 아닌가. 우리는 우리의 텐트집이 걷히는 날이 올 줄 알아야 한다. 아무리 좋은 불로초(不老草)를 섭취해도 잠시 건강하게 살뿐이다. 우리는 성령님께서 깨닫게 해주시기 때문에 우리의 장막집이 무너지면(벧후 1:14) 하나님께서 지으신 영원한 집이 있는 줄 알게 된다.

본문의 "무너진다"(καταλυθη)는 말은 '무너져 내려 앉다'라는 뜻이다. 바울은 우리의 육체가 무너져 내려 앉을 것을 예상하고 글을 쓰고 있다. 바울은 예수님께서 재림 하실 때까지 죽지 않을 사람들이 있다고 말했지만(살전 4:15) 그러나 바울은 언제든지 죽을 수 있음을 알았다. 그는 심각한 환난과 박해를 받아 언제든지 죽을 수 있다는 것을 알았다(1:8ff; 4:10-12).

바울은 만일 땅에 있는 우리의 장막집이 무너지면 "하나님께서 지으신 집 곧 손으로 지은 것이 아니요 하늘에 있는 영원한 집이 우리에게 있는 줄 안다"고 말한다. 장막집이 무너지면 "하나님께서 지으신 집 곧 사람의 손으로 지은 것이 아니요 하늘에 있는 영원한 집"이 우리에게 있다고 확신한다. 이 "영원한 집"이 무엇이냐를 두고 여러 견해가 있다. 1) 혹자는 여기 영원한 집이 우리가 앞으로 받을 부활체라고 주장한다. 그러나 이 주장은 성경의 교리와 맞지 않는다. 이유는 우리의 부활은 그리스도의 재림 때에 있을 것이다(살전 4:16). 2) 혹자는 우리의 죽음과 부활 사이의 기간 동안만 영혼이 입을 수 있는 또 다른 몸이라고 주장한다. 그러나 이 견해는 성경이 말하지 않는 견해이다. 3) 바로 천국(천당) 자체라는 견해가 있다(Hodge, 박윤선). 이 세 번째 견해가 성경적으로 맞는 견해이다(눅 23:43; 고후 12:2, 4; 빌 1:22-24). 천당은 바로 하나님께서 지으신 집이다. 예수님께서 승천하신 후 지으신 집이다(요 14:2-4). 천당은 영원한 우리의 집이다.

본문의 "있는 줄"(ἔχομεν)이란 말은 현재형 동사로 영원한 집이 계속해서 있다는 것을 뜻한다. 예수님은 제자들에게 그들을 위해 영원한 처소를 준비하러 올라가실 것이라고 말씀하셨는데(요 14:2) 예수님께서 승천하신 후 준비하신 집이 바로 영원한 집이다. 우리가 죽으면 우리가 들어갈 천당이 있으니 얼마나 좋은가 형언할 길 없다.

고후 5:2. 참으로 우리가 여기 있어 탄식하며 하늘로부터 오는 우리 처소로 덧입기를 간절히 사모하노라.

본 절은 왜(γὰρ) 바울 사도가 보이지 않는 영원한 집을 바라보는지 그 이유를 제시한다. 바울이 그처럼 바라보는 이유는 그가 하늘에 손으로 만들지 않은 하나의 집을 가지고 있는 것을 알기 때문이었다. 바울은 "참으로 우리가 여기 있어 탄식하며 하늘로부터 오는 우리 처소로 덧입기를 간절히 사모한다"고 말한다(롬 8:23). 바울은 성도들이 "여기 있어" 즉 '육체를 입고 사는 중에'[84] "탄식하면서 하늘로부터 오는 우리 처소로 덧입기를 사모한다"고 말한다. "탄식한다"(στενάζομεν)는 말은 현재형으로 '계속해서 탄식하다,' '계속해서 신음하다'란 뜻으로 성도는 세상에 살면서 하나님 나라의 집을 바라보며 너무 간절히 사모하기 때문에 자기도 모르는 헐떡거림의 삶을 산다는 것이다. 우리는 지금도 하나님 나라를 바라보며 계속적으로 헐떡거리며 살고 있다. 성도는 땅에 있는 장막 집 즉 육체를 벗어버리고 하나님께서 지으신 집으로 가게 되어 있는데 그것을 덧입기 위해 간절히 사모하는 삶을 산다(살전 4:16-17 참조).

하늘로부터 오는 우리 처소로 덧입는다는 것이 무엇을 의미하는가. 핫지(Hodge)는 말하기를 "자신의 진흙 움막을 벗어나서 손으로 지은 것이 아닌 하늘에 있는 영원한 집에 들어가는 것"이라고 주장한다. 덧입는다는 것은 결코 무엇을 끼워 입는 것을 의미하지 않고 하늘에 있는 영원한 천당에 들어가는 것을 뜻한다.

고후 5:3. 이렇게 입음은 우리가 벗은 자들로 발견되지 않으려 함이라.

바울은 성도들이 하늘의 처소로 덧입기를 사모하는 이유는 "이렇게

---

84) "여기 있어"란 말이 '이렇기 때문에'라고 해석할 수도 있다(F. F. Bruce). 그러나 '이 장막 안에서'라고 해석하는 것이 더 바람직할 것 같다.

입음은 우리가 벗은 자들로 발견되지 않으려 하기"(εἴ γε καὶ ἐκδυσάμενοι οὐ γυμνοὶ εὑρεθησόμεθα) 때문이다(계 3:18; 16:15). 이렇게 "입음" 즉 '천당에 가는 것'은 "벗은 자들로 발견되지 않기 위해서"다. "벗은 자들"이란 '형체도 없고 모든 활동의 능력을 잃어버린 지옥의 영들'을 의미한다(Plummer). 바울은 자신이 죽는다면 하늘에서 하나의 집을 가진다는 것을 알고 있기에 그 천당에 들어가기를 간절히 소원한다. 왜냐하면 그가 땅에 있는 이 장막에서 벗어날 때 집도 없이 가정도 없이 지내게 되지 않을 것이기 때문이다(Hodge). 바울은 죽음 직후에 천국이 그를 기다리고 있다고 확신하고 있었다.

고후 5:4. 참으로 이 장막에 있는 우리가 짐 진 것 같이 탄식하는 것은 벗고자 함이 아니요 오히려 덧입고자 함이니 죽을 것이 생명에 삼킨바 되게 하려 함이라.

본 절은 2절을 반복하고 있고 좀 더 설명하고 있다. 바울은 본 절에서 "참으로 이 장막에 있는 우리가 짐 진 것 같이 탄식하는" 이유를 설명한다. 바울은 세상에서 육체를 입고 살면서 짐을 졌기 때문에 탄식한다고 말한다. 육체를 가지고 사는 성도는 누구든지 짐을 지고 있기 때문에 탄식한다. 짐을 지고 있으면 짐에 짓눌려 괴로움이 있고 육체를 입었다는 자체도 성도들에게 괴로움을 주어 탄식하게 마련이다. 성령으로 항상 기뻐해야 하고 감사해야 하지만 한편으로는 율법의 무거운 짐을 지고 있어서 탄식한다.

이렇게 바울과 성도가 탄식하는 이유는 "벗고자 함이 아니요 오히려 덧입고자 해서이다"(고전 15:53-54). 육체를 벗어나고자 하는 욕심이 아니라 오히려 천당에 가고자 해서 탄식하는 것이다. 우리는 삶에서 오는 힘듬, 노고(勞苦), 고난의 면제를 받기 위해서가 아니라 주님이 계신 천국에 대한 사모함 때문이다. 8절은 본 절에 대한 좋은 해석이 되고 있다.

바울은 또 다른 말로 그의 소원을 발표한다. 즉 "죽을 것이 생명에 삼킨바 되게 하려 한다"고 말한다. 바울은 단순히 죽음을 소원하지 않는다. 천당에

흡수되어 육체의 때에 가졌던 고뇌, 환난, 고통, 생의 의무 같은 것에서
완전히 해방되기를 간절히 원하고 있는 것이다(고전 15:53-54). 그렇다고
하여 바울은 자기 소멸을 소원한 것은 아니다. 인생의 모든 것들이 천당의
생명에게 흡수되기를 간절히 바라고 있을 뿐이다.

**고후 5:5. 곧 이것을 우리에게 이루게 하시고 보증으로 성령을 우리에게
주신 이는 하나님이시니라.**

바울은 "이것" 즉 '죽을 것이 생명에 삼킨바 되게 하시는 것'(앞 절)을
"우리에게 이루게 하시고 보증으로 성령을 우리에게 주신 이는 하나님이시
라"고 말한다(1:22; 사 29:23; 롬 8:23; 엡 1:14; 2:10; 4:30). 다시 말해
우리가 천당에 가서 육신의 때에 가졌던 고뇌, 환난, 고통으로부터 완전히
해방되고 영원히 생명과 기쁨을 누리게 하시는 일을 우리에게 이루어지게
하시고 또 그것을 확실히 이루어주시겠다고 보증하는 보증금으로 성령을
주신 분은 하나님이시라고 말한다. 바꾸어 말해 하나님께서 두 가지를 이루
어주신다는 것이다. 하나는 하나님께서 그 같은 복된 일을 이루어주신다는
것이고, 또 하나는 그와 같은 복된 일을 분명히 이루어주신다는 보증으로
우리에게 성령을 주시는 분도 하나님이시라는 것이다. 그런 복된 일이 일어
나는 것은 우리의 쟁취물이 아니고 어디까지나 하나님께서 이루어주시는
것이다.

**고후 5:6-8. 그러므로 우리가 항상 담대하여 몸으로 있을 때에는 주와 따로
있는 줄을 아노니 이는 우리가 믿음으로 행하고 보는 것으로 행하지 아니함
이로라 우리가 담대하여 원하는 바는 차라리 몸을 떠나 주와 함께 있는
그것이라.**

6절 초두의 "그러므로"(οὖν)란 말은 앞 절(5절)에 기록된 내용 때문에
생긴 결과를 말하려고 쓴 접속사이다. 즉 6절-8절은 이상 5절에 말한 바울
사도의 신념의 결과를 말해주는 구절들이다. 바울은 5절에서 하나님께서

우리 성도들을 생명에게 삼켜지게 하시고 또 그것을 이루어주시겠다는 보증으로 성령을 주셨는데(거듭하게 하신 것과 성령으로 충만하게 하시는 일) 그 결과 6-8절의 일이 생겼다는 것이다.

바울은 하나님께서 그런 좋은 일을 이루어주시기(5절) 때문에 첫째, "항상 담대하게" 산다고 말한다(6절). 여기 "담대하다"는 말은 '용기 있다'(of good courage)는 뜻으로 아무리 심한 위험에 직면하더라도 결코 낙심하지 아니하고 실망하지 않는다는 뜻이다. 이유는 성령께서 내주하시기 때문이다. 이런 용기 있는 삶은 일시적인 현상이 아니라 항상 즉 일생을 통해 한결같다(7:16; 10:1; 빌 1:20).

둘째, 믿음으로 산다고 말한다. 즉 "몸으로 있을 때에는 주와 따로 있는 줄을 아노니 이는 우리가 믿음으로 행하고 보는 것으로 행하지 아니한다"고 말한다(6b-7절; 4:18; 롬 8:24-25; 고전 13:12; 히 11:1). 성도는 지상의 장막, 즉 육체를 가지고 사는 동안 주님과 따로 사는 것은 사실이다. 그러기에 그리스도를 믿음으로 살아야지 보면서 살수는 없는 일이다. 우리는 지금 주님을 믿는 가운데 살고 있다. 결코 눈으로 보면서 살지는 못한다. 비록 영안으로는 주님을 보면서 살고 있으나(마 28:20) 육안으로 보면서 사는 것은 아니다. 그렇다고 우리가 불행한 사람들은 아니다. 이유는 하나님께서 우리 각자에게 성령을 보증으로 주셨기 때문이다.

셋째, "우리가 담대하여 원하는 바는 차라리 몸을 떠나 주와 함께 있는 그것이다"(빌 1:23). 성도의 소원은 차라리 몸을 떠나 주님과 함께 사는 그것이다. 성도의 소원은 차라리 죽어 주와 함께 있는 그것이다(빌 1:23 참조). 만약에 우리가 산다면 주님을 위해 살고 주님의 몸 된 교회를 위해 사는 것이다.

고후 5:9-10. 그런즉 우리는 몸으로 있든지 떠나든지 주를 기쁘시게 하는 자가 되기를 힘쓰노라 이는 우리가 다 반드시 그리스도의 심판대 앞에 나타나게 되어 각각 선 악간에 그 몸으로 행한 것을 따라 받으려 함이라.

9절 초두의 "그런즉"(διὸ-therefore)이라는 접속사는 바울 사도가 앞(5-8
절)에서 말씀한바 하나님께서 성도를 천당 가게 하셨고 또 천당 가기까지
보증으로 성령을 주신고로 9절-10절의 일이 이루어지게 되었다는 것을 말하
기 위해 사용한 접속사이다. 바울은 우리가 천당 가는 사람들이 되었으니
"그런즉 우리는 몸으로 있든지 떠나든지 주를 기쁘시게 하는 자가 되기를
힘쓴다"고 말한다. 즉 "몸으로 있든지" 곧 '아직 몸을 가지고 세상에서
살든지' "떠나든지" 곧 '천당으로 가든지' 그리스도를 기쁘시게 하는 자
되기를 힘쓴다는 것이다. 살든지 죽든지(롬 14:8) 우리는 주님을 기쁘시게
하는 자가 되어야 한다(빌 1:20). 오늘 교계 공동체에서 주님을 기쁘시게
하지 못하는 일이 얼마나 많은가.

우리가 주님을 기쁘시게 해야 할 이유는 "우리가 다 반드시 그리스도의
심판대 앞에 나타나게 되어 각각 선 악간에 그 몸으로 행한 것을 따라
받으려 하기" 때문이다(마 25:31-32; 롬 2:6; 14:10; 갈 6:7; 엡 6:8; 골
3:24-25; 계 22:12). 우리는 다 그리스도의 심판대 앞에 드러나게 된다. 그
심판대 앞에 모습을 나타내지 않을 사람이 없다. 우리는 그 심판대 앞에
나타나서 각각 선 악간에 그 몸으로 행한 것을 따라 심판받아야 하기 때문에
그리스도께서 기뻐하시는 대로 행해야 한다.

우리의 죄는 그리스도의 보혈로 다 용서 받았다(시 103:12; 사 1:18;
요 5:24; 8:11; 롬 8:1; 요일 1:9; 계 7:14). 그런고로 우리는 구원을 받을
것인가 못 받을 것인가 하는 것을 결정하시는 그리스도의 심판은 받지 않는
다. 이미 구원을 받았으니 말이다. 그러나 우리도 그리스도 안에서 어떻게
행했느냐 하는 심판은 받는다. 다시 말해 얼마나 잘 했느냐에 대한 심판은
받는다. 잘 행한 정도에 따라 칭찬을 받고 상급을 받는 심판은 받는다.
그런고로 우리는 주님을 기쁘시게 하는 일에는 최선을 다해야 한다. 만약
최선을 다하지 못했을 때 용서를 구하고 긍휼을 구해야 한다. 그리고 그리스
도로부터 힘을 얻어 최선을 다해 최선의 삶을 살아야 한다.

　　D. 화해를 위한 메시지 5:11-6:13

　　바울 사도는 지금까지 자신을 의심하고 등지려는 사람들에게 자신을
변호해왔다. 그 변호는 결코 자기 정당화가 아니라 고린도 교인들과의 화해
를 위한 것이었다. 바울은 이제 이 부분(5:11-6:13)에 와서 피차 화해하기를
호소한다. 바울은 먼저 자신의 복음 전파 동기를 밝히고(5:11-15), 또 자신은
그리스도의 대사로서 일하고 있음을 밝히며(5:16-21) 그리스도의 종으로서
고린도 교인들에게 화해하기를 탄원한다(6:1-13).

　　1. 설교자들의 전파 동기 5:11-15
**고후 5:11. 우리는 주의 두려우심을 알므로 사람들을 권면하거니와 우리가
하나님 앞에 알리어졌으니 또 너희의 양심에도 알리어지기를 바라노라.**
　　본 절 초두에는 "그러므로," "그런즉"(οὖν)이라는 단어가 있어(우리 번역
에는 없음) 본 절이 앞 절의 결론임을 알 수 있다. 즉 심판하시는 그리스도는
두려우신 분이기(10 절) 때문에 바울은 "사람들을 권면한다"고 말한다. 본문
의 "주의 두려우심"이란 '예수님께서 심판하시는 분이기 때문에 두려우신
분이라'는 뜻이다(10절; 욥 31:23; 히 10:31; 유 1:23). "주님을 두려워함"은
경건한 신앙생활의 동기가 된다고 성경은 말씀한다(욥 28:28; 잠 9:10; 전
12:13; 행 9:31; 롬 3:18; 고후 7:1; 엡 5:21). 바울은 주님께서 두려우신
분이므로 그 두려움을 아는 자로서 "사람들을 권한다"고 말한다. 즉 '사람들
에게 예수님을 신앙하라'고 권한다는 것이다. 여기 "권한다"는 말이 무슨
뜻이냐에 대해 몇 가지 견해가 있다. 1) 바울의 진실성을 믿기를 권한다는
뜻이라고 함. 그러나 이 견해는 문맥에 맞지 않는 것 같다. 이유는 바울은
자천하는 사람은 아니었기 때문이다(12절; 3:1). 2) 사람들에게 화해하려고
바울이 노력하는 것을 알기를 권한다는 뜻이라고 함. 3) 사람들에게 예수님
을 믿으라고 권한다는 뜻이라 함(Beza, Grotius, R. V. G. Tasker, Hodge,
박윤선). 행 18:4; 28:23 참조. 문맥을 살필 때 3째 번의 견해가 타당하다.
바울은 사람들로 하여금 예수님을 신앙하라고 권면하고 있다. 12절을 보면

바울은 고린도 교인들로 하여금 예수님을 믿어서 자랑할 기회를 가지게 한다는 말이 나온다. 그리고 13-15절을 보면 바울은 그리스도 사랑의 권함을 받고 사람들로 하여금 예수님을 신앙하도록 권한다는 내용이 나온다. 20절에도 바울은 고린도 교인들로 하여금 예수님을 믿도록 권면하고 있다. 오늘 우리 역시 예수님의 심판하심을 생각하고 사람들에게 끊임없이 예수님을 신앙하라고 권해야 할 것이다.

바울은 사람들에게 예수님을 신앙하라고 권면하면서 "우리가 하나님 앞에 알리어졌으니 또 너희의 양심에도 알리어지기를 바라노라"고 말한다 (4:2). 바울은 복음을 전하면서 자신이 그리스도 사랑의 강권을 받아 전했기에 하나님께 충분히 알려졌다고 확신했고 또 바울의 복음 전하는 동기와 진심이 고린도 교인들의 양심에도 알려졌을 것이라고 믿고 있었다. 고린도 교인들이 아무리 오해가 심하고 까다롭다 하더라도 그들의 양심에는 바울의 복음 전하는 동기와 진심이 알려졌을 것이라는 확신이 있었다. 오늘 우리는 세상 사람들에게는 환영을 받지 못해도 순수한 동기로 그리스도를 전하고 또 진심으로만 대하면 언젠가 그들의 양심에 알려질 것이다.

고후 5:12. 우리가 다시 너희에게 자천하는 것이 아니요 오직 우리로 말미암아 자랑할 기회를 너희에게 주어 마음으로 하지 않고 외모로 자랑하는 자들에게 대답하게 하려 하는 것이라.

바울은 앞(11절 하반 절)에서 "우리가...또 너희의 양심에도 알리어지기를 바란다"고 말했으니 고린도 교인들이 바울 사도가 다시 자천하는 것이 아니냐고 의심할까보아 바울은 "우리가 다시 너희에게 자천하는 것은 아니라"고 말한다(3:1). 바울은 결코 자천하는 것이 아니라고 강변한다.

바울은 "오직 우리로 말미암아 자랑할 기회를 너희에게 주어 마음으로 하지 않고 외모로 자랑하는 자들에게 대답하게 하려 하는 것이라"고 말한다 (1:14). 즉 '오직 바울의 전도로 말미암아 고린도 교인들이 큰 은혜를 받아 내심 자랑할 기회를 교인들에게 주어 마음으로 자랑하지 않고 겉으로만

자랑하는 거짓 사도들에게 대항하게 하려는 것이라'고 말한다. 바울의 반대
자들은 육신적으로만 자랑했다. 아브라함의 자손이라는 점, 율법을 가진
민족이라는 것, 할례를 행한 사람들이라는 것, 외적인 종교적인 특권, 자기들
만 구원에 참여할 것이라는 것 등을 자랑하고 살았다. 사실 이런 자랑 등은
아주 무의미한 자랑이었다. 바울은 고린도 교인들에게 참으로 자랑 할 수
있도록 그리스도를 전해주었다. 그리스도께서 심령에 계신 사람들은 그리스
도가 없는 사람들의 100가지, 1,000가지 자랑을 능히 무시할 수 있는 것이다.
우리는 다른 사람들이 참으로 마음으로 자랑할 수 있도록 그리스도를 전해주
어야 한다.

**고후 5:13. 우리가 만일 미쳤어도 하나님을 위한 것이요 만일 정신이 온전하
여도 너희를 위한 것이니.**

바울은 자신이 심히 열광적으로 복음을 전했음을 말하고 있다. 그는
만일 일반 사람들 보기에는 바울이 미친 사람처럼 보여도 즉 비정상적인
사람처럼 보여도 그것은 하나님을 위한 것이지 결코 참으로 정신 나간 사람
은 아니었다는 것이다(11:1, 16-17; 12:6, 11; 행 22:17-21; 고전 14:23; 고후
12:1-7). 이스라엘의 총독을 지낸 베스도는 바울을 미쳤다(행 26:24)고 말했
는데 이는 일반 사람들 보기에는 지나쳤다는 뜻이다. 그리고 예수님도 미쳤
다는 말씀을 들은 적이 있었다(막 3:21). 이 모든 말씀은 참으로 미쳤다는
뜻으로 말한 것이 아니라 일반 사람들로서는 도무지 이해하지 못할 행동을
하고 있다는 뜻이다.

그리고 바울은 자신이 "만일 정신이 온전하여도 너희를 위한 것이라"고
말한다. 여기 "정신이 온전하다"(σωφρονοῦμεν)는 말은 '마음이 건전하다,'
'정신이 맑다'는 뜻으로 그가 건전한 마음 상태로 전도했다고 하면 그것은
고린도 교회를 위해서 그렇게 했다는 것이다. 바울은 일반 사람들이 이해할
수 없는 정도로 열광적으로 전도했거나 혹은 아주 조심해서 전도했어도
그것은 고린도 교회가 상처받지 않도록 그렇게 했다는 것이다. 바울은 어찌

했던 하나님과 교회를 위해서 행동했다고 말한다. 바울은 열광적으로 했든지 혹은 차분하게 했든지 결코 자신을 위해서 그렇게 한 것이 아니라 하나님과 교회를 위해서 그렇게 했다고 말한다.

고후 5:14. 그리스도의 사랑이 우리를 강권하시는도다 우리가 생각하건대 한 사람이 모든 사람을 대신하여 죽었은즉 모든 사람이 죽은 것이라.

본 절 초두에는 이유를 나타내는 접속사(γὰρ)가 있어 바울이 앞 절(13절)처럼 행동한 이유를 설명하고 있다. 바울이 일반사람들이 이해하기 힘든 열정을 가지고 복음을 전한 이유는 "그리스도의 사랑이 우리를 강권하셨기" 때문이라고 한다. 그리스도의 대속의 사랑이 강압하셨기 때문에 그렇게 열열이 전도했다는 것이다.

바울은 그리스도의 사랑을 좀 더 구체적으로 말한다. 즉 "우리가 생각하건대 한 사람이 모든 사람을 대신하여 죽었은즉 모든 사람이 죽은 것이라"고 말한다(롬 5:15). 여기 "우리가 생각하건대"(κρίναντας)란 말은 부정(단순)과거 시제로 바울은 '벌써 과거에 한 사람 그리스도께서 모든 사람을 대신하여 죽으셨다고 판단했다'는 것이다. 바울은 다메섹의 체험과 동시에 그리스도께서 모든 사람을 대신해서 죽으셨다고 판단했다. 그런고로 바울은 "모든 사람이 죽은 것이라"고 결론짓는다. 모든 사람 속에는 바울도 있고 오늘 우리들도 있다. 그리스도의 죽음은 우리의 죽음을 포함하고 있다. 그리스도께서 십자가에서 죽으실 때 우리의 모든 죄를 대신 지시고 죽으신 것이다.

고후 5:15. 그가 모든 사람을 대신하여 죽으심은 살아 있는 자들로 하여금 다시는 그들 자신을 위하여 살지 않고 오직 그들을 대신하여 죽었다가 다시 살아나신 이를 위하여 살게 하려 함이라.

바울은 예수님께서 모든 사람을 대신하여 죽으신 목적을 발표하고 있다. 즉 "살아 있는 자들로 하여금 다시는 그들 자신을 위하여 살지 않고 오직 그들을 대신하여 죽었다가 다시 살아나신 이를 위하여 살게 하려 함이라"고 말한다(롬 6:11-12; 14:7-8; 고전 6:19; 갈 2:20; 살전 5:10; 벧전 4:2). 그리스도께서 모든 사람을 대신해서 죽으신 목적은 그들로 하여금 다시 그들 자신을 위해서 살지 말고 오직 그들을 대신하여 죽으셨다가 다시 사신 이를 위하여 살게 하려 함이었다(롬 14:9; 딛 2:14; 벧전 2:26; 3:18).

본문의 "살아있는 자들"이란 말은 '십자가에서 그리스도와 함께 죽었으나 아직도 살아있는 자들'을 지칭한다. 그런 사람들은 "다시는 그들 자신을 위하여 살지 않는다"는 것이다. 이미 십자가에서 죽었으나 주님께서 그들의 죄를 대신해서 죽은 줄로 깨닫고 그리스도의 대리죽음을 분명히 믿는 때부터는 그들은 그들을 위해 살지 않는다. 다시 말해 그리스도인은 결코 그 자신을 위해 살지 않는다. 그런 사람들은 더 적극적으로 "오직 그들을 대신하여 죽었다가 다시 살아나신 이를 위하여 산다"는 것이다. 그리스도인은 그를 대신하여 죽었다가 다시 살아나신 그리스도를 위하여 산다. 그리스도의 대신 죽음과 부활을 깨달으면 주님을 섬기는 일에 있어서 반드시 헌신하게 된다. 그리스도는 우리의 죄를 대신해서 죽으셨고 또 우리의 의를 위하여 다시 살아나셨다. 그리고 그는 승천하셔서 지금은 하나님 우편에 앉아 계신다. 그는 영원히 우리를 사랑하실 것이며 또 그리스도인은 그를 영원히 사랑할 것이며 그를 위해 몸을 바칠 것이다.

2. 그리스도의 대사들 5:16-21

고후 5:16. 그러므로 우리가 이제부터는 어떤 사람도 육신을 따라 알지 아니하노라 비록 우리가 그리스도도 육신을 따라 알았으나 이제부터는 그같이 알지 아니하노라.

본 절이 비록 삽화적인 구절이긴 하지만(Plummer-15절에서 17절로 건너뛰어보면 얼른 본 절이 삽화 적임을 알 수 있다) 맨 앞에 나오는 "그러므로"라는 말을 보면 본 절이 앞 절에 말한 내용의 결론임을 알 수 있다. 바울은 앞 절에서 예수님은 모든 사람을 대신하여 죽으셨고 따라서 그리스도를 믿는 모든 사람들은 그리스도를 위하여 살 수밖에 없다고 말했다.

바울은 앞 절의 결론으로 "우리가 이제부터는 어떤 사람도 육신을 따라 알지 아니한다"고 말한다(마 12:50; 요 15:14; 갈 5:6; 빌 3:7-8; 골 3:11). 예수님이 모든 사람을 대신하여 죽으셨기 때문에 이제부터는 "어떤 사람도 육신을 따라 알지 않게 되었다"고 한다. 즉 '그리스도를 믿는 어떤 사람을 볼 때 결코 겉보기로 보지 않는다'는 뜻이다. 다시 말해 결코 외모로 판단하지 않는다는 것이다. 다음 절에 기록된바와 같이 그리스도를 믿는 사람을 새로운 피조물로 보게 되었다는 것이다. 오늘 우리는 예수님을 믿는 사람들을 만나면 외모로 판단하지 말고 새로운 피조물로 알아보아야 한다.

그리고 바울은 사람만 아니라 그리스도를 볼 때도 육체를 따라 알지 않는다고 말한다. 즉 "비록 우리가 그리스도도 육신을 따라 알았으나 이제부터는 그같이 알지 아니한다"고 말한다(요 6:63). 바울은 심지어 과거에 그리스도까지도 육체를 따라 알았다고 말한다. 바울이 회개하기 전에는 예수님을 하나의 유대인으로만 알았고 바리새인들의 관념을 따라 "백성을 미혹하는 선동자, 자칭 왕 그리스도"(눅 23:2)라고만 알았다. 그러나 다메섹 도상에서 예수님을 만난 이후로는 "그같이 알지 아니한다"고 말한다. 완전히 예수님을 보는 관점이 달라졌다는 것이다.

혹자들은 본 절을 근거하고 바울 사도가 예수님을 실제로 육안으로 보았을 것이라고 추측하기도 하나 확실한 주장을 펼 수는 없는 일이다. 이유는 성경 다른 곳에 그런 추측을 뒷받침할 만한 성구가 없기 때문이다. 그리고 혹자들은 바울 사도가 본 절의 주장을 하는 것을 보면 회개한 후 얼마동안 예수님을 유대교적 그리스도로 알았다는 것을 표현하는 말이라고 하나 성립될 수 없는 주장이다. 이유는 바울은 회개와 동시에 예수님을 하나님의 아들로 알았고 구주로 알고 전파했기 때문이다(행 9:19-22).

고후 5:17. 그런즉 누구든지 그리스도 안에 있으면 새로운 피조물이라 이전 것은 지나갔으니 보라 새것이 되었도다.

바울은 문장 초두에 "그런즉"(ὥστε)이라는 단어를 사용하여 본 절이 앞 절의 결론임을 말한다. 바울은 앞(16절)에서 "어떤 사람도 육신을 따라 알지 않겠다"고 했고 또 "그리스도도 육신을 따라 알지 않겠다"(16절)고 했다. 다시 말해 그리스도야 말로 하나님의 아들로서 우리의 구주가 되시는 분이고 또 그를 믿는 사람을 외모로 보지 않겠다고 했는데 그 결과 바울은 "누구든지 그리스도 안에 있으면 새로운 피조물이라. 이전 것은 지나갔으니 보라 새것이 되었도다"라고 선포한다.

"누구든지 그리스도 안에 있으면 새로운 피조물"이란 말은 '어떤 죄인이라도 그리스도를 믿으면 새로운 피조물이라'는 뜻이다(요 3:3; 롬 8:9; 16:7; 갈 5:6; 6:15; 엡 4:23; 골 3:3). 그리스도를 믿으면 새로운 피조물이 되는 것은 그리스도와의 연합 때문에 일어나는 변화이다(요 1:12; 15:3). 누구든지 그리스도의 복음을 들으면 성령님이 역사하시고 또 성령님이 역사하시면 그리스도를 영접하게 되어 그리스도와 연합하게 되니 새로운 피조물이 된다. 그리스도는 하나님의 아들로서 우주를 창조하신 분이시고 우주를 통치하시는 분시이며 또 우주를 심판하실 분으로서 전혀 죄가 없으신 분이시니 그리스도와 연합한 사람도 역시 죄를 온전히 용서받은 새로운 피조물이 되는 것이다. 그리스도를 영접해서 새로운 피조물이 된 사람은 "이전 것은 지나갔고 새것이 된 것이다"(사 43:18-19; 65:17; 엡 2:15; 계 21:5). 이전의 아담으로부터 물려받은 옛사람은 그리스도에게 전가되고, 그리스도의 의(義)가 전가되어 아주 새로운 피조물이 되는 것이다. 오늘도 예수님을 영접한 사람들은 모두 새로운 피조물이 되었음을 선포해야 한다.

고후 5:18. 모든 것이 하나님께로서 났으며 그가 그리스도로 말미암아 우리를 자기와 화목하게 하시고 또 우리에게 화목하게 하는 직분을 주셨으니.

바울은 본 절에서 "모든 것이 하나님께로서 났다"(τὰ δὲ πάντα ἐκ τοῦ θεοῦ)고 말한다. 여기 "모든 것"이란 하나님께서 창조하신 만물을 지칭하는 말이 아니라 하나님께서 그리스도를 통하여 새로 지으신 새 창조를 이름이다. 바로 앞 절에 언급한 새로운 피조물을 지칭하는 말이다. 우리가 새로운 피조물이 된 것은 하나님으로부터 왔다. 우리의 소원에 의해서 된 것도 아니고 또 우리의 노력에 의해서 된 것이 아니라 하나님의 주권에 의해서 된 것이다.

바울은 본 절에서 모든 것이 하나님에 의해서 되었다는 것을 다른 말로 설명한다. 즉 "그가 그리스도로 말미암아 우리를 자기와 화목하게 하시고 또 우리에게 화목하게 하는 직분을 주셨다"고 말한다(롬 5:10; 엡 2:16; 골 1:20; 요일 2:2; 4:10). 하나님은 "그리스도로 말미암아 우리를 자기와 화목하게 하셨다." 하나님은 그리스도를 화목제물로 세우셔서(요 3:16; 요일 4:10) 우리 즉 사도들과 성도들을 하나님 자신과 화목하게 하셨다. 하나님은 예수님을 화목제물로 세우시고 그를 십자가에서 우리의 죄를 대신하여 대속의 피를 흘리게 하셔서 하나님의 진노를 푸시고 우리를 예수 안에서 품어주셨다(롬 5:9-10).

본 절에서 바울은 하나님께서 하신 일을 또 한 가지 소개한다. 즉 하나님께서 "우리에게 화목하게 하는 직분을 주셨다"고 말한다. 일단 화목의 은혜를 받은 "우리" 즉 '사도들과 성도들'에게 하나님은 화목하게 하는 직분을 주셨다. 하나님은 사도들과 성도들에게 복음을 주셔서 그 복음을 전하게 하여 불신자들로 하여금 하나님과 화목하게 만드신다. 다시 말해 사도와 성도들은 복음을 받고 기도하여 힘을 얻어 불신자들에게 십자가 복음을 전하여 사람들로 하여금 예수님의 대속의 죽음을 믿게 하여 하나님과 화목하게 만든다. 지구상에서 가장 중요한 직책(job)은 바로 하나님과 화목하게 하는 직분이다.

고후 5:19. 곧 하나님께서 그리스도 안에 계시사 세상을 자기와 화목하게 하시며 그들의 죄를 그들에게 돌리지 아니하시고 화목하게 하는 말씀을 우리에게 부탁하셨느니라(ὡς ὅτι θεὸς ἦν ἐν Χριστῷ κόσμον καταλλάσσων ἑαυτῷ, μὴ λογιζόμενος αὐτοῖς τὰ παραπτώματα αὐτῶν καὶ θέμενος ἐν ἡμῖν τὸν λόγον τῆς καταλλαγῆς).

바울은 앞 절(18절)을 다시 본 절에서 충분히 설명한다. 문장 초두의 "호스 호티"(ὡς ὅτι)란 말은 개역판과 몇몇 한글 번역판에서는 "이는"으로 번역했고 개역개정판과 몇몇 다른 번역판에서는 "곧"으로 번역했는데(영어번역판들에서는 "to wit"이나 "that is" 혹은 "namely"로 번역하고 있다) 18절의 말씀을 다시 설명한다는 뜻으로 바울이 이 말을 썼을 것이다.

바울은 "곧 하나님께서 그리스도 안에 계시사 세상을 자기와 화목하게 하셨다"(ὡς ὅτι θεὸς ἦν ἐν Χριστῷ κόσμον καταλλάσσων ἑαυτῷ)고 말한다 (롬 3:24-25). 그런데 이 문장을 번역하는 데는 미완료 과거형 "엔"(ἦν-"있었다"라는 뜻)을 어느 낱말과 연관시키느냐에 따라 번역이 달라진다. 1) 바로 뒤따르는 말 "그리스도 안에"(ἐν Χριστῷ)와 연관시키면 우리 성경처럼 번역되어(God in Christ, reconcilling...) "세상을 자기와 화목하게 하셨을 때 하나님은 그리스도 안에 계셨다"라고 될 것이다. 2) "화목시키며"(κα-ταλλάσσων)와 연결시키면 "하나님은 그리스도 안에서 세상과 화목하고 계셨으며"(God in Christ was reconcilling the world...)라고 번역된다 (Meyer, Alford, Plummer, Hodge, Vincent, 이상근, 이순한). 2번의 번역이 더 합당한 번역이다. 이유는 바울은 18절에서 하나님은 우리를 그리스도를 통하여 자기와 화목하게 하셨다고 한 것처럼 본 절에서는 "그리스도 안에서"(ἐν Χριστῷ) 그렇게 하셨다고 말한다. "엔 카타라쏜"(ἦν καταλλάσσων-"화목하고 계셨다")은 미완료과거 시제로 이는 하나님의 계속적인 동작을 지칭하고 있다. 그러니까 정확한 번역은 "그리스도가 죽으셨을 때 하나님은 세상을 자기와 화목시키고 계셨다"는 뜻이다. 하나님은 세상 사람들과의 화목을 태초부터 시작하셨으며 그리스도를 보내시고 또 그리스도 안에서 계속하셨다. 본문의 "세상"이란 말은 '세상 사람들'을 지칭한다. 이 말은 온 세상 사람들을 뜻하는 말이 아니고, 그리스도를 믿을 사람들을 지칭하는 말이다.

그리고 바울은 하나님께서 "그들의 죄를 그들에게 돌리지 아니하셨다" 고 말한다. 하나님은 세상 사람들의 죄를 그들에게 돌리지 아니하셨다. 다시 말해 그들의 죄를 용서하셨다(롬 4:5; 골 2:13; 딤후 4:16). 본문의 "돌리지 아니하시고"(μὴ λογιζόμενος)란 말은 현재분사로 지금도 그리스도를 믿는 사람들의 죄를 그들에게 돌리지 않고 계시다는 뜻이다.

그리고 바울은 하나님께서 "화목하게 하는 말씀을 우리에게 부탁하셨 다"고 말한다. 화목하게 하는 복음을 하나님께서 사도들과 성도들에게 위임 하셨다는 뜻이다. 하나님은 사도들과 성도들에게 십자가의 도를 전하도록 위탁하셨다(고전 1:18). 성도들은 하나님의 위임을 참으로 귀중히 여기고 죽도록 충성해야 할 것이다.

고후 5:20. 그러므로 우리가 그리스도를 대신하여 사신이 되어 하나님이 우리를 통하여 너희를 권면하시는 것 같이 그리스도를 대신하여 간청하노니 너희는 하나님과 화목하라.

본 절 초두의 "그러므로"(οὖν)는 앞 절 하반 절(19b)에 말한바 하나님 께서 "화목하게 하는 말씀을 우리에게 부탁하셨으므로"라는 뜻을 나타내 는 말이다. 하나님의 부탁을 받은 "우리가 그리스도를 대신하여 사신이 되어 하나님이 우리를 통하여 너희를 권면하시는 것 같이 그리스도를 대신하여 간청하노니 너희는 하나님과 화목하라"고 말한다(6:1; 욥 33:23; 말 2:7; 3:6; 엡 6:20). 바울은 "우리가 그리스도를 대신하여 사신이 되었 다"고 말한다. 참으로 대단한 권위를 보이는 말이다. 그리스도의 대사가 되었다니 말이다. "사신은 자기 자신의 말을 하지 않는다. 그리고 그는 자신의 권위로 말하지도 않는다. 그가 전달하는 것은 자신의 의견이나 요청이 아니라 그는 단순히 듣고 명령받은 것을 말해야 한다. 그러나 동시에 그는 권위를 가지고 말하며 이러한 경우에 그리스도 자신의 권위를 가지고 말한다"(Hodge).[85]

바울은 "하나님이 우리를 통하여 너희를 권면하시는 것 같이(처럼)"

말한다고 한다. 하나님은 그의 메시지를 "우리" 즉 '사도들과 성도들을 통하여 받으라고 권면 하신다'는 것이다. 하나님은 다른 사람들을 통하여 하시지도 않고 다른 방법을 통하여 하시지도 않고 사도와 성도들을 통하여 권면하신다. 그런고로 주의 종들과 성도들은 아주 큰 일꾼들이 아닐 수 없다.

바울은 또 "그리스도를 대신하여 간청하노니 너희는 하나님과 화목하라"고 말한다. 바울은 그리스도를 대신하여 간절히 청원한다고 말한다. 그는 강압하지 않고 위협하지 않는다. 그는 겸손히 간절히 부탁한다. 고린도 교회에 아직도 하나님과 화목하지 못한 사람들을 향하여 "너희는 하나님과 화목하라"고 권한다. 하나님은 사람들을 용서하실 준비가 되어 있으므로 바울은 사람들에게 하나님과 화목하라고 권한다. "하나님과 화목하라"는 말은 '하나님을 믿으라'는 말 이상이다. 하나님을 믿어 구원받으며 화평 중에 지내라는 권면이다.

고후 5:21. 하나님이 죄를 알지도 못하신 이를 우리를 대신하여 죄로 삼으신 것은 우리로 하여금 그 안에서 하나님의 의가 되게 하려 하심이라(τὸν μὴ γνόντα ἁμαρτίαν ὑπὲρ ἡμῶν ἁμαρτίαν ἐποίησεν, ἵνα ἡμεῖς γενώμεθα δικαιοσύνη θεοῦ ἐν αὐτῷ).

바울은 본 절에서 앞 절의 말씀을 보충하고 있다. 바울은 본 절에서 하나님께서 인간의 칭의를 위하여 하신 일을 언급한다. 바울은 그리스도가 어떤 분임을 본 절에서 두 가지로 묘사하고 있다. 첫째, 그리스도는 무죄하신 분이라고 말한다. 즉 "죄를 알지도 못하신 이"라고 말한다. 예수님은 죄를 경험하지 않으신 분이라는 뜻이다. 공관복음은 예수님의 죄의식에 대해 한 번도 말씀하지 않았고 심지어 가룟 유다도 예수님의 무죄를 언급했다(마 27:4). 그리고 성경 다른 곳에서도 여러 번 예수님의 무죄에 대해 언급한다(벧전 2:22; 요일 3:5; 히 4:15; 7:26).

---

85) Hodge, *고린도후서*, 찰스 핫지 성경주석, pp. 184-185.

둘째, 바울은 하나님께서 그의 독생자를 "우리를 대신하여 죄로 삼으셨다"고 말한다(사 53:6; 9:12; 갈 3:13; 벧전 2:22, 24; 요일 3:5). 여기 "우리를 대신하여"(ὑπὲρ ἡμῶν)라는 표현은 분명히 그리스도께서 우리를 대신하여 대속의 죽음을 죽으셨다는 것을 드러낸다. 예수님은 우리를 대신하여 죄로 삼음이 되신 것이다. 다른 말로 표현하면 예수님은 우리를 대신하여 죄가 되셨다. 그리스도는 우리의 대리인으로 우리의 위치에 놓이게 된 것이다.

그리고 "죄로 삼으셨다"는 말은 죄인으로 취급받으셨다는 표현보다도 훨씬 강한 표현으로 죄의 대표자가 되셨다는 뜻이다. 이 말은 예수님 자신이 죄가 없다는 사실과 일치하는 말이기도 하다. 이사야 53:4-5는 말하기를 "그는 실로 우리의 질고를 지고 우리의 슬픔을 당하였거늘 우리는 생각하기를 그는 징벌을 받아 하나님께 맞으며 고난을 당한다 하였노라 그가 찔림은 우리의 허물 때문이요 그가 상함은 우리의 죄악 때문이라 그가 징계를 받음으로 우리는 평화를 누리고 그가 채찍에 맞음으로 우리는 나음을 받았도다"라고 한다. "죄인의 대우보다 죄의 대우는 말할 수 없이 큰 천대이다"(박윤선).[86]

바울은 그리스도가 죄로 삼으심이 되어 우리가 얼마나 큰 대우를 받게 되었는지를 설명한다. 즉 "우리로 하여금 그 안에서 하나님의 의가 되게 하려 하심이라"고 말한다(롬 1:17; 5:19; 10:3). 본문의 "그 안에서"(ἐν αὐτῷ)란 말은 '예수님을 믿는 믿음으로,' '예수님과 연합되어'라는 뜻으로 예수님을 믿지 않으면 절대로 하나님의 의가 될 수 없음을 드러내고 있다. 우리가 예수님을 믿을 때 우리의 죄는 예수님에게 돌려지고 그의 의가 우리에게 돌려진다는 것을 보여준다. 우리는 하나님의 의를 통하여 의롭게 된 것이다. 본문의 "(의)가 되게 하려"(γενώμεθα)라는 단어가 부정(단순)과거로 기록된 것은 하나님께서 우리를 의롭다고 여기신 것은 단번 사건이라는 것을 보여준

---

86) 박윤선, 고린도전후서, p. 353.

다. 우리는 그리스도께서 십자가에서 우리를 대신하여 죄로 삼음이 되신 때 하나님은 우리를 단번에 의롭게 만드신 것이다. 핫지(Hodge)는 "더러운 누더기에 지나지 않는 우리의 의가 아니라 하나님이 예비하시고 그의 사랑하는 독생자의 한없이 귀중한 의로 이루어진 의를 얻었기 때문에 우리가 의롭게 되었다"고 주장한다.[87] 타스커(R. V. G. Tasker)는 "죄인일 따름인 인간들이 실로 거룩하신 하나님에 의해서 무죄로 될 수 있었다는 것과 또한 하나님을 기쁘시게 하는 새로운 삶에 거저 들어가게 되었다"는 것은 실로 놀라운 일이 아닐 수 없다고 말한다.[88] "주님은 우리 위해 죄가 되시고 우리는 주님 때문에 하나님의 의가 되었다"(이상근).[89]

---

87) 핫지(Hodge), *고린도후서*, 찰스 핫지 성경주석, p. 190.

88) 타스커(R. V. G. Tasker), *고린도후서*, p. 108.

89) 이상근, *고린도서*, 신약주해, p. 313.

제 6 장

화해의 사도가 화해를 호소하고
이교도와는 단절하라고 권면하다

3. 사도의 호소   6:1-13

화해의 복음을 전한(5:11-21) 바울 사도는 자신이 어떤 처신을 했는지를 말한다. 화해의 복음을 전한 사도가 처신이 좋지 않으면 복음이 전해질 수 없는 고로 자신은 하나님과 함께 일하는 자로서(1-2절), 모든 역경을 극복했다고 말한다(3-10절). 그리고 그는 고린도 교인들을 향하여 "너희도 마음을 넓히라"고 호소한다.

고후 6:1. 우리가 하나님과 함께 일하는 자로서 너희를 권하노니 하나님의 은혜를 헛되이 받지 말라(Συνεργοῦντες δὲ καὶ παρακαλοῦμεν μὴ εἰς κενὸν τὴν χάριν τοῦ θεοῦ δέξασθαι ὑμᾶς**).**

바울은 자신이 "하나님과 함께 일하는 자"(Συνεργοῦντες)라고 말한다(고전 3:9). 헬라 원문에 "하나님"(θεοῦ)이란 말이 없으므로 달리 해석할 수도 있으나("그리스도와 함께," "다른 사도들과 함께," "일반 신자들과 함께" 등) 바울은 5:19-20에서 자신이 하나님의 대리자로 사역한다고 말했고 또 고전 3:9에는 아예 "우리는 하나님의 동역자들이요"라고 명시한 것을 보면 우리 한역에 처리해 놓은 것처럼 "하나님과 함께 일하는 자"라고 말하는 것이 타당하다(Calvin, Plummer, Bruce, Hodge, R. V. G. Tasker, 박윤선, 이상근, 이순한). 바울은 자기의 권위로가 아니라 하나님의 동역자의 입장에서 "너희를 권한다"고 말한다(5:20). 그런고로 고린도 교인들은 바울 사도의 권면을 하나님의 권면으로 받았어야 했다.

바울은 하나님의 동역자로서 "하나님의 은혜를 헛되이 받지 말라"고 권한다(히 12:15). "하나님의 은혜를 헛되이 받지 말라"는 말은 '하나님의 은혜를 헛된 것으로, 허사로 돌리지 말라'는 뜻으로 바울의 호소를 통해서 임하는 하나님의 은혜를 소홀이 여길 때, 그리고 하나님의 은혜에 감사하지 않을 때 하나님의 은혜를 헛되이 받는 것이다. 오늘도 많은 사람들은 주의 종들의 복음 전도를 사람의 말로 받거나 혹은 낮추어 평가함으로 하나님의 은혜를 무효화시키는 일들이 얼마나 많은가. 안타까운 일이다. 우리가 하나님의 말씀을 소홀히 여길 때도 하나님의 은혜를 받지 못하고 그냥 떠내려 보낸다. 조지 뮬러는 성경을 200번 읽는 중에 100번은 무릎을 꿇고 읽었다고 한다.

고후 6:2. 이르시되 내가 은혜 베풀 때에 너에게 듣고 구원의 날에 너를 도왔다 하셨으니 보라 지금은 은혜 받을 만한 때요 보라 지금은 구원의 날이로다(λέγει γάρ, Καιρῷ δεκτῷ ἐπήκουσά σου καὶ ἐν ἡμέρᾳ σωτηρίας ἐβοήθησά σοι. ἰδοὺ νῦν καιρὸς εὐπρόσδεκτος, ἰδοὺ νῦν ἡμέρα σωτηρίας).

바울이 앞에서 고린도 교인들에게 "하나님의 은혜를 헛되이 받지 말라"(1절)고 말했는데 그렇게 말한 이유(γάρ)는 본 절에 인용한 구약성경 이사야 49:8 때문이라고 한다. 바울은 구약 이사야 49:8에 "내가 은혜 베풀 때에 너에게 듣고 구원의 날에 너를 도왔다"고 예언한 내용이 있는 것을 보고 은혜를 헛되이 받지 말라고 말하지 않을 수 없었다.

"내가 은혜 베풀 때에 너에게 듣는다"는 말은 '하나님께서 은혜를 베푸실 때에 "너"(그리스도와 또 그리스도에게 속한 사람들)의 기도를 들어주겠다'는 예언이다. 그리고 "구원의 날에 너를 도왔다"는 말은 '하나님께서 구원을 베푸실 때에 "너"(그리스도와 또 그리스도에게 속한 사람들)를 도와서 구원해 주겠다'는 예언이다. 바울은 하나님께서 이렇게 이사야를 통하여 예언하셨으니 그런 예언이 있는 것을 보고 고린도 교인들에게 은혜를 허사로 받지 말라고 경고한 것이다.

바울은 구약 이사야 49:8을 근거하고 자기 나름대로 그 예언을 풀어 그 시대에 적용한다. 즉 "보라 지금은 은혜 받을 만한 때요 보라 지금은 구원의 날이로다'라고 말한다. 바울은 자기 시대를 맞이하여 아주 강조하여 말하기 위해 "보라 !"(ἰδοὺ)라는 감탄사를 두 번 사용한다. 그러면서 바울은 '지금이야말로 하나님께 기도하여 은혜를 받을만한 때가 되었고 또 보라 지금 이 시대는 구원의 날이라'고 외친다. 바울이 사용한 두 번의 "지금"이란 낱말은 '신약 시대'를 지칭하는 말로 예수님께서 재림하시기 전의 전체 시대는 은혜를 받아야 할 시대이고 또 예수님을 믿어 구원에 동참해야 하는 때라는 것이다. 아무튼 개인적으로는 은혜를 받을만한 때를 잊어버리면 영원히 그 시기는 다시 돌아오지 않는다. 은혜를 훗날 받겠다고 말하는 사람들도 역시 은혜를 받지 못한다. 바로 지금 이 순간, 바로 신약 시대에 은혜를 받아야 한다.

고후 6:3. 우리가 이 직분이 비방을 받지 않게 하려고 무엇에든지 아무에게도 거리끼지 않게 하고.

바울은 하나님의 동역자로서(1절) "이 직분이 비방을 받지 않게 하려고 무엇에든지 아무에게도 거리끼지 않게 했다"고 말한다(롬 14:13; 고전 9:12; 10:32). '복음을 권하는 사도의 직분이 비방, 비난, 욕을 받지 않게 하려고 모든 점에서 아무 사람에게도 거리낌을 주지 않으려고 노력해왔다'는 것이다. 그가 다른 사람들에게 거리낌을 주지 않기 위해 노력한 것이 4-10절에 기록되어 있다. 오늘의 사역자들이 이처럼 노력하는가. 우리는 아무 사람들에게도 상처를 주지 않고 복음을 전해야 할 것이다.

4절부터 10절까지의 바울의 수난목록은 4:8-12; 11:23-31과 더불어 바울의 3대 수난목록에 속한다.

고후 6:4-5. 오직 모든 일에 하나님의 일꾼으로 자천하여 많이 견디는 것과

환난과 궁핍과 고난과 매 맞음과 갇힘과 난동과 수고로움과 자지 못함과 먹지 못함 가운데서도(ἀλλ᾽ ἐν παντὶ συνιστάντες ἑαυτοὺς ὡς θεοῦ δια-κονοι, ἐν ὑπομονῇ πολλῇ, ἐν θλίψεσιν, ἐν ἀνάγκαις, ἐν στενοχωρίαις, ἐν πληγαῖς, ἐν φυλακαῖς, ἐν ἀκαταστασίαις, ἐν κόποις, ἐν ἀγρυπνίαις, ἐν νηστείαις).

4절과 5절에 기록된 9가지의 수난목록은 모두 전치사 "...에서"(ἐν)라는 단어로 시작한다. 바울은 아무 사람도 자신의 행위로 말미암아 상처를 받지 않도록 "오직 모든 일에 하나님의 일꾼으로 자천하여 많이 견디는 것과 환난과 궁핍과 고난과 매 맞음과 갇힘과 난동과 수고로움과 자지 못함과 먹지 못했다"고 말한다(11:23).

바울은 "오직 모든 일에 하나님의 일꾼으로 자천했다"고 말한다(고전 4:1). 바울은 앞에서(3:1-3) 자신을 고린도 교인들에게 자천하지 않는다고 했는데 여기서는 그의 행위가 그를 자천한다고 말한다. 그는 입으로는 자천하지 않았으나 그의 행위가 그를 천거하는 행위들이라고 말한다. 그는 다른 사람들에게 상처를 주지 않으려고 스스로 고난을 자취하여 고생했다. 오늘도 주의 종들은 자기의 행위로 성도들에게 자신이 주의 종이라는 것을 보여주어야 할 것이다.

바울은 "많이 견뎠다"고 말한다. 여기 "많이 견뎠다"는 말은 뒤따라 나오는 9가지의 모든 고난을 많이 견뎠다는 뜻이다. 참으로 눈물겨운 말이다. "환난"과 "궁핍"과 "고난"은 비슷한 종류의 어려움들로 "환난"은 '모든 육체적, 정신적, 영적인 어려움'을 뜻하고(1:4-10), "궁핍"은 '환난의 결과로 임하는 가난'을 뜻하며(행 20:34), "고난"은 사람에게 '좌절을 경험하게 하는 심한 어려움'을 지칭한다(시 118:5 참조).

"매 맞음"과 "갇힘"과 "난동"은 다른 사람들이 바울에게 입힌 독특한 고난 을 지칭한다. 바울은 복음을 전하면서 매를 많이 맞았다(행 14:19; 16:22). 그리고 "갇히기도 했고"(행 16:23; 24:23; 28:16) 또 "난동"을 당했다 (행 13:50; 14:19; 16:19; 17:5, 13; 19:29; 21:30).

바울은 "수고했고"(11:27; 행 18:3; 살후 3:8) "자지 못했으며"(11:27; 행 16:25; 20:7; 살후 3:8) "먹지 못했다"(11:27). 여기 "먹지 못했다"는 말은 기도하기 위해서 먹지 않은 것을 가리키는 말이 아니라 복음 전하다가 당한 굶주림을 지칭한다. 이 세 고난은 바울이 복음 전파 때문에 스스로 짊어진 고난들을 지칭한다.

고후 6:6-7a. 깨끗함과 지식과 오래 참음과 자비함과 성령의 감화와 거짓이 없는 사랑과 진리의 말씀과 하나님의 능력으로.

6절부터 7절 상반 절에 기록된 8가지의 적극적인 미덕의 목록도 모두 "...에서"(ejn)라는 단어로 시작한다. 앞선(4-5절) 고난들이 외적(外的)으로 당한 육적인 환난인데 비해 여기 기록된 8가지의 미덕들은 바울 사도가 가졌던 마음의 미덕들이다.

바울은 "깨끗함과 지식과 오래 참음과 자비함"을 보여주었다. 바울은 범사에 깨끗하게 처신했다(살전 2:10; 요일 3:3). 도덕적으로 순수했다. 물질 문제는 말할 것도 없었다. 바울은 놀라운 "지식" 즉 '그리스도 안에서 나타난 하나님의 구속하시는 사랑에 대한 남다른 이해'를 가지고 처신했으며 (Tasker) "오래 참았다." 그는 반대자의 적의(敵意)에 대해 오래 참았고, 또 성도들에게 오래 참으라고 권고하기도 했다(고전 13:4; 갈 5:22; 빌 1:15-18). 바울은 또 "자비하게 행동했다." 그는 행동에 있어서 항상 선하게 처신했다. "자비"는 은혜를 모르는 자와 악한 자에게도 자비를 베풀어주시는 하나님의 자비(눅 6:35 참조)의 반영이다.

바울은 "성령의 감화와 거짓이 없는 사랑과 진리의 말씀과 하나님의 능력"을 가지고 복음을 전했다. 바울은 "성령의 감화"로 모든 신령한 일들을 감당했다(고전 2:4; 엡 2:22; 3:5; 5:18; 6:18; 살전 1:5). 그리고 바울은 "거짓이 없는 사랑"을 실천했다. 사랑은 성령의 열매 중에 제일가는 것이다(고전 13:1). 롬 12:9 참조. 거짓이 없는 사랑이란 말은 결코 거짓이 있는 사랑을 예상하는 말은 아니다. 거짓이 있는 사랑이란 있을 수가 없다. 그러나 거짓된 외식의 사랑은 이 사회에 많이 있다. 바울은 "진리의 말씀"을 전했다(4:2; 7:14). 그는 진리의 말씀에다가 아무 것도 섞지 않고 그대로 전했다(2:17). 바울은 하나님으로부터 직접적으로 위탁받은 말씀을 전했다(행 9:15). 바울은 또 "하나님의 능력"(롬 1:16; 13:4; 고전 1:18; 2:4-5)으로 복음을 전했다. 그는 자기의 힘으로 복음을 전하지 않았고 또 인간적인 지혜를 의지하지도 않았으며 하나님의 능력으로 복음을 전했다. 그는 다른 사람들에게 상처를 주지 않기 위해 자기의 것을 가지고 복음을 전하지 아니하고 순전히 하나님으로부터 말씀을 받아서 그리고 하나님께서 주시는 능력을 가지고 전했다.

고후 6:7b-8a. **의의 무기를 좌우에 가지고 영광과 욕됨으로 그러했으며 악한 이름과 아름다운 이름으로 그러했느니라**(διὰ τῶν ὅπλων τῆς δικαιοσύνης τῶν δεξιῶν καὶ ἀριστερῶν, διὰ δόξης καὶ ἀτιμίας, διὰ δυσφημίας καὶ εὐφημίας).

바울 사도가 이 부분에 기록한 3 가지 종류의 사역 방법은 모두 "말미암아," "통하여"(δια)라는 단어로 시작한다. 바울은 "의의 무기를 좌우에 가지고"(διὰ τῶν ὅπλων τῆς δικαιοσύνης τῶν δεξιῶν καὶ ἀριστερῶν) 사역했다고 말한다(10:4; 엡 6:11, 13; 딤후 4:7). "가지고"(δια)라고 번역된 헬라어 단어는 소유격 명사와 함께 사용될 때에는 "...통하여," "...의 가운데," "...말미암아"라는 뜻인 고로 본문을 우리말로 번역해 보면 "좌우의 의의 병기를 통하여" 혹은 "좌우의 의의 병기를 사용하여"라는 뜻이다. 그러니까 바울은 복음을 전할 때 좌우에 의의 무기를 두고 자기는 그 사이에서 사역했다는 뜻이다. 그렇다면 "좌우에 의의 무기를 두고"라는 말은 구체적으로 무엇을 의미하는가에 대해서는 몇 가지 견해가 있다. 1) 사탄을 대적하는 의로운 삶과 노력을 지칭한다는 견해(Harris, Tasker, 박윤선). 그러나 이 견해는 합당하지 않은 듯하다. 이유는 우리의 의로운 삶과 노력이 사탄을 대적할 수 있을까 하는 의구심이 든다. 2) 하나님의 전신갑주를 입는다는 말(엡

6:11, 13)이라는 견해(Hodge). 전신갑주라는 견해는 본문의 "좌우"라는 말 때문에 합당하지 않은 것 같이 보인다. 전신갑주는 말 그대로 전신(全身)에 관계된 것이니 좌우라는 말과는 맞지 않는 말이다. 3) 왼손에 방어하는 믿음의 방패를 들고 오른 손에 공격하는 성령의 검을 잡고 전투하는 것을 지칭한다는 견해(엡 6:16-17, 많은 주석가들). 바울 당시 로마 병사는 적군의 화전(火箭)으로부터 자신을 보호하기 위해 두 겹의 나무에 짐승의 가죽을 덮어서 만든 방패를 한 손에 들고, 다른 손에는 검을 들고 싸웠는데 그것을 연상하게 한다. 바울은 엡 6:16-17에서 그리스도인의 무장으로 공격용으로는 성령의 검을, 방어용으로는 믿음의 방패를 갖출 것을 권고하고 있다. 그리스도인은 이 두 병기 사이에서 적과 싸우는 자라고 할 수 있다. 3번의 학설이 가장 합리해 보인다.

그리고 바울은 "영광과 욕됨으로 그러했다"(διὰ δόξης καὶ ἀτιμίας)고 말한다. 다시 말해 '영광을 그냥 통과하고 또 욕도 그냥 통과했다'는 뜻이다. 복음을 전할 때 사람들로부터 칭찬과 찬사가 돌아올 때 그것을 하나님께 돌리고 자기로서는 괘념치 않고 복음을 전했으며 또 때로는 욕과 비난이 돌아올 때 그것도 역시 별로 생각에 두지 않고 복음 전파에 성실하게 임했다는 것이다.

그리고 바울은 "악한 이름과 아름다운 이름으로 그러했느니라"고 말한다. 바울은 자기가 없는 가운데서 사람들로부터 악한 사람이라는 말과 아름다운 사람이라는 말을 전해 듣고도 별로 관심을 두지 않고 그냥 통과하면서 복음을 전했다는 것이다. 전도자는 통과할 것을 그냥 통과하지 않으면 절대로 전진하지 못한다. 전도자는 통과할 수 있는 마음과 힘을 하나님께 구해야 한다.

고후 6:8b-10. 우리는 속이는 자 같으나 참되고 무명한 자 같으나 유명한 자요 죽는 자 같으나 보라 우리가 살아 있고 징계를 받는 자 같으나 죽임을 당하지 아니하고 근심하는 자 같으나 항상 기뻐하고 가난한 자 같으나 많은

사람을 부요하게 하고 아무 것도 없는 자 같으나 모든 것을 가진 자로다.

8절 하반 절부터 10절까지 바울이 기록한 사역의 결과를 나타내는 7가지 대구는 모두 "...같으나"(ώς)라는 단어로 시작한다. 바울은 "우리는 속이는 자 같으나 참되었다"고 말한다. 사람들이 바울 사도의 겉만 보고 사람을 속이는 사람이라고 말했다. 그런데 바울은 사람들이 말하는 것처럼 속이는 자가 아니라 정직한 사람이었다. 예수님도 속이는 자라는 말을 들으셨다(마 27:63).

그리고 바울은 "무명한 자 같으나 유명한 자였다"(4:2; 5:11; 11:6). 여기 "무명한 자"(ἀγνοούμενοι)란 말은 '전혀 알려지지 않은 자'라는 뜻이다. 바울은 전혀 사람들에게 알려지지 않은 자 같으나 하나님에게 알려졌고(고전 13:12), 사람에게도 알려졌다(11:6). 우리는 하나님에게 알려지면 결국은 사람에게도 알려지는 것을 알고 복음 전도에 매진해야 한다.

그리고 바울은 "죽는 자 같으나 보라 우리가 살아 있다"고 말한다(1:9; 4:10-11; 고전 4:9). 바울은 '역경을 만나 죽었구나 싶었는데(1:9; 11:23; 행 14:19) 죽지 않고 살아서 복음을 전하고 있다'고 말한다. 시 118:18 참조. 사도는 그 감격을 잊을 수 없어 "보라!"라는 감탄사를 사용하고 있다.

바울은 "징계를 받는 자 같으나 죽임을 당하지 아니한다"고 말한다(시 118:18). 바울은 '사람들 보기에 징계를 받아서 죽는 것 같이 보였으나 죽임을 당하지 아니했다'고 말한다. 그는 복음을 전하다가 고난을 받을 때 사람들은 그가 이제 죽었다고 판단했으나 도리어 하나님의 기적적인 간섭으로 살아나서 더 은혜를 끼치는 사람이 되었다.

바울은 "근심하는 자 같으나 항상 기뻐했다." 바울은 '사람들 보기에 한편 근심하는 자같이 보였으나(롬 9:2; 빌 2:27) 항상 기뻐하며(롬 5:3; 14:17) 복음을 전했다.' 바울은 다른 사람들에게 기쁨을 권하며(빌 2:18; 3:1; 4:4) 복음을 전했다.

바울은 또 "가난한 자 같으나 많은 사람을 부요하게 했다." 바울은 사람들 보기에 아주 가난해 보였다(행 3:6). 그가 친히 노동을 하면서 전도했기에 가난하게 보인 것(행 18:3)은 당연했다. 그러나 그는 많은 영적인 보화를 가지고 있었고 또 많은 사람을 영적으로 부요하게 했고 또 결과적으로는 사람들을 육신적으로도 부요하게 만들었다. 사람이 영적으로 부요하면 육적으로도 부요하게 된다(요삼 1:2).

바울은 또 "아무 것도 없는 자 같으나 모든 것을 가진 자였다." 그는 사람들 보기에는 아무 것도 없는 자 같이 보였다. 세상적인 직업도 없이 이리저리 돌아다니면서 복음을 전했으니 떠돌이같이 보였으나 실제로는 모든 것을 가진 자였다(고전 3:21-22). 성도는 세상에서 물질을 얼마나 가지고 있든지 모든 것을 가진 자이다.

고후 6:11. 고린도인들이여 너희를 향하여 우리의 입이 열리고 우리의 마음이 넓어졌으니.

바울은 앞에서 화해의 사도로서 고린도 교인들에게 하나님의 은혜를 그냥 흘러버리지 말라고 전하며 또 자신이 사도로서 복음을 전할 때 사람들에게 상처를 주지 않기 위해 고난 받은 것을 말했는데 이제 이 부분(11-13절)에서는 실제로 고린도 교인들에게 사도를 향하여 마음을 넓히라고 권고한다(11-13절).

사도는 "고린도인들이여"라고 부른다. 바울은 다른 곳에서도 수신자의 이름을 부르며 말한 적이 있다(갈 3:1; 빌 4:15). 특별한 정을 느끼도록 이렇게 불렀다. 서양 사람들은 대체로 사람의 이름을 부르고 말을 이어가나 우리나라 사람들은 대체로 사람 이름을 부르지 않고 말을 시작한다.

바울은 "너희를 향하여 우리의 입이 열렸다"고 말한다(7:3). 바울은 고린도 교인들을 향하여 '아무 비밀도 없고 또 아무거리낌도 없이 또 아무 보류하는 말도 없이 말을 한다'고 친근하게 말한다. 이런 말은 상대방의 말을 유도하기 위한 말이다. 바울은 또 "우리의 마음이 넓어졌다"고 말한다. 바울의 마음이 고린도 교인들을 향하여 사랑의 마음이 되었다는 것이다. 이런 넓은 마음은 사랑하는 마음이 있을 때 생긴다. 하나님은 솔로몬에게 넓은 마음을 주셨다(왕상 4:29). 시편 기자는 하나님을 향하여 자기의 마음을 넓혀주시기를 기원했다(시 119:32). 바울은 하나님으로부터 사랑의 마음, 넓은 마음을 받았다. 바울은 자기의 마음이 넓어진 것을 고린도 교인들에게 알려주고 화해하기를 소원했다.

고후 6:12-13. 너희가 우리 안에서 좁아진 것이 아니라 오직 너희 심정에서 좁아진 것이니라 내가 자녀에게 말하듯 하노니 보답하는 것으로 너희도 마음을 넓히라.

바울은 고린도 교인들의 마음이 좁아진 원인이 바울에게 있는 것이 아니라 고린도 교인 스스로에게 있다고 말한다. 바울은 고린도 교인들에게 "오직 너희 심정에서 좁아진 것이라"고 말한다(12:15). '오직 고린도인들 심정에서 좁아진 것이라'는 말이다. 고린도 교인들은 바울을 받아드릴 마음의 여유가 없었다. 사람들은 자기 마음이 좁아진 원인을 남에게 돌리는 수가 많다.

그래서 바울은 고린도 교인들을 향하여 "내가 자녀에게 말하듯 하노니 보답하는 것으로 너희도 마음을 넓히라"고 권고한다(고전 4:14). 바울은 고린도 교인들에게 "자녀에게 말하듯 한다"고 말한다. 그들은 바울이 전한 복음을 받고 그리스도인이 되었으니 바울의 자녀이다. 그들은 바울이 전한 복음을 듣고 중생한 사람들이니 바울의 자녀이다(고전 4:14, 17; 갈 4:19; 딤전 1:2, 18). 바울은 고린도 사들에게 "보답하는 것으로 너희도 마음을 넓히라"고 권한다. '보답하는 뜻으로 너희 마음을 넓히라'는 뜻이다. 다시 말해 바울의 마음이 열려 무슨 말이든지 하고 있으니 고린도 교인들도 보답하는 의미로 마음을 넓혀 바울을 받으라는 것이다.

E. 이교도들과 사귀지 말라   6:14-7:1

바울은 고린도 교인들에게 마음을 넓히라는 권고를 한 다음 이 부분 (6:14-7:1)에 들어와 고린도 교인들에게 세상과 짝하지 말라고 권고한다.

이렇게 세상과 짝하지 말라고 말하는 이유는 세상과 짝하지 않아야 바울을 향하여 마음을 넓힐 수 있기 때문이다. 사람이 세상과 짝하면 기독교인들과 통할 수가 없다.

혹자는 이 부분(6:14-7:1)이 있어야 할 자리에 있지 않다고 주장한다. 이유는 너무 갑작스럽게 이곳에 끼어들었고 또 실제로 6:13을 읽고 7:2로 넘어가서 읽으면 잘 통한다는 이론을 내놓는다. 그래서 심지어 어떤 이는 이 부분의 말씀은 바울 서신이 아니라고까지 말하는 사람이 있다.

그러나 이 부분이 이곳에 있어서는 안 된다는 이론을 뒷받침할만한 사본의 근거가 없고 또 바울은 이곳만 아니라 다른 곳에서도 삽화적인 문장을 종종 써넣었다. 이 문장이 이곳에 있어야 한다는 것을 주장한 학자들은 많이 있다(Bernard, Plummer, Craig).

고후 6:14. 너희는 믿지 않는 자와 멍에를 함께 메지 말라 의와 불법이 어찌 함께 하며 빛과 어둠이 어찌 사귀며.

바울은 "너희는 믿지 않는 자와 멍에를 함께 메지 말라"고 부탁한다(신 7:2-3; 고전 5:9; 7:39). '믿지 않는 자(4:4; 고전 6:6; 7:12; 10:27; 14:22), 즉 이교도들과 깊은 교제, 공동 작업, 영적 타협을 하지 말라'는 말이다(레 19:19; 신 22:10 참조). "멍에를 함께 메지 말라"는 말은 '공동 작업을 하지 말라,' '깊은 교제를 가지지 말라'는 뜻이다.

바울은 고린도 교인들이 이교도들과 멍에를 함께 메지 말아야 할 이유로 이하(16절까지) 다섯 가지로 말한다. 첫째, "의와 불법이 어찌 함께 할 수 없기" 때문이라고 한다(삼상 5:2-3; 왕상 18:21; 고전 10:21; 엡 5:7, 11; 살후 2:8; 요일 3:4-5).[90] 성도는 "의"이고 이교도들은 "불법"이라고 한다. "의"란 그리스도를 통하여 하나님으로부터 받은 의를 지칭한다. 여기 "의"는

---

90) 성도들도 세상 불신자들과 함께 할 수 있는 것들이 있다. 육신적인 일은 함께 할 수 있다. 회사에서 함께 근무하는 일, 함께 국가 공무원이 되는 일, 함께 군에서 복무하는 일 등. 그러나 영적으로 사귀는 일은 할 수 없다. 가령 불신자와 결혼하는 일등은 할 수 없는 일이다.

실천적인 '의'로서 '의로운 삶 자체'를 지칭한다. "불법"은 '율법을 깨뜨리는 죄'를 지칭한다(요일 3:4). 불법은 불신자의 삶을 단면으로 표현하는 말이다 (롬 7:19). 그러니까 성도는 의를 행하는 사람이고 이교도는 불법을 저지르는 사람이니 서로 영적으로 합할 수가 없다.

둘째, 고린도 교인들이 이교도들과 멍에를 함께 메지 말아야 할 이유는 "빛과 어둠이 어찌 사귈" 수 없기 때문이다(사 42:16; 롬 13:12; 엡 5:8; 요일 2:9). 빛과 어둠이 사귀는 것은 도무지 있을 수 없다. 빛이 있으면 어둠이 물러가고 어둠이 있다고 하면 빛이 없는 것을 뜻한다. 성도가 이교도와 결혼하지 못하는 이유는 바로 이와 같다.

고후 6:15. 그리스도와 벨리알이 어찌 조화되며 믿는 자와 믿지 않는 자가 어찌 상관하며.

셋째, 고린도 교인들이 이교도들과 멍에를 함께 메지 말아야 할 이유는 "그리스도와 벨리알이 조화될" 수 없기 때문이라고 한다. 여기 "벨리알"이란 말은 '가치 없는 것,' '무가치한 것,' '악한 것'이란 뜻인데(신 13:13; 삿 19:22; 20:13; 삼상 1:16) 사탄의 별명이다. 그리스도는 사탄의 일을 멸하러 오셨기(창 3:15; 요일 3:8) 때문에 사탄과는 공존할 수 없다. 그러니까 바울은 성도와 이교도의 차이는 그리스도와 사탄의 차이만큼이나 크니 조화가 될 수가 없다고 말한다.

넷째, 고린도 교인들이 이교도들과 멍에를 함께 메지 말아야 할 이유는 "믿는 자와 믿지 않는 자가 상관할 수" 없기 때문이라고 한다. 여기 "상관함"(μερίς)이란 말은 '참여,' '관여'란 뜻으로 신자와 불신자는 서로 관여, 상관, 참여할 수 없음을 지칭한다. 성도는 그리스도에게 속해 있고 불신자는 사탄에게 속해 있으니 서로 상관할 수 없는 입장이다. 성도는 훗날 천국으로 가고 불신자는 훗날 지옥으로 가니 지금도 서로 조화가 되지 않는 입장이다. 이 둘은 운명을 같이 할 수 없는 사이이다.

고후 6:16. 하나님의 성전과 우상이 어찌 일치가 되리요 우리는 살아 계신 하나님의 성전이라 이와 같이 하나님께서 이르시되 내가 그들 가운데 거하며 두루 행하여 나는 그들의 하나님이 되고 그들은 나의 백성이 되리라 하셨느니라.

다섯째, 고린도 교회의 성도들이 이교도들과 멍에를 함께 멜 수 없는 이유는 "하나님의 성전과 우상(들)이 일치"가 될 수 없기 때문이라고 한다. 본문의 "어찌 일치가 되리요"란 말은 도무지 조화될 수 없는 일, 도무지 화합할 수 없는 일이라는 뜻이다. 바울은 "하나님의 성전"이라고 말할 때 하나의 건물을 가리켜 하나님의 성전이라고 말하지 않고 성도들 자체가 바로 하나님의 성전이라는 뜻에서 "우리는 살아계신 하나님의 성전"이라고 말한다(고전 3:16; 6:19; 엡 2:21-22; 히 3:6). 성도들 자신이 하나님의 성전이라는 것이다. 바울은 성도들 자체가 하나님의 성전이라는 것을 증명하기 위해 구약의 여러 곳에서 인용한다. 즉 "내가 그들 가운데 거하며 두루 행하여"라고 말씀한 것을 인용한다(출 29:45; 레 26:12; 렘 31:33; 32:38; 겔 11:20; 36:28; 37:26). 바울은 "내가 그들 가운데 거하며 두루 행하여"란 말을 구약 출애굽기 29:45("내가 이스라엘 자손 중에 거하여 그들의 하나님이 되리니"); 레위기 26:12("나는 너희 중에 행하여 너희의 하나님이 되고 너희는 내 백성이 될 것이니라"); 에스겔 37:27("내 처소가 그들 가운데에 있을 것이며 나는 그들의 하나님이 되고 그들은 내 백성이 되리라")에서 인용한다. 출 6:7; 슥 8:8 참조. 바울은 하나님께서 "이스라엘 백성 가운데 거하신다"는 말씀과 또 "두루 행하여"란 말씀을 인용하여 하나님은 이스라엘 백성 가운데 거하시면서 또 두루 행하여 통치하신다는 것을 드러내고 있다. 성전이란 바로 하나님께서 계신 곳이다.

그리고 바울은 본 절 하반 절 말씀을 구약성경 예레미야 31:1("그 때에 내가 이스라엘 모든 종족의 하나님이 되고 그들은 내 백성이 되리라")에서 인용한다. 하나님께서 이스라엘백성의 하나님이 되시고 또 이스라엘 백성들은 하나님의 백성이 된다는 것을 드러내신다. 이렇게 이스라엘 백성이 하나님의 성전이고 또 신약 시대의 고린도 교인들이 하나님의 성전인데(고전 3:17) 어찌 성전이 된 성도들이 우상을 섬기는 이교도들과 깊이 사귈 수 있는 것이냐고 바울은 말한다.

고후 6:17. 그러므로 너희는 그들 중에서 나와서 따로 있고 부정한 것을 만지지 말라 내가 너희를 영접하여.

본 절 초두의 "그러므로"란 말은 구약 성경의 말씀이 아니라 앞 절(16절)에 인용한 구약 성경에 근거하여 바울이 결론을 내리기 위해 쓴 낱말이다. 그러면서 바울은 또 구약 성경 사 52:11("너희는 떠날지어다 떠날지어다 거기서 나오고 부정한 것을 만지지 말지어다 그 가운데서 나올지어다 여호와의 기구를 메는 자들이여 스스로 정결하게 할지어다")에서 인용하되 자유롭게 인용한다.[91] 이스라엘 백성들은 바벨론에서 나와서 그들의 부정한 것을 만지지 말고 따로 있어야 한다는 것이다(7:1; 사 52:11; 계 18:4). 마찬가지로 신약의 성도들은 하나님께서 거하시는 성전인고로 이교들과 깊이 사귈 수는 없는 일이다. 성도들은 항상 영적으로나 도덕적으로 세상의 이교도들과 분리되어 살아야 한다. 성도들이 이교도들과 타협할 때 하나님은 슬퍼하시고 복을 주시지 않는다. 그런고로 따로 나와서 따로 있으면서 오직 하나님만 바라보아야 한다.

성도들이 세상의 이교들과 타협하지 말고 따로 거할 때 하나님께서 성도들을 품어주신다고 한다. 즉 "내가 너희를 영접하리라"고 하신다. 하나님께서 성도들을 영접하여 다음 절과 같은 복을 주신다고 한다.

고후 6:18. 너희에게 아버지가 되고 너희는 내게 자녀가 되리라 전능하신 주의 말씀이니라 하셨느니라.

---

91) 바울이 구약 성경을 인용할 때는 엄격하게 문자대로 인용하는 경우(롬 8:36; 15:10)와 대충 인용하는 경우(롬 3:4; 4:7-8), 그리고 자유롭게 인용(롬 10:20)하는 경우로 나눌 수 있다. 본 절은 바울이 자유롭게 인용한 경우이다.

바울은 구약 성경 사무엘하 7:14("나는 그에게 아버지가 되고 그는 내게 아들이 되리니")과 이사야 43:6("내가 북방에게 이르기를 내 놓으라 남방에게 이르기를 가두어 두지 말라 내 아들들을 먼 곳에서 이끌며 내 딸들을 땅 끝에서 오게 하며")과 호세아 1:10("너희는 살아 계신 하나님의 아들들이라")을 자유롭게 인용하여 본 절에 기록한다. 즉 하나님은 이스라엘 민족을 영접하여 이스라엘 민족의 아버지가 되시고 이스라엘 민족은 하나님의 자녀가 되리라는 약속의 말씀이다(렘 31:1, 9; 계 21:7).

바울은 구약 성경말씀이 "전능하신 주의 말씀이라"고 한다. 구약 성경의 말씀은 하나님께서 반드시 성취하실 말씀이라는 뜻이다. 구약 성경이나 신약성경 말씀은 모두 전능하신 주의 말씀이다. 오늘 우리는 전능하신 주의 말씀을 가지고 있다. 우리에게 힘이 없어도 좋다. 그 이유는 우리 아버지 하나님께서 전능하시기 때문이다. 오늘 우리가 힘이 없음을 진심으로 고백할 때 크게 힘이 있는 백성이 된다.

제 7 장
상호 신뢰를 회복하다

고후 7:1. 그런즉 사랑하는 자들아 이 약속을 가진 우리는 하나님을 두려워하는 가운데서 거룩함을 온전히 이루어 육과 영의 온갖 더러운 것에서 자신을 깨끗하게 하자.

바울은 고린도 교회 교인들이 6:14부터 18절까지 말씀을 읽고 교인들 자신들이 하나님의 성전이 되었고 또 하나님의 백성들이 되었은즉 "그런즉 사랑하는 자들아 이 약속을 가진 우리는 하나님을 두려워하는 가운데서 거룩함을 온전히 이루어 육과 영의 온갖 더러운 것에서 자신을 깨끗하게 하자"고 권고한다(6:17-18; 요일 3:3).

바울은 고린도 교회 성도들을 향하여 "사랑하는 자들아"(12:19; 고전 10:14; 15:58)라는 애칭을 사용하여 중대한 권고를 한다. 즉 "이 약속을 가진 우리는 하나님을 두려워하는 가운데서 거룩함을 온전히 이루어 육과 영의 온갖 더러운 것에서 자신을 깨끗하게 하자"고 권고한다. 하나님의 백성이 된다는 약속을 가진 사람들은 하나님의 말씀을 두려워하는 가운데서 세상의 이교도들과 일치되지 말고 영육간의 모든 더러움을 벗어나야 한다는 것이다. 본문의 "온전히 이루어"(ἐπιτελοῦντες)란 말은 현재형 분사인고로 '계속하여 이루어 나가야 한다'는 것을 말씀한다. 성도들은 죄를 멀리하는 삶을 부단히 계속해야 할 것이다. 본문의 "깨끗하게 하자"(καθαρίσωμεν)는 말씀은 부정(단순)과거 시제이므로 동사를 강조하여 해석해야 한다. 즉 '참으로 깨끗하게 하자'는 뜻이다.

고린도 교회 교인들은 이교도들과 조화를 이루어 살면 우상숭배를 하게

되고 또 세상의 더러운 것과 관계를 가져 육체가 더러워지고 또 영혼도
더러워질 수 있는 고로 그런 것들을 멀리하고 자신을 더럽히지 말아야 할
것이었다. 아무튼 성도는 세상의 더러운 것에서부터 자신을 깨끗하게 하지
않으면 크게 자신을 해롭게 하는 것임을 알아야 한다.

A. 바울이 고린도 교인들을 사랑하다 7:2-4

바울은 고린도 교인들에게 이교도들과의 깊은 사귐을 피하라고 말하고
(6:14-7:1), 6:13에 돌아가 "마음으로 우리를 영접하라"고 부탁한다(2절 상반
절). 바울은 자신이 고린도 교인들을 사랑하고 있다고 말하면서 자신을
영접해야 할 근거를 말한다(2b-4절).

**고후 7:2. 마음으로 우리를 영접하라 우리가 아무에게도 불의를 행하지
않고 아무에게도 해롭게 하지 않고 아무에게도 속여 빼앗은 일이 없노라.**

바울은 고린도 교인들을 향하여 "마음으로 우리를 영접하라"고 부탁한
다.

"우리를 영접하라"(χωρήσατε ἡμᾶς)는 말은 부정(단순)과거 시제로 '단번에
우리가 들어갈 방을 만들라,' '나를 위하여 자리를 비워두라,' '용납하라'는
뜻으로 고린도 교인들은 마음으로 바울이 들어갈 마음의 여유를 만들어달라
는 것이다. 고린도 교인들은 이제 더 이상 마음을 닫고 바울과 등질 이유가
없다는 것이다.

바울을 마음으로 영접해야 할 근거로 바울은 "우리가 아무에게도 불의를
행하지 않고 아무에게도 해롭게 하지 않고 아무에게도 속여 빼앗은 일이
없다"고 말한다(12:17; 삼상 12:3; 행 20:33). 바울이 말한 세 가지 항목이
무엇을 가리키는지 구체적으로 말하기는 어려우나 첫째, "우리가 아무에게
도 불의를 행하지 않았다"고 말한다. 바울이 이런 말을 한 이유는 아마도
고린도 교인들 중에서 바울이 무슨 의롭지 않은 일(헌금 사용 문제)을 했다고
말한 모양이다(12:17). 그리고 둘째, "아무에게도 해롭게 하지 않았다"고

말한다. "해롭게 했다"는 말은 아마도 바울의 복음이 고린도에 들어와 있는 율법주의에 해를 끼쳤다는 말일 수도 있고 혹은 재정문제로 해롭게 했다는 뜻일 수도 있다. 그러나 바울은 결단코 고린도 교회의 재정에 해를 끼친 일도 없었고 또 율법주의를 퇴치한 것이라면 더 더욱 교회에 유익을 준 것이다. 셋째, "아무에게도 속여 빼앗은 일이 없다"고 말한다. 아마도 고린도 교인들이 바울이 헌금을 걸어 예루살렘에 가져다 준 것이 고린도 교회에 큰 손해를 끼친 것으로 선전한 모양이다. 그러나 헌금을 걸어 예루살렘 교회에 구제했다고 하면 하나님 앞에서 잘 한 일이었다. 아무튼 바울은 고린도 교인들을 해할만한 아무런 일도 행하지 않았다. 사도가 이런 말을 하지 않아도 되지만 그러나 그 교회 안에는 아직도 악한 사람들이 있었던 것으로 보인다. 이렇게 말해서 오해를 풀어야 할 만큼 저급한 사람이 있었던 것으로 보인다. 오해는 항상 믿음이 저급한 사람들 측에서 일어난다. 고린도 교인들 중에서 어떤 사람들은 너무 치사하게 바울을 오해하는 사람들이 있었다. 바울은 그것을 해결하고 있다.

고후 7:3. 내가 이 말을 하는 것은 너희를 정죄하려고 하는 것이 아니라 내가 이전에 말하였거니와 너희가 우리 마음에 있어 함께 죽고 함께 살게 하고자 함이라.

바울이 2절처럼 말하는 이유는 고린도 교인들을 정죄하려고 하는 말이 아니라 바울이 이전에 말한 것처럼(바울이 이전에 말한 것이 바로 어느 말씀인지는 확인할 수가 없다) "너희가 우리 마음에 있어 함께 죽고 함께 살게 하고자 함이라"고 한다(6:11-12). 바울의 마음에서 함께 죽고 함께 살게 하려고 그런 말을 했다고 한다. 다시 말해 바울의 마음에서 고린도 교인들과 화합하고 조화하고자 해서 그런 말을 했다고 한다. 바울은 결단코 고린도 교인들을 마음에서 제외시키기를 원하지 아니한다. 고린도 교인들은 바울의 마음에 항상 자리 잡고 있으며 떠나지를 않는다.

고후 7:4. 내가 너희를 향하여 담대한 것도 많고 너희를 위하여 자랑하는 것도 많으니 내가 우리의 모든 환난 가운데서도 위로가 가득하고 기쁨이 넘치는도다(πολλή μοι παρρησία πρὸς ὑμᾶς, πολλή μοι καύχησις ὑπὲρ ὑμῶν· πεπλήρωμαι τῇ παρακλήσει, ὑπερπερισσεύομαι τῇ χαρᾷ ἐπὶ πάσῃ τῇ θλίψει ἡμῶν**).**

바울은 고린도 교인들을 정죄하기 위해서 글을 쓰는 것이 아니라고 말한(3절) 다음 본 절에서는 고린도 교인들을 향하여 사랑한다는 감정을 표현한다. 바울은 "내[92]가 너희를 향하여 담대한 것도 많다"(Great is my boldness of speech)고 말한다.[93] 바울은 고린도 교인들을 향하여 '담대한 말을 많이 했다'고 말한다(3:12). 이런 말, 저런 말을 담대하게 숨김이 없이 많은 말을 했다는 것을 발표한다. 이 부분 말씀은 6:11의 말씀을 다른 단어를 사용하여 반복한 것이다(3:12; 4:2 주해 참조). 바울은 고린도 교인들을 사랑했기에 솔직하게 말했다. 우리도 사랑하는 마음이 있으면 솔직하게 말한다.

그리고 바울은 다른 사람들을 만났을 때에는 "너희를 위하여 자랑하는 것도 많다"고 말한다(5-16절; 1:14; 5:12; 고전 1:4). 바울은 다른 사람들을 만났을 때는 고린도 교인들을 위하여(ὑπὲρ ὑμῶν) 자랑하는 것이 많다고 말한다. 고린도 교인들이 잘하고 있다고 여러 가지로 자랑했다.

바울은 또 "내가 우리의 모든 환난 가운데서도 위로가 가득하고 기쁨이 넘친다"고 말한다(1:4; 빌 2:17; 골 1:24). 바울은 자신이 당한 환난 가운데서도 디도가 돌아와서 좋은 소식을 보고해 주었으므로 위로를 받았고 결과적으로 기쁨이 넘치게 되었다. 디도가 고린도로부터 돌아와서 보고해 준 소식은

---

92) 본문의 "내"라는 단수는 8-9절에 다시 나타나는 것처럼 편지를 쓰는 사람이 바울이었다는 것을 보여준다. 바울은 자신이 편지를 쓰면서 보통 "우리"라는 복수를 사용했으나 이곳에서는 단수로 표현해야 할 입장이 되었던 것이다.

93) 본 절의 "담대한 것"이란 말은 원래 '언론의 자유'를 뜻하는 단어였다. 본 절에서는 '자유롭게 말하는 것,' '솔직하게 말하는 것'을 지칭한다. 바울은 고린도 교인들에게 그의 마음을 숨기지 않고 솔직하게 말했다. 영어 번역판들의 번역을 보면: KJV-"Great [is] my boldness of speech toward you." NIV-"I have great confidence in you." NASB-"Great is my confidence in you." RSV-"I have great confidence in you."

참으로 고무적이었다. 위로가 컸고 또 기쁨이 컸기 때문에 여러 가지 환난을 극복할 수 있었다. 하나님께서 주시는 위로와 기쁨은 이처럼 세상 환난을 극복하고도 남음이 있다.

B. 눈물의 편지에 뒤따르는 기쁨   7:5-16

바울은 고린도 교인들을 향하여 자신을 영접하라 하고(2a) 또 영접할만 한 몇 가지 근거를 댄(2-4절) 다음 이제 이 부분에서는 바울이 마게도냐에서 디도를 만나 큰 위로를 받고 기뻐한 것을 기록하고 있다(5-16절). 바울은 에베소에서 고린도 교인들에게 디도를 보내 문제를 해결하고 돌아오도록 했고 드로아로 가서 디도를 기다렸으나 돌아오지 않자 좋은 전도의 기회를 포기하고 바다를 건너 마게도냐로 가서 디도를 만나 고린도교회에 대한 긍정적인 소식을 듣고 말할 수 없이 기뻐하게 되었다. 바울은 지난번 근심의 편지, 눈물의 편지를 보낸 것을 두고 몹시 걱정했으나 오히려 고린도 교인들이 그 편지를 받고 회개한 것을 듣고 크게 위로를 받아 크게 기뻐하게 되었다. 그래서 바울은 본서를 저술하게 되었다.

고후 7:5. 우리가 마게도냐에 이르렀을 때에도 우리 육체가 편하지 못하였고 사방으로 환난을 당하여 밖으로는 다툼이요 안으로는 두려움이었노라.

바울은 드로아에서 디도를 기다리고 있을 때는 심령이 편하지 못했었는 데(2:12-13a) 마게도냐에 이르렀을 때에는 "우리 육체가 편하지 못했다"고 말한다(2:13). 그는 마음도 편하지 못했고 또 육체도 편하지 못했다는 것인데 여기서 말하는 육체는 손발과 같은 지체를 지칭함이 아니라 괴로움과 고난을 아는 연약한 인간성의 한 부분을 지칭한다. 그런고로 심령이 편하지 못했다 는 말과 육체가 편하지 못했다는 말은 똑같은 말이다. 바울은 하나님의 말씀에 민감한 사람으로 닥쳐오는 환난에 심령도 편하지 못했고 육체도 편하지 못했었다.

그는 "사방으로 환난을 당하여 밖으로는 다툼이요 안으로는 두려움이었노라"고 말한다(신 32:25; 4:8). 여기 "사방으로 환난을 당했다"는 말은 뒤따라 나오는 "밖으로는 다툼이요 안으로는 두려움이었다"는 말과 똑같은 말이다. "밖"이 무엇이고 "안"이 무엇인가는 해석학자들마다 다른 견해를 내놓는다. 그러나 대체적으로 "밖으로는 다툼"이 있었다는 말은 불신자들과의 영적 다툼, 반대자들과의 영적인 다툼을 지칭하고 "안으로는 두려움이었다"는 말은 고린도 교회 내의 새 신자에 대한 염려라고 본다(Chrysostom, R. V. G. Tasker). 바울은 안팎으로 심한 괴로움을 당했다.

고후 7:6. 그러나 낙심한 자들을 위로하시는 하나님이 디도가 옴으로 우리를 위로하셨으니.

바울은 안팎으로 심한 어려움을 당하느라(5절) 비천해졌었는데 하나님께서 디도를 보내주셔서 큰 위로를 받았다. 여기 "낙심한 자들"(τοὺς ταπεινούς)이란 '위상이 낮은 사람들,' '겸손한 사람들,' '가난한 사람들,' '짓눌린 사람들'이란 뜻으로 개역 판에서는 '비천한 자들'이라고 번역했고, 개역개정판에서는 '낙심한 자들'이라고 번역했다. '비천한 자들'이라고 번역하는 것이 더 나을 것 같다. 바울이 낙심하고 절망했다는 표현은 조금 덜 어울리는 것 같이 보인다. 신앙이 없는 사람으로 비치기 때문이다.

바울은 "비천한 자들을 위로하시는 하나님이 디도가 옴으로 우리를 위로하셨다"고 말한다(1:4). 바울은 마게도냐에서 환난과 마음고생으로 짓눌린 자신들을 위로하시는 하나님께서 디도가 오게 하심으로 자신들을 위로하셨다고 고백한다(사 49:13 참조). 하나님은 마음이 낮아진 자들, 짓눌린 자들을 위로하시는 분이시다. 하나님은 사람을 위로하실 때 사람을 통하여 위로하신다. 바울은 디도가 온 것이 마치 예수님께서 오신 것처럼 느껴졌다. 오늘도 하나님은 여러 방법으로 우리를 위로하신다. 하나님을 기다리고 바라보고 있으면 하나님은 어떤 방법으로든지 우리를 위로 하신다.

고후 7:7. 그가 온 것뿐 아니요 오직 그가 너희에게서 받은 그 위로로 위로하

고 너희의 사모함과 애통함과 나를 위하여 열심 있는 것을 우리에게 보고함
으로 나를 더욱 기쁘게 하였느니라.

바울은 본 절에서 세 가지로 위로 받은 것을 말한다. 첫째, "디도가
온 것"이 위로가 되었다(2:13 참조). 디도를 기다리다가 디도가 아무 사고
없이 온 것을 보고 바울은 크게 위로를 받았다. 둘째, 디도가 "고린도 교회에
서 받은 그 위로"에 대해 듣고 위로를 받았다. 디도가 고린도 교회에서
푸대접을 받지 않고 대우를 받았으며 또 교회 문제가 해결된 것을 전해
듣고 위로를 받았다. 교역자는 동역자가 위로를 받는 것을 보면 위로를
받는다. 셋째, 바울은 "너희의 사모함과 애통함과 나를 위하여 열심 있는
것을 우리에게 보고함으로 나를 더욱 기쁘게 하였다"고 말한다. 고린도
교회 교인들이 바울을 사모하고 사랑한다는 보고 내용, 바울의 근심의 편지
를 읽고 회개하고 애통했다는 보고내용, 또 바울을 위하여 더욱 열심 있다는
보고를 듣고 크게 위로를 받았다. 즉 고린도 교인들은 바울을 비난하는
사람들로부터 바울을 변호하고 있었으며 또 바울에게 순종하고 있다는 디도
의 보고를 듣고 바울은 크게 위로를 받았다. 바울이 마게도냐에서 받은
위로는 그 동안 고난을 받았던 바울에게는 놀라운 위로가 아닐 수 없었다.
우리가 하나님을 바라보며 또 기도하며 살 때 우리에게도 놀라운 위로를
주시는 하나님이시다. 하나님은 위로의 하나님이시다(1:3).

**고후 7:8. 그러므로 내가 편지로 너희를 근심하게 한 것을 후회하였으나
지금은 후회하지 아니함은 그 편지가 너희로 잠시만 근심하게 한 줄을
앎이라.**

바울은 디도의 보고를 듣고(7절) 본 절에서 결론을 내린다("그러므로").
바울은 "내가 편지로 너희를 근심하게 한 것을 후회하였으나 지금은 후회하
지 아니함은 그 편지가 너희로 잠시만 근심하게 한 줄을 안다"고 말한다(2:4).
바울은 '내가 그 편지로 고린도 교인들을 근심하게 한 것을 후회하였으나
고린도 교인들이 그 편지를 읽고 너무나도 달라졌다는 보고를 받은 지금은

후회하지 않게 되었는데 그 이유는 그 편지가 고린도 교인들로 하여금 잠시만 근심하게 한 줄을 알기 때문이라'고 말한다. 그런데 여기서 말하는 "그 편지"(ἡ ἐπιστολὴ ἐκείνη)가 어느 편지냐 하는 문제가 발생한다. 1) 본서 9-13장, 2) 잃어버린 중간 서신, 3) 고린도전서 중 하나일 것이다. "그 편지"가 분실된 중간서신, 눈물의 편지를 지칭할 것이다. 이를 위해서는 2:4, 9 주해를 참조하라.

바울은 중간 서신(고린도 전서 다음으로 쓴 서신이기에 중간서신이라 한다. 또 근심을 일으키게 할 편지이기에 눈물의 편지라고 부르기도 한다)을 보낸 다음 그 편지가 고린도 교인들에게 근심을 일으키게 할 것이라는 것을 알고 있었으며 또 그 근심이라는 것이 그들에게 유익한 결과를 나타낼 것이라는 것을 알고 있었다. 그러나 바울은 편지를 그런 식으로 써야 했나하고 후회하면서 결과를 기다리며 시간을 보낸 것도 사실이다.

고후 7:9. 내가 지금 기뻐함은 너희로 근심하게 한 까닭이 아니요 도리어 너희가 근심함으로 회개함에 이른 까닭이라 너희가 하나님의 뜻대로 근심하게 된 것은 우리에게서 아무 해도 받지 않게 하려 함이라.

바울이 디도의 보고를 받은 "지금 기뻐함은 너희로 근심하게 한 까닭이 아니요 도리어 너희가 근심함으로 회개함에 이른 까닭이라"고 말한다. 바울이 '디도의 보고를 받은 지금 기뻐하는 이유는 고린도 교인들로 하여금 근심하게 한 까닭이 아니고 도리어 고린도 교인들이 근심해서 회개함에 이른 까닭이라'고 한다. 사람이 하나님의 말씀을 읽고 죄의식이 발동하면 근심하게 되는데 근심하면 결국 성령님의 역사로 말미암아 회개함에 이르는 것이다. 여기 "회개함"이란 말은 '하나님을 향하여 회전함'을 지칭한다. 우리가 성경을 진지하게 읽을 때 죄의식이 일어나고 죄의식이 일어나서 근심하게 되면 결국은 하나님께로 돌아서게 마련이다.

바울은 고린도 교인들이 하나님의 뜻대로 근심하게 되면 또 하나의 결과를 얻게 된다고 소개한다. 즉 "너희가 하나님의 뜻대로 근심하게 된 것은 우리에게서 아무 해도 받지 않게 하려 함이라"고 한다. 하나님의 말씀을 읽고 근심하게 되면 바울로부터 아무 상처도 받지 않게 된다는 것이다. 그러니까 바울은 본 절에서 고린도 교인들이 바울의 편지를 받고 진지하게 읽으면 두 가지 효과가 있다고 말한다. 하나는 회개함에 이르게 되고 또 하나는 바울로부터 아무 상처도 받지 않고 복을 받게 된다는 것이다. 한통의 편지는 일석이조의 역할을 하는 것을 볼 수 있다.

고후 7:10. 하나님의 뜻대로 하는 근심은 후회할 것이 없는 구원에 이르게 하는 회개를 이루는 것이요 세상 근심은 사망을 이루는 것이니라(ἡ γὰρ κατὰ θεὸν λύπη μετάνοιαν εἰς σωτηρίαν ἀμεταμέλητον ἐργάζεται· ἡ δὲ τοῦ κόσμου λύπη θάνατον κατεργάζεται).

본 절 초두에는 이유를 나타내는 접속사(ga;r)가 있어 본 절이 앞 절과 연결되어 있음을 알 수 있다. 바울은 앞 절에서 사람이 근심하면 회개함에 이르기도 하고 또 근심하면 바울로부터 아무 상처도 받지 않게 된다고 했는데 그 이유가 본 절에서 언급되고 있다.

바울은 본 절에서 하나님의 뜻대로 하는 근심의 유익을 말하고 있다. 즉 "하나님의 뜻대로 하는 근심은 후회할 것이 없는 구원에 이르게 하는 회개를 이루는 것이라"고 말한다(삼하 12:13; 마 26:75). '하나님의 뜻을 따라 근심하면 후회할 것이 없는 구원에 이르게 하는 회개를 이루는 것이라'고 한다. 하나님의 뜻을 따라 근심하는 것은 구원에 도달하게 하는 회개를 이룬다는 것이다. 그런 근심은 전혀 후회할 것이 없는 구원으로 종결하게 된다는 것이다(행 11:18). 그런데 여기 "후회할 것이 없는"(ἀμεταμέλητον)이란 말이 헬라어의 위치로 보아 "구원"이란 말과 연결시켜야 하지만 뜻으로 보아 "회개"(μετάνοιαν)라는 말과 연결시키는 것이 더 자연스러워 보인다. 이유는 "후회할 것이 없는 구원"이라고 하면 어딘지 이상하다. 구원을 받고 후회할 사람이 어디 있겠는가. 그런고로 "후회할 것이 없는"이란 말을 성경 해석가들이 회개와 연결시켜 번역하기도 하고 해석하기도 하는 것이다.

회개야 말로 후회할 것이 없는 일이다.

그러나 바울은 "세상 근심은 사망을 이루는 것이라"고 말한다(잠 17:22). "세상 근심"이란 '세상에 속한 사람들의 근심'을 말한다. "세상의"(τοῦ κόσ-μου)라는 말은 '세상적인'이란 뜻이 아니라 '세상 사람이 하는'이란 뜻으로 "세상 근심"은 '세상 사람들이 하는 근심'이란 뜻이다(이곳에 사용된 헬라어는 한정적 소유격이 아니라 주격적 소유격이다). 거듭나지 못한 사람들이 하는 근심은 영벌을 가져오는 근심이다. 세상 사람들이 하는 근심은 100년, 1,000년 해도 사람을 하나님께로 돌아가게 하지 못한다. 세상 사람들의 한숨과 근심은 아무리 땅이 꺼져라하고 크게 해도 아무 유익이 없고 악하기만 하며 영원한 벌만 초래하게 되는 것이다.

고후 7:11. 보라 하나님의 뜻대로 하게 된 이 근심이 너희로 얼마나 간절하게 하며 얼마나 변증하게 하며 얼마나 분하게 하며 얼마나 두렵게 하며 얼마나 사모하게 하며 얼마나 열심 있게 하며 얼마나 벌하게 하였는가 너희가 그 일에 대하여 일체 너희 자신의 깨끗함을 나타내었느니라.

바울은 고린도 교회 교인들이 하나님의 뜻대로 근심한 결과 7가지 좋은 결과를 나타냈다고 말한다. 그 근심은 첫째 "너희로 간절하게" 만들었다고 한다. 고린도 교인들이 바울의 편지를 읽고 자신들의 죄의 심각성을 진지하게 의식하고 죄로부터 자신들을 깨끗하게 하기 위한 열심이 일어났다. 그들은 한 동안 자기들이 지은 죄악에 대해 관심을 두지 아니했었다.

둘째, 근심은 "변증하게"(변명하게) 만들었다. 그들은 죄의식을 가지게 되어 그들이 지은 죄에 대해 진지하게 사과하기까지에 이르렀다. 그들은 자기들이 지은 죄에 대해서 바울 사도에게 사과하는 데까지 이르게 되었다. "그들은 바울의 선한 조언을 다시 듣고 싶어했다"(Hodge).

셋째, 근심은 "분하게" 만들었다. 그들은 자기들의 죄에 대해 분노를 품게 되었다. 자기들이 어리석었음을 인식하고 자기들의 죄에 대해 분노를 느끼고 있었다. 회개하는 사람들은 누구든지 이렇게 자신이 저지른 죄에 대해 분하게 여기는 법이다.

넷째, 근심은 "두렵게 했다." 그들은 자기들이 지은 죄 때문에 하나님의 심판을 두렵게 느꼈을 것이고 또 바울 사도에 대해서도 두렵게 느꼈을 것이다. 사도에 대해 잘 못했다는 인식에서 하나님 앞에서 두려움을 느꼈을 것이다.

다섯째, 근심은 "사모하게 했다." 그들은 자신들이 지은 죄 때문에 사도를 두려워한 점도 있었지만 또 한편 사도의 용서를 바라면서 사도를 사모하기에 이르렀다(7절). 디도는 고린도 교인들이 바울 사도를 보고자 한다는 것을 반복해서 말했다.

여섯째, 근심은 "열심 있게 했다." 그들은 죄를 배척하고 바울의 교훈을 지키는 일에 있어서 열심을 냈다(7절). 그들은 바울을 지지하는 일에 있어서 열심을 다하고 있었다(7절 주해 참조). 그러나 핫지(Hodge)는 다음 절과의 관계를 고려하여 그들의 열심은 교회의 죄인을 벌하고 바로 잡아주려는 열심으로 나타났다고 말한다. 그러나 문맥이 더 중요한 것으로 보아야 할 것이다. 그래서 죄인에 대한 열심이라기보다는 바울에 대한 열심으로 보는 것이 더 바를 것이다.

일곱째, 근심은 "벌하게 했다." 그들은 교회의 죄인에 대하여 반드시 처벌되어야 한다는 판단이 서게 되었다. 죄는 반드시 응징되어야 한다는 판단이 서서 그들은 죄인을 벌하게 되었다. 그들이 회개하지 않았을 때에는 죄인에 대해 아무런 처벌의식이 없었다. 그러나 이제는 완전히 달라진 것이다.

바울은 "너희가 그 일에 대하여 일체 너희 자신의 깨끗함을 나타내었느니라"(ἐν παντὶ συνεστήσατε ἑαυτοὺς ἁγνοὺς εἶναι τῷ πράγματι)고 말한다. 바울은 '너희가 그 죄(문제)에 대하여 너희 자신들이 무관심하지도 않았고 부인하지도 않았으며 심각하게 근심하고 회개하여 너희 자신들의 깨끗함을 나타내었다'고 말한다. 바울은 고린도 교회가 바울의 눈물의 편지를 받은 다음 완전히 달라져서 그 범죄자 처리를 아주 잘 처리해서 이제는 아주

깨끗함을 나타내었다고 말한다. 바울은 아주 만족함을 보이고 있다. 교회는
한 사람의 범죄를 교회 전체의 범죄로 알고 회개하고 벌해야 한다는 것을
보여준다.

**고후 7:12. 그런즉 내가 너희에게 쓴 것은 그 불의를 행한 자를 위한 것도
아니요 그 불의를 당한 자를 위한 것도 아니요 오직 우리를 위한 너희의
간절함이 하나님 앞에서 너희에게 나타나게 하려 함이로라.**

바울은 앞 절(11절)에서 고린도 교회가 바울의 편지를 읽고 회개하고
또 바울에 대해 진지하고 사모하는 태도가 되었은즉("그런즉") 바울이 편지
를 쓴 목적을 다시 이곳에 기록한다(고린도 전서를 기록한 다음에 쓴 중간서
신을 쓴 목적을 밝히는 것으로 보인다). 바울이 편지를 쓴 목적은 "그 불의를
행한 자를 위한 것도 아니요 그 불의를 당한 자를 위한 것도 아니라"고
말한다. 양편(그 불의를 행한 자를 위해서 쓴 것도 아니고 그 불의를 당한
자)을 위한 것이 아니라고 말한다. 사실은 고린도 교회가 불의를 당한 자이니
그를 처벌하려는 의도가 있었을 것이지만 바울의 주목적은 "오직 우리를
위한 너희의 간절함이 하나님 앞에서 너희에게 나타나게 하려 하기" 위해서
라고 말한다(7절; 2:4). 즉 바울을 위한 고린도 교회의 간절함(care)이 하나님
앞에서 진지하게 나타나도록 편지를 썼다는 것이다. 바울이 바라던 목적은
그대로 이루어져 고린도 교인들은 바울을 향한 사모심이 생기게 되었고
진지함이 나타나게 되었다.

**고후 7:13. 이로 말미암아 우리가 위로를 받았고 우리의 받은 위로 위에
디도의 기쁨으로 우리가 더욱 많이 기뻐함은 그의 마음이 너희 무리로 말미
암아 안심함을 얻었음이라.**

바울은 "이로 말미암아"(therefore) 즉 '고린도 교인들이 바울을 사모하
고 바울을 향한 간절함이 나타났기 때문에' "우리가 위로를 받았다"고 말한
다. 이야말로 큰 위로가 아닐 수 없다. 바울은 "우리의 받은 위로 위에

디도의 기쁨으로 우리가 더욱 많이 기뻐하게 되었다"고 말한다. 우리 즉 바울 자신과 디도가 받은 위로에다가 더하여 디도가 고린도 교회에서 기쁨을 얻었기 때문에 우리가 더욱 많이 기뻐하게 되었다고 말한다. 받은 위로의 결과 큰 기쁨이 왔다는 뜻이다(4절 하반 절주해 참조).

바울과 디도가 함께 더욱 많이 기뻐하는 이유는 "그의 마음이 너희 무리로 말미암아 안심함을 얻었기" 때문이라고 한다(롬 15:32). 디도가 고린도 교인들의 태도 때문에 안심된 마음까지 얻었기 때문에 더욱 기뻐하게 되었다는 것이다. 이제는 바울이 디도에게 무슨 일을 시켜도 마음이 놓이게 되어 기뻐하게 된 것이다. 바울은 앞으로 고린도 교회에 디도를 보내어 수금할 예정이었으니(8:6) 고린도 교회에서 디도가 신임을 얻은 것을 보고 디도를 다시 보내어 수금을 시작해도 아무 어려움이 없을 것을 알고 더욱 기뻐했던 것이다.

고후 7:14. 내가 그에게 너희를 위하여 자랑한 것이 있더라도 부끄럽지 아니하니 우리가 너희에게 이른 말이 다 참된 것 같이 디도 앞에서 우리가 자랑한 것도 참되게 되었도다.

바울은 옛일을 회고한다. 디도가 고린도 교회를 향해 화해의 사자로 떠날 때 바울은 디도가 화해의 일을 잘 수행하도록 고린도 교회를 위하여 자랑을 했다. 비록 마음에는 괴로운 일이 있었다고 해도 고린도 교회의 어린 신자들의 장점을 많이 이야기해 주었다. 그렇게 자랑을 많이 들려서 디도를 보냈는데 이제 디도가 고린도 교회로부터 돌아온 지금 디도의 보고를 들으니 바울이 디도에게 고린도 교회에 대해 자랑한 것이 부끄러워할 일이 아니었음이 판명되었다는 것이다.

바울은 "우리가 너희에게 이른 말이 다 참된 것 같이 디도 앞에서 우리가 자랑한 것도 참되게 되었다"고 말한다. 바울이 고린도 교회에 언제나 외쳤던 복음의 진리가 참이었던 것같이 바울이 디도 앞에서 자랑한 것도 다 참되게 되었다고 말한다. 교역자나 성도나 항상 남을 좋게 말하는 것은 결코 나쁜 결과로 돌아오는 법이 없다. 그런고로 좋게 말해야 한다. 항상 격려하고 좋게 말하고 칭찬하는 방향으로 말해야 한다.

고후 7:15. 그가 너희 모든 사람들이 두려움과 떪으로 자기를 영접하여 순종한 것을 생각하고 너희를 향하여 그의 심정이 더욱 깊었으니.

바울은 디도에게서 일어난 일을 말한다. 디도가 고린도 교회에 도착했을 때 "너희 모든 사람들이 두려움과 떪으로 자기를 영접한 일"을 잊을 수 없었다고 한다. 여기 "두려움과 떪으로"란 말은 바울 서신에 여러 번 나타난다(고전 2:3; 엡 6:5; 빌 2:12). 고린도 교인들은 디도가 고린도교회에 도착했을 때 참으로 두렵고 떨리는 마음으로 인상 깊게 영접해 주었다. 주의 종에 대한 우리의 대우는 두렵고 떨리는 심정으로 해야 한다. 그리고 디도가 고린도에 머물면서 말한 내용을 고린도 교인들이 "순종한 것을 생각하고" 디도는 잊을 수가 없었다(2:9; 빌 2:12). 그래서 디도는 "너희를 향하여 그의 심정이 더욱 깊어졌다"고 한다. 고린도 교인들을 향하여 그의 사랑의 감정이 더욱 깊어지게 되었다. 최상이었다는 뜻이다. 사람들은 서로 만난 후에 좋지 않은 기억에 시달리는 수가 얼마나 많은가. 우리는 만날수록 더욱 사랑이 깊어져야 한다.

고후 7:16. 내가 범사에 너희를 신뢰하게 된 것을 기뻐하노라(χαίρω ὅτι ἐν παντὶ θαρρῶ ἐν ὑμῖν).

본 절은 지금까지의 서신을 위한 결론이다. 지금까지 7장에 걸친 글들은 모두 밀접하게 연결되어 고린도 교회의 교인들과 바울과의 관계를 다룬 글이었다. 바울은 고린도 교회와의 오랜 시간 동안의 갈등을 이제 끝냈다. 바울은 참으로 어려운 교회의 문제를 아름답게 해결하고 다음 문제를 쓰게 되었다(8장-9장의 헌금문제).

바울은 디도의 보고를 들은 후 "범사에 너희를 신뢰하게 된 것을 기뻐한다"고 말한다(살후 3:4; 몬 1:8, 21). "신뢰한다"(θαρρῶ)는 말은 '확신을 가지다,' '담대함을 가지다'는 뜻으로 고린도 교인들을 아주 신뢰하게 되었고 고린도 교인들을 향하여 용기를 가지게 되었다는 뜻이다. 이제는 전혀 막히는 것이 없게 되었고 아주 가까운 사이가 되었다. 바울은 고린도 교인들을 아주 신뢰하는 입장이 되었기에 8장-9장에서 헌금 이야기를 꺼내 놓고 있다.

제 8 장
바울의 헌금 독려 두 가지

V. 예루살렘 교회의 가난한 교인들을 위한 헌금   8:1-9:15

바울이 고린도 교회로 여행하려던 계획을 변경했다는 이유로 바울을 의심하기 시작한 고린도 교회 교인들에게 변명하기 시작한(1:12) 바울은 디도를 보내 극적으로 화해한(1:12-7:16) 다음 이제 본서의 두 번째 제목으로 고린도 교인들에게 예루살렘 교회의 가난한 성도들을 위해 헌금해서 구제하기를 독려한다. 바울은 고린도 전서를 보낼 때 이미 헌금할 것을 준비하도록 권고했다(고전 16:1-4).

이 연보는 바울이 시작한 것이 아니라 예수님께서 이미 시작하도록 명령하셨다(마 6:1-4). 그리고 오순절 이후 구제 사업을 해야 하는 경우가 생기기도 했었다(행 6:1-4). 바울은 이방인의 사도로서 예루살렘 교회의 가난한 성도들을 구제해서 예루살렘 교회가 끼친 신령한 빚에 대해 보답하려고 노력한 일이 있었다. 바울이 안디옥 교회에서 봉사할 때 구제 헌금을 가지고 예루살렘 교회를 방문한 적이 있었다(행 11:27-30).

바울은 고린도 교인들에게 매주 첫날 모일 때마다 헌금을 하라고 부탁했고, 바울이 고린도 교회를 방문할 때에 가서야 교인들이 연보하지 않도록 미리 준비하라고 권고했었는데(고전 16:1-4), 이제 바울과 고린도 교인들 간에 화해하였기에 한번 더 그들에게 구제 문제를 놓고 주의를 환기시킬만한 기회가 온 것이다. 바울은 이제 세 번째 고린도 교회를 방문하려고 하면서 본서 8장과 9장을 기록하여 보내게 되었다.

바울은 먼저 마게도냐 교회의 모범을 말해준다(8:1-15). 그리고 디도를 보내면서 그를 추천하며(8:16-24), 연보할 것을 권장한다(9:1-15).

A. 마게도냐의 모범을 말해주다 8:1-15

고후 8:1. 형제들아 하나님께서 마게도냐 교회들에게 주신 은혜를 우리가
너희에게 알리노니.

바울은 "형제들아"라고 사랑스럽게 부르면서 진지한 이야기를 꺼낸다.
즉 "하나님께서 마게도냐 교회들에게 주신 은혜를 우리가 너희에게 알린다"
고 말한다. '천지의 주재 하나님께서 마게도냐 교회들, 지금 바울 자신이
머물면서 돌보고 있는 교회들에게 주신 은혜를 너희에게 알릴 필요가 있다'
고 말한다. 마게도냐 교인들에게 하나님께서 주신 은혜를 알릴 필요가 있는
이유는 고린도 교회를 격려하기 위함이었다. 성도들은 다른 성도들이 받은
은혜를 들을 때 격려를 받는다.

본문의 "마게도냐 교회"란 빌립보 교회, 데살로니가 교회, 베뢰아 교회들
을 지칭한다(행 16:11-17:14). 마게도냐 교회들은 헌금 잘하는 은혜를 받은
교회였고(2-5절) 이 중에서 빌립보 교회는 특별히 헌금에 열심인 교회였다
(빌 4:15).

본문의 "알리노니"(γνωρίζομεν)란 말은 '전하다,' '알리다'는 뜻으로
바울이 참으로 고린도 교회에 알리고 싶어서 문장 초두에 강조해서 썼다(고
전 12:3; 15:1; 갈 1:11). 바울은 마게도냐 교회들의 헌금에 대한 열심이
고린도 교회 교인들에게 본보기가 될 듯싶어 꼭 알려주고 싶었다.

고후 8:2. 환난의 많은 시련 가운데서 그들의 넘치는 기쁨과 극심한 가난이
그들의 풍성한 연보를 넘치도록 하게 하였느니라(ὅτι ἐν πολλῇ δοκιμῇ θλι-
ψεως ἡ περισσεία τῆς χαρᾶς αὐτῶν καὶ ἡ κατὰ βάθους πτωχεία αὐτῶν
ἐπερίσσευσεν εἰς τὸ πλοῦτος τῆς ἁπλότητος αὐτῶν).

바울은 고린도 교인들에게 마게도냐 교회들이 당하고 있는 환난의 시련

가운데서 성령으로 말미암은 넘치는 기쁨과 또 환난의 시련 중에 생긴 가난의 어려움 가운데서도 풍성한 연보를 넘치도록 하게 한 것을 고린도 교인들에게 알린다고 말한다(본 절은 앞 절의 "알리노니"란 단어의 목적절이다).

혹자는 본 절이 두 가지를 말한다고 주장한다. 즉 환난의 시련 가운데서 기쁨이 생겼고 또 다른 한편 극한 가난이 풍성한 연보를 하게 했다고 설명한다. 그러나 본 절은 한 가지를 말하고 있는 셈이다. 환난 때문에 생긴 기쁨과 환난 때문에 생긴 가난이 너그러운 연보를 하게 했다는 것이다(막 12:44). 즉 "그들의 환난에도 불구하고 그들의 기쁨과 가난이 그들로 하여금 넘치는 연보를 할 수 있도록 했다는 것이다"(Hodge).[94]

바울은 자신이 마게도냐 지방의 빌립보(행 16:20)와 데살로니가(행 17:5)에서 박해를 받았기에 마게도냐 교인들이 환난의 극한 시련 중에 있었음을 알고 있었다(살전 1:6; 2:14). 마게도냐 교인들은 로마의 통치하에서 살면서 로마인들로부터 박해를 받았고 또 율법주의자들의 난동 때문에 환난을 당하게 되었다. 이런 환난을 당하면서도 그들은 성령으로 말미암아 넘치는 기쁨을 가지게 되었고 그 환난의 영향으로 가난하게 되었지만 넘치는 연보를 하게 되었다. 예수님께서 칭찬하신 과부는 생활비 전부를 헌금하는 일을 감행했다고 성경은 말씀한다(눅 21:4 참조).

마게도냐 교회의 성도들이 당한 환난은 그들에게 "시련"으로 임했다고 바울은 말한다. "시련"(δοκιμη)이란 '사람을 진실하고 경건하게 만들기 위해 다가오는 시험'인데 하나님은 마게도냐 성도들을 더욱 진실하고 순수하고 경건하게 만들기 위해 환난을 이용하셨다. 이런 환난은 넘치는 기쁨을 준다. 넘치는 기쁨을 주는 것은 환난 자체가 아니라 성령님께서 역사하셔서 생기는 것이다(살전 1:6). 그리고 본문의 "극심한 가난"(βάθους πτωχεία)이란 말은 '밑창의 빈궁,' '밑창까지 내려간 빈궁'이란 뜻으로 밑바닥까지 내려간, 아주 가난해진 것을 지칭한다. 마게도냐 성도들은 심각한 환난 중에 기쁨을 얻었

94) 핫지(Hodge), 고린도후서, 핫지성경주석, p. 244.

을 뿐 아니라 극심한 가난이 닥쳐왔지만 풍성한 연보를 넘치도록 하게 했다. "미온적인 신자들은 언제나 연보를 등한이 여기나니 부요할 때에는 인색해서 그리하고 가난할 때에는 걱정이 많아서 그리한다. 그러나 참된 신자는 환난의 시기를 도리어 희열의 기회로 알고 빈곤의 시기를 연보의 좋은 시절로 여긴다"(박윤선).[95]

고후 8:3-5. 내가 증언하노니 그들이 힘대로 할 뿐 아니라 힘에 지나도록 자원하여 이 은혜와 성도 섬기는 일에 참여함에 대하여 우리에게 간절히 구하니 우리가 바라던 것뿐 아니라 그들이 먼저 자신을 주께 드리고 또 하나님 뜻을 따라 우리에게 주었도다.

바울은 앞(2절)에서 마게도냐 교회들이 극심한 환난 중에도 기쁨이 충만했고 가난 중에도 기쁨으로 헌금한 사실을 말한 다음 이 부분(3-5절)에서는 마게도냐 교회들의 풍성한 연보에 대한 네 가지 증언을 말한다. 바울은 "내가 증언한다"고 말하면서 그의 증언이 확실함을 말한다(롬 10:2; 갈 4:15; 골 4:13).

바울은 첫째, "그들이 힘대로 할 뿐 아니라 힘에 지나도록 자원하여" 연보했다고 말한다(3절). '환난 때문에 찾아온 가난에도 불구하고 마게도냐 교인들이 힘대로 했고 또 힘에 지나도록 했는데 그것도 자원하여 헌금했다'고 증언한다. 그들은 자기들의 가진 것을 생각하고 연보한 것이 아니었다. 능력에 지나도록 연보했고 자원해서 연보했다. 둘째, "이 은혜와 성도 섬기는 일에 참여함에 대하여 우리에게 간절히 구해서" 연보했다고 증언한다(9:1; 행 11:29; 24:17; 롬 15:25-26; 고전 16:1, 3-4). '이 은혜, 즉 연보하는 일과 성도 섬기는 일에 참여하는 문제를 두고 바울 사도에게 간절히 요청해서' 헌금했다. 다시 말해 바울이 그들에게 연보를 하도록 강요한 것이 아니라 그들 자신들이 헌금하는 일과 참여하는 것을 사도에게 간절히 구하여 연보했

---

95) 박윤선, *고린도전후서*, 성경주석, p. 393.

다. 셋째, "우리가 바라던 것뿐 아니라 그들이 먼저 자신을 주께 드렸다."
연보하기 전에 그들은 먼저 자기들 자신을 주님께 드렸다(원문에는 "그들
자신들"이 강조되었다). 하나님은 물질 자체보다도 사람을 먼저 원하신다.
이것이야 말로 연보하는 자가 가져야 할, 제일 중요한 자세이다. 넷째, "하나
님 뜻을 따라 우리에게 주었다." 바울 사도에게 자신들을 사용해 달라고
자신들을 사도에게 맡겼다. 우리는 교회의 인도자들에게 우리 자신들을
사용하도록 맡겨야 한다.

**고후 8:6. 이러므로 우리가 디도를 권하여 그가 이미 너희 가운데서 시작하였
은즉 이 은혜를 그대로 성취하게 하라 하였노라.**

바울은 "이러므로"(ινσομυχη 혹은 so) 즉 '마게도냐 교인들의 풍성한
연보와 자신들을 주님께 드리는 것을 보았으므로' "우리가 디도를 권하여
그가 이미 너희 가운데서 시작하였은즉 이 은혜를 그대로 성취하게 하라
하였다"고 말한다(17절; 12:18). 여기 "우리가 디도를 권한다"(παρα-
καλέσαι)는 말은 부정(단순)과거 시제로 서간문(書簡文)에 쓰는 과거 동사이
다. 아직 디도는 가지 않았고 이제 가도록 권함 받은 것이다. 바울은 디도로
하여금 고린도 교회에 앞으로 가서 그가 이미 과거에 중간방문 때[96] 고린도
교회 교인들이 연보를 시작하였은즉 앞으로 이 은혜 즉 연보하는 일을 성취
하도록(끝내도록) 했다는 것이다.

**고후 8:7. 오직 너희는 믿음과 말과 지식과 모든 간절함과 우리를 사랑하는
이 모든 일에 풍성한 것 같이 이 은혜에도 풍성하게 할지니라.**

바울은 고린도 교인들이 1년 전에 연보하기를 시작한 것만 가지고
연보하는 일을 권면하기(앞 절)보다는 그들이 받은 은사들을 근거하여
연보를 권하고 있다. 바울은 고린도 교인들을 향하여 풍성한 연보를 해달라

---

96) 디도가 과거에 방문한 때는 아마도 "약 1년 전에 있었던 같다(9:2을 보라)"(R. V. G.
Tasker). *고린도후서*, p. 135.

고 부탁하면서 그들의 다른 장점들이 풍성한 것같이 연보하는 일에도 풍성하게 해달라고 권면한다. 바울은 그들이 "믿음과 말과 지식과 모든 간절함과 우리를 사랑하는 이 모든 일에 풍성하다"고 칭찬한다(고전 1:5; 12:8). 바울은 고린도 교인들이 "믿음"에 풍성하다고 언급했는데 믿음에 풍성하다는 말은 그리스도를 성실하게 신앙하고 있다는 칭찬의 말씀이다. 그리고 바울은 "말과 지식"에 풍성하다고 말한다(고전 1:5 주해를 참조할 것). 그리고 바울은 고린도 교인들이 "간절함"에도 풍성하다고 말한다(7:11-12 주해를 참조할 것). 그리고 바울은 "우리를 사랑하는 너희의 사랑"(in your love to us)을 거론했는데 그것은 디도가 방문한 결과 확인된 것이었다. 고린도 교인들은 바울을 사랑하고 사모하고 있었다. 바울은 고린도 교인들이 이 모든 장점들을 가지고 있는 것처럼 연보에도 풍성하게 하라고 권고한다. 연보가 풍성하지 않으면 다른 것에 풍성하다는 말이 헛될 수가 있다.

고후 8:8. 내가 명령으로 하는 말이 아니요 오직 다른 이들의 간절함을 가지고 너희의 사랑의 진실함을 증명하고자 함이로라.

바울은 앞 절(7절)에서 고린도 교인들이 성령님으로부터 받은 영적인 은사를 근거하여 연보를 해달라고 권고했는데 이제 본 절에서는 바울은 연보를 하도록 명령하는 것이 아니라(연보를 하라고 명령하지는 않는다는 뜻) 마게도냐 교인들의 "간절함" 즉 '연보에 대한 뜨거운 진지함'을 근거하여 고린도 교인들이 얼마나 사랑이 있는지 증명하고자 한다고 말한다(고전 7:6). 오늘도 어느 교회든지 자원하여 연보해서 이웃도 돕고 영혼 살리는데 써야 할 것이다. 우리는 사랑의 진실함을 보여야 한다.

고후 8:9. 우리 주 예수 그리스도의 은혜를 너희가 알거니와 부요하신 이로서 너희를 위하여 가난하게 되심은 그의 가난함으로 말미암아 너희를 부요하게 하려 하심이라(γινώσκετε γὰρ τὴν χάριν τοῦ κυρίου ἡμῶν Ἰησοῦ Χριστοῦ,

제8장 바울의 헌금 독려 두 가지 487

ὅτι δι' ὑμᾶς ἐπτώχευσεν πλούσιος ὤν, ἵνα ὑμεῖς τῇ ἐκείνου πτωχείᾳ πλουτήσητε).

본 절은 하나의 삽입절로 앞 절(8절)은 10절로 연결된다. 그러나 본 절이 무익한 삽입절이 아니라 기독교의 중요한 진리를 말하고 있다. 바울은 앞 절(8절)에서 고린도 교인들의 사랑의 진실함을 증명하겠다고 말했는데 본 절에서 그리스도께서 가난하게 되심으로써 믿는 자들이 부요하게 되었으니 교인들이 이웃을 사랑하여 연보를 해야 할 동기가 마련되어 있다고 말한다. 만약 그리스도로 말미암아 놀라운 부요의 은혜를 받았음에도 사랑의 손을 뻗치지 않는다면 기독교인이 될 수 없다는 논리이다. 다시 말해 바울은 고린도 교인들이 받은 영적 은사를 근거하여 연보하기를 권했고(7절), 또 마게도냐 교인들의 뜨거운 진지함을 근거하고 연보해 달라고 부탁했는데(8절) 이제 본 절에서는 고린도 교인들이 그리스도의 구속을 받은 자들인 고로 연보하는 것이 마땅하다고 말한다.

바울은 문장 초두에서 예수님을 언급할 때 길게 말한다. 즉 "우리 주"(τοῦ κυρίου ἡμῶν)라고 말한다. 즉 예수님은 '우리 곧 예수님을 주님으로 믿는 우리들의 주님'이라는 것이다. 우리는 예수님을 주님으로 믿고 순종해야 한다. 그리고 바울은 "예수 그리스도"라고 부른다. 이는 '예수님은 우리의 구세주'라는 뜻이다. 예수님은 우리의 메시아이시다.

바울은 연보를 부탁하기 전에 먼저 고린도 교인들이 "우리 주 예수 그리스도의 은혜를 너희가 알거니와"라고 전제한다. 바울은 고린도 교인들을 주 믿는 성도로 인정한다. 두아디라 도시의 자주 장사 루디아는 바울을 향하여 '나를 주 믿는 자로 알거든 내 집에 와서 유하라'고 부탁한 일이 있었다(행 16:14-15).

바울은 예수님이 "부요하신 이로서 너희를 위하여 가난하게 되심은 그의 가난함으로 말미암아 너희를 부요하게 하려 하셨다"(δι' ὑμᾶς ἐπτώχευσεν πλούσιος ὤν, ἵνα ὑμεῖς τῇ ἐκείνου πτωχείᾳ πλουτήσητε)고 말한다(마 8:20; 눅 9:58; 빌 2:6-7). 바울은 예수님이 "부요하신 이"라고 말한다. 예수님은 창세전에 아버지와 함께 영화로우신 분이시고(요 1:1-2; 10:30; 17:5) 근본 하나님의 본체이시며 동등하신 분이시다(빌 2:6; 골 1:15, 17; 히 1:3, 10). 그러나 바울은 예수님께서 고린도 교인들을 위하여 "가난하게 되셨다"고 말한다(빌 2:6-8). 여기 "가난하게 되셨다"(ἐπτώχευσεν)는 말은 부정(단순)과거 시제로 '참으로 가난하게 되셨다'는 뜻으로 성육신 하신 것을 지칭하는 말이다.

바울은 예수님께서 가난하게 되신 목적이 "그의 가난함으로 말미암아 너희를 부요하게 하려 하시기"(ἵνα ὑμεῖς τῇ ἐκείνου πτωχείᾳ πλουτήσητε) 위해서라고 한다(12:9; 롬5:1ff; 엡 1:3; 빌 4:11-13, 18f). 예수님께서 하늘 영광을 비워두시고 이 땅에 내려오셔서 사람의 몸을 입으시고 십자가에서 대속의 죽음을 죽으사 피를 흘려주시고 그를 믿는 사람들의 죄를 사해주시며 믿는 자들을 부요하게 해주셨다. 다시 말해 예수님께서 가난하게 되셔서 즉 십자가에서 죽으셔서 만인을 구원하사 구주가 되시고 믿는 자들로 하여금 하나님의 거룩하심과 높아지심과 복에 참여하게 하셨다. 신자들은 그리스도의 죽으심으로 그리스도와 함께 영광을 받고 함께 왕 노릇하게 되었으며 또 육적인 생활까지 부요하게 되었다. 예수님께서 가난하게 되신 목적을 아는 사람마다 그리고 그가 죽으심이 우리를 하나님의 자녀로 만들어주시고 물질적으로도 부요하게 만들어주셨다는 것을 아는 성도는 누가 연보를 하라고 말하지 않아도 연보를 하게 된다는 것이다. 구제와 같은 도덕적인 의무는 신약에서 특히 그리스도인들에 관한 이처럼 독특한 근거에서 강조되고 있다는 사실을 알아야 한다. "바울 사도는 여기서 요한이 요일 3:17에서 가르치고 있는 교훈을 가르치고 있다. 그 교훈은 누구든지 그리스도를 사랑한다고 고백하면서 형제의 궁핍함을 아낌없이 도와주지 않는다면 그러한 모든 것은 헛되다는 것이다"(핫지). 엄청나게 부요하게 된 사람들이 연보를 하지 않는다면 말이 안 되는 것이다.

고후 8:10-11. 이 일에 나의 뜻을 알리노니 이 일은 너희에게 유익함이라 너희가 일 년 전에 행하기를 먼저 시작할 뿐 아니라 원하기도 하였은즉 이제는 하던 일을 성취할지니 마음에 원하던 것과 같이 완성하되 있는 대로 하라.

바울은 8절을 받아서 "이 일에 나의 뜻을 알리노니 이 일은 너희에게 유익하다"고 말한다(잠 19:17; 마 10:42; 고전 7:25; 딤전 6:18-19; 히 13:16). 바울은 "이 일" 즉 '연보하는 일'에 "나의 뜻을 알린다"고 말한다. 연보하는 일에 있어서 바울 자신의 뜻만 알린다는 말이다. 결코 명령하거나 강요하지 않고 바울 자신의 뜻을 알려준다는 말이다.

그리고 바울은 "이 일은 너희에게 유익하다"(τοῦτο γὰρ ὑμῖν συμφέρει)고 말한다. 그런데 여기 "이 일"이 무엇을 가리키느냐 하는 데는 두 가지 견해가 있다. 1) '연보하는 일'로 보는 견해(De Wette, Ewald, Hodge, Kistemaker, 이순한). 즉 연보하는 일은 고린도 교인들에게 유익하다는 것이다. 2) 헌금하는 일에 있어서 바울의 뜻을 알리는 것이란 견해(Meyer, Billroth, Plummer, R. V. G. Tasker, 이상근). 즉 연보하는 일을 위해 바울 자신의 뜻을 알리는 것이 고린도 교인들에게 유익하다는 견해이다.97) 양편 견해 다 문법적으로는 하자가 없고 다 가능하나 문맥을 살필 때 후자가 더 타당하다. 즉 바울의 뜻을 고린도 교인들에게 알려 주는 것이 그들에게 더 유익할 것이라는 것이다. 바울의 뜻이란 다름 아니라 10절 하반 절과 11절에 나오는 것으로 "너희가 일 년 전에 행하기를 먼저 시작할 뿐 아니라 원하기도 하였은즉 이제는 하던 일을 성취하는"(9:2) 것이 고린도 교회 교인들에게 유익할 것이라는 것이다. 고린도 교회는 마게도냐 교회보다 훨씬 먼저 즉 "일년 전에"(여기 "일년 전"-ἀπὸ πέρυσι-이란 말은 12개월 전을 의미하는 것이 아니라 '작년부터'라는 뜻이다) 시작했고 또 연보하기를 원하기도 했으니 원해서 시작한 연보를 원하던 것과 같이 완성하라는 것이다.

---

97) 바울은 헌금하는 일이 고린도 교인들에게 유익하다고 말하지 않는다. 즉 헌금하는 일을 가지고 그들을 압박하지 않고 다만 그들이 작년부터 헌금하기를 원한대로 이제 헌금해서 곧 완성하는 것이 좋을 것이고 또 현재 수중에 가지고 있는 대로 헌금하는 것이 유익할 것이라고 말해준 것이다.

고린도 교회가 먼저 시작은 해놓고 마게도냐 교회보다 늦어지고 말았으니 유감스러운 일이 아니냐고 말한다.

그러면서 바울은 "있는 대로 하라"고 말한다. '가지고 있는 것을 드리라'는 것이다. 어디서 꾸어서 연보할 것도 아니고 재물이 더 생길 때까지 기다릴 것도 없이 현재 가지고 있는 대로 최선을 다해서 헌금하면 하나님께서 기쁨으로 받으실 것이라는 말이다(다음 절 참조).

고후 8:12. 할 마음만 있으면 있는 대로 받으실 터이요 없는 것은 받지 아니하시리라.

바울은 고린도 교인들에게 앞 절(11절)에서 연보를 "완성하되 있는 대로 하라"고 했는데 본 절에서는 "할 마음만 있으면 있는 대로 받으실 터이요 없는 것은 받지 아니하시리라"고 말한다(막 12:43-44; 눅 21:3). '연보할 마음만 있으면 현재 수중에 가지고 있는 대로 연보하면 하나님께서 받으실 것이요 없는 것을 받으시는 하나님은 아니라'는 것이다. 연보란 우리의 할 마음이 문제라는 것이며 또 연보란 최선을 다하면 되는 것임을 이 구절이 밝히고 있다. 빚을 얻어 연보할 것도 아니고 돈이 더 생길 때까지 기다렸다가 할 것도 아니다. 예수님은 연보 궤에 두 렙돈을 넣은 과부를 칭찬하셨다(막 12:43-44; 눅 21:4).

고후 8:13-14. 이는 다른 사람들은 평안하게 하고 너희는 곤고하게 하려는 것이 아니요 균등하게 하려 함이니 이제 너희의 넉넉한 것으로 그들의 부족한 것을 보충함은 후에 그들의 넉넉한 것으로 너희의 부족한 것을 보충하여 균등하게 하려 함이라.

본 절 초두에는 이유접속사(γὰρ)가 있어 바울이 앞 절(12절)에 말한 것의 이유를 본 절이 제공해주고 있다. 바울은 앞 절에서 우리가 연보할 마음만 있다면 우리가 현재 가지고 있는 것을 최선을 다해서 드리면 하나님께서 받으실 것이라고 했는데 그 이유는 "다른 사람들은 평안하게 하고 너희는 곤고하게 하려는 것이 아니요 균등하게 하려 하기" 때문이라고 말한다. 즉 하나님께서 연보하는 측에 너무 많이 하게 해서 그 연보의 혜택을 받는 사람들은 평안하게 만들고 연보하는 측의 성도들은 곤란하게 하려는 것이 아니고 오히려 평균하게 하려는 것이라고 한다(롬 15:27 주해 참조).

바울은 고린도 교인들로 하여금 연보하게 하는 목적은 "이제 너희의 넉넉한 것으로 그들의 부족한 것을 보충함은 후에 그들의 넉넉한 것으로 너희의 부족한 것을 보충하여 균등하게 하려 하는" 것이라고 한다. 바울은 현재 고린도 교회 교인들의 넉넉하게 가진 것으로 예루살렘 교회 교인들의 부족한 것을 보충하고 훗날 예루살렘 교회 교인들의 넉넉한 것으로 고린도 교회 교인들의 부족한 것을 평균하게 하려는 것이라고 말한다. 성도 간의 균형을 이루기 위해 연보하는 것이라고 한다. 연보란 넉넉할 때 바치는 것이다. 여기서 한 가지 말씀할 것은 넉넉한 측에서 바쳤다고 해서 반드시 연보를 받은 측으로부터 되돌려 받는 것은 아니다. 하나님께 바치면(가난한 자들을 위해서 헌금하는 것은 하나님께 바치는 것이다) 하나님으로부터 영적이든 육신적인 복이든 받는다(잠 19:17). 우리는 하나님께 드리고 하나님으로부터 받는다. 연보는 결국 나를 돕는 것이다.

고후 8:15. 기록된 것 같이 많이 거둔 자도 남지 아니하였고 적게 거둔 자도 모자라지 아니하였느니라.

바울은 앞(13-14절)에서 연보라는 것은 균등을 목표하는 것이라고 말했는데 구약 성경 출애굽기 16:18의 말씀이 균등을 가르쳐주는 성구라고 말한다. 즉 "많이 거둔 자도 남지 아니하였고 적게 거둔 자도 모자라지 아니하였다"는 말씀은 균등을 말해주는 성구라는 것이다. 이스라엘 민족은 광야 생활에서 밖에 나가 만나를 거두었는데 어떤 사람들은 욕심을 내어 많이 거두었고 또 어떤 사람들은 적게 거두었는데 집에 가져와서 저울에 달아보니 많이 거둔 자도 남지 아니했고 적게 거둔 자도 모자라지 아니했다는 것이다. 그처럼 연보도 많은 사람이 바쳐서 모자란 사람에게 주고 또 훗날 형편이 바뀌면 그 때 가서 많은 사람이 적은 사람들에게 주는 것이라고 한다. 타스커 (R. V. G. Tasker)는 "어떤 사람들이 넉넉하게 소유한 것은 하나님께서 그들에게 주신 여분을 너무도 적게 가진 사람들의 부족을 채우도록 하시기 위해서이다. 하나님께서는 누구도 그들에게 주신 하나님의 은사를 묻어두도록 하지 않으셨다"고 말한다.98)

B. 디도와 다른 두 형제를 보낸다   8:16-24

바울은 연보에 대한 이론을 마치고 이 부분(16-24절)에서는 연보를 취급할 세 사람에 대해 언급한다. 먼저 디도에 대해 말하고(16-17절, 23a) 다음 다른 형제 곧 복음 전파를 잘 하여 은혜를 끼치는 형제일 뿐 아니라 여러 교회의 선택을 받은 형제에 대해 언급하며(18-19절), 이렇게 여러 사람을 천거하는 이유는 물질 취급은 조심해야 하는 것이기 때문이라 하고(20-21절, 23b), 진지한 한 사람을 또 하나 보낸다고 말한다(22절, 23b). 그리고 마지막으로 바울은 고린도 교인들에게 연보를 하여 사랑하는 증거를 보이라고 권한다(24절).

고후 8:16-17. 너희를 위하여 같은 간절함을 디도의 마음에도 주시는 하나님께 감사하노니 그가 권함을 받고 더욱 간절함으로 자원하여 너희에게 나아갔고.

바울은 연보에 대한 이론을 마치고(1-15절) 디도를 고린도 교회로 파송하면서 "너희를 위하여 같은 간절함을 디도의 마음에도 주시는 하나님께 감사한다"고 말한다. 바울은 고린도 교회를 위해 디도의 마음에도 바울과 같은 열심 있는 마음을 주시는 하나님께 감사한다고 말한다. 바울은 고린도 교회 교인들의 신앙생활과 연보를 위한 열심을 가지고 있었는데 디도에게도 그런 열심, 그런 진지함을 주시는 하나님께 감사하고 있다. 디도는 과거에 고린도

---

98) 레온 모리스, *고린도후서*, p. 141.

전서를 고린도 교회로 가지고 갔고, 또 고린도 교회에서 연보할 것을 제안했으며(10절) 그리고 그는 근심스러운 편지(일명 눈물의 편지)를 전달해 주었고 또 고린도 교회와 바울 사이를 가깝게 만드는데 큰 역할을 했다. 바울은 디도를 파송하면서 하나님께서 참으로 디도의 마음에도 자신과 같은 열심을 주신 것을 알고 하나님께 감사를 드린다. 그런 간절함은 하나님께서 주신 것이지 결코 사람이 지어먹은 것은 아니었기에 바울은 하나님께 감사한다고 말한다.

바울은 "그가 권함을 받고 더욱 간절함으로 자원하여 너희에게 나아갔다"고 말한다(6절). 디도가 아직은 떠나지는 않았으며 이제 떠날 판인데 디도가 바울로부터 연보에 대하여 권함을 받았고(6절) 더욱 간절한 마음으로 그리고 자원하는 마음으로 고린도 교인들에게 나아가게 된 것을 감사한다는 것이다. 자기를 대리할 사람이 생겼다는 것은 참으로 감사한 일이 아닐 수 없다. 본 절의 "나아갔다"(ἐξῆλθεν)는 말은 서한체 부정(단순)과거 (epistolary perfect)로 편지를 쓰는 사람 측으로 보면 현재이고 편지를 받는 사람 측으로 보면 과거에 속하는 일이다. 그러니까 번역할 때는 '너희에게 나아가고'로 번역해야 할 것이다. 디도가 고린도에 도착하고 나면 디도가 떠난 시간은 벌써 과거에 속한 일이다.

고후 8:18-19. **또 그와 함께 한 형제를 보내었으니 이 사람은 복음으로써 모든 교회에서 칭찬을 받는 자요 이뿐 아니라 그는 동일한 주의 영광과 우리의 원을 나타내기 위하여 여러 교회의 택함을 받아 우리가 맡은 은혜의 일로 우리와 동행하는 자라.**

바울은 디도와 함께 "한 형제를 보냈다"고 말한다(12:18). 연보를 취급하는 일은 중대한 문제이기 때문에 될 수 있는 한 더 많은 사람들을 보내기 위해 "한 형제를 보낸다"고 말한다. 여기 "한 형제"란 말은 영어번역에서는 "그 형제"(the brother)로 번역하고 있다. 그러나 우리 한글 번역에서는 "그 형제"로 번역하기보다는 "한 형제"로 번역하는 것이 나을 것이다.

그 한 형제에 대해 바울은 "이 사람은 복음으로써 모든 교회에서 칭찬을 받는 자요 이뿐 아니라 그는 동일한 주의 영광과 우리의 원을 나타내기 위하여 여러 교회의 택함을 받아 우리가 맡은 은혜의 일로 우리와 동행하는 자"라고 소개한다. 바울은 첫째, "이 사람은 복음으로써 모든 교회에서 칭찬을 받는 자"라고 말한다. 즉 '이 사람은 여러 교회에서 복음을 잘 전하는 사람이기에 모든 교회 교인들로부터 칭찬을 받는 사람'이라는 것이다. 이 한 사람이 누군지는 확실히 알 길이 없다. 여러 추측이 있을 뿐이다. 아무튼 그 사람은 복음 전파에 상당히 능해서 모든 교회로부터 칭찬을 듣는 사람이었다.

둘째, 바울은 "그(=한 형제)는 동일한 주의 영광과 우리의 원을 나타내기 위하여 여러 교회의 택함을 받아 우리가 맡은 은혜의 일로 우리와 동행하는 자"라고 말한다(4:15; 고전 16:3-4). 본문의 "동일한"이란 말은 가장 오래된 사본에는 없는 말인 고로 번역에서 빼야 한다(R. V. G. Tasker). 바울은 한 형제가 주님의 영광을 나타내고 또 바울의 소원을 나타내기 위하여 여러 교회의 택함을 받은 사람이라고 말한다. 주님의 영광을 나타내는 일이나 바울의 소원은 예루살렘 교회를 위해 연보를 받아 예루살렘 교회에 전달하는 일이었다. 고린도 교회에서 연보를 받아 예루살렘 교회의 가난한 성도들을 돕는 것은 주님의 영광을 드러내는 일이었고 또 바울의 소원을 나타내는 일이었다. 본문의 "여러 교회"란 '마게도냐 지방의 여러 교회'를 말한다. 그 형제는 "우리가 맡은 은혜의 일로 우리와 동행하는 자"이다. 우리가 맡은 은혜의 일이란 연보하여 예루살렘 교회에 전달하는 일이었다.

고후 8:20-21. 이것을 조심함은 우리가 맡은 이 거액의 연보에 대하여 아무도 우리를 비방하지 못하게 하려 함이니 이는 우리가 주 앞에서 뿐 아니라 사람 앞에서도 선한 일에 조심하려 함이라.

바울은 "이것을 조심한다"고 말한다. 즉 거액의 연보 취급을 조심한다는 뜻이다. 조심하는 목적은 "우리가 맡은 이 거액의 연보에 대하여 아무도 우리를 비방하지 못하게 하려 함이라"고 한다. '바울 일행이 맡아서 관리할 거액의 연보(거액의 연보가 걷히리라고 믿고 있었다)에 대하여 아무도 바울 일행을 비방하지 못하게 하려 함이라'는 것이다. 만약 조금이라도 사람들로부터 의심을 받는 경우 그 사람들에게 복음이 전파되지 않기 때문이었다. "악평을 받는 신자의 전하는 복음을 누가 받으랴?"(박윤선).99)

바울은 조심하는 이유로 "우리가 주 앞에서 뿐 아니라 사람 앞에서도 선한 일에 조심하려 함이라"고 말한다(롬 12:17; 빌 4:8; 벧전 2:12). 바울은 복음 전도자들이 하나님 앞에서도 물질 취급에 있어서 아주 조심하고 또 사람 앞에서도 선한 일 즉 연보를 받아서 전달하는 일에 조심하기 위해서 여러 사람을 보내어 취급하게 한다는 것이다. 혹자들은 하나님 보시기에만 진실하면 된다고 생각하고 사람 앞에서는 조심하지 않는 경향이 있는데 사람 앞에서도 역시 아주 조심해야 한다는 것이다. 핫지(Hodge)는 "바울 사도는 자기만 올바르게 행하는 것만으로는 충분하지 않고 다른 사람들이 보기에도 올바른 것이어야 한다는 사실의 중요성을 인식하였다. 여론을 무시하는 것은 어리석은 자만심이다"라고 주장한다.100)

고후 8:22. 또 그들과 함께 우리의 한 형제를 보내었노니 우리가 여러 가지 일에 간절한 것을 여러 번 확인하였거니와 이제 그가 너희를 크게 믿으므로 더욱 간절하니라.

바울은 디도와 동행할 제2의 동행자에 대해 말한다. 제1의 동행자는 18-19절에 기록되었고 본 절의 동행자는 제2의 동행자이다. 바울은 "그들과 함께 우리의 한 형제를 보내었노니 우리가 여러 가지 일에 간절한 것을 여러 번 확인했다"고 말한다. 바울은 제2의 동행자를 뽑아 보내면서 그 동행자가 여러 가지 면에 있어서 아주 열심이 있는 것을 여러 번 확인했다고

---

99) 박윤선, *고린도전후서*, 성경주석, p. 399.
100) 찰스 핫지, *고린도전후서*, 박상훈옮김, p. 264.

말한다. 사람에게 열심이 있다는 것은 큰 장점임에 틀림없다. 그리고 또 그는 제1 동행자와는 달리 고린도 교회 교인들을 아주 깊이 신뢰하기 때문에 더욱 열심이 있다고 말한다. 제2 동행자는 고린도 교회를 잘 알고 있었던 사람이었다.

고후 8:23. 디도로 말하면 나의 동료요 너희를 위한 나의 동역자요 우리 형제들로 말하면 여러 교회의 사자들이요 그리스도의 영광이니라.

바울은 본 절에서 고린도 교회로 보낼 세 사람에 대해 크게 추천한다. 먼저 디도를 추천한다. 바울은 "디도로 말하면 나의 동료요 너희를 위한 나의 동역자"라고 말한다. 즉 디도는 신앙적인 측면에서는 나의 동무요 너희를 위해서 봉사하는 측면에서는 나의 동역자라는 것이다. 바울은 그의 믿음의 아들 디도(딛 1:4)를 자기와 동일한 위상(位相)으로 올리고 있다.

그리고 바울은 디도와 동행할 두 사람에 대해서는 "여러 교회의 사자들이요 그리스도의 영광이라"고 말한다(빌 2:25). 두 형제는 바울 혼자 뽑은 것이 아니라 여러 교회로부터 뽑힘을 받아 보냄을 받는 사자들이라고 말한다. 여러 교회로부터 보냄을 받은 메신저들(원문에 의하면 "사도들"이다)이라고 한다. 그리고 그리스도의 영광을 구현할(들어낼) 사람들이라고 한다. 모든 그리스도인들이 세상에서 소금과 빛이지만(마 5:13-14) 그러나 이들은 특별히 그리스도의 영광스러운 모습을 세상에 드러낼 사람들이었다. 그리스도의 영광을 위해 살고 뛴다는 것은 참 아름다운 일이다.

고후 8:24. 그러므로 너희는 여러 교회 앞에서 너희의 사랑과 너희에 대한 우리 자랑의 증거를 그들에게 보이라.

바울은 "그러므로" 즉 '디도가 바울의 동무요 고린도 교회를 위할 바울의 동역자이며 또 두 형제는 여러 교회로부터 뽑힘을 받아 나온 사자들이고 그리스도의 영광을 드러낼 사람들이므로' "너희는 여러 교회 앞에서 너희의 사랑과 너희에 대한 우리 자랑의 증거를 그들에게 보이라"고 말한다(7:14;

9:2). 즉 '너희(고린도 교회)는 여러 교회로부터 뽑혀 나온 사자들 앞에서 너희가 그리스도를 참으로 사랑하고 있다는 사실과 또 너희에 대해서 내가 자랑한 것이 사실이라는 증거를 세 사람들에게 보여주라'고 한다. 세 사람의 대표자들에게 그리스도에 대한 사랑을 보여주는 것은 곧바로 마게도냐의 여러 교회들에게 보여주는 것이었다.

제 9 장
연보하도록 권면하다

C. 후하게 연보하면 후하게 거두게 된다 9:1-15

바울은 앞 장에 연이어 고린도 교인들에게 연보하도록 권면한다. 연보를 미리 준비하여 후하게 하라고 말하고 후하게 연보하면 후하게 거두게 된다는 내용을 기록한다. 바울은 먼저 미리 준비해야 한다고 말하고(1-5절), 후하게 연보하라고 권면한다(6-15절).

1. 미리 준비해서 연보하라 9:1-5

고후 9:1. 성도를 섬기는 일에 대하여는 내가 너희에게 쓸 필요가 없나니.

바울은 예루살렘 교회의 성도를 섬기는 연보하는 일에 대하여는(8:4; 행 11:29; 롬 15:26; 고전 16:1; 갈 2:10) 고린도 교인들에게 새삼스럽게 쓸 필요가 없다고 말한다. 바울은 고린도 교인들에게 연보해야 한다는 원리나 또 필요성 같은 것에 대해서는 쓸 필요가 없다(고전 16:1-4에서 이미 말을 했으니)고 말하고, 다만 미리 준비해서 연보하라고 하는 말을 한다. 연보를 하도록 권면하는 일이 필요하지 않은 것에 대해서는 2절이 다시 밝히고, 미리 준비해서 연보하라는 말에 대해서는 3-5절에 기록하고 있다.

고후 9:2. 이는 내가 너희의 원함을 앎이라 내가 너희를 위하여 마게도냐인들에게 아가야에서는 일 년 전부터 준비하였다는 것을 자랑하였는데 과연 너희의 열심이 퍽 많은 사람들을 분발하게 하였느니라.

본 절은 연보에 대하여 더 말할 필요가 없는 이유(γὰρ)를 진술한다. 즉 "내가 너희의 원함을 알기" 때문이라고 한다(8:19). 바울은 고린도 교인들이 연보하는 것을 원하고 있다는 사실을 알고 있었다. 게다가 또 연보하라고 말하면 잔소리 같이 들려서 연보하려는 그들의 마음에 상처만 줄 위험이 있으니 더 이상 말하지 않는다는 것이다. "고린도 교인들은 먼저 원했으나 실행이 늦었다. 마게도냐 교인들은 늦게 시작했으나 먼저 실천한 것이었다"(이상근).

바울은 "내가 너희를 위하여 마게도냐인들에게 아가야에서는 일 년 전부터 준비하였다는 것을 자랑하였다"고 말한다(8:10, 24). '고린도 교회에 대하여 마게도냐 교인들(마게도냐 지방에서는 빌립보 교회가 대표교회였다)에게 고린도 교회("아가야" 지방에서는 고린도 교회가 대표교회이다)에서는 작년부터(ἀπὸ πέρυσι) 준비하였다는 것을 자랑했다'고 말한다. 바울은 양쪽 교회(고린도 교회와 마게도냐 교회)의 장점을 들어 다른 교회들을 격려하고 있다. 즉 고린도 교회를 위해서는 마게도냐의 열심을 알려주어 격려했고 마게도냐 교회를 위해서는 고린도 교회의 열심을 알려주어 격려했다. 어떤 교역자는 한 교회에서는 다른 교회의 약점을 말하고 또 다른 교회에 가서는 바로 저쪽 교회의 약점을 들어 맹렬히 공격해서 훗날 그가 공격한 사실이 알려져서 교역자의 입장이 아주 난처해지는 것을 볼 수 있다. 그러나 바울은 달랐다. 마게도냐 교회에서는 고린도 교회의 열심을 들어 격려했고 고린도 교회의 입장에 섰을 때는 마게도냐의 열심을 들어 격려했다. 노련한 목회자의 면모를 볼 수 있다. 본 절의 "자랑하였는데"(καυχῶμαι)라는 말은 현재형으로 '지금도 계속해서 자랑하고 있다'는 뜻이다. 바울은 계속해서 마게도냐 교회들에게 고린도 교회가 연보를 일 년 전부터 준비했다는 것을 자랑하고 있다.

바울은 "과연 너희의 열심이 퍽 많은 사람들을 분발하게 하였다"고 말한다. 바울은 마게도냐 교회에서 고린도 교회 교인들이 열심을 다하여 연보를 시작하였다는 것을 말해주어 마게도냐 교회의 많은 교인들을 분발하게 만들었다고 말한다.

고후 9:3. 그런데 이 형제들을 보낸 것은 이 일에 너희를 위한 우리의 자랑이 헛되지 않고 내가 말한 것 같이 준비하게 하려 함이라.

바울은 본 절부터 5절까지 고린도 교인들에게 미리 준비해서 연보하라고 권면한다. 바울은 문장 초두에 "그런데"(δὲ)라고 말한다. 바울 자신이 앞 절(2절)에서 마게도냐 교인들에게 고린도 교회에서는 작년부터 준비했다는 말을 하기는 했는데 혹시 준비하지 않고 있으면 어쩌나 하고 염려해서 "그런데"라는 말을 써서 준비를 독려하고 있다.

바울은 "이 형제들을 보내는 것은 이 일에 너희를 위한 우리의 자랑이 헛되지 않고 내가 말한 것 같이 준비하게 하기 위함이라"고 말한다(8:6, 17-18, 22). '이 세 사람(디도와 사역자 두 사람)을 보내는 이유는 연보하는 일을 두고 고린도 교인들에 대하여 바울이 자랑한 것이 헛되지 않고 바울이 말한 대로 준비하게 하기 위해서'라고 말한다.

고후 9:4. 혹 마게도냐인들이 나와 함께 가서 너희가 준비하지 아니한 것을 보면 너희는 고사하고 우리가 이 믿던 것에 부끄러움을 당할까 두려워하노라.

본 절은 바울이 세 사람과 함께 가지 못하는 이유를 설명한다. 즉 마게도냐 교회의 사자들이 바울과 함께 가는 경우 혹시 고린도 교회가 연보를 아직 준비하지 않은 것을 보면 고린도 교인들의 수치는 말할 것도 없고 바울이 믿었던 일에 부끄러움을 당할까 두려워서 바울은 함께 가지 못하겠다는 것이다. 바울은 자신의 말이 절대로 실언(失言)이 되기를 원하지 않고 있다. 교역자는 그의 말이 실언이 되지 않도록 최대한 노력해야 한다. 실언을 하면 전하는 복음의 진가(眞價)가 의심을 받게 된다.

고후 9:5. 그러므로 내가 이 형제들로 먼저 너희에게 가서 너희가 전에

약속한 연보를 미리 준비하게 하도록 권면하는 것이 필요한 줄 생각하였노니 이렇게 준비하여야 참 연보답고 억지가 아니니라.

바울은 문장 초두에 "그러므로" 즉 '부끄러움을 당할까 두려워서'(4b) "내가 이 형제들로 먼저 너희에게 가서 너희가 전에 약속한 연보를 미리 준비하게 하도록 권면하는 것이 필요한 줄 생각하였다"고 말한다. '바울이 이 형제들로 하여금 먼저 고린도 교인들에게 가서 교인들이 먼저 약속한 연보를 미리 준비하게 하도록 권면하는 것이 필요한 줄 생각해서' 자신은 후에 가기로 하고 세 사람을 먼저 보낸다고 한다. 교역자의 말 한마디, 성도의 말 한마디는 믿을만해야 한다는 것을 말해주고 있다.

바울은 "이렇게 준비하여야 참 연보답고 억지가 아니니라"고 말한다. 즉 '미리 준비하여야 참 연보다운 연보가 되고 또 억지의 연보가 되지 않는 것이라'고 말한다. 갑자기 연보하는 것은 참 연보답지도 못하고 억지의 흠이 있다는 것을 말한다. "참 연보답고 억지가 아니니라"(οὕτως ὡς εὐλογι-'αν καὶ μὴ ὡς πλεονεξίαν)는 말을 문자대로 번역해보면 "참 축복답고 탐심 같지 아니 하니라"고 번역된다.[101] 즉 '이렇게 미리 준비해야 복 받는 연보가 되는 것이고 탐심에 치우친 연보가 되지 않을 것이라'는 뜻이다. 미리 준비해서 연보하는 것이 옳다는 것이다. 우리는 마음으로 미리 준비하고 기도로 준비해서 구제헌금을 해야 할 것이다.

2. 후하게 연보하라 9:6-15

연보는 즐겁게 해야 하고 후하게 해야 한다는 것을 말한다(6-9절). 그렇게 헌금하면 하나님의 복이 넘칠 것이라고 말한다(10-15절).

---

101) 다른 성경들은 이렇게 번역하고 있다. 표준 새 번역-"이렇게 해서, 여러분이 이 선물을 억지로가 아니라, 마음에서 우러난 선물로 마련하게 하려는 것입니다." 현대인의 성경-"이렇게 미리 준비해야 축복의 헌금이 되고 탐심에 좌우된 억지 헌금이 되지 않을 것입니다." KJV-"But this [I say], He which soweth sparingly shall reap also sparingly; and he which soweth bountifully shall reap also bountifully." RSV-"The point is this: he who sows sparingly will also reap sparingly, and he who sows bountifully will also reap bountifully."

고후 9:6. 이것이 곧 적게 심는 자는 적게 거두고 많이 심는 자는 많이 거둔다 하는 말이로다.

바울은 "이것이"(But this [I say]-KJV)란 한 단어를 초두에 내놓고 거기에 따른 동사를 내놓지 않았다. 이것이 무엇을 뜻하는 단어냐를 두고 해석가들은 대체로 침묵하고 있다. 우리는 문맥에 의하여 해석하는 수밖에 없을 것이다. 이에 대해 RSV는 "The point is this"라고 번역했다. 뜻을 바로 말한 것으로 보인다. 즉 "요점은 바로 이것이니"라는 뜻이다. 바울이 말하는 요점은 "적게 심는 자는 적게 거두고 많이 심는 자는 많이 거둔다 하는 말이라"는 것이다(잠 11:24; 19:17; 22:9; 갈 6:7, 9). 바울은 농사의 원리를 연보에 응용하고 있다. 하나님은 사람이 심은 대로 거두게 하신다(롬 2:6-8; 14:10-12).

구약 성경에도 본 절에 기록한 진리가 많이 있다. 잠 11:24-25에 "흩어 구제하여도 더욱 부하게 되는 일이 있나니 과도히 아껴도 가난하게 될 뿐이니라 구제를 좋아하는 자는 풍족하여질 것이요 남을 윤택하게 하는 자는 자기도 윤택하여지리라"고 하였고, 잠 19:17에 "가난한 자를 불쌍히 여기는 것은 여호와께 꾸어 드리는 것이니 그의 선행을 그에게 갚아 주시리라"고 하였으며, 누가복음 6:38에 예수님께서 "주라 그리하면 너희에게 줄 것이니 곧 후히 되어 누르고 흔들어 넘치도록 하여 너희에게 안겨 주리라"고 하셨다. 우리는 본 절만 보고도 도전을 받아 많이 연보해야 할 것이다.

고후 9:7. 각각 그 마음에 정한 대로 할 것이요 인색함으로나 억지로 하지 말지니 하나님은 즐겨 내는 자를 사랑하시느니라.

바울은 본 절에서 연보의 정신을 말한다. 즉 "각각 그 마음에 정한 대로 할 것이요 인색함으로나 억지로 하지 말라"고 말한다(신 15:7). '각 성도가 그 마음에 기쁨으로 정했던 대로 연보할 일이지 인색한 마음으로나 억지로 하지 말라'고 말한다. 본문의 "인색함으로나 억지로"(ἐκ λύπης ἢ ἐξ ἀνάγκης)라는 말은 '슬픔으로나 혹은 강압에 못 견뎌'라는 뜻으로 연보할 때 염려가 가득하여 연보하거나 혹은 강압에 못 견디어 연보하는 것을 가리킨다. 타스커(R. V. G. Tasker)는 "만일 자기가 연보를 하지 않으면 남들이 나를 어떻게 생각할까 하는 염려로 연보하는 것"을 슬픔으로 하는 연보라고 했다.[102]

바울은 고린도 교인들에게 마음에 정한 대로 헌금해야 할 이유($\gamma\grave{\alpha}\rho$)로 "하나님은 즐겨 내는 자를 사랑하시기" 때문이라고 한다(8:12; 출 25:2; 35:5; 잠 11:25; 22:8; 롬 12:8). 하나님은 참으로 즐겨내는 자를 사랑하신다. 6절과 7절을 합친 의미는 하나님은 사람이 많이 연보하되 즐겨내는 자에게 복을 주신다는 것이다.

고후 9:8. 하나님이 능히 모든 은혜를 너희에게 넘치게 하시나니 이는 너희로 모든 일에 항상 모든 것이 넉넉하여 모든 착한 일을 넘치게 하게 하려 하심이라.

바울은 본 절부터 11절까지 연보에 열심을 다해 즐겨내는 자들을 위해서는 항상 무엇인가 남에게 줄 것이 있음을 말한다. 바울은 "하나님이 능히 모든 은혜를 너희에게 넘치게 하신다"고 말한다(잠 11:24-25; 28:27; 엡 3:20; 빌 4:19; 유 1:24). 연보를 많이 하고(6절) 또 즐겨내는 자들에게(7절) 하나님은 "능히 모든 은혜를 넘치게 주신다." 여기 "모든 은혜"가 무엇을 지칭하느냐에 대해 혹자는 '신령한 은혜'라고 해석하기도 하나 문맥을 살필 때(본 절 하반 절 문맥) 물질적인 은혜(땅위의 복)라고 해야 한다(빌 4:11, 19). 하나님은 연보를 하되 많이 하고 또 즐겨내는 성도들에게 모든 은혜 즉 물질적인 은혜를 넘치게 주신다는 것이다.

하나님께서 넘치게 주시는 목적은 "너희로 모든 일에 항상 모든 것이 넉넉하여 모든 착한 일을 넘치게 하게 하려 하심이라"는 것이다. 즉 '너희로 하여금 모든 방면의 일을 위하여 항상 모든 물질이 넉넉하여 모든 착한 일을 실행할 수 있게 하시도록' 넘치게 주신다는 것이다. 벵겔(Bengel)은

---

102) 레온 모리스, *고린도후서*, p. 150.

"그것이 우리에게 주어지고, 우리가 그것을 소유하는 이유는 우리가 그것을 가지고 있도록 하게 하는 것이 목적이 아니고, 우리로 그것을 가지고 잘 행하도록 하라는 것이다"라고 말한다.[103]

고후 9:9. 기록한바 그가 흩어 가난한 자들에게 주었으니 그의 의가 영원토록 있느니라 함과 같으니라.

바울은 앞 절("모든 것이 넉넉하여 모든 착한 일을 넘치게 하게 하려 하심이라")의 진리를 뒷받침하기 위해 구약 시편 112:3, 9에서 인용한다. 시 112:9은 "그가 재물을 흩어 빈궁한 자들에게 주었으니 그의 의가 영구히 있고 그의 뿔이 영광중에 들리리로다"라고 말한다. 본 절의 "의"는 의미상으로는 '옳은 행실'이란 뜻인데 본 문맥에 의하면 '연보한 일'을 지칭한다(마 6:1 참조). 성도가 가난한 자들에게 연보하면 그 연보한 일이 영원토록 하나님 앞에 기억된다는 뜻이다. 하나님은 가난한 사람들을 도와준 일을 영원토록 기억하시고 갚아주신다.

고후 9:10. 심는 자에게 씨와 먹을 양식을 주시는 이가 너희 심을 것을 주사 풍성하게 하시고 너희 의의 열매를 더하게 하시리니.

바울은 본 절에서 하나님은 연보한 자에게 보상을 주신다고 말한다. 바울은 하나님이 "심는 자에게 씨와 먹을 양식을 주시는 이"라고 묘사한다 (사 55:19). 즉 하나님은 심는 농부들에게 씨와 먹을 양식을 주시는 분이라는 것이다. 이 농사의 비유는 바울이 이사야 55:10("파종하는 자에게 종자를 주며 먹는 자에게 양식을 줌과 같이")에서 인용하고 있다. "심는 것"은 '연보'를 비유하고, "먹을 양식"은 '보상'을 비유한다.

바울은 하나님께서 농부들에게 씨와 먹을 양식을 주시는 것처럼 "너희 심을 것을 주사 풍성하게 하시고 너희 의의 열매를 더하게 하신다"고 말한다

---

103) 벵겔(Bengel), *고린도전서 갈라디아서*, 신약주석, 나용화, 김철해 공역, p. 384.

(호 10:12; 마 6:1). 바울은 이 하반 절을 호세아 10:12("너희가 자기를 위하여 공의를 심고 인애를 거두라")에서 인용한다. 하반 절의 의미도 하나님은 연보할 것을 주서서 연보하게 하사 풍성하게 주시고 연보의 열매 곧 물질적인 복을 더해주신다는 것이다. 아무튼 하나님은 연보하는 자에게 더 많이 주신다. 연보하면 재산이 줄어들 것처럼 보이지만 하나님은 그의 능력으로 훨씬 더 많게 하신다.

고후 9:11. 너희가 모든 일에 넉넉하여 너그럽게 연보를 함은 그들이 우리로 말미암아 하나님께 감사하게 하는 것이라.

바울은 본 절에서 고린도 교인들이 모든 일에 넉넉하여 너그럽게 연보를 하는 목적을 말한다. 목적은 "그들이 우리로 말미암아 하나님께 감사하게 하는 것이라"고 말한다(1:11; 4:15). 즉 '연보를 받는 예루살렘 교인들이 연보를 한 고린도 교인들과 또 연보를 해서 전달한 바울 사도와 일행의 수고를 생각하고 하나님께 감사하게 된다'는 것이다. 본문의 "우리로 말미암아"란 말은 바울 사도와 또 함께 수고한 세 사람뿐 아니라 고린도 교회 교인들을 포함할 것이다. 예루살렘 교인들은 고린도 교회 교인들이 연보한 것을 생각하고 하나님께 감사가 넘칠 것이었다.

고후 9:12. 이 봉사의 직무가 성도들의 부족한 것만 보충할 뿐 아니라 사람들이 하나님께 드리는 많은 감사로 말미암아 넘쳤느니라.

바울은 본 절에서 전절을 반복하고 있다. 바울은 "이 봉사의 직무" 즉 '연보'(8:4; 롬 15:27)는 연보를 받는 사람들에게 두 가지 효과를 거둔다고 말한다. 하나는 "(연보를 받는) 성도들의 부족한 것을 보충하는 것"이고 (8:14), 또 하나는 "사람들이 하나님께 드리는 많은 감사로 말미암아 넘친다"는 것이다. 다시 말해 연보를 받는 사람들이 하나님께 넘치는 감사를 드린다는 것이다. 연보가 가져오는 두 가지 효과, 즉 부족한 것을 보충해주는 것과 그로 말미암아 하나님께 감사를 넘치게 하는 것은 참으로 훌륭한 효과이다. 연보를 받는 사람들이 하나님께 감사를 드리는 것이야 말로 하나님께서 바라시는 것이다.

고후 9:13. 이 직무로 증거를 삼아 너희가 그리스도의 복음을 진실히 믿고 복종하는 것과 그들과 모든 사람을 섬기는 너희의 후한 연보로 말미암아 하나님께 영광을 돌리고.

　　본 절104)의 "이 직무로 증거를 삼아"(διὰ τῆς δοκιμῆς τῆς διακονίας ταύτης)란 말을 직역하면 "이 직무의 증거를 통하여"라고 번역이 되는데 그 뜻은 '이 연보는 증거가 된다'는 뜻이다. 바울은 이 연보는 다음 같은 증거가 된다는 것이다. 즉 "너희가 그리스도의 복음을 진실히 믿고 복종하는 것과 그들과 모든 사람을 섬기는 너희의 후한 연보로 말미암아 하나님께 영광을 돌리게 된다"는 것이다(마 5:16; 히 13:16). 다시 말해 여러분들이 연보를 드리는 것을 보니 여러분들이 그리스도의 복음을 진실하게 믿고 복종하는 증거가 되고 또 예루살렘 교인들과 그 밖의 모든 사람에게 너그럽게 섬긴다는 증거가 되어 그들이 하나님께 영광을 돌릴 것이라는 뜻이다. 연보는 모든 것의 증거라는 뜻이다. 연보를 하여 돕는 것을 보면 연보하는 사람이 복음을 진실하게 믿고 복종한다는 증거가 되는 것이며 또 모든 사람들을 돕는다는 증거가 되어 그들이 하나님께 영광을 돌리게 된다는 것이다. 말로만 잘 믿는다고 하고 말로만 순종 잘 한다고 해도 믿을 수 없는 일이고

---

104) 본 절에 대한 번역을 다른 성경에서 알아보면: 표준새번역-"여러분의 이 봉사의 결과로 그들이 하나님께 영광을 돌릴 것입니다. 그것은 여러분이 하나님께 순종하여 그리스도의 복음을 고백하고 또 그들과 모든 다른 사람에게 너그럽게 도움을 보낸다는 사실이 입증되었기 때문입니다."현대인의 성경-"여러분이 하고 있는 이 봉사의 직무는 여러분의 고백처럼 여러분이 그리스도의 복음에 순종하고 있다는 것과 그들뿐만 아니라 모든 사람에게 여러분이 후한 헌금을 한다는 증거가 되어 그들이 하나님을 찬양하게 될 것입니다." KJV-"Whiles by the experiment of this ministration they glorify God for your professed subjection unto the gospel of Christ, and for [your] liberal distribution unto them, and unto all [men];" NIV-"Because of the service by which you have proved yourselves, men will praise God for the obedience that accompanies your confession of the gospel of Christ, and for your generosity in sharing with them and with everyone." RSV-"Under the test of this service, you will glorify God by your obedience in acknowledging the gospel of Christ, and by the generosity of your contribution for them and for all others;"

연보를 해야 참 신자임이 증명되는 것이다. 그래서 어떤 이는 지갑이 회개하기 전에는 그 회개를 믿을 수 없다는 말을 했는데 옳은 말이다.

고후 9:14. 또 그들이 너희를 위하여 간구하며 하나님이 너희에게 주신 지극한 은혜로 말미암아 너희를 사모하느니라(καὶ αὐτῶν δεήσει ὑπὲρ ὑμῶν ἐπιποθούντων ὑμᾶς διὰ τὴν ὑπερβάλλουσαν χάριν τοῦ θεοῦ ἐφ' ὑμῖν).

본 절 초두의 "또"(και)라는 접속사는 "그리고"(and)라고 번역하기보다는 "역시"(also)라고 번역되어야 할 것이다(Meyer, Hodge, R. V. G. Tasker, Kistemaker). 바울은 "그들도 너희를 위하여 간구하며 하나님이 너희에게 주신 지극한 은혜로 말미암아 너희를 사모하게 될 것이라"고 말한다(8:1). 고린도 교인들의 연보를 받고 예루살렘 교인들도 고린도 교인들을 위하여 하나님께 기도하며 또 하나님이 고린도 교인들에게 주신 지극한 은혜로 말미암아 고린도 교인들을 사모하게 될 것이란 뜻이다. 이 해석은 본 절을 12절에 밀접하게 연결시키고 있으며 13절은 삽입구로 보게 된다(R. V. G. Tasker).

본문의 "하나님이 너희에게 주신 지극한 은혜로 말미암아 너희를 사모하게 될 것이라"는 말은 '하나님이 고린도 교회에 주신 지극한 사랑 즉 연보를 하여 형제를 사랑하는 은혜 때문에 고린도 교인들을 사모하게 될 것이란 뜻이다. 그러니까 예루살렘 성도들은 하나님께서 고린도 교인들에게 주신 놀라운 사랑의 은혜를 생각하며 고린도 교인들을 위해서 하나님께 기도할 것이다. 고린도 교인들은 연보를 해서 예루살렘 교인들에 전달해주어 기도의 동지를 얻게 될 것이다. 우리가 물질을 남에게 주는 것은 결단코 손해가 아니라 큰 유익이 되는 것이다.

고후 9:15. 말할 수 없는 그의 은사로 말미암아 하나님께 감사하노라(χάρις τῷ θεῷ ἐπὶ τῇ ἀνεκδιηγήτῳ αὐτοῦ δωρεᾷ).

바울은 지금까지 고린도 교회가 연보를 해서 가난한 예루살렘 성도들을 돕는 것을 말하다가 갑자기 "말할 수 없는 그의 은사로 말미암아 하나님께 감사하노라"고 말한다(약 1:17). 바울의 이런 갑작스러운 환호성은 성경도처에 나타나고 있다(롬 1:25; 9:5; 고전 15:57; 딤전 1:17). 바울 사도는 왜 이런 환호성을 질렀을까. 학자들 간에 두 가지 견해로 갈린다. "말할 수 없는 그의 은사"는, 1) 고린도 교회에 내려주신 하나님의 은혜를 지칭한다는 견해(Calvin, Plummer 등 많은 해석가들). 이 해석의 장점은 이 해석이 문맥에 줄 곳 있어 왔다는 점이다. 2) 하나님께서 주신 말할 수 없는 은사는 아들이신 예수 그리스도이시라는 견해. 이 견해의 약점은 그 동안 문맥에 있지 않았다는 점이다. 그러나 "말할 수 없는 그의 은사"라는 말이 고린도 교인들에게 내려주신 하나님의 은혜를 표현하기에는 너무 강하다는 점이다 (Strachan, Hodge, R. V. G. Tasker). 두 견해는 다 받을만한 해석이지만 아마도 바울은 고린도 교회와 예루살렘 교회의 관계를 생각할 때 앞으로 우주적인 교회가 성령으로 말미암아 연합될 것을 생각해서 이렇게 말할 수 없는 그의 은사를 인하여 감사하고 있다고 보아야 할 것이다. 바울은 하나님의 "은사"(gift)를 말하고 있다. 이 점에 대해 키스테메이커 (Kistemaker)는 "세상을 위한 하나님의 은사는 그의 아들의 탄생, 사역, 고난, 죽음, 부활, 승천, 재림이다. 바울에게는 하나님께서 그의 아들을 인류에게 주셨다는 생각이 지극히 놀라운 것임에 틀림없다"고 말한다. 그러니까 바울은 단순히 하나님께서 예수 그리스도를 이 땅에 은사로 주셨다는 것만이 아니라 예수 그리스도를 통하여 세계 교회가 하나가 되리라는 것, 우주적인 통일이 있으리라는 소망이 있어서 환호성을 지른 것으로 보인다. 우리는 교회의 발전과 전진에 있어 하나님의 말할 수 없는 그의 은사, 즉 그의 아들 예수 그리스도를 바라보게 된다. 그의 아들의 역할을 생각할 때 오늘 우리도 가슴이 벅찬 것을 금할 길 없다.

VI. 사도의 권위   10:1-13:10

  바울은 1:12-7:16의 대단원의 자기 변명과, 8:1-9:15의 연보를 위한 권면

을 하고 이제 이 부분(10:1-13:10)에서 또 한 차례의 자기 변명을 하고 서신을
마친다. 그런데 이 부분은 앞부분(8:1-9:15)의 친절한 권면 형식과는 달리
아주 질책조의 어조로 되어 있으므로 혹자들은 이 부분(10장, 11장, 12장,
13장)은 고린도후서에 속하지 않은 다른 서신 즉 앞서 보낸 "눈물의 편지"의
일부라고 주장하기도 하고 혹자는 고린도후서의 앞부분에 놓여야 하는 서신
이라고 주장하기도 한다. 그러나 이런 학설의 결정적인 약점은 학설들을
뒷받침할만한 사본이 없다는 것이 문제이다. 총론 참조.

사도가 두 번이나 자기를 변명한 중에서 전자(1:12-7:16)와 이 부분
(10:1-13:10)의 차이는 앞부분의 자기 변명이 공적이며 수세적인 반면, 이
부분은 사적이며 공격적이라고 할 수 있다. 심지어 풍자적인 어조까지 도처
에서 쉽게 볼 수 있다.

A. 바울의 사역과 적대자들   10:1-11:33

자신을 비겁하다고 말하고 또 약하다고 말하는 자들에게 변명하고
(10:1-11), 적대자들에게 고린도는 자신의 사도권의 범위라고 주장하며
(10:12-18), 그리스도께 대한 자신의 열심을 피력하고 큰 사도들보다 부족함
이 없다고 말하고(11:1-6), 자신의 권리를 포기한 것을 자랑한다(11:7-11).
그리고 또 사도는 나아가 거짓 사도를 공격한다(11:12-15). 그리고 바보처럼
자랑하고(11:16-21a), 고난의 여러 목록을 기재하며 자랑하고 자신의 굴욕적
인 기억을 말하며 자랑한다(11:21b-33).

제 10 장
바울은 자신에 대해 오해한 것을 변명하고
고린도는 사도권의 범위에 있음을 밝히다

1. 바울을 비겁하다고 말하는 자들에게 변명하다   10:1-6

고린도 교인들 중 극히 일부의 교인들(거짓 선생들의 사주를 받은 사람들)은 바울을 비방하되 바울의 편지를 대할 때는 아주 용감하지만 실제로 바울을 대면해서 말해보면 비겁하다고 비난했는데 이에 대해 바울은 사도로서 영적 본질이 온유하다고 말하고 그러나 그가 고린도를 방문할 때는 자신을 비난한 자들을 벌할 것이라고 말한다.

고후 10:1. 너희를 대면하면 유순하고 떠나 있으면 너희에 대하여 담대한 나 바울은 이제 그리스도의 온유와 관용으로 친히 너희를 권하고.

바울은 자신에 대해 비난하는 자들(거짓 스승들의 영향을 받은 극소수의 반대자들)의 말을 여기에 그대로 옮겨 쓴다. 즉 "너희를 대면하면 유순하고 떠나 있으면 너희에 대하여 담대한 나 바울"이라고 말한다(10절; 12:5, 7, 9). 그들이 비난하는 내용은 바울이라고 하는 사람은 얼굴과 얼굴을 대하여 보면 아주 유순한(여기서는 약하다는 의미로 사용된 것임) 반면, 떠나 있을 때 편지를 써 보내는 것을 보면 사람들에게 담대하게(여기서는 뻔뻔스럽게 대한다는 뜻임) 대한다고 비난했다. 바울은 거짓 스승들의 영향을 받아 바울을 반대하는 극소수의 반대자들에게 자신에 대한 비난을 편지에 그대로 쓴 이유는 큰 반격을 가하기 위해서이다.

바울이 본문에 "나 바울은"이라고 말한 것은 그 동안의 어조와는 사뭇 다른 어조이다. 그 동안에는 "우리"라고 말했는데 이제는 함께 있는 동역자를 빼놓고 자신이 혼자 반대자들에게 변명하기 위해서 단수("나 바울은")를 사용한다(갈 5:2; 엡 3:1; 몬 1:19 참조).

바울은 그렇게 자신을 비난하는 사람들을 향하여 자신은 "이제 그리스도의 온유와 관용으로 친히 너희를 권한다"고 말한다(롬 12:1). 바울은 그리스도의 중심을 가지고 활동하는 사람이지 그렇게 장소를 따라서 달라지는 사람은 아니라고 말한다. 즉 그의 중심은 그리스도의 중심을 가지고 행동하는 사람이라고 말한다. 그는 그리스도의 온유함(마 11:29)과 관용하심(눅 13:34; 요 8:1-11)을 가지고 행동한다고 말한다(빌 2:5). 그는 항상 성령의 지배와 인도를 따라서 행동하기 때문에(행 16:6-10; 엡 5:18) 성령님이 주시는 그리스도의 온유함과 관용함으로 무장하고 행동한다고 말한다. 바울이 편지를 쓰든지 혹은 직접 만나서 대면하든지 동일하다고 말하면서 지금까지 권면한 것도 역시 그리스도의 중심을 가지고 했다고 말한다.

고후 10:2. 또한 우리를 육신에 따라 행하는 자로 여기는 자들에 대하여 내가 담대히 대하는 것 같이 너희와 함께 있을 때에 나로 하여금 이 담대한 태도로 대하지 않게 하기를 구하노라.

바울이 본 절을 시작하면서 "또한"(δὲ-But)이란 말을 사용하는 이유는 적대자들의 영향을 받은 극소수의 반대자들이 바울을 비난한 이야기가 "또" 있다는 것을 알리기 위함이다. 거짓 스승들은 바울에 대해 말할 때 "육신에 따라 행하는 자" 즉 '타락한 본성에 따라 행동하는 사람, 이기적인 욕망과 욕심을 따라 행동하는 사람'(1:17; 4:2; 7:2 참조)[105]이라고 비난했다.

바울은 악질적인 대적 자들에 대해서는 "담대히"(거침없이, 용기있게, 결과를 계산하지 않고) 대하겠지만 "너희와 함께 있을 때에 나로 하여금

---

105) "육체"란 말은 '몸'을 의미하기도 하고 때로는 "약함"을 의미하기도 하지만 대체로 '타락한 본성' 즉 '죄가 주장하는 인간 본성'을 지칭한다. 본 절에서는 '타락한 본성'이라는 뜻이다.

이 담대한 태도로 대하지 않게 하기를 구한다"고 말한다(13:2, 10; 고전 4:21). '대적 자들과 함께 있을 때와는 달리 고린도 교인들과 함께 있을 때에는 바울 자신으로 하여금 그런 담대한 태도, 두려움 없는 태도, 거침없는 태도로 대하지 않게 하기를 고린도 교인들에게 바란다'고 말한다. 바울은 고린도에 제 3차로 방문할 때까지 교인들이 철저히 회개하여 바울이 그들을 대하는 태도가 완전히 달라지기를 권하고 있다. 바울의 태도는 바울이 결정 하는 것이 아니라 고린도 교회의 극소수의 바울 반대자들에게 달려 있었다. 그들이 회개하기만 하면 되었다. 그래서 바울은 그들에게 "나로 하여금 이 담대한 태도로 대하지 않게 되기를 바란다"고 말한다. 바울은 고린도 교인들에게는 담대한 태도로 대하지 않기를 간절히 소원하고 있다. 본문의 "구하노라"(δέομαι)는 말은 하나님께 기도한다는 뜻이 아니라 '고린도 교인 들에게 바란다'는 뜻이다.

고후 10:3. 우리가 육신으로 행하나 육신에 따라 싸우지 아니하노니(ἐν σαρκὶ γὰρ περιπατοῦντες οὐ κατὰ σάρκα στρατευόμεθα).

바울은 앞(2절)에서 고린도 교인들에게는 거침없는, 두려움 없는, 담대한 태도로 대하지 않기를 구했는데 그 이유(γὰρ)는 "우리가 육신으로 행하나 육신에 따라 싸우지 아니하기" 때문이라고 한다. 즉 '바울이 육신(육체)을 입고 행동하기는 하지만 타락한 육신 곧 타락한 인간 본성을 따라 행동하지 는 않기' 때문이라고 한다. 바울은 성령님의 지배와 인도를 따라 행동하기 때문에 항상 그리스도 안에서 그리스도의 원리를 따라 살고 있었다. 오늘날 우리도 육체를 입고 사는 연약한 인간이지만 성령님의 능력을 힘입어 행동해 야 할 것이다. 결코 인간 본성을 따라가는 사람이 되어서는 안 될 것이다.

고후 10:4-5. 우리의 싸우는 무기는 육신에 속한 것이 아니요 오직 어떠한 진도 무너뜨리는 하나님의 능력이라 모든 이론을 무너뜨리며 하나님 아는 것을 대적하여 높아진 것을 다 무너뜨리고 모든 생각을 사로잡아 그리스도에

게 복종하게 하니.

바울이 육신을 입고 행동하고 있으나 육신의 원리를 따라 투쟁하지 않는 이유(γὰρ)는 "우리의 싸우는 무기는 육신에 속한 것이 아니요 오직 어떠한 진도 무너뜨리는 하나님의 능력이기" 때문이라고 한다(렘 1:10; 6:7; 13:3-4; 행 7:22; 고전 2:5; 엡 6:13; 살전 5:8; 딤전 1:18; 딤후 2:3). 바울이 인간 세상에서 투쟁하는 무기는 육신에 속한 것 즉 거침없는 담대함도 아니고 인간적인 잔꾀도 아니며 인간적인 혈기도 아니고 또 인간의 이성(reason)도 아니며 인격의 감화력도 아니고 오직 어떠한 강력한 진(사탄의 수중에 있는 진)도 무너뜨리는 하나님의 능력이라고 말한다(슥 4:6). 4절의 "진"이 무엇이냐 하는 것은 다음 단어들이 밝혀준다. "진"(strongholds)이란 "모든 이론," "하나님 아는 것을 대적하여 높아진 것," 그리스도에게 복종하지 않는 "모든 생각"들이다.

바울은 하나님의 능력은 "모든 이론을 무너뜨리며 하나님 아는 것을 대적하여 높아진 것을 다 무너뜨리고 모든 생각을 사로잡아 그리스도에게 복종하게 한다"고 말한다(고전 1:19; 3:19). "모든 이론"이란 '율법주의의 이론, 영지주의 이론 등' 바울 당시에 있었던 이론들과 또 헬라 철학의 이원론 등 많은 이론을 가리킨다. 오늘날에도 수많은 이론들이 있다. 공산주의 이론, 사회주의 이론, 진화론, 다른 종교의 이론 등 많은 이론들이 있다. 하나님의 능력은 어떤 이론도 무너뜨릴 수 있다.

그리고 하나님의 능력은 "하나님 아는 것을 대적하여 높아진 것을 다 무너뜨릴 수 있다." "하나님 아는 것"(τῆς γνώσεως τοῦ θεου)이란 '복음'을 지칭하는데 "하나님 아는 것을 대적하여 높아진 것"이란 '복음을 대적하여 높아진 인간의 교만'(철학적 논리, 교묘한 고안품들, 무신론적 견해들)을 가리킨다. 하나님의 능력은 인간의 모든 교만을 능히 무너뜨릴 수 있다.

그리고 하나님의 능력은 "모든 생각을 사로잡아 그리스도에게 복종하게 할 수 있다." 여기 "모든 생각"이란 '사람의 부패한 마음에서 나오는, 그리스도에게 반항하는 모든 생각'을 지칭한다. 하나님의 능력은 인간의 모든 부패한 마음을 그리스도에게 복종시킬 수 있다.

고후 10:6. 너희의 복종이 온전히 될 때에 모든 복종하지 않는 것을 벌하려고 준비하는 중에 있노라.

바울은 하나님의 능력(4-5절)을 사용하여 "너희" 곧 '거짓 스승들의 영향 아래 들어갔던 일부 교인들'을 온전히 그리스도에게 복종시킬 것을 알고 있었다. 바울은 거짓 스승들의 유혹에 넘어갔던 교인들이 온전히 그리스도에게 복종하게 될 때에(2:9; 7:15) 아직도 복종하지 않는 사람들이 있을 것인데 그들에 대해서는 어떤 징계를 내려야 할는지 징계를 내릴 준비를 하고 있다고 말한다. 즉 "모든 복종하지 않는 것을 벌하려고 준비하는 중에 있다"고 말한다(13:2, 10).

바울은 고린도 교회 안에는 세 종류의 교인들이 있음을 시사하고 있다. 첫째, 대부분의 순종하는 교인들, 둘째, 아직도 거짓 스승들의 유혹에서 벗어나지 못하고 있는 소수의 사람들, 이들은 바울의 교훈을 받아 온전히 그리스도의 복음에 온전히 복종하게 될 것이었다. 셋째, 끝까지 그리스도와 사도에게 복종하지 않을 극소수의 사람들, 바울은 이들을 징계할 것을 계획하고 있었다. 이들에게 무슨 징계를 내릴는지 아직은 편지 속에서 말하지 않고 있다.

　　　2. 바울을 약하다고 말하는 자들에게 변명하다　10:7-11

바울은 앞(1-6절)에서는 바울을 향하여 "대면하면 유순하고 떠나 있으면 담대하다"고 비난한데 대해 변명했는데, 이 부분(7-11절)에서는 바울을 향하여 "그 편지들은 무게가 있고 힘이 있으나 그가 몸으로 대할 때는 약하고 그 말도 시원하지 않다"(10절)고 비난한데 대해 변명한다. 비난하는 사람들은 바울을 이리 비난하고 저리 비난하고 있었다. 편지에 나타난 바울은 힘이 있어 보이는데 실제로 몸으로 대해보면 별 것 아닌 사람으로 여겼다. 이런 비난에 대해 바울 자신은 언제나 동일하다고 말해준다. 다시 말해

떠나 있을 때나 만났을 때나 언제나 같은 사람이고 같은 원리로 움직인다고
말해준다.

**고후 10:7. 너희는 외모만 보는도다 만일 사람이 자기가 그리스도에게 속한
줄을 믿을진대 자기가 그리스도에게 속한 것 같이 우리도 그러한 줄을 자기
속으로 다시 생각할 것이라.**

바울은 자신을 비난하는 자들을 향하여 "너희는 외모만 본다"고 말한다
(5:12; 11:18; 요 7:24). 여기 "본다"(βλέπετε)는 헬라어는 세 가지 번역이
가능하다. 첫째, 의문문으로 번역할 수도 있다. 즉 "너희는 외모만 보느냐?"
즉 '너희 거짓 스승들은 내 외모만 보고 나를 판단하였기에 사도인 나를
무시하는 것이다'라는 뜻이다. 둘째, 명령형으로 보아 "너희는 겉모습만
보라." 즉 '너희의 눈에 보이는 것을 보아라'(RSV)는 뜻으로 볼 수도 있다.
다시 말해 '너희 거짓 교사들은 눈앞에 있는 것을 바라보라'는 뜻이다. 셋째,
직설법으로 번역하여 "너희는 외모만 보는구나." 즉 '너희가 나의 겉모습만
보니 나를 멸시하는 것이다'라는 뜻이 된다. 세 번역 중에 어느 번역이
옳은지는 순전히 문맥에 의해 결정해야 한다. 의문문으로 번역하든 혹은
직설법으로 번역하든 내용은 똑같다. 그러나 의문문으로 번역하는 것이
제일 나은 것으로 보인다(Hodge).[106]

본문의 "너희"가 단수가 아니고 복수인 것을 보면 바울의 대적자가 한
사람이 아니고 두 사람 이상인 것이 분명하다. 바울은 그의 대적자들이
바울 자신을 겉모습만 보고 사도가 아닌 사람으로 판단하고 있었다. 갈릴리
의 원(元) 사도들과는 무엇인가 다른 것을 보고 사도가 아니라고 얕잡아보고
있었다.

대적자들의 비난에 대해 바울은 "만일 사람이 자기가 그리스도에게 속한
줄을 믿을진대 자기가 그리스도에게 속한 것 같이 우리도 그러한 줄을 자기

---

106) 핫지(Hodge), *고린도후서*, 찰스핫지 성경주석, p. 300.

속으로 다시 생각할 것이라"고 도전한다(고전 3:23; 9:1; 11:23; 14:37; 요일 4:6). 즉 '만일 대적 자들이 그리스도에게 속한 사람이라고 스스로 믿는다면 자기들이 그리스도에게 속했다고 말하는 것 같이 바울을 사도라고 자기들 속으로 다시 생각해야 한다'는 뜻이다. 바울의 이 답변은 한 발 양보한 대답이다. 사실은 그들이 거짓 스승들이었으니 그리스도에게도 속하지 않은 사람들이었지만 바울 사도가 한 발 양보해서 그들이 그리스도에게 속했다고 큰소리친다면 그들은 바울을 사도라고 속으로 다시 생각해야 한다는 것이다.

위와 같은 해석에 반하여 혹자는 바울의 대답은 대단한 풍자라고 주장한 다. 즉 "진정 거짓 교사들이 그리스도에게 속한 자라면 사도라는 직함이 무엇인지 알 것이요, 그렇다면 바울에게 진정한 사도권이 있음을 깨달아 알 것이며, 그렇다면 바울을 반드시 사도로 인정해야 한다는 뜻으로 바울이 이 말을 하였다. 스스로 그리스도에게 속하지 않은 자가 사도의 진정한 모습이나 활동을 이해할 리가 없다. 그러므로 바울은 여기서 참으로 중대한 풍자를 써가면서 어리석은 거짓 교사들의 허구성을 폭로하며 사도가 무엇인 지 알지도 못하면서 스스로 그리스도에게 속한 사도라고 자부하는 그들을 책망한 것이다"로 주장한다. 일고(一考)할만한 해석으로 보인다.

고후 10:8. 주께서 주신 권세는 너희를 무너뜨리려고 하신 것이 아니요 세우려고 하신 것이니 내가 이에 대하여 지나치게 자랑하여도 부끄럽지 아니하리라.

바울은 앞(7절)에서 자기가 누구인지 거짓 교사들이 알아야 할 것이라고 말하고 본 절에서는 "주님께서 주신 권세는 너희를 무너뜨리려고 하신 것이 아니요 세우려고 하신 것이니 내가 이에 대하여 지나치게 자랑하여도 부끄럽 지 아니하리라"고 말한다(7:14; 12:6; 13:10). 즉 '주님께서 바울에게 주신 권세는 교회를 무너뜨리려고 주신 것이 아니고 교회를 세우려고 하신 것이니 바울이 이에 대하여 아무리 자랑한다고 해도 부끄러운 것은 없다'고 말한다. 주님께서 바울에게는 놀라운 권능을 주셨다. 바울이 복음을 전하고 또 고린도 교회의 회심자들을 회심시킬 때 주님의 초자연적인 능력이 나타났다. 그래서 고린도 교회가 세워졌고 교인들이 은혜를 받아서 평화롭게 신앙생활을 하고 있었다. 바울은 이렇게 주님께서 주신 권세를 가지고 고린도 교회를 세웠으나 거짓 교사들은 고린도 교회에 들어와서 교회나 쪼개고 있었다. 바울은 자신에 대해서는 자랑할 것이 없었으나 주님께서 주신 권세를 생각하고 또 주님의 은혜로 교회가 세워진 것을 생각하면 지나치게 자랑해도 부끄럽지 않다고 말한다.

고후 10:9. 이는 내가 편지들로 너희를 놀라게 하려는 것 같이 생각하지 않게 함이라(ἵνα μὴ δόξω ὡς ἂν ἐκφοβεῖν ὑμᾶς διὰ τῶν ἐπιστολῶν).[107)]
　　바울은 고린도 교회에 과거에 편지들(두 통정도의 편지들을 보냈다. 하나는 고린도전서, 또 하나는 중간서신-총론 참조)을 보냈는데 그 편지들은 고린도 교인들을 놀라게 하려고 하거나 혹은 위협하려는 목적으로 보낸 것이 아니라고 말한다. 그들을 세우기 위해서 보냈다고 한다. 바울은 자신의 사도적 권위와 그 정당성 그리고 그가 받은 능력 등을 위엄 있게 편지로 제시할 수 있었으나 편지를 쓰고 있는 입장에서 자신의 발언을 자제했다고 밝힌다. 그런데도 바울의 대적들은 바울이 편지를 보낸 것은 고린도 교인들을 놀라게 하고 위협하기 위한 목적으로 보냈다고 말했다. 그런고로 바울은 대적자들의 그런 주장은 전혀 당치도 않는 주장이었다고 말한다. 바울의 편지는 그들을 세우기 위한 것이었다. 새로 회심한 사람들은 두렵게 하는 편지로는 교훈을 받지 못하는 법이다(R. V. G. Tasker).

고후 10:10-11. 그들의 말이 그 편지들은 무게가 있고 힘이 있으나 그가 몸으로 대할 때는 약하고 그 말도 시원하지 않다 하니 이런 사람은 우리가

---

107) 9절에 대한 해석으로 다른 성경들의 번역을 보면: 표준새번역-"나는 편지로 여러분에게 겁을 주려고 하는 것과 같이 보이고 싶지는 않습니다." 현대인의 성경-"나는 편지로만 여러분을 놀라게 한다는 인상을 받고 싶지 않습니다."

떠나 있을 때에 편지들로 말하는 것과 함께 있을 때에 행하는 일이 같은 것임을 알지라.

바울 자신을 대적하는 "한 두 사람의 말이 그 편지들은 무게가 있고 힘이 있으나 그가 몸으로 대할 때는 약하고 그 말도 시원하지 않다"고 비판한 것에 대해 바울은 "이런 사람은 우리가 떠나 있을 때에 편지들로 말하는 것과 함께 있을 때에 행하는 일이 같은 것임을 알라"고 답변한다. 바울을 대적하던 한 두 사람들은 1절에 기록된 대로 "그 편지들은 무게가 있고 힘이 있으나 그가 몸으로 대할 때는 약하고 그 말도 시원하지 않다"고 악평했다(1절; 11:6; 12:5, 7, 9; 고전 1:17; 2:1, 3-4; 갈 4:13). 바울은 멀리서 편지를 보내올 때는 편지에 무게가 있고 힘이 있으나 실제로 얼굴을 대해 보면 사람이 약하고 말도 시원하게 하지 못한다고 했다. 그러나 바울의 말이 시원하지 않다고 하는 말은 듣는 사람에 따라 다른 것을 알 수 있는데 그것은 루스드라의 토인들에게 말을 할 때는 그가 말하는 사람이기에 루스드라 사람들은 바울의 별명을 "허메"('말하는 자'는 뜻)라고 했다(행 14:12). 반대자들이 바울을 평한 것을 보면 장소에 따라 다르다는 것이었다. 멀리 있을 때는 무게가 있게 글을 보내올 때는 그 글이 힘이 있으나 가까이서 지켜보면 사람이 약하고 말도 시원스럽게 하지 못하는 사람이라는 평이었다.

바울은 이런 평을 듣고 반대자들에게 "이런 사람은 우리가 떠나 있을 때에 편지들로 말하는 것과 함께 있을 때에 행하는 일이 같은 것임을 알라"고 대꾸한다. 바울은 장소에 따라 차이가 있는 사람이 아니고 똑같은 사람이라고 알라고 말한다. 글로 표현하는 바울과 행동하는 바울이 똑같다는 것이다. 바울의 글은 사실 무게가 있고 힘이 있다. 바울 서신들을 모두 살펴보면 참으로 무게가 있고 힘이 있다. 그들이 말한 것은 사실이다. 그러나 그들은 바울을 대했을 때는 말이 시원스럽지 않다고 했는데 아마도 달변이 아니라는 악평이었던 것으로 보인다. 사람들이 듣기에 달변이 아니라도 그 말은 여전히 무게가 있고 힘이 있을 수 있는 것이었다. 바울을 나쁘게 보려는 눈을 가지고 보면 얼마든지 악평할 수 있을 것이다.

3. 고린도는 그의 사도권의 범위 10:12-18

바울은 앞(7-11절)에서 자신을 약하다고 말한 사람들에게 변명한 다음 이제 이 부분(12-18절)에서는 자기의 자랑과 대적자들의 자랑은 너무 다른 것을 말한다. 자기의 자랑은 하나님께서 인정하시는 자랑이고 대적자들의 자랑은 하나님께서 인정하지도 않으시며 스스로를 자랑하는데 지나지 않는 것이라고 말한다.

고후 10:12. 우리는 자기를 칭찬하는 어떤 자와 더불어 감히 짝하며 비교할 수 없노라 그러나 그들이 자기로써 자기를 헤아리고 자기로써 자기를 비교하니 지혜가 없도다.

바울은 "자기를 칭찬하는 어떤 자들" 즉 '바울의 대적자들'과 "더불어 감히 짝하며 비교할 수 없노라"고 말한다(3:1; 5:12). 다시 말해 바울은 자기 자신들을 칭찬하는 사람들과 똑같은 부류에 놓고 비교하기를 원하지 않겠다고 말한다. 바울은 "그들이 자기로써 자기를 헤아리고 자기로써 자기를 비교하니 지혜가 없다"고 말한다. "그들이 자기로써 자기를 헤아리고 자기로써 자기를 비교한다"는 말은 '자기를 기준으로 세워놓고 자기를 헤아리고 자기를 기준 삼고 자기를 비교한다'는 뜻이다. 그들은 예수님을 바라보지도 않고 위대한 사도들을 바라보지도 않으면서 오직 자기들 스스로가 표준이 되어 자랑하고 있으니 지혜가 없다는 것이다. 예수님을 바라보고 우리는 자신들이 부족하고 죄인의 괴수인줄 알아야 하는데 인간을 기준 삼으니 자신들이 대단한 사람으로 착각하게 되어 자랑하는 것이다. 예수님을 바라보지 않는 사람들은 모두 자랑으로 일관한다. 예수님을 믿지 않는 사람들은 별수 없이 자신들이 표준이 되고 인간들이 표준이 되니 자랑하며 교만하게 살 수밖에 없다. 예수님을 바라보지 않는 사람들은 지혜가 없는 사람들이다.

고후 10:13. 그러나 우리는 분수 이상의 자랑을 하지 않고 오직 하나님이

우리에게 나누어 주신 그 범위의 한계를 따라 하노니 곧 너희에게까지 이른 것이라.

바울은 앞 절(12절)에서 말한 거짓 스승들과는 달리 자신은 "분수 이상의 자랑을 하지 않는다"(ἡμεῖς δὲ οὐκ εἰς τὰ ἄμετρα καυχησόμεθα)고 말한다 (15절). "분수 이상으로"(εἰς τὰ ἄμετρα)란 말은 '분량을 넘어,' '정도를 넘어'라는 뜻으로 거짓 스승들은 분수 이상으로 자랑을 늘어놓았다. 자기들이 전도해서 세운 교회도 아닌 고린도 교회에 침입해서 율법주의를 가르치며 율법을 지켜야 구원을 받을 수 있다고 가르쳤다. 그들은 바울의 복음이 틀린 것으로 가르쳤고 자기들이 우월한 사람들이라고 선전했다.

아무튼 바울은 하나님께서 자기에게 나누어주신 분수 이상의 자랑을 하지 않고 "오직 하나님이 우리에게 나누어 주신 그 범위의 한계를 따라 하노니 곧 너희에게까지 이르렀다"고 말한다. '하나님께서 바울 자신에게 나누어주신 그 범위의 한계를 따라 자랑한다'고 말한다. 여기 "그 범위의 한계"(τὸ μέτρον τοῦ κανόνος)란 '척도의 한계,' '자(rule)의 한계,' '하나님이 재어주신 활동의 한계'라는 뜻이다. 여기 "범위"라고 번역된 헬라어 "카논"(κανων)[108]이란 낱말(13절, 15절, 16절, 갈 6:16)은 '측량하는 잣대,' '곧은 장대,' '자(尺),' '목수가 쓰는 자,' '규칙,' '원칙'이라는 뜻이다. 바울은 하나님께서 바울에게 나누어 주신 활동범위를 따라 활동했다. 그가 큰 은혜를 받았기에 넓은 범위에서 활동하게 되었고 고린도에까지 이른 것이다.

바울은 하나님께서 지정하여 주신 활동의 한계를 따라 "너희에게까지 이르렀다"고 말한다. 바울은 다메섹 도상에서 부활하신 예수님을 만나 소아시아에서 복음을 전했고 유럽으로 건너와서 복음을 전했으며 결국은 아가야에까지 진출해서 복음을 전하여 고린도 교회를 개척하기에 이르렀다. 오늘도 사람이 은혜를 받은만큼 활동하게 마련이다.

---

108) '카논'이란 말은 비유적으로 성경의 '정경'을 지칭하기도 한다. 성경은 사람이 어떻게 믿어야 할 것과 어떻게 생활해야 할 것을 지시해주는 척도라는 것이다.

고후 10:14. 우리가 너희에게 미치지 못할 자로서 스스로 지나쳐 나아간 것이 아니요 그리스도의 복음으로 너희에게까지 이른 것이라(NASB-"For we are not overextending ourselves, as if we did not reach to you, for we were the first to come even as far as you in the gospel of Christ." RSV-"For we are not overextending ourselves, as though we did not reach you; we were the first to come all the way to you with the gospel of Christ).

본 절 초두에는 이유접속사(γὰρ)가 있다. 본 절은 바울이 앞 절에서 말한바 자신은 결코 분수 이상으로 자랑하지 않는다는 말씀에 대한 이유를 제공하고 있다. 바울은 "우리가 너희에게 미치지 못할 자로서 스스로 지나쳐 나아간 것이 아니라"고 말한다(고전 3:5, 10; 4:15; 9:1). '바울이 고린도 교회에까지 미치지 못할 입장에서 고린도 교회에까지 뻗쳐나간 것이 아니라' 는 것이다. '왜냐하면 바울은 복음을 전하면서 고린도 교회에까지 처음 이르게 되었기' 때문이라고 한다. 바울이 먼저 복음을 들고 고린도 교회에 온 것이니 분량 밖의 자랑을 하였던 측은 바울이 아니라 거짓 스승들이었다 는 것이다. 하반 절의 "이른 것이라"(ἐφθάσαμεν)는 말은 부정(단순)과거 시제로 '먼저 이르렀다,' '처음 이르렀다'(the first to come all the way)는 뜻으로 거짓 교사들보다 바울이 먼저 고린도 교회에 이르렀다는 뜻이다.

고후 10:15. 우리는 남의 수고를 가지고 분수 이상의 자랑을 하는 것이 아니라 오직 너희 믿음이 자랄수록 우리의 규범을 따라 너희 가운데서 더욱 풍성하여지기를 바라노라(οὐκ εἰς τὰ ἄμετρα καυχώμενοι ἐν ἀλλοτρίοις κόποις, ἐλπίδα δὲ ἔχοντες αὐξανομένης τῆς πίστεως ὑμῶν ἐν ὑμῖν μεγα-λυνθῆναι κατὰ τὸν κανόνα ἡμῶν).

바울은 "우리는 남의 수고를 가지고 분수 이상의 자랑을 하는 것이 아니라"고 말한다(롬 15:20). '나 바울은 거짓 교사들(율법주의자들)이 수고 한 것을 가지고 분수 이상으로 자랑하는 것이 아니라'고 말한다. 율법주의자들은 바울이 수고한 지경 안으로 들어와 자신들이 수고해서 고린도 교회를 일구어낸 것처럼 자랑하고 있었다. 그들은 바울을 밀어내고 있었다. 오늘 세상 사람들 중에서도 남이 이루어낸 일을 가지고 마치 자기들이 잘 해서 그만큼 일이 잘된 것처럼 큰 소리를 치는 사람들이 있다.

바울은 "오직 너희 믿음이 자랄수록 우리의 규범을 따라 너희 가운데서 더욱 풍성하여지기를 바란다"고 말한다.[109] 바울은 '고린도 교회 교인들의 믿음이 성장함에 따라 자신의 활동 범위도 고린도 교회 안에서 더욱 커지기를 소원한다'고 말한다. 이것이 정상적인 것이다. 거짓 스승들은 전혀 수고하지도 않은 곳에 뛰어 들어와 자랑하고 있었고 바울은 자기가 뿌려놓은 복음의 씨앗이 자람에 따라 그의 활동 범위가 더욱 넓어지기를 소원했다. 바울은 더 나아가지 않고 고린도 교인들의 믿음이 성장하기를 바라고 있었다.

고후 10:16. 이는 남의 규범으로 이루어 놓은 것으로 자랑하지 아니하고 너희 지역을 넘어 복음을 전하려 함이라(εἰς τὰ ὑπερέκεινα ὑμῶν εὐαγγελίσασθαι, οὐκ ἐν ἀλλοτρίῳ κανόνι εἰς τὰ ἕτοιμα καυχήσασθαι).

바울은 "남의 규범으로 이루어 놓은 것으로 자랑하지 아니한다"고 말한다. 이런 부정적인 말은 13절, 14절, 15절에도 있다. 여기 "남의 규범으로"(ἐν ἀλλοτρίῳ κανόνι)란 말은 '다른 사람의 지역에서,' '남의 지역에서'라는 뜻으로 '다른 사람의 영역에서 다른 사람이 이루어놓은 업적으로 자랑하지 않는다' 한다. 바울은 다른 사람이 전도한 곳에서 전도하지 않겠다고 말한 적이 있다(롬 15:20).

이렇게 부정적인 말을 한 바울은 "너희 지역을 넘어 복음을 전하려 한다"고 말한다. '고린도 교회 교인들이 믿음이 성장한 다음에는 고린도 지경을 넘어 더 멀리 복음을 전하고 싶다'고 말한다. 그는 고린도 전도를

---

109) 15절 하반 절에 대한 영어 번역을 써보면: NASB-"not boasting beyond [our] measure, [that is,] in other men's labors, but with the hope that as your faith grows, we shall be, within our sphere, enlarged even more by you," RSV-"We do not boast beyond limit, in other men's labors; but our hope is that as your faith increases, our field among you may be greatly enlarged).

끝낸 다음 로마도 보아야 하리라고 했고(행 19:21), 또 나아가 멀리 서반아로 갈 것이라고 했다(롬 15:22-24). 우리는 남이 일한 지역을 그냥 지나서 범위를 넓혀 나가야 할 것이다.

고후 10:17. 자랑하는 자는 주 안에서 자랑할지니라(Ὁ δὲ καυχώμενος ἐν κυρίῳ καυχάσθω).

바울은 남이 이루어놓은 지역에 들어가 자기가 이루어놓은 것처럼 자랑하지 않겠다고 말하고(13-16절), "자랑하는 자는 주 안에서 자랑하라"(렘 9:24 인용)고 말한다. '자랑하는 사람은 주님께서 자랑하게 하신 범위 안에서 자랑하라'는 것이다(사 65:16; 고전 1:31 주해 참조). 주님께서는 거짓 교사들에게 자랑의 범위를 주시지 않았다. 그들이 자랑하는 것은 주님 밖에서였다. 다시 말해 주님께서 자랑거리를 주시지 않았는데도 자랑하고 있었다. 그러나 바울에게는 주님께서 자랑의 범위를 주셨다. 그는 이곳저곳 복음을 전하여 많은 자랑거리를 만들어놓았다. 주님께서 주신 자랑거리를 자랑하는 것은 주님을 자랑하는 것이다.

고후 10:18. 옳다 인정함을 받는 자는 자기를 칭찬하는 자가 아니요 오직 주께서 칭찬하시는 자니라(οὐ γὰρ ὁ ἑαυτὸν συνιστάνων, ἐκεῖνός ἐστιν δόκιμος, ἀλλὰ ὃν ὁ κύριος συνίστησιν).

본 절 초두에는 이유접속사(ga;r)가 있다. 본 절은 바울이 앞 절(17절)에서 말한바 "자랑하는 자는 주 안에서 자랑하라"는 말의 이유를 밝히고 있다. 다시 말해 자랑하는 자가 주안에서 자랑해야 하는 이유는 "옳다 인정함을 받는 자는 오직 주께서 칭찬하시는 자이기" 때문이라고 한다. '옳다고 인정함을 받는 자는 결코 자기 자신을 칭찬하는 자가 아니고 주님께서 칭찬하시는 자이다'(잠 27:2). "주님께서 칭찬하시는 자라"는 말은 '주님께서 칭찬할만한 일을 주시는 자라'는 뜻이다(롬 2:29; 고전 4:5). 바울은 다메섹 도상에서 부활하신 주님을 만난 후 계속해서 주님께서 칭찬해주셨다. 주님께서 그의 설교를 통하여 많은 사람들에게 새 생명을 주셨고(행 14:27), 바울이 사도로서 사역할 때 표적과 기사를 주셨으며 성령으로 역사해주셨다(롬 15:17-18). 주님께서 바울의 사역에 크게 역사하신 것은 바울을 칭찬하신 것이고 바울을 칭찬하신 것은 결국은 바울을 인정하신 것이다. 스스로를 칭찬하는 사람은 결코 주님으로부터 인정함을 받는 자가 아니고 주님께서 칭찬하시는 자가 주님으로부터 인정을 받는 자이다. 우리는 주님으로부터 칭찬을 받아야 한다. 주님께서 항상 함께 해주시고 사역에 크게 역사해주시며 성령으로 역사해주심을 받아야 한다. 주님으로부터 칭찬을 받아야지 스스로를 칭찬하고 자찬하는 사역자와 그런 성도는 빈껍데기에 지나지 않는다.

제 11 장
거짓 사도들과 참 사도의 자랑

4. 그리스도께 대한 바울의 열심   11:1-4

바울은 앞(10:12-18)에서 고린도는 그의 사도권의 범위라고 말한 다음 이제 이 부분(1-4절)에서는 율법주의 거짓 스승들의 영향을 받은 고린도 교인들을 그리스도에게 드리려고 열심을 품고 일한다고 말한다.

고후 11:1. 원하건대 너희는 나의 좀 어리석은 것을 용납하라 청하건대 나를 용납하라(Ὄφελον ἀνείχεσθέ μου μικρόν τι ἀφροσύνης· ἀλλὰ καὶ ἀνέχεσθέ μου-I wish you would bear with me in a little foolishness. Do bear with me!-RSV).

바울은 고린도 교인들에게 "나의 좀 어리석은 것을 용납하라"고 부탁한다(16절; 5:13). 그리고 다시 한번 "청하건대 나를 용납하라"고 애원한다. 여기 "어리석은 것"(ἀφροσύνης)이란 말은 '지혜 없는 것,' '무식한 것'을 뜻한다. 그는 자랑하는 것이 어리석은 것인 줄 알면서도 참아달라고 말한다. 그가 이렇게 어리석은 자랑을 하는 이유는 고린도 교인들에 대한 애정이 너무 컸으므로 그는 고린도 교인들이 거짓 스승들에게 속임 당하지 않게 하기 위해서 말하는 것을 용납해 달라는 것이다. 바울은 고린도 교인들이 율법주의 스승들에게 넘어가지 않도록 하기 위해서만 아니라 그리스도에게 충성하는 자들이 되도록 돕기 위해서 잠시 참아달라는 것이다.

본문의 "용납하라"(ἀνέχεσθε)는 말은 미완료 과거 시제로 '계속해서 용납하라'는 뜻이다. 그런데 이 낱말은 직설법으로 번역해도 되고 명령법으로 번역해도 되는데 바울 사도의 간절한 요청을 말하고 있는 문장인고로 명령문으로 번역하는 것이 바를 것이다. 즉 "나를 용납하라"고 번역하는 것이 바를 것이다.

고후 11:2. 내가 하나님의 열심으로 너희를 위하여 열심을 내노니 내가 너희를 정결한 처녀로 한 남편인 그리스도께 드리려고 중매함이로다 그러나 나는.

바울은 자기를 잠시 용납해 달라(앞 절)고 말한 다음 "내가 하나님의 열심으로 너희를 위하여 열심을 내노니 내가 너희를 정결한 처녀로 한 남편인 그리스도께 드리려고 중매했다"고 말한다(레 21:13; 호 2:19-20; 고전 4:15; 갈 4:17-18; 골 1:28). '내가 하나님께서 여러분들을 향하여 가지신 질투심을 가지고 여러분을 위하여 질투하고 있는데 내가 여러분들을 정결한 처녀로 만들어 한 남편인 그리스도께 완전히 드리려고 결혼시켰다'고 말한다. 본문의 "하나님의 열심"(θεοῦ ζήλω)이란 '하나님의 시기, 질투'란 뜻으로 하나님의 백성들이 다른 신을 섬길 때 하나님께서 시기하신다는 뜻으로 사용되었다(신 5:9; 6:15). 바울은 고린도 교회를 창설한 사도로서 하나님의 시기심을 가지고 고린도 교회가 다른 복음을 들으려 할 때 시기하신다고 말한다.

바울이 고린도 교회를 불같이 사랑하여 시기하는 이유는 고린도 교회의 교인들을 정결한 처녀로 만들어 한 남편이신 그리스도께 완전히 드리려고 결혼시켰기 때문이라고 한다. 본문의 "중매함이로다"(ἡρμοσάμην)란 말은 부정(단순)과거 중간태로 '연합시켰다,' '결혼시켰다,' '시집보냈다'는 뜻으로 바울은 그의 복음 전도로 말미암아 고린도 교회와 그리스도를 연합시켰는데 엉뚱하게도 율법주의를 표방하는 자들이 교회에 들어와서 엉뚱한 교리를 가르쳐 고린도 교인들과 그리스도 사이를 이간시키려고 하니 바울은 시기하지 않을 수 없었다. 바울이 이처럼 고린도 교인들을 그리스도께 완전히 드리려고 결혼시켜 놓았는데 그러나 다음 절(3절)처럼 엉뚱한 일이 생겨

이만저만한 걱정이 아니라고 말한다.

고후 11:3. (그러나 나는) 뱀이 그 간계로 하와를 미혹한 것 같이 너희 마음이 그리스도를 향하는 진실함과 깨끗함에서 떠나 부패할까 두려워하노라.

바울은 고린도 교회를 그리스도에게 결혼시켰는데(앞 절) "뱀이 그 간계로 하와를 미혹한 것 같이 너희 마음이 그리스도를 향하는 진실함과 깨끗함에서 떠나 부패할까 두려워한다"고 말한다(창 3:4; 요 8:44; 엡 6:24; 골 2:4, 8, 18; 딤전 1:3; 4:1; 히 13:9; 벧후 3:17). 즉 '뱀(사탄을 상징하는 짐승)이 그 간사한 꾀를 가지고 하와(아담의 아내)를 미혹하여 하와 부부를 하나님으로부터 멀리 떠나게 한 것 같이(창 3장; 롬 5:14-21; 딤전 2:14) 고린도 교인들의 마음이 그리스도를 향하는 진실함과 깨끗함에서 떠나 부패할까 두렵다'고 말한다. 바울은 고린도 교회의 문제를 말하기 위해 창세기 3장의 기사를 인용하고 있다. 이는 바울이 창세기 3장의 기사가 역사적 사실이라는 것을 인정하는 것으로 오늘날 창세기 3장의 사실을 역사적 사실이 아니고 신화라고 주장하는 학자들의 말을 정면으로 도전하는 것이다.

본문의 "그리스도를 향하는 진실함과 깨끗함에서 떠나 부패할까 두려워했다"는 말은 '그리스도를 향하는 믿음과 성화로부터 떠나 부패할까 두려워했다'는 뜻이다. 믿음이란 다름 아니라 그리스도를 향하는 진실함이고 성화란 그리스도를 향한 깨끗함이다. 우리는 그리스도를 향하는 진실함과 깨끗함에서 떠날까 두려워해서 계속해서 그리스도를 믿고 그리스도를 향하는 순수함을 유지해야 한다.

고후 11:4. 만일 누가 가서 우리가 전파하지 아니한 다른 예수를 전파하거나 혹은 너희가 받지 아니한 다른 영을 받게 하거나 혹은 너희가 받지 아니한 다른 복음을 받게 할 때에는 너희가 잘 용납하는구나.

바울은 고린도 교회에 침투한 거짓 스승들(율법주의자들)의 활동을 염두에 두고 본 절을 기록한다. 바울은 "누가 가서 우리가 전파하지 아니한 다른 예수를 전파하거나 혹은 너희가 받지 아니한 다른 영을 받게 하거나 혹은 너희가 받지 아니한 다른 복음을 받게 할 때에는 너희가 잘 용납한다"고 탄식한다. 바울은 율법주의자들의 활동을 노골적으로 말하지 않고 넌지시 말하여 "누가 가서" 즉 '누가 고린도 교회에 침투해서' 활동한다고 말한다. 바울은 자신이 전파하지 아니한 다른 예수를 거짓 스승들 중에 누가 전파해도 고린도 교인들이 잘 받고 또 교인들이 그 동안 받지 아니한 다른 영을 받게 하거나 혹은 교인들이 받지 아니한 다른 복음을 받게 해도 좋게 받아들이고 있다고 탄식한다. 여기 "다른 예수"란 '거짓 스승들이 잘 못 알고 전하는, 하나님이 아닌 예수'라는 뜻이고 또 "다른 영"이란 '거짓 스승들이 영에 대하여 잘못 가르친 영'을 지칭하는데 구체적으로 '세상의 영'(고전 2:12), '사탄'(공중의 권세 잡은 자, 엡 2:2)을 지칭한다. 또 "다른 복음"이란 '거짓 스승들이 그리스도만 아니고 율법도 지켜야 구원에 이를 수 있다고 가르친 복음'을 지칭한다(갈 1:7-8). 기독교 역사상에는 어느 시대에나 다른 예수, 다른 영, 다른 복음이 있었다. 오늘도 여전히 다른 예수, 다른 영, 다른 복음이 있다. 우리는 성경이 말하는 예수, 사도들이 가러쳐준 예수님을 구주로 받고 전해야 한다. 그러면 성령님께서 역사하셔서 예수님을 알게 해주시고 복음을 알게 해주신다.

5. 바울은 큰 사도들보다 부족함이 없다　11:5-6

바울은 자신이 고린도 교회에 침투한 율법주의 거짓 스승들보다 부족함이 없는 사도라고 말한다. 혹자는 이 부분(5-6절)의 큰 사도들을 예루살렘의 원(元) 사도들이라고 주장하나 문맥에 의하여 고린도 교회에 침투한 거짓 교사들을 지칭한다고 보는 것이 옳을 것이다.

고후 11:5. 나는 지극히 크다는 사도들보다 부족한 것이 조금도 없는 줄로

생각하노라.

바울은 앞(4절)에서 말한 거짓 스승들보다 자신이 조금도 부족함이 없는 사도라고 말한다(Meyer, Hodge, Plummer, R. V. G. Tasker, 박윤선, 이상근). 바울은 고린도 교인들에게 잠깐 동안 자랑하는 것을 용납하라(1절)고 말하고 자신이 소위 지극히 크다는 거짓 스승들보다 부족함이 없다고 말한다(12:11; 고전 15:10; 갈 2:6). 바울은 하나님의 질투심을 가지고 고린도 교인들에게 거짓 스승들로부터 돌아서라고 안타깝게 호소한다.

고후 11:6. 내가 비록 말에는 부족하나 지식에는 그렇지 아니하니 이것을 우리가 모든 사람 가운데서 모든 일로 너희에게 나타내었노라.

바울은 "내가 비록 말에는 부족하나 지식에는 그렇지 아니하다"고 말한다. "부족하나"(ἰδιώτης)란 말은 '무식한,' '문외한,' '평범한'이란 뜻으로 훈련받지 않아서 다른 사람에 비해서 보잘 것 없음을 나타내는 말이다(10:10; 고전 1:17; 2:1, 13). 바울의 이 말은 달변으로 청중을 사로잡으려는 거짓 사도들에 비해 뛰어난 언변을 가지고 있지 못했음을 인정하는 것으로 보이는 말이다. 아무튼 바울은 말에 미숙했다(RSV 에는 "말에 미숙했다"고 번역하고 있다). 타스커(R. V. G. Tasker)는 "바울은 자기가 직업적인 수사학 훈련을 받아보지 못했음을 여기서 인정하고 있다. 그는 웅변가가 아니라 사도였다. 복음의 해설자는 수사학자일 필요는 없다. 왜냐하면 성령께서 영적 진리들을 분별하도록 하시기 때문이다(고전 2:13, RSV. mg)"고 주장한다.[110] 그러나 바울은 자신이 "지식에는 그렇지 아니하다"고 말한다(엡 3:4). 여기 "지식"이란 '그리스도께서 주신 계시에 대한 지식'을 가리킨다. 바울은 그리스도로부터 물려받은 계시에 대한 해박한 지식을 가지고 있었다.

그런데 바울은 자신이 받은 그리스도에 대한 지식을 "우리가 모든 사람 가운데서 모든 일로 너희에게 나타내었다"고 말한다(4:2; 5:11; 12:12). 바울

---

110) 레온 모리스, *고린도후서*, p. 180.

이 모든 사람가운데서 모든 일을 통하여 고린도 교인들에게 나타내 보였다고 말한다. 이렇게 바울이 가진 지식을 고린도 교인들에게 나타내 보였는데도 그들은 아직도 깊이 알아차리지 못하고 거짓 스승들에게 끌리고 있었다. 그들은 아직도 바울 사도의 진가를 알지 못하고 있었다. 그래서 바울은 이렇게 잠시 자랑을 하고 있는 것이다.

6. 권리를 포기한 것을 자랑하다 11:7-11

바울은 거짓 스승들과는 달리 고린도 교회에서 사례금을 받지 않고 생활하였다. 그런 점에서 그들보다 위대했는데도 거짓 사도들은 바울이 사례금도 받지 못하는 것을 보면 거짓 교사임에 틀림없다고 했다. 그래서 바울은 사례금까지 포기한 것이 자랑이라고 말한다.

고후 11:7. 내가 너희를 높이려고 나를 낮추어 하나님의 복음을 값없이 너희에게 전함으로 죄를 지었느냐.

바울은 사례금을 받지 않고 복음을 전하는 것이 죄냐고 강하게 풍자한다. 즉 "내가 너희를 높이려고 나를 낮추어 하나님의 복음을 값없이 너희에게 전함으로 죄를 지었느냐"고 묻는다. 바울은 고린도 교인들을 "높이려고" 복음을 전했다. "너희를 높이려고"란 말은 '너희를 영적으로 높이려고,' '너희로 하여금 아무 부담감 없이 복음을 받아 구원을 받게 하려고'란 뜻이다. 바울은 고린도 교인들에게 큰 복을 받게 하려고 자신을 "낮추어 하나님의 복음을 값없이 너희에게 전했다"고 말한다(10:1; 행 18:3; 고전 9:6, 12). 바울이 사례금을 받지 않은 것은 자신을 낮춘 행위이다. 이유는 복음을 전하는 전도자는 마땅히 사례금을 받게 되어 있기 때문이었고(고전 9:6-14) 또 당시 사회는 로마의 시민권을 가진 사람이 노동을 한다는 것(바울은 천막을 만들어 팔아 전도비용을 마련했었다, 행 18:3)은 천한 일로 생각되었기 때문이었다. 바울이 이처럼 자신을 낮추면서 복음을 전하는 것이 죄냐고 강하게 풍자한다. 바울이 "복음을 값없이 너희에게 전함으로 죄를 지었느냐"고 반문한 것은 아마도 거짓 스승들이 교인들에게 한 말을 받아 강하게 되받아 친 것으로 보인다. 거짓 스승들은 사례금을 받고 있었는데 바울이 사례금을 받지 않고 복음을 전하는 것을 보면 바울이 진짜 사도가 아닌 증거라고 소문을 퍼뜨렸을 것이다. 바울이 이쯤 강하게 풍자하면 바울의 말을 알아들었어야 했을 터인데 알아듣지 못할 듯하여 바울은 다음 절과 같이 또 말해준다.

고후 11:8. 내가 너희를 섬기기 위하여 다른 여러 교회에서 비용을 받은 것은 탈취한 것이라.

바울은 앞 절(7절)에서는 사례금을 받지 않고 복음을 전하는 것이 죄냐고 반문했는데 본 절에서는 바울이 다른 여러 교회에서 선교비를 받아 고린도 교회에서 복음을 전한 것은 바울 측으로 보면 하나의 탈취행위라고 말한다. 즉 "내가 너희를 섬기기 위하여 다른 여러 교회에서 비용을 받은 것은 탈취한 것이라"고 말한다. 여기 "내가 너희를 섬기기 위하여"란 말은 '고린도 교회에서 복음을 전하기 위하여'란 뜻이다. 그리고 "다른 여러 교회에서"란 말은 데살로니가 교회와 빌립보 교회를 지칭한다. 바울이 지금 고린도후서를 쓰면서 과거를 회상한다. 즉 사도행전 18:5에 보면 디모데가 데살로니가에 심부름을 다녀서 고린도로 돌아왔고 실루아노가 빌립보 교회에 심부름을 하고 고린도로 돌아왔는데 그 때 그 교회들로부터 후원금을 가지고 고린도로 돌아왔다.

거짓 스승들은 교인들에게 바울을 깎아내리기 위해 바울이 고린도 교회에서는 사례금을 받지 않고 일하면서 다른 교회(빌립보 교회, 데살로니가 교회)로부터 돈을 받아쓰는 것은 하나의 탈취행위라고 말하고 또 그렇게 소문을 퍼뜨린 것으로 보인다. 그래서 바울은 내가 다른 교회로부터 돈을 받아 쓴 것은 탈취한 셈이라고 말한다. 그것이 참 탈취행위인가. 탈취행위가 아니었는데도 바울은 하나의 탈취행위로 인정한다. 바울이 고린도 교회에서 복음을 전할 때는 고린도 교회로부터 사례금을 받아야 하고 데살로니가 교회나 빌립보 교회로부터는 사례금을 받지 않아야 했다. 탈취행위라고 말을 하면 탈취행위인 셈이다.

고후 11:9. 또 내가 너희와 함께 있을 때 비용이 부족하였으되 아무에게도 누를 끼치지 아니하였음은 마게도냐에서 온 형제들이 나의 부족한 것을 보충하였음이라 내가 모든 일에 너희에게 폐를 끼치지 않기 위하여 스스로 조심하였고 또 조심하리라.

바울은 처음 고린도에서 복음을 전할 때 마게도냐 교회들이 보내준 비용을 가지고 비용을 쓰면서 복음을 전하였고 또 장막을 만들어 팔아 비용을 부담하고 있었는데(행 18:3) 역시 비용이 떨어져서 궁핍하게 되었으나 "(고린도 교회의) 아무에게도 누를 끼치지 아니하였다"고 말한다(12:13; 행 20:33; 살전 2:9; 살후 3:8-9). 그가 한 사람에게도 폐를 끼치지 아니한 이유는 "마게도냐에서 온 형제들이 나의 부족한 것을 보충하였음이라"고 말한다(빌 4:10, 16-16). 즉 마게도냐에서 온 디모데와 실라가 바울 사도의 부족한 부분을 보충해주었다고 말한다(행 18:5). 마게도냐 교회들은 바울이 고린도에서 복음을 전할 때도 선교비를 부담해주었다.

바울은 "내가 모든 일에 너희에게 폐를 끼치지 않기 위하여 스스로 조심하였고 또 조심하리라"고 말한다(12:14, 16). 바울은 후원금 관계만 아니라 "모든 일에" 폐를 끼치지 않기 위해서 조심했고 앞으로도 또 조심하리라고 한다. 우리는 교회에서 사례금을 받을 수 있으나 지나친 폐를 끼쳐서는 안 될 것이다. 교인들에게 무리한 요구를 해서 상처를 주어서는 안 될 것이고 항상 조심해야 할 것이다.

고후 11:10. 그리스도의 진리가 내 속에 있으니 아가야 지방에서 나의 이 자랑이 막히지 아니하리라.

바울은 자신이 고린도 교회에서 값없이 복음을 증거한 일이 자랑스럽다고 말한다. 그는 "그리스도의 진리가 내 속에 있으니 아가야 지방에서 나의 이 자랑이 막히지 아니하리라"고 말한다. 바울은 "그리스도의 진리가 내 속에 있다"고 말했는데(롬 9:1) "그리스도의 진리"(ἀλήθεια Χριστου)란 말의 뜻이 무엇인가에 대해서는 세 가지 견해가 있다. 1) '그리스도라는 진리'(요 14:4)로 해석할 수가 있다는 견해. 이때에는 "그리스도의"(Χριστου)라는 헬라어를 동격적 속격으로 본 것이다. 2) '그리스도께서 말씀하신 진리'란 뜻으로 "그리스도의"(Χριστου)라는 헬라어를 주격적 속격으로 본 것이다. 그리스도께서는 바울에게 많이 말씀하셨는데 그리스도께서 말씀하신 것이 바울의 속에 있으니 그는 확실하게 "아가야 지방에서 나의 이 자랑이 막히지 아니하리라"고 말한다는 것이다. 3) "그리스도의 진리가 내 속에 있다"는 말씀은 맹세를 할 때 사용하는 말로(롬 9:1, Calvin, Beza) '그리스도께서 바울 속에 넣어주신 진실이 내 속에 있다'는 뜻으로 보는 견해(Hodge, 이상근). 세 견해 모두 문법적으로는 가능한 견해이긴 하나 셋째 번 견해가 문맥에 가장 합당한 듯하다. 바울은 그리스도께서 주신 진실이 바울 속에 있으니 거짓을 말할 수 없고 참을 말할 수밖에 없다는 것이다(고전 9:15). 바울이 아가야 지방에서 사례금을 받지 않고 복음을 전한다는 자랑이 절대로 막히지 아니하리라는 것이다.

고후 11:11. 어떠한 까닭이냐 내가 너희를 사랑하지 아니함이냐 하나님이 아시느니라.

바울은 자기가 사례금을 받지 않고 끝까지 자급자족하겠다는 것은 "어떠한 까닭이냐"고 말한다. 바울은 "내가 너희를 사랑하지 않기" 때문이냐고 묻는다(6:11; 7:3; 12:15). 거짓 스승들은 바울이 고린도 교인들을 사랑하지 않기 때문에 사례금을 거부하는 것이라고 말했을 것이다. 그러나 바울은 자신이 고린도 교인들을 사랑하는 것은 "하나님이 알고 계신다"고 확신 있게 말한다. 그리스도의 진실이 자기 속에 있으니 아주 확실하게 하나님께서 다 알고 계신다고 말한다. 과연 하나님은 모든 것을 알고 계신다. 우리는 아무 것도 숨길 수가 없다.

7. 거짓 사도를 공격하다 11:12-15

바울은 앞부분(7-11절)에서 자신이 고린도 교회에서 생활비를 받지 않고 복음 증거한 것을 두고 거짓 스승들은 그것은 바울에게 어떤 약점이 있어 그랬다고 말한데 대해 바울은 이 부분(12-15절)에서 거짓 스승들을 신랄하게 공격한다.

고후 11:12. 나는 내가 해 온 그대로 앞으로도 하리니 기회를 찾는 자들이 그 자랑하는 일로 우리와 같이 인정받으려는 그 기회를 끊으려 함이라(And what I do I will continue to do, in order to undermine the claim of those who would like to claim that in their boasted mission they work on the same terms as we do-RSV).

바울은 본 절에서 두 가지를 말하고 있다. 하나는 "나는 내가 해 온 그대로 앞으로도 할 것이라"고 말한다. 다시 말해 '바울은 자신이 해 온 그대로 생활비를 받지 않고 복음을 전하겠다'고 말한다.

그리고 또 하나는 바울이 생활비를 받지 않고 시종일관 전도해서 "기회를 찾는 자들이 그 자랑하는 일로 우리와 같이 인정받으려는 그 기회를 끊으려 한다"고 말한다(고전 9:12). 즉 자급전도를 계속해서 '기회를 찾는 거짓 스승들(거짓 스승들은 바울이 사례금을 받고 전도하는 기회를 찾고 있었다)이 그 자랑하는 일(그들은 돈을 받고 전도하는 것을 자랑으로 알고 있었다)로 바울과 같이 인정받으려는(바울도 사례금을 받으니 자기들과 다름이 없다고 자랑하려는)그 기회가 끊어지게 하려고 한다'고 한다(Alford, Plummer, Hodge, 박윤선, 이상근). 다시 말해 바울이 거짓 스승들을 넘어뜨려 그들이 자급전도를 하고 복음 전하는 방법도 바울과 같아지게 하겠다는 내용이다. 바울은 그들의 기회와 그들의 자랑을 없애기로 작정했다. 거짓 스승들이 찾는 기회와 자랑은 바울 앞에서는 간곳없이 사라질 것이었다. 그들은 바울이 고린도 교회에서 사례금을 받아 돈을 벌려고 한다고 했다. 바울은 그렇지 않다는 것을 보여주기 위해서 사례금을 결코 받지 않고 복음을 전했다. 교회에서도 거짓된 무리들의 잔꾀는 참 성도 앞에서 무너져야 한다. 우리는 사탄의 간계를 무너뜨려야 한다.

고후 11:13. 그런 사람들은 거짓 사도요 속이는 일꾼이니 자기를 그리스도의 사도로 가장하는 자들이니라.

바울은 거짓 스승들은 "거짓 사도요 속이는 일꾼이니 자기를 그리스도의 사도로 가장하는 자들이라"고 말한다. 거짓 스승들은 바울을 고린도 교회에서 몰아내고 자신들이 일하려고 했다. 그 사람들은 예수님께서 보낸 참 사도가 아닌 고로 "거짓 사도였다"(요 8:44; 행 15:24; 롬 16:18; 갈 1:7; 6:12; 빌 1:15; 벧후 2:1; 요일 4:1; 계 2:2). '가짜 사도였다.' 그리고 그들은 주님을 속이고 주님을 믿는 사람들을 기만하고 자기들을 섬겼던 "속이는 일꾼들"이었다(2:17; 빌 3:2; 딛 1:10-11). 그리고 그들은 자기들을 "그리스도의 사도로 가장하는 자들이었다"(마 7:15). 겉모양은 그리스도의 일꾼들처럼 부지런하고 또 진지하게 보였지만 내심 자기들을 위하여 일하는 자들이었다. 박윤선박사는 본 절을 주해하면서 "우리는 외모만 보아 가지고는 누가 참된 자인지 알기 어려우니 현세에서는 그 열매를 보아야 한다. 혹은 현세에선 사람들의 정체를 알기 어려운 경우도 있으나 심판 때에는 모든 사람들의 결국이 확실히 드러난다"고 한다.111)

고후 11:14. 이것은 이상한 일이 아니니라 사탄도 자기를 광명의 천사로 가장하나니.

바울은 "이것" 즉 거짓 스승들이 '자기를 그리스도의 사도로 가장하는 일'(앞 절)은 "이상한 일이 아니니라 사탄도 자기를 광명의 천사로 가장한다"

---

111) 박윤선, *고린도전후서*, 성경주석, p. 433.

고 말한다(갈 1:8). 즉 '사탄도 그러니 사탄의 졸개인 거짓 사도도 역시 그러하다'는 뜻이다. 사탄은 자기를 광명의 천사로 가장한다(창 3:1; 욥 1:6; 왕상 22:19-23). 핫지(Hodge)는 "사탄은 우리에게 사탄으로 오지 않는다. 죄를 죄로 우리에게 제시하지도 않고 오히려 도덕으로 가장한다. 또 거짓 스승들은 자기 자신들을 진리의 특별한 변호자로 나타내 보인다"고 말한다.

고후 11:15. 그러므로 사탄의 일꾼들도 자기를 의의 일꾼으로 가장하는 것이 또한 대단한 일이 아니니라 그들의 마지막은 그 행위대로 되리라.

바울은 "그러므로" 즉 '사탄도 자기를 광명의 천사로 가장하므로'(앞절) "사탄의 일꾼들도 자기를 의의 일꾼으로 가장하는 것이 또한 대단한 일이 아니라"고 말한다(3:9). '사탄의 일꾼들(고린도 교회의 거짓 사도들)도 사탄의 권세를 따라 자기를 의의 일꾼으로 가장하는 것이 놀랄 것은 없다'는 것이다. 저들은 항상 그렇게 한다는 뜻이다. 여기 "의의 일꾼"(διάκονοι δικαιοσύνης-the ministers of righteousness)이란 '복음의 일꾼,' '의를 표방하는 일꾼'이란 뜻으로 고린도 교회의 거짓 스승들은 자기들을 "의의 일꾼"으로 가장하였으니 '자기의 의를 드러내는 일꾼'이란 뜻이다. 그들은 그리스도의 의(義)에는 관심이 없었고 오로지 자기들이 의로운 줄 알고 자기 의를 선전하는 사람들이었다. 우리는 주위에 있는 광명의 천사들을 아주 조심해야 한다. 그러나 그들이 얼마 안 있어 사탄의 사자로 보이는 날이 곧 닥치니 우리에게는 다행한 일이다.

바울은 "그들의 마지막은 그 행위대로 되리라"고 말한다(빌 3:19). 그들의 운명은 그들이 행한 대로 심판을 받는다는 말이다(잠 24:12; 마 16:27; 롬 2:6; 갈 5:10; 딤후 4:14; 벧전 1:17). 사탄의 사자들의 마지막 종점은 그 행위대로 된다는 것에 대해 우리는 전혀 반발 없이 그대로 될 줄 알아야 한다. 심은 대로 거둔다는 것이 진리가 아닌가. 만약 우리가 심판을 받기를 원하지 않는다면 죄를 온전히 자복해야 할 것이다.

8. 바울이 바보처럼 자랑하다 11:16-21a

바울은 앞(12-15절)에서 거짓 스승들을 공격한 다음 이 부분(16-21a)에서는 어리석은 자처럼 자랑하겠다고 양해를 구한다. 바울이 이렇게 육신을 자랑하는 이유는 거짓 스승들을 견제하기 위함이었다.

고후 11:16. 내가 다시 말하노니 누구든지 나를 어리석은 자로 여기지 말라 만일 그러하더라도 내가 조금 자랑할 수 있도록 어리석은 자로 받으라.

바울은 앞에서 자랑하겠다고 말했는데(1절) 여기 또 "다시 말한다"고 한다. 즉 다시 한 번 자랑하겠다는 것이다. 바울은 자기가 자랑할 때 "누구든지 나를 어리석은 자로 여기지 말라"고 부탁한다(1절; 12:6, 11). 이유는 고린도 교회의 거짓 스승들을 대척하기 위해서는 부득불 바울의 육신을 자랑할 수밖에 없다는 것이다. 그러나 바울은 "만일 그러하더라도 내가 조금 자랑할 수 있도록 어리석은 자로 받으라"고 말한다. 즉 '만일 바울을 어리석은 자로 여길지라도 바울이 조금 자랑할 수 있도록 어리석은 자로 용납해 달라'고 말한다. 바울의 부탁은 고린도 교인들이 바울을 어리석은 자로 여겨도 좋으나 바울의 자랑만큼은 받아달라는 것이다.

고후 11:17. 내가 말하는 것은 주를 따라 하는 말이 아니요 오직 어리석은 자와 같이 기탄없이 자랑하노라.

바울은 "내가 말하는 것은 주를 따라 하는 말이 아니라"고 말한다(고전 7:6, 12). 바울이 말하는 것은 주님의 명령(지시)에 따라 하는 말이 아니라고 고백한다. 그는 "오직 어리석은 자와 같이 기탄없이 자랑한다"(as a fool, in this boastful confidence-RSV)고 말한다(6:4). 바울은 어리석은 자처럼 담대하게 자랑한다고 말한다. 바울이 이렇게 자랑하는 것은 자기를 위한 것이 아니고 고린도 교인들을 위한 것인만큼 용납될 수 있었다.

그는 거짓 교사들을 대척하기 위해서 부득불 자랑하겠다는 것이고 또 고린도 교회와 사도가 서로 가까워지기 위해서 자랑하겠다는 것이니 죄로 볼 수는 없었다.

고후 11:18. 여러 사람이 육신을 따라 자랑하니 나도 자랑하겠노라.

바울은 여러 사람들이 육적인 자랑을 하니 바울도 육적인 자랑을 하겠다고 말한다(빌 3:3-4). "여러 사람"이란 말은 문맥에 따라 여러 거짓 스승들을 지칭한다. 여러 거짓 스승들은 육신을 따라 자랑했다. 즉 민족 자랑, 문벌 자랑, 지위 자랑, 수고한 것 자랑을 했다(22-23절 참조). 바울은 21절 하반절부터 28절까지 자기의 자랑을 길게 말한다. 거짓 교사들을 대척하기 위해서 자랑을 하는 것이니 용납해야 할 것이다.

고후 11:19. 너희는 지혜로운 자로서 어리석은 자들을 기쁘게 용납하는구나.

바울이 육적인 자랑을 하는(앞 절) 이유는 고린도 교인들이 "지혜로운 자로서 어리석은 자들을 기쁘게 용납했기" 때문이었다(고전 4:10). 고린도 교인들은 성령으로 거듭나서 예수님을 믿는 지혜로운 자들인데 (8:7; 고전 1:5; 10:15) 어리석은 거짓 교사들(예수님도 믿지 않는 율법주의자들)을 기쁘게 용납하고 있으니 바울이 육적인 자랑을 하지 않을 수 없었다.

고후 11:20. 누가 너희를 종으로 삼거나 잡아먹거나 빼앗거나 스스로 높이거나 뺨을 칠지라도 너희가 용납하는도다.

바울은 고린도 교회에 침투한 거짓 교사들이 고린도 교인들을 지나치게 대해도 용납하는 것을 보고 가만히 있을 수 없다고 한다(갈 2:4; 4:9). 본절의 다섯 가지 횡포는 바울로서는 더 이상 참을 수 없는 것들이었다. 거짓스승들은 고린도 교인들을 "종으로 삼았다." 바울은 교회의 종이 되려했으나 (4:5) 거짓 스승들은 교회를 종으로 삼으려 했다(갈 2:4주해 참조). 오늘 우리는 교회의 종이 되어야 한다.

그리고 거짓 스승들은 고린도 교인들을 "잡아먹으려 했다." 율법주의자들은 교인들을 종으로 삼을 뿐 아니라 재산을 빼앗으려 했다(막 12:40; 눅 20:47 주해 참조). 그런 반면 바울은 사례금을 받지 않고 복음을 전했다. 거짓 스승들은 스스로를 "높였다." 자기들이 사도인양 교인들 위에 올라 좌지우지(左之右之) 했다. 그러나 바울은 그들을 겸손하게 대했다(10:1). 그리고 거짓 스승들은 고린도 교인들의 "뺨을 쳤다." 거짓 스승들은 고린도 교인들을 아주 폭력적으로 대했다(왕상 22:24; 사 50:6; 막 14:65; 눅 22:64; 행 23:2 참조). 바울은 거짓 사도들의 막된 태도를 보고 참을 수 없어 고린도 교인들을 위해서 그런 대우를 받지 않도록 하기 위해 그들에게 자랑했다.

고후 11:21a. 나는 우리가 약한 것 같이 내가 욕되게 말하노라.

바울은 어디서 침투한 거짓 스승들이 고린도 교인들을 마구 대하는 것을 보고 대척(對蹠)하기 위해서 "나는 우리가 약한 것 같이 내가 욕되게 말한다"(To my shame, I must say, we were too weak for that!-RSV)고 한다(10:10). 이 문장은 난해한 문장으로 해석하기 어려우나 개혁표준성경번역(RSV)을 채택하는 것이 가장 나을 것으로 보인다(R. V. G. Tasker). 즉 '부끄럽게도 우리가 너무 약하므로 그것을 할 수 없다고 말해야 하리라!'는 뜻으로 보아야 할 것 같다. 바울은 부끄러운 말이지만 대적들로부터 바울 자신이 약하다는 말을 들은 것처럼(10:1) 그는 자신이 약하다는 것을 고백하지 않을 수 없다고 말한다. 그는 자신의 약함을 고백하면서 다음과 같이 거짓 스승들에 대해서 공격을 멈추지 않는다.

9. 여러 고난을 자랑하다 11:21b-33

바울은 앞(16-21a)에서 어리석게도 자랑을 하겠다고 양해를 구한 다음 이제 이 부분(21b-33절)에서는 고린도 교인들을 위하여 부득이 자신의 여러 고난에 대해 자랑한다. 거짓 스승들은 바울의 이 자랑을 듣고 더 이상 바울을 향하여 비방할 생각을 못했을 것이다.

고후 11:21b. 그러나 누가 무슨 일에 담대하면 어리석은 말이나마 나도 담대하리라.

바울은 자신이 약하므로 거짓 스승들이 한 것처럼 할 수는 없어도(본 절 상반 절) "그러나 누가 무슨 일에 담대하면 어리석은 말이나마 나도 담대하리라"고 말한다(빌 3:4). 즉 '거짓 스승들이 담대하게 말하면 어리석은 말이지만 바울도 담대하게 말하겠다'는 것이다. 거짓 스승들은 고린도 교인들을 향하여 참으로 무례하게 대했다(20절). 그래서 바울도 담대하게 자랑하겠다고 말한다. 바울은 이제부터 담대하게 자랑을 하겠다고 선언한다. 바울의 자랑은 고린도 교인들을 위한 자랑이었다.

고후 11:22. 그들이 히브리인이냐 나도 그러하며 그들이 이스라엘인이냐 나도 그러하며 그들이 아브라함의 후손이냐 나도 그러하며.

바울은 거짓 스승들을 "히브리인"[112]으로, "이스라엘인"으로, "아브라함의 후손"으로 인정한다. 그러면서 바울은 자기도 히브리인이고(행 22:3; 롬 11:1; 빌 3:5)[113] 이스라엘인이며(빌 3:5) 아브라함의 후손(롬 11:1)이라고 말한다. "히브리인"이란 말은 민족을 자랑하는 말이고(행 6:1; 21:40; 22:2), "이스라엘인"이란 말은 이스라엘이 선민이라는 것을 부각시킬 때 사용하는 말이며(요 1:49; 행 2:22; 롬 9:4; 11:1; 갈 6:16), "아브라함의 자손"이란

---

112) "히브리인": 대개의 경우 이스라엘과 동일시되어, '히브리인'(Hebrew)과 '이스라엘인'(Israelite)의 명칭은 혼동 사용되고 있다. 성경에서는 아브라함이 처음으로 히브리 사람으로 불리고 있는데(창 14:13), 그 어의는 '강 저편에서 온 자'로 전해지고 있다. 이스라엘이 주로 종교적, 사회적 개념인 경우가 많은데 비하여, 히브리는 주로 민족적, 인종적 개념이다. 신약성경에서는 '히브리인'은 혈통상 순수한 히브리인에 대하여 쓰고 있어(고후 11:22), 바울은 그것을 자랑하고 있다(빌 3:5).

113) 바울은 자기가 히브리인 중의 히브리인이라고 했다(빌 3:5). 그는 대단한 자부심을 가지고 있었다.

말은 이스라엘 사람들이 자신들을 언약의 자손이라는 뜻에서 사용한 말이다 (창 12:3; 17:5-8; 22:17-18).

바울은 본 절에서 거짓 스승들이 가지고 있었던 자부심보다도 더 큰 자부심을 가지게 되었다. 바울은 예수님과 연합되었기 때문에 예수님 안에서 아브라함의 후손이 되었는데 거짓 스승들은 육신적으로는 아브라함의 후손 이었으나 영적으로는 구원을 받지 못한 사람들이었다. 다시 말해 아브라함의 후손이 되지 못했다. 바울은 예수님을 믿기 때문에 참 이스라엘이 되었으나 거짓 스승들은 참 이스라엘인이 되지 못하고 다만 육적인 이스라엘 사람들일 뿐이었다. 바울이야 말로 참 히브리인이었고 참 이스라엘인이었으며 참 아브라함의 후손이었다. 그들은 육신적으로만 히브리인이었고 이스라엘 사 람들이었으며 아브라함의 후손일 뿐이었다. 오늘도 우리가 예수님을 믿기 때문에 참 이스라엘인이고 참 아브라함의 후손이다.

고후 11:23. 그들이 그리스도의 일꾼이냐 정신없는 말을 하거니와 나는 더욱 그러하도다 내가 수고를 넘치도록 하고 옥에 갇히기도 더 많이 하고 매도 수없이 맞고 여러 번 죽을 뻔하였으니.

바울은 앞(22절)에서 거짓 스승들이 히브리인이라 하고 이스라엘인이라 하며 아브라함의 후손이라고 주장할 때 "나도 그러하며"라고 말해 그들을 어느 정도 인정해주었으나 본 절에 와서 거짓 스승들이 "그리스도의 일꾼" 이라고 주장한 것에 대해서는 강하게 부정한다. 즉 "정신없는 말을 하거니와 나는 더욱 그러하다"고 쏘아붙인다. 거짓 스승들은 절대로 그리스도의 일꾼 이 아니라는 것이다. 바울은 그들의 주장이 정신없는 말, 정신없는 주장이라 고 일축해버린다. 여기 "정신없는"(παραφρονῶν)이란 말은 '얼빠진,' '미친' 이란 뜻으로 16절과 19절에서 말한 "어리석은"(ἀφρόνων)이란 말보다 더 강한 의미를 내포하고 있다. 그러면서 바울은 "나는 더욱 그러하도다"라고 주장한다.

바울은 자기가 그리스도의 일꾼이라는 것을 말하기 위해 "내가 수고를 넘치도록 하고 옥에 갇히기도 더 많이 하고 매도 수없이 맞고 여러 번 죽을 뻔했다"고 말한다. "내가 수고를 넘치도록 했다"(고전 15:10)는 말은 많은 수고를 했다는 뜻으로 바로 다음에 기록하는 모든 수고를 했다는 뜻이다. 그는 복음을 전파하기 위해 수없는 수고를 했다. 복음 전도자는 많은 수고를 해야 한다. 이 부분의 목록은 다른 목록(6:4-10)보다 더 많은 수고를 포함하고 있다. 바울은 "옥에 갇히기도 더 많이 했다"고 말한다. 로마의 클레멘트는 AD 96년 그의 서신에서 바울이 옥에 갇힌 회수가 7번이라고 집계했는데(R. V. G. Tasker) 바울은 자신이 옥에 갇혔던 것을 성경에 다 기록하지는 않은 것 같다(행 16:23). "매도 수없이 맞았다"고 증언한다 (6:4-5; 행 9:16; 20:23; 21:11). 24-25절에 기록하고 있는데 이것도 그가 매 맞은 것을 다 기록한 것은 아닐 것으로 보인다. "여러 번 죽을 뻔하였다"고 증언한다(1:9-10; 4:11; 6:9; 고전 15:30-32). 본 목록에 그가 죽을 뻔한 경험을 다 기록하지는 않은 것 같다(1:9-10; 4:11; 고전 15:32). 바울은 날마다 죽는 경험을 했다(고전 15:31).

고후 11:24-25. 유대인들에게 사십에서 하나 감한 매를 다섯 번 맞았으며 세 번 태장으로 맞고 한 번 돌로 맞고 세 번 파선하고 일주야를 깊은 바다에서 지냈으며.

바울은 앞 (23절)에서 "매도 수없이 맞았다"고 말한 것에 대해 이 부분(24-25절)에서 구체적으로 언급하고 있다. 그는 "유대인들에게 사십에서 하나 감한 매를 다섯 번 맞았다"고 말한다(민 25:3). 바울은 다른 민족도 아닌 "유대인들에" 매를 맞았다. 그가 예수님을 전파한다고 해서 매를 맞은 것이다. 그가 맞은 매의 수자는 "사십에서 하나 감한 매를 다섯 번"이라고 한다. 40에서 하나 감한 39대의 매를 다섯 번 맞았으니 39 곱하기 5하면 195대의 매가 된다. 40에 하나 감한 39대의 매를 친 이유는 구약의 법 때문이었다. 신명기 25:3은 "사십까지는 때리려니와 그것을 넘기지는 못할지니 만일 그것을 넘겨 매를 지나치게 때리면 네가 네 형제를 경히 여기는 것이 될까 하노라"고 말한다. 그는 예수님을 전파했다는 이유로 엄청나게 많이 맞았다. 바울이 195대의 매를 맞은 것이 사도행전에는 기록되어 있지 않다. 그러니까 바울이 당한 고난의 일부만 사도행전에 기록된 셈이다.

그리고 바울은 "세 번 태장으로 맞았다"고 한다(행 16:22). 여기 "태장"이란 '몽둥이,' '작대기,' '회초리'를 뜻하는데 로마인들이 사용하던 볼기 치는 형구(形具)였다. 로마인은 매로 사람을 칠 때 어떤 때는 그 매 끝에 납을 달아 쳤기에 매 맞는 사람이 이 형벌을 받는 중에 죽는 수가 있었다 한다. 로마시민에게는 이 태장을 때리지 않았는데 바울은 로마의 시민권을 가지고 있었으나 군중의 선동으로 마구 친 모양이다. 바울이 몽둥이로 맞은 것에 대해서는 사도행전 16:22, 37에 기록되었다.

그리고 바울은 "한 번 돌로 맞았다"고 한다(행 14:19). 돌로 맞은 것에 대해서는 사도행전 14:19에 기록하고 있다. 루스드라에서 바울의 동료들은 바울이 돌로 맞아 죽은 줄로 알았었다. 그 외에 바울은 이고니온에서는 급히 피했으므로 돌로 맞지 않게 되었다(행 14:5-6). 그리고 "세 번 파선하고 일주야를 깊은 바다에서 지냈다"고 말한다. 바울이 세 번 파선한 일이라든지 (행 27:41) 혹은 일주야를 깊은 바다에서 지낸 일에 대해서 누가는 사도행전에 기록하지 않았다. 아마도 지중해 연안에서 파선하는 일을 만났을 것이고 일주야를 깊은 바다에서 표류하기도 했을 것이다.

고후 11:26. 여러 번 여행하면서 강의 위험과 강도의 위험과 동족의 위험과 이방인의 위험과 시내의 위험과 광야의 위험과 바다의 위험과 거짓 형제 중의 위험을 당하고.

바울은 그리스도를 전파하기 위해 "여러 번 여행했다"고 말한다. 참 값진 여행이었다. 그는 선교여행을 다니는 중에 지중해에서 위험을 많이 당했다. 바울은 8가지 종류의 위험을 당했다고 증언한다. 마지막에 기록한 두 가지 위험(바다의 위험과 거짓 형제 중의 위험)을 제외하고는 모두 둘씩 짝이 되어 있다.

바울은 "강들의 위험"을 만났다. 강을 건널 때 죽을 뻔한 위험을 당한 것을 지칭한다. 더욱이 강을 건널 때 홍수를 만나면 틀림없이 위험을 당했고 다리가 매우 작았기에 건너기가 매우 힘이 들었다. 바울은 "강도의 위험"을 만났는데 그는 선교 여행을 하면서 산적(山賊)들의 위험을 당했다. 그런데 사도행전에는 기록되지 않았다. 이런 위험은 오늘도 많이 있다.

바울은 "동족의 위험"을 만났다(행 9:23; 13:50; 14:5; 17:5; 20:3; 21:31; 23:10-11; 25:3). 유대인으로부터 협박과 살해의 위험을 만났다(행 9:23, 29; 13:50; 14:5, 19; 20:3; 살전 2:15-16). 또 "이방인의 위험"을 만났다(행 14:5; 16:19-34; 17:5; 19:23-34). 이방인으로부터 당한 위험은 주로 유대인의 선동에 의한 것이었다.

바울은 "시내의 위험"을 만났다. 바울은 여러 도시(다메섹 성, 빌립보 성, 데살로니가 시, 베뢰아 시, 에베소 시) 등에서 고난을 당했다(32-33절; 행 16:12-24; 19:22-41; 20:23). 바울은 또 "광야의 위험"을 만났다. 광야에서 여러 가지로 위험을 만난 것을 기록한 것인데 그는 광야에서 폭풍을 만났고 맹수들을 만났을 것이다. 사도행전에 특별히 기록한 것은 없다.

바울은 "바다의 위험"을 당했다. 바로 앞 절에 기록되어 있다. 바울은 또 "거짓 형제 중의 위험"을 당했다. 거짓 스승들 다시 말해 율법주의자들로 부터 위험을 당한 것을 지칭한다. 이런 위험은 성경에 많이 기록되어 있다. 그리고 바울이 이곳에 기록하지 않은 많은 위험도 당했을 것은 사실이다. 우리는 지금 어떤 위험을 무릅쓰고 전도하고 선교하고 있는가.

고후 11:27. 또 수고하며 애쓰고 여러 번 자지 못하고 주리며 목마르고 여러 번 굶고 춥고 헐벗었노라.

본 절은 바울 사도가 당한 생활상의 8가지 고통을 기록한 것이다. 바울은 "수고하며 애썼다"(toil and hardship). 바울은 생계를 꾸려나가면서 복음을 전하느라 무척 수고하며 애썼다(살전 2:9; 살후 3:8). 그리고 바울은 "여러 번 자지 못했다"(6:5; 행 20:9-11, 31). 바울은 설교하느라 자지 못했고, 혹은 교회를 위한 염려 때문에 자지 못했다(다음 절). 또 바울은 "주렸다"(고전 4:11). 선교여행에서 쫓겨 다녔기 때문에 주렸을 것이다. 그리고 그는 "목말랐다." 역시 선교여행 때문에 경험한 것이다. 그리고 바울은 여러 번 "굶었다." 교회를 위하여 자발적으로 금식하며 기도했을 것이다(행 13:3 참조). 바울은 또 "춥고 헐벗었다." 선교여행을 다니면서 바울은 거주지를 얻지 못해 추웠고 의복이 없어 헐벗었다. 우리가 다 생각할 수 없는 고난을 당했을 것이다.

고후 11:28. 이 외의 일은 고사하고 아직도 날마다 내 속에 눌리는 일이 있으니 곧 모든 교회를 위하여 염려하는 것이라.

바울은 "이 외의 일은 고사한다"(And, apart from other things-RSV)고 말한다. 즉 위에 기록한 고난들 이외에도 또 많은 고난이 있으나 다 말하지 않고 고만두고 "아직도 날마다 내 속에 눌리는 일이 있다"고 말한다. 바울의 마음을 누르는 일이 무엇인지 그것은 "모든 교회를 위하여 염려하는 것이라"고 한다(롬 1:14). 여기 "모든 교회"가 바울이 세운 모든 교회를 지칭하는지 혹은 바울이 세운 교회 이외에 다른 모든 교회들까지를 포함하는 말인지 두 의견이 있을 수 있으나 말 그대로 바울이 세운 교회를 포함하여 다른 모든 교회들까지를 염려하고 있었다고 보아야 한다. 예루살렘교회는 바울이 세운 교회가 아니었는데 그는 예루살렘 교회를 염려하고 있었다. 바울은 각 교회에서 일어나는 모든 문제들 때문에 걱정하고 염려하며 기도했다. 그가 염려한 것에 대해서는 29절에 기록되어 있다.

고후 11:29. 누가 약하면 내가 약하지 아니하며 누가 실족하게 되면 내가 애타지 아니하더냐.

모든 교회들의 신자 중에 누가 약하면 바울도 약함을 느꼈고 또 누가 실족하면 바울도 실족한 느낌을 가지고 그들의 죄를 해결하려고 기도했다

(고전 8:13; 9:22). 그는 모든 교인들과 한 몸인 것을 알고 그들의 고통은 바로 바울의 고통이었고 그들의 문제는 바울의 문제로 알고 염려하고 기도했다. 참 목자의 모습을 엿볼 수 있다.

고후 11:30. 내가 부득불 자랑할진대 내가 약한 것을 자랑하리라(If I must boast, I will boast of the things that show my weakness-RSV).

바울은 지금까지 자랑해온 여러 가지 고난 말고도 또 부득불 자랑할 것이 있다고 말한다. 바울은 자기의 "약한 것을 자랑하겠다"고 말한다(12:5, 9-10). 거짓 스승들은 자기들이 히브리인이라는 것, 이스라엘인이라는 것, 아브라함의 후손이라는 것을 자랑했는데(22절) 바울은 그리스도를 전파하기 위해서 수많은 고난을 당한 것을 자랑했고 또 그것만이 자랑이 아니라 바울은 자신의 약점을 자랑하겠다고 말한다.

고후 11:31. 주 예수의 아버지 영원히 찬송할 하나님이 내가 거짓말 아니하는 것을 아시느니라.

바울은 자기의 약함을 자랑하려고 하면서 바로 하나님이 자기가 거짓말아니하는 줄을 아신다고 말한다. 바울은 하나님을 "주 예수의 아버지 영원히 찬송할 하나님"이라고 말한다(1:23; 롬 1:9; 9:1; 갈 1:2; 살전 2:5). 이 칭호가 1) 바울이 지금까지 말해온 고난에 대하여 자랑한 것이 확실하다는 것을 말하기 위해 사용된 칭호인지(Hodge, R. V. G. Tasker), 아니면 2) 이제부터 말할 다메섹의 경험이 참 진실이라는 것을 말하기 위해 사용된 것인지(Calvin, Meyer, Bernard, Farrar, 이상근) 견해 차이가 있다. 후자의 견해가 성경의 관용법에 맞고 또 문맥에도 맞는 것으로 보인다. 성경의 관용법은 이런 장엄한 칭호는 뒤에 나오는 문장과 관련이 있는 것으로 보인다(출 3:14; 롬 9:1; 고후 1:23 참조). 그리고 문맥으로 보면 바울은 일단 30절에 자신의 약점에 대해 말하겠다고 언급한 다음 이런 칭호를 사용한 것을 보면 앞으로 말해야 할 것(다메섹의 경험)이 거짓말이 아니라

는 것을 확언하기 위해서 그런 장엄한 칭호를 사용했을 것이다. "주 예수의
아버지 영원히 찬송할 하나님"(롬 9:5)이란 칭호는 1:3과 엡 1:3의 주해를
참조하라.

**고후 11:32-33. 다메섹에서 아레다 왕의 고관이 나를 잡으려고 다메섹 성을
지켰으나 나는 광주리를 타고 들창문으로 성벽을 내려가 그 손에서 벗어났
노라.**

바울은 그의 역사적인 약점을 서슴없이 여기 내 비친다. 그는 "다메섹에
서 아레다 왕의 고관이 나를 잡으려고 다메섹 성을 지켰으나 나는 광주리를
타고 들창문으로 성벽을 내려가 그 손에서 벗어났다"고 말한다(행 9:24-25).
여기 "다메섹"은 바울 사도가 기독교인들을 박해하기 위해 찾아갔던 도시였
는데 그가 그 성에 도착하기 전 주님을 만나 회개하고 동행들에게 이끌려
다메섹으로 가서 그리스도를 전했다(행 9:1-22).

바울은 자기가 다메섹에서 그리스도를 전파하고 있을 때 "아레다 왕의
고관이 나를 잡으려고 다메섹 성을 지켰다"고 말한다. "아레다"는 애굽에서
'바로'라는 칭호가 사용되듯이 아라비아 왕들에게 붙여진 칭호이다. 아레다
왕은 홍해에서 유브라데에 이르는 나바티아(Nabataea) 지역을 BC 9년부터
AD 40년까지 통치했던 아레다 4세를 지칭한다. 다메섹에 있는 아레다 왕의
방백의 위치가 어떠했는지는 불확실하다. 바울이 본 절에 기록한 사실과
행 9:24-25에서 언급한 사실과 합하여 다메섹에 있었던 유대인들이 바울을
그 도시 밖으로 쫓아내기 위하여 지방 관리들과 협력했을 것으로 보인다(R.
V. G. Tasker). 사도행전 9:24은 "그들이 그를 죽이려고 밤낮으로 성문까지
지켰다"고 증언한다.

이렇게 사람들이 다메섹 성문을 지키고 있을 때 바울은 "광주리를 타고
들창문으로 성벽을 내려가 그 손에서 벗어났다"(행 9:25 참조). 바울은 광주
리114)를 타고 들창문을 통하여(수 2:15; 삼상 19:12 참조) 성벽을 내려가
아레다 왕의 고관의 손으로부터 벗어나게 되었다. 바울은 이 사건을 시작으

로 무수한 고난을 받았다. 이 사건이야 말로 바울에게 있어서는 인간적으로 하나의 약점임이 틀림없다. 하나님은 바울의 이 약점을 통하여 바울에게 또 은혜를 주셨음이 확실하다.

---

114) "광주리": 버들가지, 갈대, 종려나무 잎 등으로 만든 둥근 그릇.
　여러 가지 모양의 것이 있고, 용도도 넓었다. 어떤 종류는 손잡이가 달린 것, 뚜껑이 있는 것도 있었다. 속을 깊게 하여 만든 그릇을 바구니라 한다면, 광주리는 속이 얕고 둥근 좀 더 둘레가 넓은 그릇이라고 할 수 있다.

제 12 장
바울은 계시도 받고 가시도 받다

B. 바울이 본 환상과 고린도 교인들을 향한 경고들   12:1-13:10

바울은 이 부분(12:1-13:10)에서 자신이 계시를 받은 것을 말하고 (12:1-4), 동시에 육체의 가시도 받은 것을 말하며(12:5-10), 또 자신이 참 사도인 것을 말하고(12:11-13), 세 번째 방문을 계획하면서 경고하며 권면하고(12:14-21), 마지막으로 고린도 교인들에게 경고한다(13:1-10).

1. 바울이 계시를 받다   12:1-4

바울이 앞부분(11:16-33)에서는 그의 수난 목록에서 자신의 약점을 말했으나 이 부분(12:1-4)에서는 환상과 계시 받은 것을 자랑한다. 바울이 이렇게 계시 받은 것을 자랑하는 이유는 그것 때문에 큰 가시를 받은 것을 말하기 위함이고 동시에 그리스도를 위하여 받은 다른 여러 약점들을 자랑하기 위함이다.

고후 12:1. 무익하나마 내가 부득불 자랑하노니 주의 환상과 계시를 말하리라(Καυχᾶσθαι δεῖ, οὐ συμφέρον μέν, ἐλεύσομαι δὲ εἰς ὀπτασίας καὶ ἀποκαλύψεις κυρίου**).**

바울은 "무익하나마 내가 부득불 자랑한다"고 말한다. "무익하다"(οὐ συμφέρον)는 말은 현재분사로 '유익이 없다'는 뜻이다. 자랑은 자기에게 유익이 없다는 뜻이다. 그럼에도 불구하고 "내가 부득불 자랑한다"(καυχᾶσθαι δεῖ)고 말한다. "부득불"(δεῖ-must)이란 말은 '어쩔 수 없이,' '하는 수없이'란 뜻으로 바울은 자랑할 수밖에 없는 환경에 이르렀다는 것이다. 그것은 거짓 스승들 때문이었다. 그가 자랑하므로 거짓 스승들과는 엄청난 차이가 있음을 드러냈다.

바울이 부득불(I MUST boast-RSV) 자랑하는 이유는 무엇인가. 첫째는 바울이 거짓 스승들과는 비교할 수 없이 놀라운 환상과 계시를 경험하였다는 것을 말하기 위해. 둘째, 고린도 교인들로 하여금 거짓 스승들로부터 멀어지고 바울의 권면을 받게 하기 위해. 셋째, 바울의 약함을 자랑하기 위해. 즉 바울이 계시를 받은 결과 가시를 받았다는 것(7절)과 또 여러 다른 약한 것들을 자랑하기(9절) 위해 부득불 말을 꺼내 자랑했다. 바울의 가시와 여러 약한 것들은 그리스도의 능력으로 하여금 바울 안에 거하게 했다.

바울은 부득불 "주의 환상과 계시"를 자랑했다. 여기 "주의"(κυρίου)란 소유격은 주격적 속격으로 '하늘에 계신 예수님께서' 주신 환상과 계시를 주신 것을 뜻한다. 또 "환상"과 "계시"는 똑같은 내용의 양면을 말한다. 즉 셋째 하늘에 이끌려 간 사건은 "환상"이기도 했고 "계시"이기도 했다. "환상"이란 '비몽사몽 중에 보이는 모양'을 뜻하고 "계시"는 더 넓은 뜻으로 사용되는 것으로 '하나님께서 드러내 주시는 것'을 지칭한다. 환상은 하나님께서 계시하시는 한 방법이다. 바울은 여러 환상을 받아서 하나님의 뜻을 분별했다(행 9:3; 16:9; 18:9; 22:17-18; 갈 1:16). 눅 1:22; 24:23; 행 26:19 참조.

고후 12:2. 내가 그리스도 안에 있는 한 사람을 아노니 그는 십사 년 전에 셋째 하늘에 이끌려 간 자라 (그가 몸 안에 있었는지 몸 밖에 있었는지 나는 모르거니와 하나님은 아시느니라).

바울은 "내가 그리스도 안에 있는 한 사람을 안다"고 말한다. "그리스도 안에 있는 한 사람을 안다"(I know a man in Christ-RSV)는 말은 '참으로 그리스도와 연합되어 있는 한 사람을 기억하고 있다'는 표현으로 바울은 자신을 제 3인칭으로 객관화해서 묘사하고 있다(5:17; 롬 16:7; 갈 1:22).

주관적으로 보았다는 말보다는 객관적으로 알고 있다는 표현은 사실을 드러
내는 표현이다. 바울의 이 표현은 바울이 친히 원하여 이루어진 체험이
아니라 주님에 의해 이루어진 체험이라는 것을 보여준다.

바울은 "그는 십사 년 전에 셋째 하늘에 이끌려 간 자라"고 묘사한다(행
14:6; 22:17). 바울이 고린도후서를 기록하던 당시로부터 14년 전에 셋째
하늘에 이끌려 갔었다고 말한다. 바울이 고린도후서를 기록한 연대는 대략
A.D. 55년 봄철로 보면(총론 참조) 14년 전은 AD 41년인데 그 때 바울은
자기의 고향 다소에 은거해 있을 때였다(Alford, 이상근, 행 9:30과 11:25
참조).115) 바울이 다메섹 도상에서 그리스도를 만난 것은 고린도후서를 기록
하기 20년 전 일이다(Hodge). 그런고로 천당에 이끌려갔던 14년 전의 사건과
혼동하지 말아야 한다. 바울은 그의 고향 다소에서 전도하며 또 그가 받은
계시를 정리하고 있는 동안 엄청난 체험을 한 것이다.

그러면 본문의 "셋째 하늘"이 어디냐를 두고 이런 저런 말을 하나 최고의
하늘, 하나님이 계시는 천당으로 보아야 한다(4절; 엡 4:10; 히 7:26; 계
4:1-2). 그리고 본문의 "이끌려갔다"는 표현은 '성령에 의하여 이끌려갔다'
는 뜻이다(왕상 18:12; 왕하 2:16; 겔 3:14; 8:3; 행 8:39).

바울은 자신이 셋째 하늘에 이끌려갔을 때 "그가 몸 안에 있었는지
몸 밖에 있었는지 나는 모르거니와 하나님은 아신다"고 말한다. 즉 '그의
영혼이 몸을 입고 갔었는지 혹은 몸을 빠져나와 영혼만 갔었는지 자신은
모른다고 말하고 그러나 하나님은 자신이 어떤 형편으로 셋째 하늘에 갔었는
지 아신다'고 말한다. 우리는 천당에 가는 문제를 두고 우리가 다 알 수
있는 것은 아니고 하나님께서 아는 것으로 만족해야 한다.

고후 12:3. 내가 이런 사람을 아노니 (그가 몸 안에 있었는지 몸 밖에 있었는

---

115) 바울이 셋째 하늘에 이끌려 간 체험은 바울이 선교사역을 시작하기 1년 전 혹은 2년
전에 하나님께서 그에게 용기를 주시기 위해서 주신 경험이다(R. V. G. Tasker). *고린도후서*,
p. 208.

지 나는 모르거니와 하나님은 아시느니라).

바울은 다시 한 번 앞 절(2절)을 반복한다. 다른 점은 앞 절의 "몸밖에"(ἐκτὸς τοῦ σώματο)란 표현이 본 절에서는 "몸 밖에"(χωρὶς τοῦ σώμα-τος)란 표현(헬라어의 차이)으로 바뀐 것뿐이다. 한글 표현은 똑같으나 헬라어 표현이 달라진 것뿐인데 그렇다고 하여 의미까지 달라진 것은 아니다. 그런고로 똑같은 사건을 두 번 말한 것뿐이다. 너무 장엄한 체험을 하였기에 (Hodge) 바울은 두 번 반복하여 기술했다.

고후 12:4. 그가 낙원으로 이끌려 가서 말로 표현할 수 없는 말을 들었으니 사람이 가히 이르지 못할 말이로다.

바울은 자신이 "낙원으로 이끌려가서 말로 표현할 수 없는 말을 들었다"고 말한다. 그가 낙원(눅 23:43; 계 2:7, 천당)에 이끌려가서 말로 표현할 수 없는 말을 들었으니 "사람이 가히 이르지 못할 말이라"고 한다. 사람이 가히 말하지 못할 말이기에 그는 하나님께서 자신에게 무슨 말씀을 하셨는지 더 이상 말하지 않았다. 우리가 그 말을 몰라도 되기에 하나님은 바울로 하여금 더 이상 말하지 못하게 하셨다. 우리는 천당에 대해서 많이 알지 않아도 된다. 천당의 주인이신 예수님만 알면 되는 것이고 또 예수님만 바라보고 신앙생활을 하면 되는 것이니 알려고 할 필요가 없다. 바울이 갔다가 온 것으로 충분하다.

2. 계시를 받은 후 육체에 가시도 받다   12:5-10

바울은 삼층천(三層天)에 가서 사람이 가히 이르지 못할 말을 듣고(1-4절) 나서 가시를 받았다. 하나님은 바울이 받은 계시가 너무 크므로 자만하지 않도록 하기 위해 가시를 주셨다(5-7절). 바울은 하나님께서 주신 가시가 괴로워 하나님께 그것을 제거해 주시기를 세 번 간구했으나(8절) 하나님께서 제거해주시지 않으셨다(9절). 그런고로 바울은 자신이 받은 가시만 아니라 그리스도를 전파하는 중에 생겨난 다른 여러 약점들도 자랑한다고 말한다

(10절). 그가 자랑하는 이유는 그 약점들 때문에 그리스도의 능력이 그에게 머물기 때문이었다.

고후 12:5. 내가 이런 사람을 위하여 자랑하겠으나 나를 위하여는 약한 것들 외에 자랑하지 아니하리라.

바울은 "이런 사람" 즉 '천당에 다녀온 영적 자아'를 자랑하겠다고 말한다. 그가 영적 자아를 자랑하는 이유는 그런 체험을 주신 주님을 자랑하겠다는 말이고 또 교회를 위하여 자랑하겠다는 말이다. 바울이 그런 자랑을 할 때 고린도 교인들은 천당이 있음을 더욱 확신하고 또 고린도 교회 안에 있는 거짓 스승들로부터 멀어지고 바울의 권면을 들을 것이기 때문이었다.

그러나 바울은 "나" 즉 '육적 자아'를 위해서는 약한 것들 외에 자랑하지 않겠다고 말한다(11:30). 혹시 바울의 육신이 천당에 다녀왔다고 해도 여전히 육적 자아를 위해서는 약한 것들이나 드러내겠다고 한다. 우리가 자신의 약점을 자랑하는 일은 아주 지혜로운 일이다. 이유는 그런 자랑을 통하여 영적인 능력이 머물기 때문이다.

고후 12:6. 내가 만일 자랑하고자 하여도 어리석은 자가 되지 아니할 것은 내가 참말을 함이라 그러나 누가 나를 보는 바와 내게 듣는 바에 지나치게 생각할까 두려워하여 그만두노라.

바울은 영적 자아의 신비체험을 주신 주님을 자랑스럽게 생각하고 또 남들에게 자랑하여도 "어리석은 자가 되지 아니할 것이라"고 말한다(10:8; 11:6). 이유는 바울이 "참말을 하기" 때문이라고 한다. 그러나 바울은 "누가 나를 보는 바와 내게 듣는 바에 지나치게 생각할까 두려워하여 그만 둔다"고 말한다. 바울이 영적 자랑을 해도 어떤 사람들이 바울을 볼 때 바울을 너무 높일 수가 있고 또 바울에 대해서 누가 들을 때에 바울을 지나치게 생각할까 두려워하여 그만 두겠다고 말한다. 바울은 자신이 사람들로부터 우상처럼 보일까 보아 심히 두려워해서 영적 자아를 자랑하는 것까지도 아예 그만둔다고 말한다.

고후 12:7. 여러 계시를 받은 것이 지극히 크므로 너무 자만하지 않게 하시려고 내 육체에 가시 곧 사탄의 사자를 주셨으니 이는 나를 쳐서 너무 자만하지 않게 하려 하심이라.

바울은 본 절에서 여러 계시를 받은 후 하나님으로부터 자만하지 않도록 가시를 받았다고 말한다. 바울은 "여러 계시를 받은 것이 지극히 크므로 너무 자만하지 않게 하시려고 내 육체에 가시 곧 사탄의 사자를 주셨다"고 말한다. "여러 계시"란 천당에 가서 받은 계시들을 지칭한다. 바울이 천당에서 본 계시들이 너무 크므로 바울의 마음이 높아지지 않도록 하나님께서 바울의 육체에 "가시 곧 사탄의 사자를 주셨다"고 말한다(갈 4:13-14). "가시"가 무엇이냐를 두고 수많은 학설이 쏟아졌다. 그러나 그 수많은 학설들 중에 영적인 가시 곧 마귀가 준 망령된 생각이라든지 혹은 음욕이라든지 하는 주장은 설득력이 약하다고 보아야 할 것이다. 이유는 그런 것들은 하나님께서 바울의 육체(신체)에 주신 것이 아니기 때문이다. 그런고로 바울의 육체에 주신 것이 무엇일까를 고려해 볼 때 결국 두통이나 안질 등의 학설들이 설득력이 있을 것이다. 이 육체의 병중에 안질일 것이라는 학설이 가장 설득력이 있다고 보아야 한다. 이유는 갈라디아서 4:14이나 혹은 4:15, 혹은 6:11은 바울의 눈이 나빴을 것이라는 것을 추측할 수가 있기 때문이다. 특별히 갈 4:15은 "너희의 복이 지금 어디 있느냐 내가 너희에게 증언하노니 너희가 할 수만 있었더라면 너희의 눈이라도 빼어 나에게 주었으리라"고 증언하는데 이 증언은 바울의 육체에 있었던 병이 안질이라고 할 수가 있을 것이다. 가시가 안질이라는 학설이 가장 설득력 있는 학설이지만 또 다른 한편 바울을 계속해서 찔렀던 유대인들의 박해를 바울의 육체에 있었던 가시라고 할 수 있을 것이다. 이 가시는 그를 평생 따라다니면서 그를 교만하지 못하게 만들었다.

그렇다면 바울의 육체에 생겨진 가시(thorn)를 왜 "사탄의 사자"(욥 2:7;

눅 13:16; 계 12:7-9)로 말했는가. 그 이유는 가시를 사탄이 보냈다는 뜻으로 가시를 사탄의 사자("a messenger of Satan"-RSV)로 불렀다(눅 13:16 참조). 궁극적으로 하나님께서 보내셨지만 사탄이 중간에서 역할을 했다는 뜻으로 사탄의 사자로 불렀다.

바울은 하나님께서 사탄의 사자를 주신 목적을 말하고 있다. 즉 "이는 나를 쳐서 너무 자만하지 않게 하려 하심이라"(to harass me, to keep me from being too elated-RSV)고 말한다. 하나님은 바울이 겸손한 것을 원하셔서 바울을 귀찮게 하여 자만하지 않게 하시기 위해 가시를 주셨다는 것이다. 하나님은 우리가 높아지는 것을 원하지 않으신다. 높아지실 분은 오직 하나님 한분이시다. 하나님은 사람이 높아지고 영광 받는 것을 절대로 원하지 않음을 우리는 알아야 한다.

고후 12:8-9. 이것이 내게서 떠나가게 하기 위하여 내가 세 번 주께 간구하였더니 나에게 이르시기를 내 은혜가 네게 족하도다 이는 내 능력이 약한 데서 온전하여짐이라 하신지라 그러므로 도리어 크게 기뻐함으로 나의 여러 약한 것들에 대하여 자랑하리니 이는 그리스도의 능력이 내게 머물게 하려 함이라.

바울은 자기의 육체에 내려진 가시를 제거하기 위해 세 번 주님께 간구했다. 이는 마치 예수님께서 십자가 고난을 그냥 지나가시기 위해 세 번 하나님께 간구하신 것과 같다(마 26:44). 바울이 세 번 예수님께 간구한 것은 충분히 간구한 것을 의미한다.

바울이 예수님께 기도한 결과 예수님께서 바울에게 "이르시기를 내 은혜가 네게 족하도다 이는 내 능력이 약한 데서 온전하여짐이라"고 말씀하신다. '예수님은 이르시기를 예수님의 은혜가 충분히 바울에게 머물러 있다. 이는 예수님의 능력이 사람의 약함 중에 온전해진다'고 말씀하시기 때문이다. 본문의 "이르시기를"(εἴρηκέν)이란 말은 완료시제로 주님께서 바울에게 과거 14년 전에 이르셨는데 바울이 고린도 교인들에게 이 말을 하는 때까지도 그 영향이 남아 있는 "이르심"(said)이었다. 바울에게 예수님께서 이르신 것은 오늘날까지도 여전히 효과가 있어 '예수님의 은혜는 약함을 느끼는 자들에게 머물러 있다'고 계속해서 이르신다.

하나님께서 바울에게 그렇게 응답하신 것을 보고 바울은 "그러므로 도리어 크게 기뻐함으로 나의 여러 약한 것들에 대하여 자랑할 것이라"고 말한다 (11:30). 즉 '그러므로 도리어 바울 자신의 가시에 대해 크게 기뻐함으로 바울 자신의 여러 약한 것들에 대하여 자랑하고 기뻐하겠다'(10절 참조)고 말한다. 자랑할 만한 이유는 "그리스도의 능력이 내게 머물게 하려 하기" 때문이다. 약한 것들에 대해서 원망하거나 불평하지 않고 오히려 기뻐하고 남들에게 드러낼 이유는 그리스도의 능력이 바울에게 계속해서 머물게 하려 한다는 것이다. 오늘 이 땅에서 주님의 일을 하는 사역자들이 약함들 때문에 울지 말고 오히려 기뻐해야 할 것이다. 이유는 그것 때문에 사람이 약해져서 그리스도의 충만한 능력을 받을 수 있기 때문이다(벧전 4:14). 그러나 주의 종들이 약함이 있어도 약함으로 느끼지 않고 마음을 높이면 이중으로 손해를 보게 된다. 약함이 있어 손해이고 또 마음을 높이니 은혜가 없어 손해이다.

고후 12:10. 그러므로 내가 그리스도를 위하여 약한 것들과 능욕과 궁핍과 박해와 곤고를 기뻐하노니 이는 내가 약한 그 때에 강함이라.

바울은 약함을 느낄 때 그리스도의 능력이 바울에게 머물게 되므로(앞절) "내가 그리스도를 위하여 약한 것들과 능욕과 궁핍과 박해와 곤고를 기뻐하겠다"고 말한다(7:4; 롬 5:3). '바울은 그리스도를 전파하기 위하여 약해지고 능욕을 받으며 궁핍을 당하고 박해를 당하며 곤고를 겪는 것을 기뻐한다'고 말한다. 이 다섯 가지 약함들은 11:16-33에서 말한 것들인데 제일 앞에 나온 "약한 것들"이란 말은 뒤에 나오는 네 가지들을 종합한 것으로 보인다. 바울은 그가 그리스도를 전파할 때 약함을 느끼고 능욕을 경험하며 궁핍한 환경을 당하고 박해를 받고 곤고를 당할 때 주님의 은혜가 바울에게 임하게 되니 그런 약함을 겪는 일을 기뻐하고 자랑한다는 것이다.

바울이 그런 환경을 만나서 기뻐하고 자랑하는 이유는 "내가 약한 그 때에 강하기" 때문이라고 말한다(13:4). 약함을 느낄 때 강하기 때문에 바울은 어려운 환경을 기뻐하고 감사했다. 오늘 우리 역시 우리가 약한 때에 더욱 주님을 의지하기 때문에 큰 은혜를 체험하게 되니 어찌 기뻐하지 않으랴. 사실 약함을 느낄 때만이 주님을 의지하고 기도할 수 있는 것이다. 우리가 강할 때, 다시 말해 우리의 인간적인 배짱과 인간적인 술수가 강할 때는 도무지 기도도 되지 않고 은혜도 임하지 않는다. 우리는 그리스도를 위해서 많은 고난을 당해서 약함을 느껴야 한다. 그럴 때 놀라운 은혜를 체험하고 우리가 맡은 일도 잘 감당할 수 있는 것이다.

3. 바울이 참 사도인 표들(signs) 12:11-13

바울이 고린도 교회에 침투한 거짓 스승들과는 달리 하나님으로부터 계시를 받고 또 가시를 받은 것을 말한(1-10절) 다음 이제 이 부분(11-13절)에서는 자신이 참 사도라고 자랑한다. 바울은 10장 초두부터 줄곧 거짓 스승들과는 달리 자신이 참 사도라는 것을 말해 오다가 이제는 결론을 내린다. 즉 자신에게는 참 사도라는 표들이 있다고 말한다. 바울은 이런 결론을 낸 후에 14절부터 13:10까지 고린도 교회 방문 계획을 발표한다.

고후 12:11. 내가 어리석은 자가 되었으나 너희가 억지로 시킨 것이니 나는 너희에게 칭찬을 받아야 마땅하도다 내가 아무 것도 아니나 지극히 크다는 사도들보다 조금도 부족하지 아니하니라.

바울은 10장 초두부터 줄곧 자신을 자랑해 왔는데 자신이 그렇게 자신을 자랑해온 것은 고린도 교회 때문이었다고 말한다. 사실은 자기가 자신을 자랑할 것이 아니라 고린도 교회가 바울을 칭찬했어야 마땅하다고 주장한다.

바울은 "내가 어리석은 자가 되었다"고 말한다(11:1, 16-17). 바울이 "어리석은 자가 되었다"는 말은 그 동안 줄곧 자랑했다는 뜻이다(11:1,

16). 그리고 바울은 자신이 그렇게 자랑한 것은 "너희가 억지로 시킨 것이라"고 말한다. 즉 '고린도 교회가 거짓 스승들 쪽으로 기울어져 그 사람들의 말을 들으니 바울이 부득이 자신을 자랑했다'는 것이다. 바울은 "나는 너희에게 칭찬을 받아야 마땅하다"고 말한다. 바울은 고린도 교인들에게 '나는 너희에게 환영을 받고 칭찬을 받아야 마땅하다'고 말한다. 바울이 환영받는 것은 바울이 전한 복음이 환영받는 것을 뜻한다. 교역자가 환영받지 못하는 것은 그가 전하는 복음이 그 교회로부터 환영받지 못한다는 것을 뜻한다.

바울이 칭찬을 받고 환영을 받아야 할 이유는 두 가지라고 한다. 첫째(둘째는 13절에 나온다), 바울은 "내가 아무 것도 아니나 지극히 크다는 사도들보다 조금도 부족하지 아니하기" 때문이라고 한다(11:5; 고전 3:7; 15:8-9; 갈 2:6-8; 엡 3:8). '자신이 그리스도 앞에서는 아무 것도 아니지만 지극히 크다고 소리치는 사도들 즉 거짓 스승들보다는 조금도 부족하지 않기' 때문이라는 것이다. 본문의 "지극히 크다는 사도들"이 누구냐를 두고 혹자는 예루살렘의 원 사도들이라고 주장하나 바울이 그렇게 말했을 리 없고 또 문맥에도 맞지 않는다. 다음 절(12절)에 보면 참 사도의 표들(signs)이 나오는데 그런 표들은 바울 자신에게만 있었던 표들이 아니라 예루살렘의 원 사도들에게도 있었다. 이런 표들은 거짓 사도들에게는 없는 표들이었다.

고후 12:12. 사도의 표가 된 것은 내가 너희 가운데서 모든 참음과 표적과 기사와 능력을 행한 것이라(τὰ μὲν σημεῖα τοῦ ἀποστόλου κατειργάσθη ἐν ὑμῖν ἐν πάσῃ ὑπομονῇ, σημείοις τε καὶ τέρασιν καὶ δυνάμεσιν).

바울은 자신이 참 사도라는 표시들(signs)을 "내가 너희 가운데서" 사역할 때 보여주었다고 말한다(4:2; 6:4; 11:6; 롬 15:18-19; 고전 9:2). 바울은 고린도 교회에서 사역할 때 "모든 참음과 표적과 기사와 능력을 행했다"고 말한다. 여기 "모든 참음"이란 박해자들이 바울을 괴롭힐 때 참은 것을 뜻하는데 참지 못하는 사람은 사도가 아니었다. 그리고 바울은 표적과 기사와 능력을 행했는데 그것이 바로 바울이 사도라는 것을 보여주는 표지들이었다. 이 세 가지는 함께 나타나는 수가 많았는데(요 4:48; 행 2:19; 5:12; 14:3; 15:12; 살후 2:9; 히 2:4) 세 가지는 다 같은 것을 지칭한다. 한 가지 기적을 두고 그 기적이 하나님이 계심을 보여준다고 할 때는 표적이란 말을 쓰고 그 기적이 참 놀라운 것이라는 것을 부각시킬 때는 기사라는 단어를 쓰고 그 기적이 하나님의 능력에 의해서 되었다고 할 때 능력이라고 표현한다.

고후 12:13. 내 자신이 너희에게 폐를 끼치지 아니한 일밖에 다른 교회보다 부족하게 한 것이 무엇이 있느냐 너희는 나의 이 공평하지 못한 것을 용서하라.

바울이 칭찬을 받고 환영을 받아야 할 이유 둘째(첫째는 11절에 나온다)는 바울이 고린도 교회에 폐를 끼치지 아니한 것이라고 한다. 바울은 "내 자신이 너희에게 폐를 끼치지 아니한 일밖에 다른 교회보다 부족하게 한 것이 무엇이 있느냐"고 비아냥한다(11:9; 고전 1:7; 9:12). 바울은 자신이 고린도 교회에 폐를 끼치지 아니했다고 말한다. 후원금을 받지 않고 일했다는 뜻이다. 바울이 고린도 교회에서는 그 교회의 사정을 고려하여 후원금을 받지 않았고 다른 교회로부터는 후원금을 받았으니 고린도 교회에 폐를 끼치지 아니한 일밖에 다른 교회에게보다 부족하게 행한 것이 무엇이 있느냐고 비아냥한 것이다. 혹자는 이것이 비아냥한 것이 아니라고 주장하나 11:7-11의 증언을 보면 분명히 본문의 말씀은 비아냥한 것으로 보아야 한다.

그리고 바울은 "너희는 나의 이 공평하지 못한 것을 용서하라"고 말한다(11:7). 바울은 자기가 다른 교회에서는 후원금을 받고 고린도 교회에서는 후원금을 받지 아니한 것을 두고 자신이 불공평하게 행했다고 말하고 또 그 사건을 두고 바울이 고린도 교회에 용서를 구한 것을 보면 바울이 거짓 스승들보다 못하다고 말할 수는 없다는 것을 암시하고 있다. 바울은 훌륭한 사도였다. 교회의 형편을 고려하여 후원금도 받지 않고 복음을 전했으니 말이다. 바울은 고린도 교인들을 사랑하는 마음이 아주 가득하여 저들을 깨우치기 위해서 이렇게 자신이 불공평하게 행했다고 말하고 또 용서해달라고 말하고 있다. 결코 불공평하게 행한 것도 아니고 용서를 구할 것도 아니었다. 오히려 고린도 교인들이 바울을 향하여 감사하고 또 용서를 구했어야 할 일이었다. 고린도 교인들은 바울의 이런 말을 듣고 참으로 회개했어야 했다.

4. 바울이 세 번째 방문을 계획하면서 경고한 말 12:14-18

바울은 10장 초두부터 자랑을 계속해 오다가 바로 앞부분(11-13절)에서는 자신이 참 사도라고 말한 다음 이제 이 부분(14-18절)에서는 세 번째 방문을 계획하면서 자신이 고린도 교회에서 사례금을 받지 않고 일한 것에 대해 변명한다.

고후 12:14. 보라 내가 이제 세 번째 너희에게 가기를 준비하였으나 너희에게 폐를 끼치지 아니하리라 내가 구하는 것은 너희 재물이 아니요 오직 너희니라 어린 아이가 부모를 위하여 재물을 저축하는 것이 아니요 이에 부모가 어린 아이를 위하여 하느니라.

바울은 일단 "보라 내가 이제 세 번째 너희에게 가기를 준비하였으나 너희에게 폐를 끼치지 아니하리라"고 말한다(13:1). 바울은 자신이 하는 말이 아주 중대한 것임을 말하기 위해 "보라!"(ἰδού)라는 감탄사를 사용한다. 이제 하는 말이 아주 중요한 말이니 주목하라는 뜻이다. 바울은 이제 고린도 교회에 세 번째 방문116)을 하려고 하는데 고린도 교회에 어떤 폐도 끼치지 않겠다고 선언한다. 후원금을 받지 않겠다는 것이다.

그러면서 바울은 "내가 구하는 것은 너희 재물이 아니요 오직 너희라"고

---

116) 바울이 고린도 교회를 첫 번째 방문한 것은 고린도 교회를 창립할 때였고(행 18:1-17), 두 번째 방문은 바울이 에베소에 있을 때 중간 방문한 때였다(제 3차 전도 여행 때).

말한다(행 20:33; 고전 10:33). '바울이 구하는 것은 교인들의 재물이 아니고 오직 교인들 자체라'고 말한다. 다시 말해 후원금을 요구하는 것이 아니라 교인들이 바울에게로 온전히 돌아오는 것, 복음으로 돌아오는 것이라고 한다. 그래서 그들이 구원을 받는 것이라고 한다. 전도자들이 목표해야 할 만고의 진리이다. 바울은 어린 아이와 부모의 실례를 들어 설명한다. 즉 "어린 아이가 부모를 위하여 재물을 저축하는 것이 아니요 이에 부모가 어린 아이를 위하여 하느니라"고 말한다(고전 4:14-15). '부모가 어린 아이를 위하여 재물을 준비하는 것이라'고 말한다. 바울은 고린도 교인들에게 복음을 전하여 거듭나게 해서 고린도 교인들은 바울의 영적인 아들들이 되었다는 것을 암시한다. 바울은 그 아들들을 생각할 때 뜨거운 사랑을 느끼고 있었다.

고후 12:15. 내가 너희 영혼을 위하여 크게 기뻐하므로 재물을 사용하고 또 내 자신까지도 내어 주리니 너희를 더욱 사랑할수록 나는 사랑을 덜 받겠느냐(I will most gladly spend and be spent for your souls. If I love you the more, am I to be loved the less?-RSV).

바울은 앞(14절)에서 고린도 교회로부터 후원금을 구하지 않는다고 했는데 본 절에서는 "내가 너희 영혼을 위하여 크게 기뻐하므로 재물을 사용하고 또 내 자신까지도 내어 줄 것이라"고 말한다(1:6; 요 10:11; 빌 2:17; 골 1:24; 살전 2:8; 딤후 2:10). 즉 두 가지를 고린도 교회를 위하여 주겠다는 것이다. 하나는 자기의 재물을 사용하겠다는 것이고 또 하나는 바울 자신까지 희생하겠다고 말한다(몸이 쇠약해지고 혹은 일찍 죽는 일도 각오한 말일 것이다). 고린도 교인들의 영혼을 위하는 일이라면 재물이나 바울 자신이나 똑같이 허비할 만하다고 말한다. 그러면서 바울은 "너희를 더욱 사랑할수록 나는 사랑을 덜 받겠느냐"고 질문한다(6:12-13). 고린도 교회 교인들의 영혼을 위하여 재물을 사용하고 또 바울의 생명까지 주는 큰 사랑을 베풀수록 바울은 하나님으로부터 그리고 고린도 교인들로부터 사랑을 덜 받겠느냐고

묻는다. 바울의 이 말은 하나님으로부터 틀림없이 더 사랑을 받을 것이라는
확신이 포함되어 있는 것으로 보아야 한다. 반드시 그렇게 되는 법이니
말이다. 바울은 하나님으로부터 그리고 고린도 교인들로부터 결국은 더
인정을 받고 더 사랑을 받을 확신이 있었다.

**고후 12:16. 하여간 어떤 이의 말이 내가 너희에게 짐을 지우지는 아니하였을
지라도 교활한 자가 되어 너희를 속임수로 취하였다 하니.**

바울은 본 절부터 18절까지 어떤 거짓 스승의 말을 부인하고 수정한다.
본 절은 어떤 거짓 스승의 말을 전한다. 즉 "내가 너희에게 짐을 지우지는
아니하였을지라도 교활한 자가 되어 너희를 속임수로 취하였다"는 말을
인용한다(11:9). 거짓 스승은 전면에 나서서 말은 못하고 뒤편에서 말하기를
바울이 고린도 교회에 직접적인 짐을 지우지는 않았다고 해도 바울은 원래
교활한 사람이니까 얼마든지 고린도 교회의 재물을 속임수로 취할 수 있는
사람이므로 예루살렘 교회를 위한 연보를 걷어서 디도나 혹은 동행자의
손을 빌려 얼마를 떼어먹었을 것이라고 하는 말을 했다는 것이다. 바울은
악의적인 말을 한 사람의 이름은 거명하지 않고 그 사람의 회개를 촉구하고
있다. 사람의 마음이 검으면 다른 사람도 다 검은 사람으로 매도하는 법이다.
바울 당시에도 무서운 사람이 있었고 오늘도 무서운 사람들이 있는 것을
알고 우리는 조심해야 한다.

**고후 12:17-18. 내가 너희에게 보낸 자 중에 누구로 너희의 이득을 취하더냐
내가 디도를 권하고 함께 한 형제를 보내었으니 디도가 너희의 이득을 취하
더냐 우리가 동일한 성령으로 행하지 아니하더냐 동일한 보조로 하지 아니하
더냐.**

바울은 이 부분(17-18절)에서 "그 어떤 이"(앞 절)의 말을 반박한다.
바울은 "내가 너희에게 보낸 자 중에 누구로 너희의 이득을 취하더냐"고
질문한다(7:2). '바울이 보낸 연보 취급자들 중에서 누구로 하여금 고린도

교인들의 재물을 취하더냐'고 질문한다. 바울은 "내가 디도를 권하고 함께 한 형제를 보내었으니 디도가 너희의 이득을 취하더냐"고 묻는다(8:6, 16, 22). 바울이 두 사람을 보냈는데 그 중에 디도가 고린도 교회의 이득을 취했느냐(7:6) 아니면 디도와 함께 다른 형제를 보냈는데(8:16-18, 22) 그가 고린도 교회의 연보를 취했느냐고 질문한다.

바울은 "우리가 동일한 성령으로 행하지 아니하더냐 동일한 보조로 하지 아니하더냐"고 묻는다. 바울은 자신이나 디도나 또 다른 한 형제가 연보 취급, 물질 취급에 있어서도 성령의 인도를 따라 행한 것으로 말한다. 바울이 언제나 성령의 인도를 따라 행한 것처럼 디도나 다른 한 형제도 똑같이 성령의 인도를 따라 행한 것으로 말한다(앞으로 이들이 고린도에 도착하면 그럴 것이라는 뜻이다). 성령의 인도를 따라 동일한 보조로 행했다는 것을 강조한다(앞으로 고린도에 도착해서 동일한 보조로 할 것을 알고 말한 것이다). 교역자나 성도의 행동원리는 성령의 인도를 따라야 한다는 것을 보여준다. 성령이 없는 거짓 스승들은 성령의 인도를 따라 움직였던 사람들에게 엉뚱한 말을 했던 것이다.

5. 바울이 세 번째 방문을 의도하면서 권면하다   12:19-21

바울은 세 번째 고린도 교회를 방문하면서 무엇보다 먼저 죄를 지은 사람들이 회개하기를 권면한다. 지난번 방문 때에는 더러움과 음란함과 호색한 사람 때문에 괴로웠는데 바울은 이번 방문을 앞두고 그런 사람들이 회개하기를 기대한다고 말한다.

고후 12:19. 너희는 이때까지 우리가 자기 변명을 하는 줄로 생각하는구나 우리는 그리스도 안에서 하나님 앞에 말하노라 사랑하는 자들아 이 모든 것은 너희의 덕을 세우기 위함이니라.

바울은 앞에서 지금까지 자신이 참 사도라고 말했고 또 후원금을 받지 않고 복음을 전했다고 말하면서 겉으로 보기에는 변명 일변도로 보였다.

그래서 바울은 자기가 그렇게 보였을 것이라고 말한다. 즉 "너희는 이때까지 우리가 자기 변명을 하는 줄로 생각하는구나"라고 말한다(5:12). 그러나 사실은 바울은 "우리는 그리스도 안에서 하나님 앞에 말한다"고 말한다 (11:31; 롬 9:1). 사도는 자기가 '그리스도와 연합한 사람으로서 하나님께 말해왔다'고 말한다. 다시 말해 그리스도와 연합한 진실한 사도로서 하나님 앞에 말하는 심정으로 고린도 교회에 말해왔다는 것이다. 그는 겉으로는 고린도 교인들에게 말하는 것으로 보였지만 그리스도와 연합한 사도로서 하나님 앞에 보고(報告)하는 형식으로 말했다고 한다.

바울은 "사랑하는 자들아"라는 애칭을 사용하여 그의 진심을 털어놓는다. 그는 "이 모든 것은 너희의 덕을 세우기 위함이라"고 말한다(고전 10:33). 즉 '이 모든 것 즉 바울이 지금까지 겉으로 보기에 변명한 모든 것은 고린도 교회의 유익을 위해서 말한 것이라'고 한다. 잘 못하면 고린도 교회가 거짓 스승들의 꼬임에 넘어가 큰 일 날 것 같아 바울이 자기를 변명했는데 그것은 다 고린도 교회를 세우기 위해서 한 것이라는 것이다. 오늘 교역자가 자기를 변명할 수도 있는데 그럴 때에 교역자는 반드시 교회를 세우기 위해 해야 한다. 그렇지 않으면 하나님께서 인정하지 않으실 것이다. 교회의 유익을 위한 변명이 아니면 차라리 하지 않는 것이 낫다.

고후 12:20. 내가 갈 때에 너희를 내가 원하는 것과 같이 보지 못하고 또 내가 너희에게 너희가 원하지 않는 것과 같이 보일까 두려워하며 또 다툼과 시기와 분냄과 당 짓는 것과 비방과 수군거림과 거만함과 혼란이 있을까 두려워하고.

바울은 고린도 교회를 방문할 때 두 가지를 두려워하고 있다. 하나는 "너희를 내가 원하는 것과 같이 보지 못하는 것"이라고 한다(10:2; 13:2, 10; 고전 4:21). 즉 '너희를 볼 때 너희가 회개한 것을 보기 원하는데 만일 본 절과 다음 절에서 말하는 죄들을 아직 회개하지 않은 너희들을 보는 것을 두려워한다'고 말한다. 바울이 고린도에 도착했을 때 고린도 교인들이 아직도 옛날과 같이 그런 행동들을 하고 있다면 어떻게 할까하고 바울은 몹시 불안해하고 있다는 것이다.

또 하나는 "내가 너희에게 너희가 원하지 않는 것과 같이 보일까 두려워한다"고 말한다. 바울은 자신이 고린도 교인들을 벌주는 모습을 교인들에게 보여주기를 두려워한다는 것이다(13:1-2). 고린도 교회 교인들은 바울이 교인들을 벌하게 되는 일이 없기를 기대할 터인데 벌하게 되는 일이 있으면 어찌할까 하고 두려워한다는 것이다.

바울은 8가지 죄악들을 열거하면서 고린도 교인들의 이런 죄들은 바울이 원하지 않는 죄들이라고 한다. 즉 "다툼과 시기와 분냄과 당 짓는 것과 비방과 수군거림과 거만함과 혼란이 있을까 두려워한다"고 말한다. 이상의 8가지 죄들은 두 가지씩 짝을 이루고 있는데 바울은 고린도 교회에 아직도 이런 죄들이 있을까 두려워하고 있다. "다툼과 시기." 이 두 죄악은 고린도 교회의 고질적 죄악들이다. 고전 3:3주해를 참조하라. "분냄과 당 짓는 것." "분냄"은 노기가 발작한 것을 말하고, "당 짓는 것"은 파당을 지어 당쟁에 몰두하는 것을 지칭한다. 고린도 교회는 당쟁에 능한 교회였다(고전 1:11-12). "비방과 수군거림." "비방"은 남을 험담하는 것을 뜻하고, "수군거림"은 남이 듣지 않는 곳에서 악평하는 것을 지칭한다. 다시 말해 풍자 형식의 비방을 뜻한다. "거만함과 혼란." "거만함"이란 '오만함'이란 뜻이고, "혼란"은 '무질서한 어지러움'을 뜻한다(6:5; 고전 13:33 참조).

고후 12:21. 또 내가 다시 갈 때에 내 하나님이 나를 너희 앞에서 낮추실까 두려워하고 또 내가 전에 죄를 지은 여러 사람의 그 행한 바 더러움과 음란함과 호색함을 회개하지 아니함 때문에 슬퍼할까 두려워하노라.

바울은 본 절에서 두 가지를 말씀한다. 하나는 "내가 다시 갈 때에 내 하나님이 나를 너희 앞에서 낮추실까 두려워한다"고 말한다(2:1, 4). 바울은 앞으로 다시 고린도 교회에 갈 터인데 그 때 하나님께서 바울 자신을 고린도 교인들 앞에서 낮추실까 두려워한다는 것이다. 바울은 첫 방문(교회 창립 때) 후 중간 방문을 했는데(총론 참조) 그 때 고린도 교회가 무질서하게 서로 나누어 싸우고 있었고 또 음란함을 보였는데 그 죄들을 아직도 회개하지 않았으면 바울이 심히 능욕을 당할까 두려워한다는 것이다. 그들이 아직도 회개하지 않아서 바울이 추한 모습을 보는 것은 하나님께서 바울을 낮추는 것이라고 말한다.

또 하나는 "내가 전에 죄를 지은 여러 사람의 그 행한 바 더러움과 음란함과 호색함을 회개하지 아니함 때문에 슬퍼할까 두려워한다"고 말한다 (13:2; 고전 5:1). 바울은 전에(중간 방문 때) 죄를 지은 여러 사람의 행한바 더러움과 음란함과 호색함을 보았는데 아직도 그런 죄들을 회개하지 않았다면 어찌할까하고 심히 두려워하고 있다. "더러움과 음란함과 호색함"은 모두 성적 죄악들인데 바울은 앞 절(20절)에서도 8가지 죄악을 열거했는데 본 절에서 3가지 성적 죄악들을 열거한 이유는 이 죄악들이 고린도 교회의 특수한 죄악들이기 때문에 따로 기록한 듯하다.

"더러움"은 모든 성적 죄악의 양상을 뜻하고, "음란함"은 율법에 비추어 본 성적 죄악을 뜻하며(제 7계명 어김), "호색함"은 일반 사회인들이 짓는 대로 성적으로 방탕함을 뜻한다. 성도들은 이런 성적 죄악들을 지어서는 안 된다. 이런 죄들은 기독교 신앙이 약해졌을 때 제일 먼저 나타나는 죄악들이다. 오늘 성적 죄악은 하늘을 찌르고 있다. TV 음란물 채널(channel)과 인터넷(internet) 음란 사이트(site)를 통하여 음란물을 한량없이 접속할 수 있다는 것이다. 현대인들은 음란물 속에서 살고 있다고 할 수 있다.

제 13 장
바울은 마지막으로 경고하고 기도하다

6. 바울이 마지막으로 경고하다   13:1-10

바울은 앞(12:19-21)에서 고린도 교인들의 회개를 권고했는데 이제 이 부분(1-13절)에서는 만일 회개하지 않으면 단호하게 징계할 것을 경고한다. 바울은 사도로서 그들이 회개하기를 간절히 바라면서 회개하지 않는 불행이 나타나지 않기를 기대한다.

고후 13:1. 내가 이제 세 번째 너희에게 가리니 두세 증인의 입으로 말마다 확정하리라(Τρίτον τοῦτο ἔρχομαι πρὸς ὑμᾶς· ἐπὶ στόματος δύο μαρτύρων καὶ τριῶν σταθήσεται πᾶν ῥῆμα**).**

바울은 앞으로 세 번째 고린도 교회에 가겠다고 말하고(12:14) 그 때 "두세 증인의 입으로 말마다 확정할 것이라"고 말한다(민 35:30; 신 17:6; 19:15; 마 18:16; 요 8:17; 히 10:28). 여기 "말마다"(πᾶν ῥῆμα-every word, any charge)란 말은 '죄인들에 대해서 증언되는 모든 말들'이란 뜻으로 누가 죄인에 대해서 말하는 말이라도 다 받되 반드시 두 증인의 말이나 세 증인의 말이 맞으면 확정하겠다고 말한다. 바울이 이렇게 두 세 증인의 말로 범죄자의 죄를 확정하리라는 말은 구약의 율법에 근거한 것이다(신 19:15; 마 18:16; 요 8:17; 딤전 5:19). 바울은 두 세 증인의 말이 맞으면 범죄자의 죄를 확정하겠다고 한다. 한 사람의 말을 가지고 죄인으로 규정한다는 것은 아주 위험한 일이었다.

고후 13:2. 내가 이미 말하였거니와 지금 떠나 있으나 두 번째 대면하였을 때와 같이 전에 죄 지은 자들과 그 남은 모든 사람에게 미리 말하노니 내가 다시 가면 용서하지 아니하리라.

바울은 죄를 짓고 회개하지 않는 사람들에 대해서 용서하지 않겠다고 단단히 벼른다. 회개하지 않는 사람들을 용서하지 않겠다는 말은 바울이 "이미 말해 놓았었다"(10:2). 즉 "지금은 떠나 있지만 두 번째 대면했을 때" 이미 그런 말을 해놓았다. 여기 "두 번째 대면했을 때"란 말은 첫 번 방문(고린도 교회 창립당시의 방문을 지칭함) 다음에 이루어졌던 '중간 방문 때'를 지칭한다(총론 참조). 바울은 그 중간 방문 때 전에 죄를 지은 사람들을 처벌하지 않고 그냥 돌아왔는데 그 때 이미 말해놓은 바와 같이 세 번째 방문할 때 "전에 죄 지은 자들과 그 남은 모든 사람"을 용서하지 않겠다고 말한다(12:21). 다시 말해 '바울이 알고 있는바 전에 죄를 지은 자들과 그리고 바울의 책망을 받을 필요가 있는 모든 사람들'을 용서하지 않겠다고 경고한다(1:23). 그의 의중은 아주 단단한 것이었다. 바울은 사도로서 자신이 세운 기독교회의 질서를 세우기를 단단히 벼르고 있다. 그가 용서하지 않고 벌하겠다는 벌이 어떤 형식의 벌인지는 구체적으로 말하기 어렵다(고전 5:5; 딤전 1:20 참조). 오늘도 교회의 정결을 위해 징벌은 시행되어야 한다.

고후 13:3. 이는 그리스도께서 내 안에서 말씀하시는 증거를 너희가 구함이니 그가 너희에 대하여 약하지 않고 도리어 너희 안에서 강하시니라(since you desire proof that Christ is speaking in me. He is not weak in dealing with you, but is powerful in you).

바울은 죄를 짓고 아직까지 회개하지 않는 것은 "그리스도께서 내 안에서 말씀하시는 증거를 구하는" 행위라고 말한다(2:10; 마 10:20; 고전 5:4). 즉 '그리스도께서 바울을 통하여 말씀하시는 증거를 구하는' 행위라는 것이다. 다시 말해 그리스도께서 바울을 통해서 아주 혼내주시기를 바라는 악독

한 행동이라는 뜻이다. 그래서 바울은 "그가 너희에 대하여 약하지 않고 도리어 너희 안에서 강하시다"고 말한다(고전 9:2). '예수님께서 전에 죄를 지은 자들과 혹시 또 바울이 모르는바 죄를 짓고도 아직까지 회개하지 않은 자들에 대하여 약하시지 않고 도리어 그 당사자들에 대해서 강하게 나타나셔서 징계하실 것이라'고 말한다. 예수님은 죄를 회개하지 않는 사람들을 향해서는 아주 강하게 징벌하신다. 그런고로 죄를 짓고도 깊이 자복하지 않는 그리스도인들은 인생만년을 당하여 혹독한 고난을 당한다(딤전 5:24; 벧전 4:17). 예수님은 그들로 하여금 지옥의 형벌을 받지 않게 하기 위해서 이 땅에서 혹독한 성화의 기회를 주신다. 그런고로 우리는 매일 성화를 위해서 깊이 죄를 자복해야 한다(요일 1:8-9).

고후 13:4. 그리스도께서 약하심으로 십자가에 못 박히셨으나 오직 하나님의 능력으로 살아 계시니 우리도 그 안에서 약하나 너희에 대하여 하나님의 능력으로 그와 함께 살리라.

바울은 본 절에서 회개하지 않는 죄인들을 향하여 그리스도께서도 강하시고 바울도 강하다는 것을 주장한다. 바울은 "그리스도께서 약하심으로 십자가에 못 박히셨으나 오직 하나님의 능력으로 살아 계시다"고 말한다. "그리스도께서 약하심으로 십자가에 못 박히셨다"는 말씀은 '그리스도께서 우리를 대신하여 십자가에서 죽으시기 위해 아주 약한 인성을 입으셨기에 사람들이 예수님을 함부로 대하는 기회를 가지게 되어 결국 십자가에서 죽는 수모를 당하셨다'는 뜻이다(빌 2:7, 8; 벧전 3:18). 하나님은 예수님을 십자가에 죽을 수 있는 몸으로 태어나게 하시고 또 아주 사람들이 함부로 예수님을 취급하도록 내버려 두신 때가 있었다. 예수님은 십자가에 달리셔서 "엘리 엘리 라마 사박다니, 나의 하나님 나의 하나님 어찌하여 나를 버리셨나이까"라고 외치기까지 하셨다. 드디어 예수님은 십자가에서 두 손과 두 발에 못을 박히시고 옆구리에 창을 찔리시며 두 발을 꺾이시면서 죽으셨다. 예수님께서 약해지심은 하나님께서 우리의 대속을 위해서 마련하신 것이었다. 그러나 바울은 예수님께서 "오직 하나님의 능력으로 살아 계시다"고 증언한다(롬 6:4, 10). 예수님께서 우리를 대속하신 다음에는 하나님은 그의 능력으로 그의 아들을 다시 살리셔서 하나님 우편에 앉히셨다(빌 2:8-11). 예수님은 지금 하나님 우편에서 우주 만물을 주장하시고 그의 능력의 말씀으로 만물을 붙들고 계신다(히 1:3). 우리는 무한히 능하신 아들을 가지고 있는 사람들이다.

바울은 이제 또 다른 진리를 우리에게 제시한다. 즉 "우리도 그 안에서 약하나 너희에 대하여 하나님의 능력으로 그와 함께 살리라"고 외친다. 다시 말해 '바울도 예수님과 연합되어 있으면서 인간적인 약함을 보이지만 그러나 회개하지 않은 사람들을 만날 때는 하나님의 능력을 부여받아서 강하게 책망하고 재판하리라'는 것이다. 성도는 그리스도 안에서 양면을 보이고 있다. 하나는 지극히 연약해 보이는 모습도 보이고 또 때로는 그리스도로부터 힘을 받아 죄인들을 책망하고 판결하는 강한 모습도 보인다.

고후 13:5. 너희가 믿음 안에 있는가 너희 자신을 시험하고 너희 자신을 확증하라 예수 그리스도께서 너희 안에 계신 줄을 너희가 스스로 알지 못하느냐 그렇지 않으면 너희는 버림받은 자니라.

바울은 회개하지 않은 자들이 "그리스도께서 바울 안에서 말씀하시는 증거를 구하지 말고"(3절) 차라리 "너희가 믿음 안에 있는가 너희 자신을 시험하고 너희 자신을 확증하라"고 도전한다(고전 11:28). 즉 '너희가 예수님을 참으로 믿는가 너희들 자신들을 시험하고 확증하라'는 것이다. "시험하라"(πειράζετε)는 말은 '참으로 예수님을 주님으로 믿는가를 조사해보라'는 말로 믿는 성도들도 종종 자신이 예수님을 믿고 있는지를 조사해보아야 하는 것이다. 그리고 "확증하라"(δοκιμάζετε)는 말은 '살펴보고(고전 11:28), 증명하고(고후 8:8), 시련하라'(벧전 1:7)는 뜻이다. 우리는 남에 대해 말할 것이 아니라 내 자신이 참으로 예수님을 믿는지 자주 알아보고 확증해야 할 것이다. 그리스도인들 중에는 이름만으로 그리스도인들이 많이 있지 않은가.

바울은 고린도 교인들에게 좀 더 강한 말을 한다. 즉 "예수 그리스도께서 너희 안에 계신 줄을 너희가 스스로 알지 못하느냐 그렇지 않으면 너희는 버림받은 자라"고 말한다(롬 8:10; 갈 4:19). 바울은 고린도 교인들을 예수님 믿는 자로 인정하면서 "예수 그리스도께서 너희 안에 계신 줄을 알지 못하느냐"고 질문한다. 고린도 교인들이 예수 그리스도와 연합되어 있는 줄을 알지 못하느냐고 물어본 것이다. 이렇게 물어본 다음 바울은 만약 "그렇지 않으면 너희는 버림받은 자라"고 단언한다(고전 9:27). 여기 "버림받은 자"(ἀδόκιμοί)란 말은 '인정되지 않은 자,' '소용없는 자,' '낙제한 자'라는 뜻으로 시련에서 불합격된 자를 뜻한다. 고린도 교인들은 자신들이 예수님을 참으로 믿는 사람들인지 확실히 증명해 보여야 하는데 확증할 수 없다면 그들은 주님으로부터 버림받아 쓸모없는 자들이 된 것이다. 다시 말해 맛 잃은 소금이 된 셈이다.

고후 13:6. 우리가 버림받은 자 되지 아니한 것을 너희가 알기를 내가 바라고.

바울은 자신이 주님으로부터 "버림받은 자가 되지 아니한 사실"을 고린도 교인들이 알아주기를 바라고 있다고 말한다. 고린도 교인들 측에서 바울과 바울의 동료들이 그리스도로부터 버림을 받은 사람들이 아니라는 것을 아는 것은 바로 고린도 교인들 자신들이 그리스도로부터 버림받지 않았다는 것을 증명하는 것이다. 남이 버림받은 자가 아니라는 것을 알면 결국 자기도 버림을 받은 자가 아니라는 것을 알게 되는 것이다.

고후 13:7. 우리가 하나님께서 너희로 악을 조금도 행하지 않게 하시기를 구하노니 이는 우리가 옳은 자임을 나타내고자 함이 아니라 오직 우리는 버림받은 자 같을지라도 너희는 선을 행하게 하고자 함이라.

바울은 고린도 교인들이 하나님으로부터 버림받은 자가 되지 않기를 바랐는데(앞 절) 이제 본 절에서는 바울은 "하나님께서 너희로 악을 조금도 행하지 않게 하시기를 구한다"고 말한다. 바울은 하나님께 기도하여 고린도 교인들이 악을 조금도 범하지 않기를 기도한다는 것이다. 바울은 고린도 교회의 악에 대해 책벌하기로 단단히 결심하고 있었지만(2절) 그러나 그들이 회개하여 그런 지경에까지 이르지 않기를 간절히 바라고 있다. 바울의 본의는 고린도 교인들이 전에 지은 죄를 회개하고 아주 온전한 신자들이 되어 악을 조금도 범하지 않는 신자들이 되기를 간절히 바라고 있는 것이다.

바울이 이렇게 고린도 교인들이 악을 조금도 범하지 않기를 하나님께 기도하는 목적은 "우리가 옳은 자임을 나타내고자 함이 아니라 오직 우리는 버림받은 자 같을지라도 너희는 선을 행하게 하고자 한다"는 것이다(6:9). '바울이 옳은 자임을 드러내고 싶어서가 아니라 바울은 버림받은 같이 보일지라도 고린도 교인들만큼은 선을 행하게 하고자 한다'는 것이다. 본문에서 "우리는 버림받은 자 같을지라도"라는 말은 실제로 버림을 받아도 좋다는 말이 아니라 하나의 가정이다. 바울은 롬 9:3에서도 하나의 가정을 발표하고 있다. 즉 "나의 형제 곧 골육의 친척을 위하여 내 자신이 저주를 받아 그리스도에게서 끊어질지라도 원하는 바로라"고 말한다. 바울은 결코 자기의 구원을 가볍게 여기지는 않았다. 그만큼 고린도 교인들이 회개하기를 바랐고 또 악을 행하지 않는 성도들이 되기를 하나님께 기도했다.

고후 13:8. 우리는 진리를 거슬러 아무 것도 할 수 없고 오직 진리를 위할 뿐이니(οὐ γὰρ δυνάμεθά τι κατὰ τῆς ἀληθείας ἀλλὰ ὑπὲρ τῆς ἀληθείας).

본 절 초두에는 이유접속사(γὰρ)가 있어 바울이 앞(7절)에서 고린도 교인들이 선(옳은 일)을 행하게 하고자 하나님께 구하는 이유를 말하고 있다. 고린도 교인들이 옳은 일을 행하도록 하나님께 기도하는 이유는 "우리는 진리를 거슬러 아무 것도 할 수 없고 오직 진리를 위할 뿐이기" 때문이다. 즉 '우리 그리스도인들은 누구나 할 것 없이 모두 진리 곧 예수 그리스도(요

14:6)와 그의 말씀을 거슬러 아무 것도 유익한 일을 할 수 없고 오직 진리를 위하는 일, 즉 옳은 일을 행해야 하기' 때문이다. 다시 말해 옳은 일을 행해야 하는 궁극적인 이유는 우리는 진리 되시는 예수님을 거슬러 아무 것도 할 수 없고 오직 진리를 위하는 삶을 살아야 하기 때문이다. 우리는 예수님을 거슬러 아무 것도 할 수 없는 사람들이다. 그러나 실제로 사람들이 진리를 거슬러 수많은 일을 한다. 그러나 그것은 옳은 일을 하는 것이 아니다. 그런고로 우리는 진리를 위하여 사는 것밖에 다른 것은 할 수 없는 사람들임을 알아야 한다. 우리는 오직 진리 되시는 예수님을 위하여 살아야 한다. 딴 생각을 하는 것은 불행한 일이다.

고후 13:9. 우리가 약할 때에 너희가 강한 것을 기뻐하고 또 이것을 위하여 구하니 곧 너희가 온전하게 되는 것이라.

바울은 본 절에서 두 가지를 말한다. 하나는 "우리가 약할 때에 너희가 강한 것을 기뻐한다"고 말한다. 여기 "우리가 약할 때"라는 말은 '내가 고린도 교인들을 떠나 있어서 아무 권세도 행하지 않고 부드럽게 대하는 때'를 지칭한다(11:30; 12:5, 9-10; 고전 4:10). 바울은 다음 절(10절)에서 떠나 있을 때와 대면했을 때를 비교하고 있다. 바울은 떠나 있을 때에는 편지를 쓴다고 했고 대면했을 때는 주님께서 바울 자신에게 권한을 주셔서 고린도 교인들을 엄하게 대할 수도 있다고 했다. 그러니까 본 절에서 "우리가 약할 때에"란 말은 '바울이 마게도냐 지방에 있어서 고린도 교인들을 아직 대면하지 않아 고린도 교인들에게 주님의 권한을 사용하지 않을 때'지칭한다.

바울은 고린도 교인들로부터 멀리 있어서 아무 권한을 행사하지 않고 부드럽게 대할 때에 "너희가 강한 것을 기뻐한다"고 말한다. 즉 '너희가 회개하여 신앙이 강해지는 것을 기뻐한다'는 뜻이다. 바울은 고린도 교인들이 회개하여 믿음이 강해지는 것을 기뻐한다고 말한다. 바울은 고린도 교인들을 징벌하는 것을 결코 원하지 않고 있었다. 아무튼 회개하기를 원했다.

또 하나는 "이것을 위하여 구하니 곧 너희가 온전하게 되는 것 (improvement-RSV)이라"고 말한다(살전 3:10). 즉 '바울의 소원과 기도는 고린도 교인들이 온전하게 되는 것이었다.' 다시 말해 회개한 다음 선을 행하기를 원했다(7절 참조). 그러니까 온전하게 되는 것은 죄를 자복하고 회개하는 것을 넘어 선(善)을 행하는 것이다. 바울은 자신이 고린도 교인들을 만나기 전에 그들이 죄를 자복하고 모든 선을 행하는 인물들이 되는 것이었다.

고후 13:10. 그러므로 내가 떠나 있을 때에 이렇게 쓰는 것은 대면할 때에 주께서 너희를 넘어뜨리려 하지 않고 세우려 하여 내게 주신 그 권한을 따라 엄하지 않게 하려 함이라.

바울은 앞(1-9절)에서 고린도 교인들이 회개하고 선을 행하는 사람들이 되기를 기도했는데 이제 본 절에서는 결론적으로 한 가지를 말한다. 즉 "내가 떠나 있을 때에 이렇게 쓰는 것은 대면할 때에 주께서 너희를 넘어뜨리려 하지 않고 세우려 하여 내게 주신 그 권한을 따라 엄하지 않게 하려 한다"고 말한다(10:8; 딛 1:13). 바울은 이제 고린도후서를 쓰는 목적을 본 절에서 말한다(2:3; 10:2; 12:20-21; 고전 4:21). 바울은 멀리 마게도냐에서 이렇게 편지를 쓰는 이유는 바울이 일단 고린도에 도착하여 교인들을 대면할 때에 주님께서 교인들을 넘어뜨리지 않고 세우려고 해서 예수님께서 바울에게 주신 그 권한을 따라 엄하지 않게 취급하려 한다는 것이다. 바울은 결코 고린도 교인들을 심하게 책망하거나 책벌하기를 원하지 않고 있다. 바울은 얼마든지 그리스도께서 주시는 권한을 사용하여 엄하게 다룰 수 있지만 그는 결코 그런 환경이 되기를 원하지 않고 있다. 그리스도께서 바울에게 주시는 권한은 고린도 교인들을 넘어뜨리려는 권한도 아니고 반드시 세우려는 권한임은 말할 것도 없다. 바울은 그리스도께서 자신을 통하여 강하게 대하지 않기를 간절히 바라고 멀리 있을 때에 편지를 써서 보내는 것이다.

VII. 마지막 권면과 인사 및 축도 13:11-13

바울은 이제 편지의 마지막에 와서 아주 부드럽게 권면하고(11절), 문안하며(12절), 축도한다(13절).

고후 13:11. 마지막으로 말하노니 형제들아 기뻐하라 온전하게 되며 위로를 받으며 마음을 같이 하며 평안할지어다 또 사랑과 평강의 하나님이 너희와 함께 계시리라 거룩하게 입맞춤으로 서로 문안하라(Λοιπόν, ἀδελφοί, χαί-ρετε, καταρτίζεσθε, παρακαλεῖσθε, τὸ αὐτὸ φρονεῖτε, εἰρηνεύετε, καὶ ὁ θεὸς τῆς ἀγάπης καὶ εἰρήνης ἔσται μεθ᾽ ὑμῶν ἀσπάσασθε ἀλλήλους ἐν ἁγίῳ φιλήματι**).**

바울은 마지막으로 "형제들아!"라는 애칭을 사용하며 몇 가지 권면을 준다. 첫째, 바울은 "기뻐하라"(χαίρετε)고 말한다. "기뻐하라"는 말은 종종 '안녕'이라는 인사말로 쓰이기도 하지만 바로 뒤따라 나오는 낱말들과 연관지어 볼 때 명령형으로 '주 안에서 기뻐하라'는 말로 사용되었다고 볼 수 있다(빌 3:1; 4:4). 성도는 기뻐할 수 있는 이유가 한이 없다. 하나님께서 사랑이시기에(요일 4:8), 예수님을 보내셔서 십자가에서 대속의 죽음을 죽게 하셨으며(고후 5:21), 우리를 위해 부활승천하시고, 또 성령을 보내주셔서 우리 안에 있게 하셨으며(요 3:3-5; 행 2:1-4), 앞으로 우리를 부활시키려 재림하실 것이고, 우리에게 영원한 생명을 주셔서 하나님의 나라를 주실 것이기 때문이다.

둘째, "온전하게 되라"고 말한다. "온전하게 되라"(καταρτίζεσθε)는 말은 현재 명령형 수동태로 '계속해서 온전하게 되라,' '계속해서 옳게 되라'는 뜻으로 점점 성화되어 선을 행하게 되라는 뜻이다(9절 참조). 성도는 점점 성화되어 선을 행할 수 있을 뿐 아니라 온전을 향해 달려야 한다.

셋째, "위로를 받으라"(παρακαλεῖσθε)고 말한다. 이 단어는 현재 명령법 수동태로 '계속해서 권면을 받고 위로를 받으라'는 뜻이다. 고린도 교인들은 바울의 권면을 받고 계속해서 위로를 받아야 한다는 것이다. 우리는 성경을 보며 또 기도하여 성령의 위로를 계속해서 받아야 한다. 성도가 우울중에 시달린다는 것은 있을 수 없는 일이다.

넷째, "마음을 같이 하라"고 말한다(롬 12:16, 18; 15:5; 고전 1:10; 빌 2:2; 3:16; 벧전 3:8). "마음을 같이 하라"(τὸ αὐτὸ φρονεῖτε)는 말은 현재 명령형으로 '같은 것을 생각하라'는 뜻으로 감정과 목적에 있어서 하나가 되라는 뜻이다(롬 12:16; 15:5; 빌 2:2; 4:2). 성도는 예수님을 사랑하고 예수님께 영광을 돌릴 생각만 가져야 한다.

다섯째, "평안할지어다"(εἰρηνεύετε)라고 말한다(롬 15:33). 이 말은 '화목하게 지내라'는 뜻으로 고린도 교회야말로 파당이 심하여(고전 1:10-12) 이 권고를 철저히 받아드려야 한다(막 9:50). 모든 성도들은 성령의 충만을 구하여 화목하게 지내야 한다(갈 5:22).

바울은 다섯 가지의 명령을 말한 다음 "또 사랑과 평강의 하나님이 너희와 함께 계시리라"라고 말한다. 위의 다섯 가지 명령을 잘 지키면 사랑과 평강의 하나님이 함께 하실 것이라는 뜻이다. 사랑의 하나님께서 함께 하셔서 사랑해 주실 것이며 또 평강의 하나님께서 평강을 주실 것이란 뜻이다(롬 15:33; 16:20; 고전 14:33; 빌 4:9; 살후 3:16). 우리는 성경의 명령을 잘 받아서 항상 하나님의 사랑과 평강을 넘치게 받는 성도들이 되어야 한다.

그리고 바울은 성도가 할 일로서 "거룩하게 입맞춤으로 서로 문안하라"는 말을 부탁한다. 서로 거룩하게 입을 맞추면서 인사하라는 것이다. 거룩하게 입을 맞추면서 인사하라는 말이 신약에 많이 있다(롬 16:16; 고전 16:20; 살전 5:26). '거룩하게 입맞춤으로 인사하라'는 말은 세속적인 입맞춤과 구별된 입맞춤을 지칭한다. 세속적인 입맞춤은 정욕적이고 감정적인 입맞춤이라고 하면 거룩한 입맞춤은 완전히 구별된 입맞춤으로서 그리스도의 십자가의 사랑을 성령으로 말미암아 깨달아서 참으로 이웃을 내 몸같이 사랑한다

는 뜻으로 입 맞추는 것을 지칭한다. 구체적으로 말해서 '예배 석에서 기도를
마친 다음 남자는 남자끼리 여자는 여자끼리 입을 맞추면서' 서로 문안(환영
인사)하는 것을 말한다. 예배 석에서 기도를 마치고 동성끼리 입을 맞추면서
인사하는 것은 고대 교회의 예배의 한 순서였다고 한다(Justin Martyr, Apol.,
i 65, Calvin). 지금은 악수가 이를 대치하고 있다.

고후 13:12. 모든 성도가 너희에게 문안하느니라.

　바울은 고린도 교인들에게 "모든 성도가 너희에게 문안한다"고 알려준
다. 마게도냐 교회의 모든 성도가 너희에게 인사한다는 뜻이다. 그들이 바울
사도의 고린도후서를 통하여 고린도 교회 성도들에게 인사한다. 성도들은
다른 성도들에게 인사를 해야 한다. 비록 서로 모르는 형편일지라도 상대방
이 예수님을 믿는 줄 알면 인사하는 것이 좋다. 마게도냐 교회 성도들이
고린도 교회 성도들을 다 알고 있었던 것은 아니었는데 그들은 바울의 편지
를 통하여 인사를 전했다.

**고후 13:13. 주 예수 그리스도의 은혜와 하나님의 사랑과 성령의 교통하심이
너희 무리와 함께 있을지어다(Ἡ χάρις τοῦ κυρίου Ἰησοῦ Χριστοῦ καὶ
ἡ ἀγάπη τοῦ θεοῦ καὶ ἡ κοινωνία τοῦ ἁγίου πνεύματος μετὰ πάντων
ὑμῶν).**

　바울은 마지막으로 축도(benediction-축복기도)를 한다. 본 절의 축도는
바울이 말한 축도 중에 제일 완비된 축도이다. 롬 16:20b; 고전 16:23; 갈
6:18; 빌 4:23; 살전 5:28; 살후 3:18; 몬 1:25절의 축도는 짧은 축도로서
'주 예수 그리스도의 은혜가 너희와 함께 하시기"를 언급하고 있다. 바울은
에베소서에서는 성부와 성자의 이름으로 축도한다(엡 6:23-24).
　본 절의 축도의 가장 큰 특징은 성삼위가 등장하는 것이다(마 3:16-17;
요 14:16; 행 2:33). 그렇다고 바울이 삼위일체를 의식하고 이 축도를 한
것은 아닐 것이다. 삼위일체 교리는 바울이 죽은 후 수 백년이 지난 후

터틀리안(Tertullan)에 의해 정립되었기 때문이다. 그러나 삼위일체 교리를
증명하는 데는 충분한 증거가 된다. 바울은 주 예수 그리스도, 하나님, 성령의
순서로 언급한다. 베드로는 그의 서신에서 성부, 성령, 성자의 순서로 말하기
도 한다(벧전 1:2). 바울은 은혜와 사랑과 교통하심이 고린도 교인들에게
임하시기를 기원하기 위하여 주 예수 그리스도, 하나님, 성령의 순서로 축도
하고 있다.

바울이 주 예수 그리스도의 은혜를 제일 앞세운 것은, 1) 아마도 그리스도
의 은혜 즉 그리스도를 통한 구속이 바울의 심령에 제일 진하게 각인되었기
때문인 것으로 보인다. 혹은 2) 바울 사도가 축도할 때 보통 예수 그리스도의
은혜가 임하기만을 비는 축도를 했기에 본 절에서 예수 그리스도의 은혜를
제일 앞에 언급했을 수도 있다(랠프 P. 마틴).117) 여기 "은혜"란 '구속의
전체의 복'을 뜻한다. 예수님은 그의 사역과 죽음, 그리고 부활을 통하여
그의 은총을 그의 백성들에게 쏟아 부으셨다. 예수님은 그 은혜를 통하여
그의 백성들을 그들의 죄에서 구원하셨다(마 1:21).

그리고 바울은 그리스도의 십자가를 통하여 나타난 하나님의 사랑을
잊을 수 없어(롬 5:8; 8:39) 하나님의 사랑이 성도들 위에 임하기를 기원한다.
다시 말해 바울은 고린도 교회 교인들이 하나님께서 베푸시는 사랑을 경험하
기를 기원한다. 바울은 그리스도의 은혜가 먼저 오고 하나님의 사랑이 다음
으로 온다는 것을 보여준다. 그리스도의 십자가를 통하지 않고는 하나님의
사랑이 올 수 없음을 보여주고 있다.

그리고 바울은 "성령의 교통하심"(ἡ κοινωνία τοῦ ἁγίου πνεύματος)이
성도들의 심령에 임하기를 기원한다(빌 2:1). 여기 "성령의"(τοῦ ἁγίου πνεύ-
ματος)란 낱말은 소유격이지만 주격적으로 사용되었다.118) 즉 '성령님께서

---

117) 랠프 P. 마틴, *40 고린도후서*(WBC), 김철 옮김,   p. 935.
118) 혹자는 여기 "성령의"라는 말이 주격적 속격이 아니라 목적격적 속격이라고 주장하기도
하나 바울 사도가 앞의 두 낱말, 즉 앞의 "그리스도의 은혜"와 "하나님의 사랑"이란 말을 주격적
속격으로 사용한 다음에 "성령의 교통하심"을 말할 때 엉뚱하게도 목적격적 속격으로 썼을
수는 없다고 본다.

성도들의 심령 속에서 교통하시기'를 기원한다는 뜻이다. 바울은 참으로 성령님이 성도들의 심령에 거하시기를 기원한다(고전 6:19). 성령님께서 성도들 심령 속에서 교통(교제)하시면 그리스도의 은혜가 임하게 되고 하나님의 사랑도 성도들의 심령에 임하게 된다.

　　바울 사도는 마지막에 "너희 무리와 함께 있을지어다"라고 말한다. 즉 그리스도의 은혜와 하나님의 사랑과 성령의 교통하심이 '고린도 교회의 모든 지체에게 있기를' 기원하고 있다. 바울은 한 사람 빠짐없이 삼위의 은총이 임하기를 기원하는 것이다. 비록 아직 회개하지 않았을 지체에게도 예외 없이 삼위의 은총이 임하기를 원한 것이다. 즉 11절에서 말한 "형제들"이라면 한 사람도 빠짐없이 은총을 받기를 소원한 것이다.

-고린도전후서 주해 끝-

고린도전·후서 주해

2008년 9월 30일   1판 1쇄 발행 (도서출판 목양)
2024년 7월 15일   2판 1쇄 발행

지은이 │ 김수홍
발행인 │ 박순자
펴낸곳 │ 도서출판 언약
주   소 │ 수원시 영통구 중부대로 271번길 27-9, 102동 1303호
전   화 │ 031-212-9727
E-mail │ kidoeuisaram@naver.com
등록번호 │ 제374-2014-000006호

  정가 26,000원

ISBN : 979-11-89277-0-0 (94230)(세트)
ISBN : 979-11-89277-07-9 (94230)